百万塔陀羅尼の研究

―静嘉堂文庫所蔵本を中心に―

汲古書院

序

静嘉堂文庫長　米山　寅太郎

静嘉堂文庫は、明治二十五年の創設以来、逐年和漢の典籍の蒐集に努めた。それは、わが国の王朝時代の写本、中国北宋時代の刊本から降りては近世名家の自筆本、乃ち漢学、国学、洋学のいずれとも謂はず、稀書珍籍の天下に甲たるを以て世に知られ、これを深く蔵して、累年今日に至った。国の文化財に指定せられるもの、また少なからず、架蔵の善本につきては、広く学界に紹介したいとは、かねてよりの願望であった。由来、文庫に収納されて、殆ど公開の機を得なかったものは、調査に慎重を期し、随時、展示披露してきた。

今日、制作年代が明確で、世界最古の印刷物と称せられる我が国の「百万塔陀羅尼」は、その木製の小塔と共に、法隆寺から譲渡されて文庫に収蔵せられるもの、四十基にも及ぶ。乃ち文庫の創設者岩崎彌之助、その嗣子小彌太の、同寺への篤実なる敬信のあかしである。

文庫にとっても、また我が国の文化財に於ても、重要な意義を有する収蔵品である故に、その審定研究にはやや時間を要した。平成十一年に業を起こし、爾来、増田晴美、成沢麻子両司書が中心となり、重ねた調査会は多士済々。その各々の専門家が、ここに成果を列ね、本研究の公刊として実を結んだ。以て斯学の研究発展に資し得ればと期待する次第である。

調査に労を惜しまなかった猪股謙吾、緒方宏大、金子和正、櫛笥節男、宍倉佐敏、陳捷、中村一紀、福尾正彦、吉野敏武、三浦彰士、八木壮一、湯浅吉美諸氏の御尽力に対して、ここに深甚の謝意を表する。

平成十九年一月吉日

目次

凡例

一、本書は静嘉堂文庫が所蔵する百万塔及び陀羅尼についての研究を、資料編及び論文編の二部で構成したものである。但し論文編には、文庫所蔵品以外についてふれたものもある。
一、百万塔及び陀羅尼の図版番号は、編集上の番号であるが、陀羅尼については静嘉堂文庫の整理番号を（　）内に記した。
一、陀羅尼については、カラー図版は原寸大、資料編のモノクロ図版は同一縮小率（約54％）で掲載した。
一、資料編・論文編の表記は、原則として当用漢字・現代仮名遣いを用い、編集上基本的な統一は行なったが、論文内容については執筆者各自の表記に従った。
一、百万塔の実測は宮内庁書陵部の福尾正彦が担当した。
一、資料編の写真は猪股謙吾、作図は福尾正彦、製図は有馬伸、解説は増田晴美が担当した。解説は書誌事項を主とし、『汲古』37号（平成十二年六月）に掲載したものを補訂した。
一、資料編における百万塔の写真は、全景以外は赤外線写真である。周囲の陰影は敢えて処理をしていない。

百万塔　16基

百万塔第1

百万塔第19

百万塔第5

百万塔第36（相輪と塔身）

百万塔第20

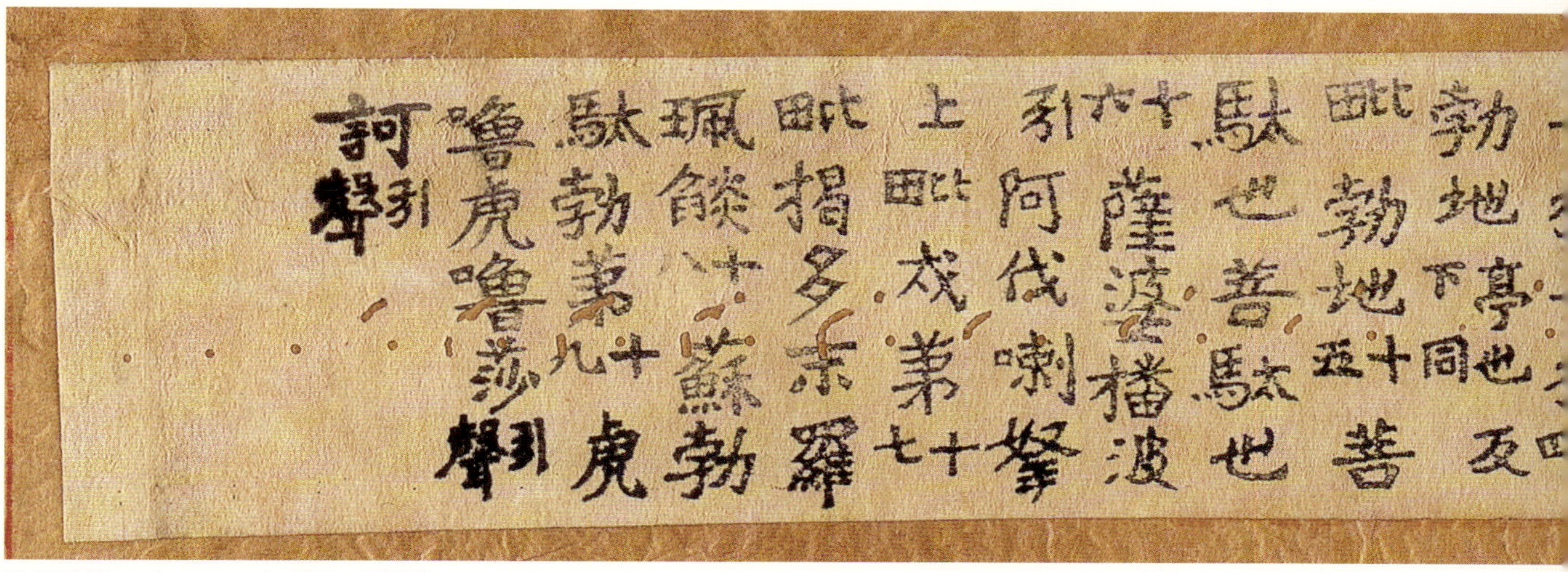

陀羅尼第11（29264-19）根本（長版）

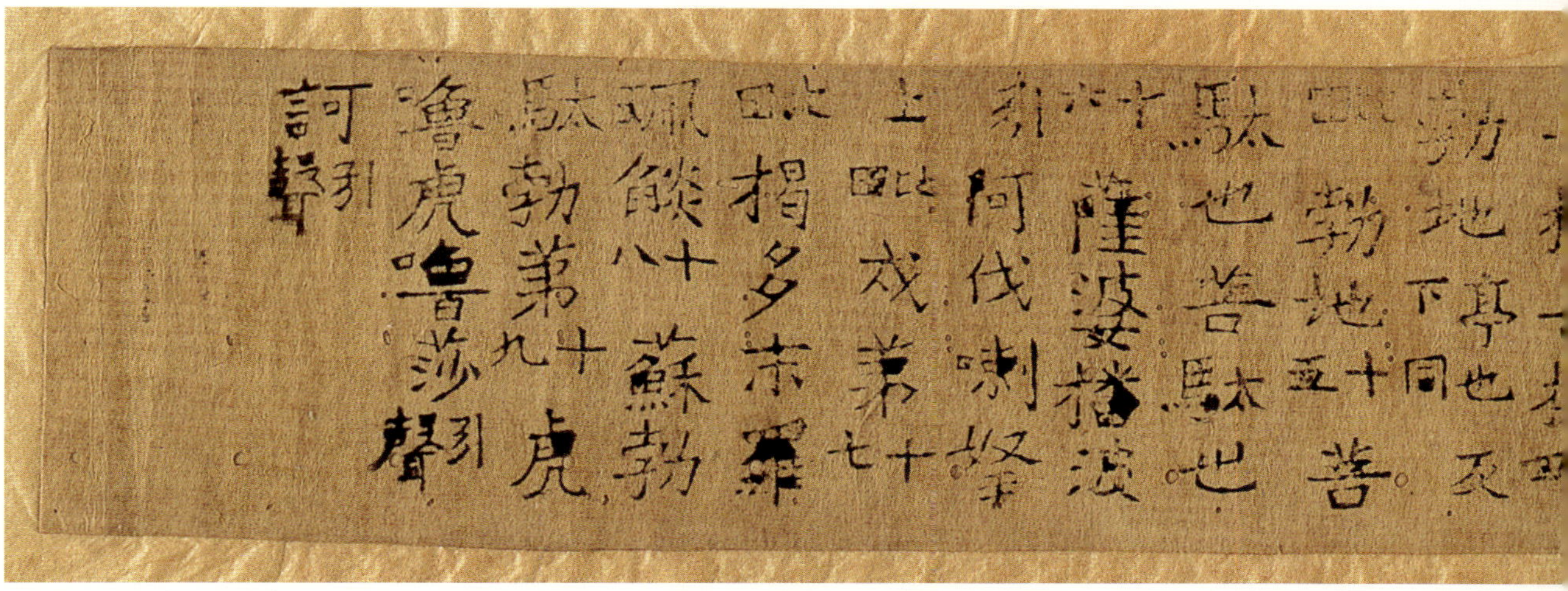

陀羅尼第25（29264-60）根本（長版・異種版）

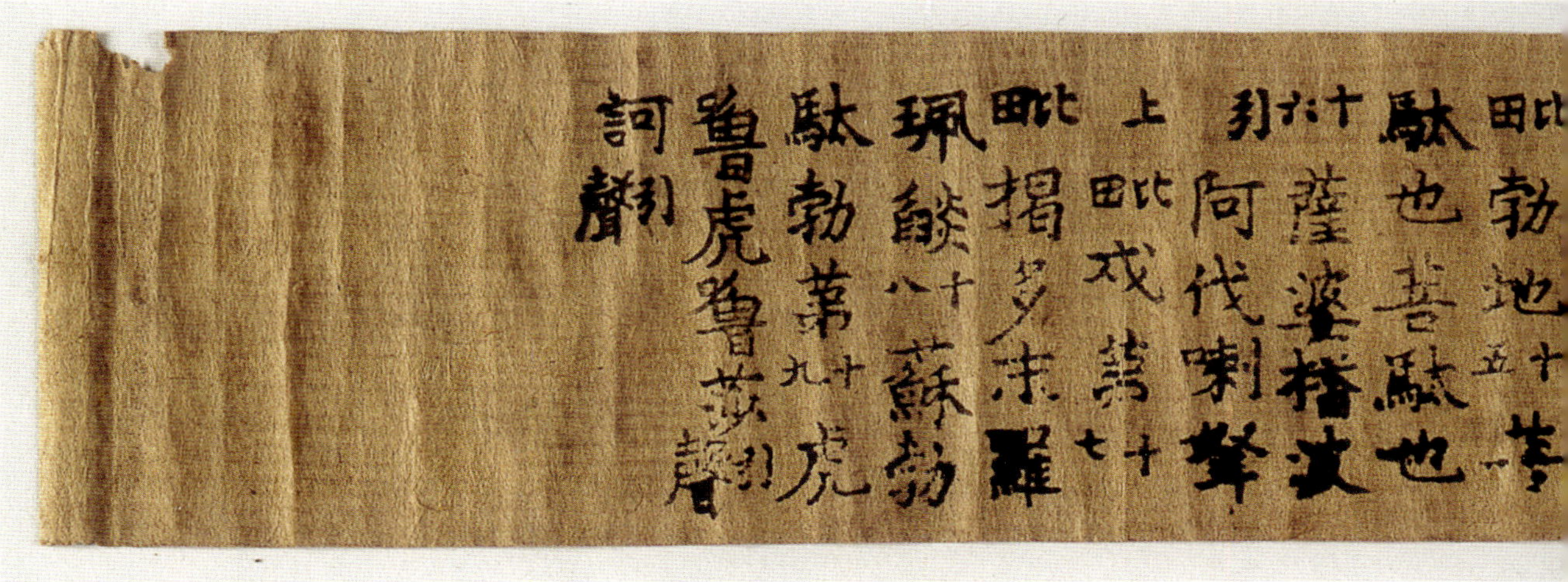

陀羅尼第45（29264-64）根本（短版）

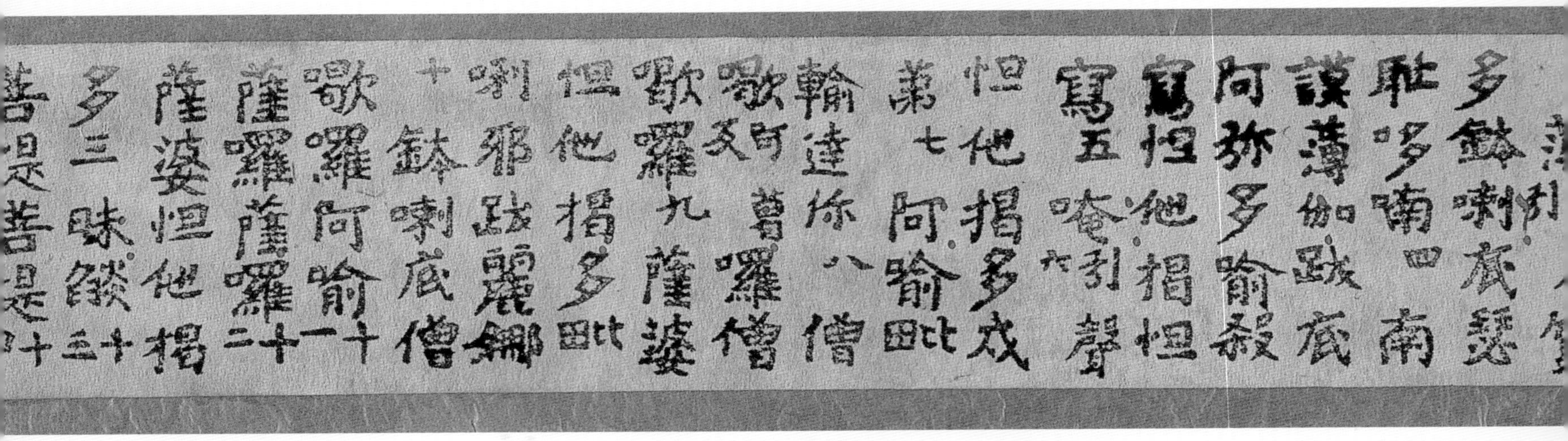
薄引
多鉢喇底瑟
耻哆南四南
謨薄伽䟦底
阿弥多揄殺
寫怛他揭怛
寫五唵六引聲
怛他揭多戉
第七阿揄毗
輸達你八僧
歌可反葛囉僧
歌囉九薩婆
怛他揭多毗
喇邪䟦麗鄉
十鉢喇底僧
歌羅阿揄一十
薩囉薩囉二十
薩婆怛他揭
多三昧䮕三十
菩提菩提四十

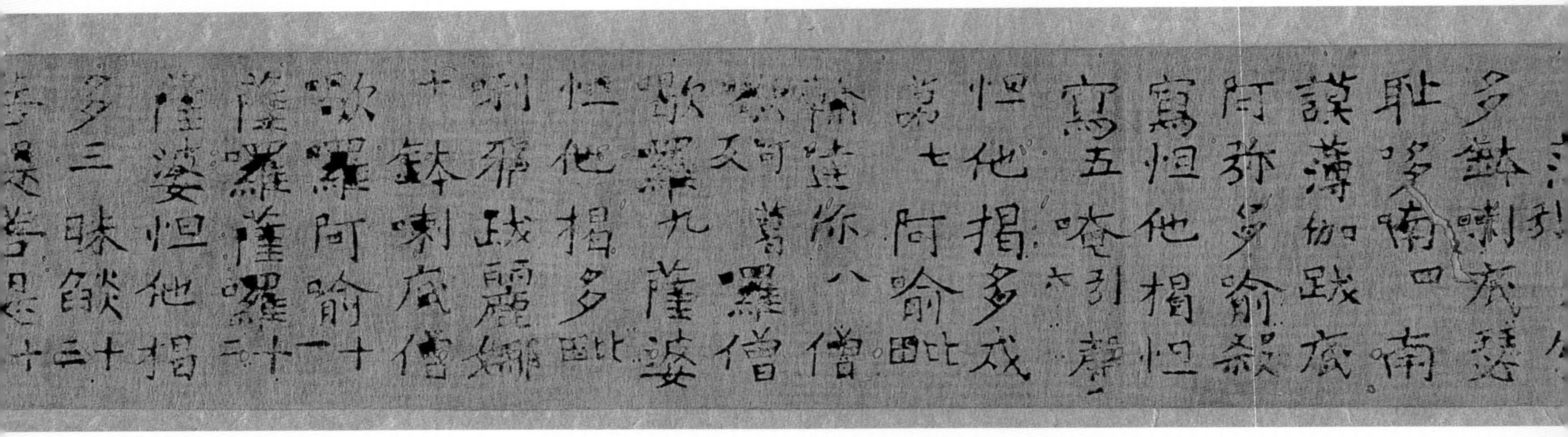
多鉢喇底瑟
耻哆南四南
謨薄伽䟦底
阿弥多揄殺
寫怛他揭怛
寫五唵六引聲
怛他揭多戉
第七阿揄毗
輸達你八僧
歌可反葛囉僧
歌囉九薩婆
怛他揭多毗
喇邪䟦麗鄉
十鉢喇底僧
歌羅阿揄一十
薩囉薩囉二十
薩婆怛他揭
多三昧䮕三十
菩提菩提四十

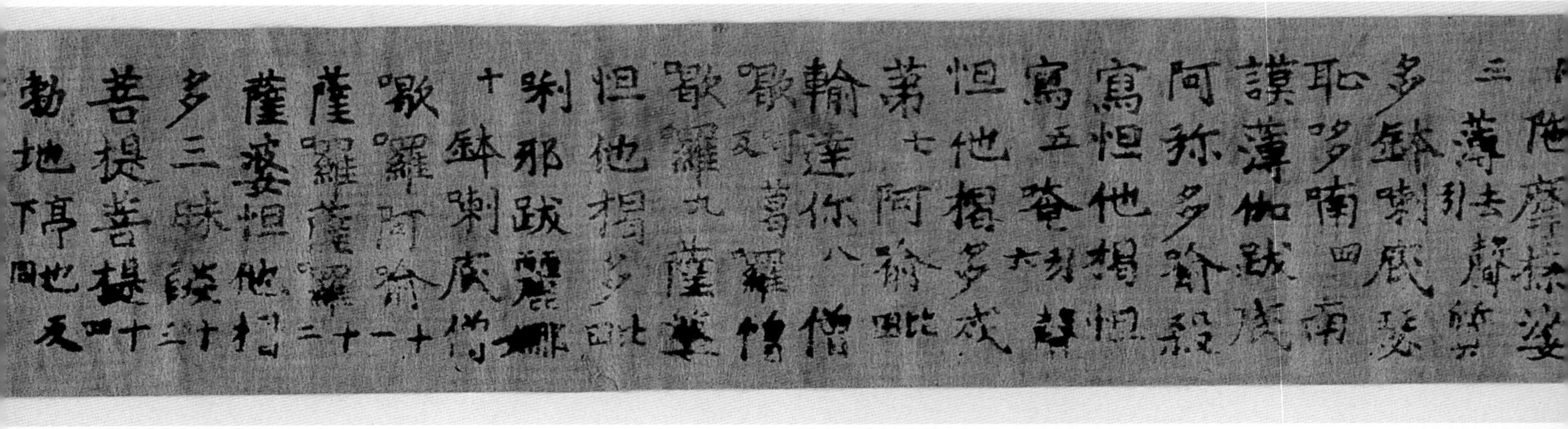
陁摩揉婆
三薄引去聲
多鉢喇底瑟
耻哆南四南
謨薄伽䟦底
阿弥多揄殺
寫怛他揭怛
寫五唵六引聲
怛他揭多戉
第七阿揄毗
輸達你八僧
歌可反葛囉僧
歌囉九薩婆
怛他揭多毗
喇邪䟦麗鄉
十鉢喇底僧
歌羅阿揄一十
薩囉薩囉二十
薩婆怛他揭
多三昧䮕三十
菩提菩提四十
勃地下停四也反

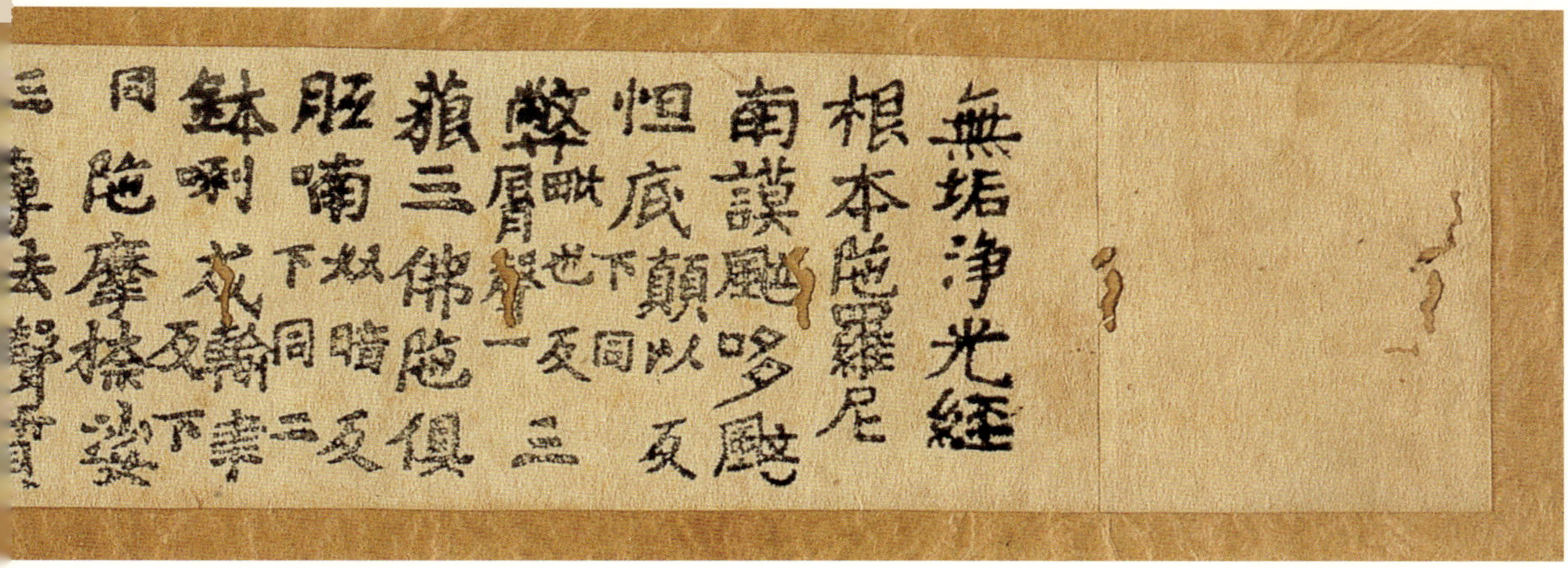
無垢浄光経
根本陀羅尼
南謨颯哆
怛底
弊
藐三佛陀俱
胝喃
鉢唎
陀摩

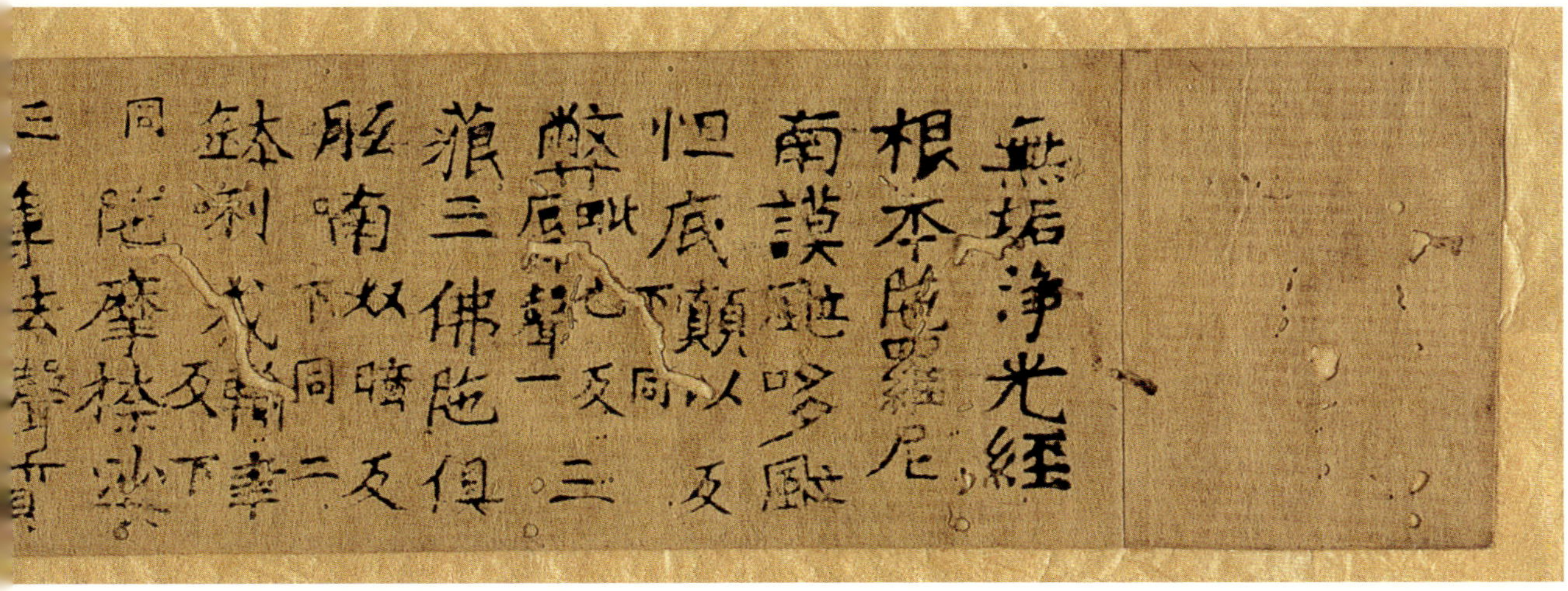
無垢浄光経
根本陀羅尼
南謨颯哆
怛底
弊
藐三佛陀俱
胝喃
鉢唎
陀摩

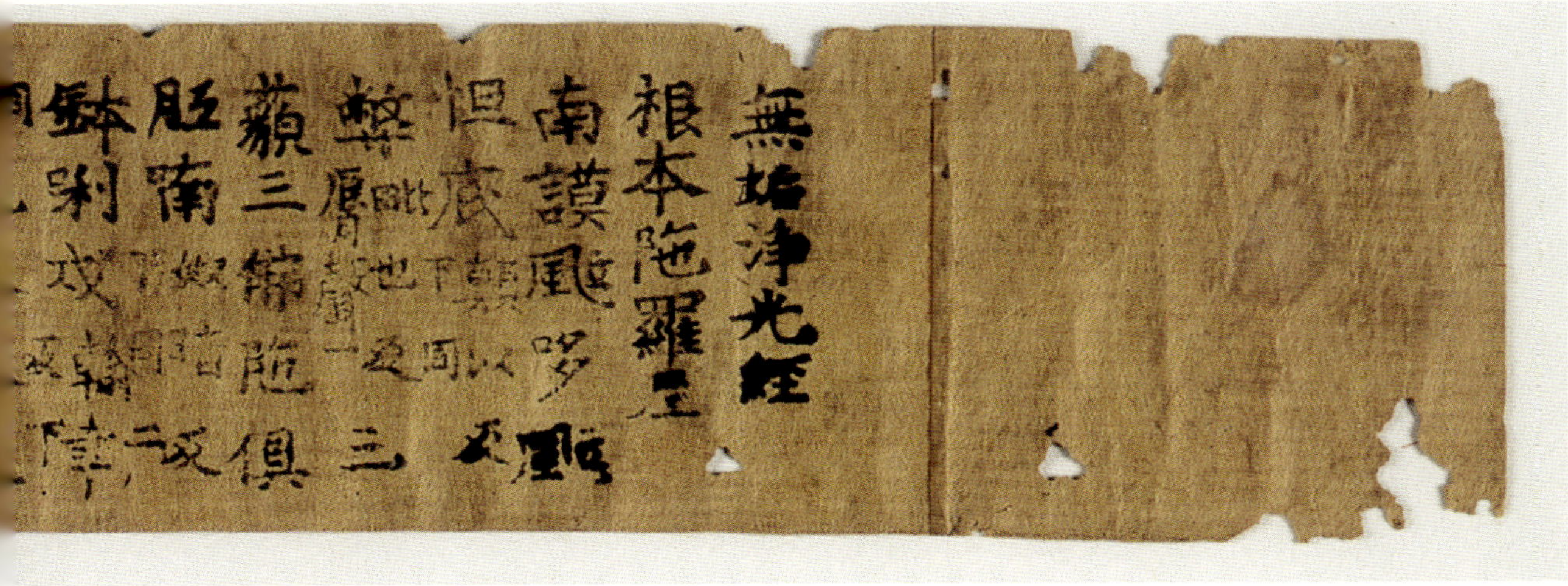
無垢浄光経
根本陀羅尼
南謨颯哆
怛底
弊
藐三佛陀俱
胝喃
鉢唎

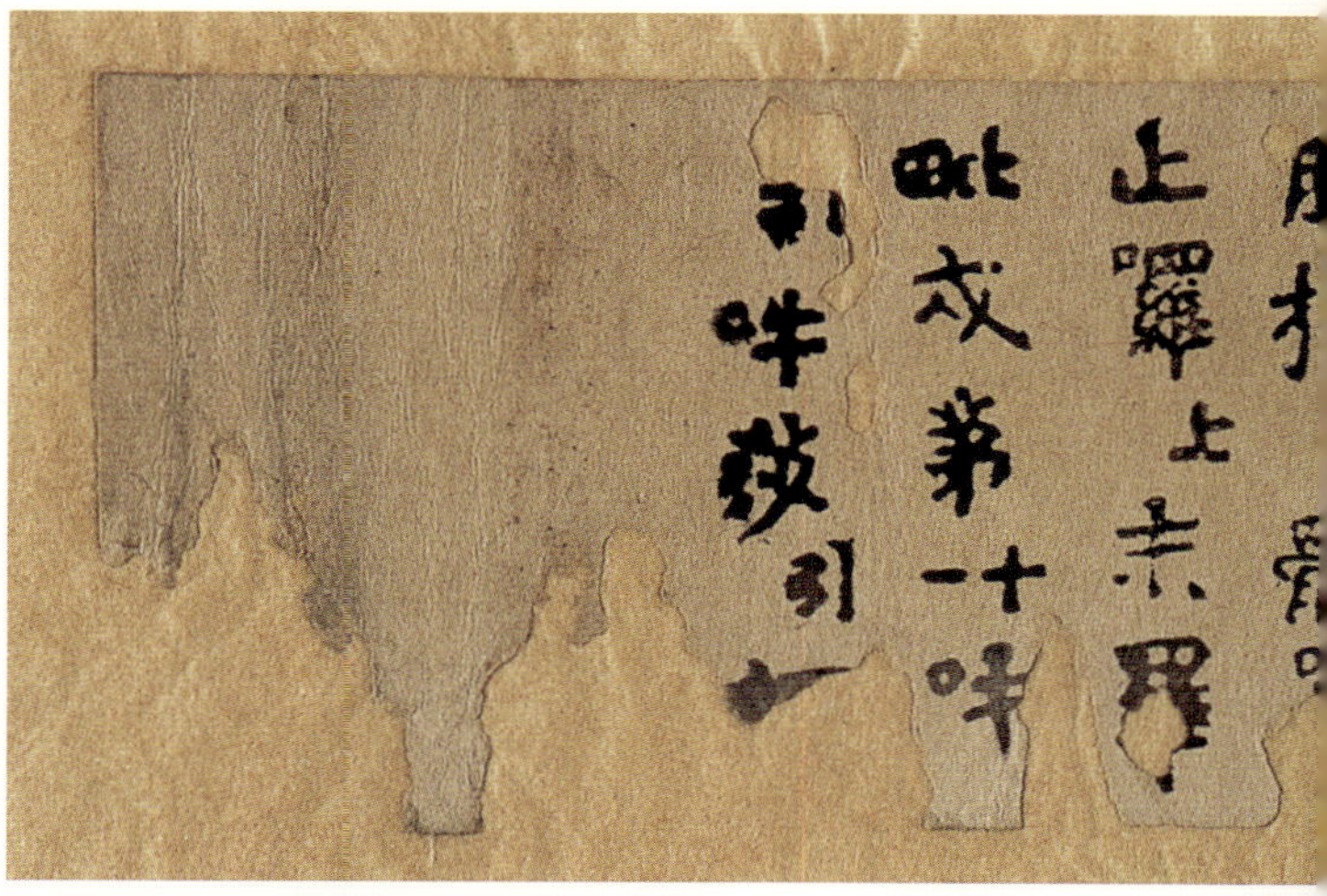

陀羅尼第46（29264-41）　相輪（長版）

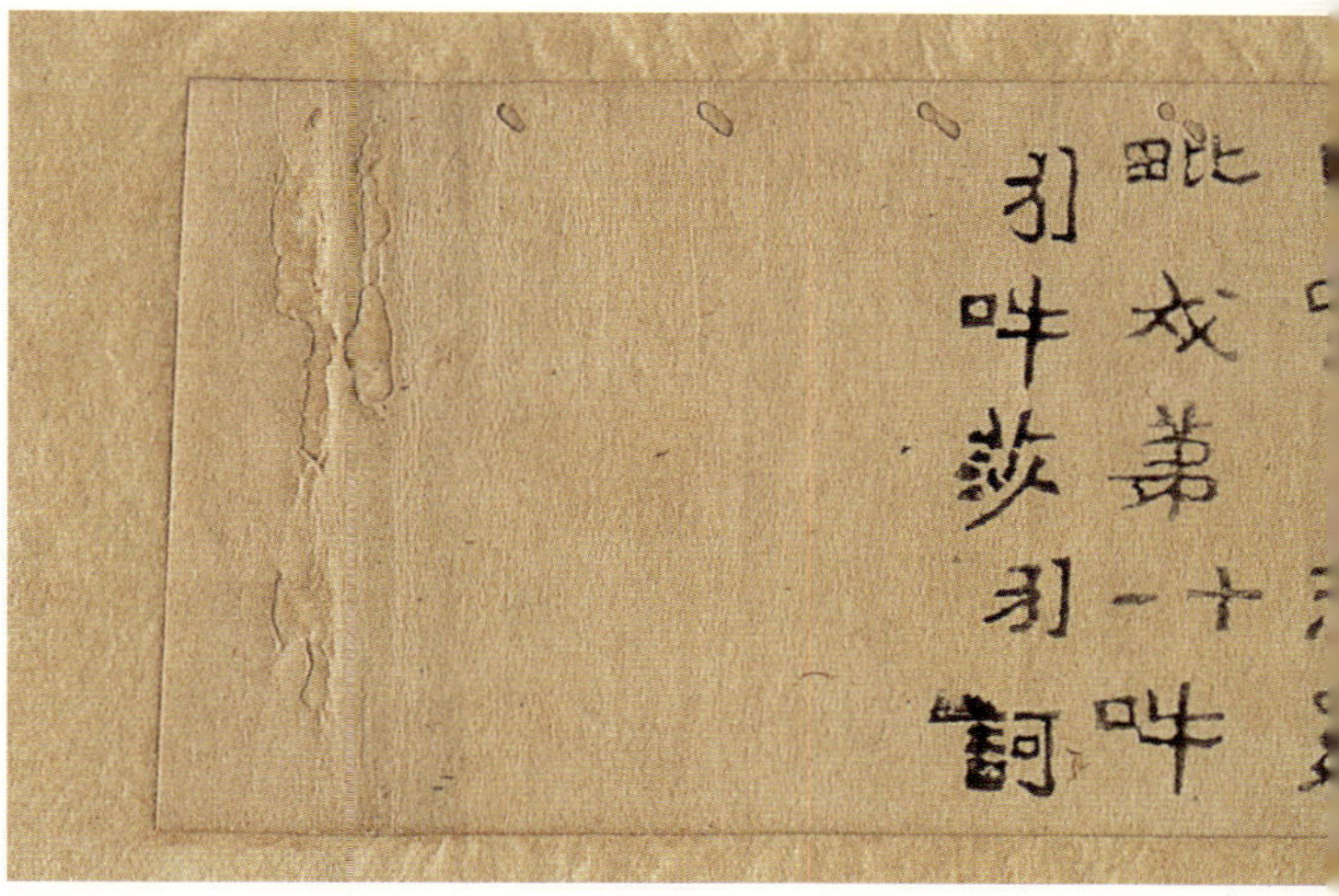

陀羅尼第51（29264-44）　相輪（短版）

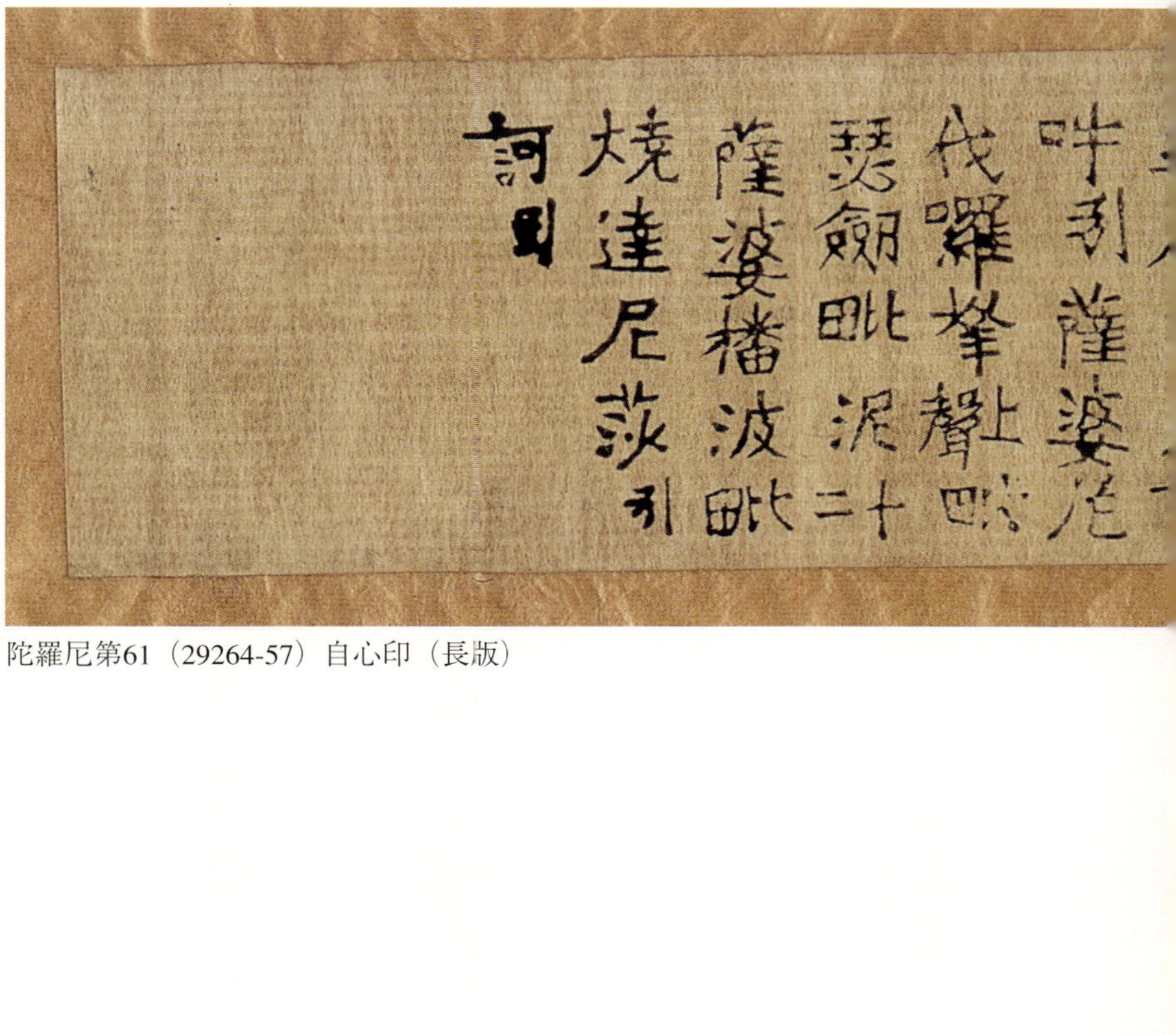

陀羅尼第61（29264-57）自心印（長版）

唵一引薩婆怛
他揭多毗補
羅曳下同穆熱反
瑟徵下同竹几二反
末尼揭諾迦
反舉佉曷喇折
哆三毗菩瑟
哆曳瑟徵四
杜嚕杜嚕五
三曇多毗嚕
吉帝六薩囉
薩囉播跛輸
達尼七菩達
尼三菩達尼
八鉢囉上伐
囉上曳瑟徵
伐麗九末尼
脫菩十鵠

唵一引薩婆怛
他揭多毗補
羅曳下同反
瑟徵下同竹几二反
末尼揭諾迦
反舉佉曷喇折
哆三毗菩瑟
哆曳瑟徵四
杜嚕杜嚕五
三曇多毗嚕
吉帝六薩囉
薩囉播跛輸
達尼七菩達
尼三菩達尼
八鉢囉上伐
囉上曳瑟徵
伐麗九末尼
脫揞十鵠嚕
上羅上末羅

三佛陀俱胝
那庾多設多
索訶薩囉引
喃二南謨薩
婆你伐羅挲
聲上毗瑟劒㿝
泥引菩提薩
埵也三唵四引
觀嚕觀嚕五
薩婆阿伐囉
挲毗戒達尼
六薩婆怛他
揭多摩庾播
刺尼七毗布
麗晛末麗八
薩婆悉陀南
摩塞訖栗帝
九跋羅跋羅
十薩婆薩埵
婆盧揭尼十一

無垢浄光経
相輪陁羅尼

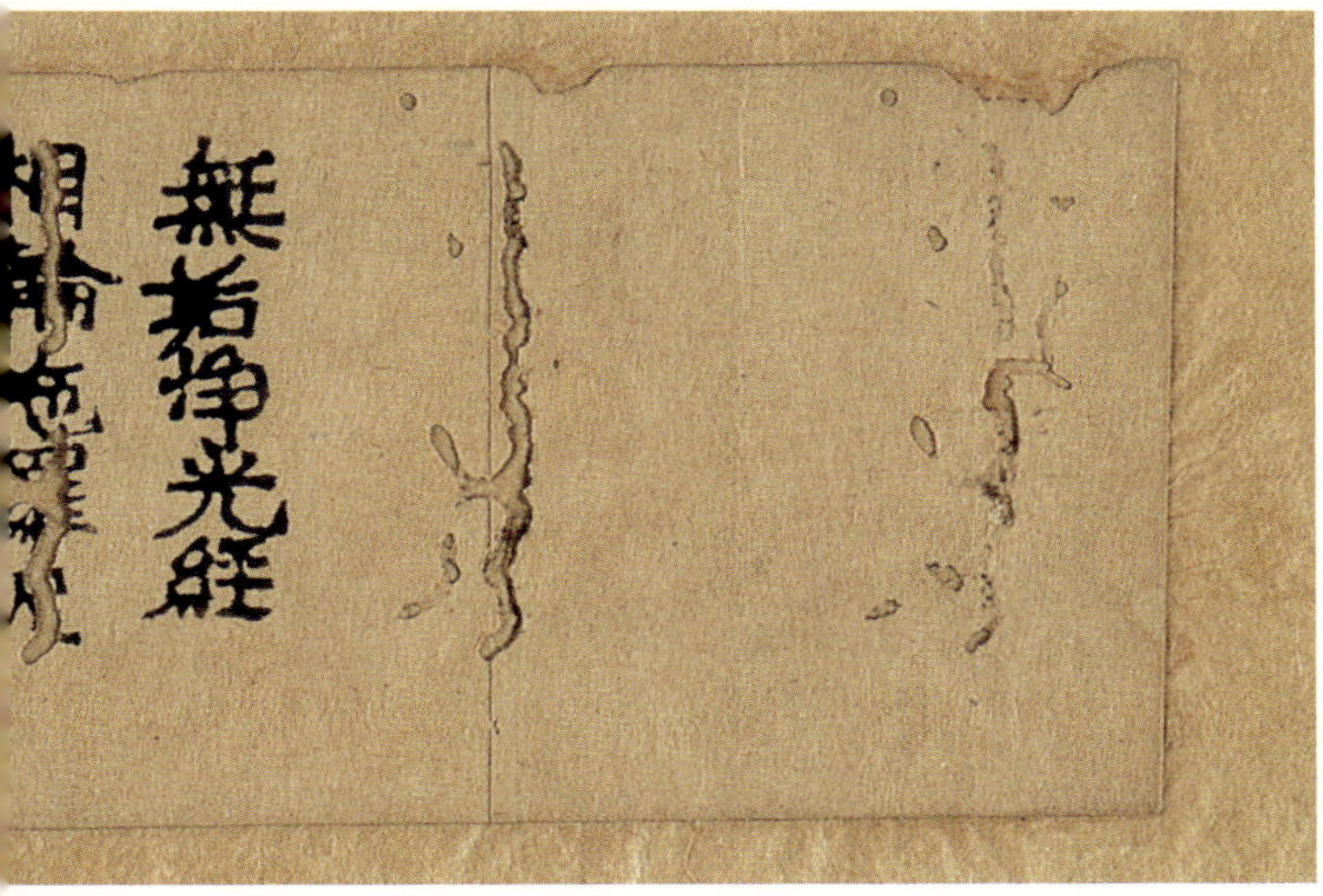
無垢浄光経

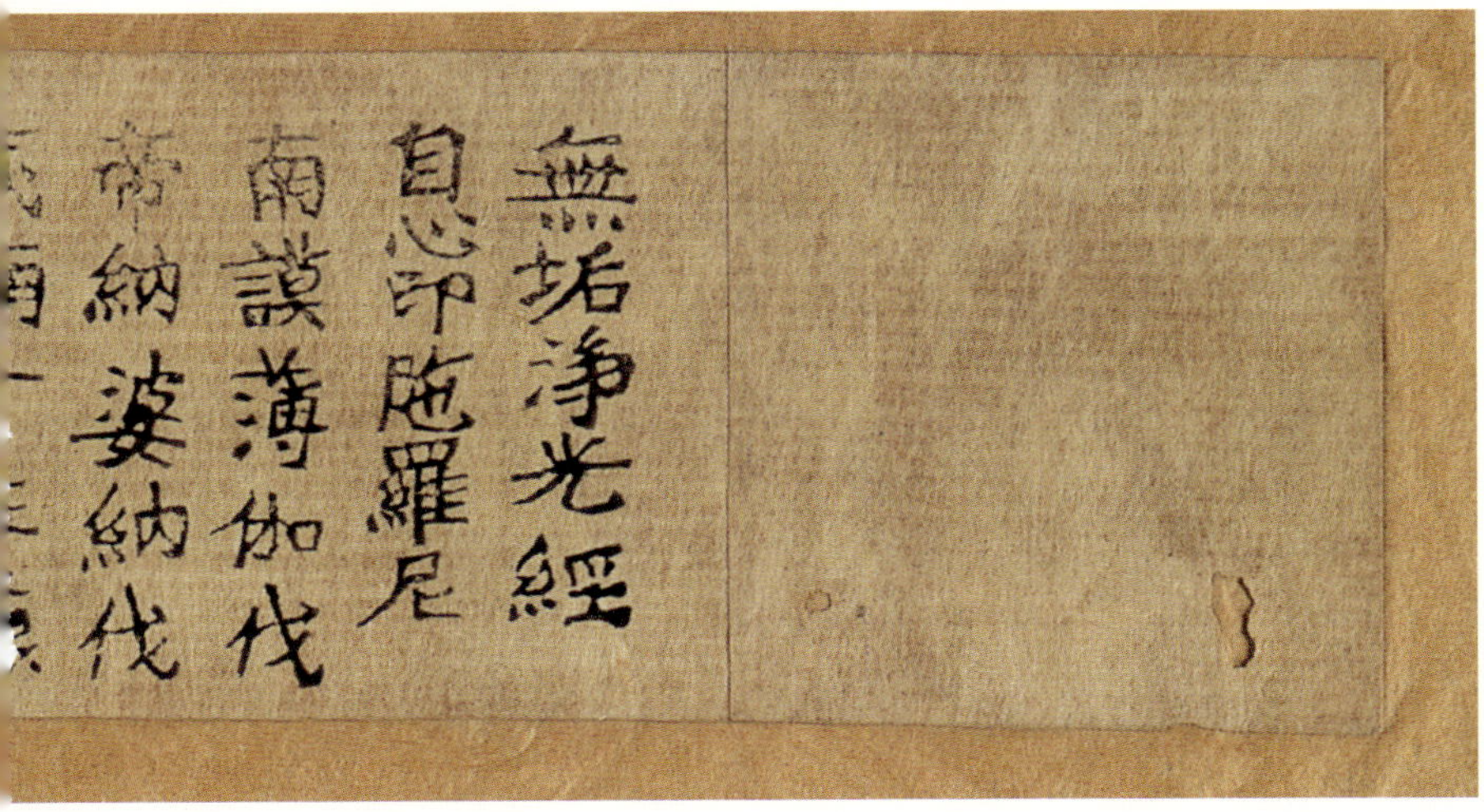
無垢浄光経
自心印陁羅尼
南謨薄伽伐
帝納婆納伐

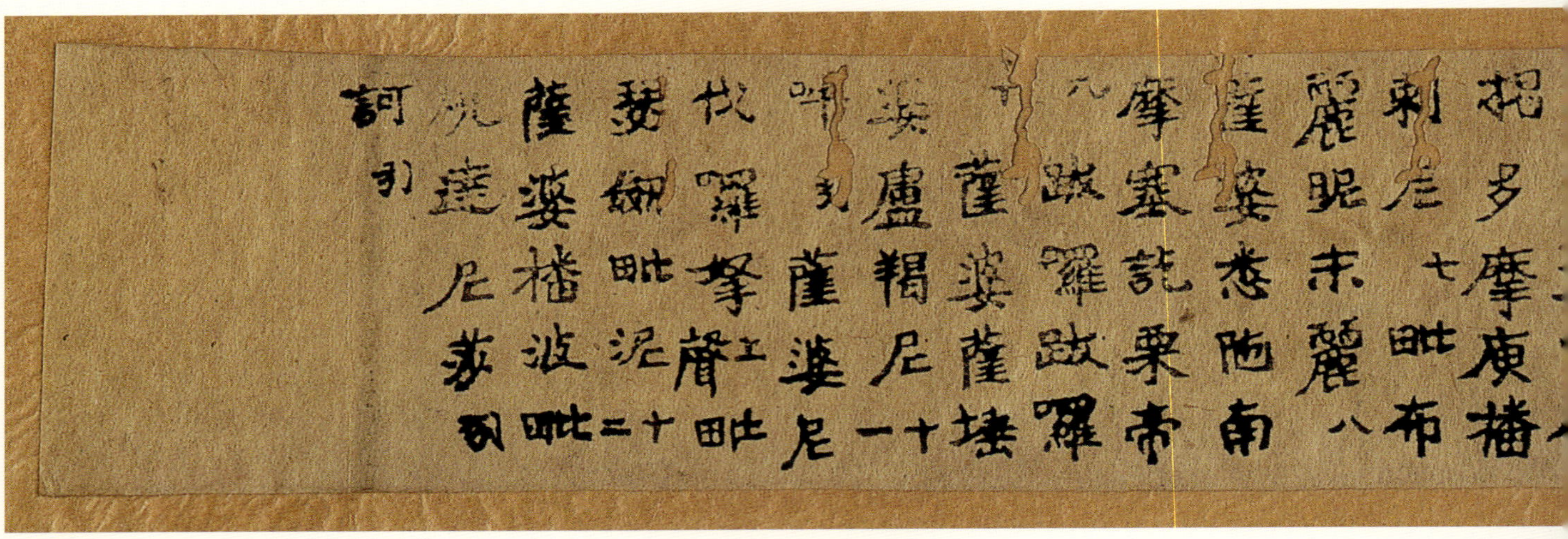

陀羅尼第64（29264-50）自心印（短版）

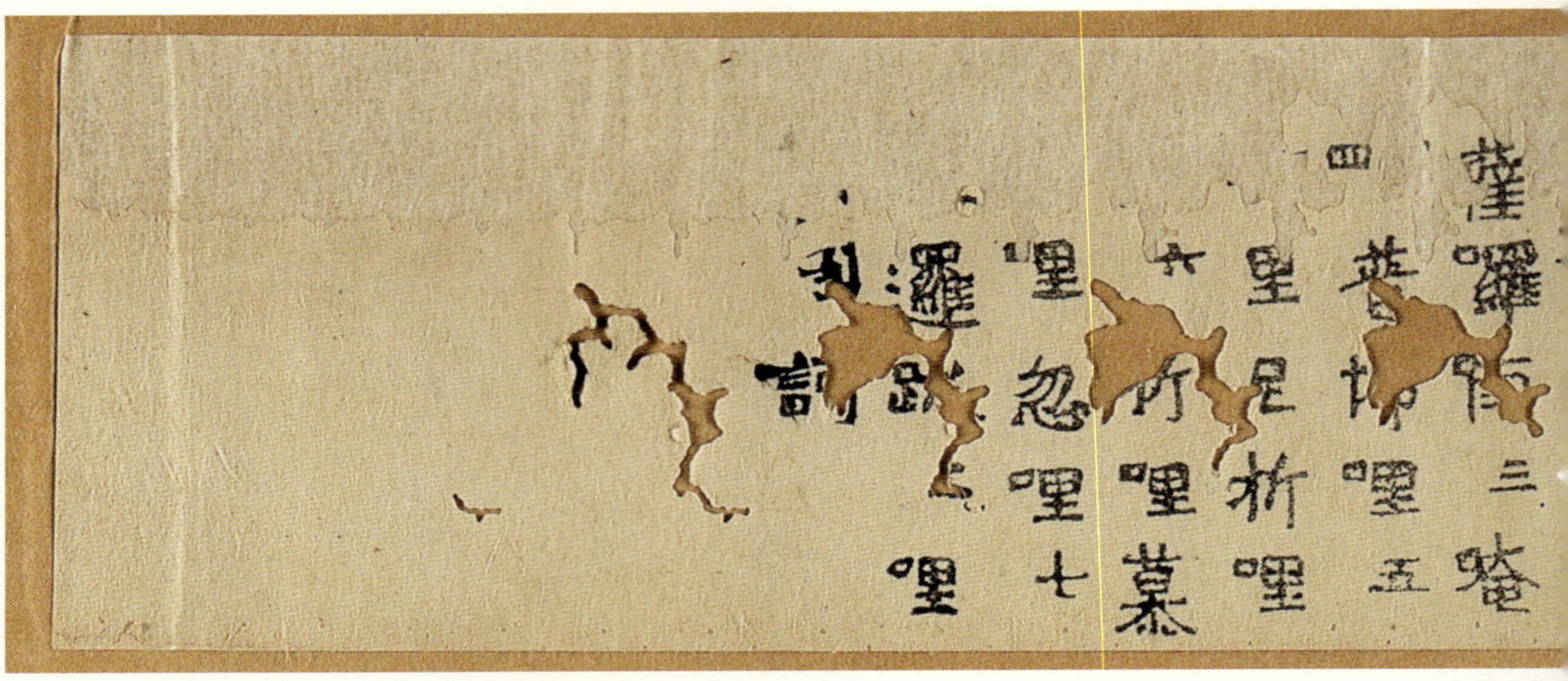

陀羅尼第70（29264-58）六度（長版）

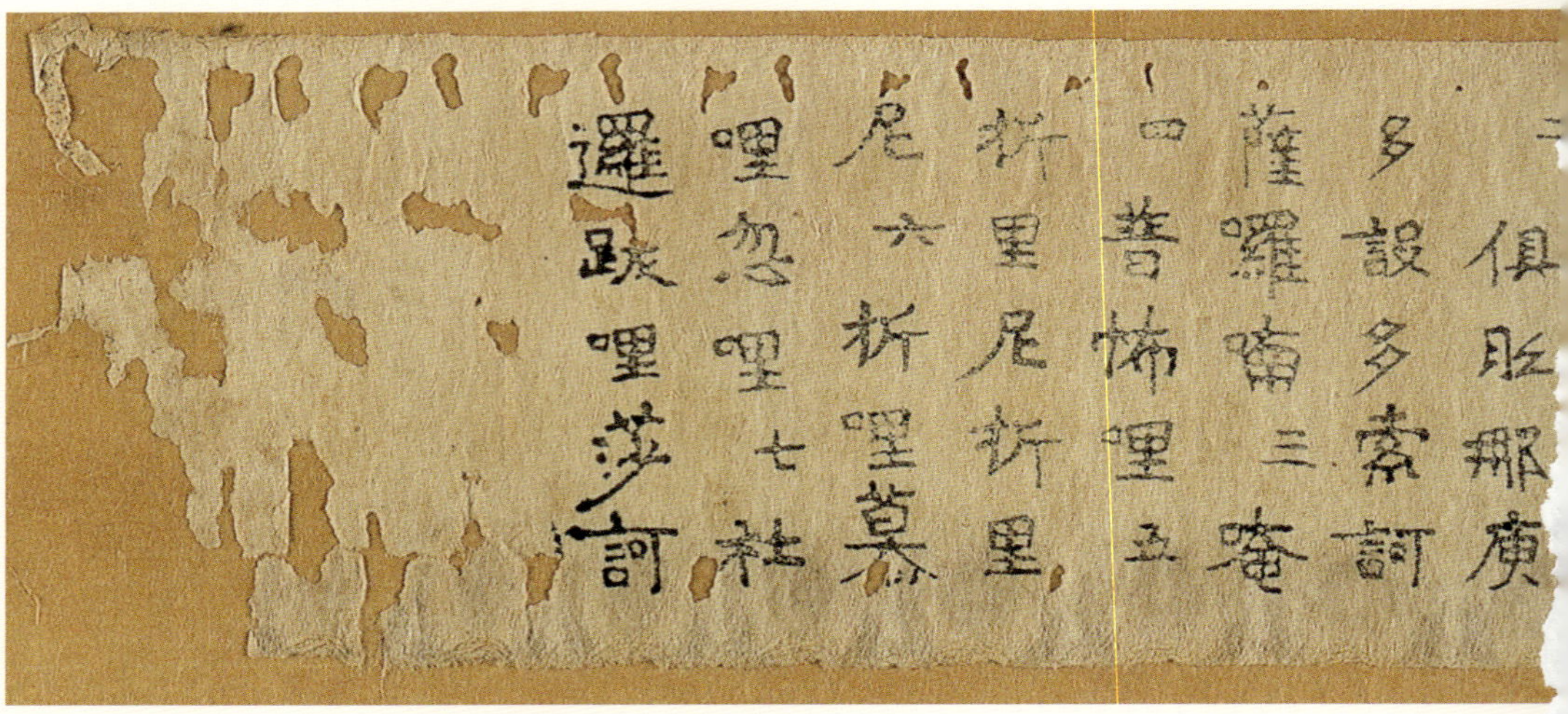

陀羅尼第71（29264—59）六度（短版）

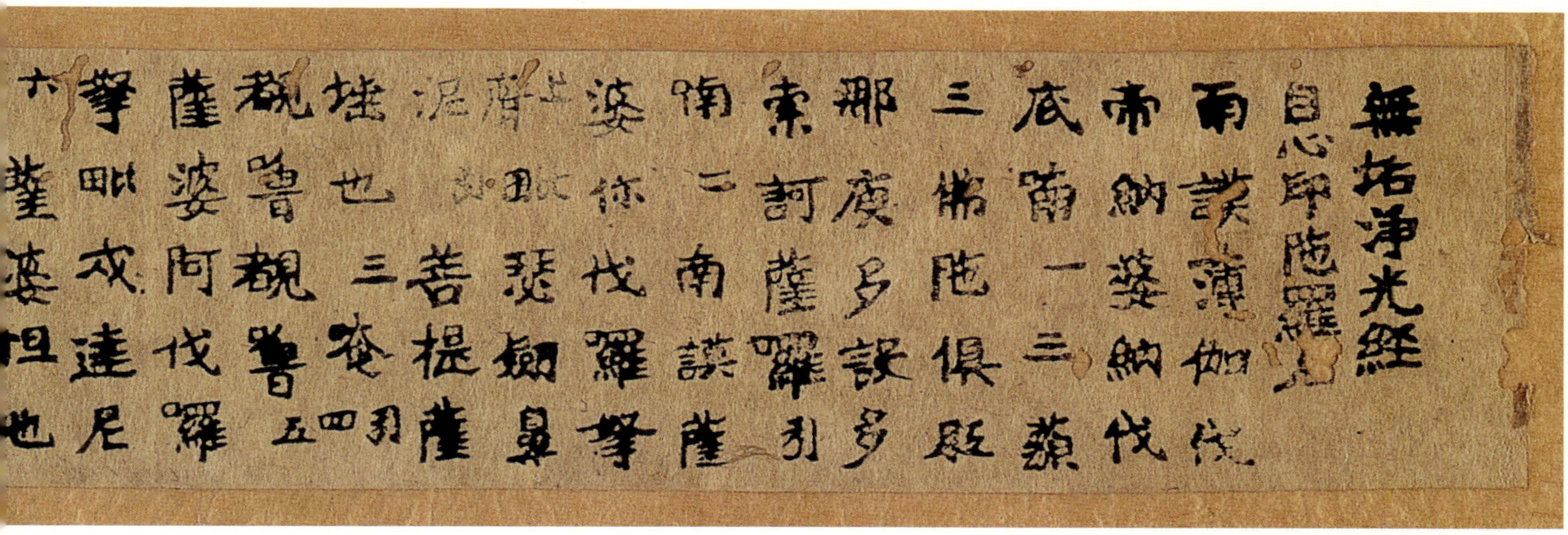
無垢浄光経
自心印陀羅尼

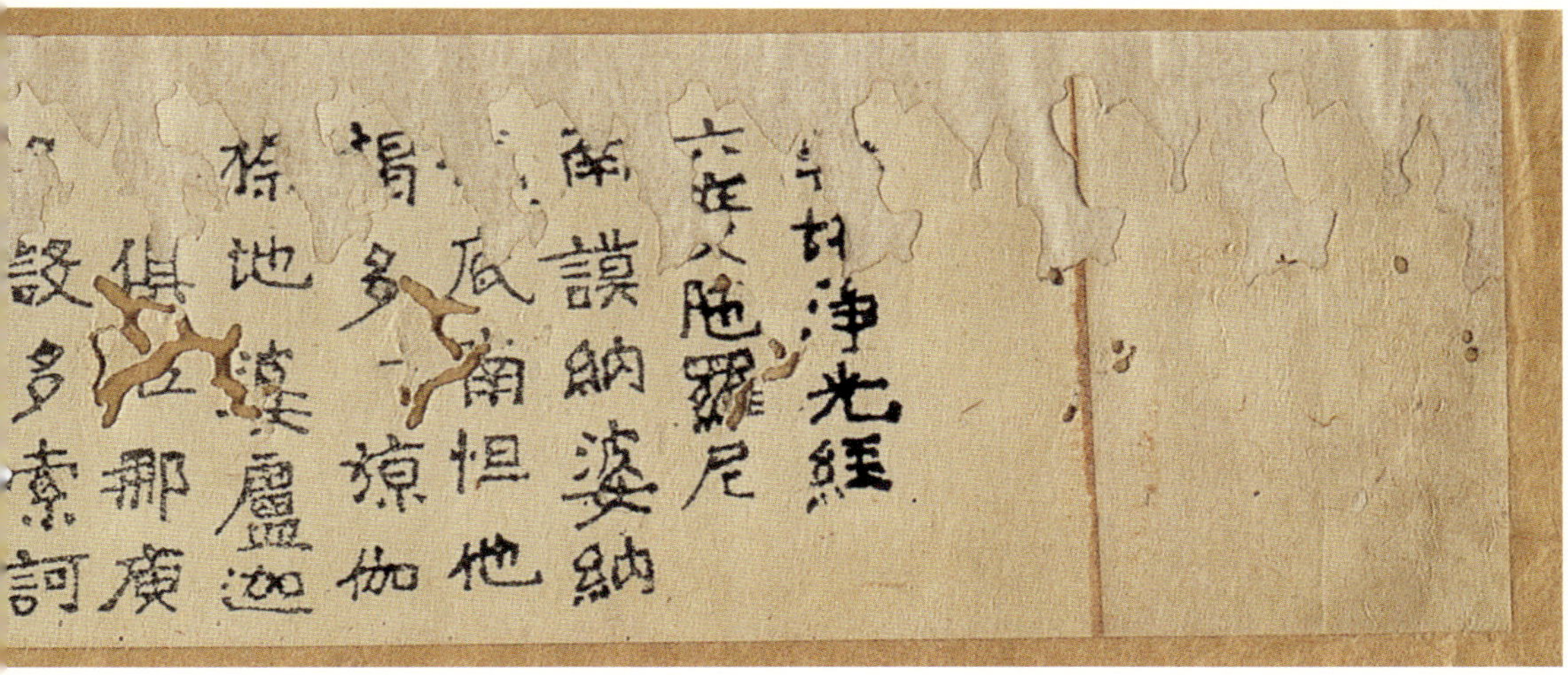
六度陀羅尼

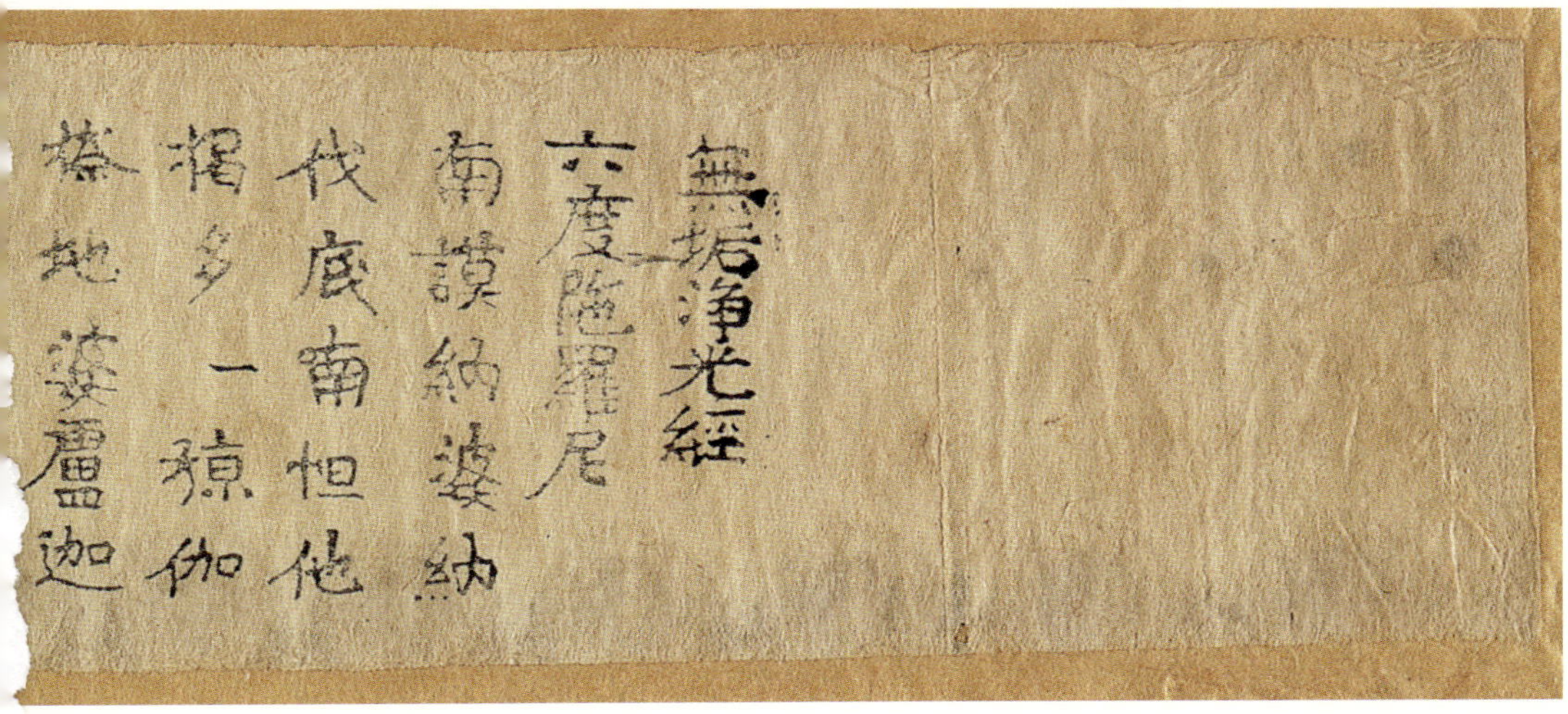
無垢浄光経
六度陀羅尼

資料編

百万塔について

百万塔は、高さ平均二一・五糎で塔身部（平均一三・〇糎）と相輪部（平均八・五糎）に分かれる。塔身部は、基壇の上に塔の基部と屋根にあたる三層の屋蓋（仮に笠とよぶ）を削り出し、中央上部に径二・二糎、深さ八・五糎前後の孔をくりぬく。塔身部底面の多くには、中央に小円孔があり、また木工用の横軸轆轤に取り付けた鉄爪の跡がある。爪形の基本的な型は百二十種を数えるというが、当文庫蔵の型は、菱型・ハの字型・箱型・二の字型等が多い。また轆轤削りの後にノミで削った例もある。

相輪部は、上から宝珠・請花・宝輪（五輪）、さらに伏鉢と重ね、下部中央に、下の塔身部にさしこむ突起、枘を作る。塔身部中央の円孔に陀羅尼を納入して、相輪部で蓋をし、白土により白化粧が施された。塔身の基底や相輪には製作年月日、工人名、工房等の墨書がみられるものがある。

用材は、塔身部はヒノキ、相輪部には細かい加工が要求されるためにサクラ属やサカキ、センダンなどを用いている。

百万塔には、塔身部と相輪部をそれぞれに製作して組み合わせる形式のものと、塔身部を二つ、または三つに分けて製作し、その後で組み立ててゆく組立塔形式のものがある。当文庫所蔵の百万塔は四十基全基が前者の形式である。なお、百万塔の構造や製作技法の諸問題や墨書名については『法隆寺の至宝』第五巻（昭和資財帳）に詳しい。

（増田晴美）

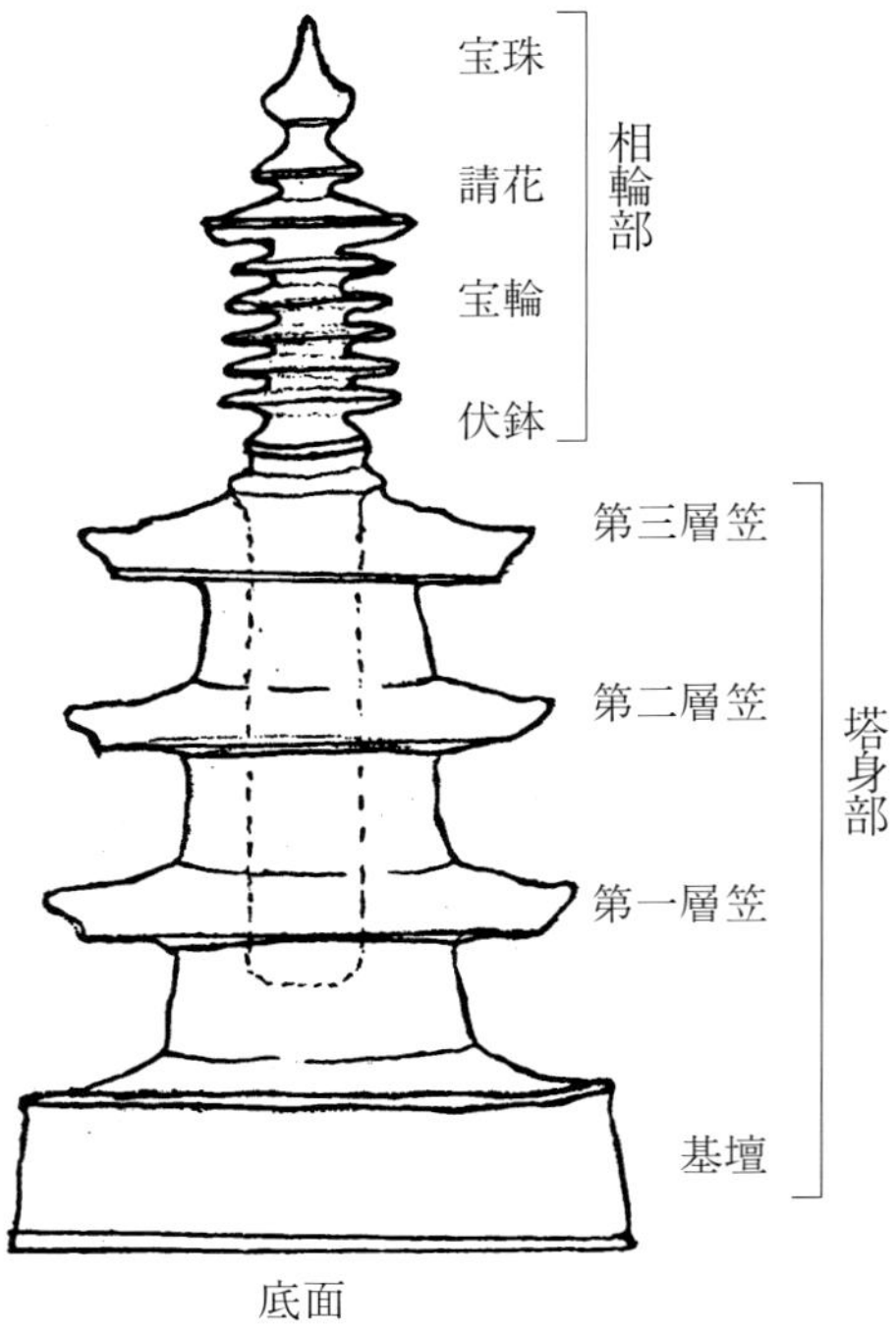

百万塔の部分名称

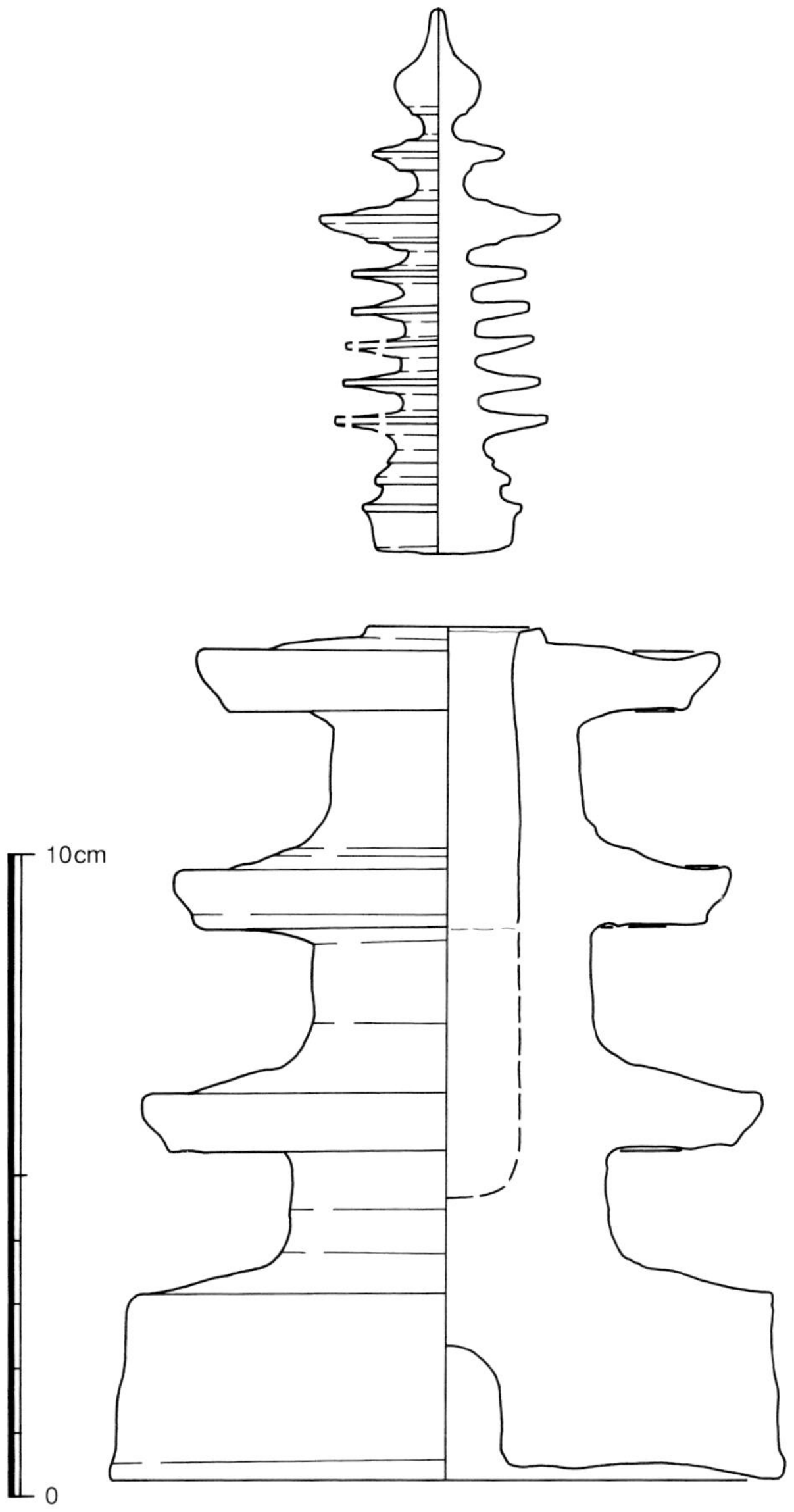

実測図（2／3）

全景写真

塔身底部

塔身上部

相輪上面

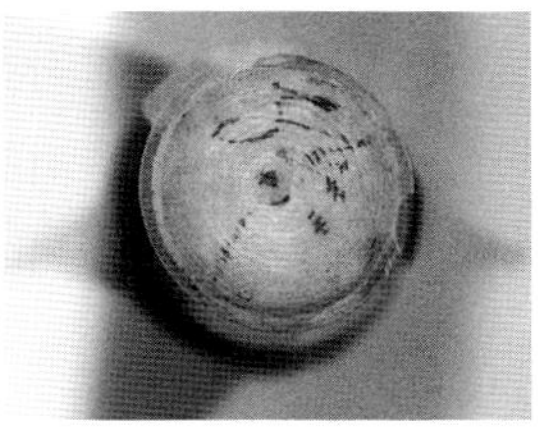

相輪底部

百万塔 第1

塔身部、基壇底面にある墨書は「元十二月廿八」までは鮮明であるが、以下は、記号か略字のようで判読困難である。轆轤の爪跡が四つ残るが、その形は菱形である。底面中央に円孔がある。白土は各層の笠の表裏全面に残存している。基壇の白土は剝落し、木目が鮮明に見え漢数字「二」が刻されている。

相輪部の底面には「〔鳥〕万」と墨書。宝輪第一輪は大破、第三輪は五分の一欠損がある。請花大に小瑕がある。宝輪は大破しているが、白土の残存の状態は良く、汚れも少なくて保存状態は良好である。

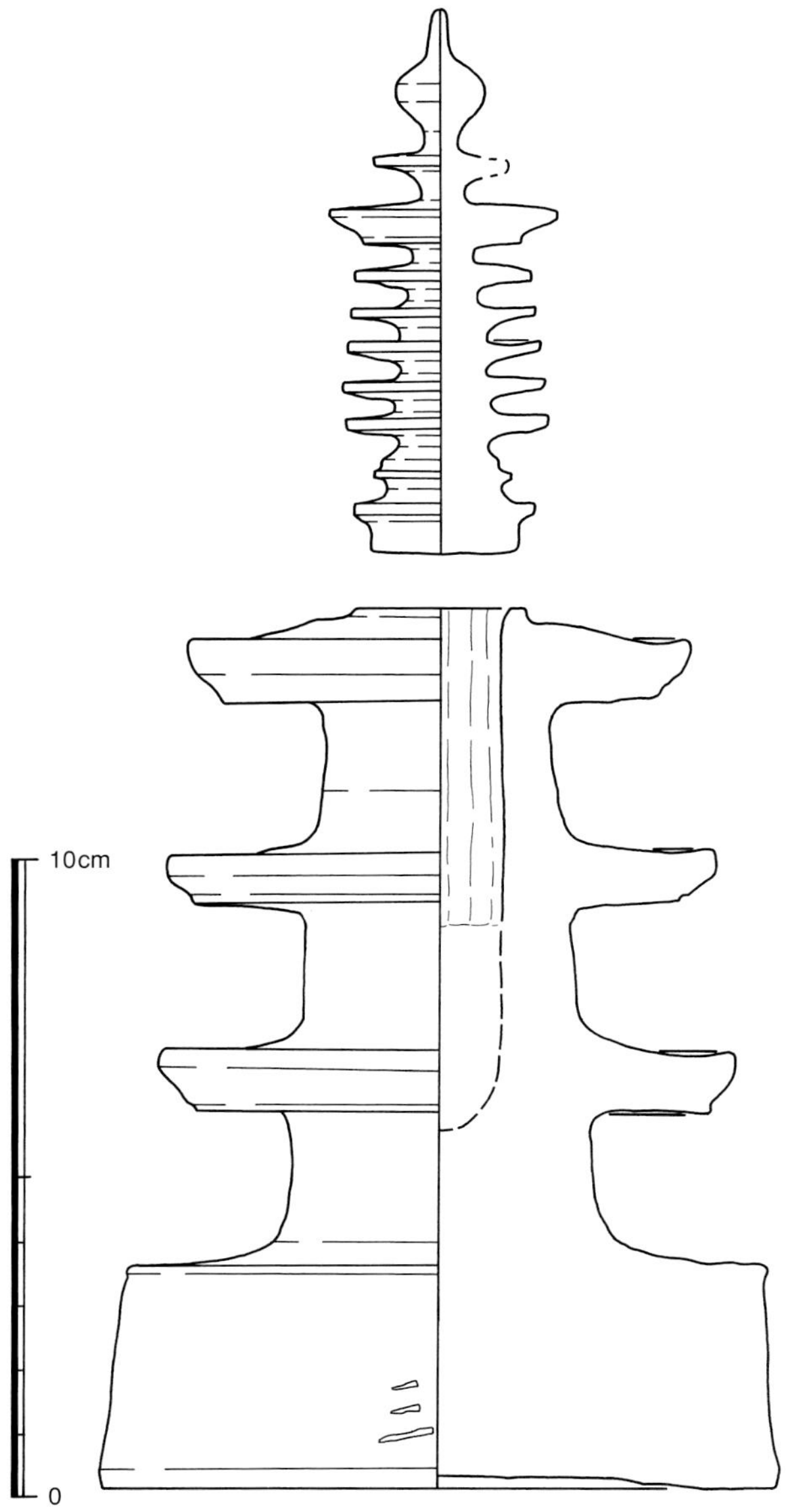

実測図（2／3）

全景写真

塔身底部

塔身上部

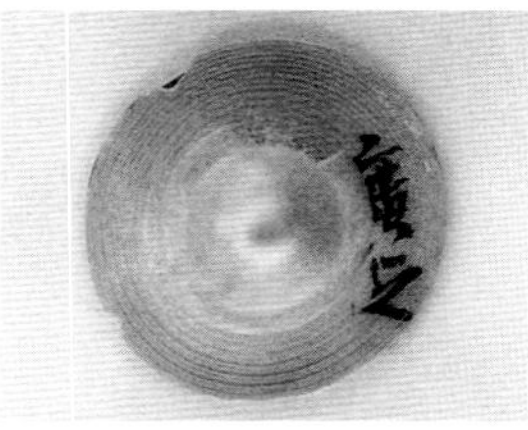

相輪上面

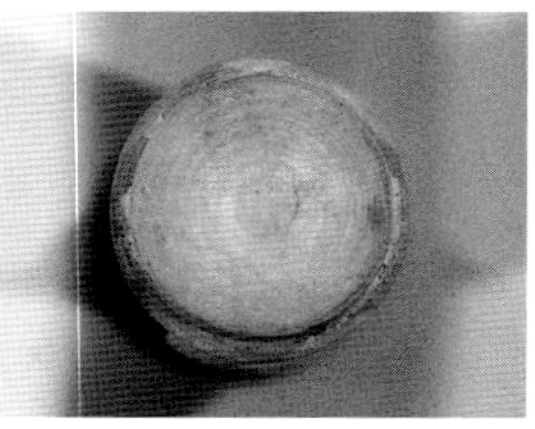

相輪底部

百万塔 第2

塔身部、基壇底面には「云二四廾三／右□」と墨書がある。底面の中心部に白土が残存、墨書の判読は不可能であるが、二字または三字と思われる。轆轤の爪跡は五つで、正菱形である。基壇の側面は白土が剝落し木目が鮮明で、漢数字「三」が刻されている。塔身や各層の笠の表裏など全面に白土が平均して残存している。笠の破損はない。

相輪部は請花大に「廣足」の墨書がある。宝輪の第一輪から第四輪の各層には三分の一の欠損がある。請花小に小瑕がある。相輪部に欠損はあるが、白土は、全面に平均して残存し、汚れも少なくて、保存状態は良好である。

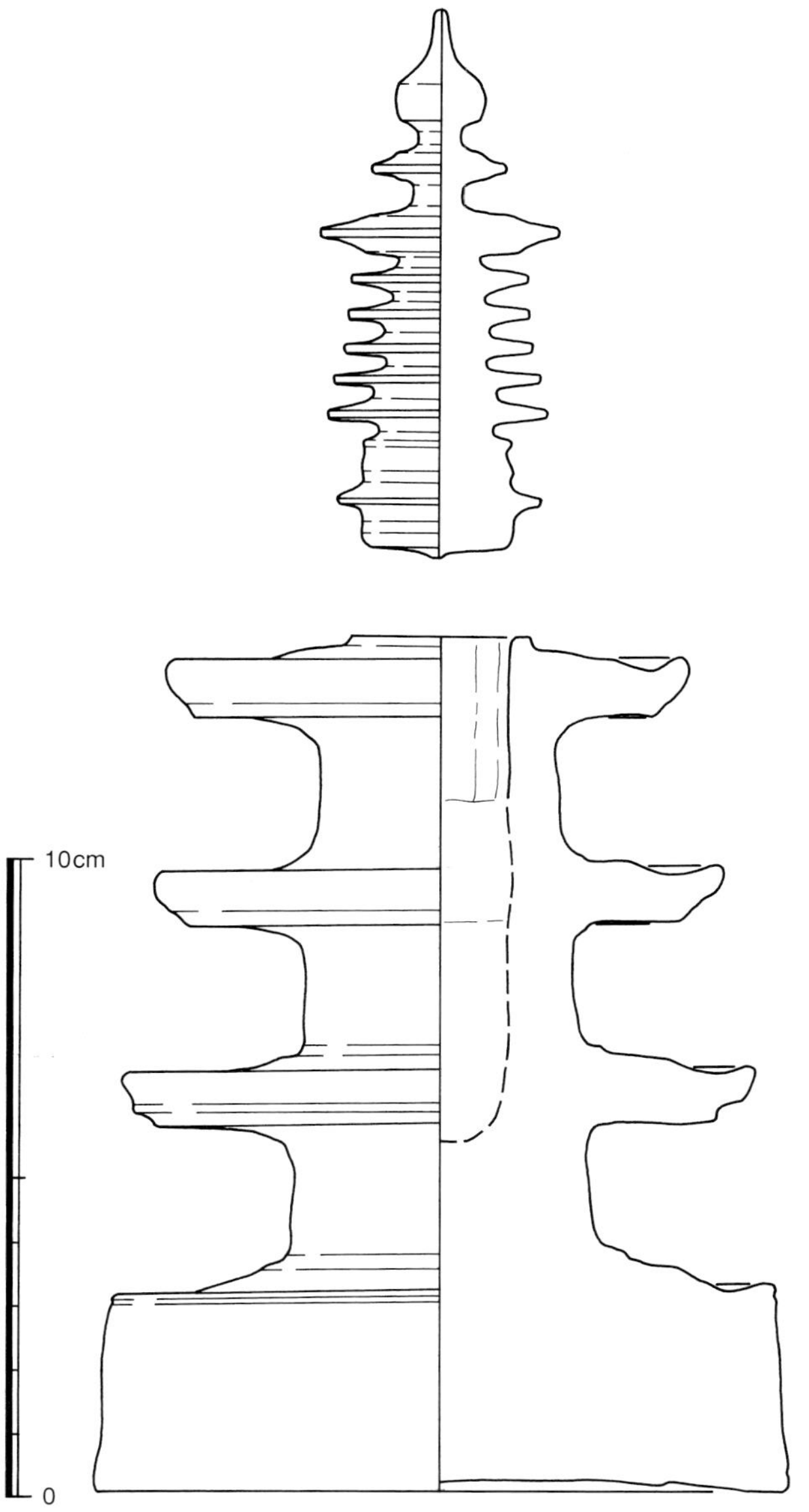

実測図（2／3）

全景写真

塔身底部

塔身上部

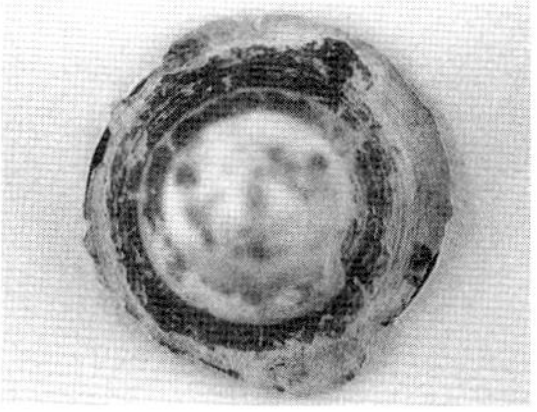

相輪上面

相輪底部

百万塔 第3

塔身部、基壇底面の墨書は「四月十九日足人」。轆轤の爪跡は五爪で、内八の字形である。基壇の側面は白土が剥落し木目が鮮明である。各層の笠の表裏等、塔身部の殆んどの白土は剥落している。第一層の笠に小さな接着補修がある。第三層の笠の周囲に小瑕がある。

相輪部は、白土の剥落甚だしく、全体に汚れがある。宝輪は第一輪は三分の二欠損、第二輪に小瑕がある。第三輪は五分の一の欠損がある。第四層は数ヶ所小瑕がある。第五輪は四分の一の欠損がある。請花大の周囲は全面に欠損があり、請花小の四分の一に欠損がみられる。

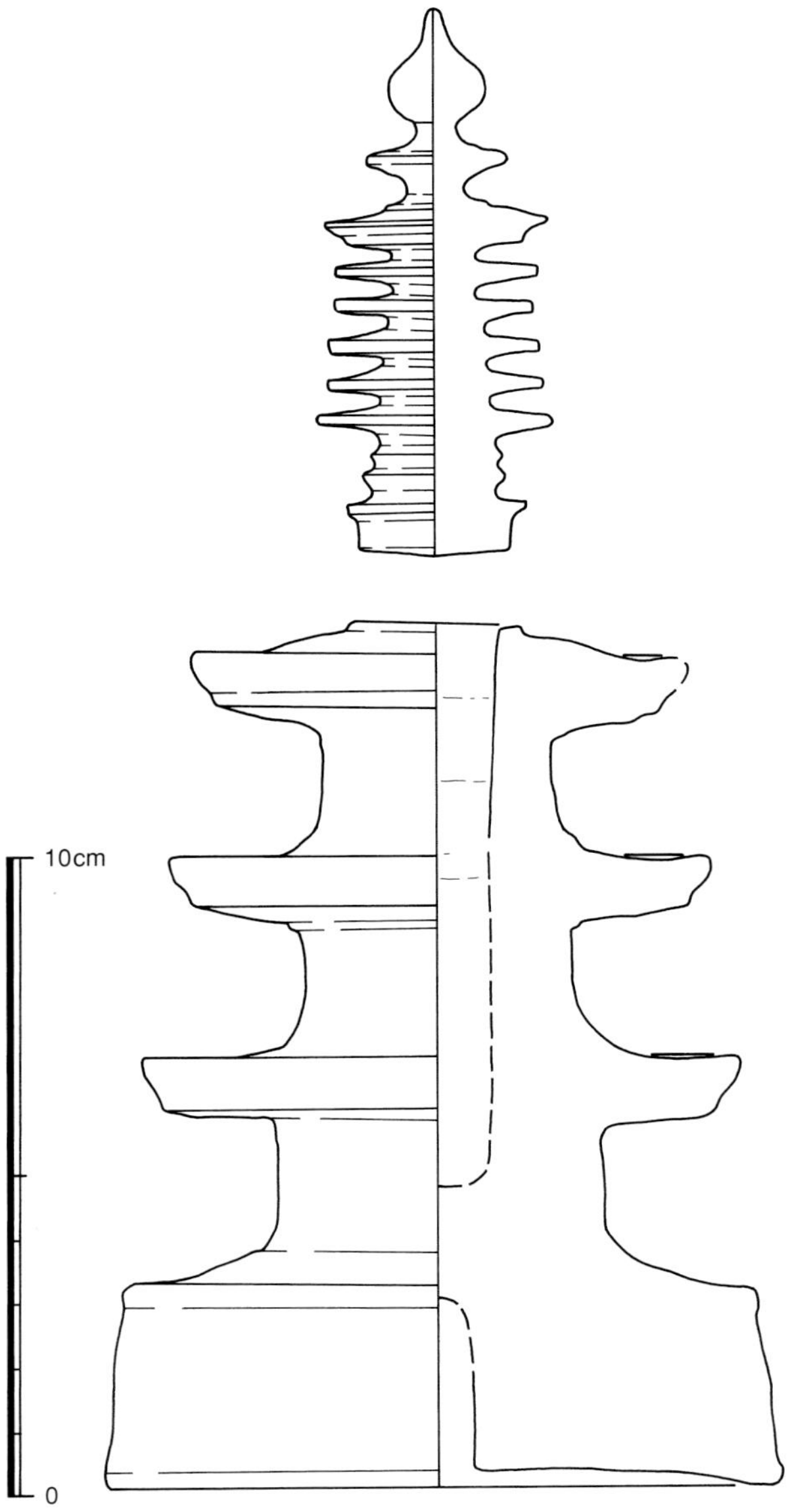

実測図（2／3）

全景写真

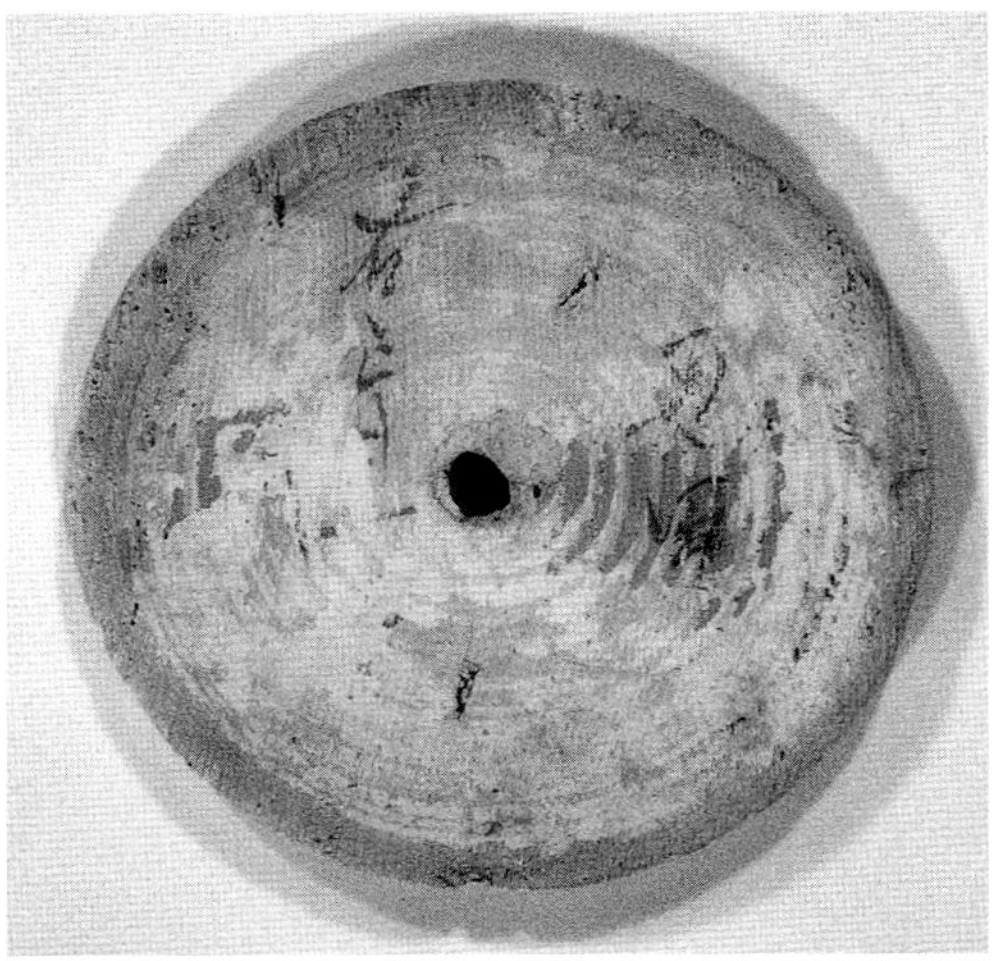

塔身底部

塔身上部

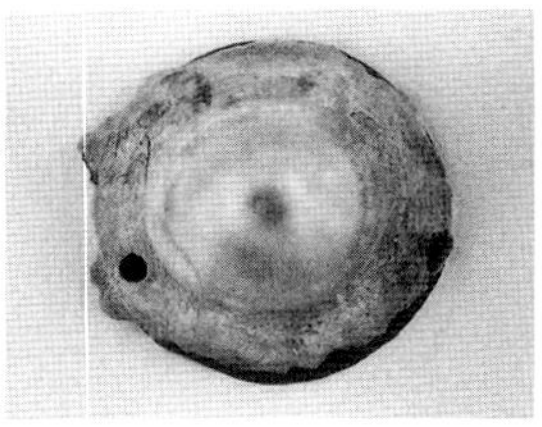

相輪上面

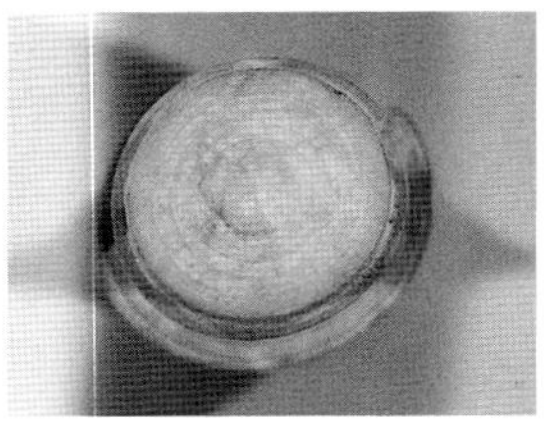

相輪底部

百万塔 第4

塔身部、基壇底面の白土の残存は多く、墨書は「忍男（田カ）／右□□〔部〕」と辛うじて判読されるが、明瞭ではない。轆轤の中央に円孔があり、爪跡は四つで、その形はハの字形である。基壇の周囲は白土剝落のため木肌が現れている。各層には白土が多く残存している。第三層笠の一部に接着補修と小瑕がある。

相輪部の白土は全面に薄く残存。宝輪第一輪・第四輪にそれぞれ三分の一欠損がみられる。請花大の周辺は虫損と破損で原型をとどめないが、請花小は無傷である。宝珠の先端に一ヶ所虫損の穴がある。

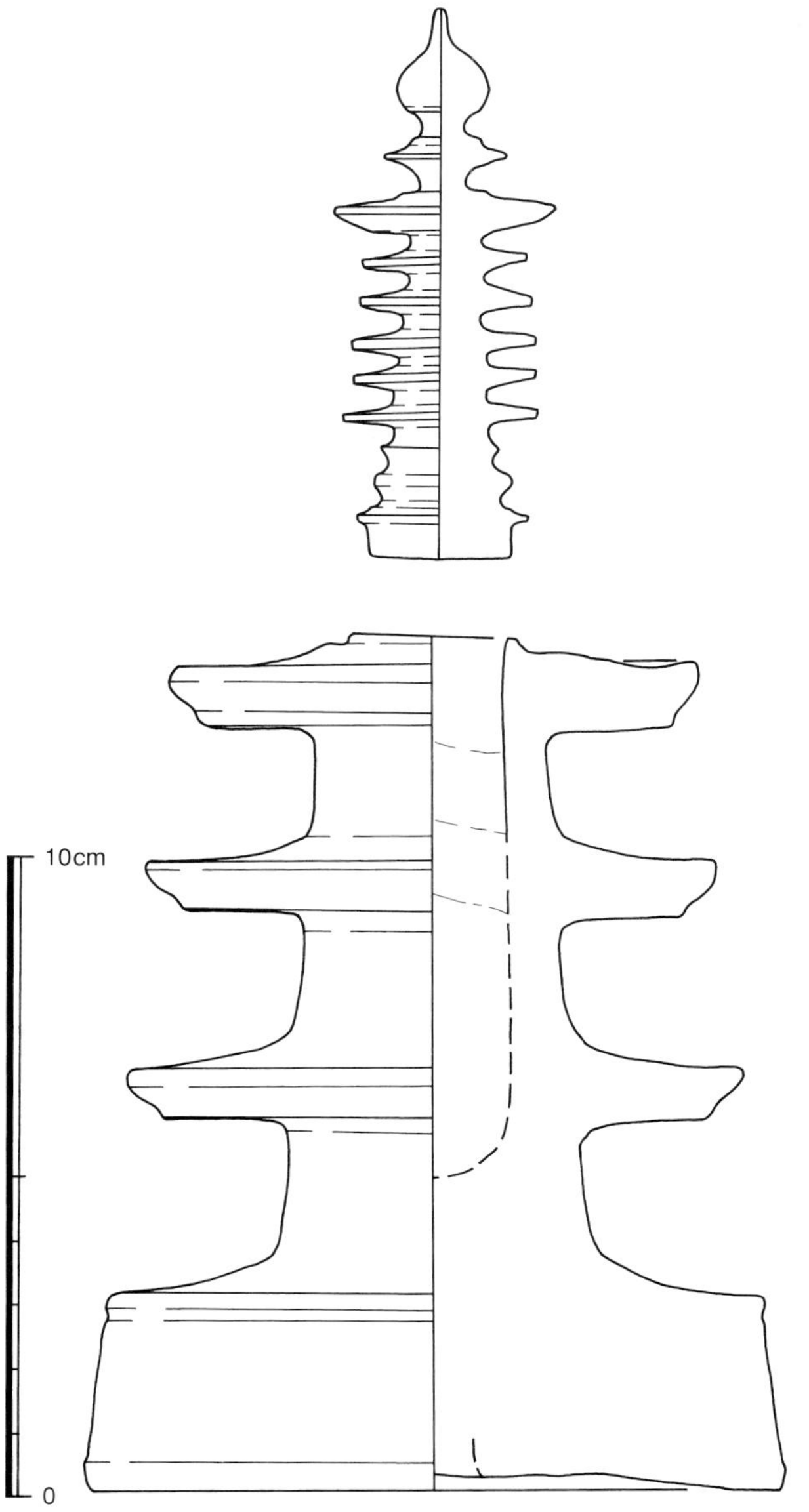

実測図（2／3）

全景写真

塔身底部

塔身上部

相輪上面

相輪底部

百万塔 第5

塔身部、基壇底面は、白土が薄く残存している。轆轤の爪跡は四つで、ニの字形である。中央に円孔がある。基壇側面の白土は殆んど剥落し、木目が鮮明に現れている。第二層笠に小瑕がある。全面に白土が残存し、保存状態は良好である。

相輪部、底面に「毛」の墨書がある。宝輪第三輪が四分の一欠損、請花大に三分の一の欠損がある。白土は全面に薄く残存し、塔身部と同様、保存状態は良好である。

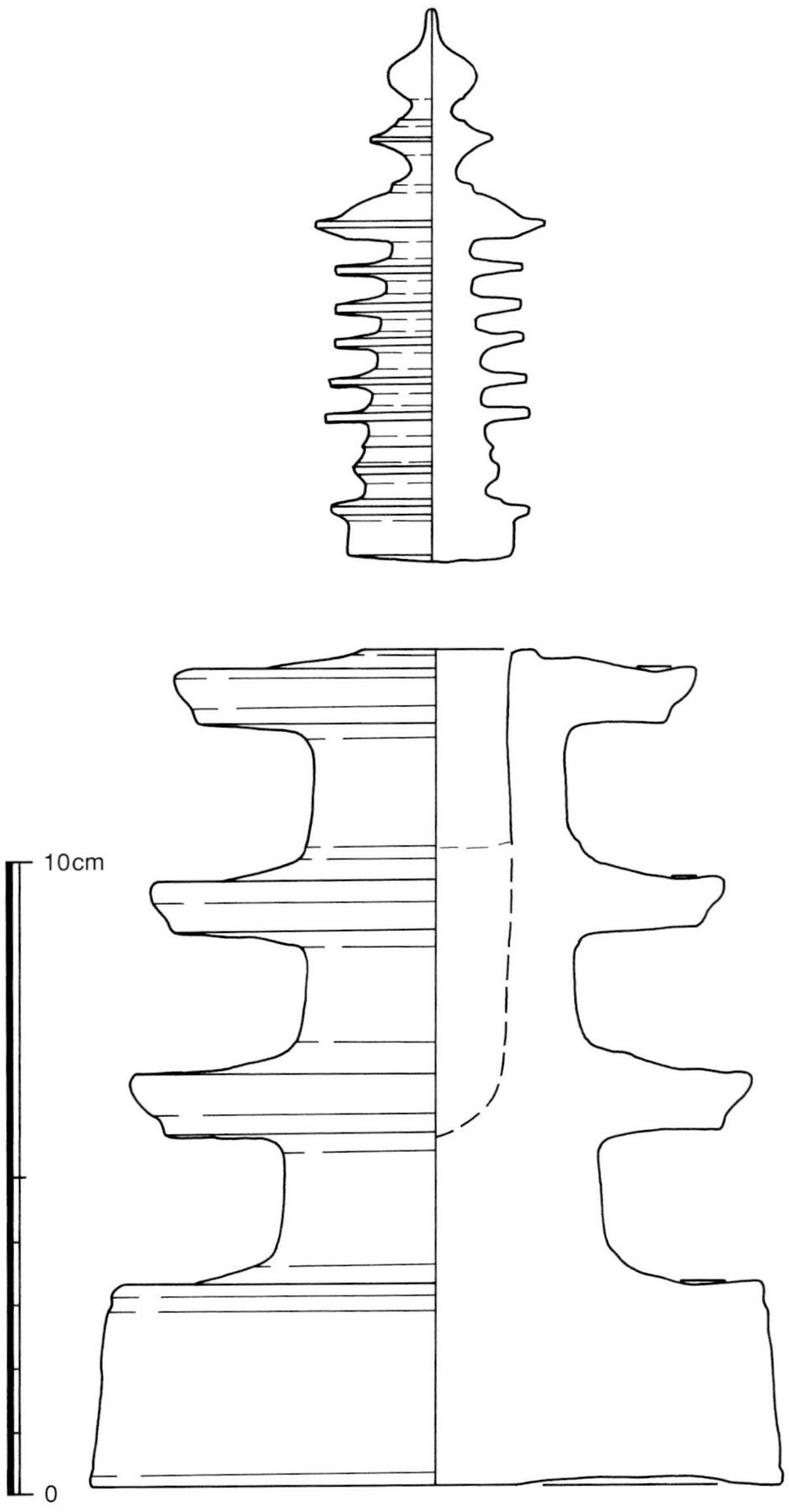

実測図（2／3）

全景写真

塔身底部

塔身上部

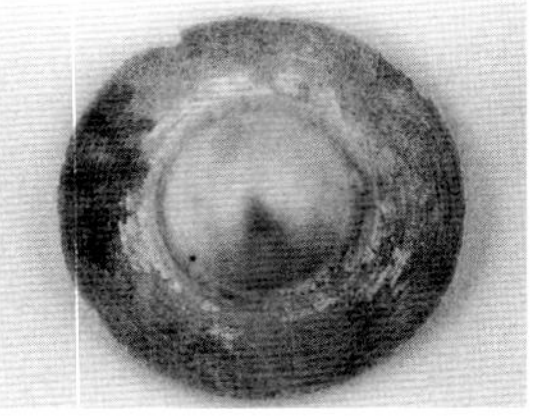

相輪上面

相輪底部

百万塔 第6

塔身部の基壇底面には「左田部」と墨書がある。轆轤の爪跡は五つ、その形は内八の字形である。第二層の笠に小瑕がある。白土は基壇の側面は少ないが、底面や各層など全面に残存し、保存状態は良好である。

相輪部の宝輪第一輪は、三分の一欠損。請花大は四分の一欠損している。白土は宝珠では剥落しているが、全面にかなり残存している。基壇の側面に漢数字「三」が刻されている。

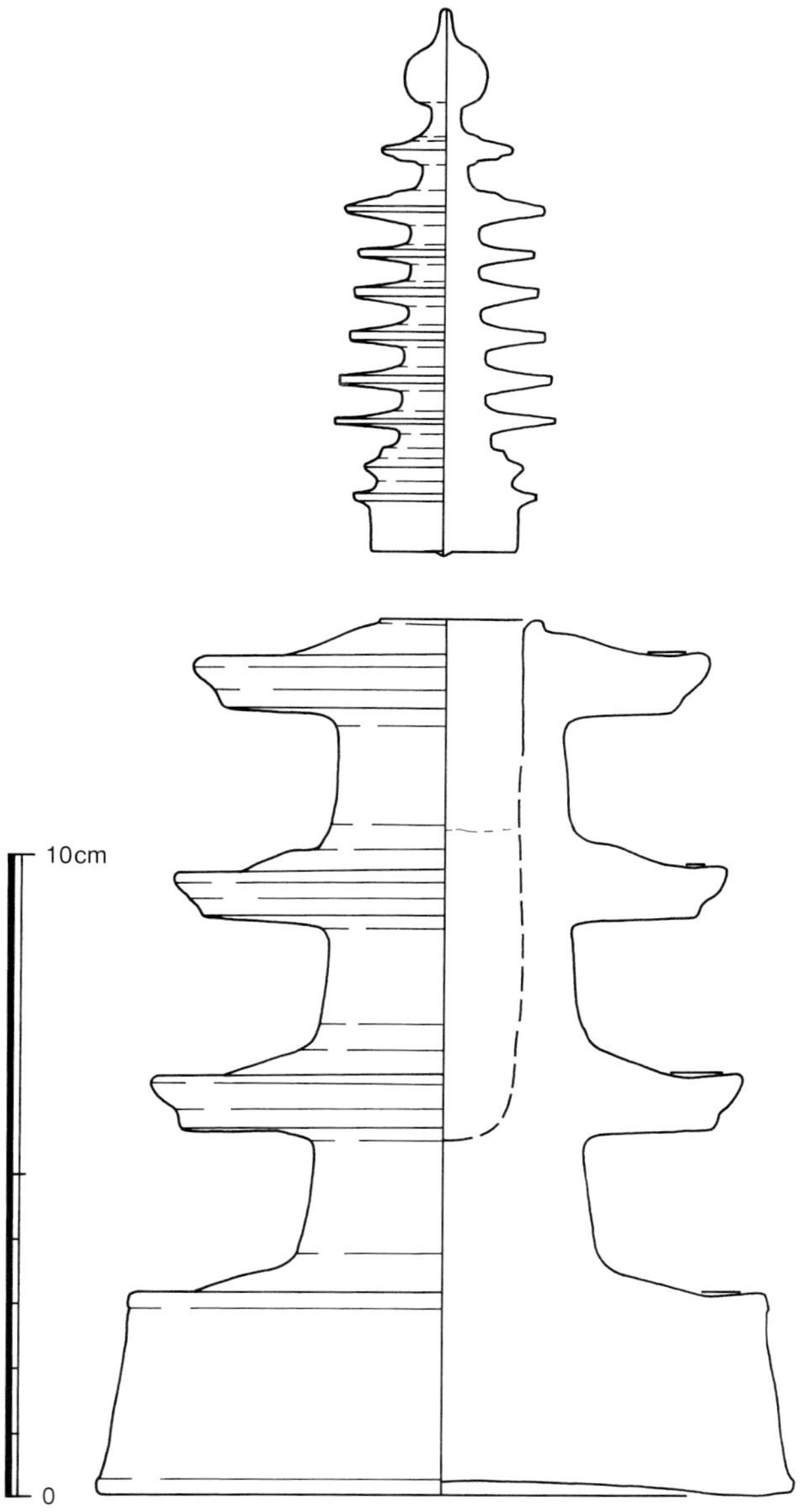

実測図（2／3）

全景写真

塔身底部

塔身上部

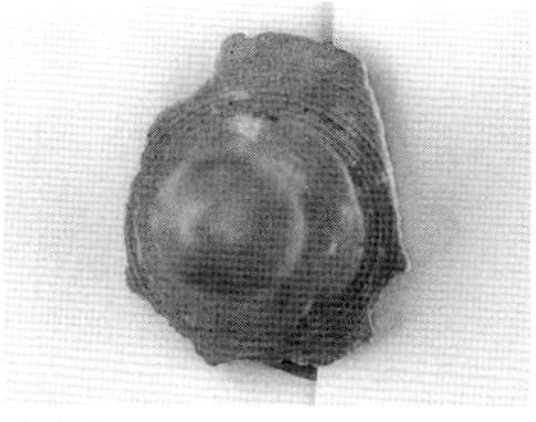

相輪上面

相輪底部

百万塔 第7

塔身部、基壇の墨書は「〔土〕方」。轆轤の爪跡が五個所、正十字形である。白土は基壇底面と側面の一部分、各層全体に残存しているが、汚れている。基壇の側面には漢数字「二」が刻されている。笠に欠損はない。

相輪部の底面には「秋足」と墨書がある。宝輪第一輪は四分の三欠損、第二輪は二分の一欠損、第三輪は四分の三が欠損、第四輪は欠損がない。第五輪は五分の一欠損がある。請花大の笠の周辺全体に欠損があり、請花小は一部分小瑕がある。宝珠の先端は折損している。

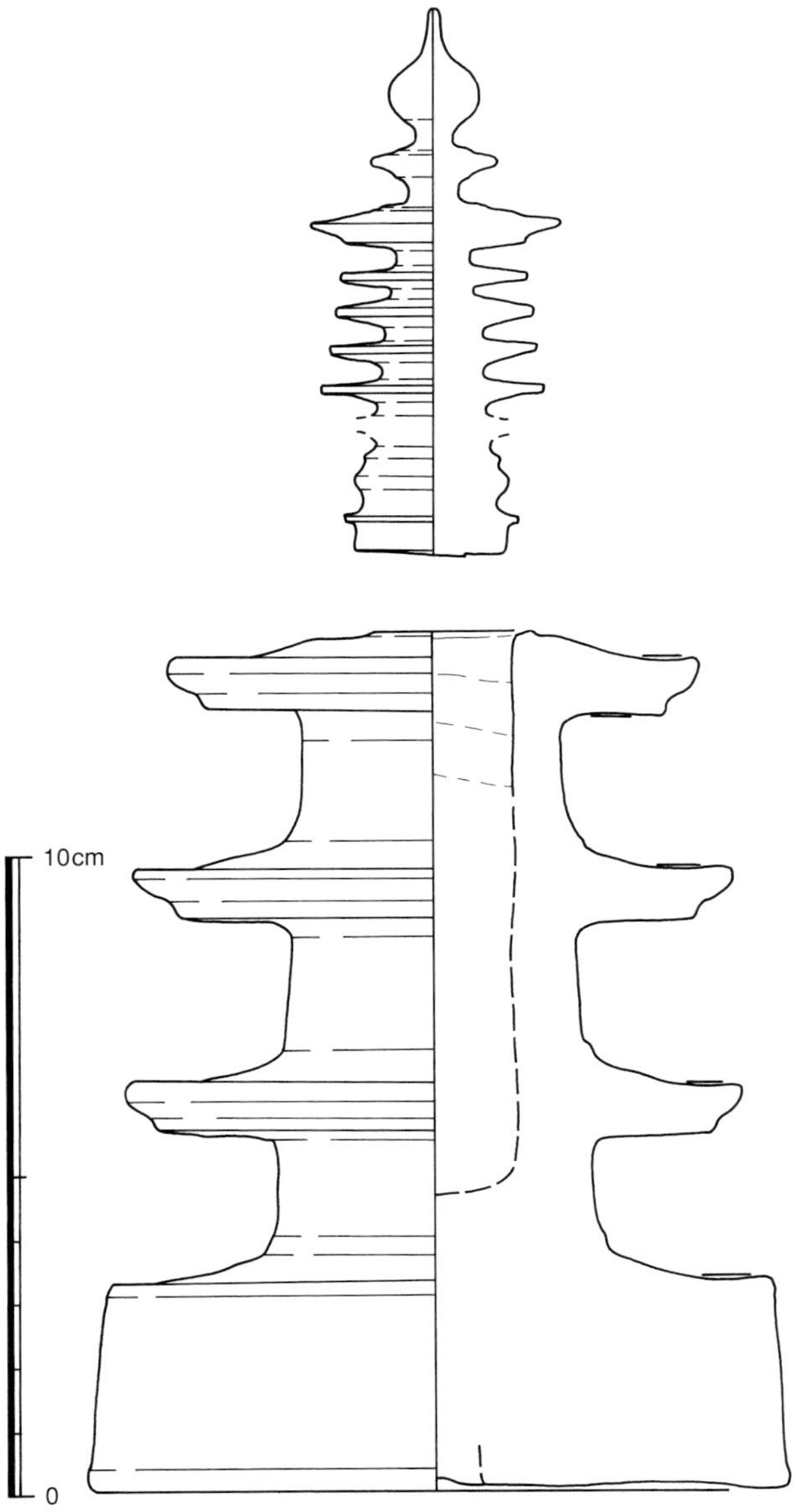

実測図（2／3）

全景写真

塔身底部

塔身上部

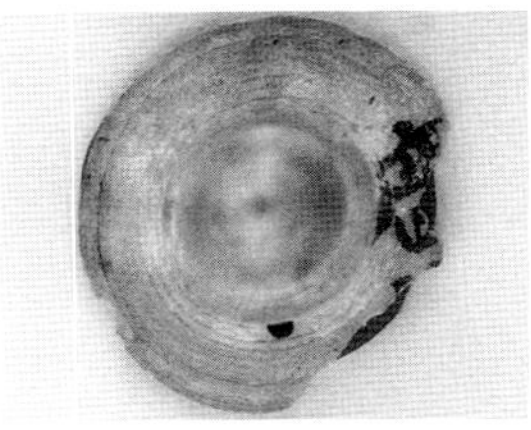

相輪上面

相輪底部

百万塔 第8

塔身部、基壇底面には「十月廿三日国守」の墨書がある。轆轤の爪跡が四つ残るが、その形は二の字形である。底面中央に丸穴があり、白土がつまっている。底面の端の一部と、基壇の周囲に虫損がみられる。各層の笠の周囲に小瑕がある。白土は全体に剥落し、汚れが目立つ。基壇の側面に漢数字「二」が刻されている。

相輪部も白土は全面に薄く残存するが汚れも多い。墨書は請花大の笠に「廣［足］」。宝輪、第一輪は大破、第二輪は二分の一折損、第三輪は二分の一折損、第四、第五輪は欠損がない。請花大は四分の一折損、請花小に小瑕がある。

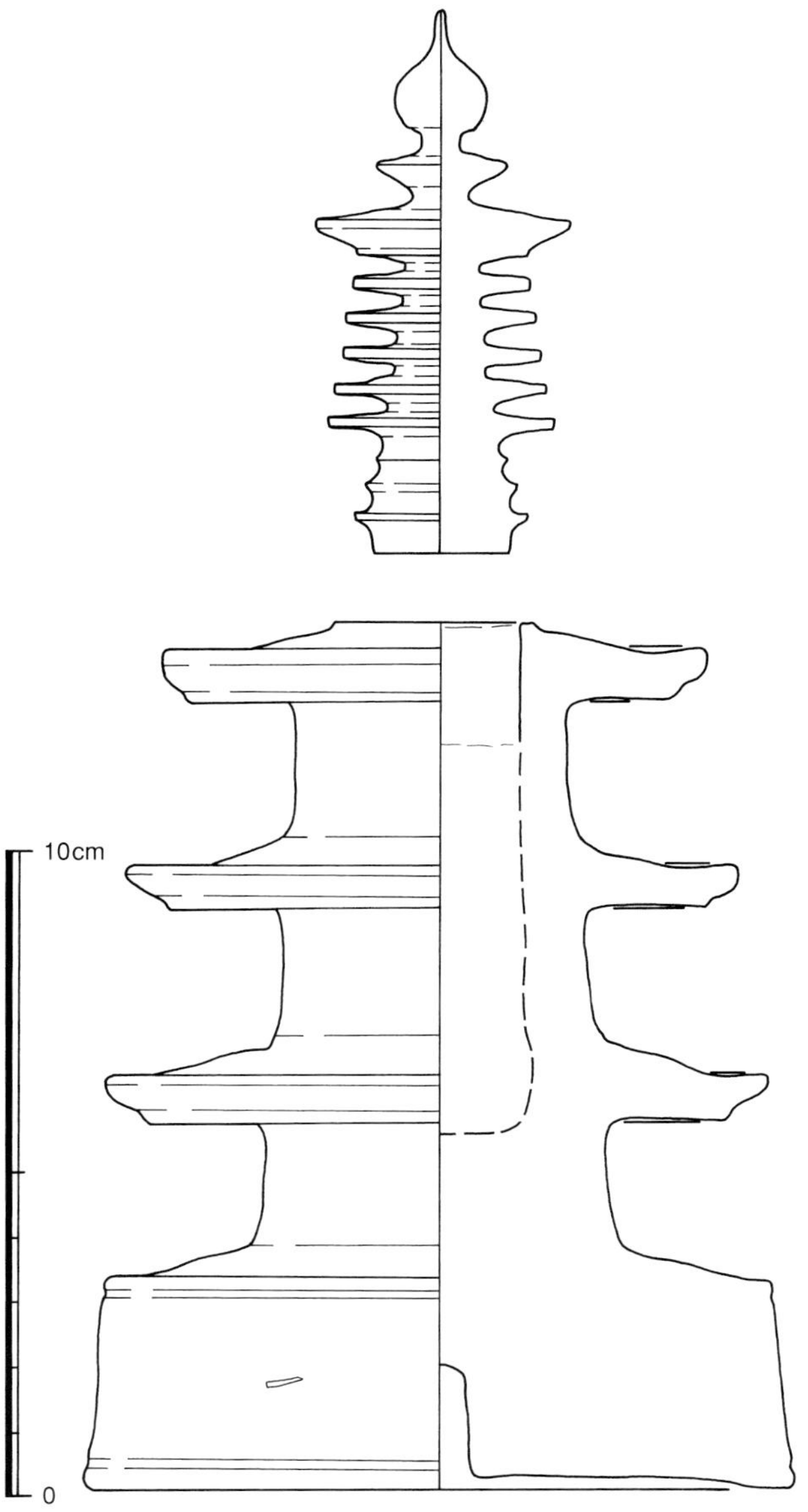

実測図（2／3）

全景写真

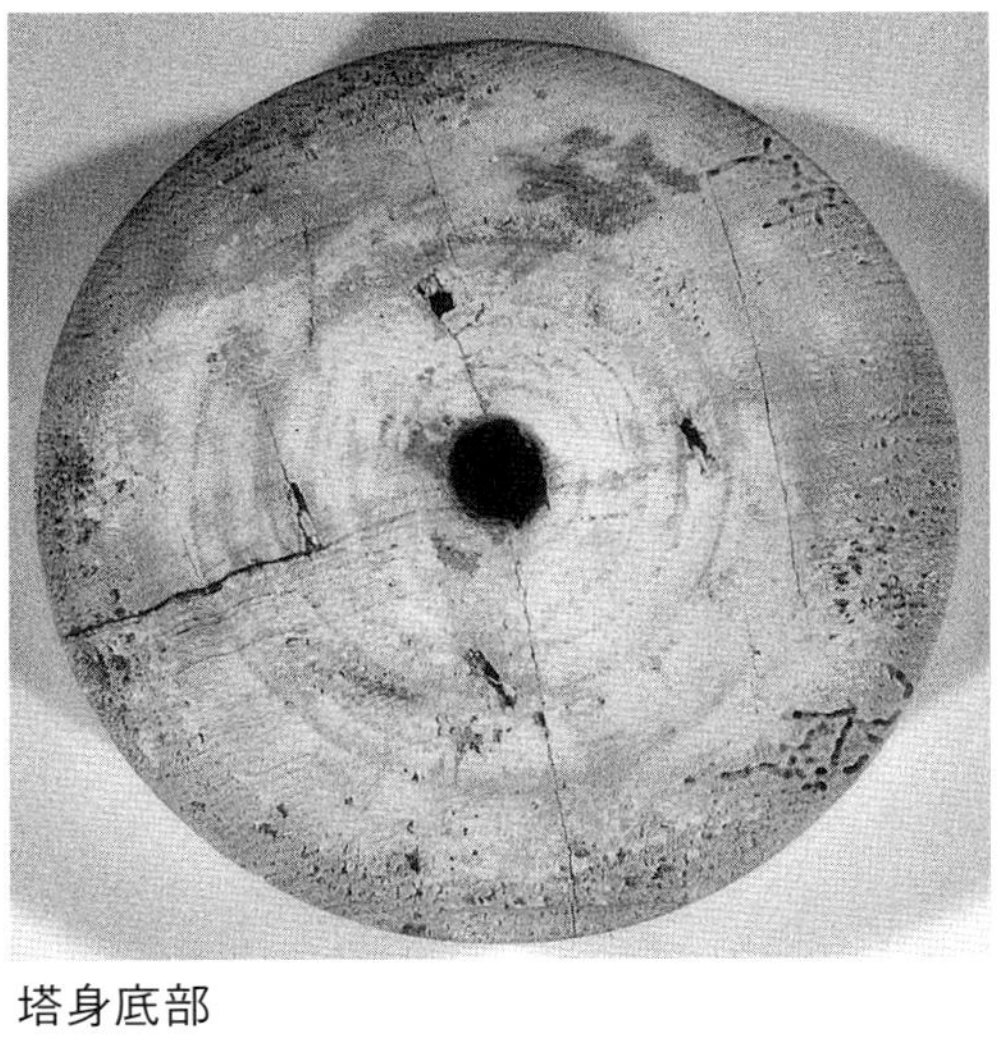

塔身底部

塔身上部

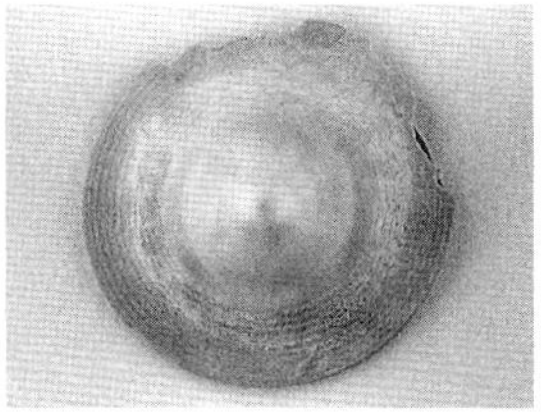

相輪上面

相輪底部

百万塔 第9

塔身部、基壇底面に墨書は見られない。轆轤の爪跡は四つで、ニの字形である。底面中央に円孔がある。底面には白土が残存しているが、虫損がある。基壇の側面には漢数字「二」が刻されている。白土は剥落し、木目が鮮明に見える。塔身及び第一層、第二層の笠の裏面の一部に白土が残存している。

相輪部、底面に「金足」の墨書がある。第一輪から第四輪までは欠損はなく、第五輪に三分の一の折損がある。請花大の端二箇所に欠損がある。白土は少し汚れてはいるが全面に残存し、全体の姿は端正である。

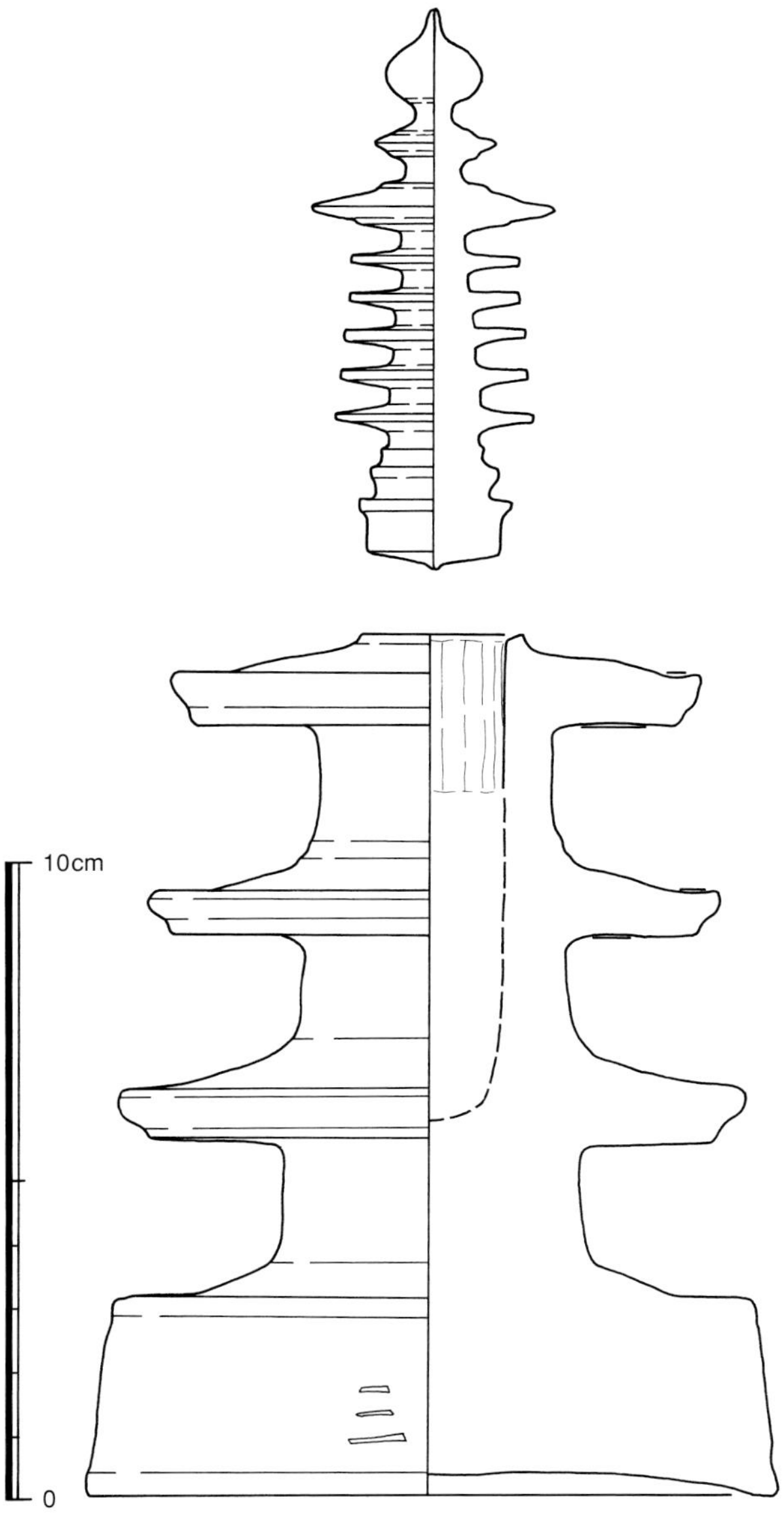

実測図（2／3）

全景写真

塔身底部

塔身上部

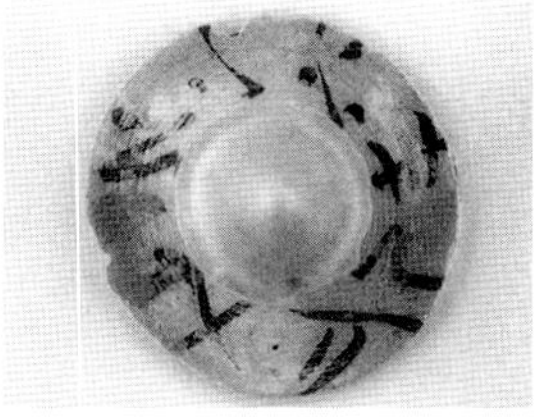

相輪上面

相輪底部

百万塔 第10

塔身部、基壇底面の白土は、殆んど剝落。「云二六廾九／左吉〔万〕」の墨書は明瞭である。轆轤の爪跡は五つ、外ハの字形である。基壇の側面は白土が剝落し、漢数字「三」が刻されている。第一層の一部欠損、第二層の一部小瑕がある。各層全体に白土が残存し、保存状態は良好である。

相輪部は、第一輪・第二輪は三分の一欠損、第三輪は小瑕がある。請花大の周辺二ヶ所に小瑕、小には一ヶ所小瑕がある。宝珠には虫の小穴が一ヶ所ある。請花大の笠の表面に「右云二六廾九万」の墨書がある。

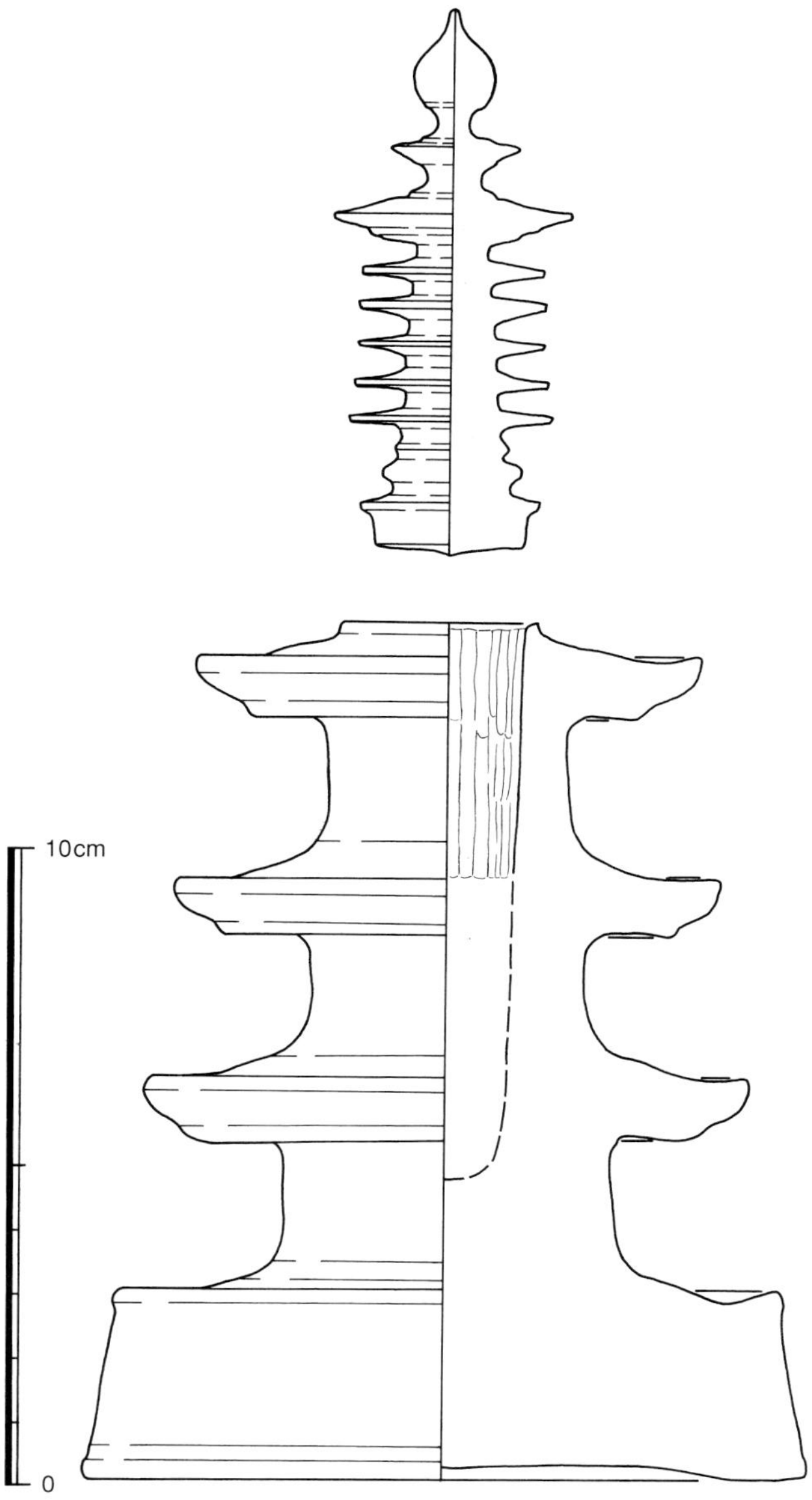

実測図（2／3）

全景写真

塔身底部

塔身上部

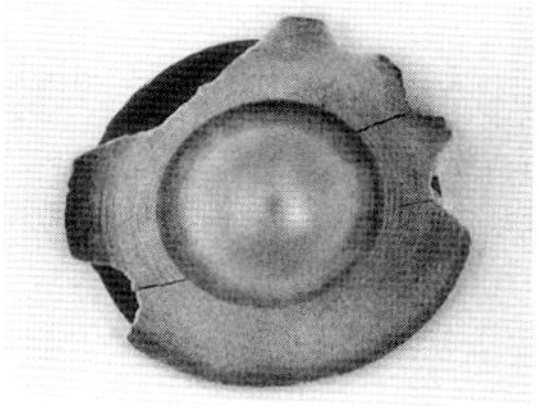

相輪上面

相輪底部

百万塔 第11

塔身部、基壇の底面に「左公万」と墨書がある。轆轤の爪跡は五つで、正菱形である。第二層笠の一部欠損、第三層の笠の一部に補修接着がある。白土は基壇の底面の周囲、基壇の側面、各層に多く残存しているが、カビの為か汚れがある。

相輪部、底面に「長」と墨書がある。白土は全面に薄く残存している。第一輪は二分の一欠損、第二輪に小瑕がある。請花大は四分の一欠損し、周囲は数ヶ所瑕がある。請花小には瑕はない。

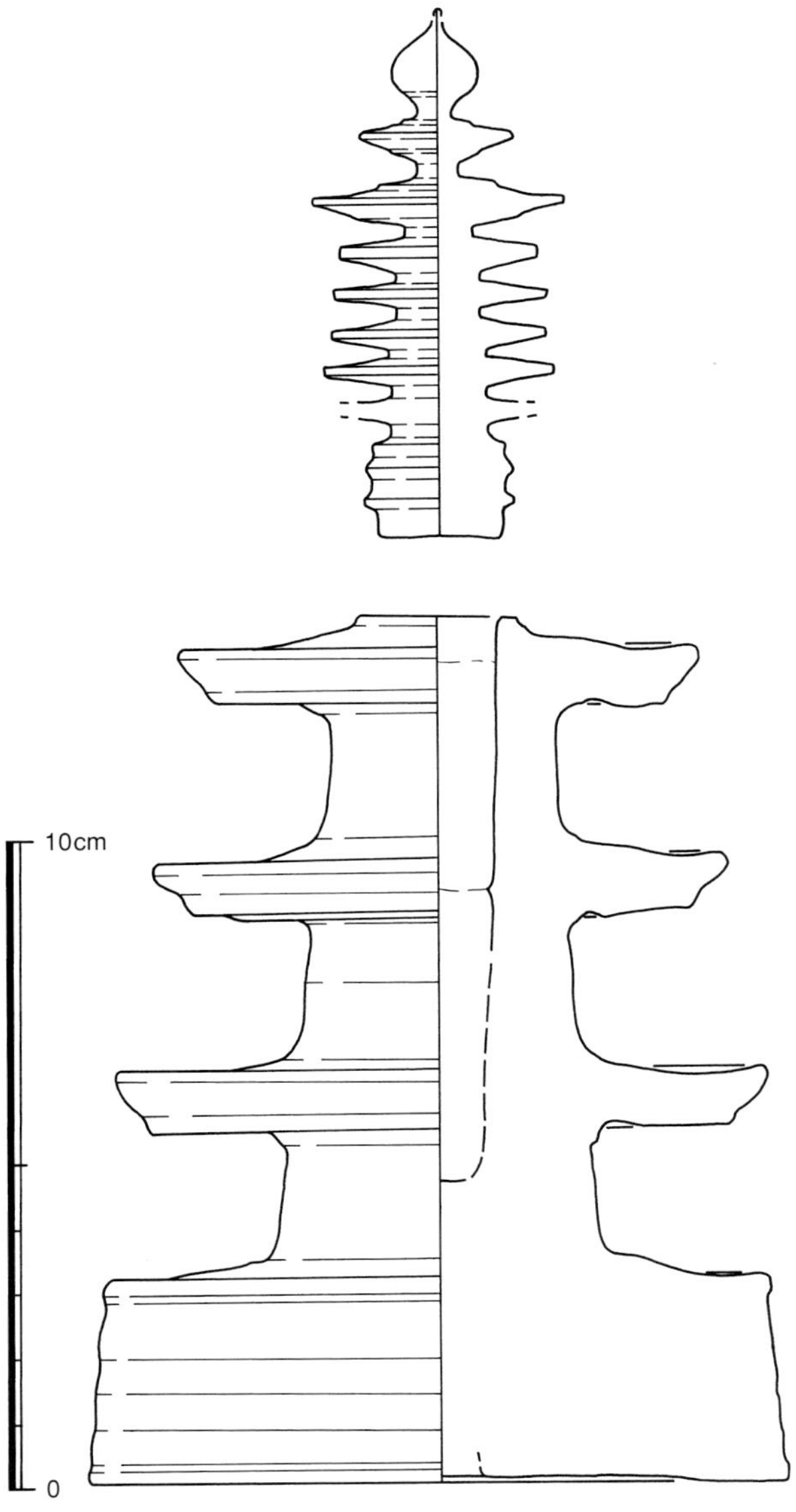

実測図（2／3）

全景写真

塔身底部

塔身上部

相輪上面

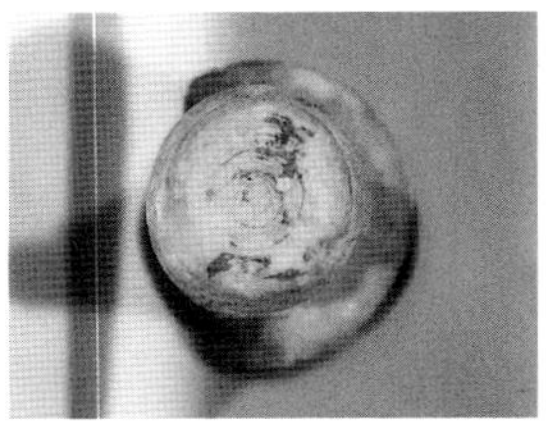

相輪底部

百万塔 第12

塔身部の底面は白土が剝落し、虫損はあるが墨書は明瞭で、「元十月十四日益国」と記す。轆轤の爪跡は四つで箱形、中央に円孔があるが白土でふさがっている。基壇の側面は白土が剝落し、木目は鮮明であり、小瑕がある。第三層の笠の一部に欠損がある。白土の残存状態は良い。

相輪部、底面の墨書は判読不明。第一輪は大破、第二輪から第四輪まではそれぞれ三分の一が欠損している。第五輪は四分の一欠損。請花大は輪郭の二分の一が欠損しており、小の一部に小瑕がある。宝珠の先端は欠損している。白土は全体に残存している。

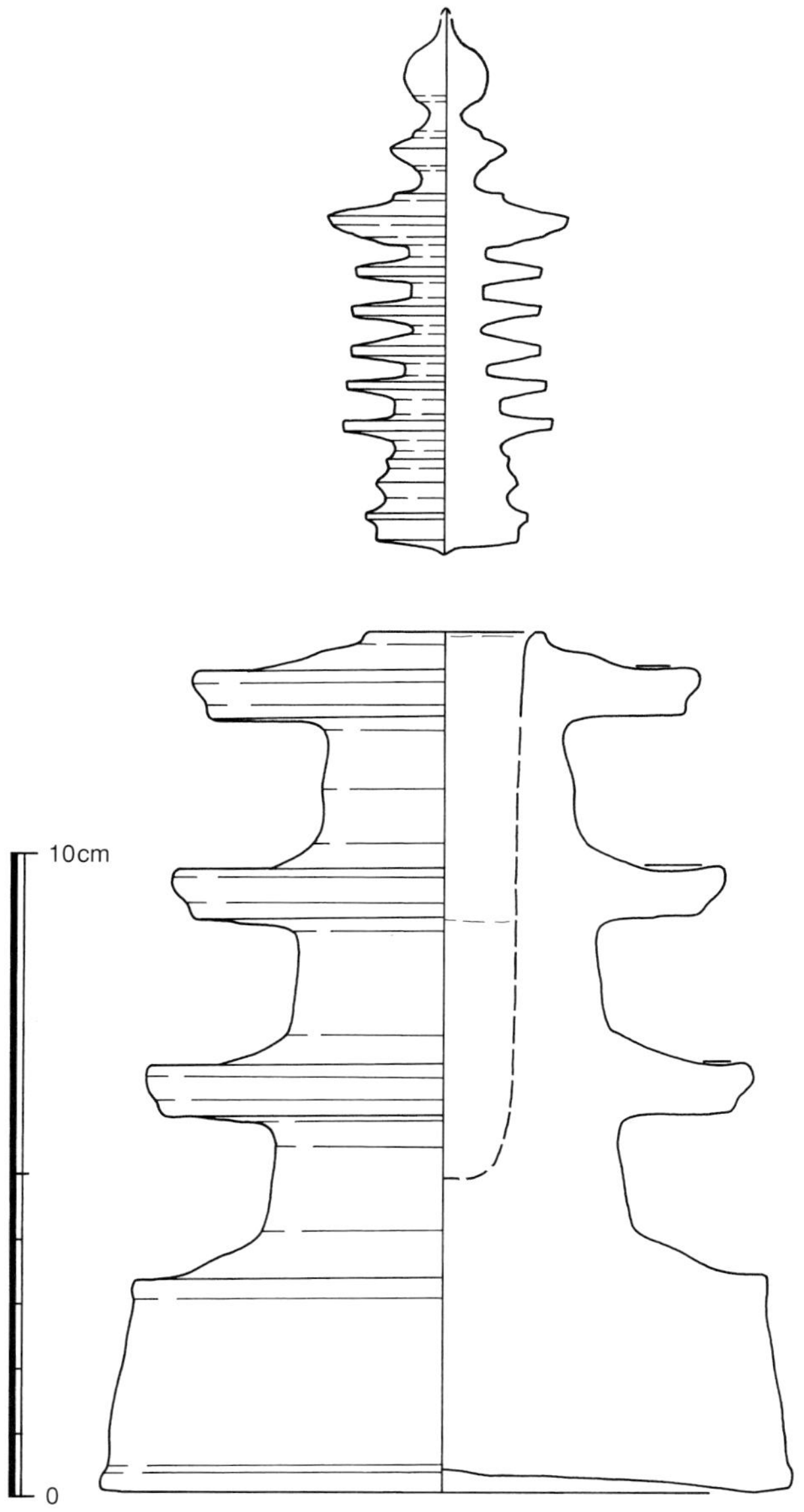

実測図（2／3）

全景写真

塔身底部

塔身上部

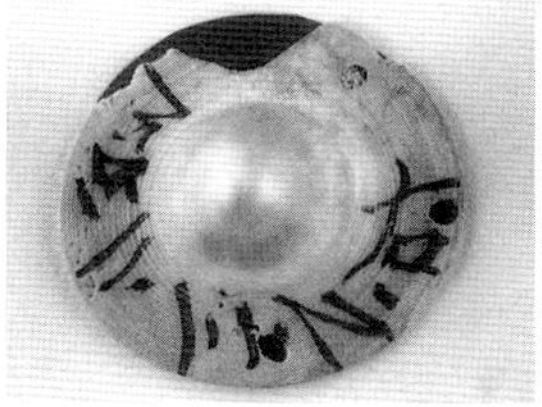

相輪上面

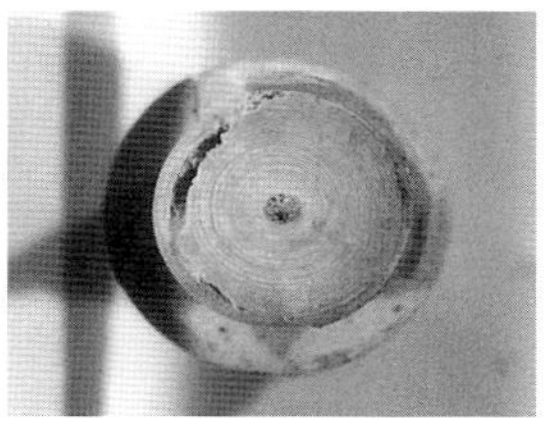

相輪底部

百万塔 第13

塔身部、基壇の底面は白土の残存多く、轆轤の爪跡は五つあり外ハの字形である。基壇の側面は白土が剥落し木目が鮮明である。漢数字「二」が刻されている。第二、第三層の笠の周囲に小瑕がある。各層の白土の残存は多い。

相輪部は請花大の表面に「右云二・二公足」と墨書がある。第一輪は一部分虫穴がある。第二輪・第五輪にそれぞれ五分の一の欠損がある。請花大に小瑕と虫穴が数ヶ所ある。白土は全体に薄く残存している。

百万塔 第14

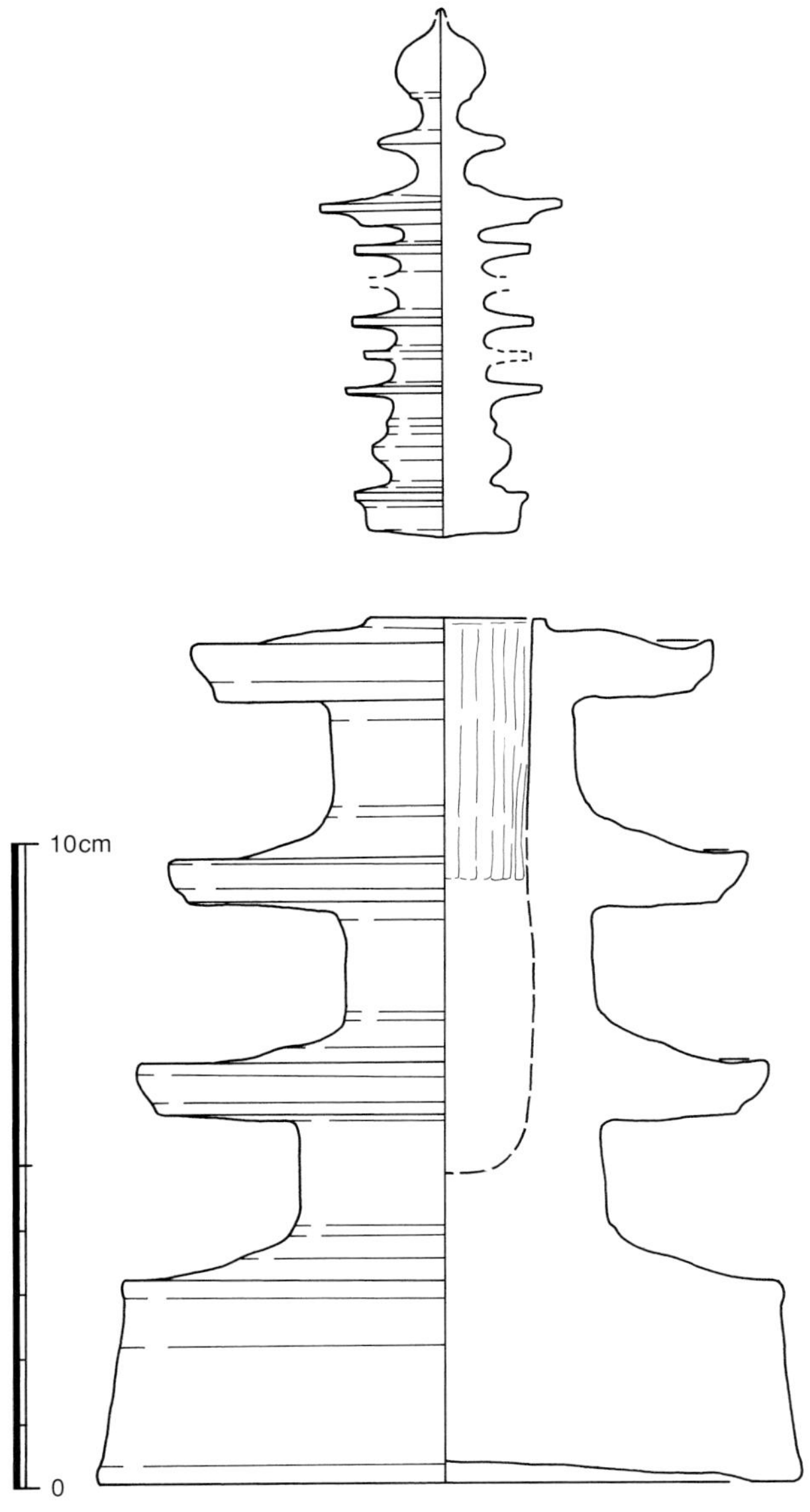

実測図（2／3）

全景写真

塔身底部

塔身上部

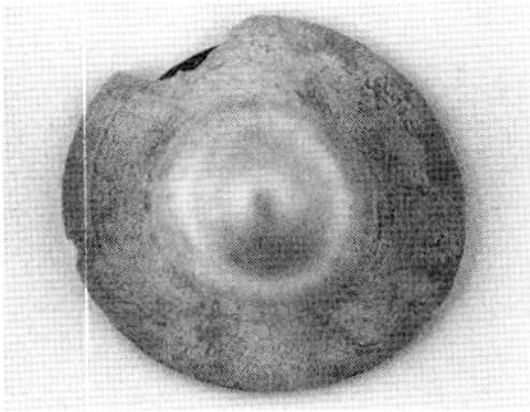

相輪上面

相輪底部

塔身部、基壇の底面の白土は剥落し汚れている。轆轤の爪跡は五つ、形は内八の字形である。基壇の側面は白土が剥落し、木肌が鮮明に現れている。第一層笠の周囲に小瑕がある。各層全面に白土が残存している。

相輪部は底面に「主」と墨書がある。第一輪は二分の一欠損、第二輪は大破、第三輪、第四輪は五分の一欠損、第五輪は三分の一欠損している。請花大に小瑕がある。宝珠の先端に欠損がある。白土は全体に薄く残存している。

百万塔 第15

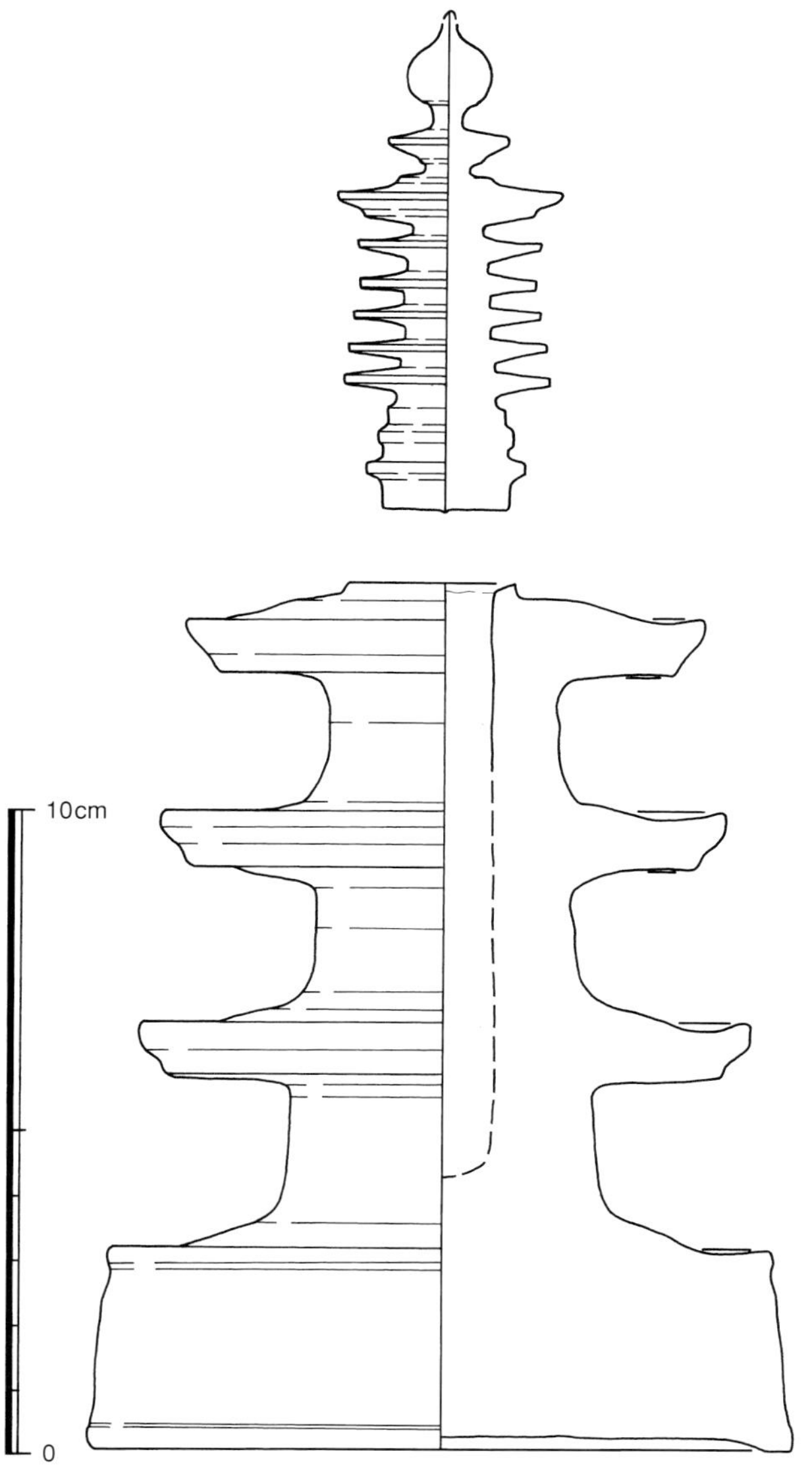

実測図（2／3）

全景写真

塔身底部

塔身上部

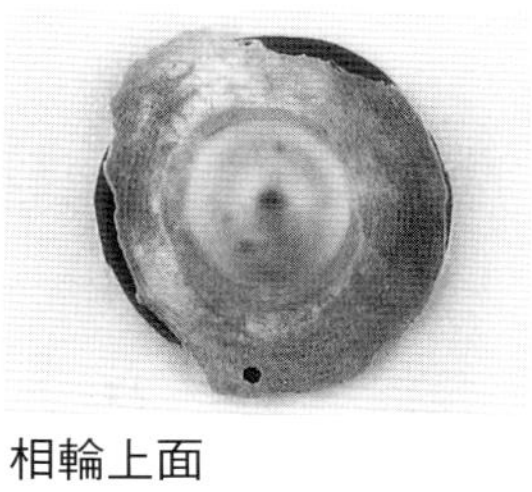

相輪上面

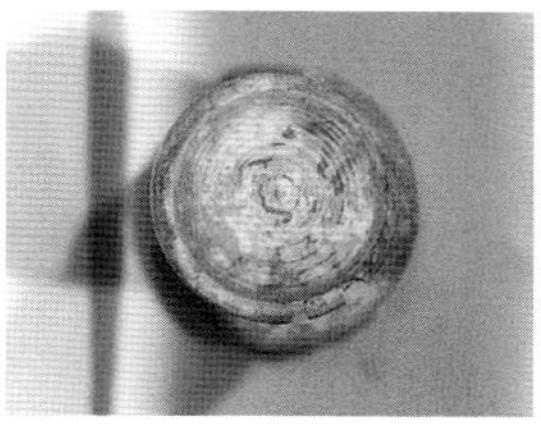

相輪底部

塔身部、基壇の底面は白土が剥落し、「左男万」の墨書がある。轆轤の爪跡は五爪で正十字である。第一層・第三層の笠の一部に小瑕がある。白土は基壇の側面の一部や各層に多く残存しているが汚れている。

相輪部の底面に墨書があるが、白土が薄く残っていて鮮明ではないが「□〔九（カ）〕」と読める。第一輪は三分の一欠損、第二輪は二分の一、第三輪は三分の一、第五輪は二分の一の欠損がある。請花大は周囲が三分の一欠損している。宝珠の先端が欠けている。全体に白土は殆んど剥落している。

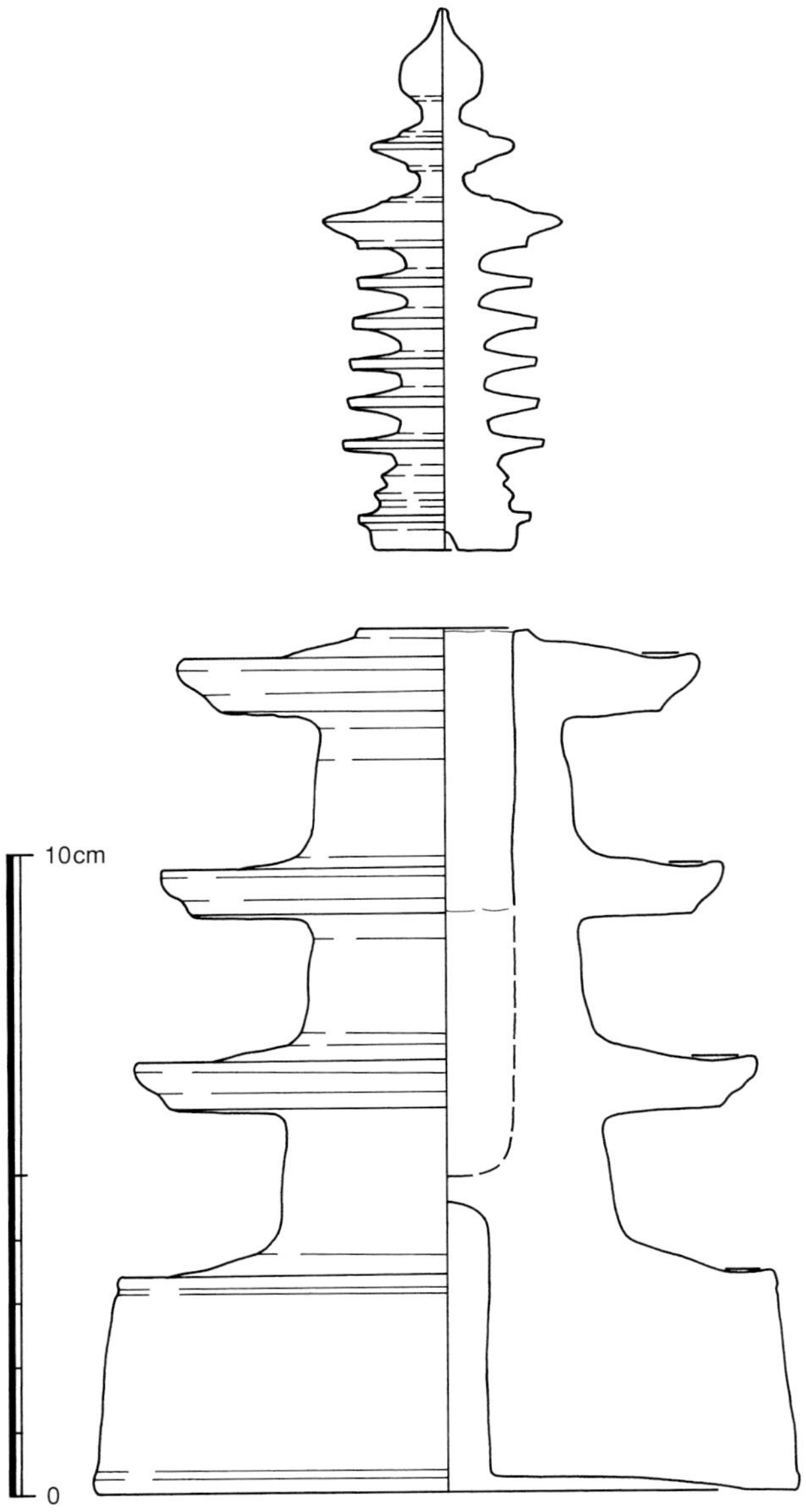

実測図（2／3）

全景写真

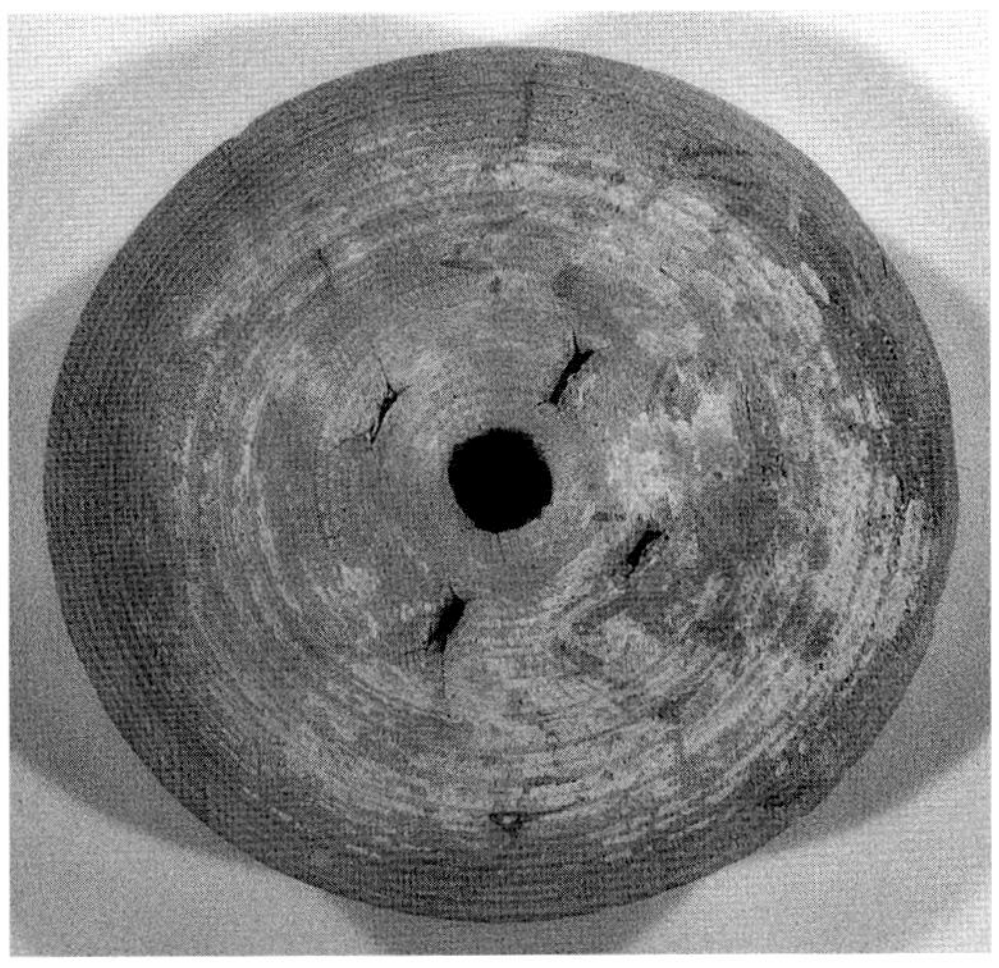

塔身底部

塔身上部

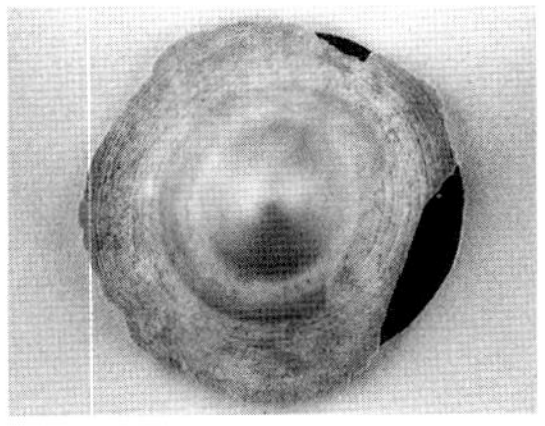

相輪上面

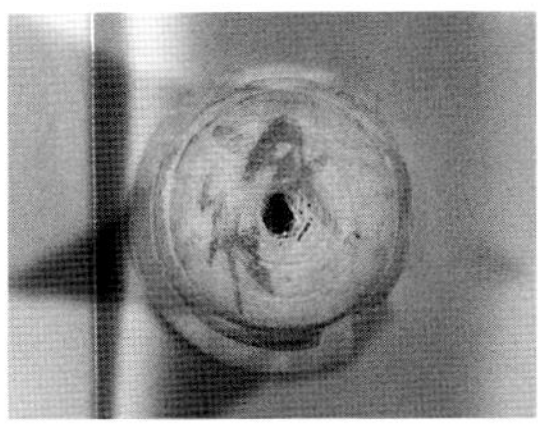

相輪底部

百万塔 第16

塔身部、基壇の底面にみえる轆轤の爪跡は四つ、形は菱形である。底面中央に円孔がある。第二層の笠に小瑕があるだけで各層の状態は良い。白土は基壇側面は剥落しているが、底面や各層に残存多く、保存状態は良い。

相輪部は底面に「神」の墨書がある。第一、第二、第三輪はそれぞれ四分の一の欠損がある。請花大の笠の周辺に数ヶ所小瑕がみられ、小には五分の一の欠損がある。白土は宝珠以外は一様に残存し、塔身部と共に状態は良好である。柄の部分に小孔がある。

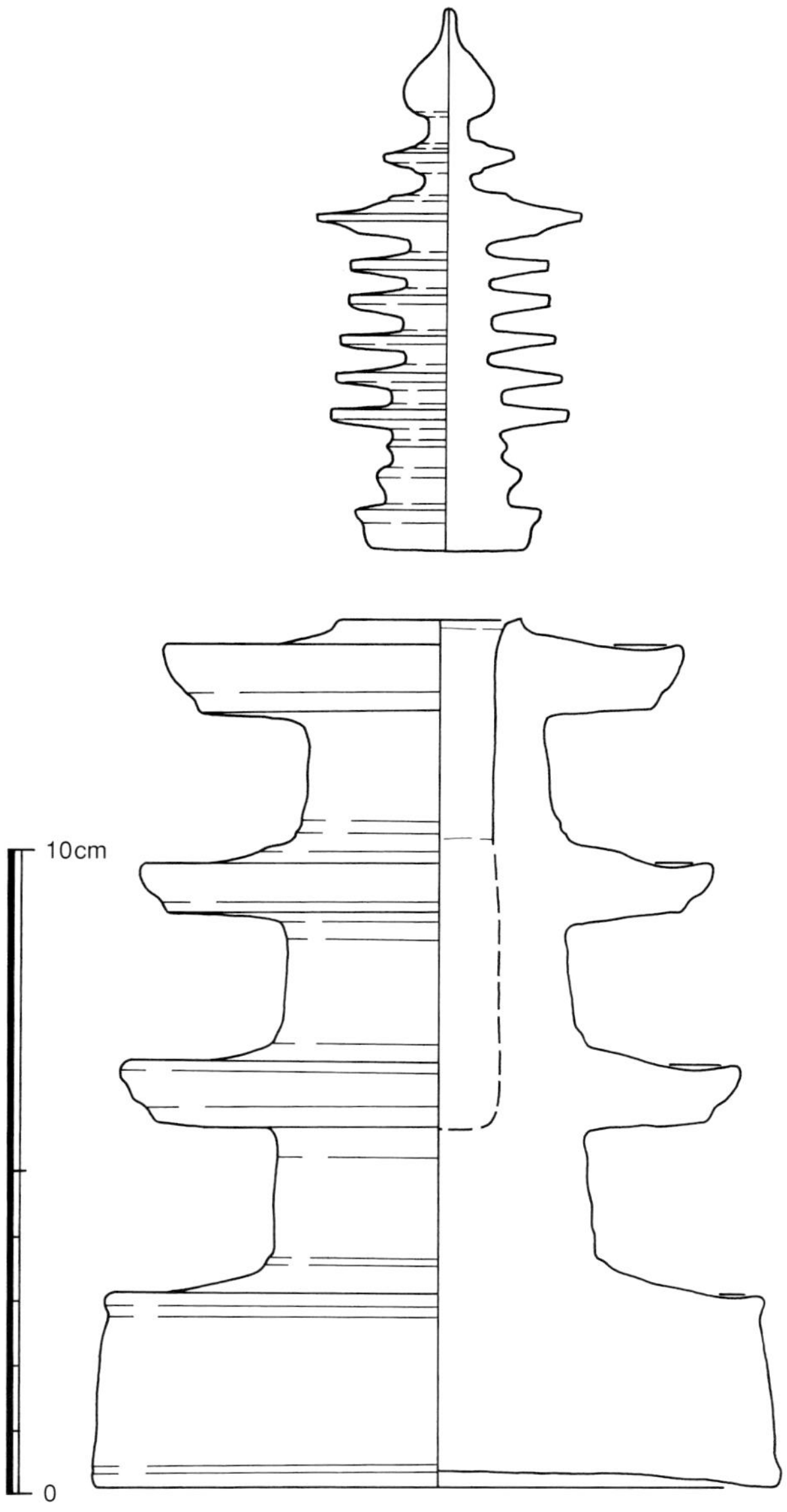

実測図（2／3）

全景写真

塔身底部

塔身上部

相輪上面

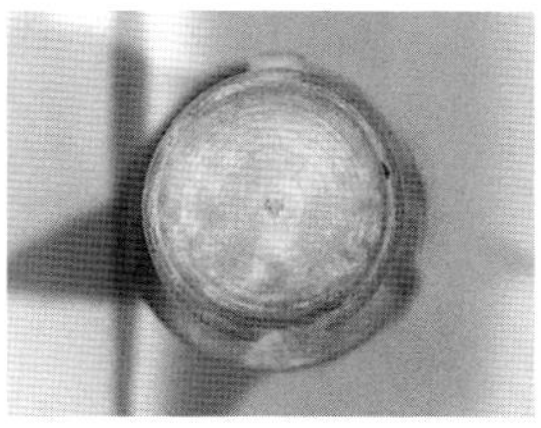

相輪底部

百万塔 第17

塔身部の基壇底面は白土が残り、轆轤の爪跡は五つあり、形は外ハの字形である。側面の白土は剥落し木地が鮮明である。各層の周辺に小瑕があるだけで、白土は各層に残存している。

相輪部の墨書は請花大の笠の表面に「乙万」とある。伏鉢に二ヶ所虫損がある。第一輪の二分の一は欠損、請花大は四分の一が欠損し、小は約五分の一が欠損している。宝珠の先端は少し欠損がみられる。白土は殆んど剥落している。

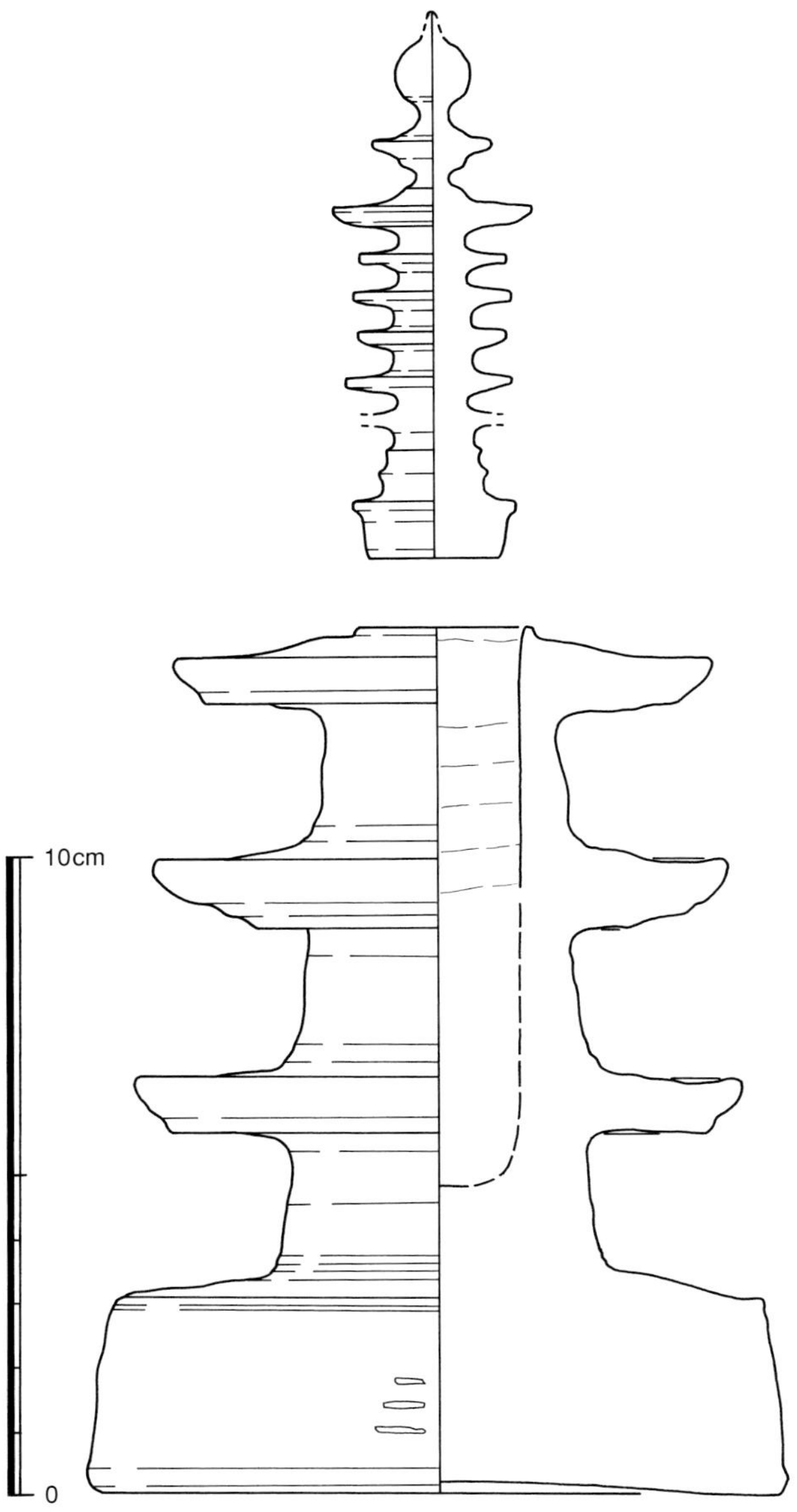

実測図（2／3）

全景写真

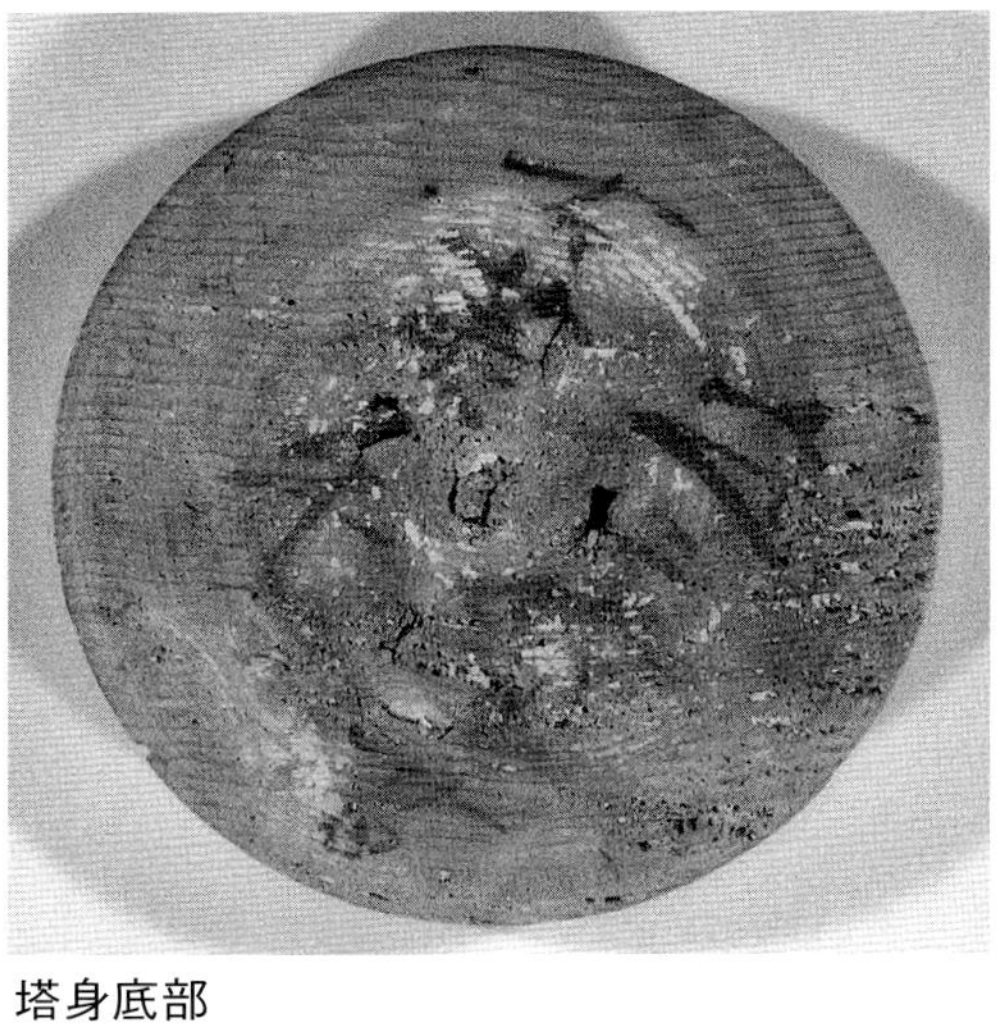

塔身底部

塔身上部

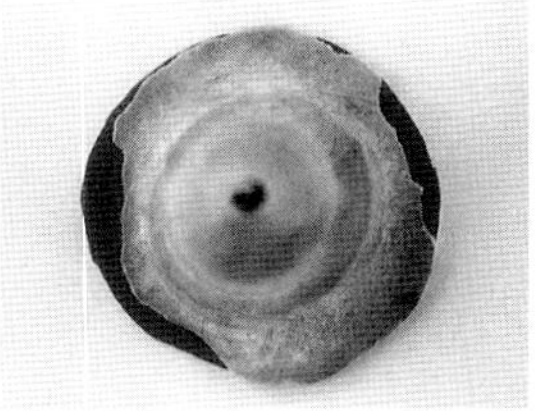

相輪上面

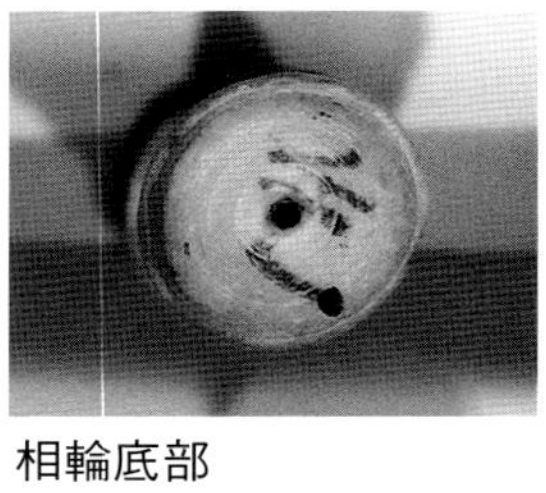

相輪底部

百万塔 第18

塔身部、基壇の底面は一部分白土が残存し、他の部分に虫損がある。墨書は「云二六月廿日／右荒毛」とある。墨書第三層の笠の表面にも「火」と墨書がある。轆轤の爪跡は五つで、形は正菱形である。基壇の側面の白土は剝落し、漢数字「三」が刻されているのがみえる。全体に残存白土は多く、保存状態は良好である。

相輪部は底面に「毛」の墨書がある。伏鉢は虫損があり、第一輪は大破、第二輪は五分の一欠損、第五輪は四分の一の欠損がある。請花大の笠の周辺に二分の一ほどの欠損があり、宝珠の中心に虫の穴がある。

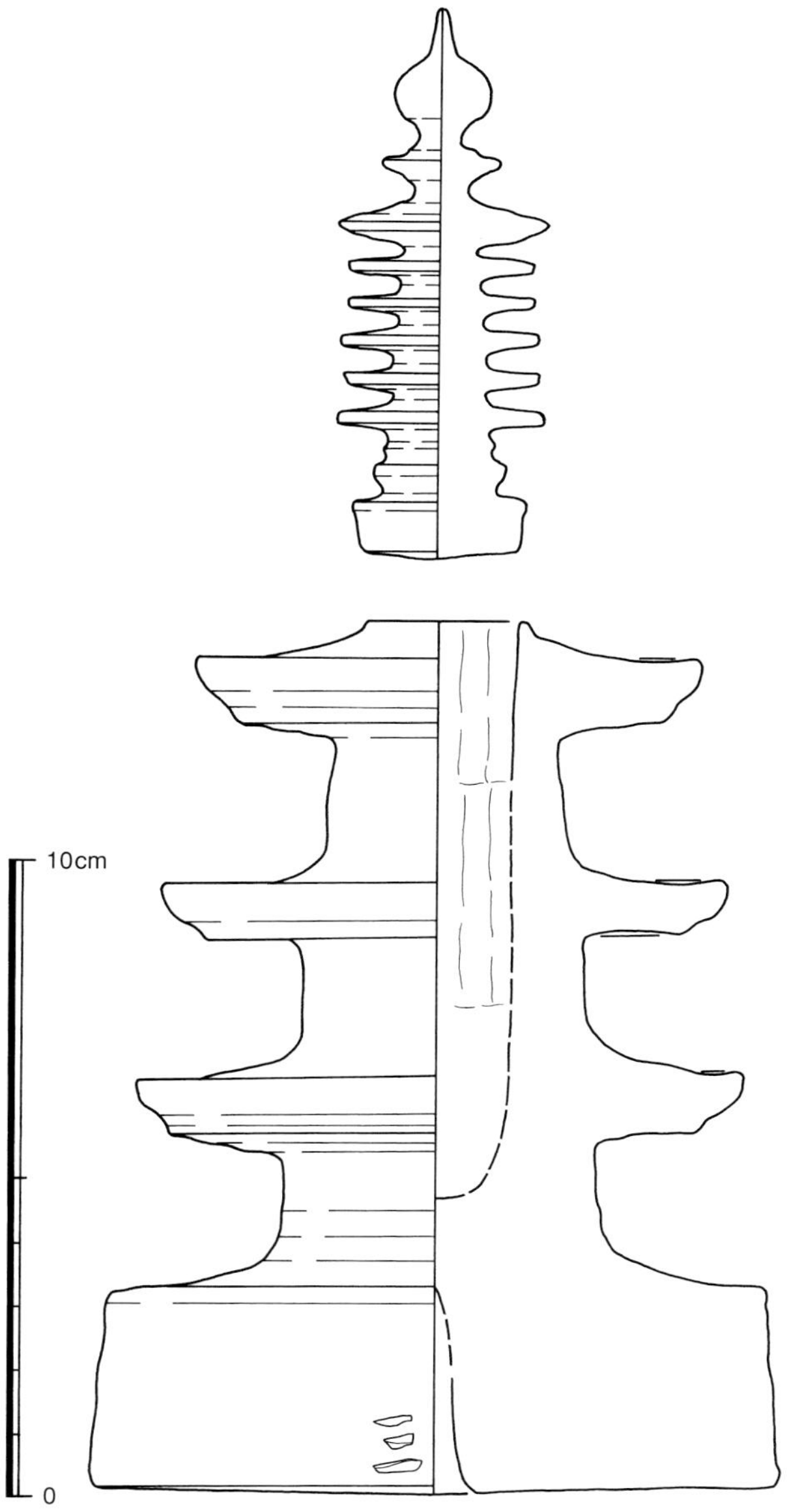

実測図（2／3）

全景写真

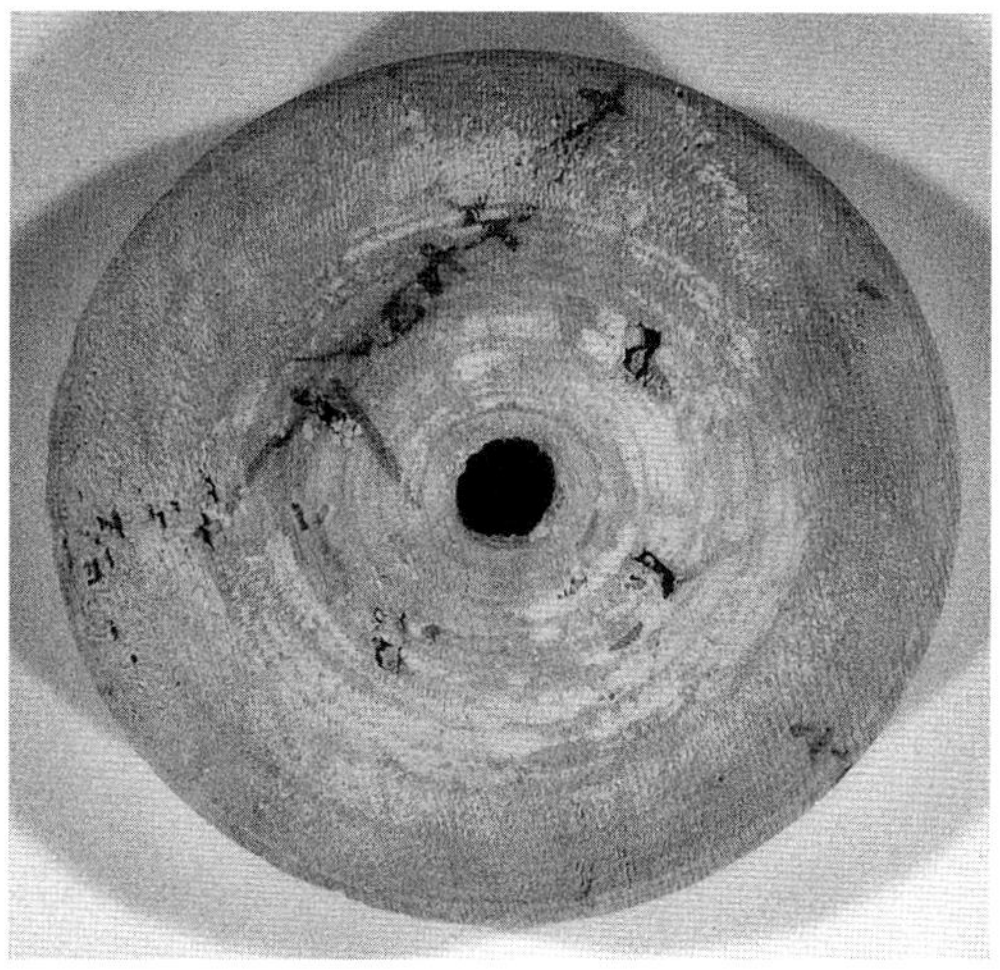

塔身底部

塔身上部

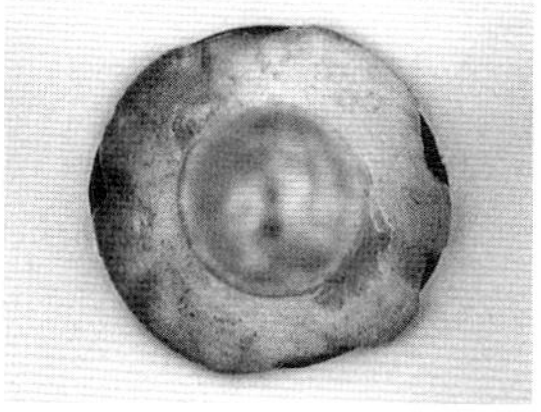

相輪上面

相輪底部

百万塔 第19

塔身部、基壇の底面は全面に白土が薄く残存している。「十月廿七日人万」の墨書がある。轆轤の爪跡は四つで、形はハの字形、中央に円孔がある。基壇の側面に漢数字「三」が刻されている。欠損など殆んどなく、第一層の端に小瑕が一ヶ所あるだけである。白土も塔身部全面に平均に残存し、基壇の側面にも残存していて良好である。

相輪部は伏鉢の周辺に虫損がある。第一輪は二分の一欠損、第三輪は五分の一、第五輪は三分の一の欠損がある。請花大の笠の周囲に数ヶ所小瑕がある。宝珠の先端は摩滅なく原形を残している。白土は全面に残存している。

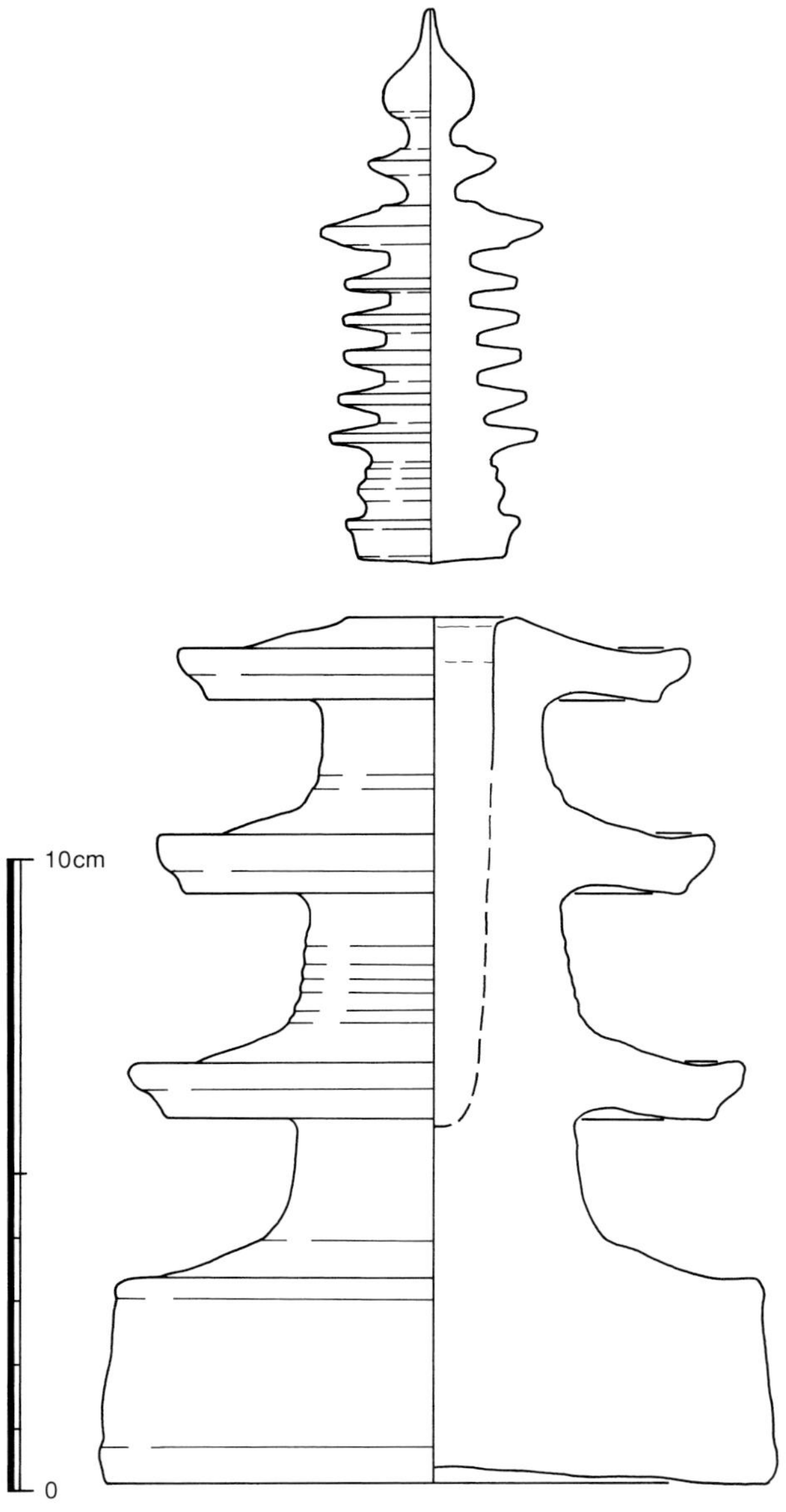

実測図（2／3）

全景写真

塔身底部

塔身上部

相輪上面

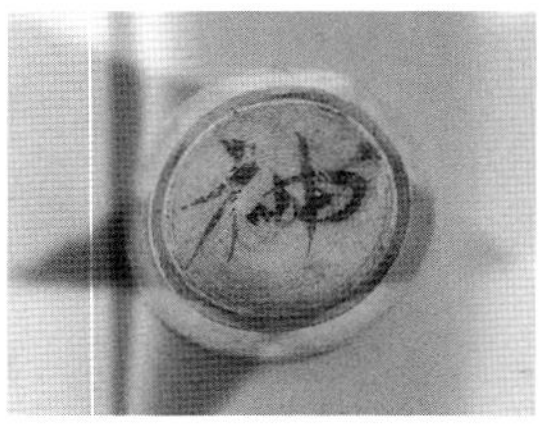

相輪底部

百万塔 第20

塔身部、基壇底面の轆轤の爪跡は五つで、形は外ハの字形である。第二層笠の端に小瑕がある。白土は基壇の底面や側面にも残存し、各層全面に残存している。

相輪部の底面に「神」と墨書がある。第二輪に五分の一の欠損、第四輪に二分の一の欠損がある。白土は全体に薄く残存している。

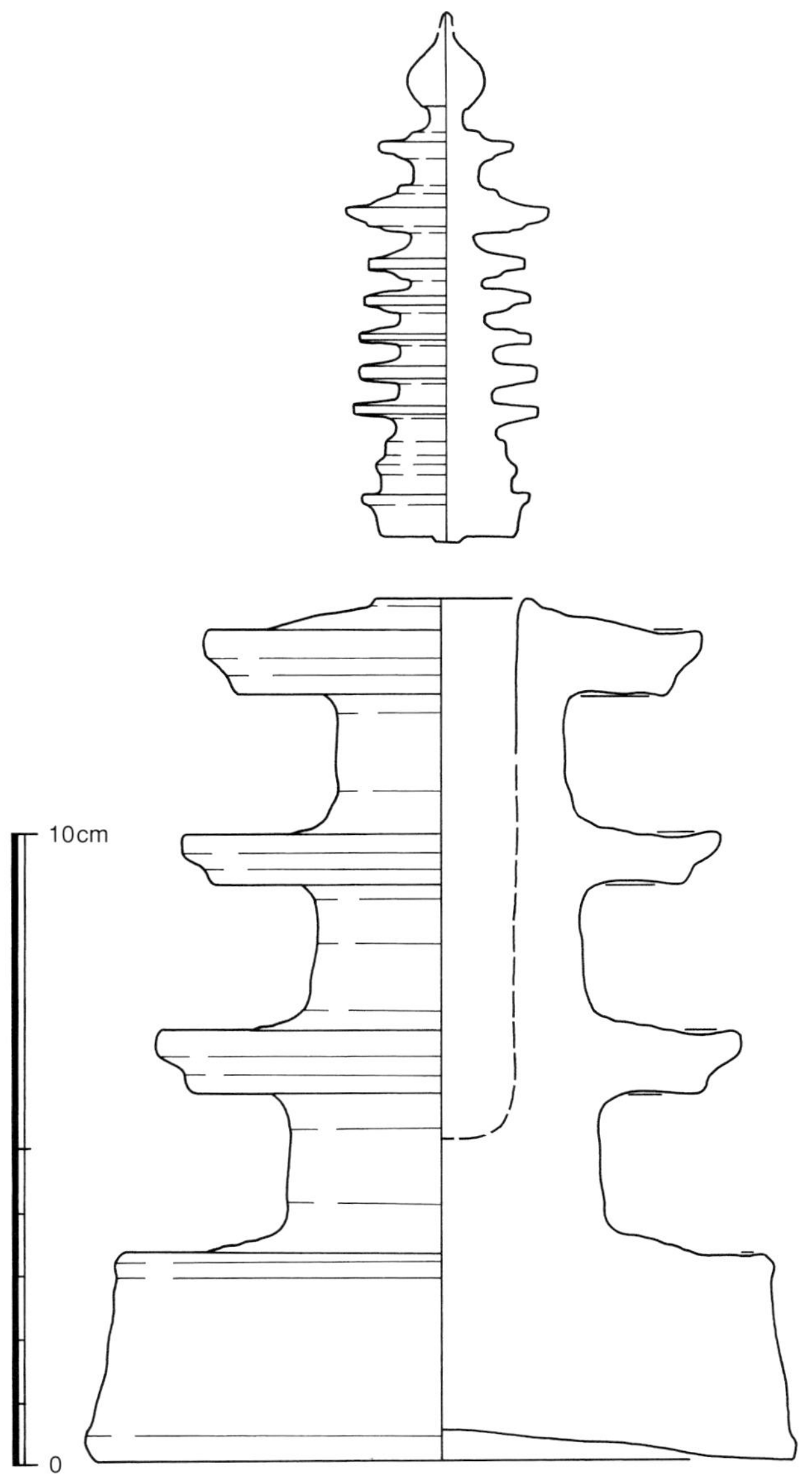

実測図（2／3）

全景写真

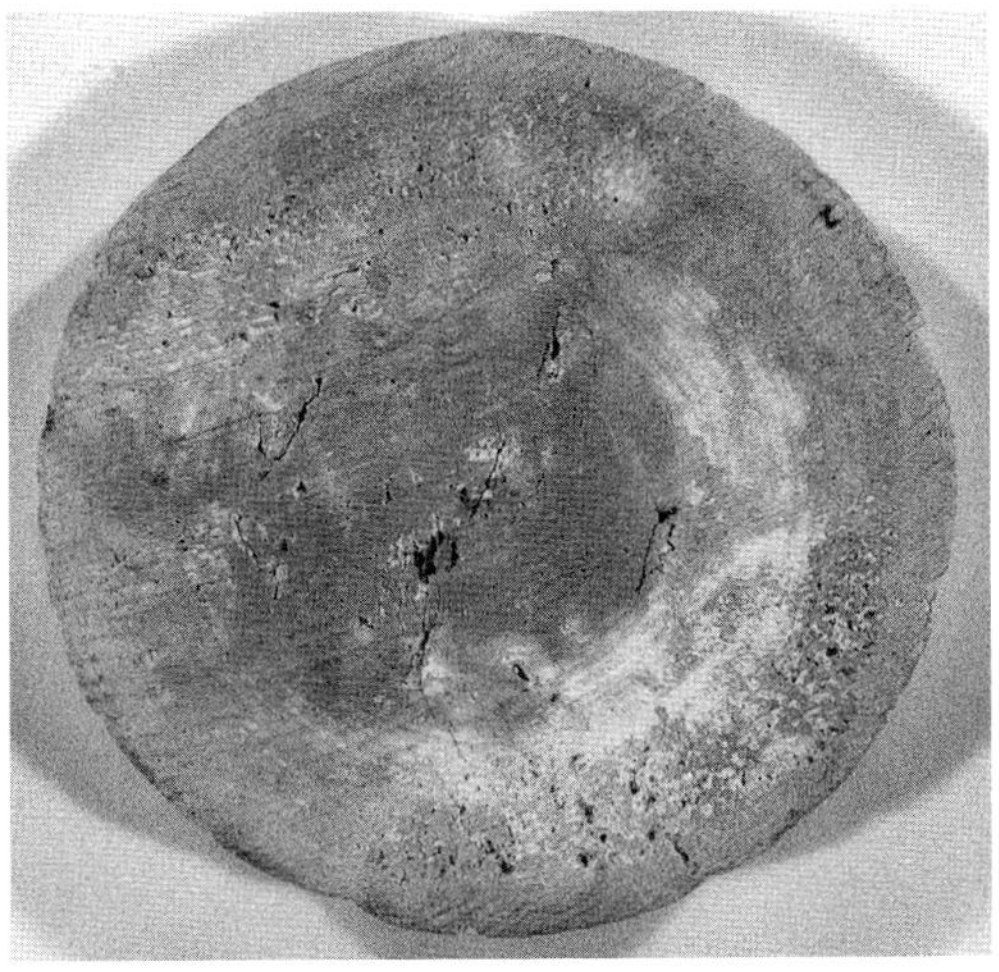
塔身底部

塔身上部

相輪上面

相輪底部

百万塔 第21

塔身部、基壇底面の轆轤の爪跡は五つで、形は正菱形である。第三層に三分の一の接着補修がある。白土は基壇の底面や側面の一部、また各層全面に残り、保存状態は良好である。

相輪部は底面の白土は剥落し、「忍」の墨書がある。第一輪、第三輪、第五輪はそれぞれ三分の一欠損している。請花大は二分の一欠損。宝珠の先端に虫損がある。白土は全面に薄く残存している。

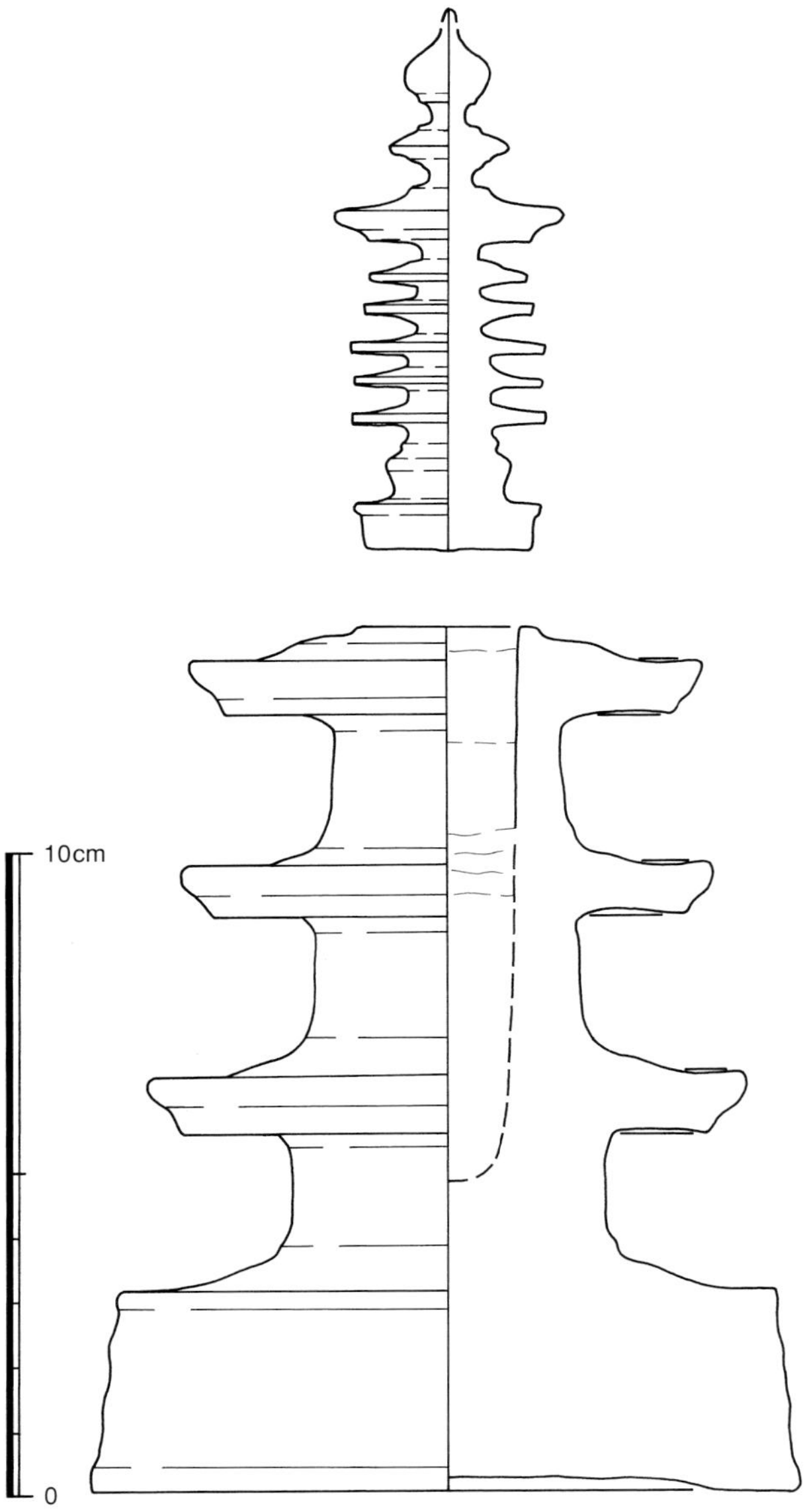

実測図（2／3）

全景写真

塔身底部

塔身上部

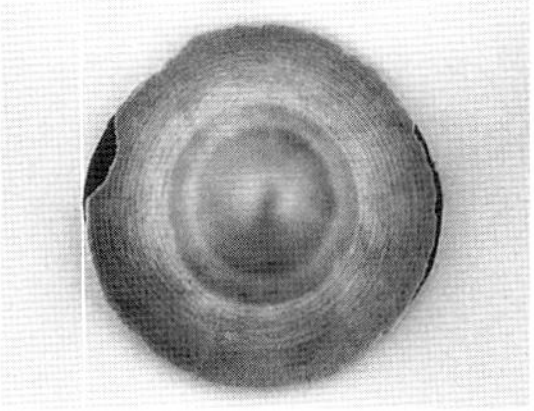

相輪上面

相輪底部

百万塔 第22

塔身部、基壇底面は白土の一部が残り、全面が黒く汚れている。墨書があるが、「左」以下は判読不明である。轆轤の爪跡は五つで、形は外ハの字形。基壇の側面も全体に黒く汚れているが、漢数字「二」が刻されている。第一層笠の周囲の一部分に小瑕がある。第二層笠の周囲も同様の小瑕がある。第三層笠の端に接着補修がみられる。白土は各層に残存するが、全体に汚れている。

相輪部の底面に「土万」の墨書がある。第一輪は三分の一、第三輪は二分の一の欠損がある。請花大には小瑕があり、宝珠の先端は欠損している。白土は全面に薄く残存している。

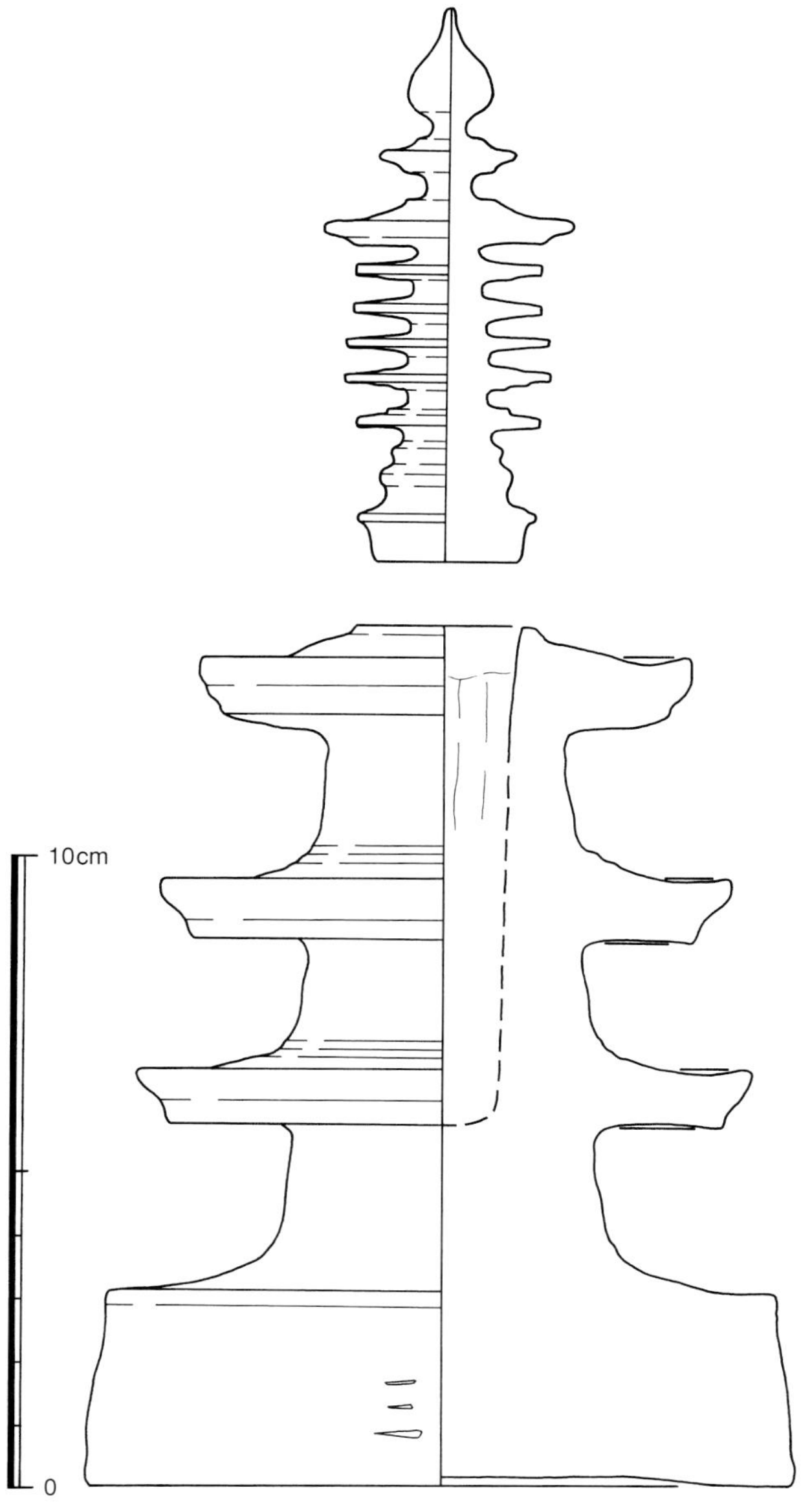

実測図（2／3）

全景写真

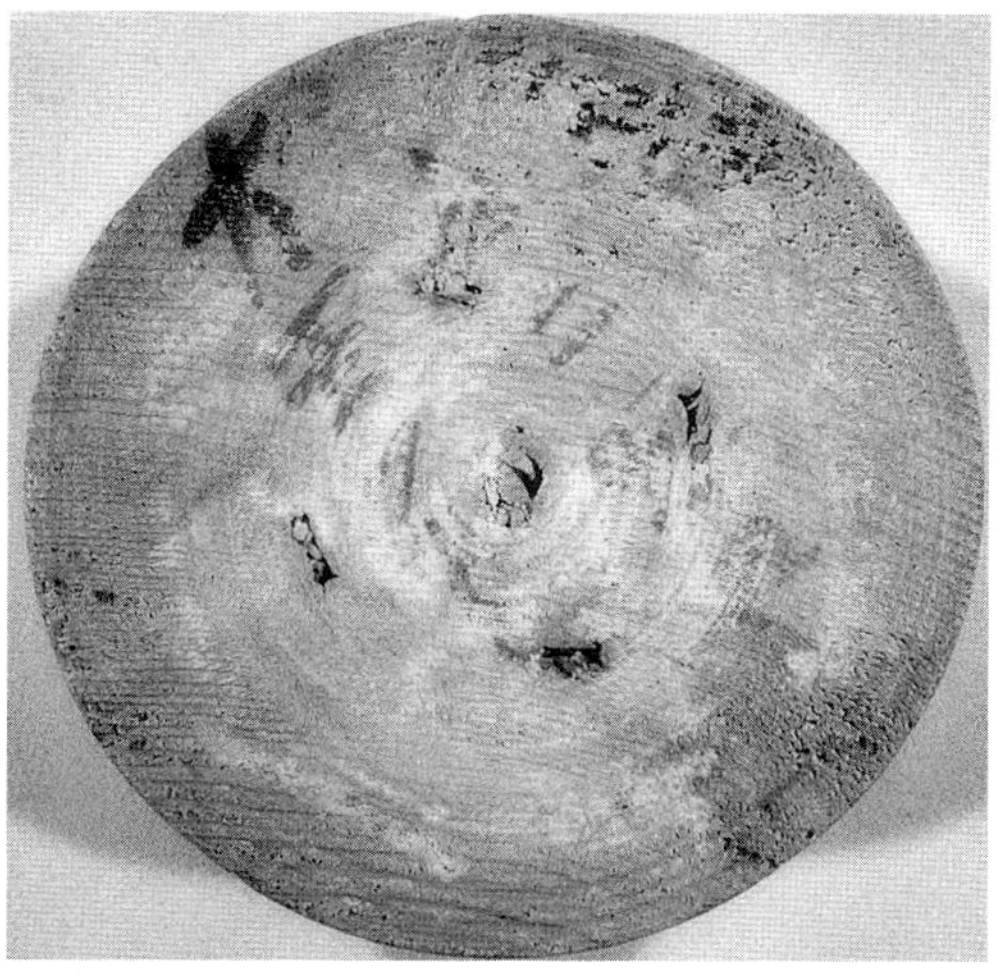

塔身底部

塔身上部

相輪上面

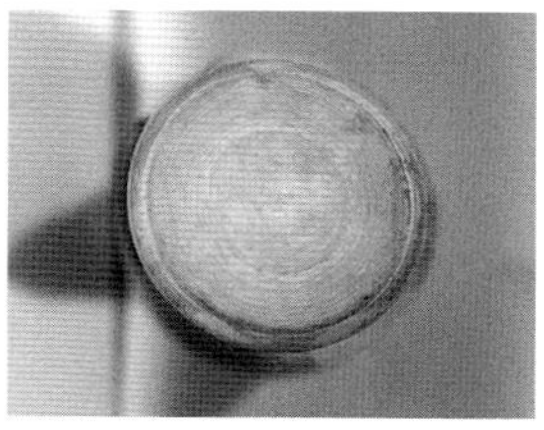

相輪底部

百万塔 第23

塔身部、基壇の底面は白土が薄く残存し、端の一部に虫損がある。墨書は「左」以下は判読不明である。轆轤の爪跡は五つで、形は内八の字形である。基壇側面の白土は剝落し木目が鮮明で、漢数字「三」が刻されている。第一層から第三層の笠の端の一部が欠損している。白土は各層の全体に薄く残存している。

相輪部は、請花大の笠に「左三年四月十二日国益」の墨書がある。第一輪は三分の一破損、第二輪は小瑕、第三輪及び第四輪は二分の一の欠損がある。請花小の一部に欠損がある。白土は全体に薄く残存している。

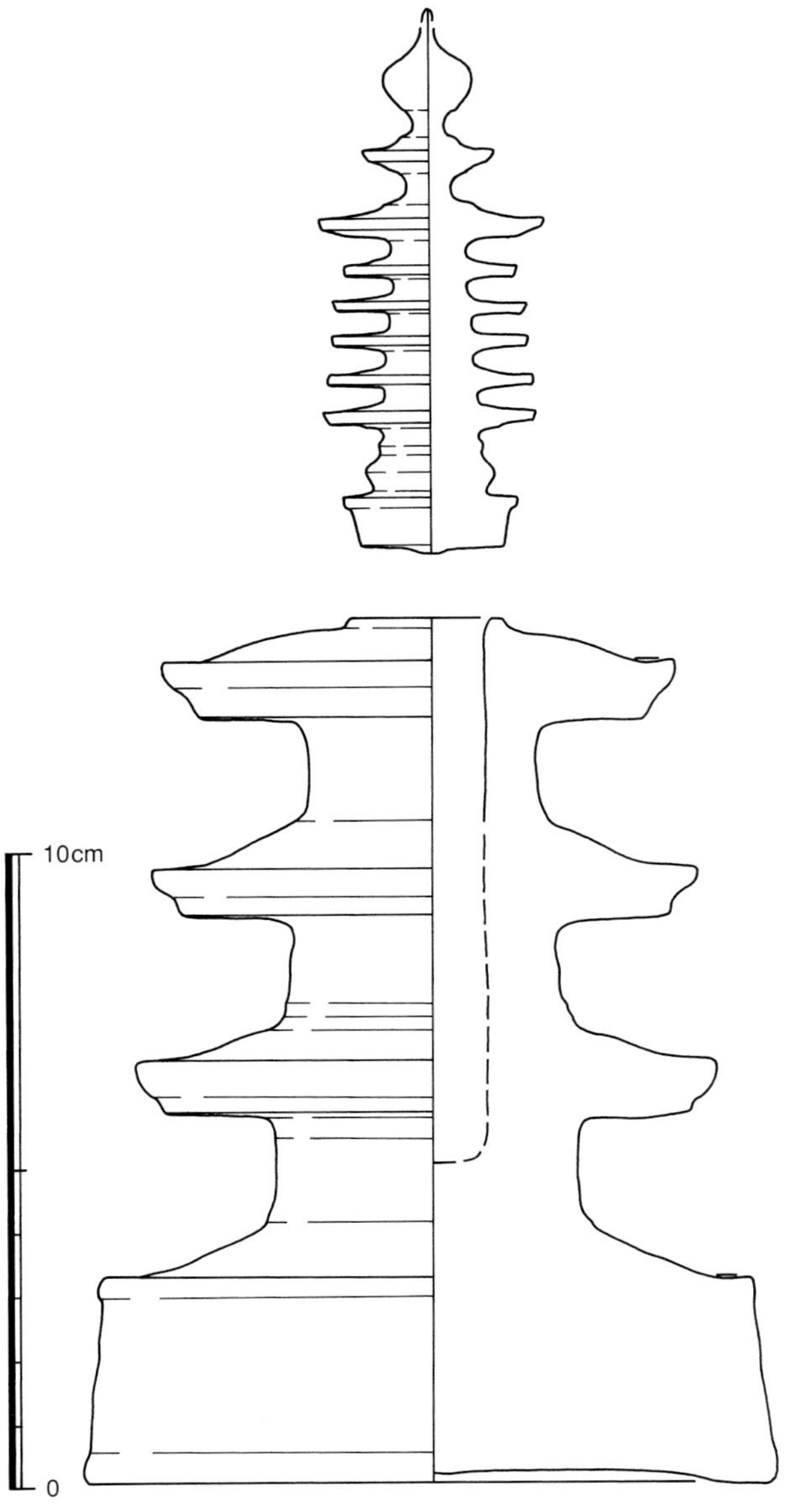

実測図（2／3）

全景写真

塔身底部

塔身上部

相輪上面

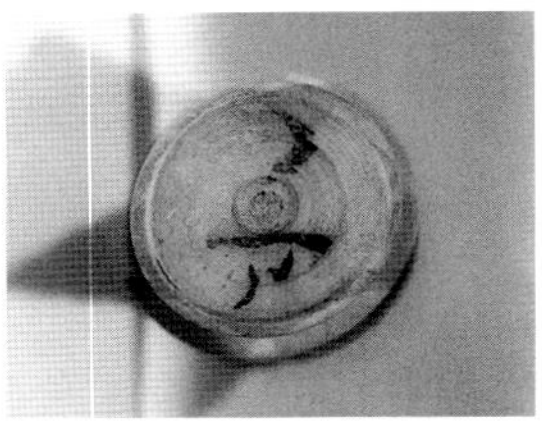

相輪底部

百万塔 第24

塔身部、基壇底面の白土は剥落しているが、墨書は「左〔小得（カ）〕」と判読困難である。轆轤の爪跡は五つで、形は外ハの字形である。基壇の側面の角は摩滅して丸くなっている。同じく各層の笠の周囲も摩滅している。各層全面の白土は剥落している。

相輪部は底面に「□万」の墨書がある。伏鉢に虫損があり、第一輪に三分の一欠損がある。請花大の笠の周辺に欠損多く、小の三分の一は欠損している。宝珠は四ヶ所虫損があり、宝珠の先端は欠損している。白土は殆んど剥落している。

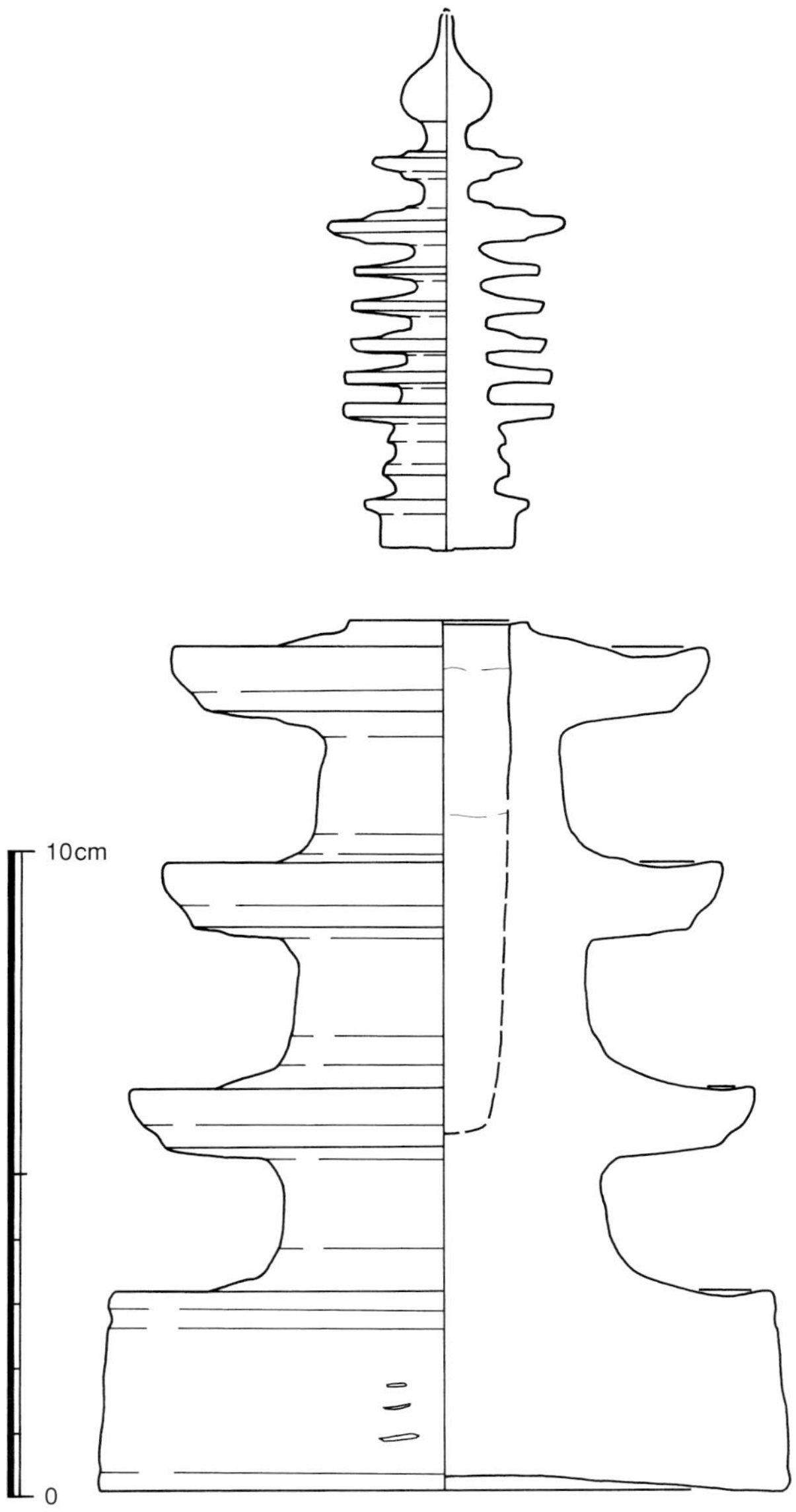

実測図（2／3）

全景写真

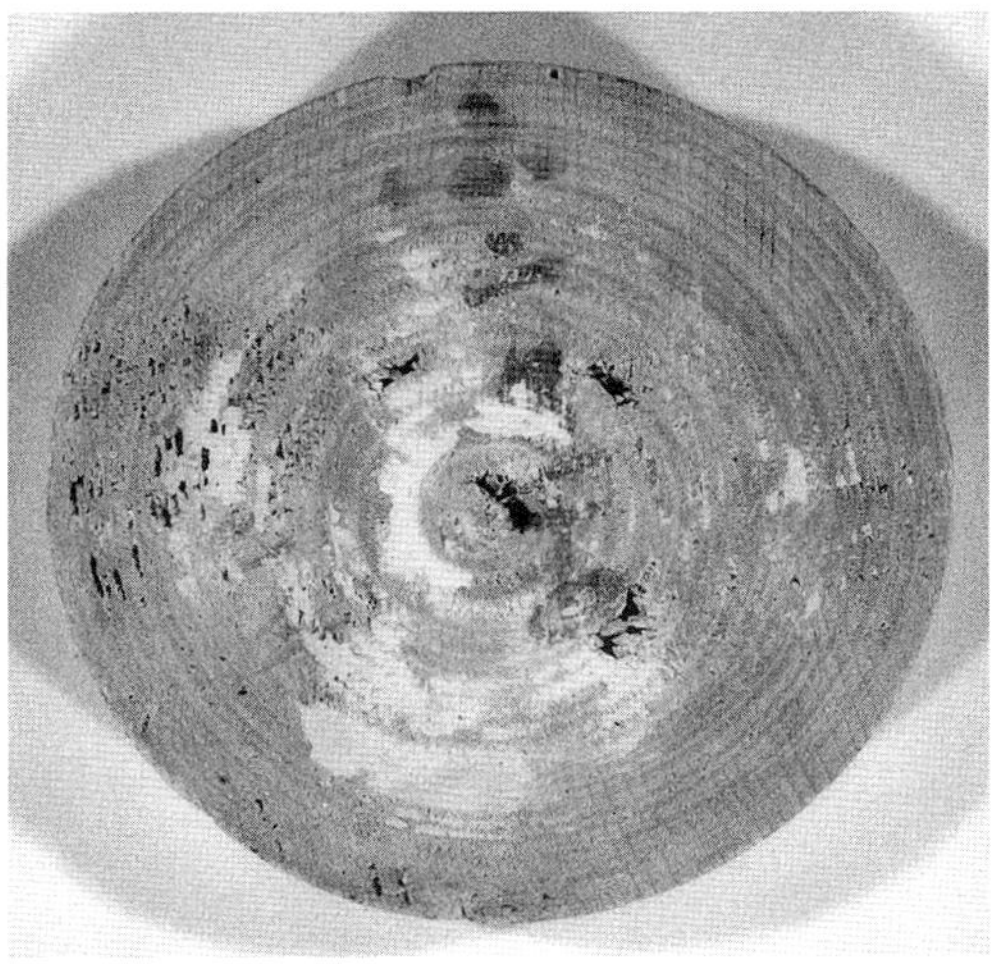

塔身底部

塔身上部

相輪上面

相輪底部

百万塔 第25

塔身部、基壇底面の中心部に白土が残存している。墨書はあるが、第二字目の「二」以外の文字は判読不可能である。轆轤の爪跡は四つで、形は箱形である。基壇の側面は白土剥落、木目が鮮明である。漢数字の「三」が刻されている。第三層笠の三分の一に接着補修がある。白土は全体に残存している。

相輪部の底面に「左／足万」の墨書がある。第一輪、第二輪はそれぞれ四分の一の欠損がある。請花大の笠の周辺に小瑕があり、小には四分の一の欠損がある。白土は全面に残存しているが汚れがある。

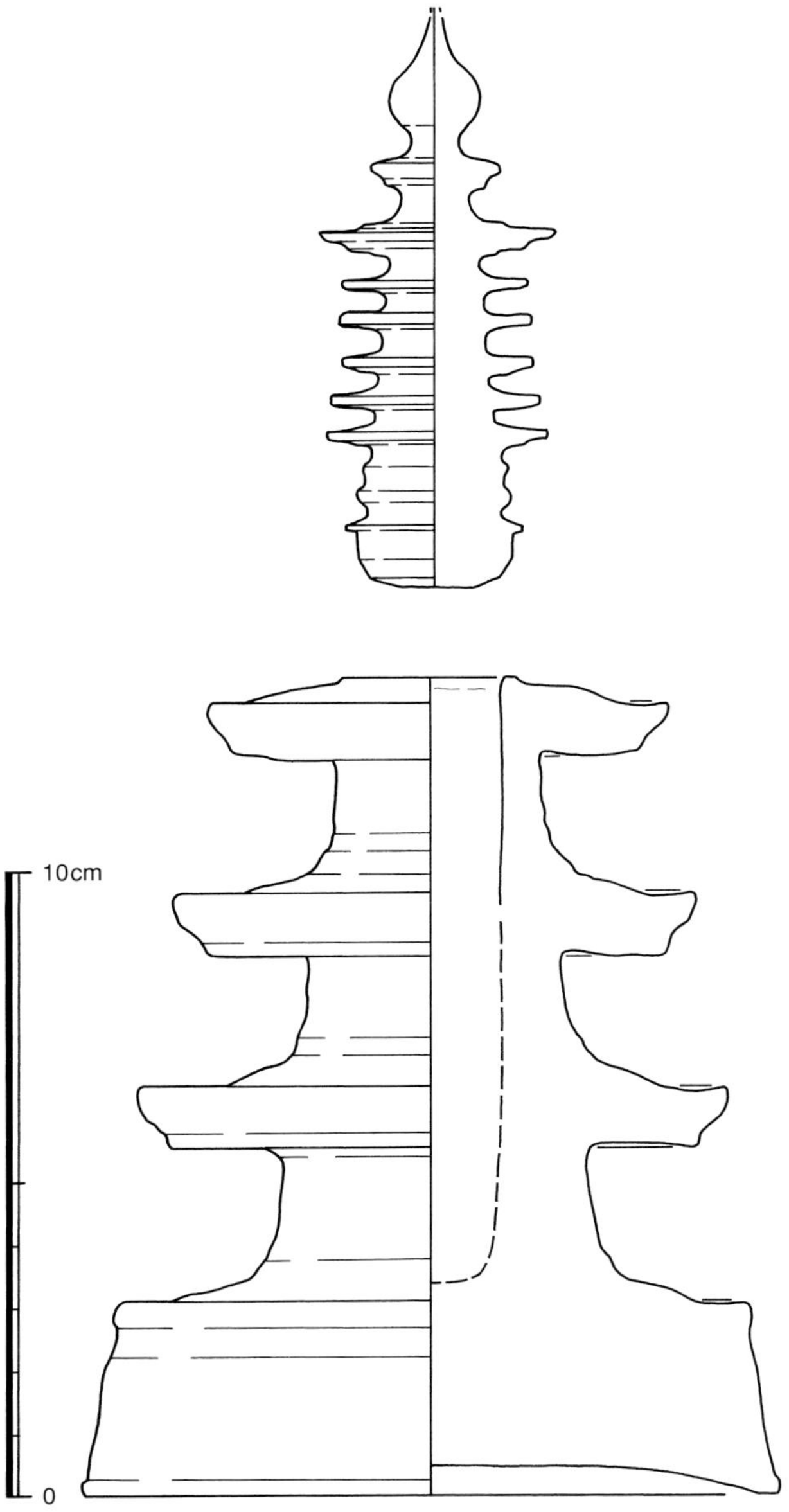

実測図（2／3）

全景写真

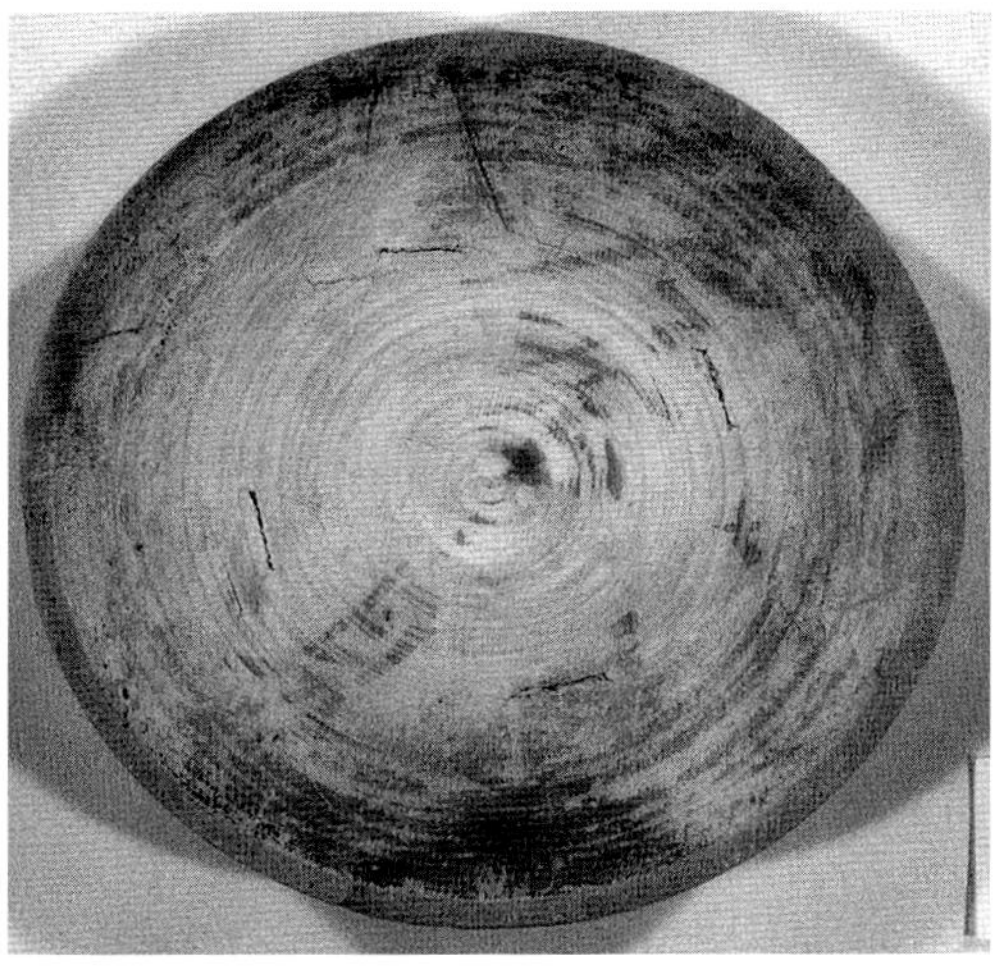

塔身底部

塔身上部

相輪上面

相輪底部

百万塔 第26

塔身部、基壇の底面は全面に白土が残存し、墨書は「左九月□」。轆轤の爪跡は四つで、ハの字形である。第一層笠の端が少し欠けており、第二層笠の端に小瑕がある。白土は各層全体に残存している。

相輪部は伏鉢に小瑕がある。第一輪は二分の一の欠損、第二輪は小瑕、第五輪は三分の一欠損がある。請花の大の周囲三分の一ほどの欠損がある。白土は請花の一部分に残存しているが、他は殆んど剥落している。

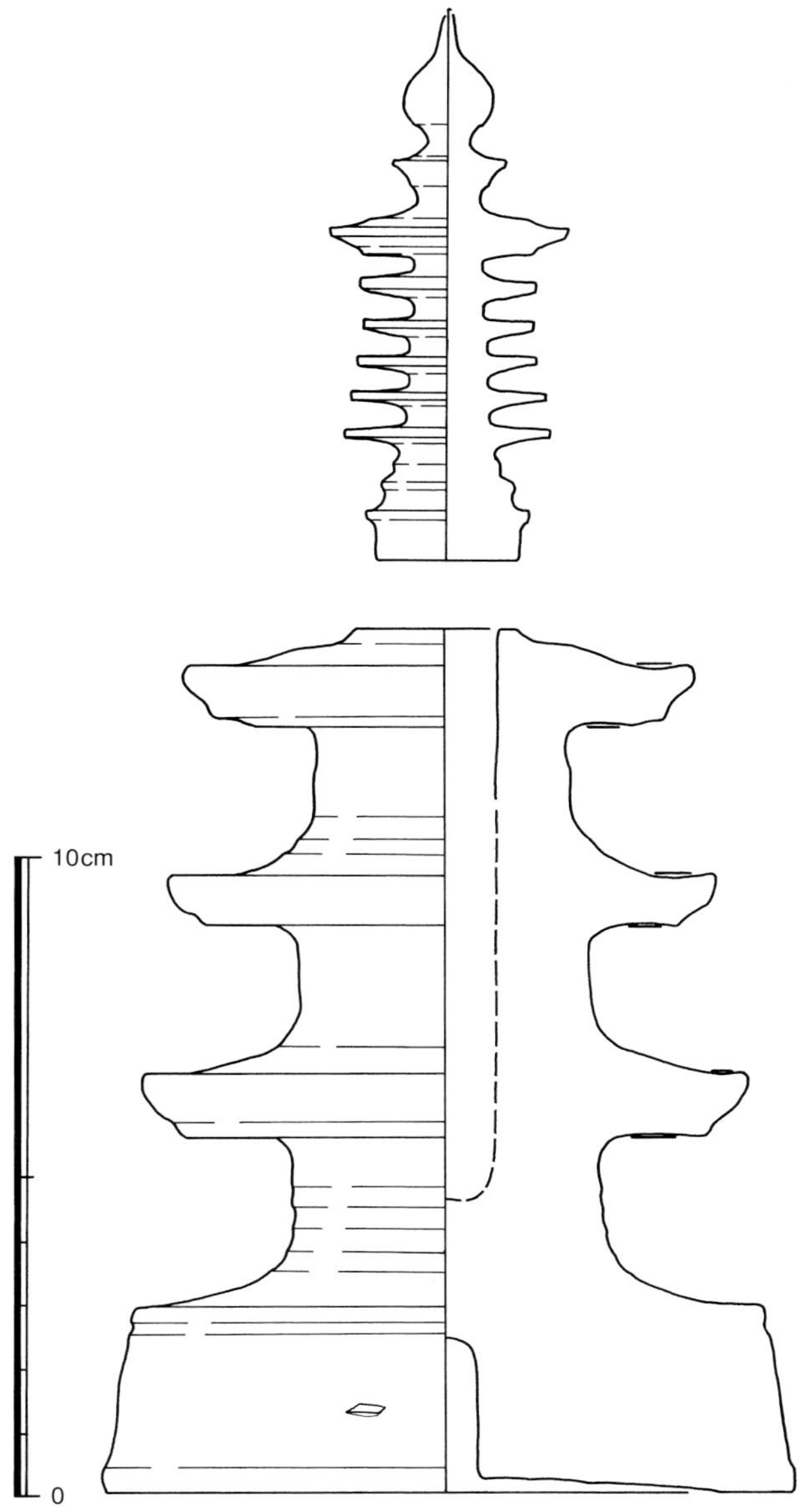

実測図（2／3）

全景写真

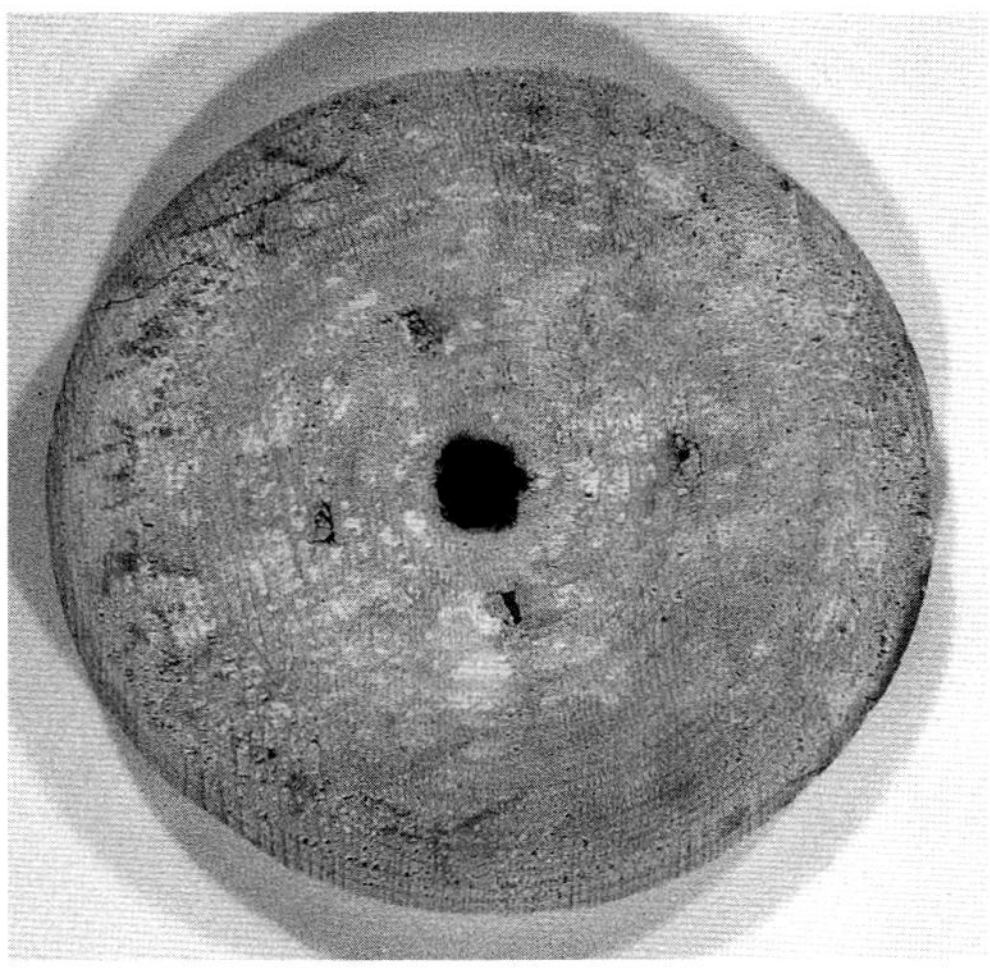

塔身底部

塔身上部

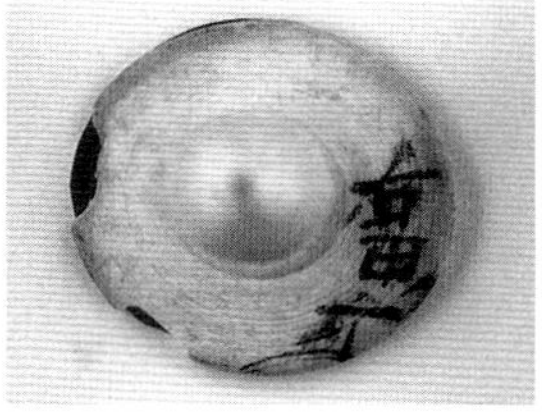

相輪上面

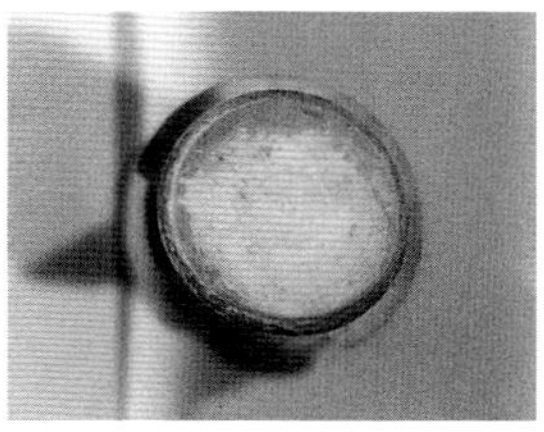

相輪底部

百万塔 第27

塔身部、基壇の底面の白土は剥落しているが、墨書は「右□十一月廾□」以下は判読不明である。轆轤の爪跡は四つで、形は菱形である。中央部に円孔がある。第一層の笠の一部は欠損し、欠損部は別に保存されている。第三層の笠に二ヶ所小瑕がある。白土の残存は各層とも比較的良好である。

相輪部は請花大の笠に「右田万」と墨書がある。第一輪は三分の一欠損、第四輪は四分の一欠損がある。請花大の周辺二箇所に小瑕がある。白土は宝珠は剥落しているが、他は全面に残存、状態は良好である。

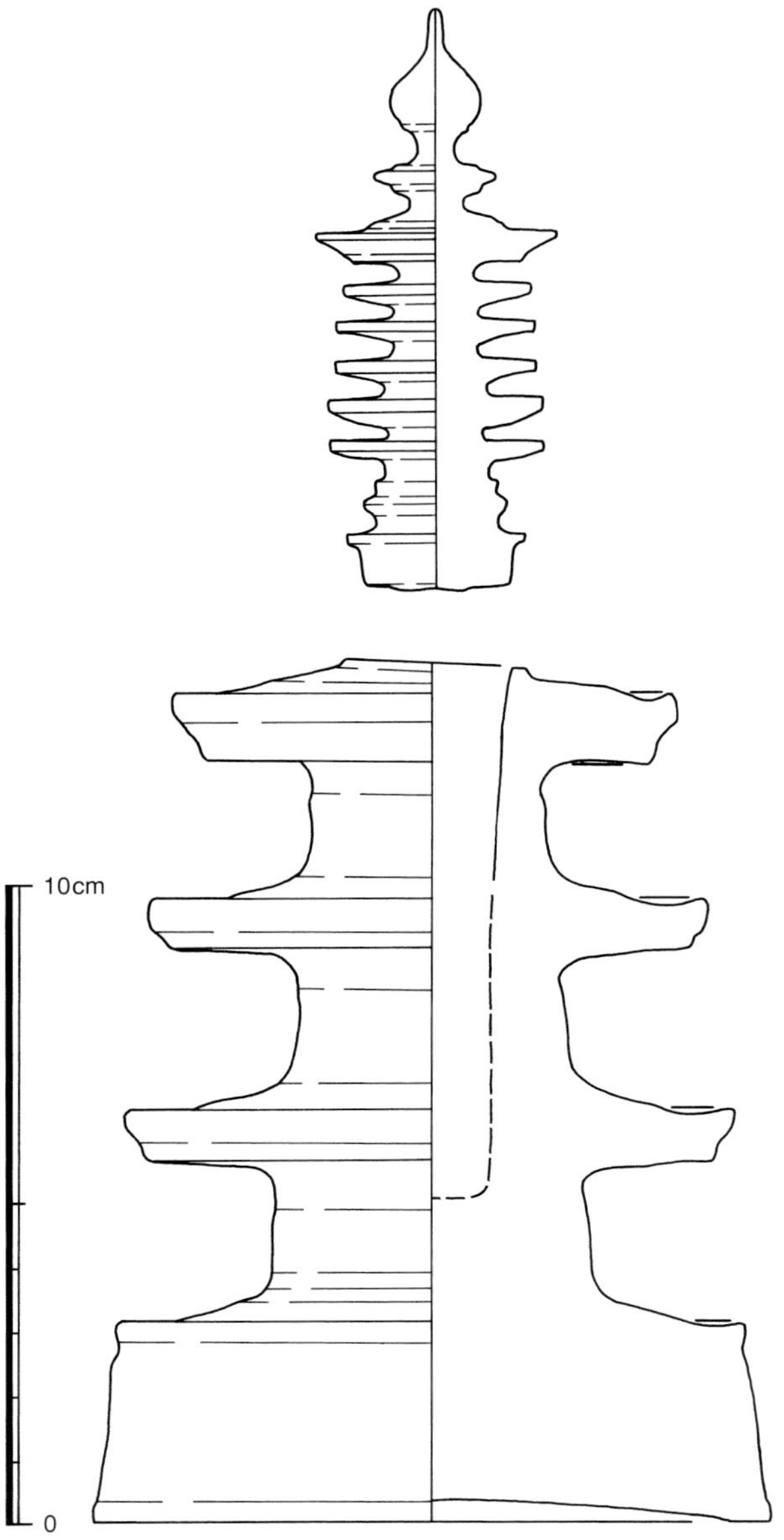

実測図（2／3）

全景写真

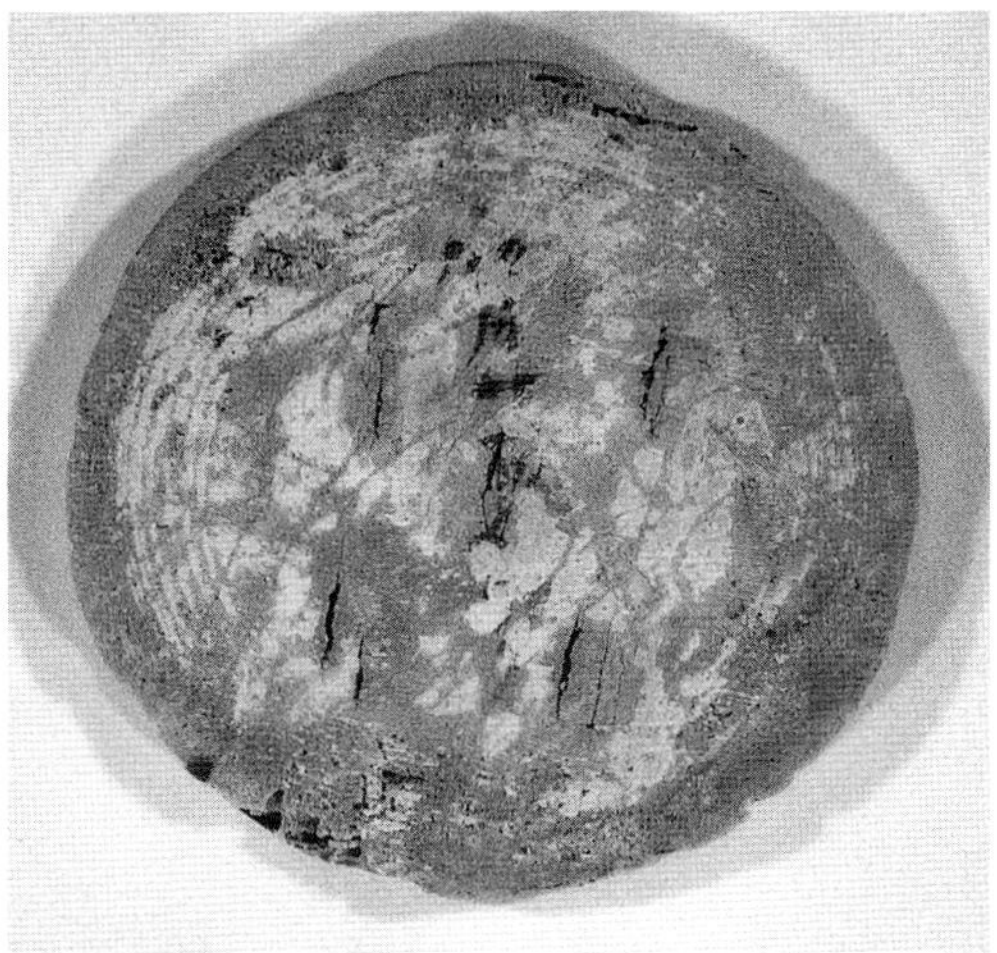

塔身底部

塔身上部

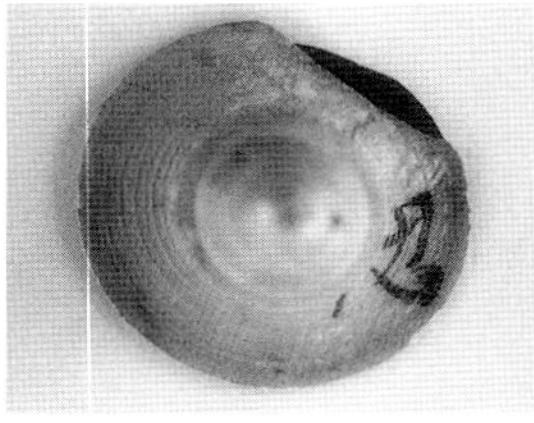

相輪上面

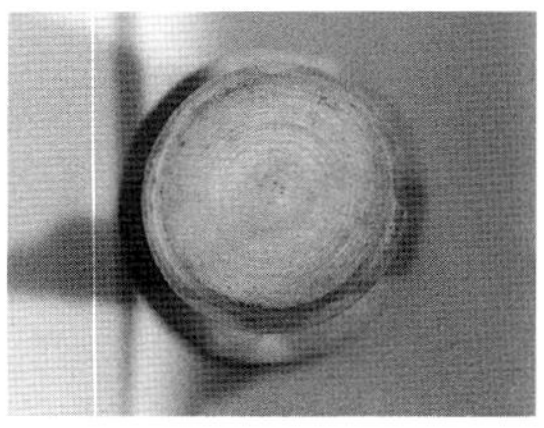

相輪底部

百万塔 第28

塔身部、基壇底面は全面に白土が残存するが、虫損と汚れが多い。墨書は「八月廿一□」轆轤の爪跡は五つで、形は正菱形。爪跡は埋木されている。基壇の側面や各層の笠は全体に摩滅し、小瑕が多い。白土は殆んど剥落している。

相輪部は請花大の笠に「忍」の墨書がある。第三・第四・第五輪はそれぞれ三分の一欠損がある。請花大は五分の一欠損がある。白土は請花小と宝珠が剥落しているが、他は薄く残存している。

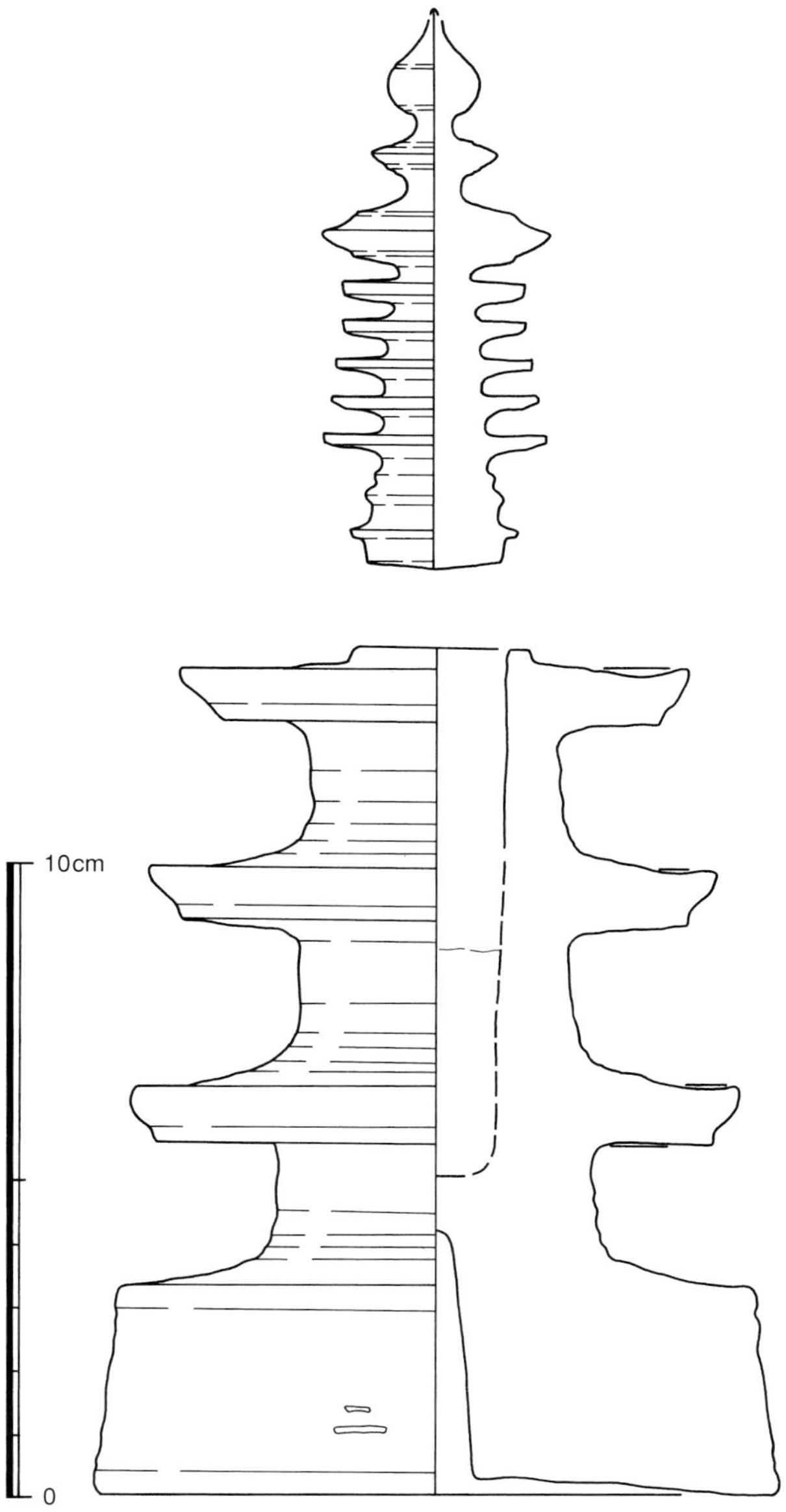

実測図（2／3）

全景写真

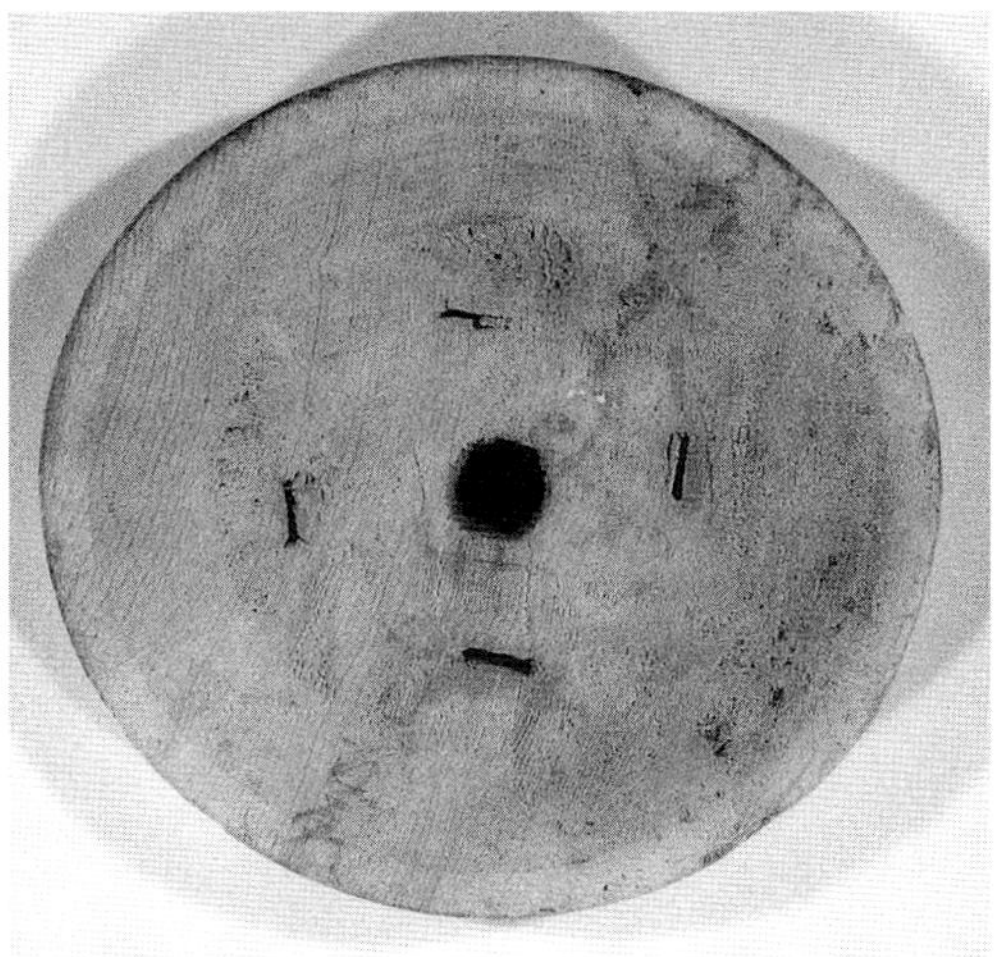

塔身底部

塔身上部

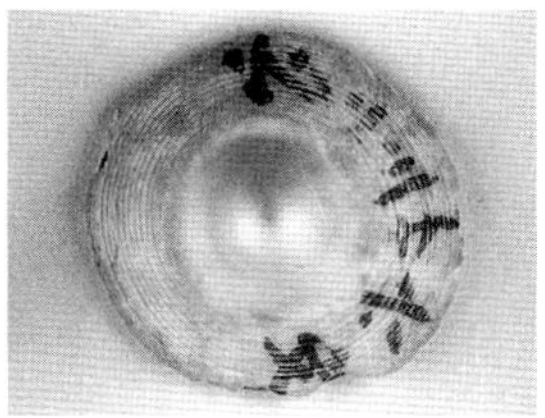

相輪上面

相輪底部

百万塔 第29

塔身部、基壇底面は白土が剥落し、中心部は削った跡がある。底面の墨書は「元年十月廾□日□」。轆轤の爪跡は四つあり、形は箱形、中央に円孔がある。基壇の側面は部分的に白土が残存しているが、殆んど剥落し、木目が鮮明で、漢数字「二」が刻されている。第一層笠の端の一部分が小瑕、第二層笠の端二箇所に小瑕、第三層の端にも小瑕がある。白土は各層全体に薄く残存している。

相輪部は請花大の笠に「云二三廾六文」の墨書がある。伏鉢に小瑕がある。第一輪・第三輪はそれぞれ三分の一欠損がある。請花大の周囲数ヶ所に小瑕があり、小には一箇所小瑕がある。白土は底面と宝珠は剥落し、他の部分は薄く残存している。

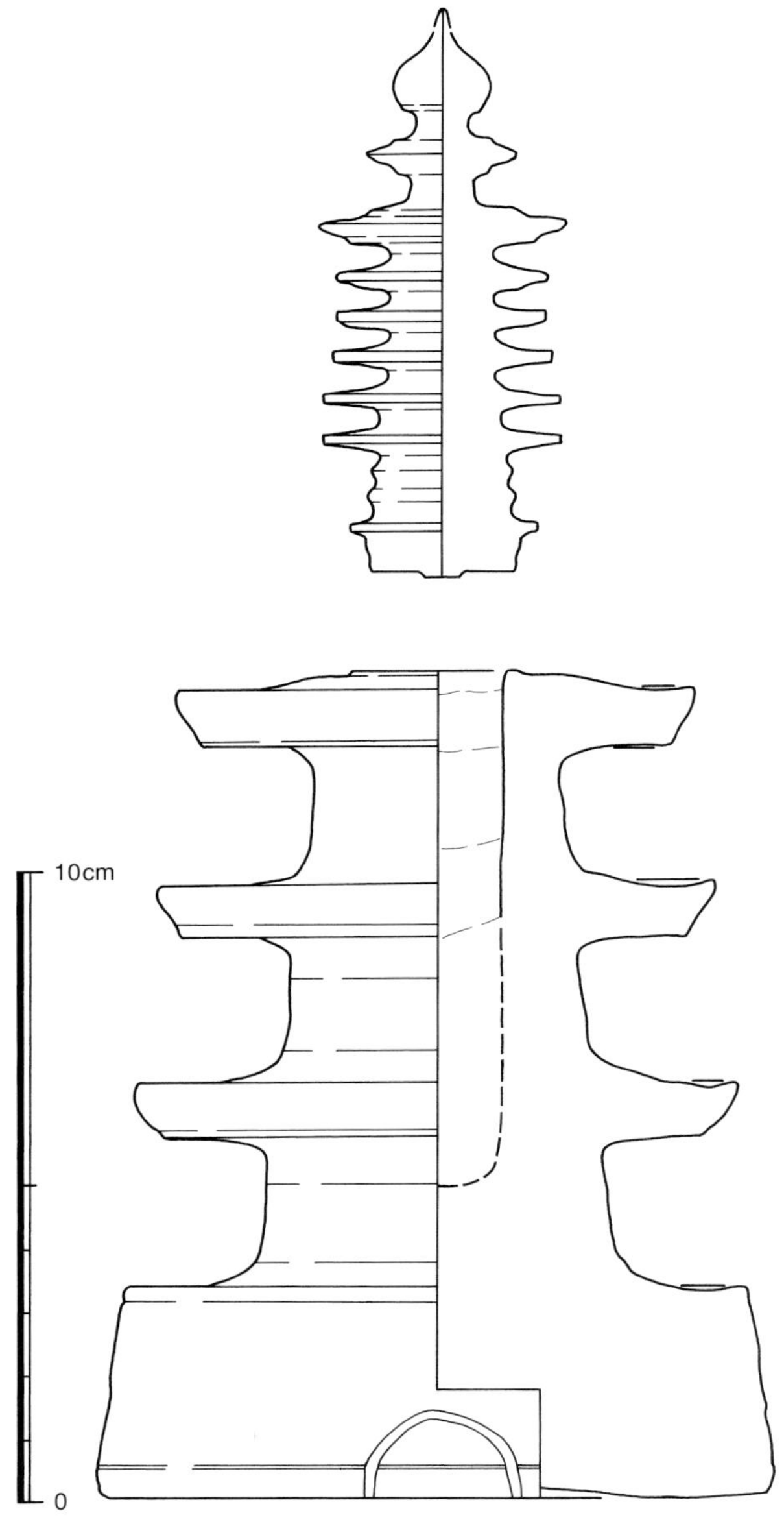

実測図（2／3）

全景写真

塔身底部

塔身上部

相輪上面

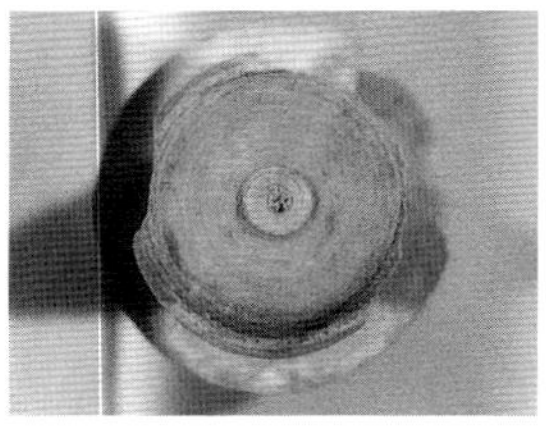
相輪底部

百万塔 第30

塔身部、基壇の白土の残存は多い。墨書は「廾九／□人」とある。轆轤の爪跡は五つで、形は外ハの字形である。第一層笠の端の一部欠損、第三層笠の周辺の一部に小瑕がある。白土は各層ほぼ全面に薄く残存している。

相輪部は伏鉢の周囲が欠損。第一輪は五分の一欠損、第四輪は二分の一欠損している。請花大は二分の一が虫害による欠損があり、小も三分の一虫損がある。宝珠の先端は虫損で欠けている。白土は全面に残存している。

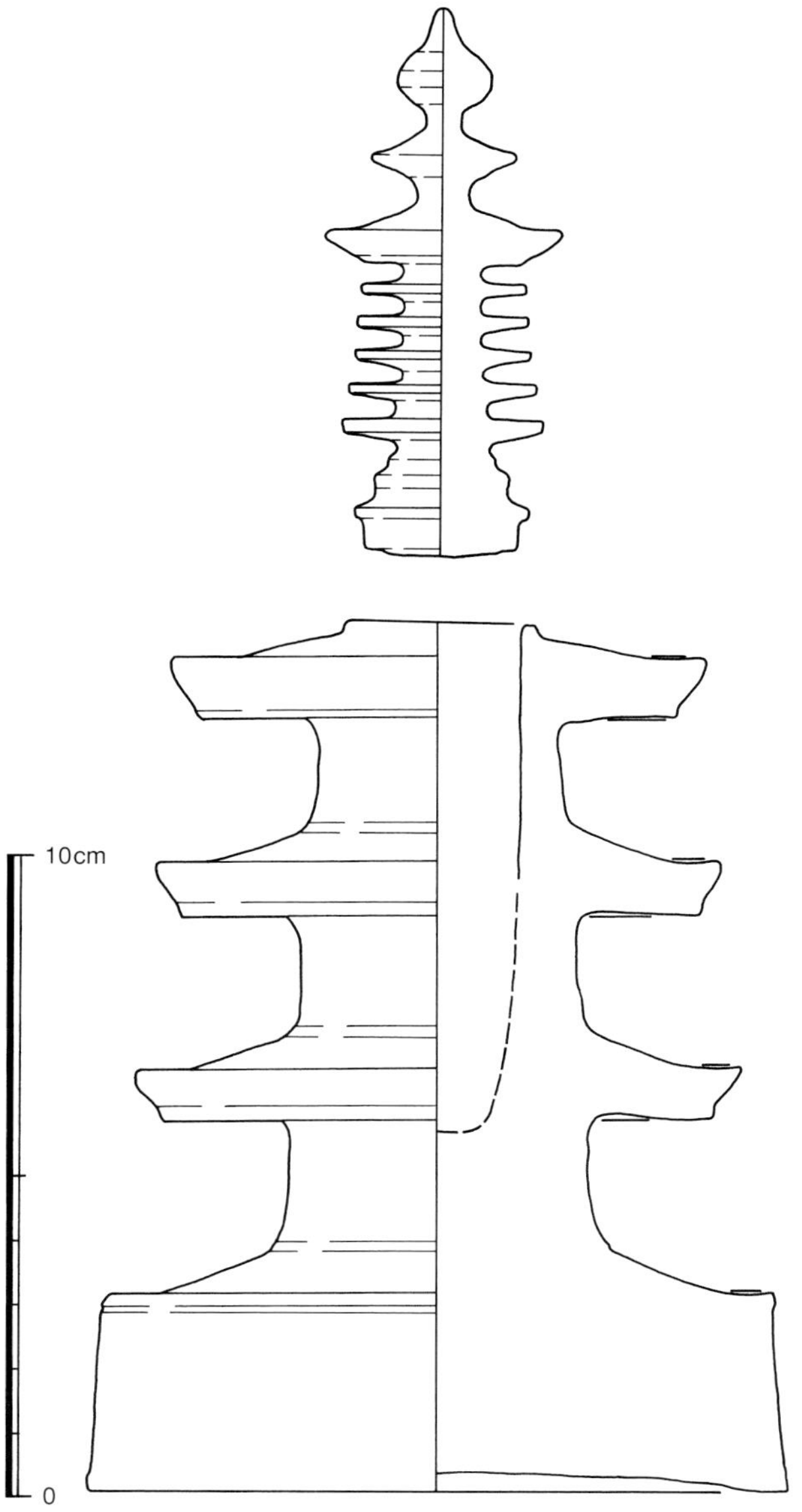

実測図（2／3）

全景写真

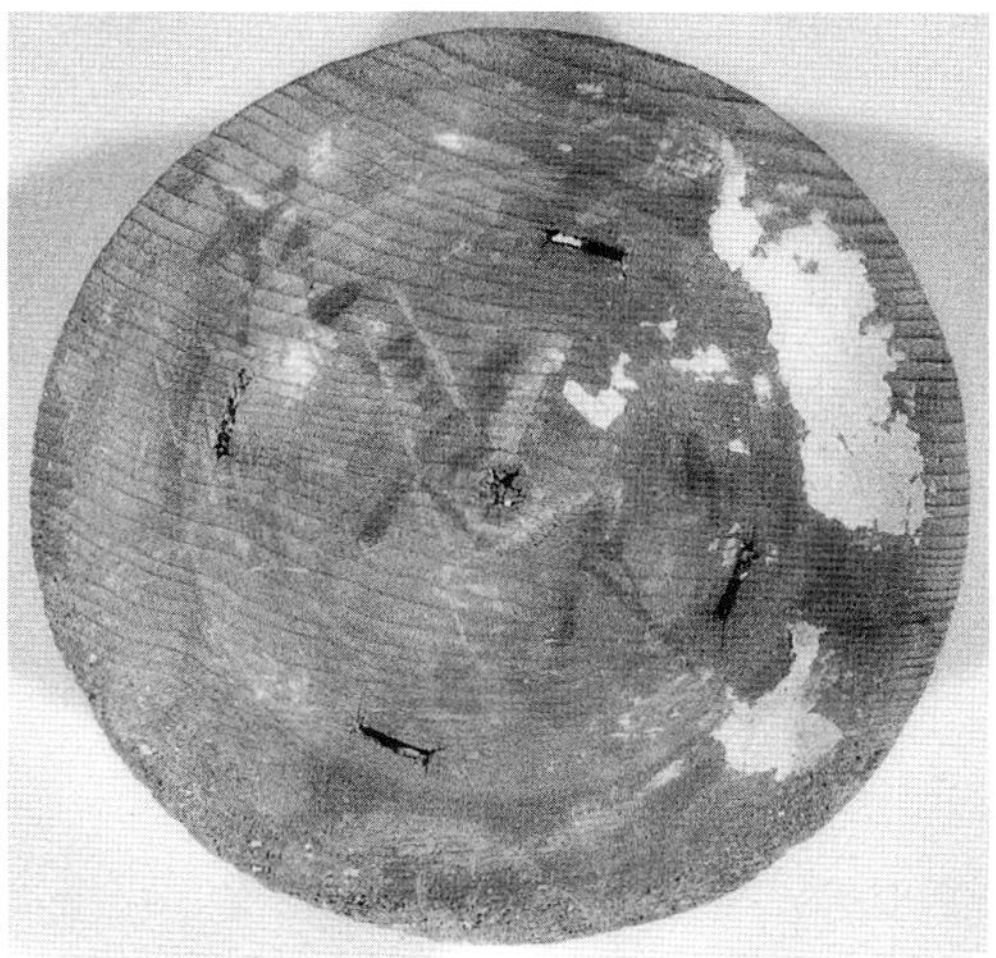

塔身底部

塔身上部

相輪上面

相輪底部

百万塔 第31

塔身部、基壇底面は一部に白土が残存、全面が汚れており、墨書は判読困難であるが、「左〔長〕万」と読むことができる。轆轤の爪跡は五つで、形は内八の字である。第三層の笠の端の一部に小瑕がある。白土は基壇の側面を除いて全面に残存している。

相輪部は底面に「種」の墨書がある。第一輪に小瑕、第二輪の二分の一が欠損している。請花大の周辺数箇所に小瑕があり、小に一箇所小瑕がある。白土は宝珠は剥落し、他は部分的に残存している。

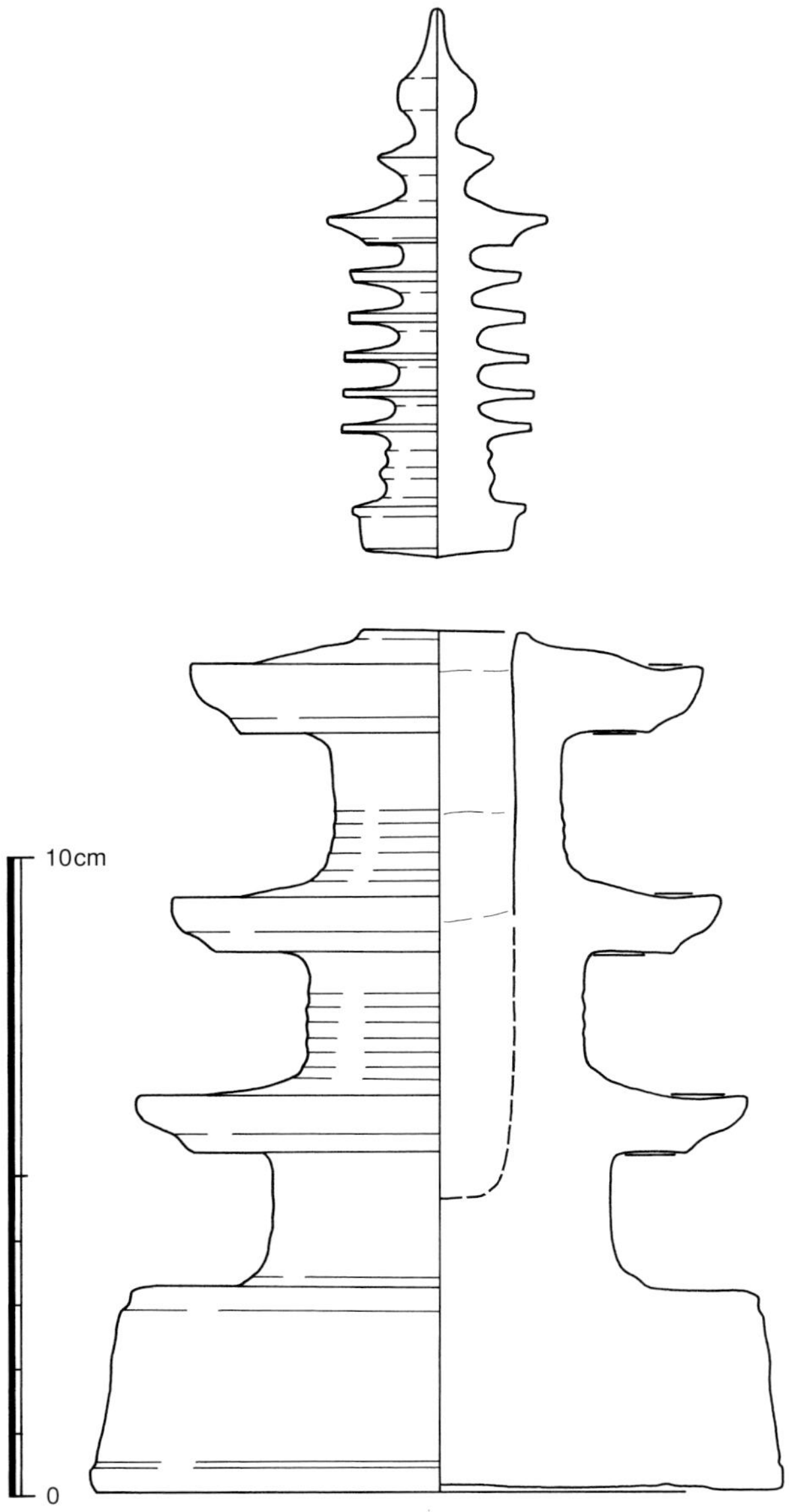

実測図（2／3）

全景写真

塔身底部

塔身上部

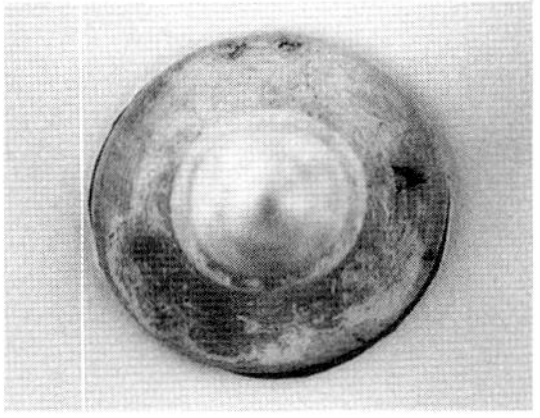

相輪上面

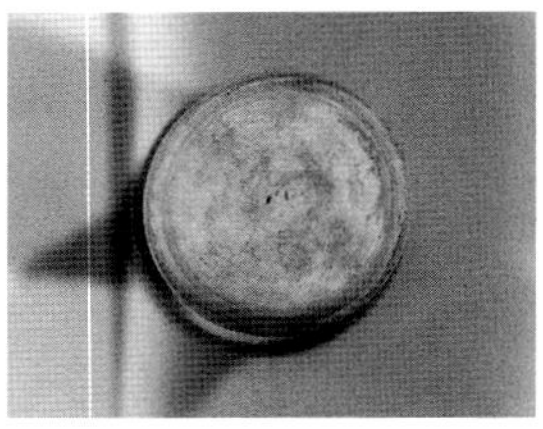

相輪底部

百万塔 第32

塔身部、基壇底面の墨書は「廾□／石〔太（カ）〕」。轆轤の爪跡は三爪で中央に円孔があり、中央孔は埋め木でふさがれている。第二層の端に小瑕がある。白土は基壇の底面・側面・各層に残存が多く良好である。

相輪部は第一輪は三分の一欠損、第二輪は二分の一欠損がある。宝珠の先端も良好で、白土も全体に薄く残存している。

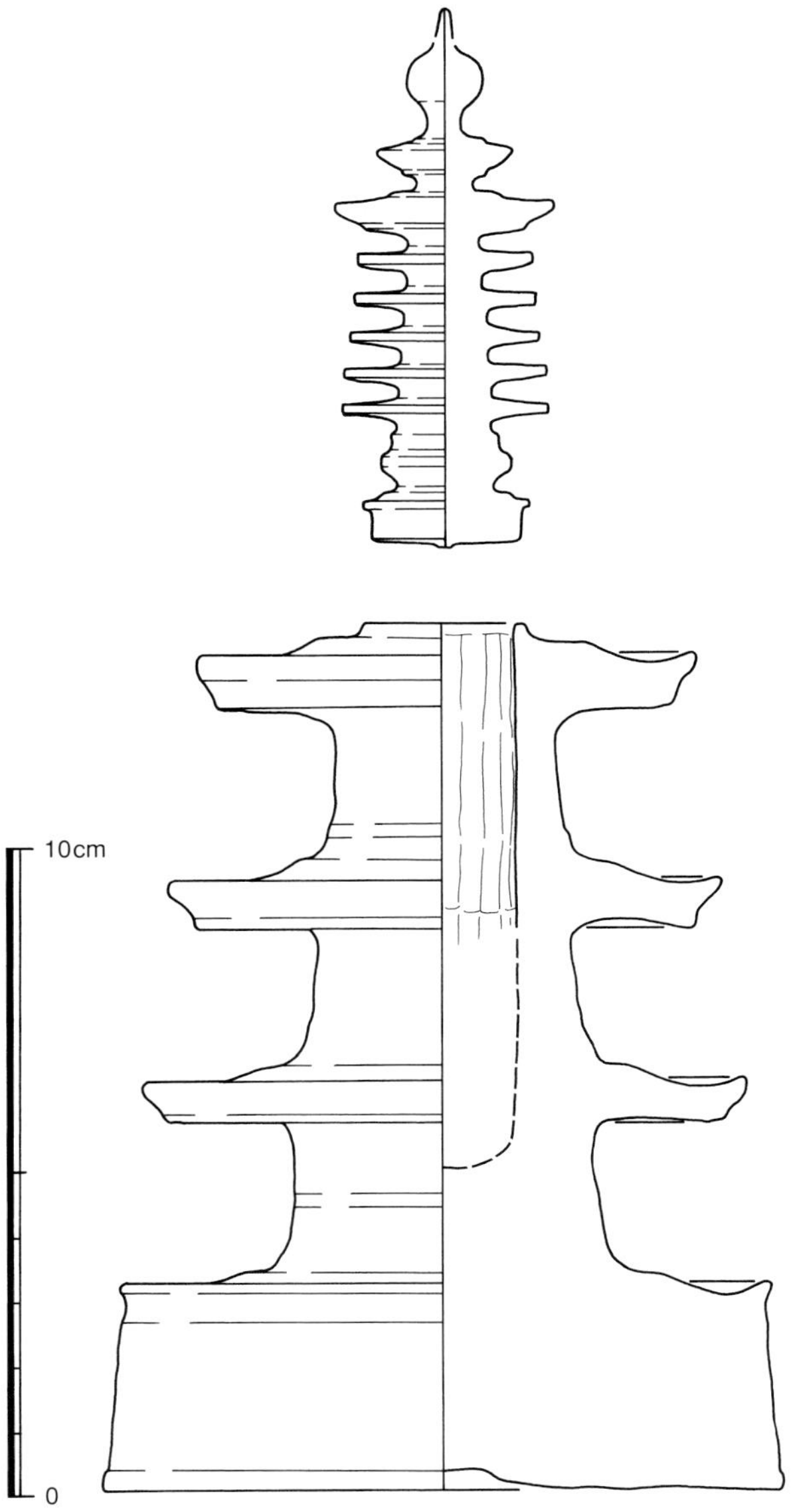

実測図（2／3）

全景写真

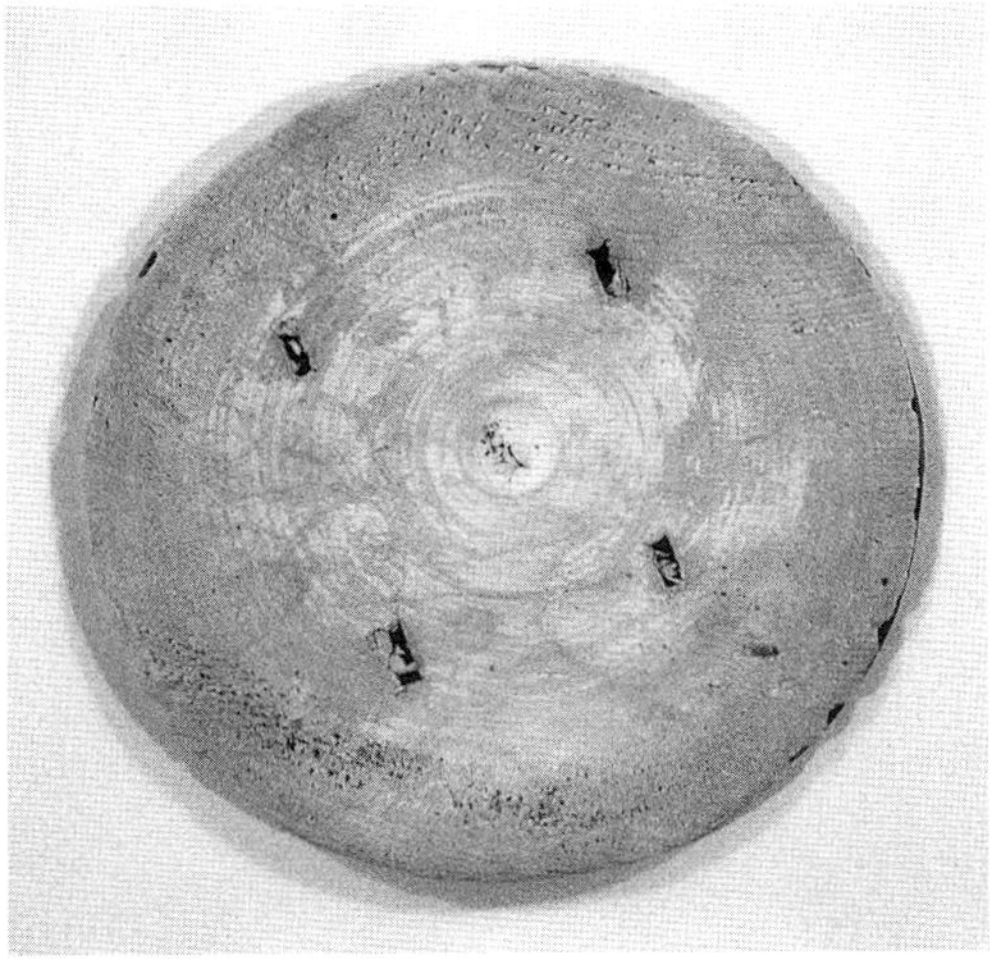
塔身底部

塔身上部

相輪上面

相輪底部

百万塔 第33

塔身部、基壇底面の轆轤の爪跡は四爪でニの字形、中央の円孔は白土で埋めてある。底面は全面に白土残存、一部に虫損がある。第一層笠の周囲に小瑕がある。第二・第三層の周囲にも小瑕がある。白土は基壇の側面以外は全体に残存多く、良好である。

相輪部は請花大の笠に「左元十一月一日□□」と墨書がある。第一輪は二分の一欠損・第二輪は四分の一欠損がある。請花大の周囲数箇所に小瑕がある。請花小には一箇所に小瑕がある。宝珠の先端は欠損している。白土は殆んど剥落している。

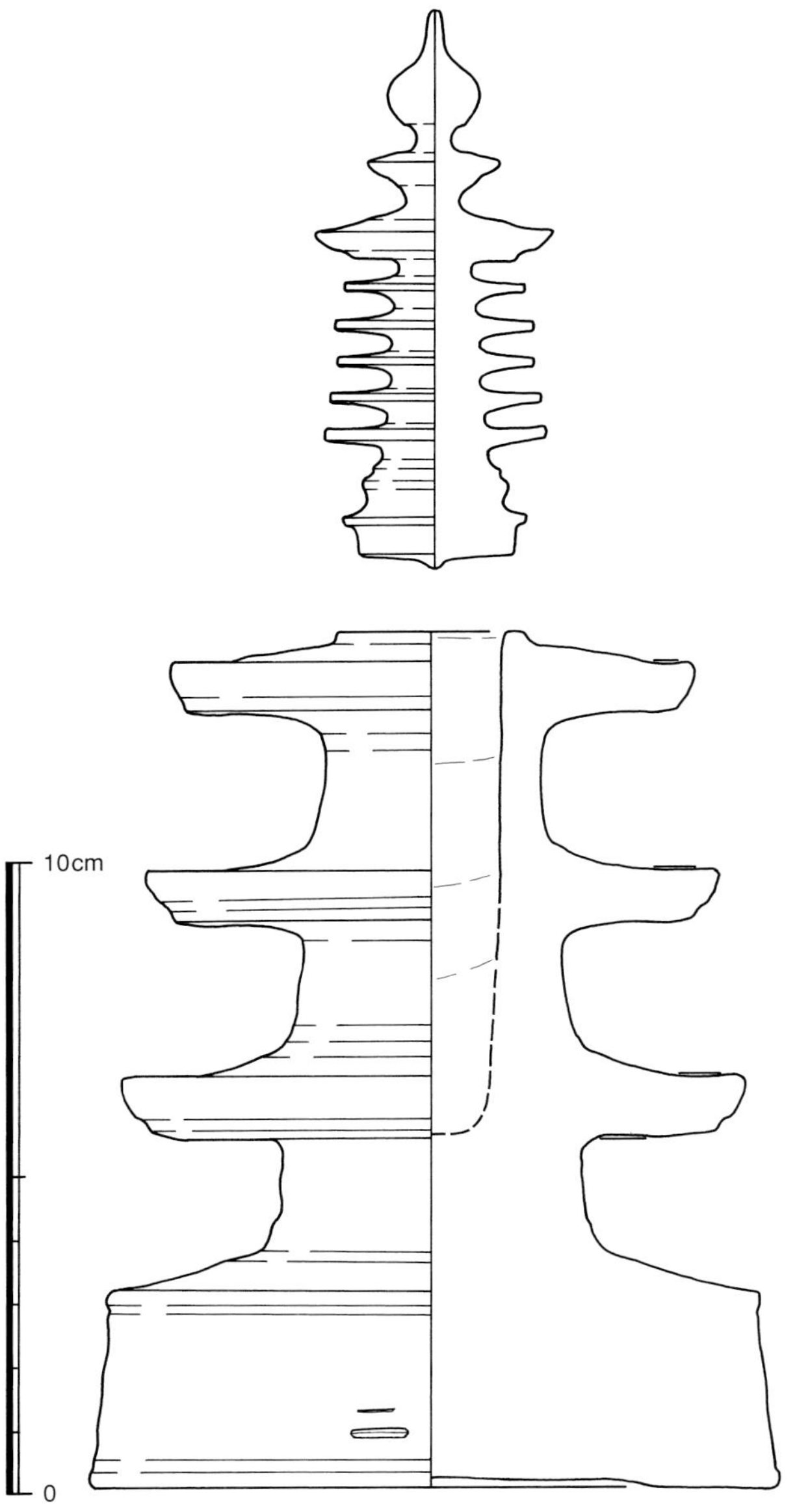

実測図（2／3）

全景写真

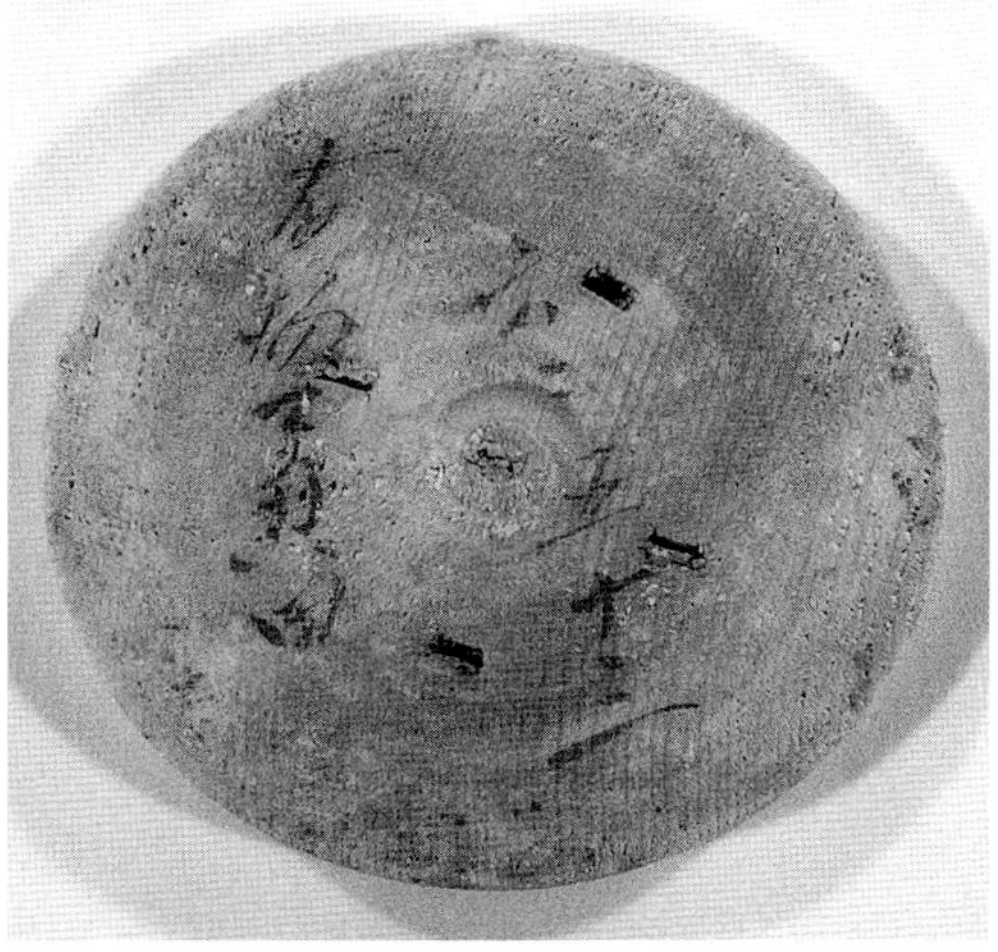

塔身底部

塔身上部

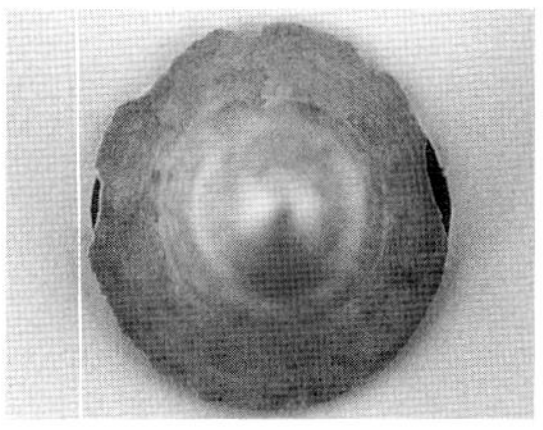

相輪上面

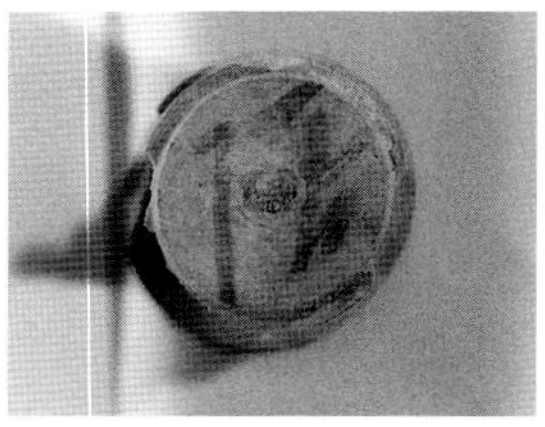

相輪底部

百万塔 第34

塔身部、基壇の底面は「云二五十三／左物部忍田」の墨書がある。轆轤の爪跡は四つで、形は菱形。中央に円孔がある。基壇の側面の白土は剥落し、漢数字の「二」が刻されている。第二層の笠の端に小瑕があり、第三層笠の端の四分の一に接着補修がある。白土は基壇の表面や他の部分に少し残存している。

相輪部、底面に一字墨書があるが判読不明である。伏鉢の周囲の三分の一は欠損。第一輪は五分の一欠損、第二輪は三分の一欠損、第三・第四輪は二分の一欠損がある。請花の大小の周辺に小瑕が多い。宝珠は先端まで整っている。白土は全面に薄く残存している。

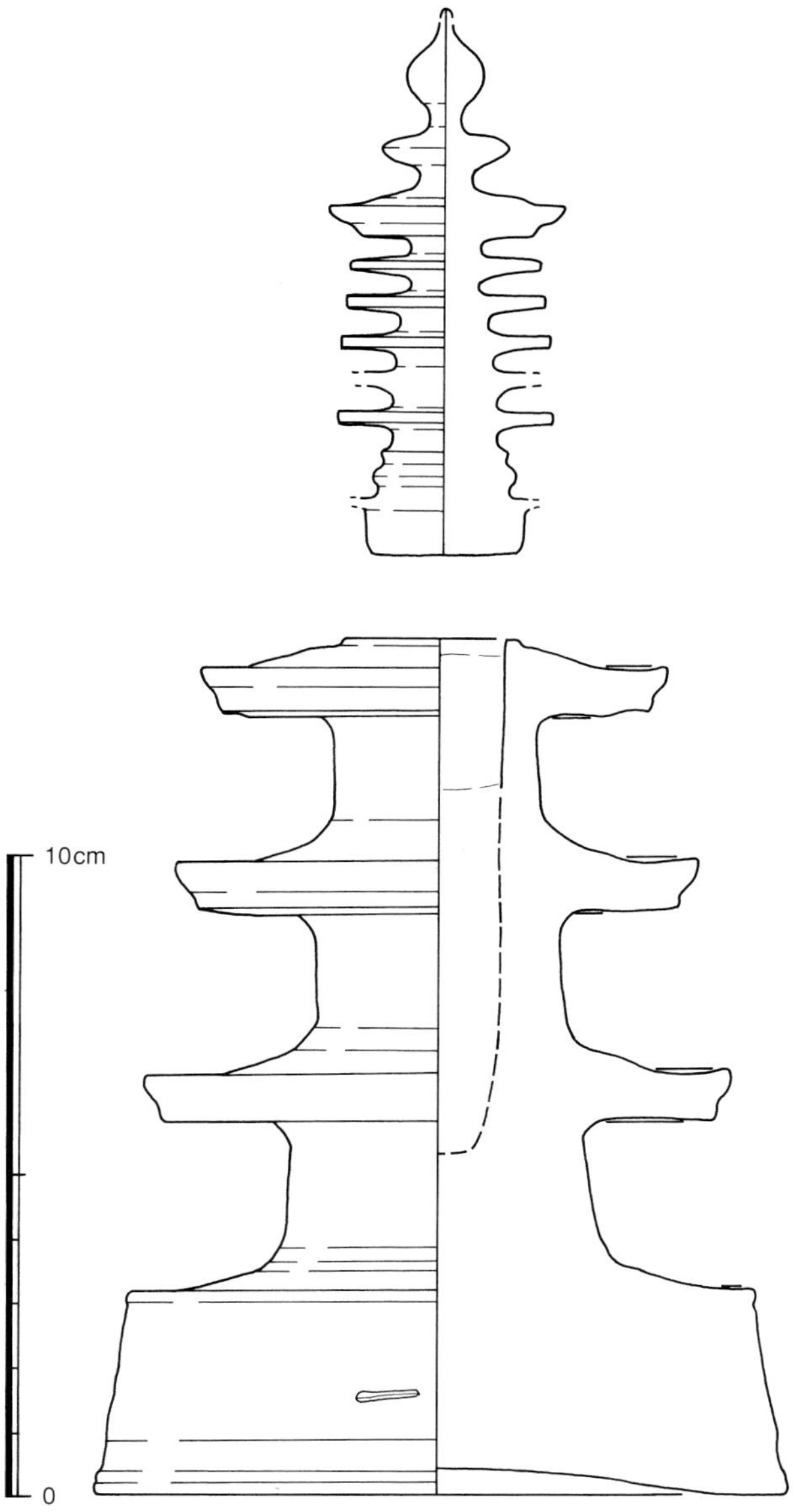

実測図（2／3）

全景写真

塔身底部

塔身上部

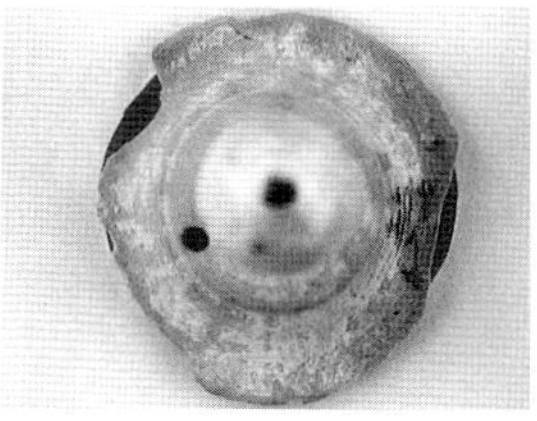

相輪上面

相輪底部

百万塔 第35

塔身部、基壇底面は全面に白土が残存している。「云三三□／右□部□万」と墨書がある。轆轤の爪跡は五つあり、形は箱形である。基壇の側面は白土が剥落し漢数字の「二」が刻されている。第三層側面の端の一部に小瑕がある。白土は三分の一の接着補修がある。白土は各層の笠の裏に良く残存し、他の部分にも薄く残存している。

相輪部の請花大の笠に「〔望（カ）〕」の墨書がある。伏鉢の数箇所に欠損がある。第一輪・第二輪は各々二分の一の欠損と虫損がある。第三輪は三分の一・第四輪は二分の一の欠損・虫損がある。請花大の周辺は二分の一の欠損、小には虫の穴が一箇所ある。宝珠の先端は虫損で欠けている。白土は全面に残存している。

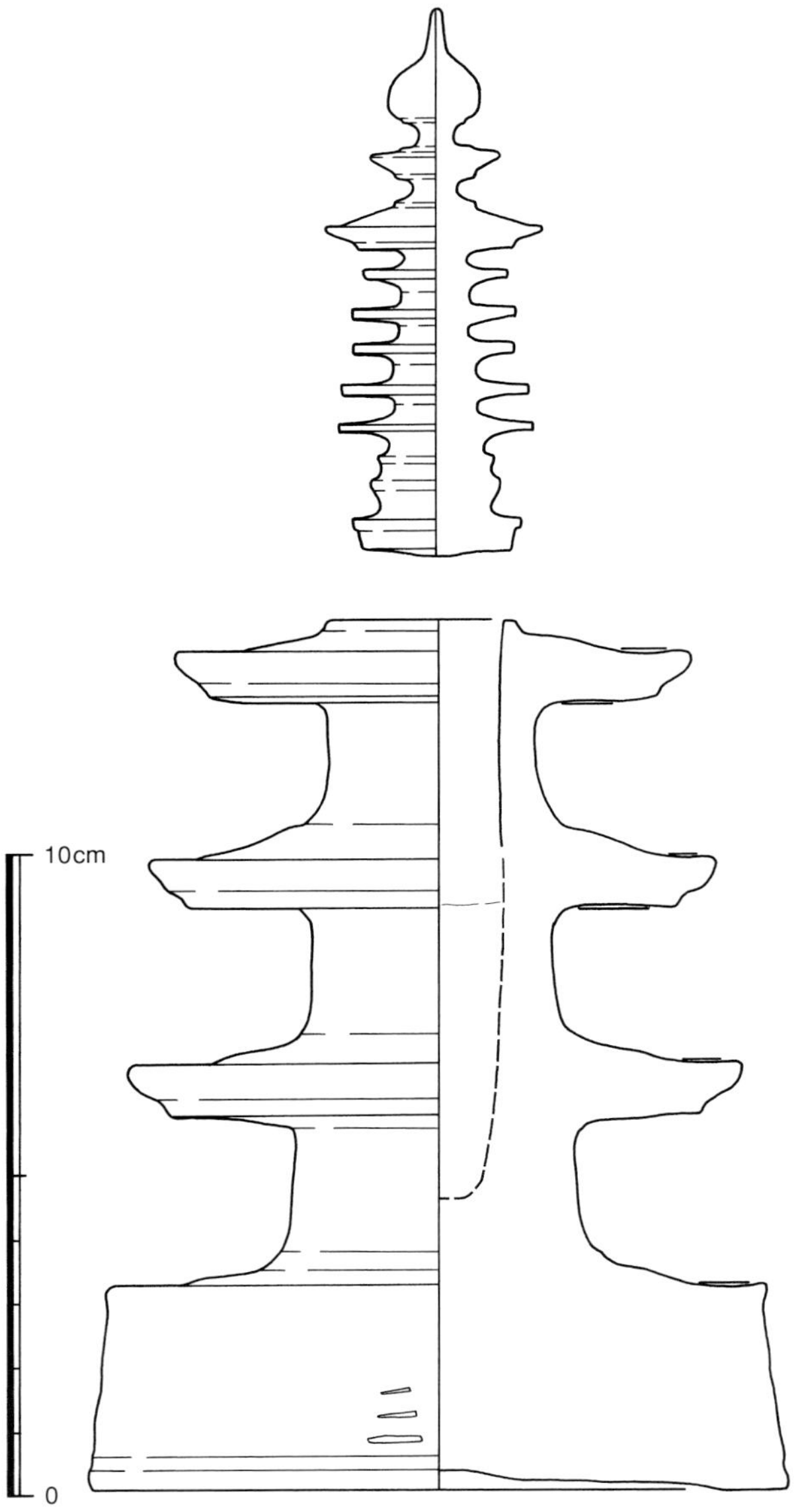

実測図（2／3）

全景写真

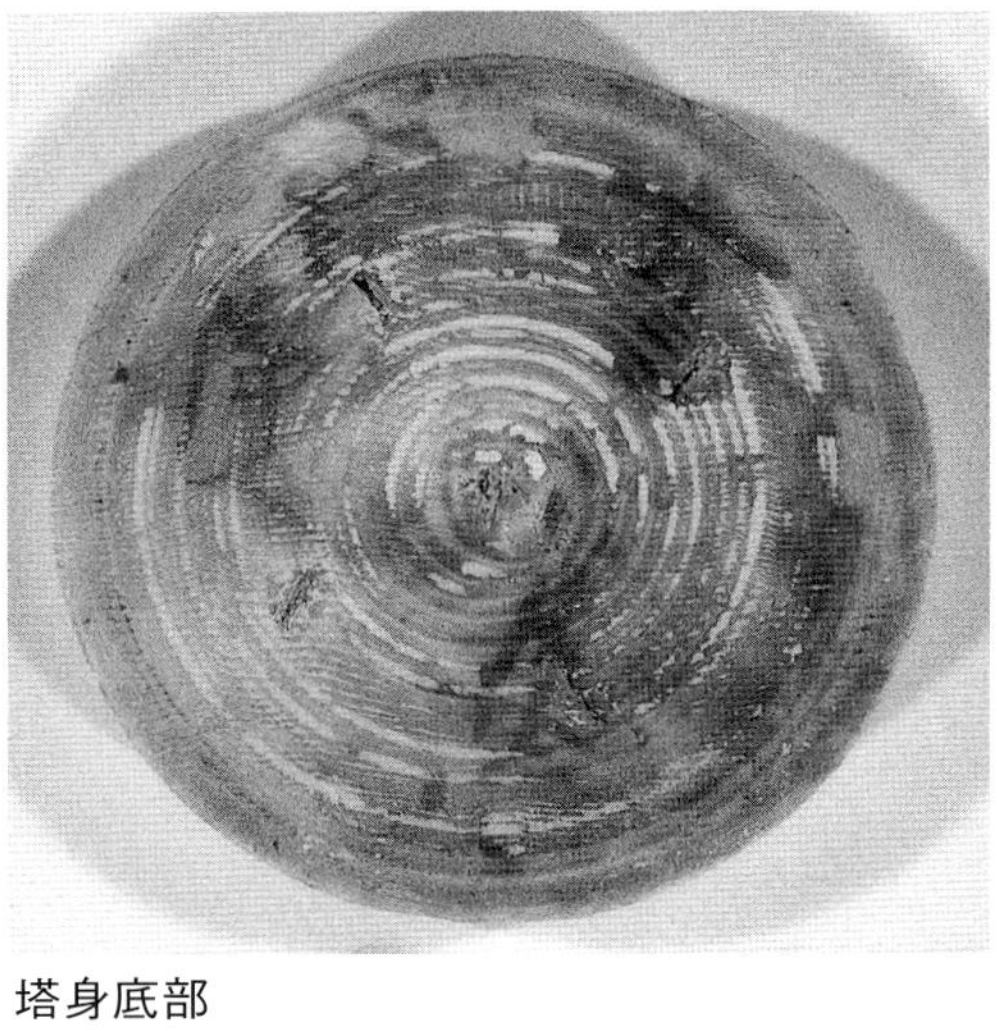

塔身底部

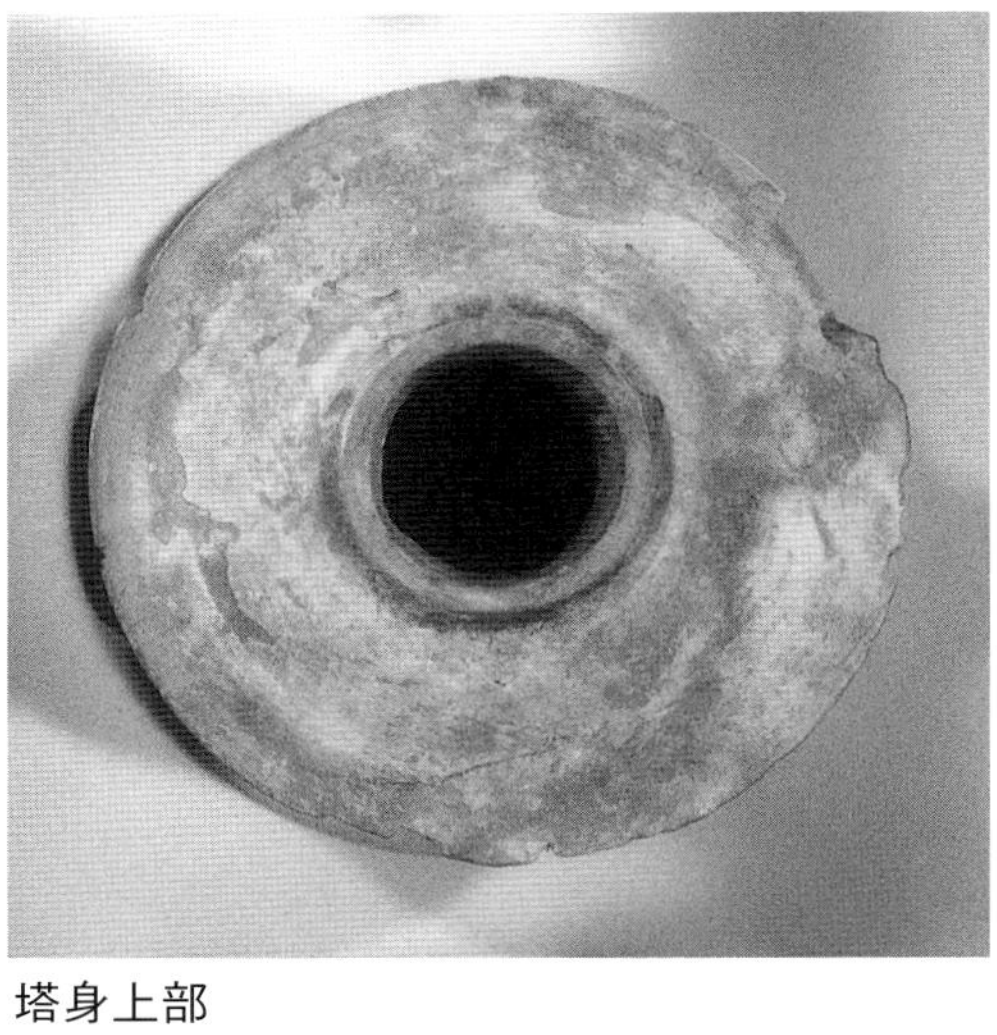

塔身上部

相輪上面

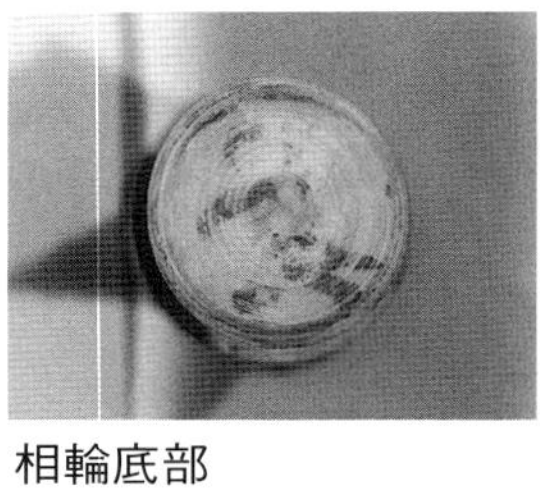

相輪底部

百万塔 第36

塔身部、基壇底面の白土は年輪にそって一部残存している。「云〔二〕二月廾八／右浄人」の墨書がある。轆轤の爪跡は五つで、形は外ハの字形である。基壇の側面は木目が鮮明で漢数字「三」が刻されている。第一層笠の周囲に二箇所小瑕があり、第二層笠の周囲一箇所に欠損、第三層の笠の周囲に数箇所小瑕がある。白土は各層全体に残存し、状態は良い。

相輪部は第一輪は一部欠損、第三輪小瑕、第五輪は二分の一欠損がある。請花大の周辺に二分の一欠損がある。宝珠の形は美しい。

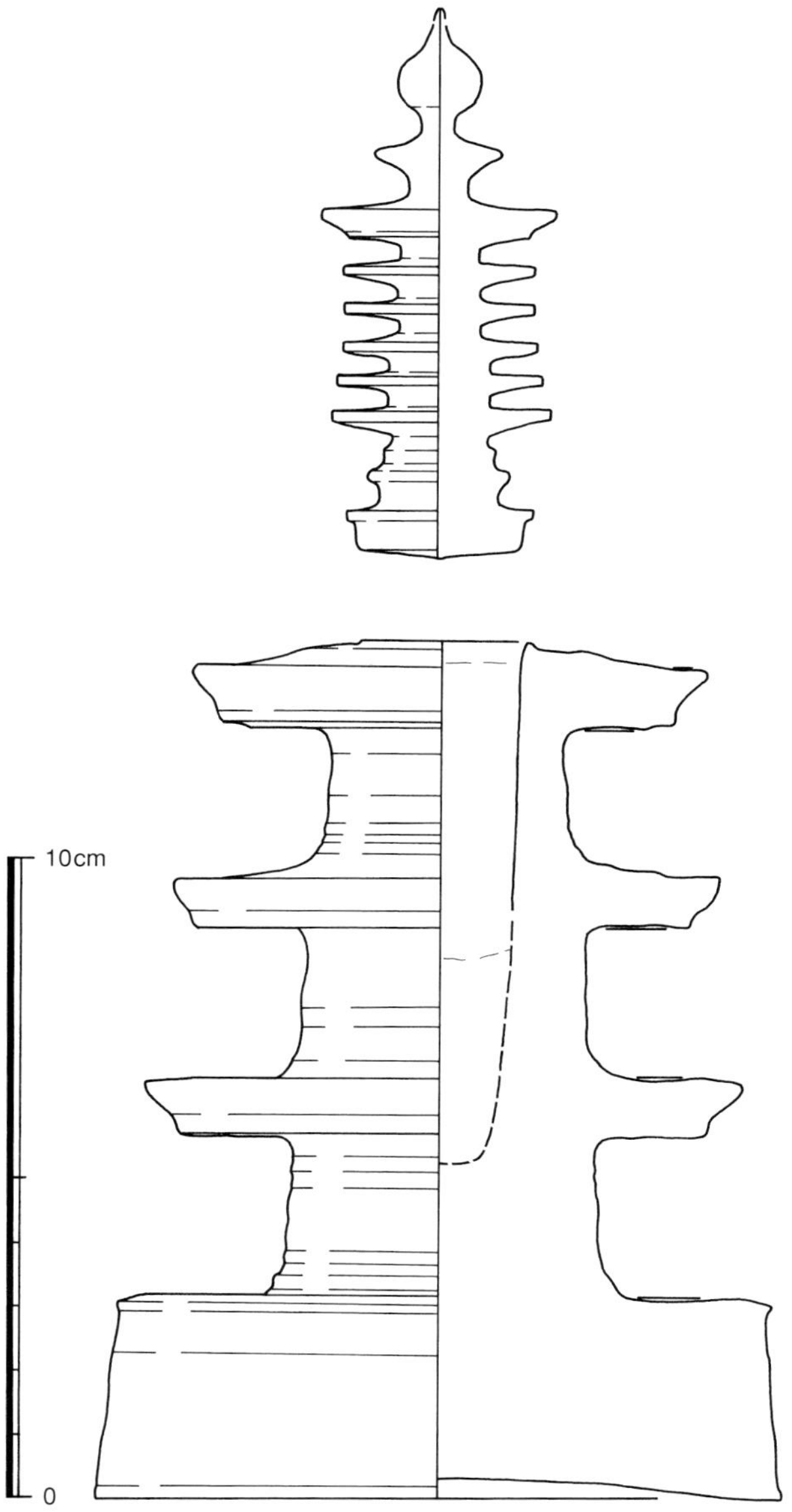

実測図（2／3）

全景写真

塔身底部

塔身上部

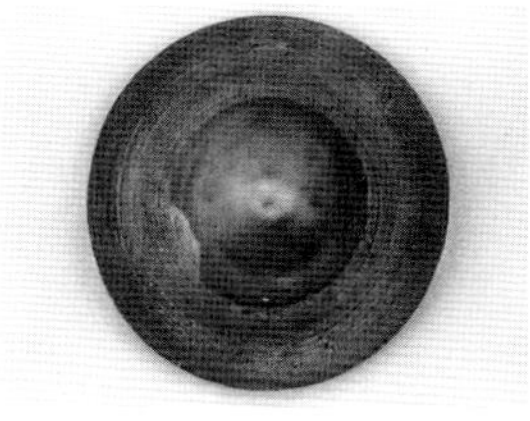

相輪上面

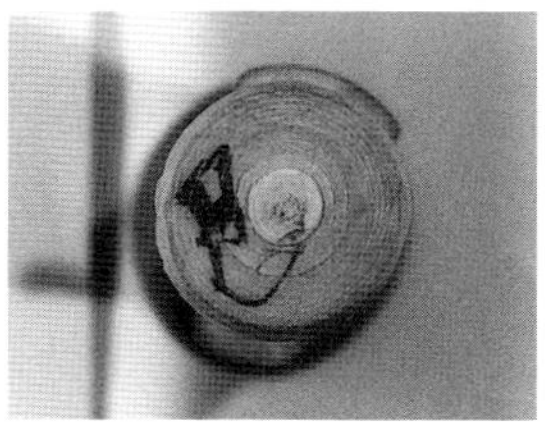

相輪底部

百万塔 第37

塔身部、基壇底面の轆轤の爪跡は五つで、正菱形である。底面は削られ、墨識がある。「続日本紀曰孝謙天皇発願弘令／造三重小塔一百萬基各高四寸六分／露盤之中各置根本慈心相輪六度／等陀羅尼宝亀元年夏四月功畢分置／七大寺今蔵和州法隆寺者是也盖此／経本為本邦刷印之権輿矣／従成功宝亀元年至元治子年一千九十五年也／恵眼院蔵」。この識語の筆者は不明である。第三層の笠に「右根（万（カ））」の墨書がある。第一層・第二層の笠には一部分接着補修がある。白土は殆んど剥落している。

相輪部の底面に「忍」の墨書がある。第一・第二・第三輪は二分の一欠損。第四輪は三分の一欠損がある。請花小に小瑕がある。宝珠の先端は折損している。白土は部分的に残存している。

この塔には「相輪陀羅尼」短版（第57）が納められている（陀羅尼第57参照）。松浦武四郎旧蔵。

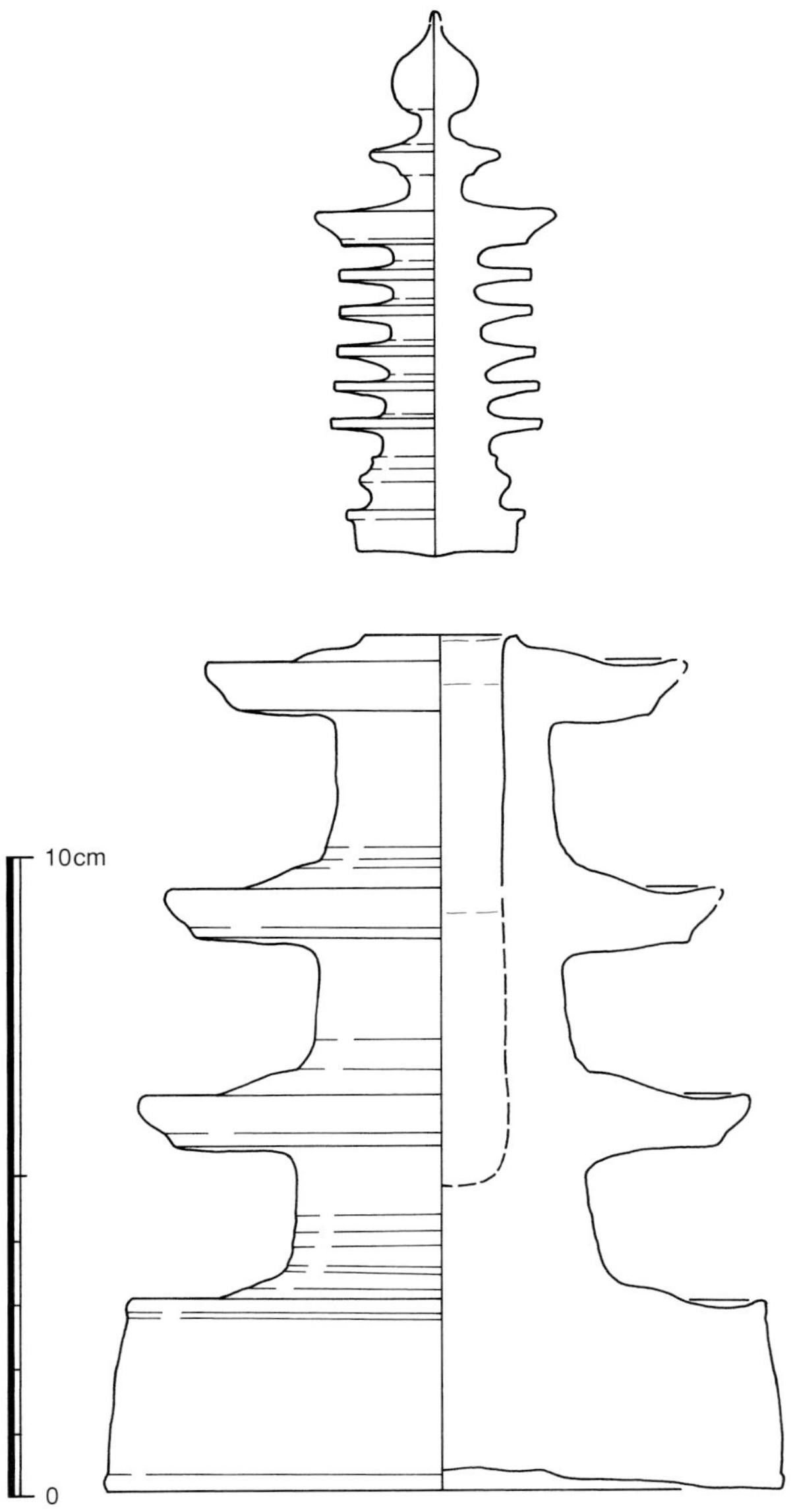

実測図（2／3）

全景写真

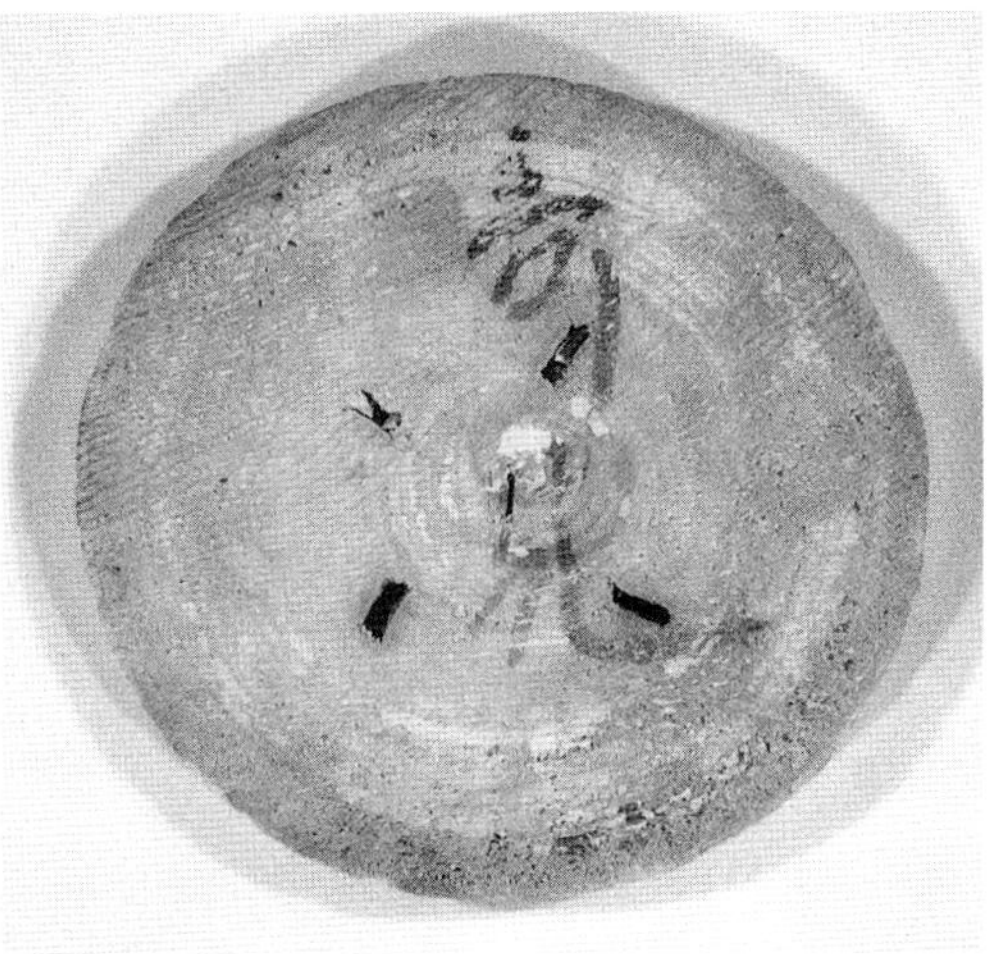

塔身底部

塔身上部

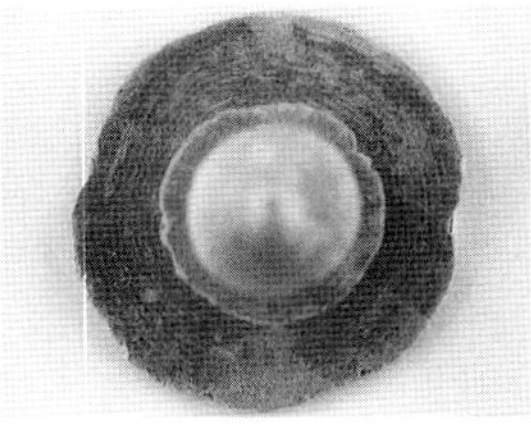

相輪上面

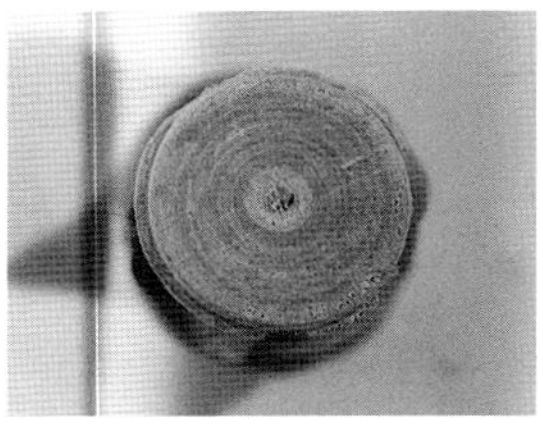

相輪底部

百万塔 第38

塔身部、基壇底面中央には「奇見」の墨書がある。轆轤の爪跡は五つで、形は外ハの字形である。第二層・第三層の笠の一部に小欠損がある。白土の残存は少ない。

相輪部は伏鉢の周辺は破損。第一輪は二分の一折損、第二輪は小瑕がある。請花大の周辺には数所小瑕がある。宝珠の先端は折損している。白土は剥落している。

この塔には『自心印陀羅尼』（長版）が添えられている。（別項「自心印（長）」№63参照）松浦武四郎旧蔵。

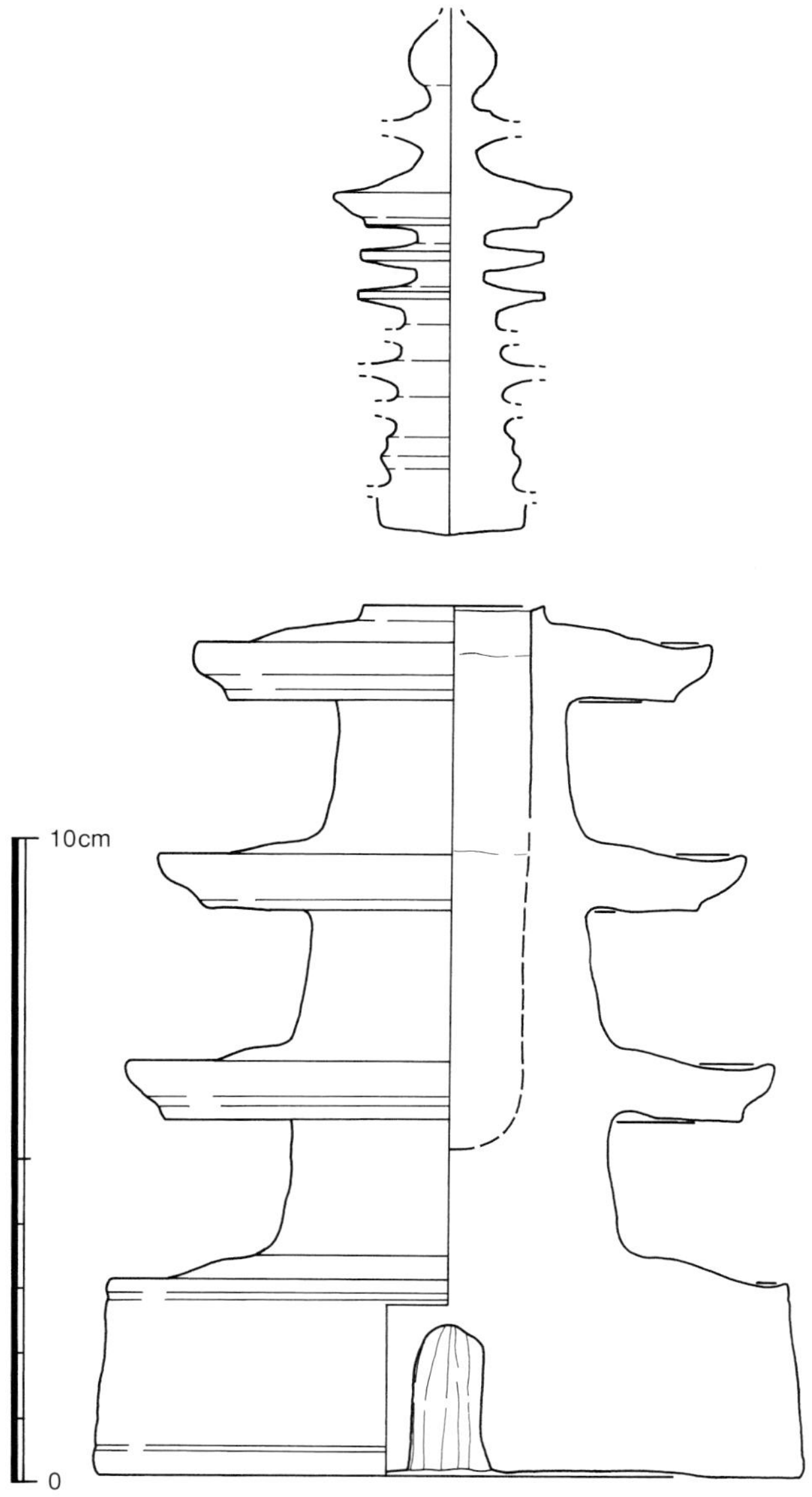

実測図（2／3）

全景写真

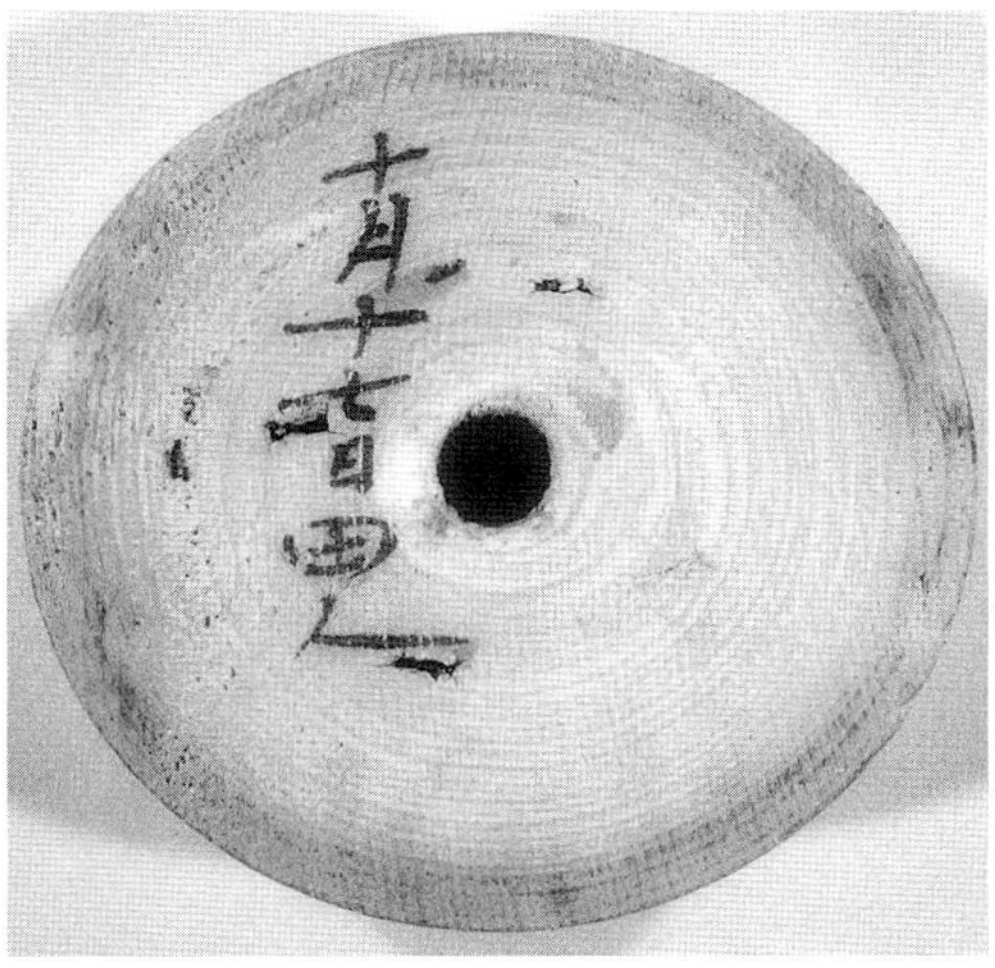

塔身底部

塔身上部

相輪上面

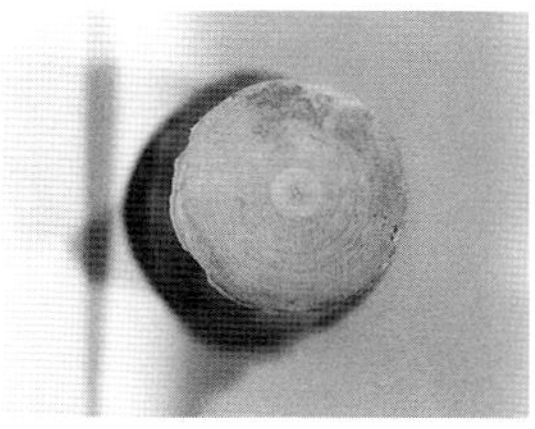

相輪底部

百万塔 第39

塔身部、基壇底面の墨書は「十月十七日田人」。轆轤の爪跡は四つで菱形、中央に円孔がある。第二・第三層は一部折損し、接着補修がされている。第二・第三層の笠は白土が剥落し木目が鮮明に現れており、汚れは少ない。

相輪部は第一輪から第三輪は大破、第四輪は三分の一欠損、第五輪は三分の一が欠損している。請花大の二分の一は欠損、小の周辺は摩滅している。宝珠は虫損による折損。

この塔には『根本陀羅尼』（短版）（別項「根本（短）」No.45参照）が添えられている。松浦武四郎旧蔵。

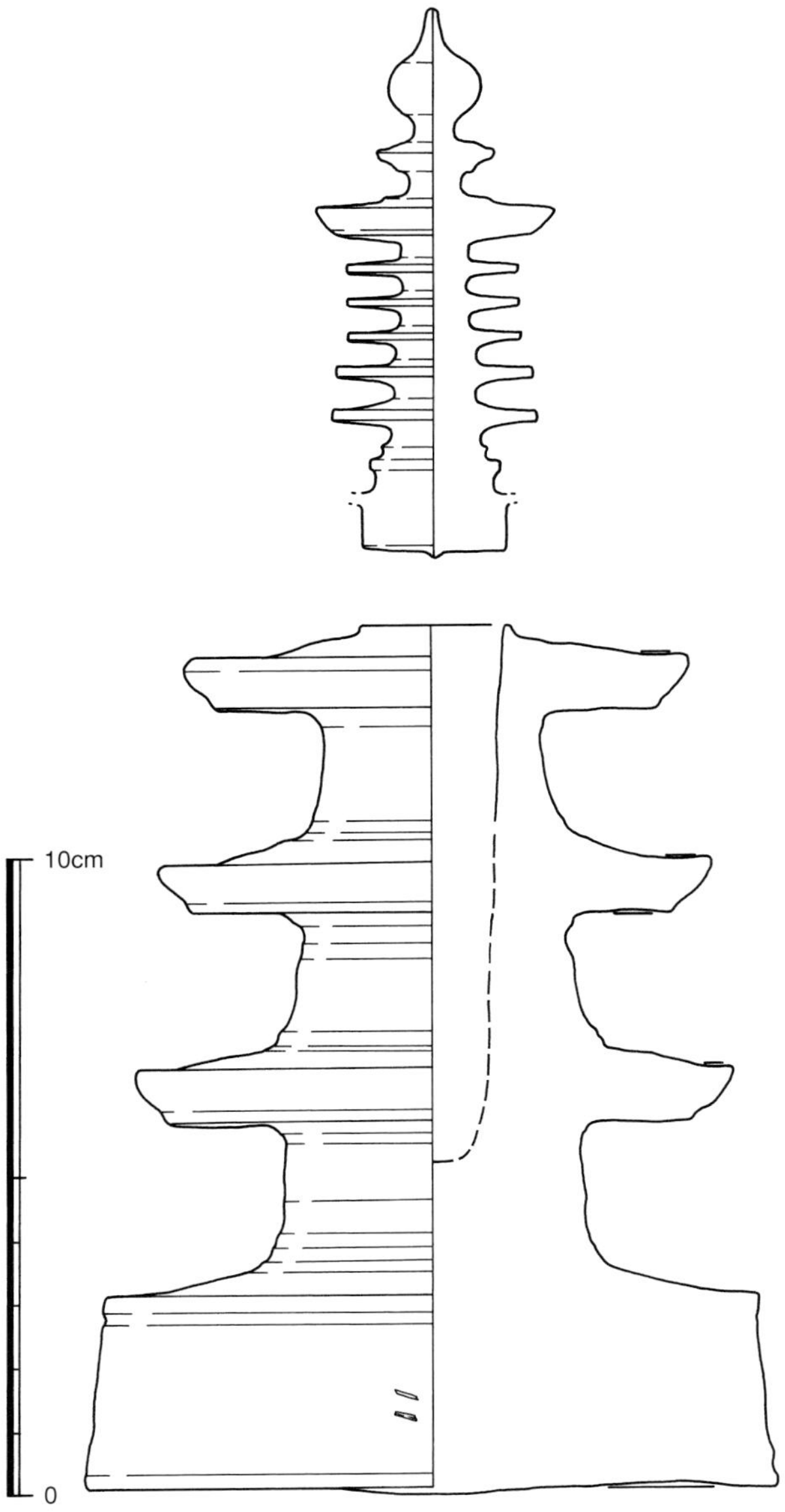

実測図（2／3）

全景写真

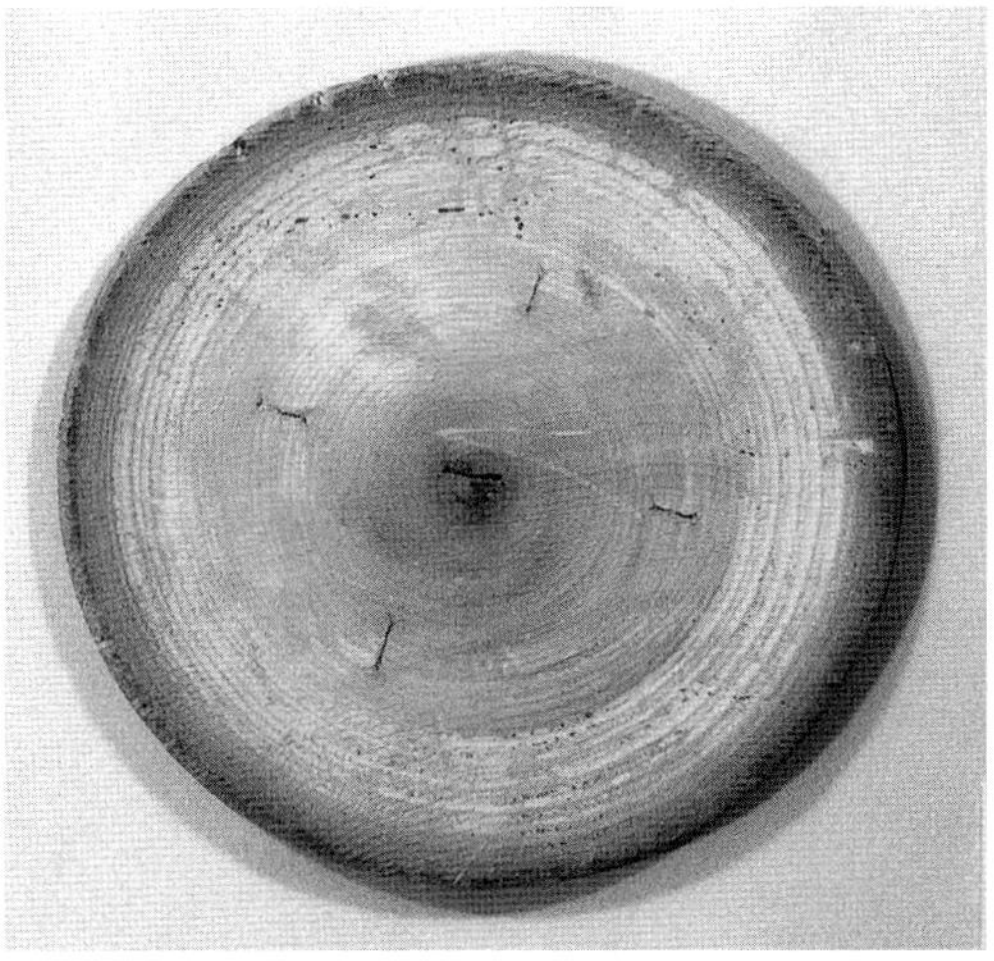
塔身底部

塔身上部

相輪上面

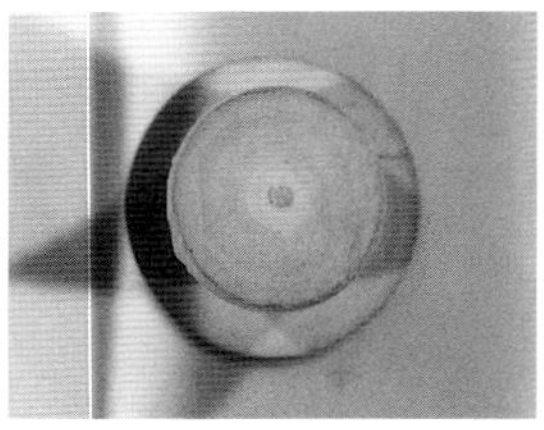
相輪底部

百万塔 第40

塔身部、基壇底面の轆轤の爪跡は五つで、形は正十字形である。墨書は第三層笠に「左紀」とある。基壇の側面に漢数字「二」が刻されている。第一層笠の端に小瑕がある。第二層の約四分の一に接着補修がみられる。白土は基壇の側面の一部分に残存しているが、全面は殆んど剥落し、木目は鮮明である。

相輪部は第一輪・第三輪・第四輪の三分の一に、それぞれ接着補修がある。請花大の一部に小瑕がある。宝珠の先端は後世に補修したと思われる。白土は宝珠以外に薄く残存している。

この塔については「相輪陀羅尼」（陀羅尼第56）を参照。松浦武四郎旧蔵。

1
2
3
4
5
6
7
8
9
10
11
12
13
14
15
16
17
18
19
20
21
22
23
24
25
26
27
28
29
30
31
32
33
10cm
0

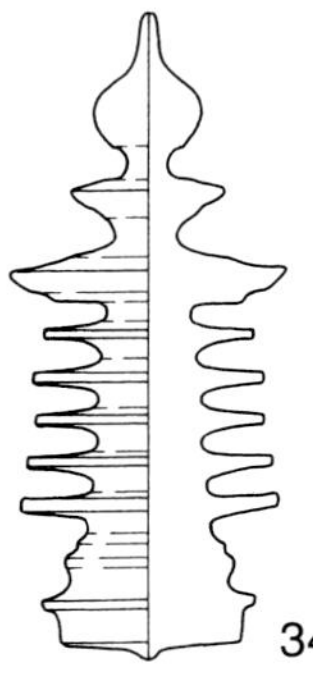
34
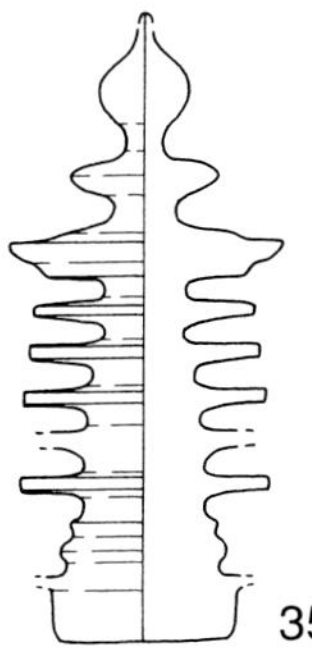
35
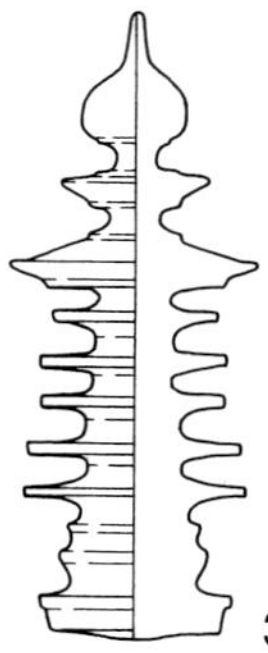
36
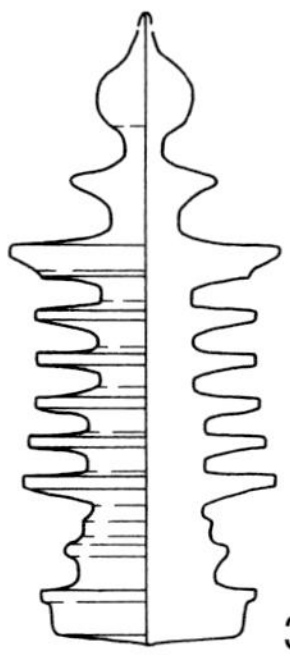
37
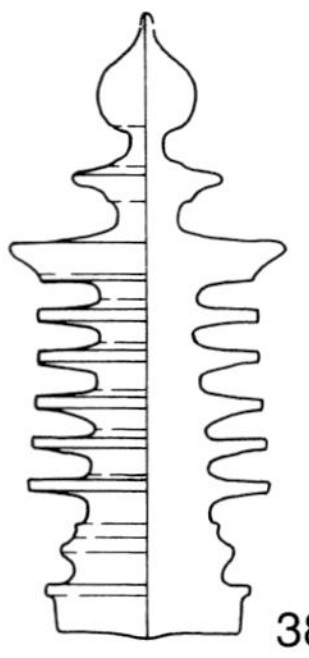
38
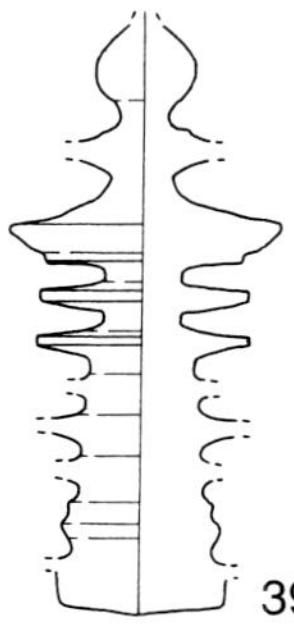
39
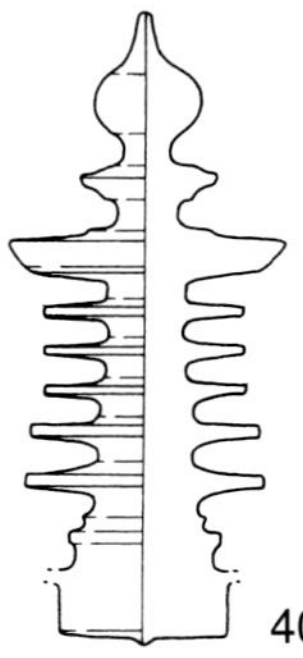
40

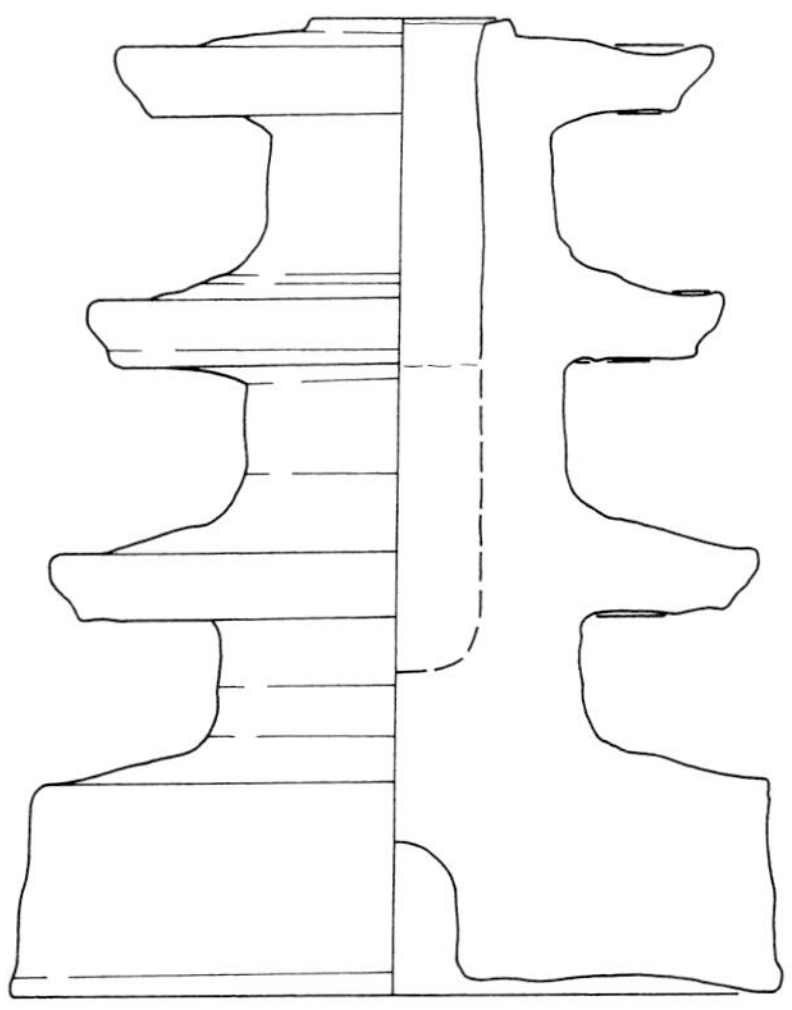
1
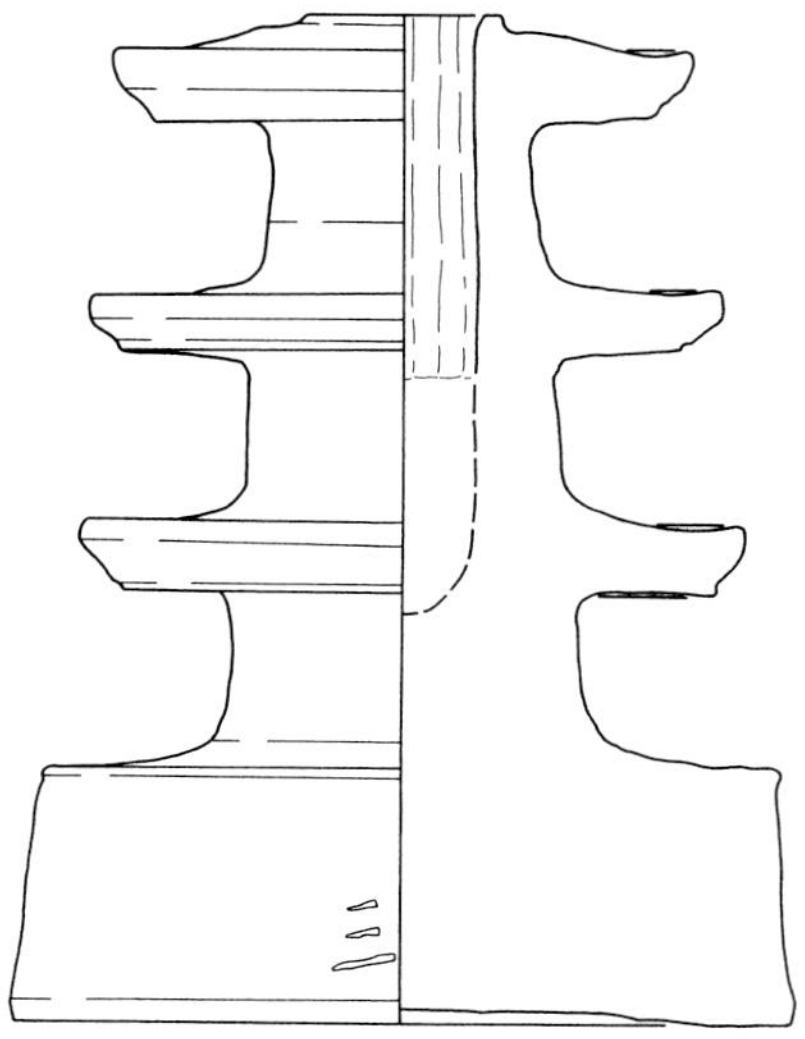
2
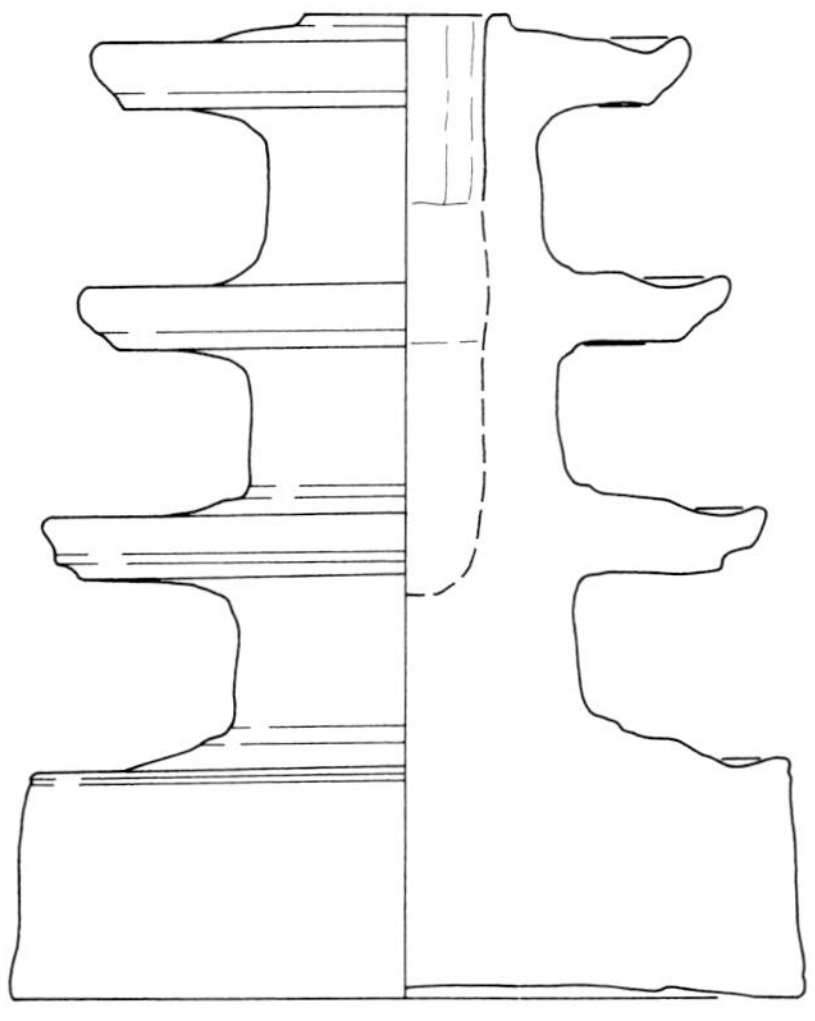
3

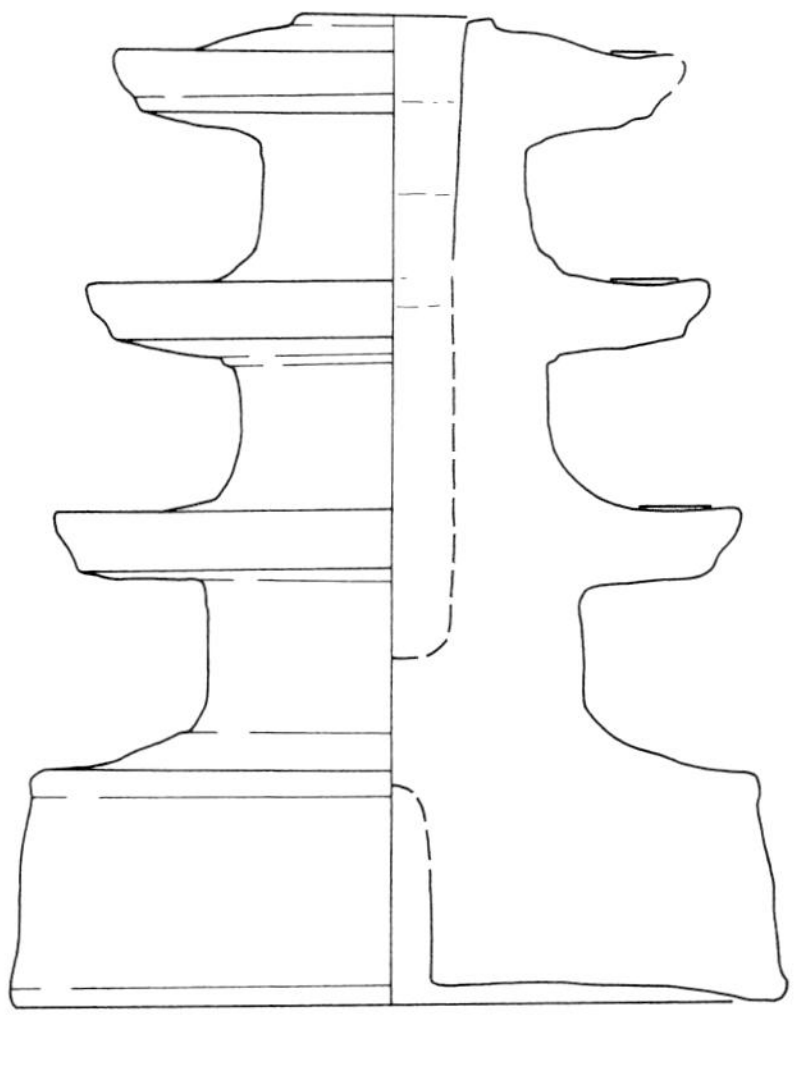
4
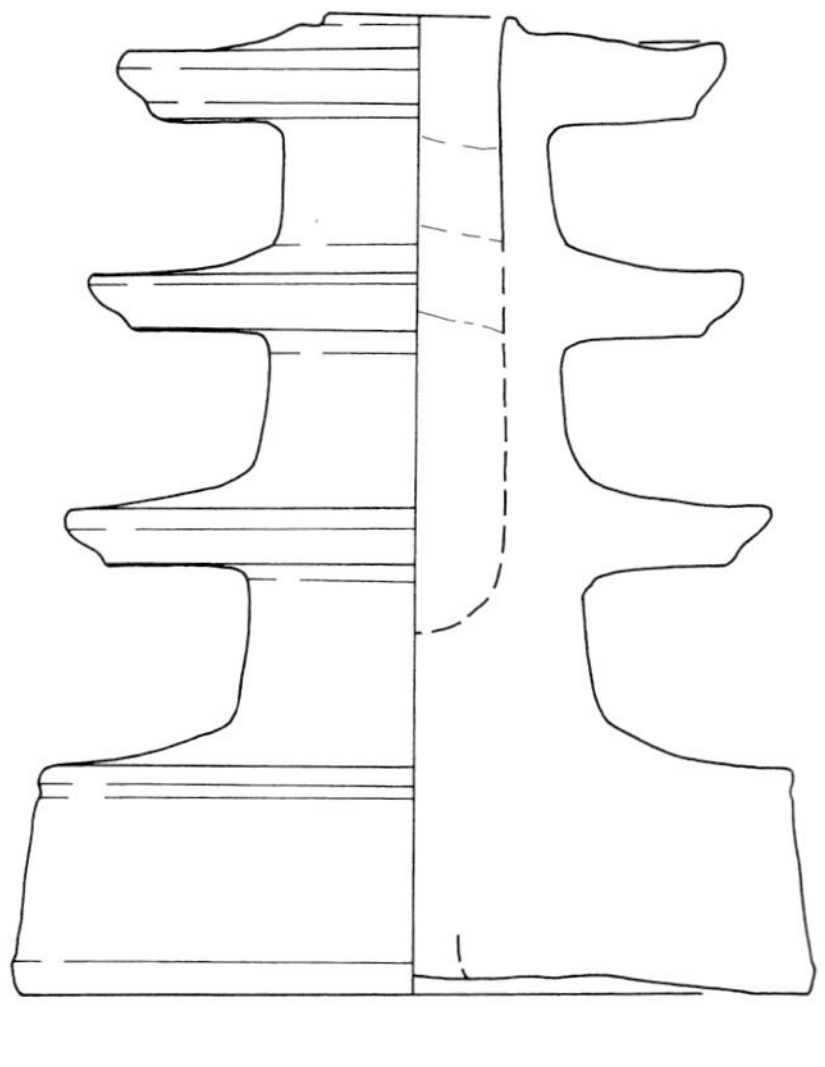
5
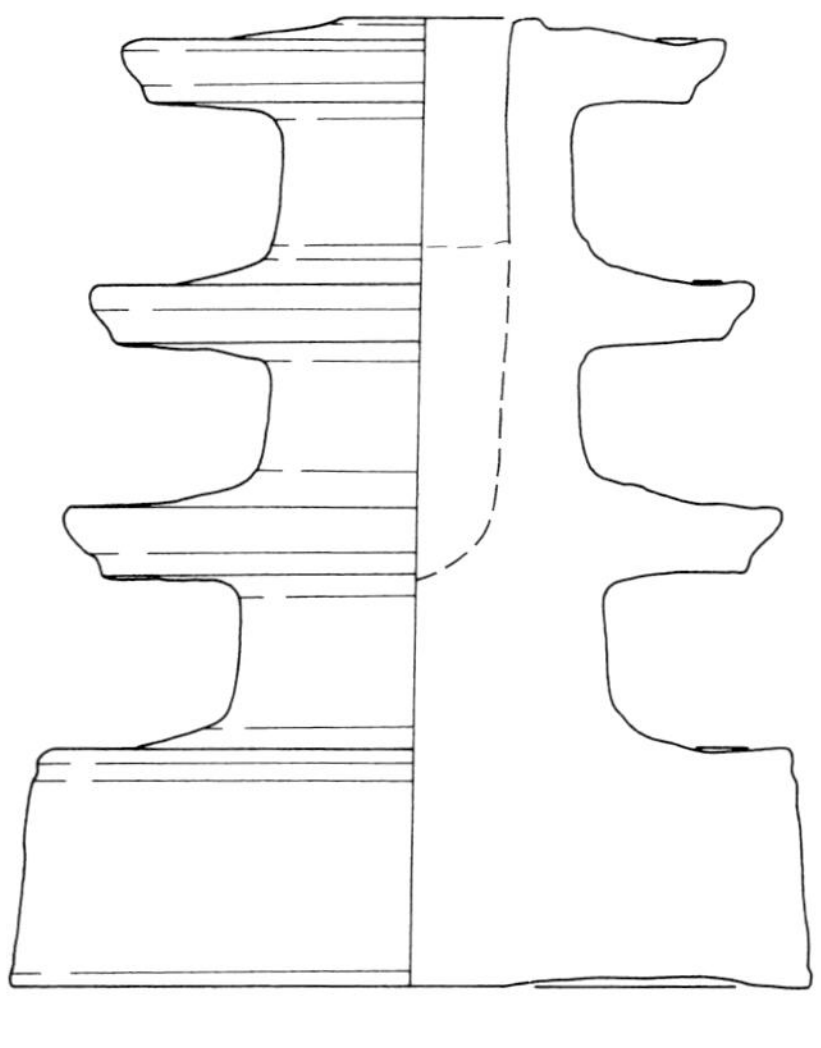
6

0 10cm

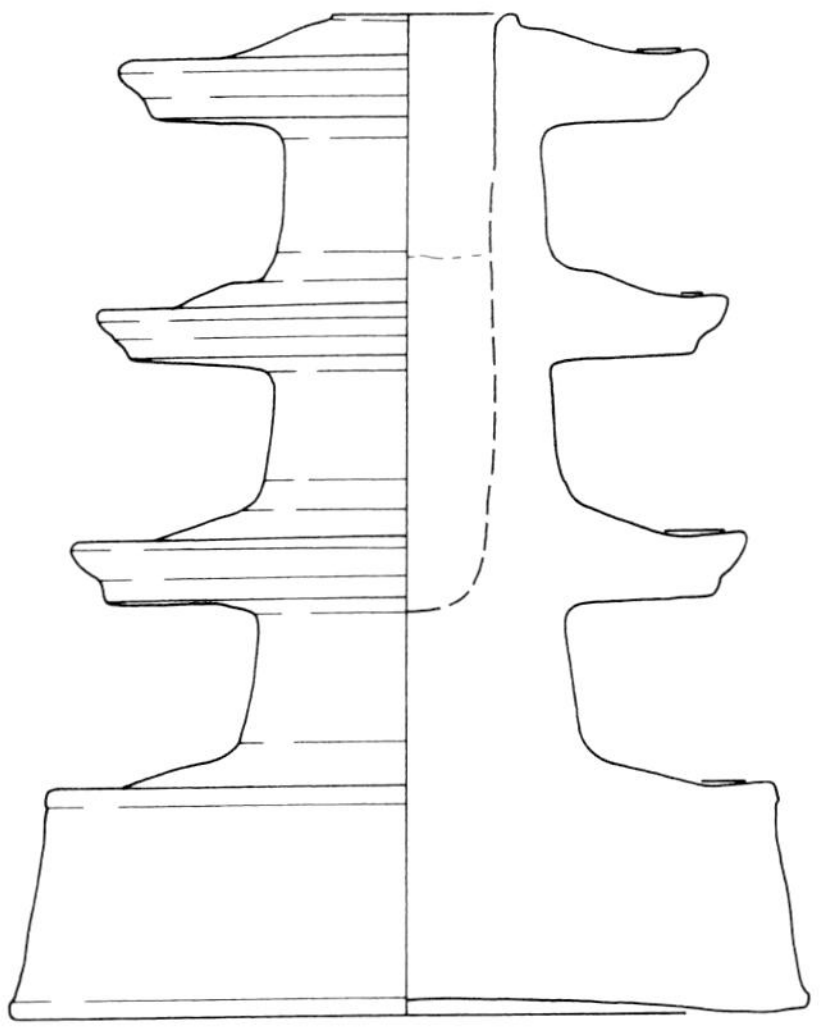

7

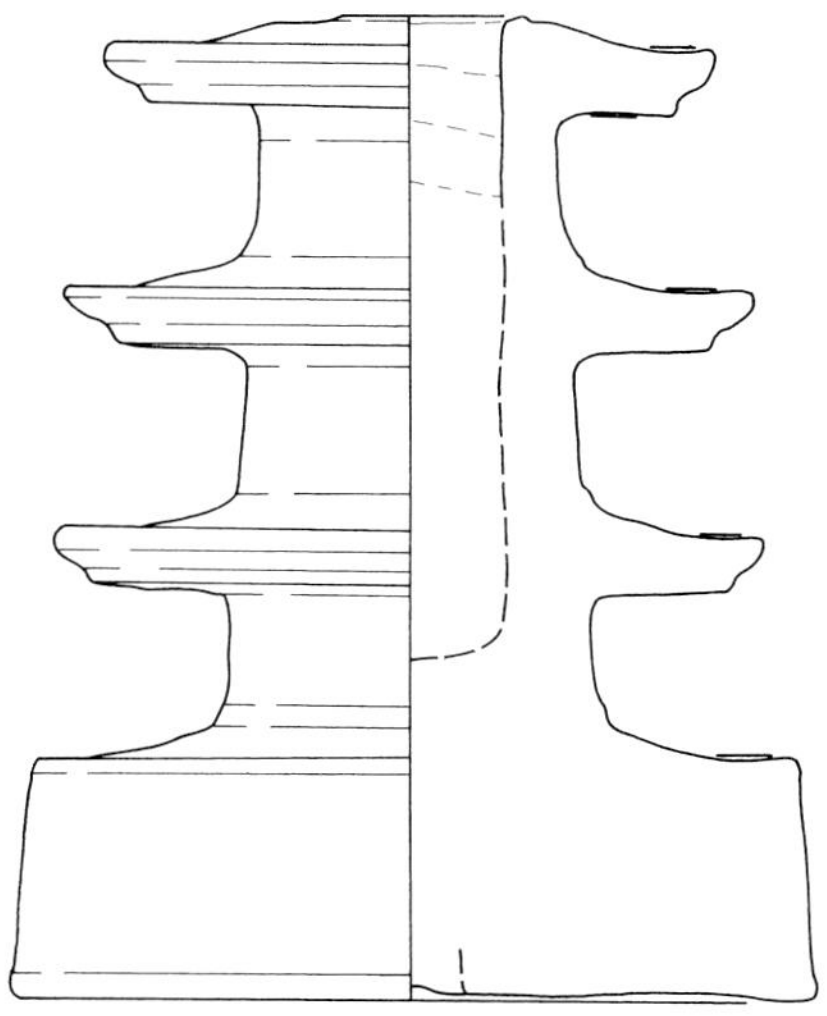

8

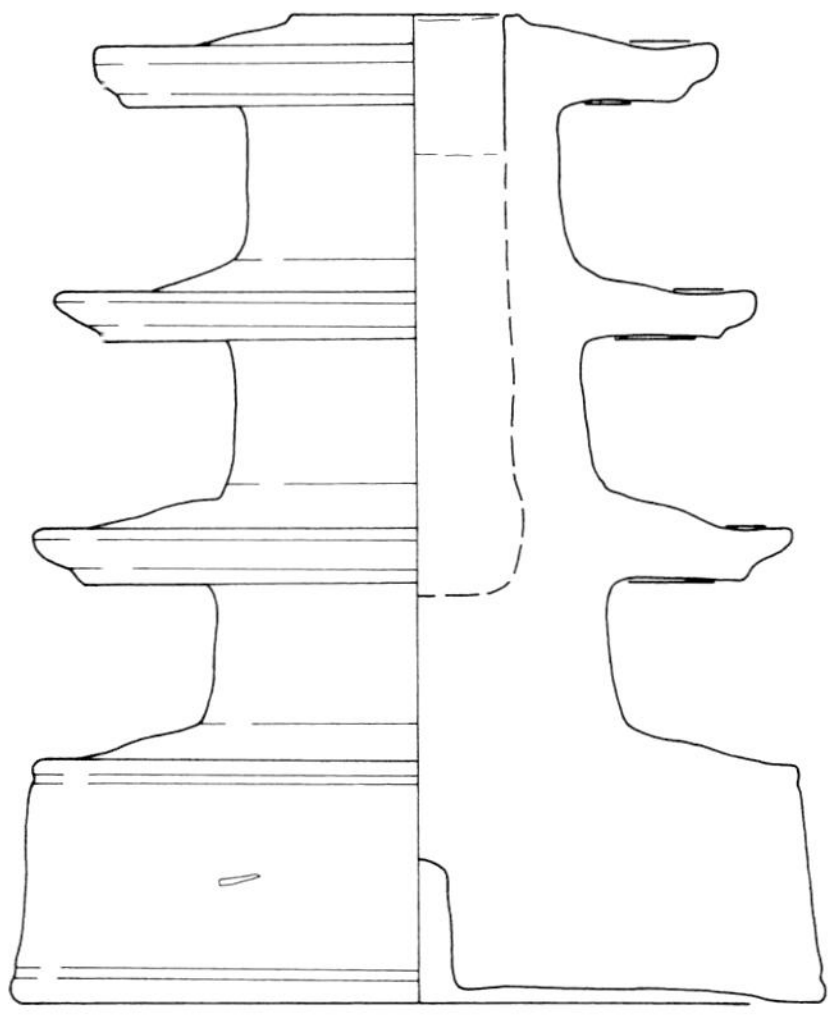

9

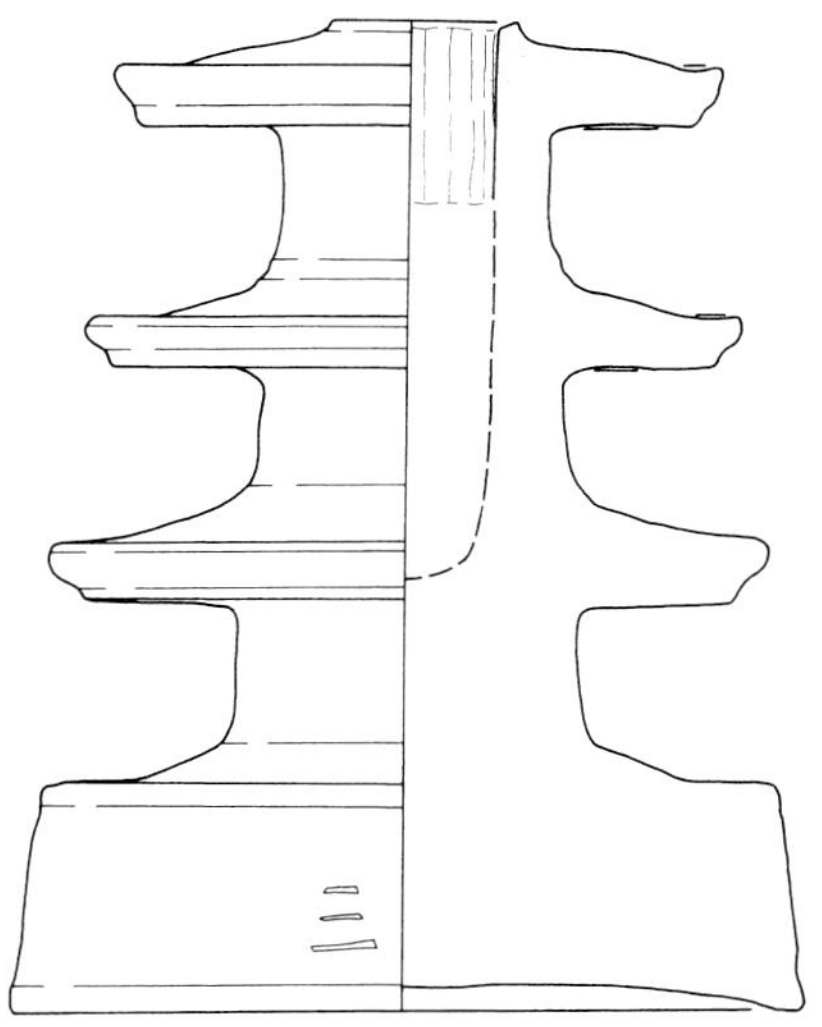

10

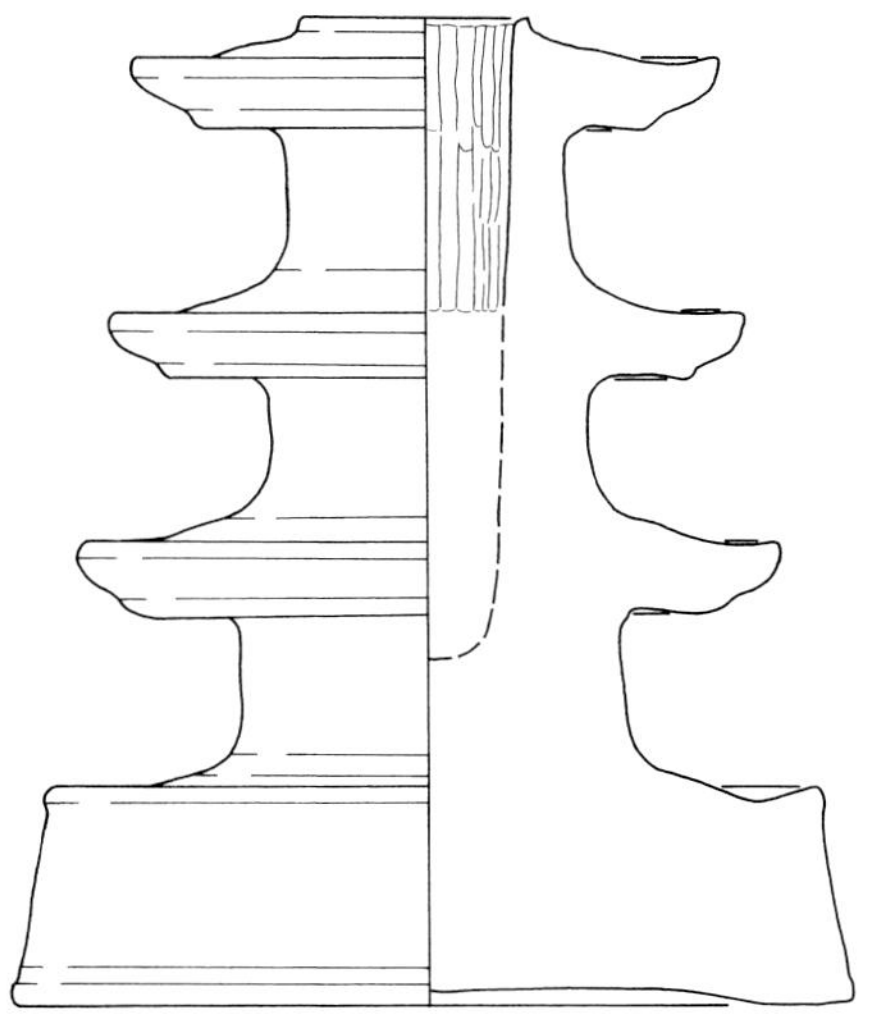

11

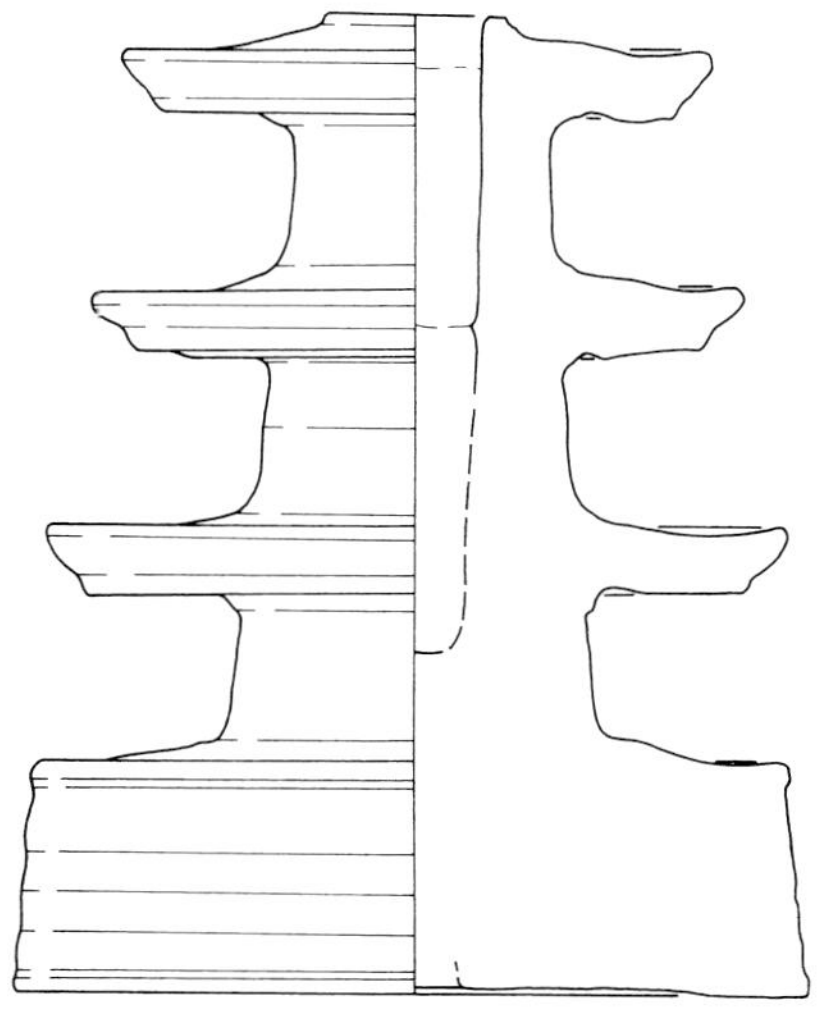

12

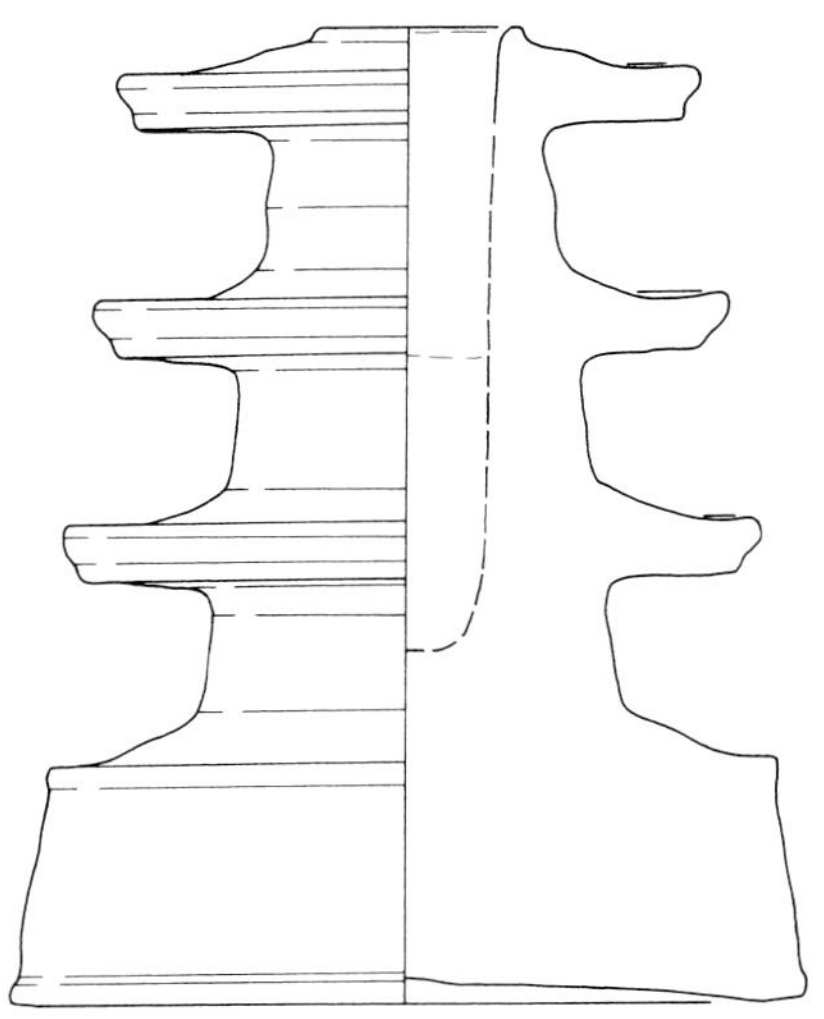

13

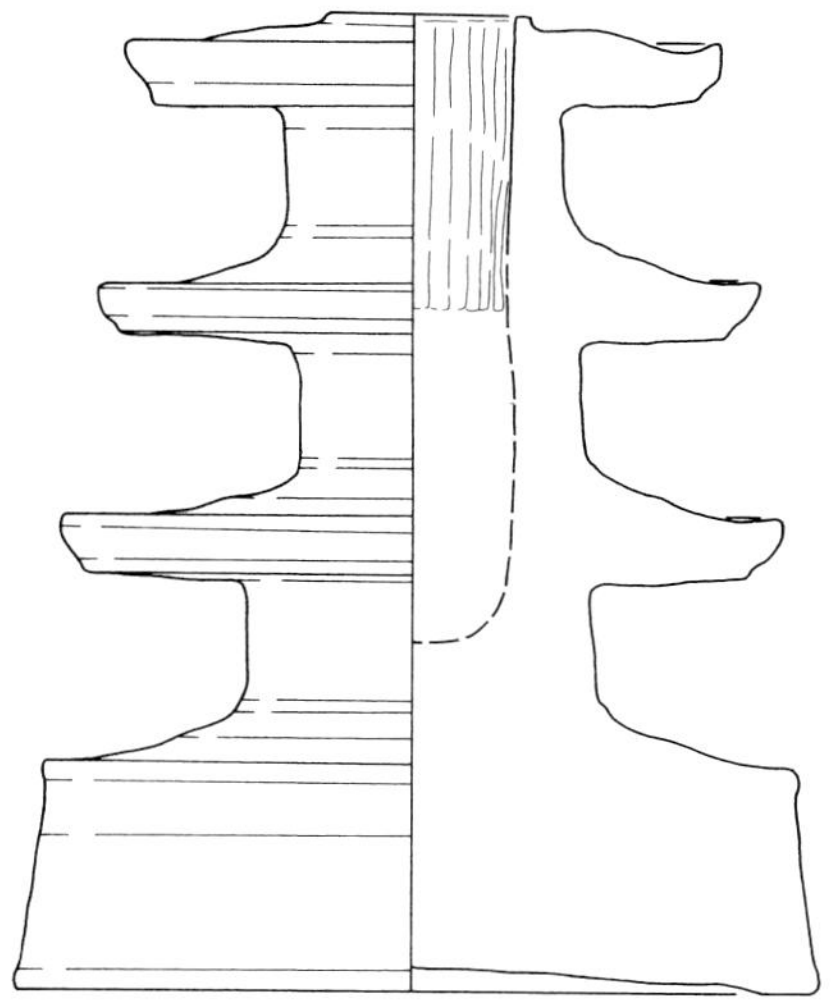

14

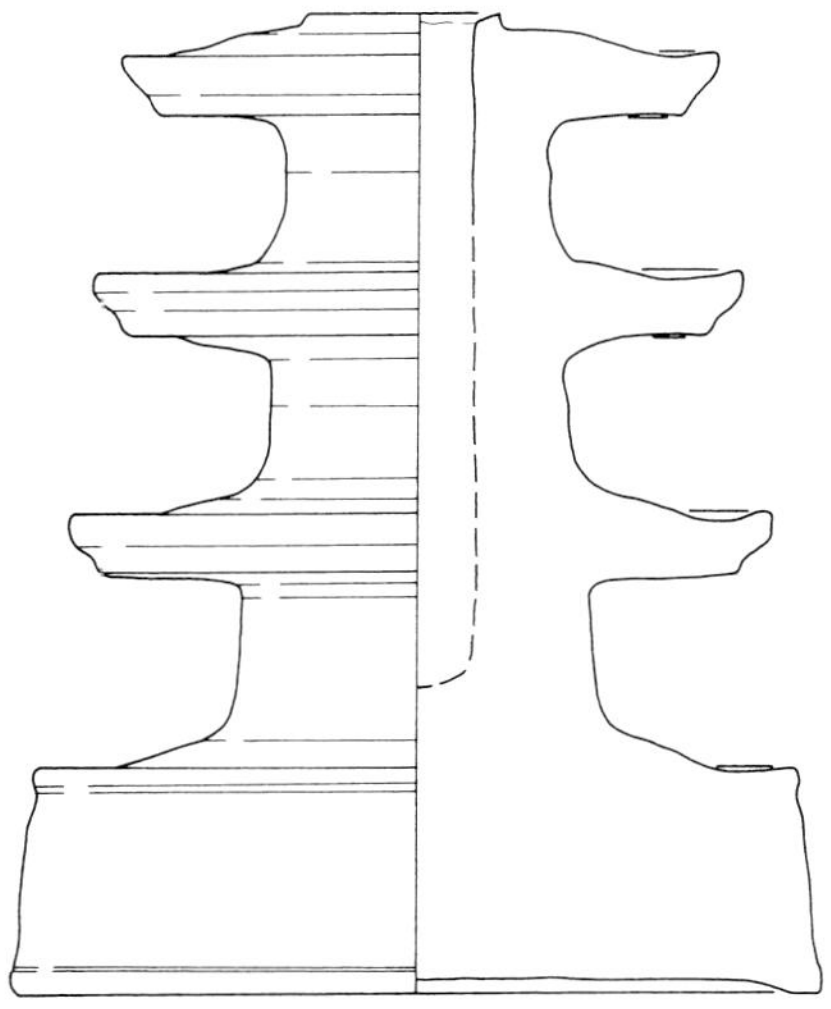

15

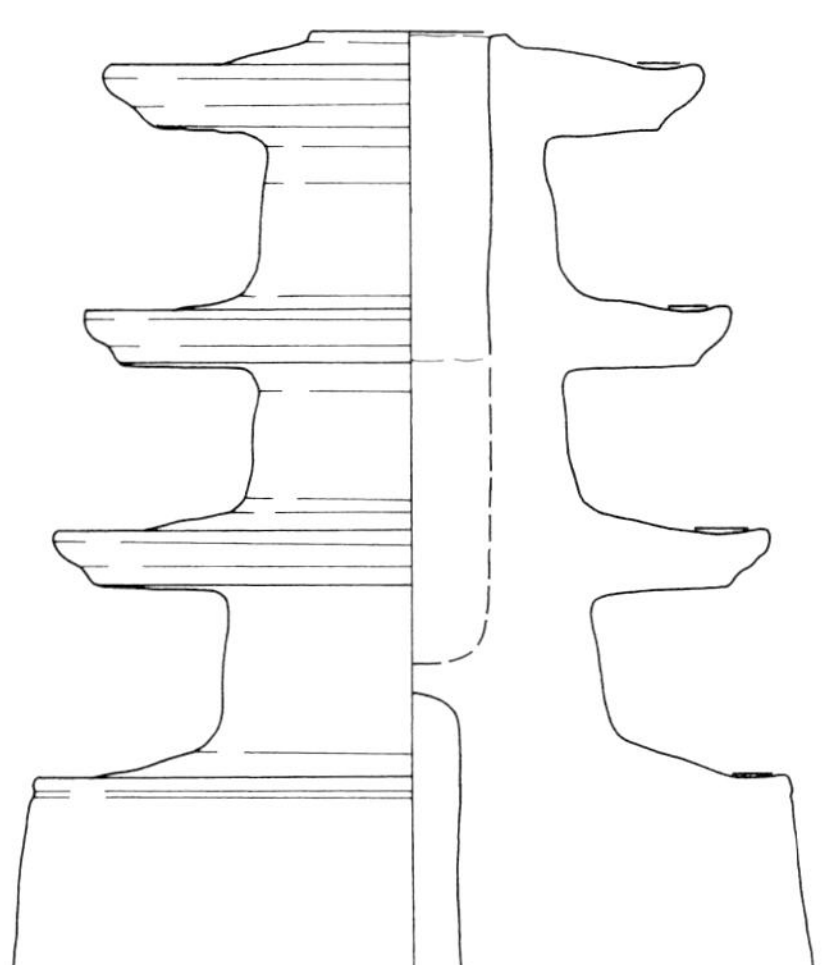

16

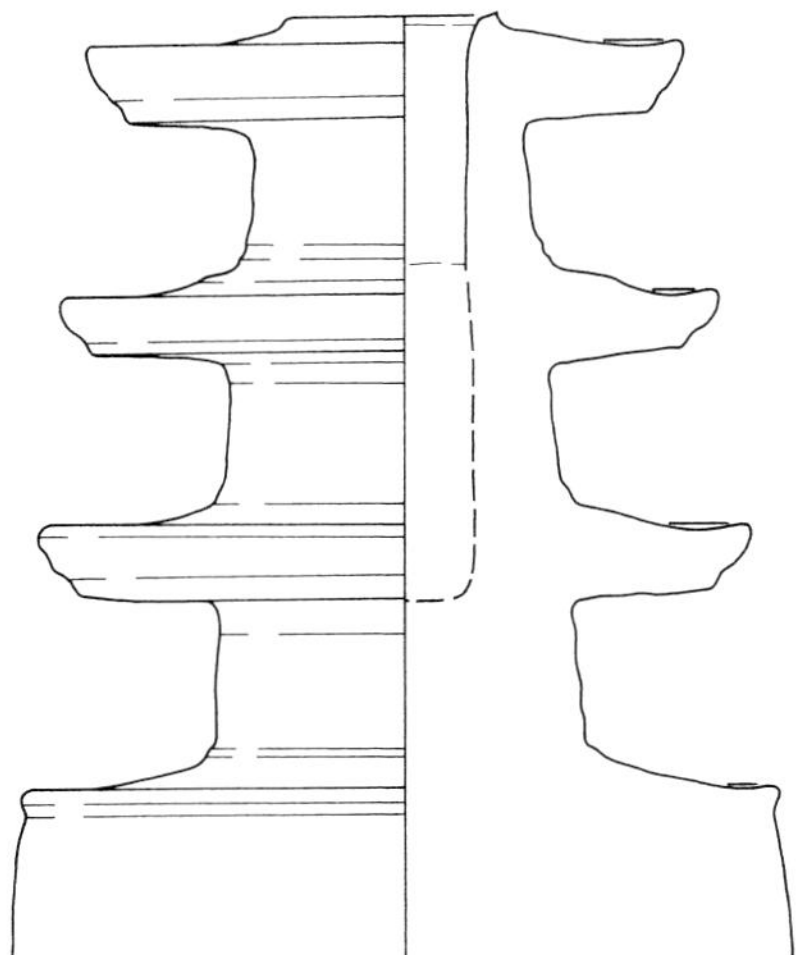

17

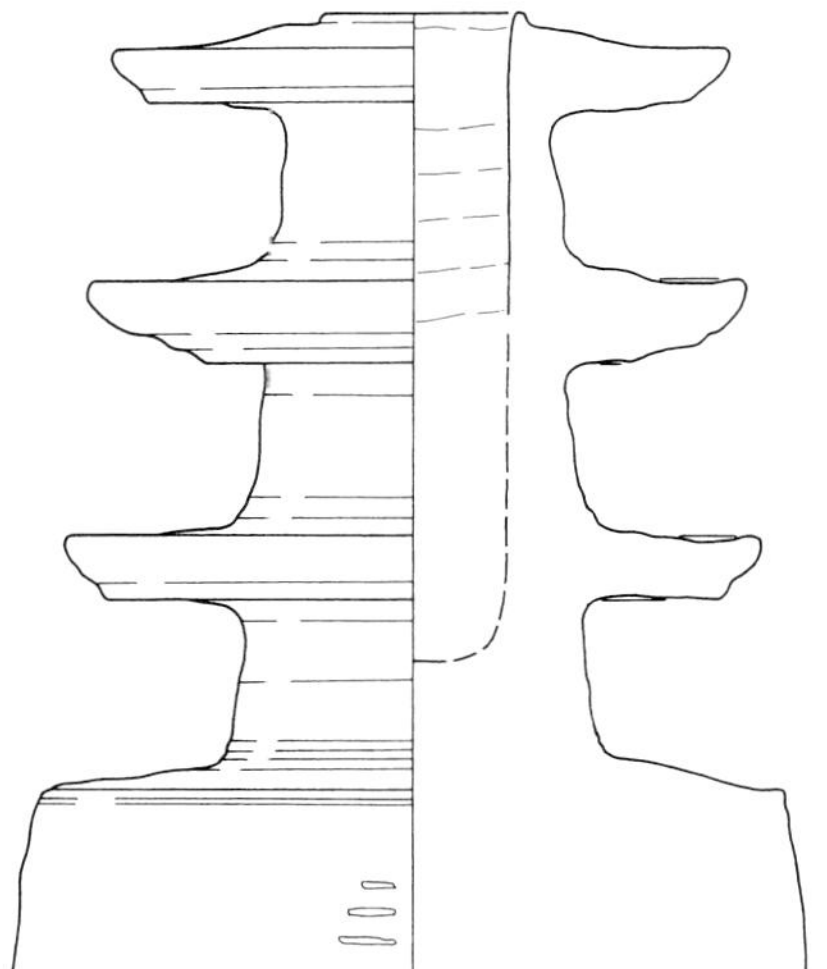

18

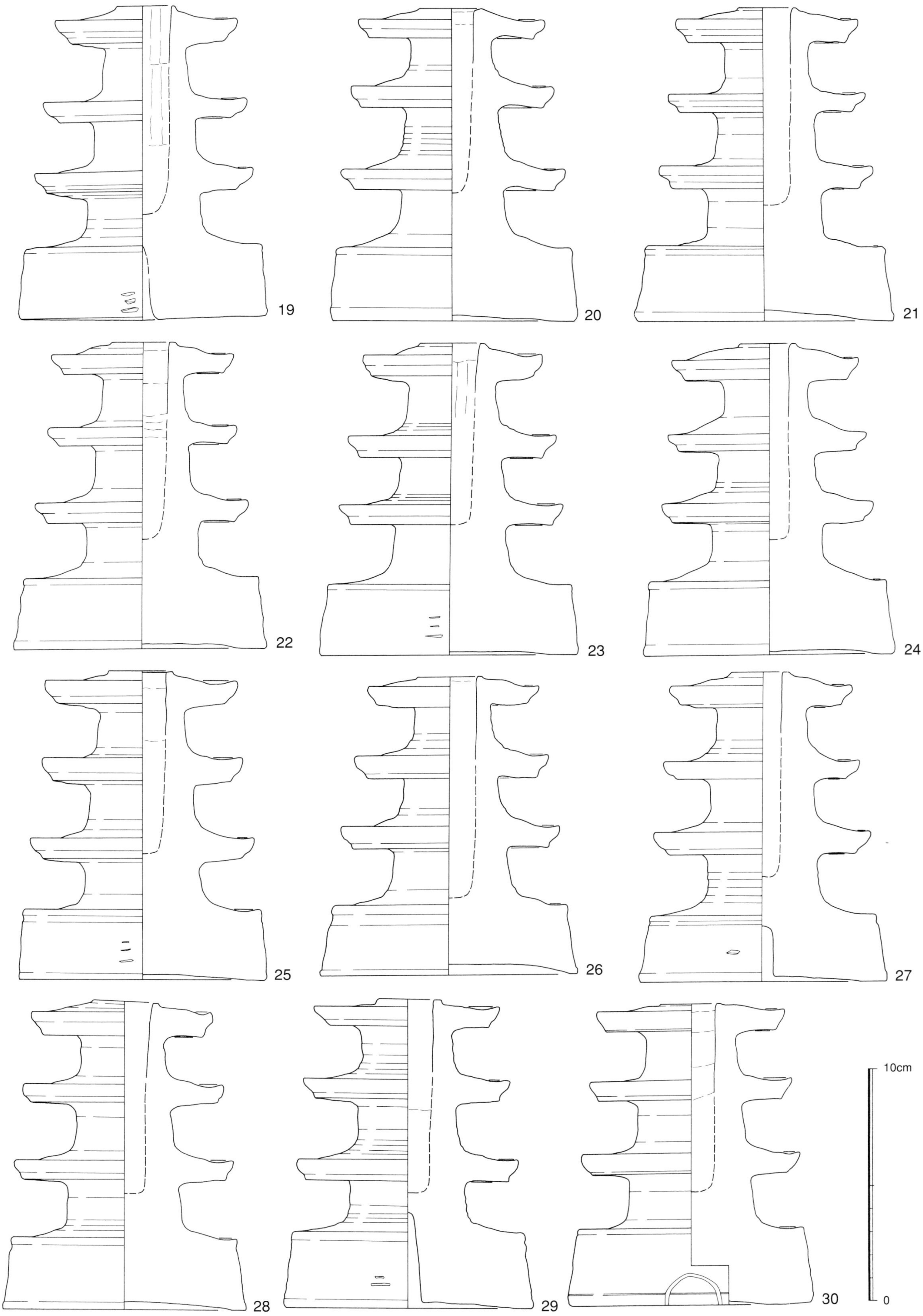
19
20
21
22
23
24
25
26
27
28
29
30
10cm
0

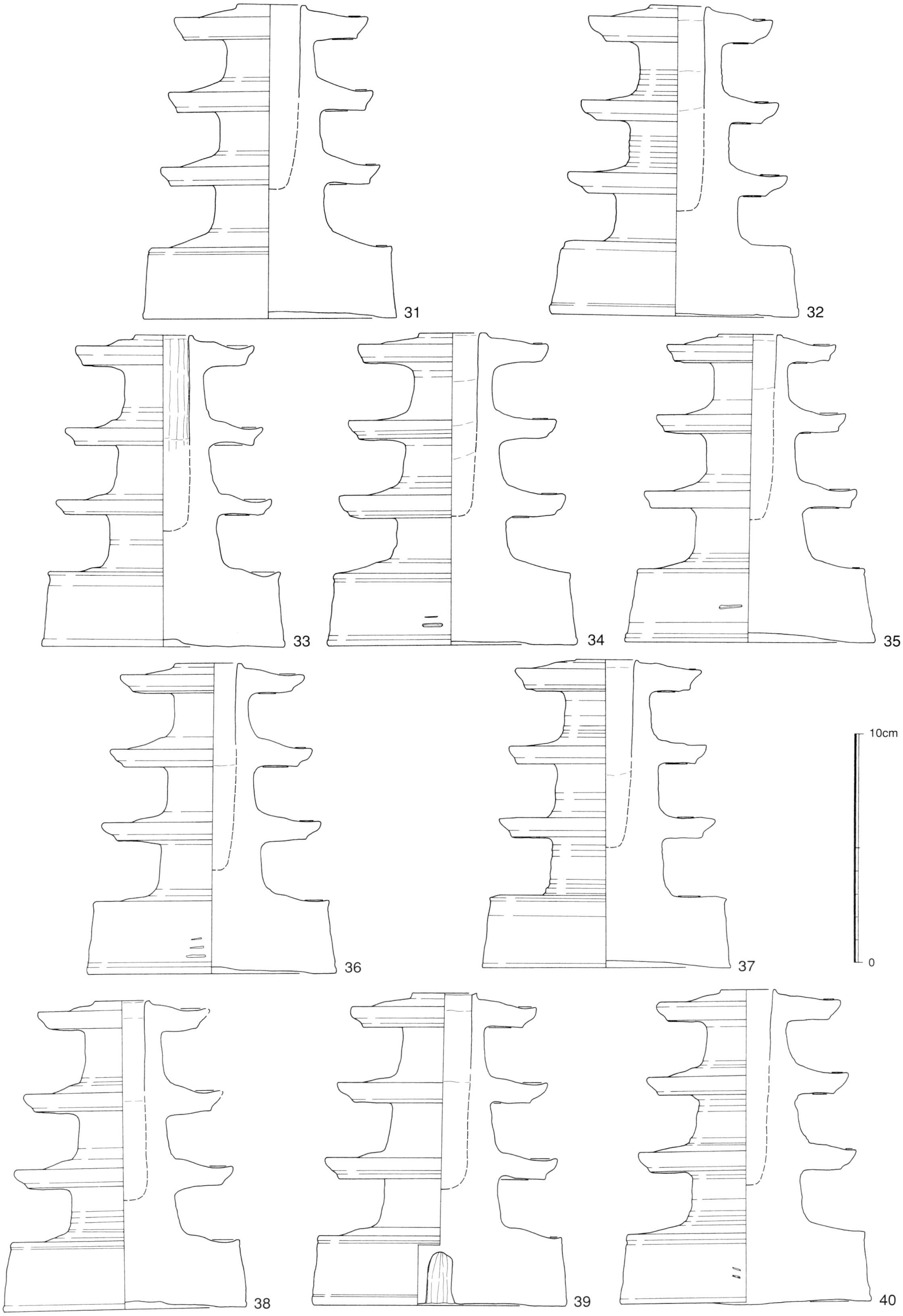
31
32
33
34
35
36
37
10cm
0
38
39
40

静嘉堂文庫所蔵百万塔各部計測表

No.	塔身部（単位：cm）								相輪部（単位：cm）			重さ（単位：g）		
	高	基壇高	基部最大径	第一層笠径	第二層笠径	第三層笠径	経巻孔径	経巻孔深さ	高	底面径	請花最大径	塔身部	相輪部	総重量
1	13.2	2.9	10.2	9.3	8.3	7.7	2.0	9.0	8.5	2.0	3.6	202	11.0	213.0
2	13.0	3.3	10.3	8.7	8.2	7.6	2.3	7.9	8.5	2.1	3.4	200	13.2	213.2
3	12.8	3.0	10.5	9.6	8.6	7.6	2.3	7.8	8.5	2.1	3.6	176	15.8	191.8
4	12.7	3.0	10.2	9.0	8.2	7.5	2.3	8.6	8.5	2.2	3.4	184	13.2	197.2
5	12.7	3.0	10.5	9.3	8.6	7.9	2.2	8.5	8.6	2.0	3.4	178	10.2	188.2
6	12.7	3.2	10.2	9.4	8.7	7.7	2.1	7.4	8.4	2.1	(3.4)	178	11.8	189.8
7	12.9	3.1	10.2	8.9	8.3	7.5	2.2	8.0	(8.4)	2.1	(3.2)	166	8.6	174.6
8	12.8	3.1	10.4	9.3	8.9	8.0	2.3	8.7	8.5	2.1×1.8	3.7	176	12.8	188.8
9	12.7	3.2	10.7	10.0	9.1	7.9	2.5	7.9	8.7	2.3×2.5	3.8	202	13.4	215.4
10	12.2	3.0	10.4	9.5	8.6	7.7	2.1	7.4	7.0	1.9	3.7	180	10.0	190.0
11	12.7	2.9	11.0	9.2	8.3	7.7	2.5	7.3	8.5	2.2	3.6	166	12.8	178.8
12	12.7	3.1	10.2	9.7	8.6	7.6	1.9	8.4	(7.9)	1.8	3.6	160	9.2	169.2
13	12.5	3.2	10.4	9.2	8.3	7.3	2.3	8.5	8.3	1.9	3.6	154	13.8	167.8
14	12.7	3.0	10.5	9.4	8.7	7.6	2.3	8.5	(8.0)	2.1	3.6	196	9.9	205.9
15	12.8	3.1	10.4	9.2	8.5	7.9	2.5	9.0	(7.5)	2.0	3.4	186	9.6	195.6
16	12.5	3.2	10.4	9.4	8.5	7.6	2.2	8.5	8.4	2.2×2.0	3.6	184	12.8	196.8
17	12.7	2.9	10.3	9.3	8.6	7.9	2.2	8.0	(8.4)	2.1	4.0	170	11.8	181.8
18	12.9	2.9	10.3	9.2	8.7	7.7	2.3	8.7	8.8	2.1	3.3	176	9.3	185.3
19	12.8	3.0	10.4	9.2	8.6	7.6	2.3	8.9	8.6	2.1	3.1	178	10.8	188.8
20	12.3	3.1	10.2	9.4	8.5	7.5	2.1	8.0	8.6	2.1	3.4	156	12.6	168.6
21	12.7	3.1	10.6	9.0	8.3	7.4	2.1	8.4	8.0	2.0	3.1	174	11.2	185.2
22	12.8	3.1	10.5	9.0	8.0	7.4	2.4	8.4	(8.1)	2.2	3.4	168	11.2	179.2
23	12.8	3.1	10.8	9.4	8.7	7.8	2.4	7.9	8.8	2.3	3.8	202	14.0	216.0
24	12.6	3.0	10.4	(8.8)	8.3	7.4	2.2	8.1	(8.2)	2.0×2.2	3.4	192	11.2	203.2
25	12.7	3.1	10.4	9.4	8.4	8.0	2.1	7.7	8.2	2.0	3.5	168	10.8	178.8
26	12.5	3.0	10.7	9.1	8.1	7.3	2.4	8.8	9.0	2.2	3.7	154	12.4	166.4
27	12.8	2.8	10.4	9.1	8.2	7.6	2.1	8.9	8.5	2.0	3.7	162	12.8	174.8
28	12.7	3.0	10.1	9.2	8.5	7.5	2.3	8.2	8.9	2.0	3.7	150	12.6	162.6
29	12.8	3.1	10.5	9.3	8.6	7.5	2.2	8.5	8.6	2.2	3.5	160	13.0	173.0
30	12.4	3.1	10.1	9.3	8.5	7.7	2.3	7.9	8.5	2.2	3.9	194	18.0	212.0
31	12.8	3.0	10.4	9.1	8.5	7.6	2.4	7.7	8.5	2.3	3.6	204	13.2	217.2
32	12.7	3.2	10.5	9.2	8.3	7.6	2.3	8.7	8.4	2.1	3.3	180	10.2	190.2
33	12.7	3.2	10.2	9.0	8.2	7.4	2.2	8.7	(7.8)	2.1	3.3	164	10.8	174.8
34	12.8	3.1	10.5	9.5	8.7	7.7	2.2	7.9	8.6	2.0×2.2	3.6	182	13.0	195.0
35	12.7	3.1	10.4	8.9	7.9	7.1	2.3	7.7	8.3	2.1	3.6	136	10.4	146.4
36	12.8	3.1	10.3	9.2	8.5	7.8	2.3	9.0	8.4	2.1×2.3	3.5	176	12.8	188.8
37	12.7	3.1	10.4	9.1	8.3	7.7	2.3	8.1	(8.0)	2.1	3.6	178	13.2	191.2
38	12.6	2.9	10.1	9.2	(8.3)	7.3	2.4	8.6	(8.3)	2.3	3.6	150	11.0	161.0
39	12.6	3.0	10.4	9.8	8.8	7.5	2.3	8.4	(8.0)	2.2	3.4	166	9.6	175.6
40	12.8	3.0	10.1	9.1	8.4	7.5	2.1	8.2	8.5	1.9	(3.5)	178	13.6	191.6
平均値	12.71	3.06	10.39	8.81	8.04	7.61	2.26	8.27	3.93	2.09	3.02	175.15	11.94	187.09
最大値	13.2	3.3	11.0	10.0	9.1	8.0	2.5	9.0	9.0	2.3	4.0	204.0	18.0	217.2
最小値	12.2	2.8	10.1	8.7	7.9	7.1	1.9	7.3	7.0	1.8	3.1	136	8.6	146.4

＊本表のデータは、増田晴美「静嘉堂文庫所蔵の百万塔及び陀羅尼について」（「汲古」第37号、2000年）に拠ったものであるが、データの一部については、修正した箇所がある。

＊塔身第一層径・塔身第二層径、相輪請花最大径の各項目を追加し、その計測値は宮内庁書陵部　福尾正彦のデータに拠った。

＊重さに関しては、新たに塔身部・相輪部それぞれのデータを加えた。計測値は株式会社インフォマージュ　三浦彰士のデータに拠った。

＊(　　)内の数字は欠損しているため、現状での最大値を示している。

陀羅尼について

百万塔陀羅尼の陀羅尼とは通称であり、正式な名称は各経の首行に「無垢浄光経」と題し、次行に陀羅尼名を付す。陀羅尼は根本・相輪・自心印・六度の四種で、それぞれに印面の長さが異なる長い版（長版）と短い版（短版）があり、書体も異なる。根本の長版には、さらに異版が一版存在することが、大沢忍博士により指摘され、現在では根本は三版、その他は各二版があると認められている。

陀羅尼は、平子鐸嶺が「約幅二寸の小巻子にして」と『百万塔肆攷』（明治四十一年刊）に紹介しているように、小さな巻子本である。本紙の前に、別紙で小さな表紙が貼布されている。巻子本だが軸はなく、本紙の後の端を五ミリほど裏に折り曲げて、その厚みを軸の代りにしている。陀羅尼を巻き上げた後、包み紙で包む形態である。

当文庫には、根本の長版は十七巻、長版の異版八巻、短版は二十巻。相輪は長版五巻、短版七巻。自心印は長版六巻、短版六巻。六度は長版一巻、短版一巻の計七十一巻を所蔵する。その七十一巻の内、保存上当文庫で裏打を施したものが六十二巻、他の九巻は裏打をせず、巻いて包み紙に包んだままの原型を保っている。

以下に文庫所蔵の七十一巻の陀羅尼の保存状態についての説明に入るが、現時点では陀羅尼の根本的な印刷方法を確定することは困難であり、見える範囲の現状報告とならざるを得ず、不明瞭な点も多い。用紙の寸法、印面の寸法については、別表（九二・九三頁）によって示した。また紙質の観察は、用紙を直接採集することは出来ないため、殆んどルーペ観察となった。従って説明は、主としてルーペ（倍率五十倍）によって観察し得た範囲だけを記録した。

（増田晴美）

根本（長版）全40行（1行5字・小字双行）

陀羅尼第1～第17はすべて同版。

陀羅尼第1（29264-2）根本（長版）

表紙と本紙の紙の色が異なる。印面は良好。書体は北魏風の楷書体。縦1.2cm、横7mm（平均）の小さな文字であるが、一字一字は線が太く、波法など書の運筆法に叶った書体である。墨色は濃く、版下の書写や印刷技術の巧みさが窺われる。陀羅尼は一般的に印面の縦・横の列のゆがみがみられるが、本巻の場合ゆがみは少ない。しかし小文字の数字「七」「九」などが曲がっている。最終行「訶 引聲」字の約5mm左側に幅7mm、長さ1.3cmの細長い縦線がみえる。表紙の一部や巻頭に虫損があるが、保存は良好である。紙質観察（倍率135倍の顕微鏡）によると、本紙は楮の太い繊維を切断後、蒸煮。非繊維細胞（セルロース以外のヘミセルロース・リグニン等で、アルカリ液で変形したもの）が少量残っている楮をトロロアオイで漉き、ニカワを塗布してある。

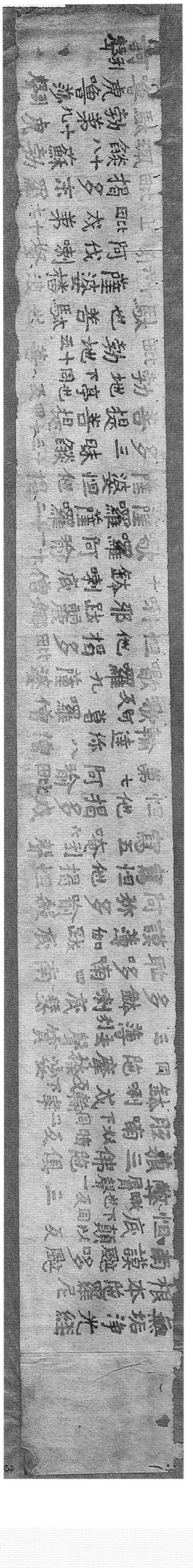

陀羅尼第2（29264-3）根本（長版）

用紙は淡い朽葉色で全体にムラがある。墨色も淡灰色で、各段の墨色が異なる。印面は全文字が掠れており、墨は紙に吸収されてしまい全面的にぼけている。第1段目と第4・5段目は特に状態が悪く判読困難な文字も多い。本紙の天地及び巻末には虫害による破損がみられる。紙質観察（ルーペ）によると、太い繊維で繊維の間に空間がある。細い竹簀で流し漉きした楮繊維の紙で、ニカワ塗布はなく、キハダ染め。墨は繊維の中に沈んでいる。

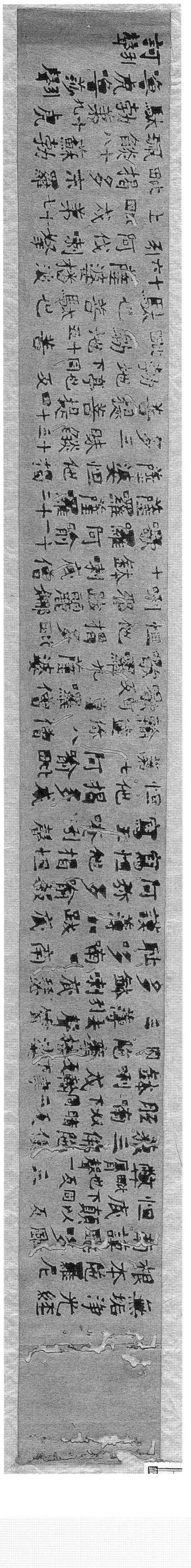

陀羅尼第3（29262-4）根本（長版）

用紙は淡い朽葉色で、印面は掠れと墨溜まりの差が甚だしく、判読不明の文字もある。墨は水分が多いように思われる。紙質観察（ルーペ）によると、楮を萱簀で溜め漉きし、ニカワを塗布して磨いた瑩紙。一見、洋紙風である。墨は繊維の上にのっている。表紙、本紙全面に虫損がある。

陀羅尼第4（29264-5）根本（長版）
印面は前半と後半とは掠れが多く、中央部分は墨溜まりが多い。墨色は濃く油煙墨のような墨色である。紙質観察（ルーペ）によると、楮を萱簀で溜め漉きし、ニカワを塗布して磨いた瑩紙で、洋紙風の紙。墨は繊維の上にある。前掲第3と同じ用紙。表紙及び巻頭は虫損がある。字面の長さが短いが、これは、裏打した際、本紙に皺が寄ったことが原因である。

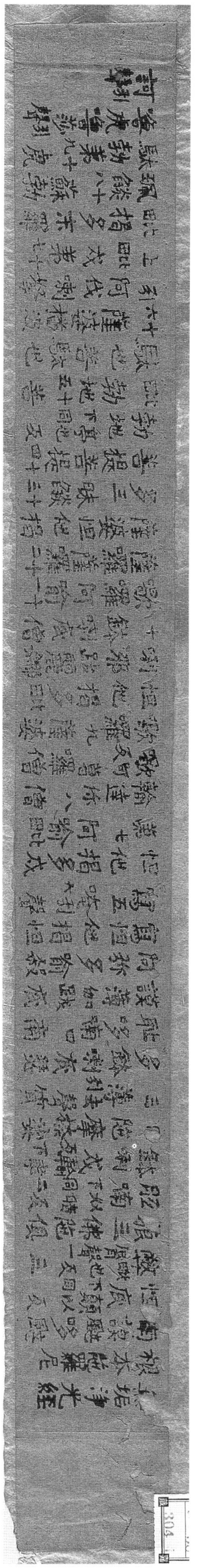

陀羅尼第5（29264-6）根本（長版）
用紙は朽葉色で、印刷には裏面を使用している。印面は全体に掠れているが一様で、文字は波法など明瞭で刷りは上乗である。紙質観察（顕微鏡）では、切断された苧麻を細い竹簀で溜め漉きし、表面にニカワ処理を施す。洋紙風の紙。墨はのっている。第1行に虫損がある。

陀羅尼第6（29264-8）根本（長版）
墨色は灰色がかっており、一定ではない。印面は上段、下段の墨付きが悪く、巻末の下段は墨溜まりで判読不明である。紙質観察（ルーペ）では、切断した楮の繊維を萱簀で溜め漉きし、キハダで染める。墨が繊維の下に沈んでいるのでニカワ処理は無いと思われる。紙の上部と第一段は虫損で文字が欠けている。第7と同質の紙である。

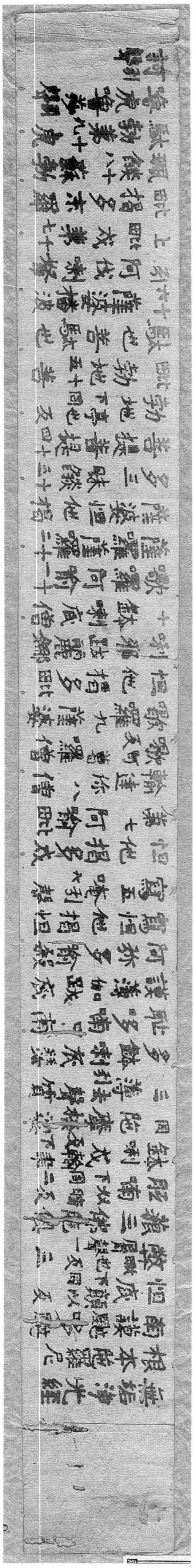

陀羅尼第7（29264-9）根本（長版）

用紙は淡い朽葉色で第6と同じ紙である。墨色は淡灰色。印面は掠れと滲みが交り合い、不鮮明である。第1行の墨色は鉄錆色の様な赤味を帯びた色である。表紙は虫損がある。紙質観察（ルーペ）の結果は第6と同じである。

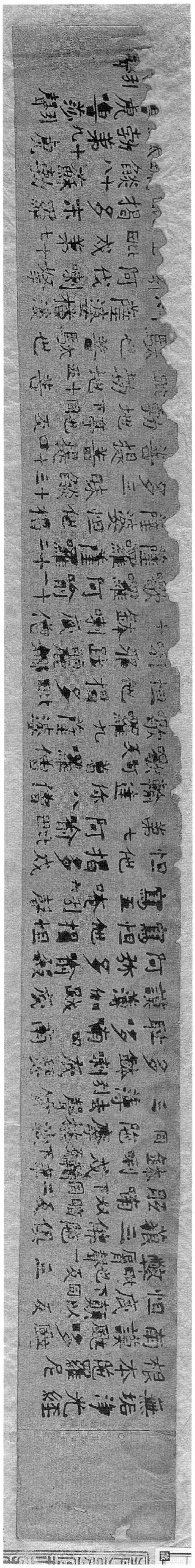

陀羅尼第8（29264-10）根本（長版）

墨色は濃い。掠れと墨溜まりによる印刷ムラがある。掠れの部分は判読不明瞭である。巻末の天部に虫損がある。紙質観察（ルーペ）によると、楮を萱簀で溜め漉きした後、ニカワ処理を施した。楮の繊維は部分的に詰まっており、墨は繊維の上に乗っている。第19と同質の紙。

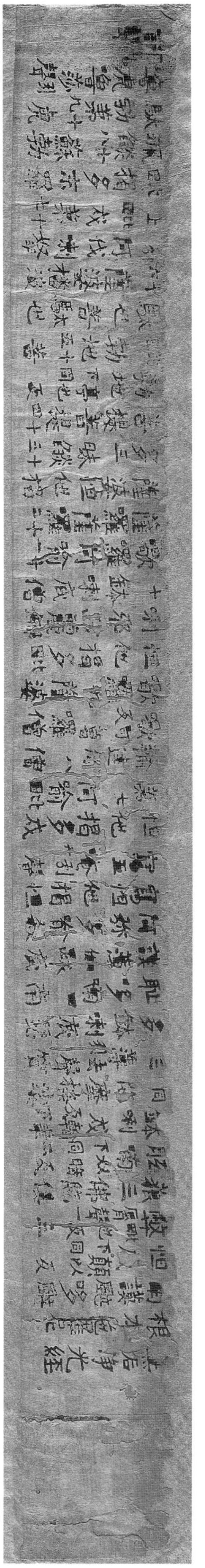

陀羅尼第9（29264-15）根本（長版）

印面は墨付きが不充分で不鮮明。中央部分は墨溜まりが多く、全体に印面の状態は悪い。本巻は全面に虫損も多く、特に天部は全面虫損と染みの汚れで傷んでいる。紙質観察（ルーペ）では、楮を竹簀で溜め漉きし、表面に多量のニカワを塗布してある。第21・第22と同質である。

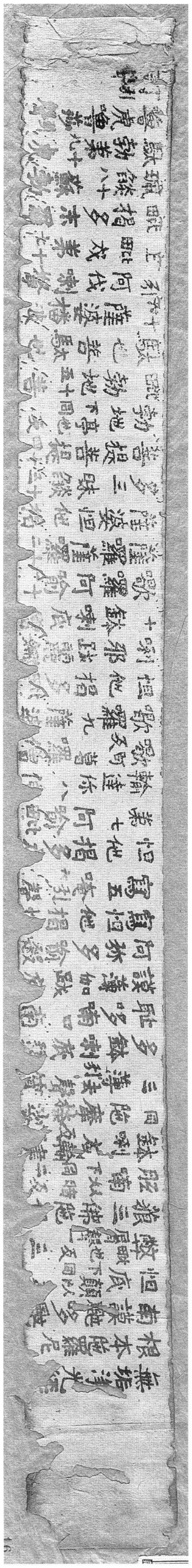

陀羅尼第10（29264-16）根本（長版）

墨色は淡く滲みが多い。特に第4・5段目の二列が顕著である。紙の色も淡い朽葉色である。巻頭や地部全体に虫損が広がっており、印面の採寸も不可能である。紙質観察（ルーペ）によると、楮を竹簀で溜め漉きし、キハダ染めが施されている。ニカワ加工はなく、墨が繊維の中に沈んでいる。

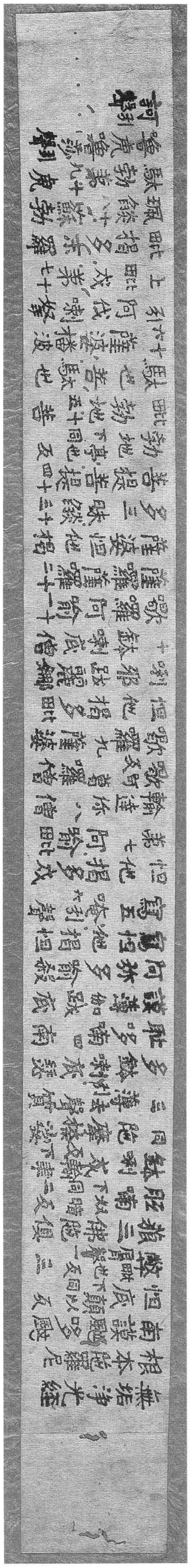

陀羅尼第11（29264-19）根本（長版）

墨色は灰色がかった黒色。印面は全面掠れてはいるが、文字の筆線は太く鮮明である。虫損は第3段目あたりに少しあるが、全体に保存は良好である。紙質観察（ルーペ）によると、楮を萱簀で溜め漉きした後にキハダ染め。ニカワ加工はなく、墨は繊維の中に沈んでいる。

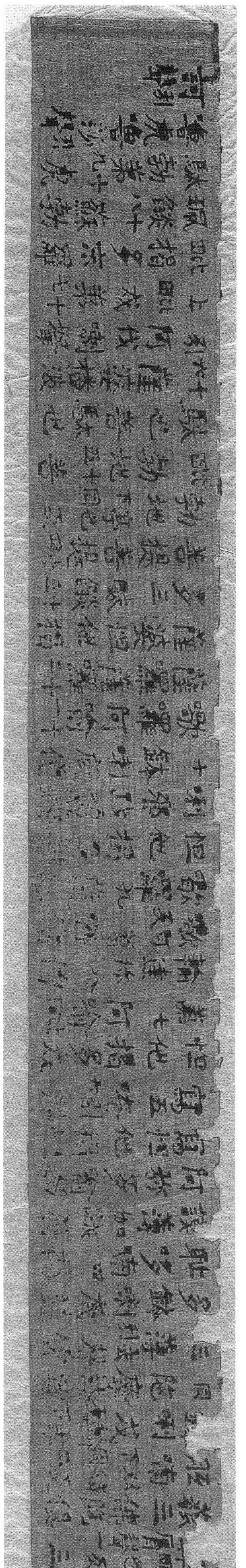

陀羅尼第12（29264-20）根本（長版）

全面にわたり墨付きは悪く不鮮明である。特に第4・第5段目は巻頭から三分の二程、掠れがひどく判読不明である。表紙と巻頭に虫損がみられる。紙質観察（ルーペ）によると、楮を萱簀で溜め漉きし、表面に多量のニカワを塗布する。第13・16・24と同じ紙と思われる。

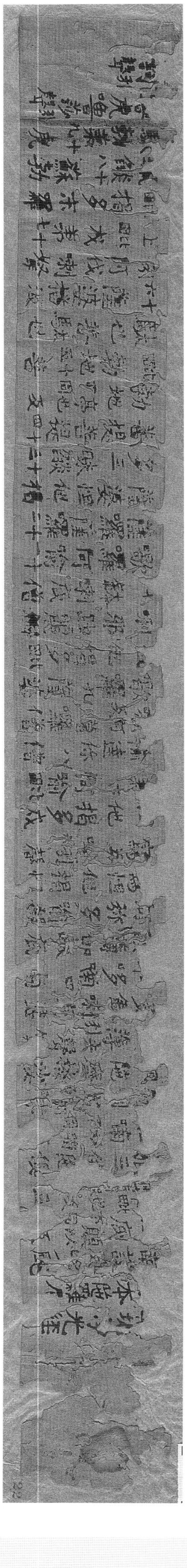

陀羅尼第13（29264-22）根本（長版）
印面は前半・後半は墨色が濃く定着しているが、殆んどの部分の掠れが甚だしい。この版は全面虫損で傷みがひどく、文字は判読不明であるが、虫損が無くても恐らく判読は不可能であったと思われる。紙質観察（ルーペ）によると、第12・16・24と同種の紙と思われる。

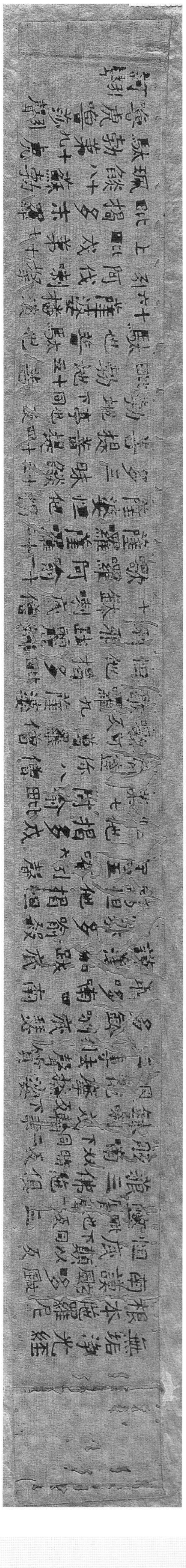

陀羅尼第14（29264-23）根本（長版）
印面は、墨溜まりと掠れが交互にあり不鮮明である。虫損が全面に及んでいる。紙質観察（ルーペ）によると、楮を竹簀で流し漉きし、表面に多量のニカワを塗布してある。繊維内に細かい粉末状の異物があるか。洋紙風の紙である。

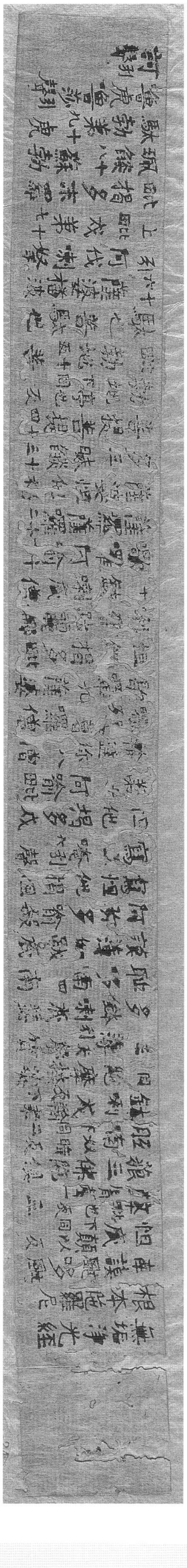

陀羅尼第15（29264-24）根本（長版）
墨色は油煙墨のような黒色で、墨付きは良いが、印面は掠れと墨溜まりの差が大きく、文字が潰れている箇所が多い。第36行の「多」・「末」は刷りブレがあり、文字が二重になっている。虫損が全面に及んでいる。紙質観察（ルーペ）によると、楮と雁皮の混合した原料を溜め漉きし、表面にニカワを塗布してある。

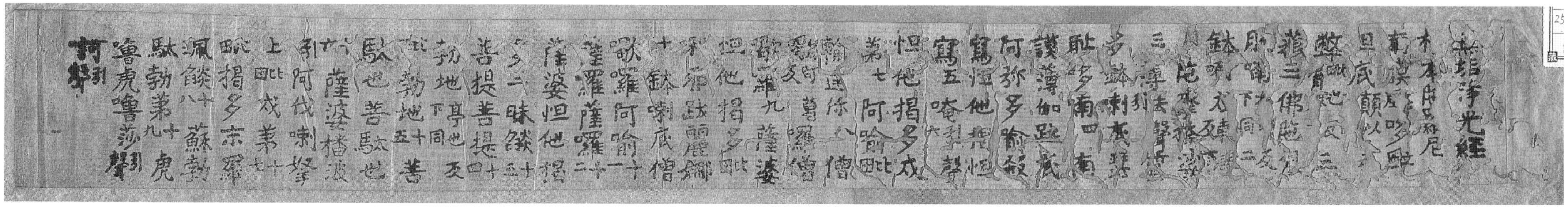

陀羅尼第16（29264-25）根本（長版）

印面は、ほぼ一様で文字の線は太く鮮明である。墨付も良い。しかし虫損が全面に及んでいる。虫損が無ければ印面は良好であったと思われる。紙質観察（ルーペ）によると、楮を萱簀で溜め漉きし、表面に多量のニカワを塗布してある。第12・13・24と同じ紙と思われる。

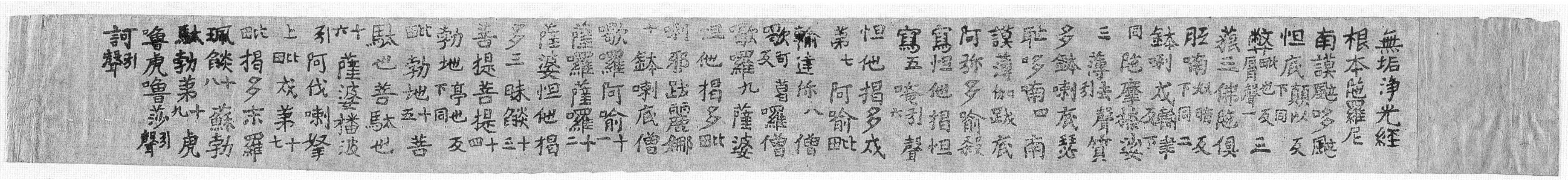

陀羅尼第17（29264-63）根本（長版）

印面は、全面は掠れているが一様であり、筆写体の特徴がよく現われている。陀羅尼の印面は、殆んどが縦の行・横の列の両方とも乱れているが、本巻もその特徴をよく示している。本巻は包み紙に包まれた原型の状態で保存されている。包み紙には漢数字「一」が押印されている。本紙の下端の一部分に、紙の折り目と、刀で紙を切ったギザギザの跡が残っている。陀羅尼は二枚以上の陀羅尼を一度に刷って切りわけていた一連印刷である事が、既に断定されているが、その印刷された陀羅尼を切断した際の刀の跡であろうか。

根本（長版・異種版） 全40行（1行5字・小字双行）

陀羅尼第18～第25は、長版と比較すると、版式は一致するが、文字の線は著しく細く、経文中の「陀」・「地」・「他」・「也」の「也」が、本版では、すべて四画の「也」であるが、異種版では2行目の「陁」、22行目の「他」、32行目の「也」の三文字が、四画の「也」であり、それ以外の文字は、三画の「也」に作る点が異なる。これら八巻は、すべて同版。

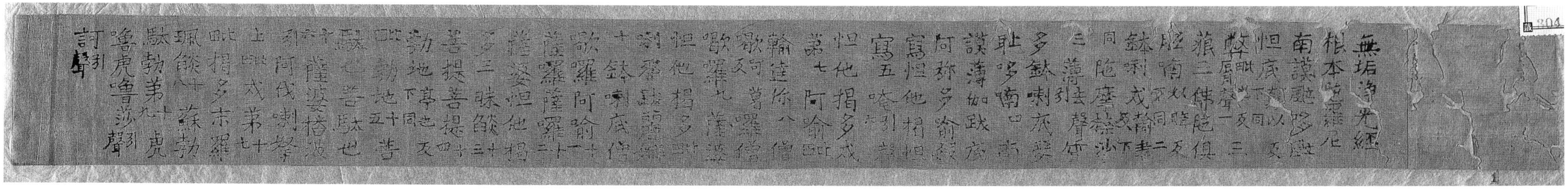

陀羅尼第18（29264-1）根本（長版・異種版）

用紙は濃い朽葉色。印面は掠れているが平均している。筆線は硬く、細い。第11行から第13行・第22行から第34行などに刷りブレがある。巻頭に虫損がある。紙質観察（ルーペ）によると、楮を竹簀で溜め漉きし、表面に多量のニカワを塗布する。

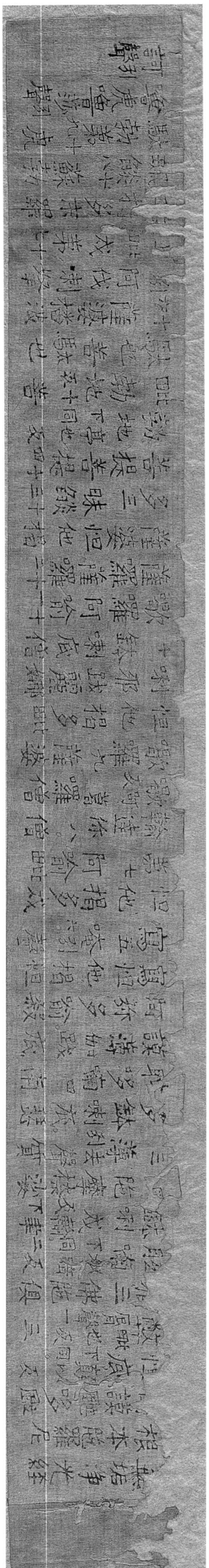

陀羅尼第19（29264-11）根本（長版・異種版）

印面は掠れは多いが、判読不明の文字は少なく、全面一様で良好である。墨溜まりはない。天部全体に虫損がある。紙質観察（ルーペ）によると、楮を萱簀で溜め漉きし、ニカワ処理をする。第8と同質の紙である。

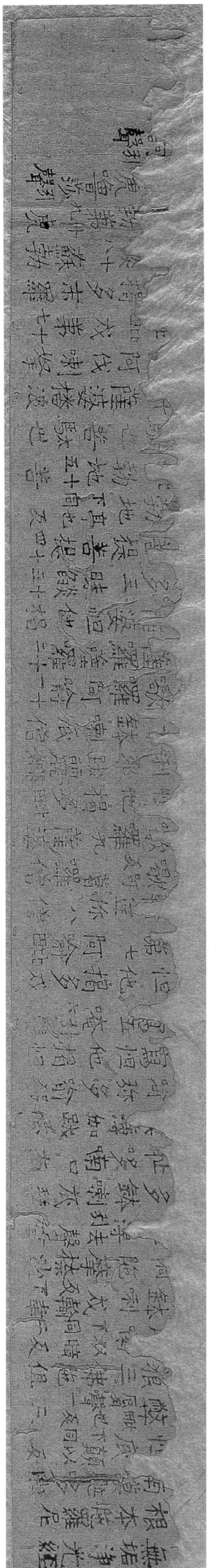

陀羅尼第20（29264-12）根本（長版・異種版）

文庫所蔵の陀羅尼は多く裏打を施しているが、本巻はその裏打の一部が剝離していて、印刷用紙の裏面を見ることができる。その結果、本巻の印刷は紙の裏面に行われていることが分かる。用紙は濃い朽葉色。印面は墨付きが悪く、印刷文字は細く、判読不明の文字も多い。版の上部は虫損による破損が多い。紙質観察（ルーペ）によると、太い繊維の楮を竹簀で流し漉きし、ニカワ処理をしてある。簀跡が鮮明に残る厚い紙で、印刷面は板張り面と考えられる。

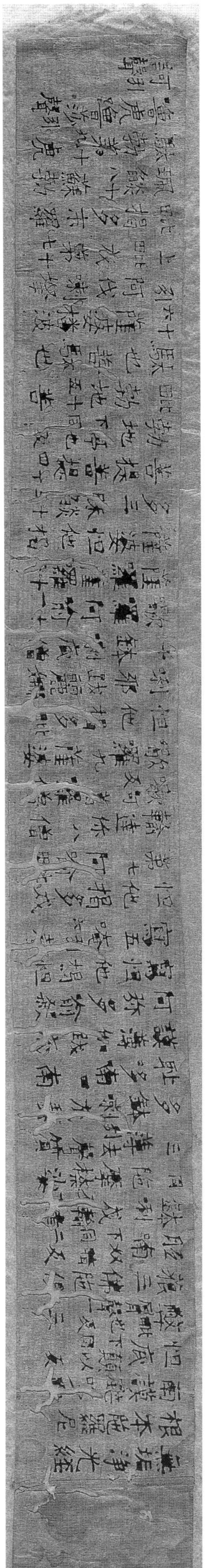

陀羅尼第21（29264-13）根本（長版・異種版）

用紙は濃い朽葉色。印面は虫損で傷んでいるが墨色は良好。筆写体の文字の線は細く、曲線やハネ・ハタク等が明瞭である。紙質観察（ルーペ）によると、太い繊維の楮を竹簀で溜め漉きし、表面に多量のニカワを塗布してある。第9・22と同質の紙である。

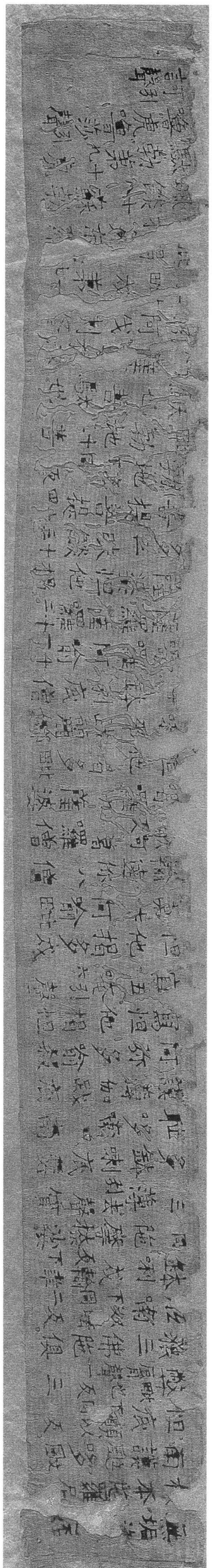

陀羅尼第22（29264-14）根本（長版・異種版）

印面は掠れが多く、その中に墨溜まりの文字が全面に散っている。墨色は濃い。全面虫損で、特に後半は傷みが甚しく、判読不可能な部分が多い。紙質観察（ルーペ）によると第9・第21と同質の楮紙。表面に多量のニカワを塗布する。

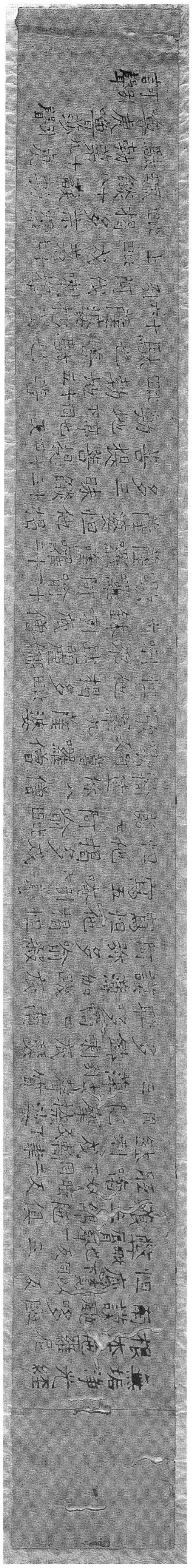

陀羅尼第23（29264-18）根本（長版・異種版）

印刷は用紙の裏面を使用している。印面は墨溜まりは数ヶ所で、掠れがひどく、後半は判読不明の文字が多い。巻頭は虫損。紙質観察（ルーペ）によると、楮を溜め漉きし、キハダ染めの後、ニカワ処理をしてある。赤茶色の厚い紙で、墨は繊維の上にある。

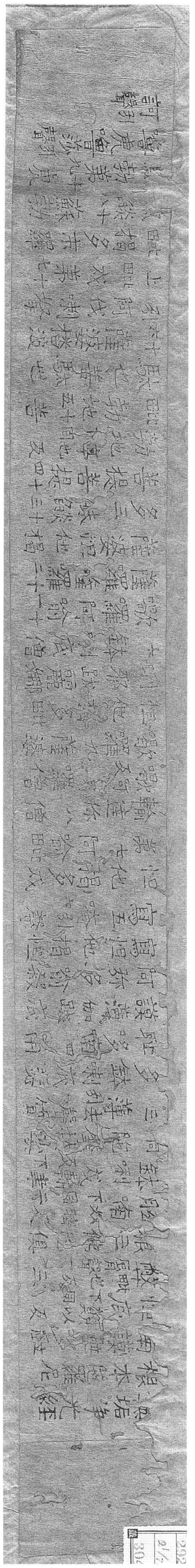

陀羅尼第24（29264-21）根本（長版・異種版）

用紙は淡い朽葉色。本巻は全面虫損で文字の判読困難な箇所もあるが、印面は一様で墨溜まりはなく、掠れによる判読不明の文字はない。紙質観察（ルーペ）によると第12・13・16と同じ紙と思われる。

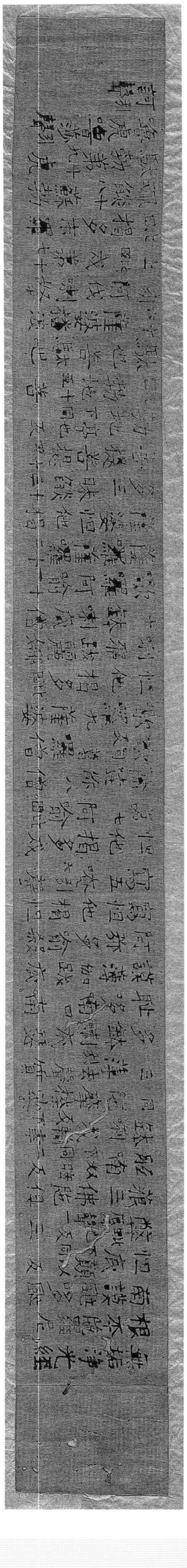

陀羅尼第25（29264-60）根本（長版・異種版）
用紙には簀の目がみえる。印面の掠れによる判読困難な文字は、第1段目に多い。中央から後半面にかけて墨溜まりが多い。墨色は濃い。巻頭の一部に虫損がある。紙質観察（ルーペ）によると、楮を溜め漉きした厚い紙。表面に多量のニカワを塗布してある。

根本（短版）全40行（1行5字・小字双行）

第26～第45はすべて同版。

陀羅尼第26（29264-7）根本（短版）
印面は全体に淡墨が滲んでいるが、掠れと墨溜まりの部分があり、墨溜まりの部分には、判読不明の文字が多い。最終行「訶引聲」字の約5㎜左側に細い縦線の印影がある。紙質観察（ルーペ）によると、楮を細い竹簀で漉き、キハダ染めをして磨いた瑩紙。ルーペで見ると白土添加のように表面は詰まっている。墨は繊維の中に沈んでいる。第30と同じ紙である。

陀羅尼第27（29264-17）根本（短版）
用紙の色は濃い朽葉色。印面は掠れと滲みのムラがある。特に第5段目は墨溜まりが多く判読不可能の文字が多い。墨色は濃い。第33行の「波」字に瑕がある。紙質観察（ルーペ）によると、楮を萱簀で漉き、表面に多量の塗布物があり、繊維はボヤケている。洋紙風である。

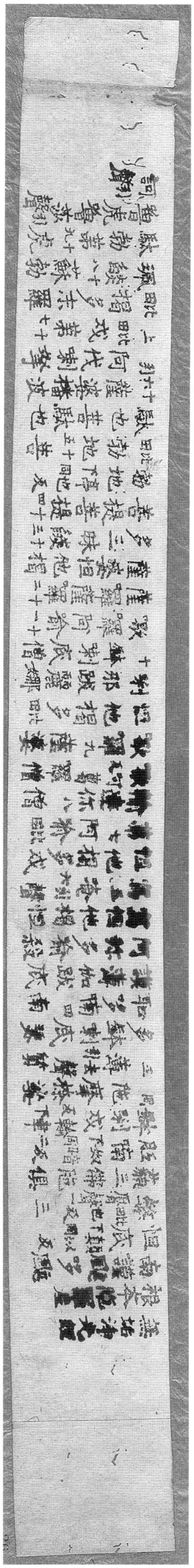

陀羅尼第28（29264-26）根本（短版）
用紙の色は淡い朽葉色。墨色は油煙墨のような黒。紙にニカワ加工がなく、印面は掠れと滲みでムラが多いが文字は筆写体の書風が良く出ている。紙質観察（ルーペ）では、楮を溜め漉きしたものらしく、繊維の空間が大きく、墨は繊維の中に沈んでいる。

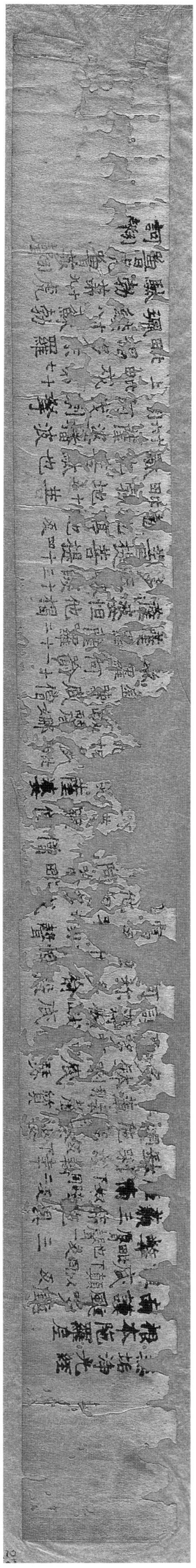

陀羅尼第29（29264-27）根本（短版）
印面の墨色は濃い。前半は滲みが多く文字が潰れており、他の部分は掠れている。第33行の「波」の字に瑕がある。全面に虫損があり、文字の判読は困難である。紙質観察（ルーペ）によると、楮を細い竹簀で漉いてある。繊維間には深い空間があり、表面はニカワを塗布した洋紙風の紙である。

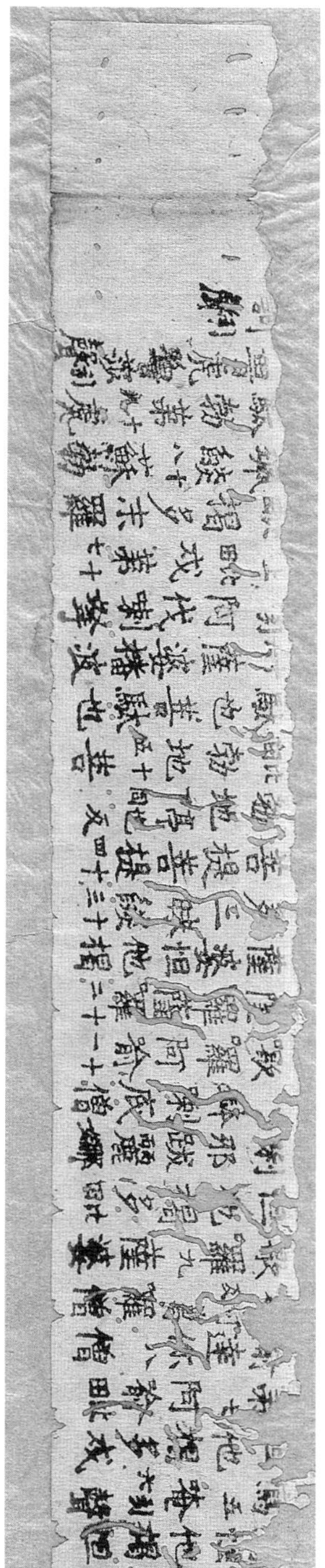

陀羅尼第30（29264-28）根本（短版）
表紙及び本紙全面に虫損がある。用紙は淡い朽葉色。印面は全面が掠れており、第5段目に墨の滲みがある。紙質観察（ルーペ）によると第26と同質の紙である。

陀羅尼第31（29264-29）根本（短版）

印面は墨付きが悪く不鮮明であるが、文字の字形は出ている。最終行の文字「蹙」は、文字の輪郭の墨が残り、中の墨は抜けている。「蹙」の左脇に細い墨線がある。用紙の地の部分は虫損により文字が欠けている。紙質観察（ルーペ）によると切断された楮に雁皮を加え、表面をニカワ処理した洋紙風の紙である。

陀羅尼第32（29264-30）根本（短版）

全巻虫損による傷みが甚だしい。印面は掠れと滲みで雑然としている。第一行は墨色が淡く滲みも多く判読困難である。紙質観察（ルーペ）によると、太い繊維の間に白い異物があるので、充分洗滌されていない楮を溜め漉きして、表面をキハダ染めしたものと考えられる。

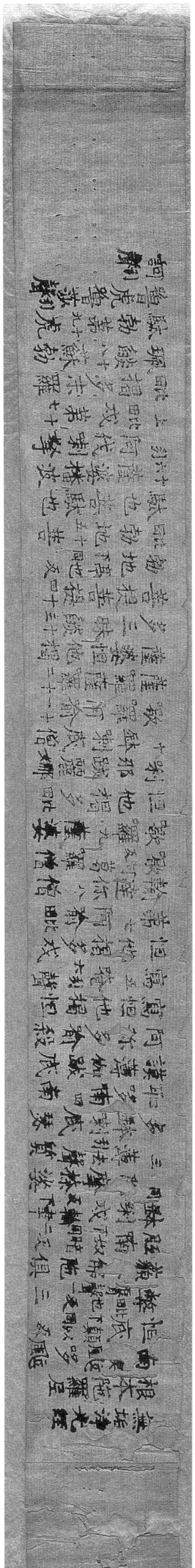

陀羅尼第33（29264-31）根本（短版）

印刷は紙の裏面（板張り面）を使用している。巻頭には墨の滲み、後半には掠れがみえる。第33行の「波」字に瑕がある。表紙・巻頭は虫損により傷んでいる。紙質観察（ルーペ）によると、楮を細い竹簀で漉き、表面に多量のニカワを塗布し、繊維はボヤけている。洋紙風の紙である。

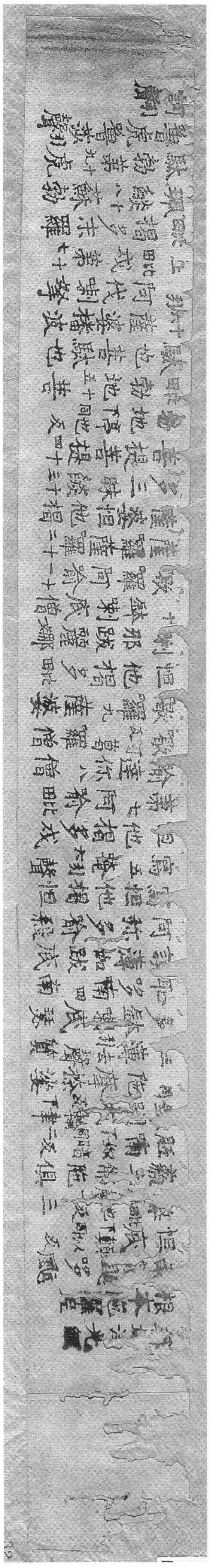

陀羅尼第34（29264-32）根本（短版）

用紙の色は淡い朽葉色。印面は掠れているが一様である。第1行は墨色は淡い灰色で滲んでいる。表紙と巻頭の天部が虫損により傷んでいる。紙質観察（顕微鏡）によると、楮を粗く切断して蒸煮し、洗滌を少なくして、非繊維細胞を残して漉き、表面に多量のニカワを塗布してある。

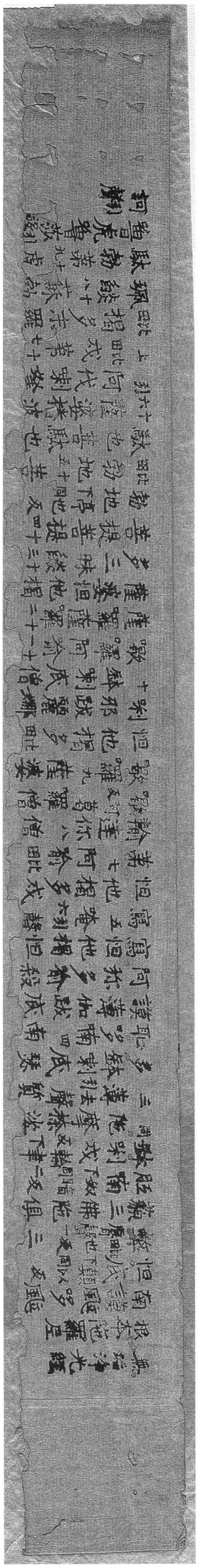

陀羅尼第35（29264-33）根本（短版）

印面、墨色共に平均している。文字も鮮明で良好であるが、第1行の「無垢」・第2行の「根」・第3行の「南謨」・第4行の「怛底」には、書写あるいは補筆がみられる。表紙の一部、地の部分、巻末の一部分に虫損がある。紙質観察（ルーペ）によると、厚く地合の良い、表面平らな紙。切断した楮を竹簀で丁寧に漉き、表面に多量のニカワを塗布している。この巻を見ると、印刷の良し悪しは用紙の紙質も重要な条件であることが考えられる。

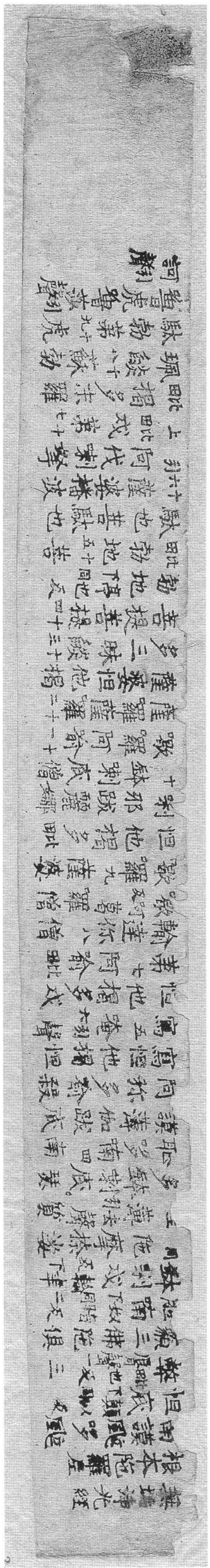

陀羅尼第36（29264-34）根本（短版）

用紙の色は淡い朽葉色。墨色は濃いが墨付は悪い。印面は全体に掠れている。第33行の「波」の字には瑕がある。第五段目に補筆が多く、第3行目「颰」、第9行目「婆」、第10行目「質」、第11行目「瑟」、第13行目「底」、第14行目「殺」、第15行目「怛」、第17行目「戍」、第18行目「田比、第19行目「僧」、第20行目「僧」、第21行目「婆」、第22行目「毗」、第36行目「羅」、第37行目「勃」、第38行目「虎」、第39行目「聲」はみな補筆である。紙質観察（ルーペ）によると、楮を竹簀で溜め漉きした。白い異物があるので表面にドーサを引いたと思われる。

陀羅尼第37（29264-35）根本（短版）

用紙は濃い朽葉色。印面、文字の線が全体に細く一様である。書体は長版に比べると力強くはないが端正である。第33行の「波」の字に少し瑕がみえる。表紙と天部全面に虫損がある。紙質観察（ルーペ）によると、楮を竹簀で漉き、多量のニカワを塗布してある。

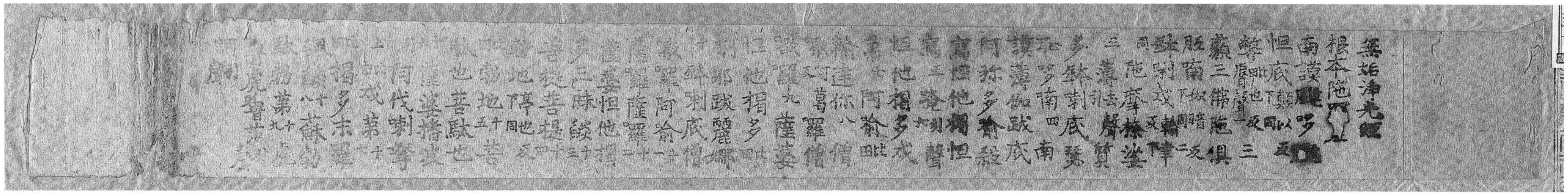

陀羅尼第38（29264-36）根本（短版）

印面は淡灰色で判読困難である。巻頭・前半部分に、鉄サビのような赤茶系の色の墨が滲んでおり、文字の形の輪郭を残して抜け落ちてしまった箇所がある。紙質観察（ルーペ）によると、切断した楮を細い竹簀で漉いた。ニカワ処理は無い。ルーペで見ると表面に細かい空間がある。墨は繊維の中に沈んでいる。

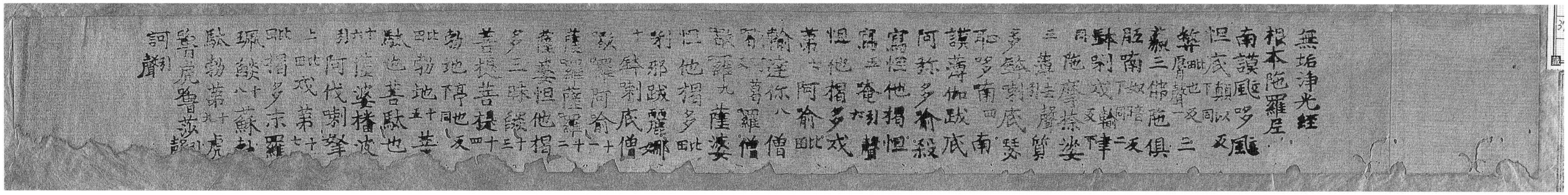

陀羅尼第39（29264-37）根本（短版）

印面は上段の方が掠れ、下段の方が滲みで一様ではない。表紙・本紙共に下方に虫損がある。紙質観察（ルーペ）によると、楮を細かく切断し、細い竹簀漉きした厚い紙。地合よく表面は平らで、繊維の空間の少ない洋紙風の紙である。表面はニカワ処理をしてある。

陀羅尼第40（29264-38）根本（短版）
印面は巻頭の上部・巻末に滲みがある。巻末の方が墨付きは良い。第33行「波」の字に瑕がある。第4行目「但底 顚以下同」第五行目第四段の「反一」の文字に補筆がみられる。表紙及び本紙の一部に虫損がある。紙質観察（ルーペ）によると、萱簀漉きの厚い紙。楮の繊維に流れがあるので流し漉きで、繊維間は詰まっている。表面はニカワの塗布が多い。

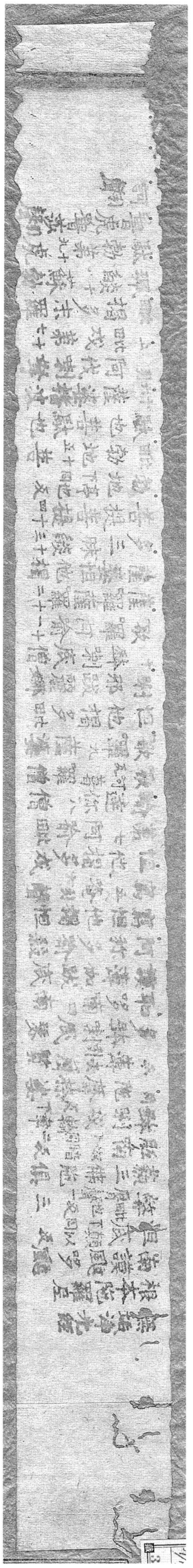

陀羅尼第41（29264-39）根本（短版）
用紙の色は淡い朽葉色。印面の墨色は淡灰色であるが、文字の形は明瞭である。表紙・巻頭・巻末に少し虫損がある。紙質観察（ルーペ）によれば、細い竹簀で漉いた柔の紙で、表面を磨いた瑩紙である。墨は繊維の中に沈んでいる。

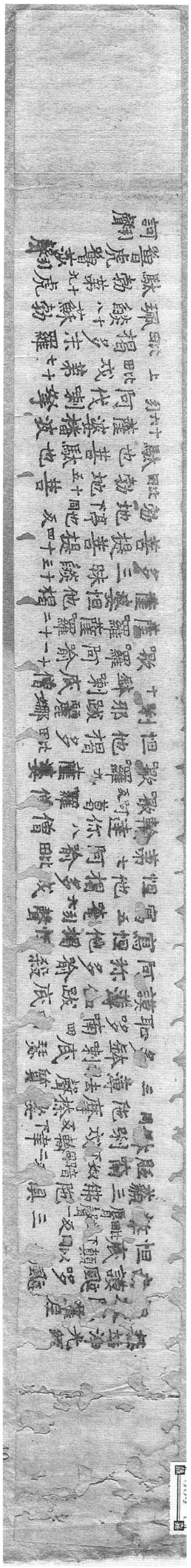

陀羅尼第42（29264-40）根本（短版）
用紙の色は淡い朽葉色。印面は滲みが多い。墨色は灰色がかった淡い色である。滲んでいる文字は墨色が鉄サビの様な茶色系の色をしている。墨に異物でも混入したのであろうか、不明である。表紙、本紙全面に虫損がある。本巻は印面が他と比べて6㎜短いがこれは、虫損と裏打状態によると考えられる。紙質観察（ルーペ）によると、太い繊維で表面の一部が詰まっているので、楮を流し漉きし、表面を磨いた瑩紙である。墨が繊維の中に沈んでいる。

陀羅尼第43（29264-61）根本（短版）

墨色は濃い。印面は滲みと掠れが交っている。墨の滲みは初行・中央・巻末に多いが、この状態は他の巻にも共通している。虫損はない。紙質観察（ルーペ）によると楮を簀實で溜め漉きした厚い紙。繊維の空間が多く、墨が繊維の中に沈んでいるのでニカワ加工はない。表面はキハダ染め。

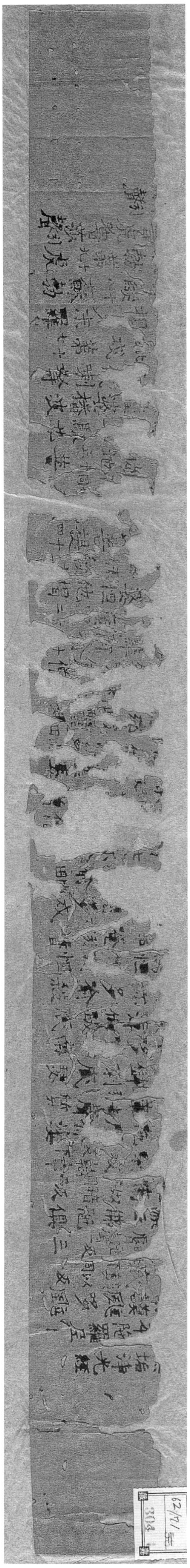

陀羅尼第44（29264-62）根本（短版）

全面虫損で傷みはひどく、裏打により一枚にまとめられている。字数、行数など測定不能である。第33行の「波」の文字の環のある部分は墨溜まりになっている。紙質観察（ルーペ）では、細い竹簀漉きの厚い紙、表面の空間が狭く多いので、楮を流し漉きしてニカワ塗布した後に、弱い打紙をした。

陀羅尼第45（29264-64）根本（短版）

印面は掠れと滲みが交っていて一様ではないが、楷書体の文字の型はよく出ている。短版の文字配列は、天部は揃っているが、地部は不揃いである。本巻はその特徴がよく出ている。本巻は包み紙に包まれた原型の状態で保存されており、包み紙には漢数字「一」が押印されている。この陀羅尼は、百万塔第39に納められている。松浦武四郎の著書『撥雲餘興』第二集（明治10年刊）に紹介されている。

相輪（長版）全23行（1行5字・小字双行）

陀羅尼第46～第50はすべて同版。

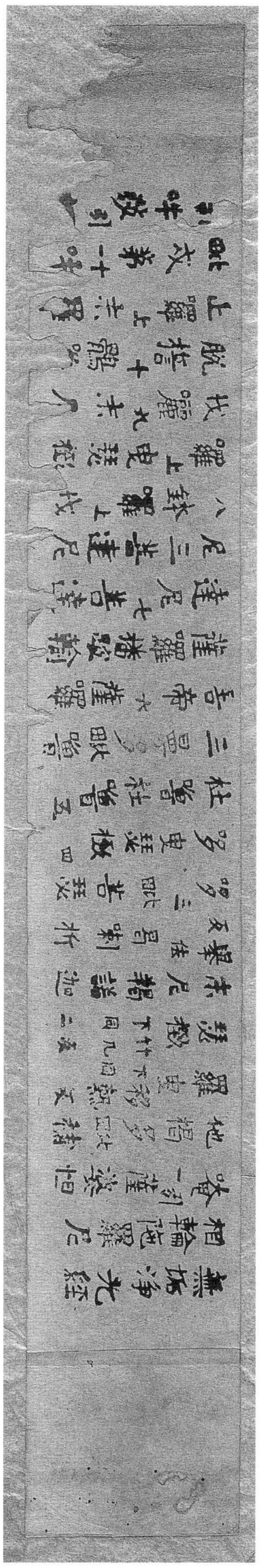

陀羅尼第46（29264-41）相輪（長版）

印面は掠れているが、墨溜まりの文字も多い。墨色は淡く水気が多い。版面は各行の文字が曲がっており、各段も整っていない。書体は根本の様な力強い端正な楷書体ではなく、隷書体に近い書体もあるが柔軟な筆写体もみられる。第13行目「吉」の上に小さな黒点がみえる。第14行「跛」に瑕がある。表紙と本紙の下方に虫損がある。紙質観察（顕微鏡）によると、楮の繊維70%に沈丁花科植物の樹皮繊維を30%混ぜ、溜め漉きした紙に、ニカワ処理をして弱い打紙を施してある。

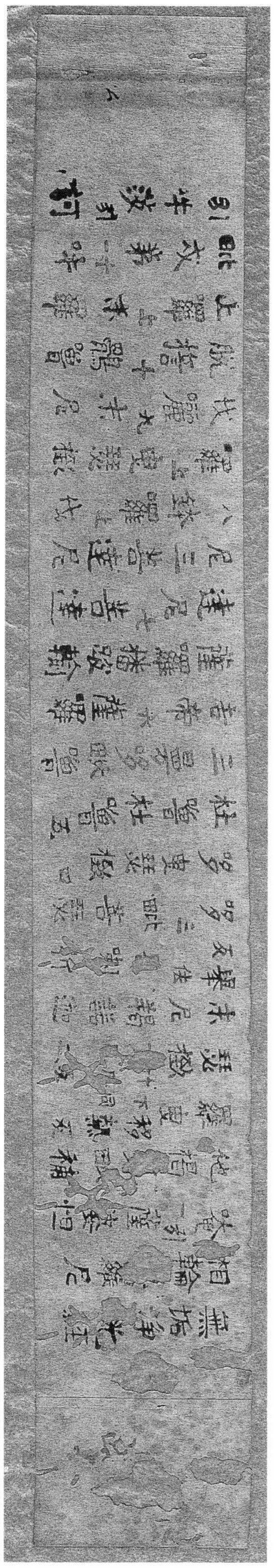

陀羅尼第47（29264-42）相輪（長版）

印面は一様ではなく墨色に濃淡があり、墨溜まりの文字も多い。文字には「末」（第7行）「達尼」（第15行）の様に筆意も出ている美しい字もあるが、「嚕」（第11行）や「誓」（第20行）などの様に歪んでいる文字もあり、不揃いである。第13行目「吉」の上に小さな黒点（小瑕）がある。第14行目「跛」の字に瑕がある。最終行の「訶」字の左横に小さな墨跡が残っている。第21行目の「末」には補筆が施されている。巻末に「公」の墨書がある。表紙・巻頭に虫損がある。紙質観察（ルーペ）によると、地合構成が悪いので溜め漉きと思われる。楮の紙の表面に少量のニカワを塗布してある。

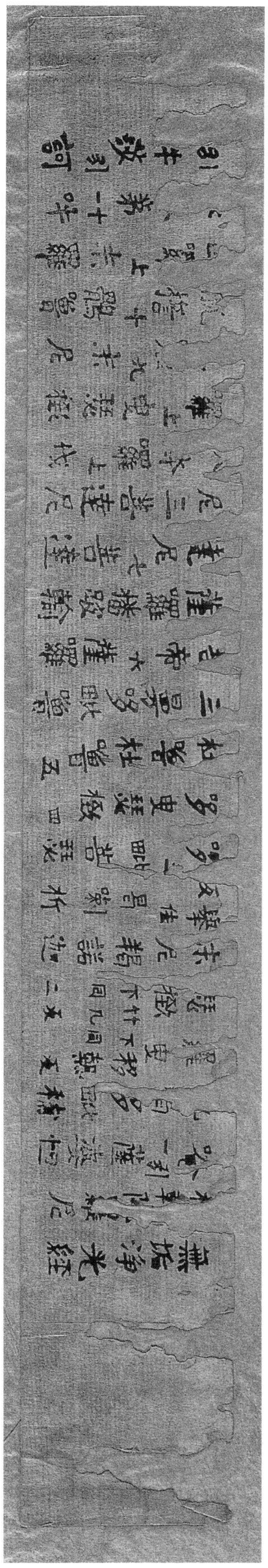

陀羅尼第48（29264-43）相輪（長版）

用紙の色は濃い朽葉色。天部は虫損が多い。墨溜まりの文字が多い。第14行の「跛」字に瑕がある。紙質観察（ルーペ・顕微鏡）によると、楮・雁皮などの混合紙。竹簀で溜め漉きし、表面に多量のニカワを塗布して打紙加工を施してある。

陀羅尼第49（29264-65）相輪（長版）

印面は一様に墨付良好であるが、全面に虫損がみられる。本巻は、包み紙の封印を切らず、塔中に納められたままの原姿として保存されている。包み紙上部に「二」と押印されており、寸法は縦5.8cm、径1.2cmである。このことにより包み紙の数字は『百萬小塔肆攷付圖』に記されているように『無垢浄光大陀羅尼経』呪文の順序、根本・相輪・自心印・六度を示していることが知られる。

陀羅尼第50（29264-70）相輪（長版）

印面は掠れと滲みで一様ではない。前半は虫損により傷んでいる。本巻は包み紙に包まれた原型の状態で保存されている。包み紙は漢数字「二」とあるが、墨筆である。

相輪（短版）全23行（1行5字・小字双行）

陀羅尼第51～第57はすべて同版。

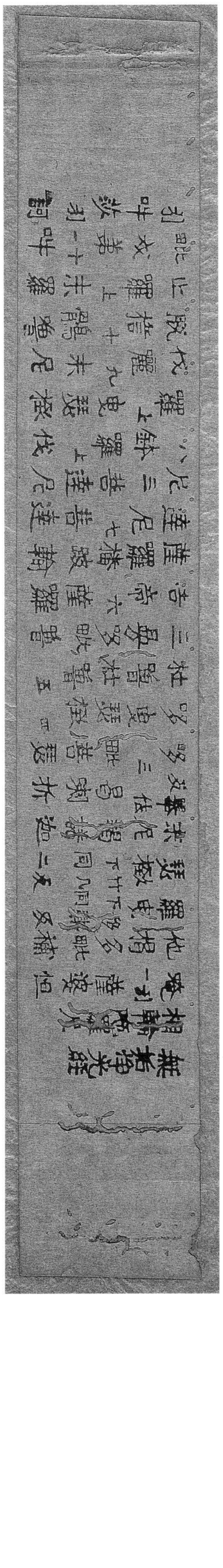

陀羅尼第51（29264-44）相輪（短版）

印面は、巻頭の墨色は濃いが、他はすべて一様で、文字も鮮明である。第13行「吉」字の左横に黒点（小瑕）がある。最終行の「訶」字は刷りブレがある。表紙・巻頭に虫損がある。書体は、相輪長版の書体と似ているが、筆線は直線的で硬質である。紙質観察（ルーペ）によると、楮を細い竹簀で漉き、表面にニカワを塗布する。第45と同じ紙。

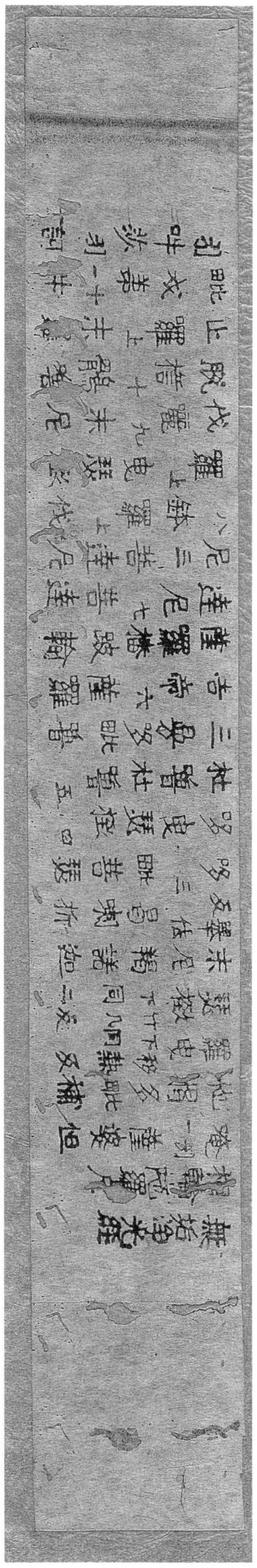

陀羅尼第52（29264-45）相輪（短版）

印面は部分的に滲みがあるが、全体的には良好である。第13行「吉」字の左横に黒点（小瑕）がある。表紙・本紙に部分的に虫損がみられる。紙質観察（ルーペ）によると、前掲の第51と同質の紙である。

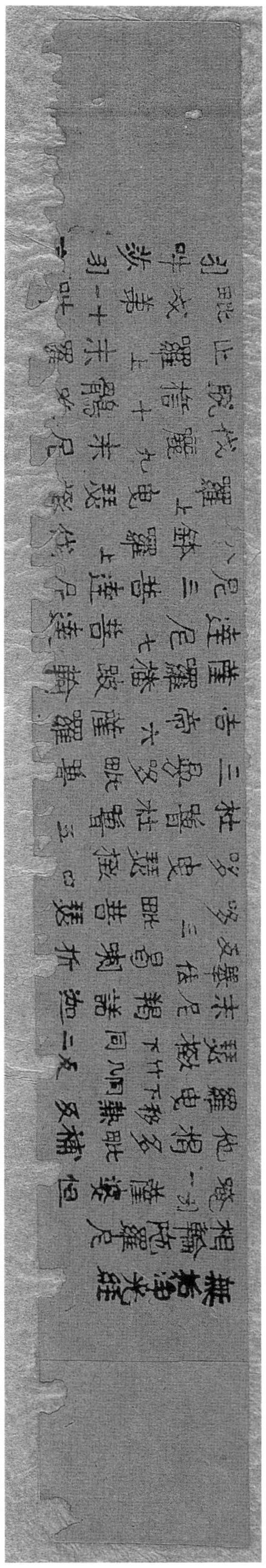

陀羅尼第53（29264-46）相輪（短版）

用紙は朽葉色が一定していて滑らかな感じがする。印面は墨溜まりや滲みがなく一様で、良好である。第13行目「吉」字の左横に黒点（小瑕）がある。表紙・本紙下方全面に虫損がある。紙質観察（顕微鏡）によると、楮80%に雁皮20%の原料を、ビナンカズラを溶剤に使い竹簀で漉いた。表面には弱いニカワ処理を施す。

陀羅尼第54（29264-47）相輪（短版）

用紙の色は濃い朽葉色。墨色は濃く、部分的に滲みはあるが、印面はほぼ一様である。この巻にも第13行目「吉」字の左横に黒点（小瑕）がある。全面に虫損がある。紙質観察（ルーペ）によると楮を竹簀で溜め漉きし、表面に多量のニカワが塗布してある。

陀羅尼第55（29264-48）相輪（短版）

用紙の色は淡い朽葉色。印面は、巻首は墨色濃く、巻末は淡色である。墨溜まりのある文字もある。筆線は一様に細い。第13行目「吉」字の左横に黒点（小瑕）がある。最終行の「引」字の上の切端に別版の一部らしい墨跡が認められる。それは、同じ相輪・短版の最終行、最後の文字「訶」の最下部分ではないかとも考えられるが、確定は困難である。一連印刷の一資料とすることが出来るかも知れない。

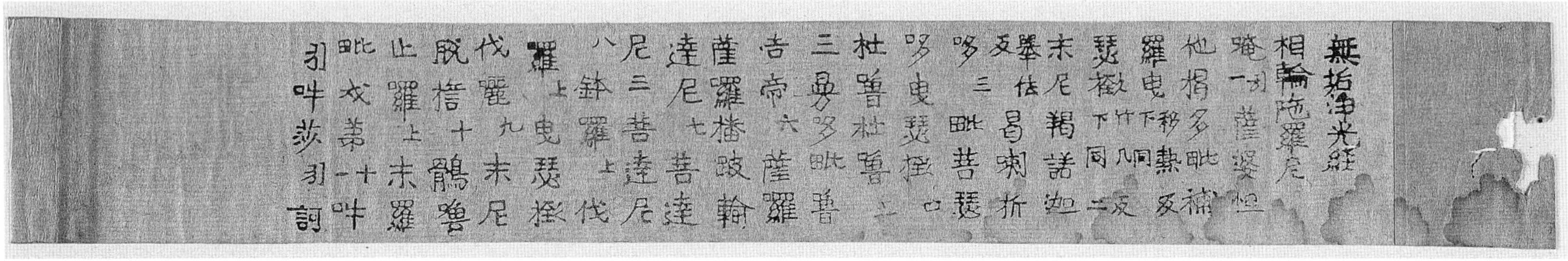

陀羅尼第56（29264-68）相輪（短版）

印面はほぼ一様である。短版は版の縦・横の列の歪みは少ない。本巻は保存状態良好である。第13行目「吉」の文字の左横に黒点（小瑕）がある。本巻は、松浦武四郎旧蔵の百万塔第40内に収蔵されている陀羅尼で、包み紙に巻かれた原型を保っている。包み紙には、漢数字「二」が押印されている。

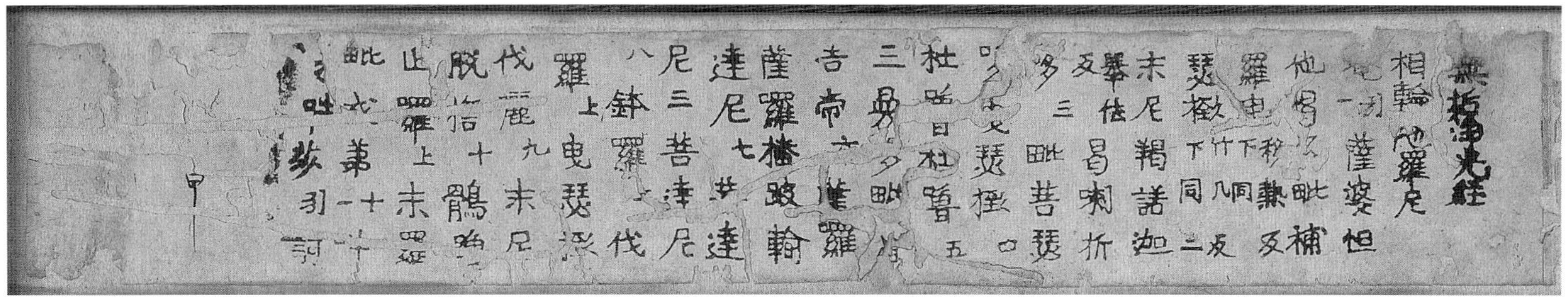

陀羅尼第57（29264-71）相輪（短版）

印面は掠れは少なく墨色は一様で、良好である。第13行の「吉」字の左横に黒点（小瑕）がある。最終行の左横に刷りムラの様な墨跡がある。巻末の余白に「甲」の墨書がある。本紙は虫損が多く裏打補修が施され額に納められ、その上更に、桐製の箱に納められている。蓋の表には、狩谷棭斎の自筆で「百萬塔中所納無垢浄光經陀羅尼」と墨書され、蓋裏には向山黄邨自筆識語がある。「此経原狩谷棭翁所珍蔵後得之於柏木某之家函上題籤即翁手書　明治十年八月十五日　松浦弘志（捺印）黄邨書（捺印）。

寛政十年（1798）八月に刊行された『称徳天皇百万塔及塔中安置経本』には相輪陀羅尼（短）の原寸大摸刻版の摺刷を載せており、更に狩谷棭斎の識語が付されている。この陀羅尼は、松浦武四郎旧蔵の百万塔第37に納められている。

自心印（長版）全31行（1行5字・小字双行）

陀羅尼第58～第63はすべて同版。

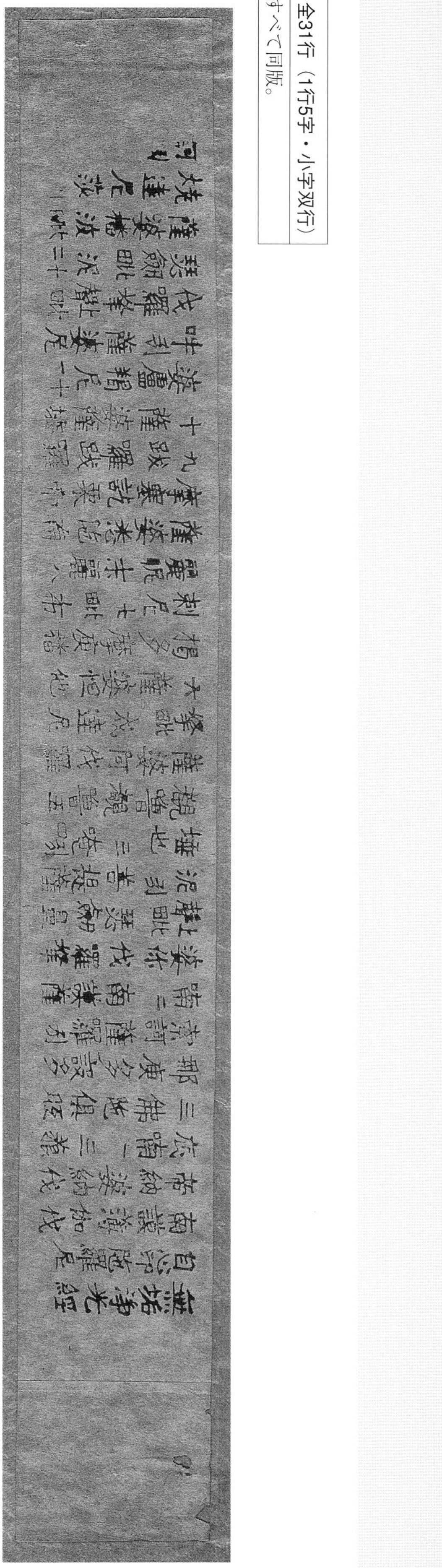

陀羅尼第58（29264-54）自心印（長版）

印面、前半は掠れ、後半は墨溜まりの文字が多い。墨付きが悪く見えにくい文字もあり、印刷されていない小字もある。本紙に虫損はない。長版の書体は北魏様式の書体であるが筆線が細く、硬質の面に硬い棒のような物で無理に書いた様な不自然さがある。文字の大きさも不揃いで、版式の竪と横の列も曲がっていて整然としていない。紙質観察（ルーペ）によると、楮を溜め漉きして、表面にニカワを塗布してある。

陀羅尼第59（29264-55）自心印（長版）

用紙の色は濃い朽葉色。印面は掠れと墨溜まりによりつぶれている文字が多い。第3行から第6行の最下段は墨溜まりが多く、第7行から第14行の最下段は墨付きが悪く、文字が見えない等、不鮮明である。表紙及び巻頭に虫損がある。紙質観察（ルーペ）によると、楮を菅簀で溜め漉きし、表面にニカワを塗布してある。第60・61と同質の紙と思われる。

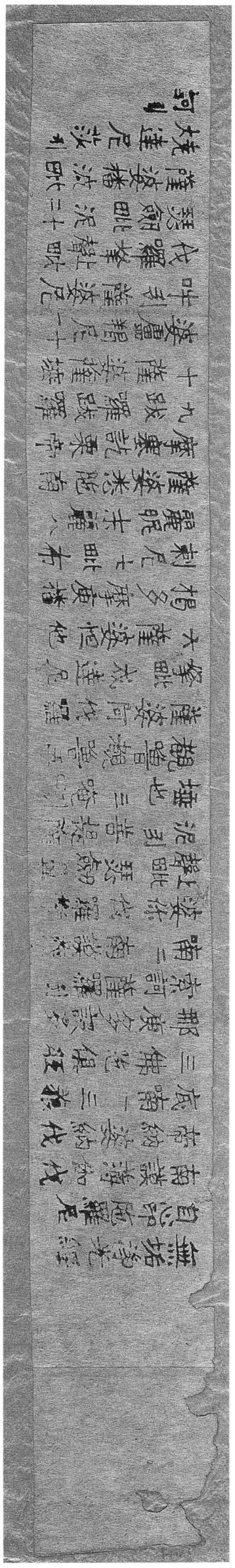

陀羅尼第60（29264-56）自心印（長版）

印面全体が掠れ、最下段は滲みと掠れで判読不明。表紙・巻頭には虫損がある。紙質観察（ルーペ）によれば、第59・60と同質の紙と思われる。

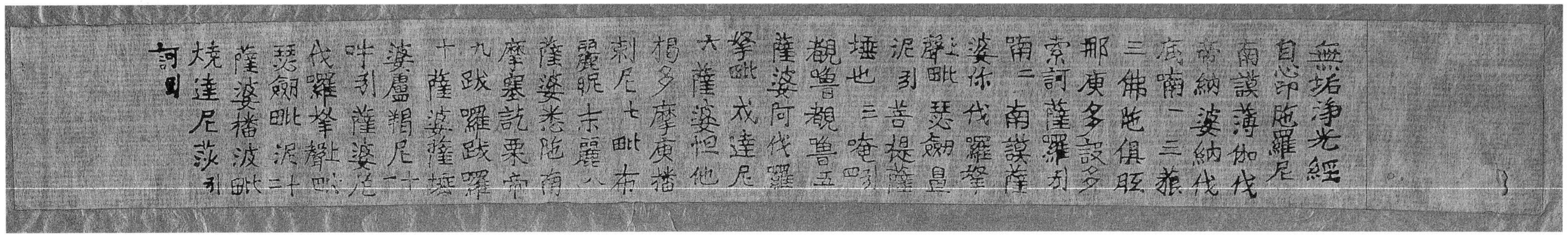

陀羅尼第61（29264-57）自心印（長版）
印面は全体に平均していて読みやすく、明瞭で良好。筆線も細い。表紙の一部に虫損あり。紙質観察（ルーペ）によると、第59・60と同質の紙と考えられる。

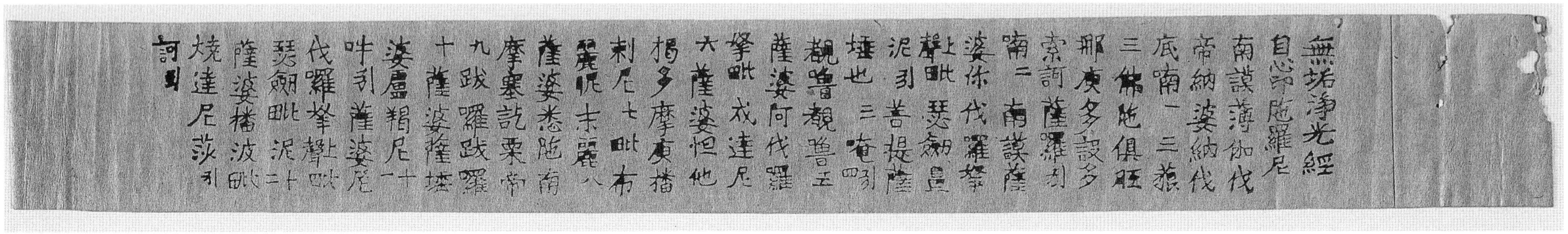

陀羅尼第62（29264-66）自心印（長版）
この版は、簀の目のない板張り面の用紙に印刷している。印面は最下段の文字は掠れているが、全体に良好である。虫損が無く保存は良い。本巻は、漢数字「三」が押印された包み紙に巻かれ、原形で保存されている。

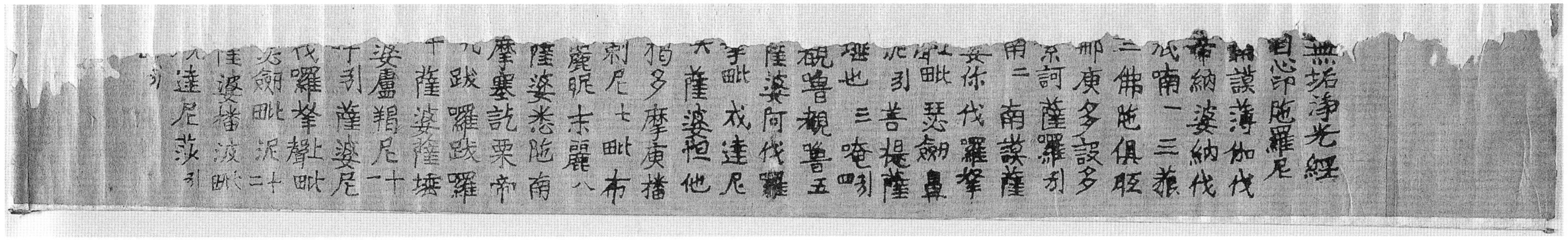

陀羅尼第63（29264-69）自心印（長版）
印面は、墨色が一様で平均的に印刷されていて、良好である。第1行から第4行の第一字目には滲みではない墨の汚れがある。第29行の「薩婆播波毗」に加筆がある。天部には全面に欠損がある。本巻は雲母引きの料紙で裏打ちして軸装を施す。松浦武四郎旧蔵百万塔第38に納められている。

自心印（短版）全31行（1行5字・小字双行）

陀羅尼第64〜第69のうち、第68、第69の2版は、『百万塔陀羅尼の研究』（「百万塔陀羅尼の研究」刊行委員会　昭和62年（1987）に、「自心印陀羅尼（短）の異版に就いて」の項に、異種版として発表されている版と同種のものである。

異種版とする理由は、版そのものは同版と見なされるが、各文字の線が全体に痩せて細く、一部の文字の筆法、特に「ハネ」などの部分に明瞭な差異が認められる。例として、第2行「羅」の第2画のかど、第13行「也」のハネの相違、第18行「掲」の手偏（才）のハネ、第21行「陁」の第八画のハネの相違などがあげられる。この様な版は、字画を修正した補刻版と推定されている。第68（29264-49）及び第69（29264-52）の2版は、異種版である。

陀羅尼第64（29264-50）自心印（短版）

印面は滲みは多いが、ムラがなく一様である。書体は長版と異なり、筆写体であるが、文字は小さい。しかし、ゆったりと大きく見えるのは、北魏風の書風と強い筆力がよく出ていることによると思われる。この様な印面を見ていると、果たして印刷技術が未熟といえるかどうか、と考えてしまう。紙質観察（ルーペ）によると、楮を溜め漉きして、表面にニカワを塗布してある。

陀羅尼第65（29264-51）自心印（短版）

印面は最下段（第五段）に滲みが多いが全体に一様で、文字は明瞭である。巻末に虫損がある。紙質観察（ルーペ）によると楮を細い竹簀で溜め漉きして、表面にニカワを塗布してある。

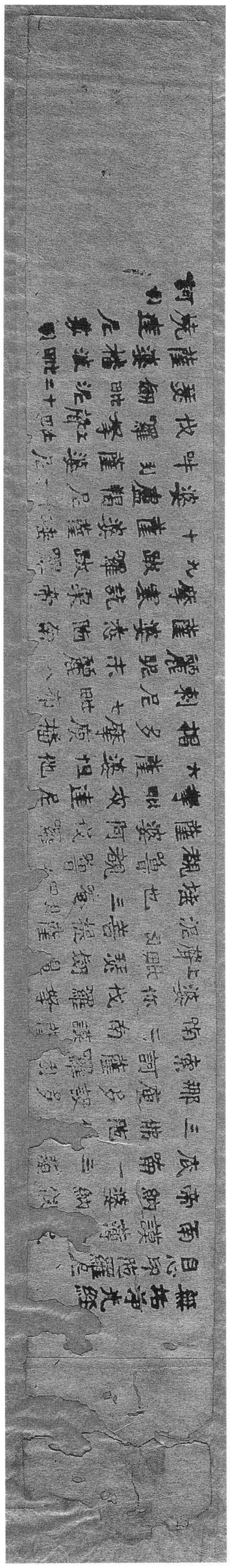

陀羅尼第66（29264-53）自心印（短版）

印面は、前半は掠れ、後半は滲みが多い。文字が潰れている部分もあり、判読不明の箇所も多い。最下段（第5段）の後半は殆んど文字が見えない。最終行の後に墨の汚れが残っている。表紙・本紙に虫損が多い。紙質観察（ルーペ）によると、竹簀で溜め漉きして、表面にニカワを塗布してある。

陀羅尼第67（29264-67）自心印（短版）

印面は、巻頭の一部は掠れているが、全体に一様である。掠れより滲みが多く、墨は水分が多い様に思われる。第3行目「伐」、第4行目「伐」、第5行目「藐」、第7行目「多」の文字に補筆がみられる。天部の一部に別版の最下部の文字の一部が切り残されている。本巻は、他の自心印短版と比べて紙幅が約2㎜広い。微かな墨の跡なので確定は困難であるが、同じ版の第3行目「伐」、第7行目「多」、第8行目「薩」、第9行目「娑」、第10行目「鼻」の一部分に当たるものかと思われる。果して然りとすれば、本巻は一連印刷とする説の参考資料として貴重である。この版の裏面には墨の汚れが残っている。

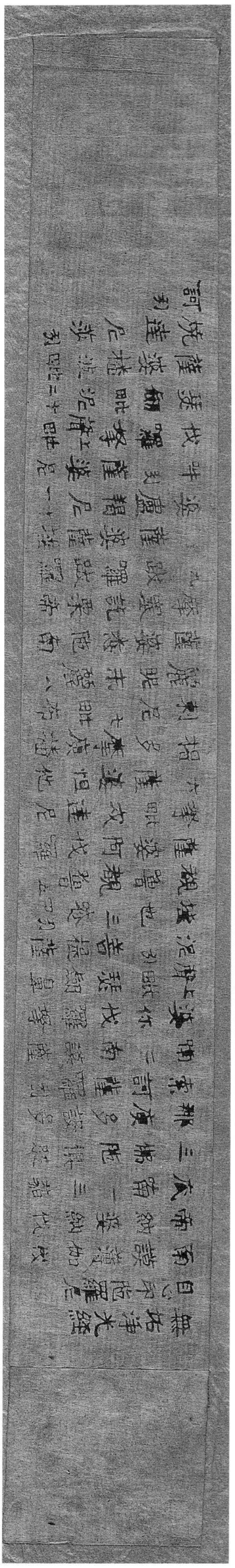

陀羅尼第68（29264-49）自心印（短版・異種版）

用紙はやや赤味がかった朽葉色である。印面は全体に墨付きが悪く文字の勢いが弱く見える。小字には判読困難なものもある。紙質観察（ルーペ）によると、楮を竹簀で溜め漉きして、表面にニカワを塗布する。

陀羅尼第69（29264-52）自心印（短版・異種版）

印面は滲んで文字が潰れている箇所や、墨付が悪く判読不明の文字がある。表紙と巻頭に虫損がある。印面の寸法が他巻の寸法より短いのは、虫損と裏打に因ると思われる。紙質観察（ルーペ）によると、第68と同質の紙と思われる。

六度（長版） 全15行（1行5字・小字双行）

陀羅尼第70（29264-58）六度（長版）

印面は平均して一様である。墨色は他の陀羅尼と比べて少し淡い色でボケてみえる。版式が、縦の行、横の列ともに揃わず、整然としていない。書体は相輪陀羅尼短版に似た隷書体風であるが、偏と旁のバランスの悪い文字などが目立つ。筆線は硬く、棒のような物で書いた様に直線的である。全面虫損で傷みがひどいことが不調和に見える一因かもしれない。紙質観察（ルーペ）によると、楮を竹簀で溜め漉きした。墨が繊維の中に沈んでいる。

六度（短版） 全14行（1行5字）

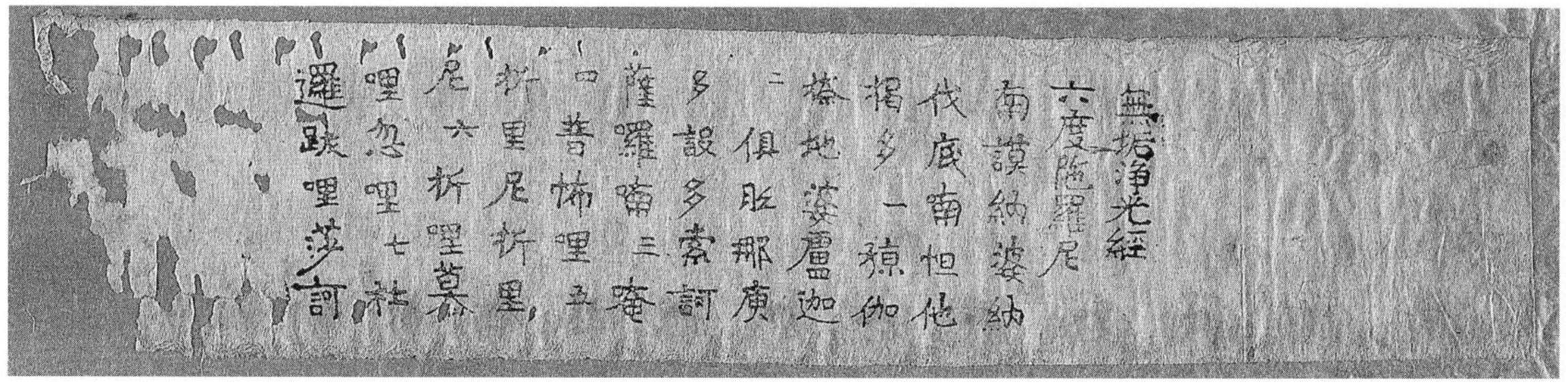

陀羅尼第71（29264-59）六度（短版）

六度陀羅尼以外の三種の陀羅尼には、それぞれ長版と短版とがあるが、その差は印面の寸法の違いによるもので、ともに、同字数・同行数で、内容は同一である。しかし、六度は長版が15行、短版が14行と行数が異なる。短版には第10行、第1段目の小字「引四」の「引」・第12行「慕」と第12行第一字目「哩」の間の「上」・第14行目「跋」の下の「上」及び「莎」「訶」の間の「引」の四文字が抜けている。この「引」「上」の字はアクセントを注記した小文字である。『百万塔陀羅尼の研究』では「四　百万塔陀羅尼版式とその異見」の項で、この四文字が欠けていることについて、「然し他の根本、相輪、自心印の三呪は一字の欠除もなく、同字数、同行数である。アクセント注記とはいえ四字を欠くのは如何したことだろうか、勅命によって印行された陀羅尼文としては考えられぬ事である。」と記されているが、同感である。印面の墨色は、他版と比べて淡色であるが、その濃度は一様で、文字は明瞭である。縦・横の行の配列や文字の形などは、第1行は曲がっているが、長版より整って整然としている。筆線は細く直線的で、線の流れは伸びやかである。紙質観察（顕微鏡）によると、充分に洗滌した細い楮をトロロアオイで漉き、ドーサを引いた後打紙をした薄い紙である。

陀羅尼各部の寸法及び紙厚

	陀羅尼	文庫整理番号	紙高(cm)	全長(cm)	表紙(cm)	本紙(cm)	字面高(cm)	字面長(cm)	表紙厚(mm)	本文紙厚(mm)	裏打紙厚(mm)	備　考
根本（長版）	第1	29264-2	5.7	54.9	4.8	50.1	4.8	49.4	0.145	0.15	0.105	
	第2	29264-3	5.7	56.0	4.6	51.4	4.8	49.6	0.12	0.13	0.10	
	第3	29264-4	5.4	55.9	4.0	51.9	寸法略	49.4	0.19	0.18	0.09	第1行全面虫損
	第4	29264-5	5.6	57.5	5.2	52.3	4.7	48.5	0.16	0.17	0.08	字面の長さは裏打の関係
	第5	29264-6	5.5	56.3	4.3	52.0	4.7	寸法略	0.135	0.175	0.085	虫損
	第6	29264-8	5.5	50.8	ナシ	50.8	寸法略	寸法略	なし	0.135	0.08	虫損
	第7	29264-9	5.3	56.1	4.6	51.5	4.8	49.5	0.16	0.15	0.08	
	第8	29264-10	5.6	55.2	4.0	51.2	4.7	寸法略	0.135	0.155	0.075	虫損
	第9	29264-15	寸法略	56.7	5.2	51.5	寸法略	寸法略	0.145	0.155	0.09	天部は全面虫損
	第10	29264-16	5.4	寸法略	4.6	寸法略	寸法略	寸法略	0.175	0.12	0.85	全面虫損
	第11	29264-19	5.8	57.5	4.4	53.1	4.8	49.4	0.17	0.15	0.08	
	第12	29264-20	5.4	56.7	4.6	52.1	寸法略	49.6	0.155	0.15	0.085	
	第13	29264-22	5.5	寸法略	寸法略	寸法略	寸法略	寸法略	0.135	0.135	0.08	全面虫損
	第14	29264-23	5.5	57.0	4.5	52.5	寸法略	寸法略	0.175	0.135	0.085	虫損
	第15	29264-24	5.5	56.3	4.8	51.5	4.8	49.4	0.145	0.15	0.085	
	第16	29264-25	5.6	寸法略	寸法略	51.6	寸法略	寸法略	0.17	0.17	0.09	全面虫損
	第17	29264-63	5.7	58.6	5.4	53.2	4.8	49.2	0.14	0.20	なし	
	第18	29264-1	5.4	58.7	5.7	53.0	寸法略	49.6	0.175	0.15	0.085	第1行の文字欠け
	第19	29264-11	5.8	54.5	3.4	51.1	寸法略	寸法略	0.13	0.18	0.08	天部全面虫損
	第20	29264-12	寸法略	57.1	2.8	54.3	寸法略	寸法略	0.115	0.155	0.08	全部虫損
	第21	29264-13	6.0	54.5	4.1	50.4	寸法略	49.5	0.155	0.205	0.095	一部虫損
	第22	29264-14	5.7	寸法略	ナシ	寸法略	寸法略	寸法略	なし	0.13	0.075	全部虫損
	第23	29264-18	5.9	57.6	5.1	52.5	寸法略	49.4	0.245	0.26	0.09	第1行の文字欠け
	第24	29264-21	5.7	56.3	4.2	52.5	寸法略	49.3	0.13	0.14	0.08	全面虫損
	第25	29264-60	5.6	56.4	4.0	52.4	寸法略	寸法略	0.18	0.20	0.09	第1行の文字欠け
根本（短版）	第26	29264-7	5.4	56.0	4.8	51.2	4.6	43.1	0.16	0.17	0.08	
	第27	29264-17	5.7	51.3	ナシ	51.3	4.6	寸法略	なし	0.11	0.09	天部前半虫損
	第28	29264-26	5.6	56.8	5.0	51.8	4.6	43.1	0.17	0.16	0.09	
	第29	29264-27	5.5	寸法略	5.5	寸法略	寸法略	寸法略	0.14	0.145	0.08	全面虫損
	第30	29264-28	寸法略	56.2	寸法略	50.7	寸法略	寸法略	0.125	0.12	0.09	全面虫損
	第31	29264-29	5.6	56.6	5.8	50.8	4.5	43.1	0.215	0.215	0.075	
	第32	29264-30	5.5	寸法略	ナシ	寸法略	4.6	43.0	なし	0.125	0.085	
	第33	29264-31	5.5	寸法略	寸法略	52.7	4.6	43.2	0.16	0.13	0.08	表紙・巻頭虫損
	第34	29264-32	5.5	52.1	5.3	46.8	4.5	寸法略	0.115	0.14	0.08	表紙・巻頭虫損
	第35	29264-33	5.6	54.6	寸法略	寸法略	寸法略	寸法略	0.24	0.20	0.08	巻頭補筆虫損
	第36	29264-34	5.5	52.0	ナシ	52.0	寸法略	42.5	なし	0.155	0.075	全面虫損
	第37	29264-35	5.5	56.2	寸法略	51.5	寸法略	43.0	0.16	0.10	0.08	全面虫損
	第38	29264-36	5.5	55.5	5.0	50.5	4.6	43.0	0.11	0.11	0.09	
	第39	29264-37	5.7	56.0	5.5	50.5	4.6	43.1	0.17	0.18	0.09	
	第40	29264-38	5.4	56.1	6.3	49.8	4.5	43.0	0.18	0.15	0.09	
	第41	29264-39	5.6	57.0	5.5	51.5	4.6	43.1	0.19	0.12	0.09	
	第42	29264-40	6.0	57.4	5.8	51.6	4.5	42.5	0.115	0.08	0.08	虫損
	第43	29264-61	5.7	56.5	5.0	51.5	4.6	43.3	0.15	0.10	0.09	
	第44	29264-62	寸法略	寸法略	寸法略	寸法略	寸法略	寸法略	0.17	0.17	0.08	全面虫損
	第45	29264-64	5.7	56.6	6.3	50.3	4.6	43.0	0.22	0.23	なし	
相輪（長版）	第46	29264-41	5.6	41.1	5.0	36.1	4.5	29.9	0.115	0.12	0.09	
	第47	29264-42	5.5	39.9	3.8	36.1	4.5	29.9	0.12	0.09	0.09	
	第48	29264-43	5.5	40.1	5.4	34.6	寸法略	30.0	0.165	0.165	0.085	表紙・本紙天部虫損
	第49	29264-65	5.5	39.7	4.6	35.3	4.5	寸法略	0.17	0.25	なし	全面に虫損あり
	第50	29264-70	5.4	40.3	5.0	35.3	4.6	29.9	0.15	0.15	なし	
相輪（短版）	第51	29264-44	5.6	40.4	4.8	35.6	4.5	28.1	0.16	0.15	0.09	
	第52	29264-45	5.6	41.9	6.3	35.6	4.5	28.1	0.10	0.135	0.095	
	第53	29264-46	5.4	40.8	4.8	36.0	4.5	28.2	0.155	0.14	0.08	
	第54	29264-47	5.7	38.8	5.3	33.5	4.6	28.1	0.14	0.14	0.07	
	第55	29264-48	5.8	40.9	4.2	36.7	4.5	28.1	0.20	0.14	0.08	
	第56	29264-68	5.8	41.0	4.2	36.8	4.5	28.2	0.22	0.21	なし	
	第57	29264-71	5.7	寸法略	寸法略	35.9	4.5	寸法略	額装のため測定できず			額装　表紙虫損

	陀羅尼	文庫整理番号	紙高(cm)	全長(cm)	表紙(cm)	本紙(cm)	字面高(cm)	字面長(cm)	表紙厚(mm)	本文紙厚(mm)	裏打紙厚(mm)	備　考
自心印(長版)	第58	29264-54	5.6	45.9	4.8	41.1	4.7	35.8	0.22	0.14	0.08	
	第59	29264-55	5.4	46.0	6.2	39.8	4.7	35.7	0.10	0.11	0.08	
	第60	29264-56	寸法略	46.3	5.6	40.7	4.7	35.7	0.15	0.18	0.08	表紙・巻頭虫損
	第61	29264-57	5.5	46.0	5.3	40.7	4.7	35.8	0.10	0.12	0.08	
	第62	29264-66	5.6	46.4	4.8	41.6	4.7	35.6	0.23	0.23	なし	
	第63	29264-69	寸法略	45.8	4.7	41.1	寸法略	寸法略	0.08	0.09	0.22	天部全面的に虫損破損
自心印(短版)	第64	29264-50	5.7	37.2	ナシ	37.2	4.8	32.2	なし	0.135	0.075	
	第65	29264-51	5.8	46.1	5.3	40.8	4.8	32.3	0.13	0.13	0.08	
	第66	29264-53	5.6	41.6	寸法略	41.6	寸法略	32.3	0.18	0.19	0.07	表紙虫損
	第67	29264-67	5.7	43.9	寸法略	39.8	寸法略	32.1	0.18	0.16	なし	虫損・補筆
	第68	29264-49	5.9	45.6	5.3	40.3	4.7	32.0	0.27	0.23	0.08	
	第69	29264-52	5.9	41.1	寸法略	41.1	4.7	31.8	0.24	0.20	0.08	表紙虫損
六度（長版）	第70	29264-58	寸法略	28.9	寸法略	25.0	寸法略	寸法略	0.16	0.17	0.08	全面虫損
六度（短版）	第71	29264-59	5.7	寸法略	5.4	寸法略	4.5	16.1	0.09	0.12	0.08	虫損

陀羅尼包紙の厚さ（裏打紙あり）

裏打紙No.	包紙No.	包紙厚(mm)	裏打紙厚(mm)
1	(1)	0.21	0.08
	(2)	0.22	
	(3)	0.23	
	(4)	0.19	
2	(5)	0.19	0.08
	(6)	0.17	
	(7)	0.16	
	(8)	0.17	
3	(9)	0.30	0.08
	(10)	0.19	
	(11)	0.22	
	(12)	0.18	
4	(13)	0.11	0.08
	(14)	0.25	
	(15)	0.29	
	(16)	0.23	
5	(17)	0.20	0.08
	(18)	0.15	
	(19)	0.14	
	(20)	0.17	
6	(21)	0.17	0.08
	(22)	0.20	
	(23)	0.22	
	(24)	0.20	
7	(25)	0.14	0.08
	(26)	0.25	
	(27)	0.18	
8	(28)	0.29	0.08
	(29)	0.18	
	(30)	0.21	
	(31)	0.34	
9	(32)	0.19	0.08
	(33)	0.19	
	(34)	0.23	
	(35)	0.26	
10	(36)	0.23	0.08
	(37)	0.14	
	(38)	0.10	
	(39)	0.15	
11	(40)	0.16	0.08
	(41)	0.20	
12	(42)	0.22	0.08

（裏打紙なし）

陀羅尼No.	文庫番号	包紙厚
第17	29264-63	0.23
第45	29264-64	0.18
第49	29264-65	0.33
第50	29264-70	0.17
第56	29264-68	0.26
第62	29264-66	0.23
第67	29264-67	0.21

この表は増田晴美作成のデータ（「汲古37号」）に、三浦彰士作成の紙厚のデータを加えたものである。

・字面高は本文 第1行 1行5字を測定。

・字面長は第1段を測定。

・陀羅尼と包紙の大部分は裏打ちされ、平面状に保管されている。

・裏打紙は平均0.08mm、紙をキハダ染めしたものを使用している。
裏打紙はかなり均一な紙で0.08±0.015mm内にあるが、キハダ染後の板張り乾燥時にシワ等が発生している。

測定器の測定面が直径1cmの円盤状でシワ等を完全に押し潰せず、0.015mm大きくなったと思われる。

・陀羅尼本文、表紙、包紙にかなり変化があり、透過光で見るだけでムラがはっきり分かる。そのため代表値を採っている。
例　陀羅尼第45：包み紙は0.34～0.24mm内にあり、代表値を0.27mm。本文は0.33～0.20mm内にあり、代表値を0.23mmとした。
シワ等は出来る限り避けて測定した。(使用測定具：ダイヤル・シックネス・ゲージ MODEL H　尾崎製作所)

・測定場所は包紙、表紙は虫損や張り合わせ部を除いた全面を、本文は張り合わせより　10cm以内の面を対象とした。

・( )内の番号は仮のものであり陀羅尼No.とは一致しない。

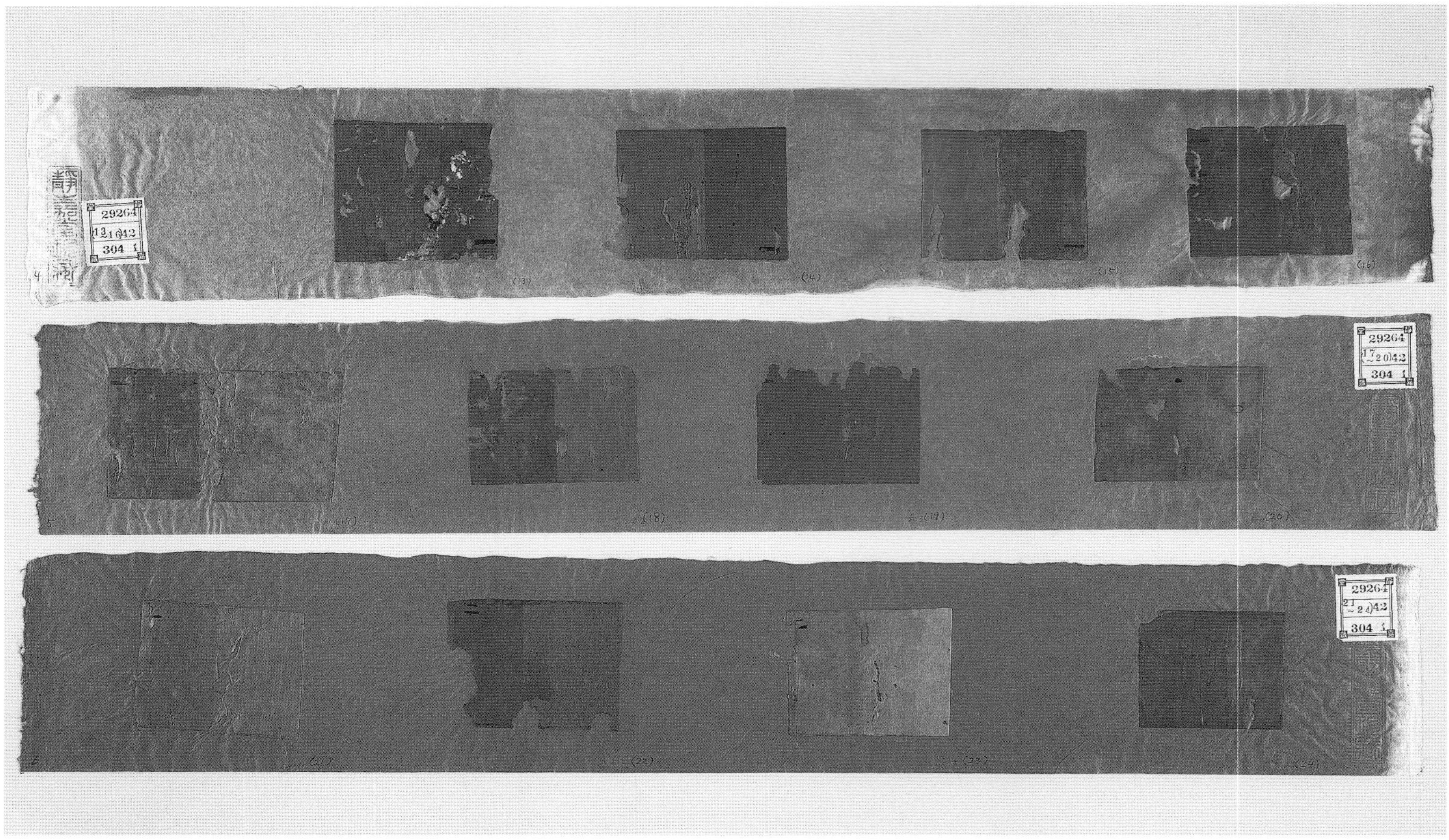

陀羅尼の包紙（上段左より13.14.15.16　中段左より17.18.19.20　下段左より21.22.23.24）

陀羅尼の包紙（上段左より36.37.38.39　中段左より40.41　下段42）

論文編

静嘉堂文庫所蔵の百万塔及び陀羅尼について

増田晴美

静嘉堂文庫所蔵の百万塔・陀羅尼を論ずるに当たり、まず、田中光顕及び松浦武四郎との関係をとりあげなくてはならない。

一、田中光顕が岩崎彌之助に送った百万塔・陀羅尼の添状

拝啓　陳《のぶれ》ハ先達《せんだって》而粗申上《あらあらもうしあげ》
置候《おきそうろう》法隆寺百萬塔中之
陀羅尼経四種之中ニ就き最
も珍品なる六度陀羅尼六巻
出現之處一巻ハ所有者ニ於テ
手放シ不申《もうさず》漸《ようやく》四巻ヲ得申候　尚
一巻ハ談判中ニ御坐候　松浦翁
ノ誇りたる根本陀羅尼ハ五
十二巻ヲ得申候　最早《もはや》此上ハ迚《とて》も
世の中ニハ難獲《えがたき》ものと存申候
ニ付、六度ハ一巻根本ハ二巻
を小生手許ニ相留《あいとどめ》メ置き其他
ハ悉《ことごとく》皆差出候間　高價之様ニハ候へ共
御取入レ置　被下度《くだされたく》　御願
申上候外《ホカ》ニ　相輪陀羅尼、自
心印陀羅尼も少々御参考之
為《ため》メ取入置候間　差出申候。古
代木製佛像一躯及古銅
佛像一躯不日奈良より差越《さしこし》
候筈《はず》ニ有之《これあり》　若《も》シ十分の鑑定《かんてい》
ヲ経候上　珎奇のものニ有之《これあり》　御
蔵品の分ニも劣らぬ様の事ニ
候へハ　相當の代ニ而《にて》　御購求相成《あいなり》
而《て》ハ　如何《いかが》哉《か》　着の上ハ可然《しかるべく》
電覧奉仕候　昇
堂之上　拝晤ニ譲候
　　　　　不盡《（尽）》
　六月廿三日　　　光顕
蘭　室　先醒
　　　　研北

陀羅尼経ノ封皮ニ　一ノ字ヲ印シ
タルハ根本　二ノ字ハ相輪　三ノ字ハ自
心印　四ノ字ハ六度ニ有之《これあり》　乃チ《すなわち》　封ノ儘《まま》
ノ分　根本、相輪、自心印、ノ中ニハ
交り居申候　千古ノ珍豈《あに》　寳《ほう》
愛《あい》セサランヤ
版式ハ　種々有之《これあり》候　何レモ《いづれも》　活版
ノ様ニ候得共《そうらえども》　決して然らす《しからず》　其《その》
證拠《しょうこ》　十分ニ御坐候

この書状は、田中光顕が、法隆寺の百万塔と陀羅尼を、岩崎彌之助に送った際の添状である。

蘭室とは、岩崎彌太郎の弟で静嘉堂文庫の創設者、岩崎彌之助の号である。

現在、静嘉堂文庫は、四十基の百万塔と七十一巻の陀羅尼を所蔵している。陀羅尼は、根本四十五巻・相輪十二巻・自心印十二巻・六度二巻である。そのうちの四基、四巻（根本一巻・相輪二巻・自心印　一巻）は松浦武四郎の旧蔵である。

元来、陀羅尼は一枚づつ巻かれて、封皮に包み、塔の中に納められた。その封皮には、「一」

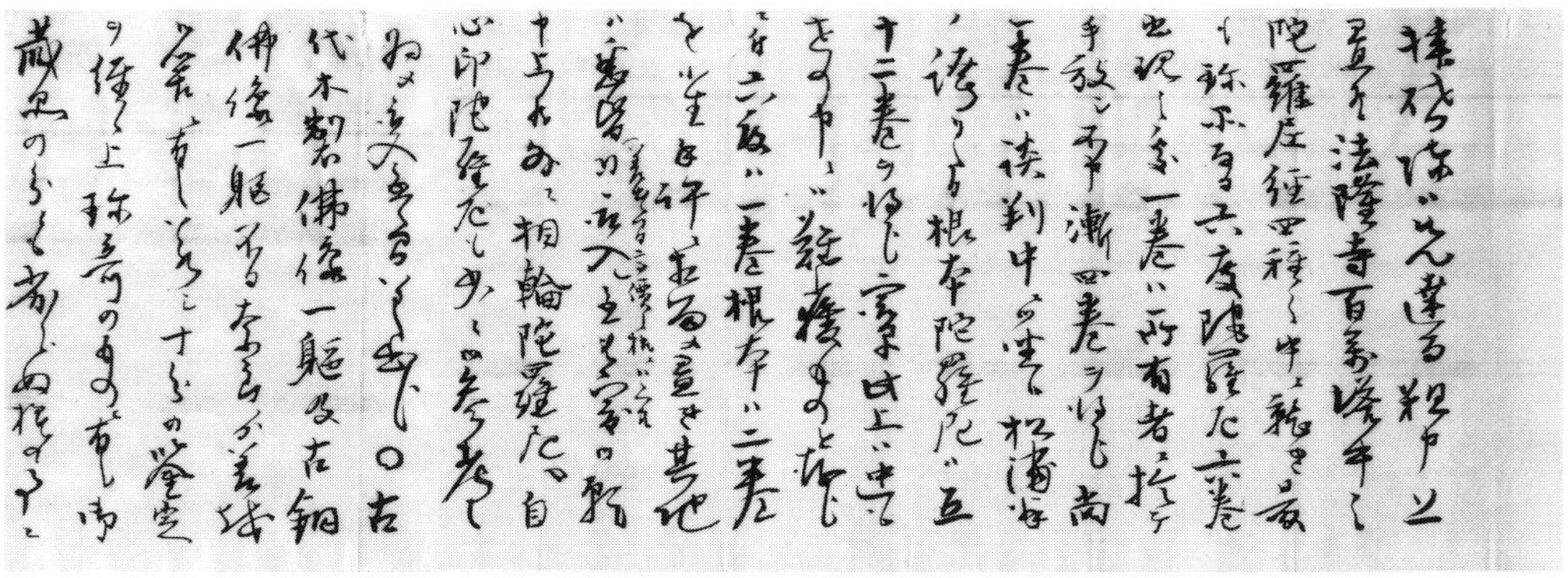

挿図1-1

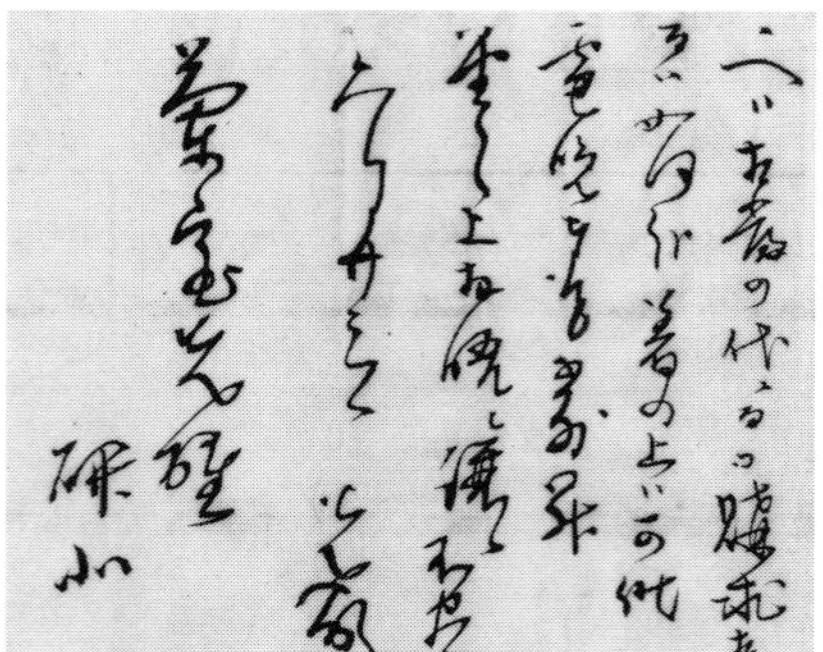

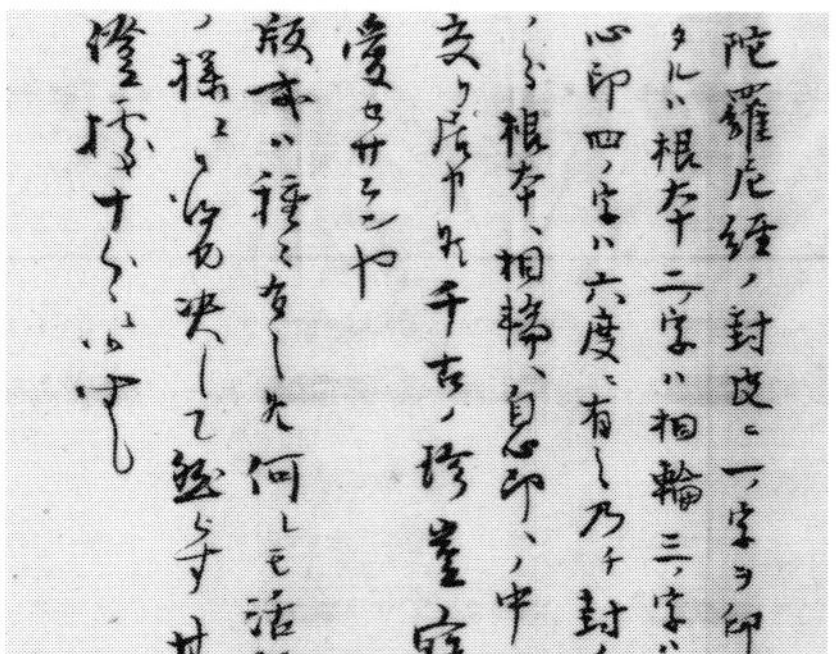

挿図1-2

から「四」までの数字が、墨書または押印されている。しかし、当文庫の陀羅尼は塔から出され、裏打ちされたので、塔と陀羅尼は別の箱に納められている。田中光顕の添状は、陀羅尼が納められた箱に入っている。封筒や包み紙などはないので、添状が書かれた年は不明であるが、岩崎彌之助は明治四十一年三月二十五日に他界しているので、六月二十三日日付の書状で、彌之助に届けられたのは明治四十年六月以前と考えられる。

ところで、法隆寺が百万塔陀羅尼を頒布したのは、寺門の維持基金を得ることを目的としたからである。

明治初年から始まった排仏毀釈運動は、神官・平田派国学者たちを中心に神仏分離、神社における仏堂・仏像・仏具などの破壊や除去が各地で行なわれた。

また、この頃西欧文化東漸のもとに、日本の典籍や古文化財は、散亡、あるいは海外に流出し、彌之助は、この様子に危機感を持ち、それを阻止することを、自らの務めとする使命感を覚え、東洋のものは、東洋に留めたいという意識を強く抱き、実行したのである。

彌之助は明治二十五年（一八九二）頃から、古美術商などの搬入するものは一括、すべてを、長持ち一棹全部といったような買い振りで、巨資を惜しまなかった。特にその作品のなかでも、明治二十七年には、平安期の『是則集』（重要文化財）、伝、本阿弥光悦作「秋草蒔絵瑶本筆司」（重要美術品）などの購入については、田中光顕の鑑定を受けている。『是則集』には、古筆了件から、田中光顕に宛てた、古筆鑑定の書類が添えられ、当時の金額で四百円で購入した。田中光顕の手紙に書かれている百万塔・陀羅尼や奈良の仏像も、このような考えによったことが考えられる。

当時の奈良の寺院の窮地は、法隆寺だけではなかった。興福寺の仏像も破損仏として、多くの仏像を世に出し、寄附を募るという趣旨で政府に願書が提出された。明治三十九年六月九日、内務大臣の原敬は「仏体譲与ノ件聞届ク」と、県に回答し、県知事名で、興福寺に伝達した。これらの仏像は、すべて益田孝の弟、英作が引き取り、二万三千円が、寺に寄附金として渡された。益田鈍翁は、この仏像のうち十七点を引きとった。そのなかには、鎌倉時代の四天王の一つ、持国天像や、藤原時代の蒔絵経筥など、後に国宝となったものも含まれていた。興福寺の仏像の売却は、当時の古美術界の最大ニュースであったという。

東大寺の「大仏会」興福寺の「興福寺会」にならって、明治二十三年「法隆寺会」が発足したが、浄財は集まらず、寺の経営は困窮した。

宝物献納による一万円の御下賜金のほか、当時県庁に提出した文書「什物譲与之儀ニ付御願」（明治四十年）による「一万七千七百円の基金」でも充分ではなかった。明治三十六年に法隆寺住職となった佐伯定胤も財政上の問題に直面した。「古社寺保存法」の制定に先立って、明治二十六年から寺院の修理が始まった。寺の修理などに必要な三万円の寄附を得るため「寺の法要などに使わないもの」として選んだのが屏風一双と百万塔三千基であった。

当時、法隆寺は、百万塔は四万三千九百三十基、陀羅尼は、四千二十五巻を所蔵していたという。

頒布に先立って、明治三十九年頃に百万塔と陀羅尼を修理した。明治四十年六月十一日に百万塔三千基を処分することが決定され、百万塔の譲与を、どのような方法で行なうのかが、協議された。

明治四十一年一月付で「百万塔譲与規定」が作成された。（挿図2-1・挿図2-2）法隆寺の譲与願いは、県庁から内務省に上申され、内務大臣の許可を得ることが出来、県知事名で正式に許可が下りた。許可の条件として、「百万塔は国史にもある歴史的由緒ある物件につき、教育上の参考にするため、学校を優先するようにとの、付帯条件が付されていた。

この規定書は各学校に配られ、明治四十一年二月二十九日迄に申し込むこととし、その内容は次のようであった。

「甲」第一種は、百万塔と経巻が完全なものは金三拾五円とし五十基に限る。

「乙」第二種は、塔は完全なもの、但し小破の箇所は修補する。経巻は全文完備のものとして、金二拾円とする。［丙］第三種は、塔は所々欠損のもの、経巻は、全文を備えているもの、新たに模倣印刷した陀羅尼経巻を添える。代金は十五円とする。

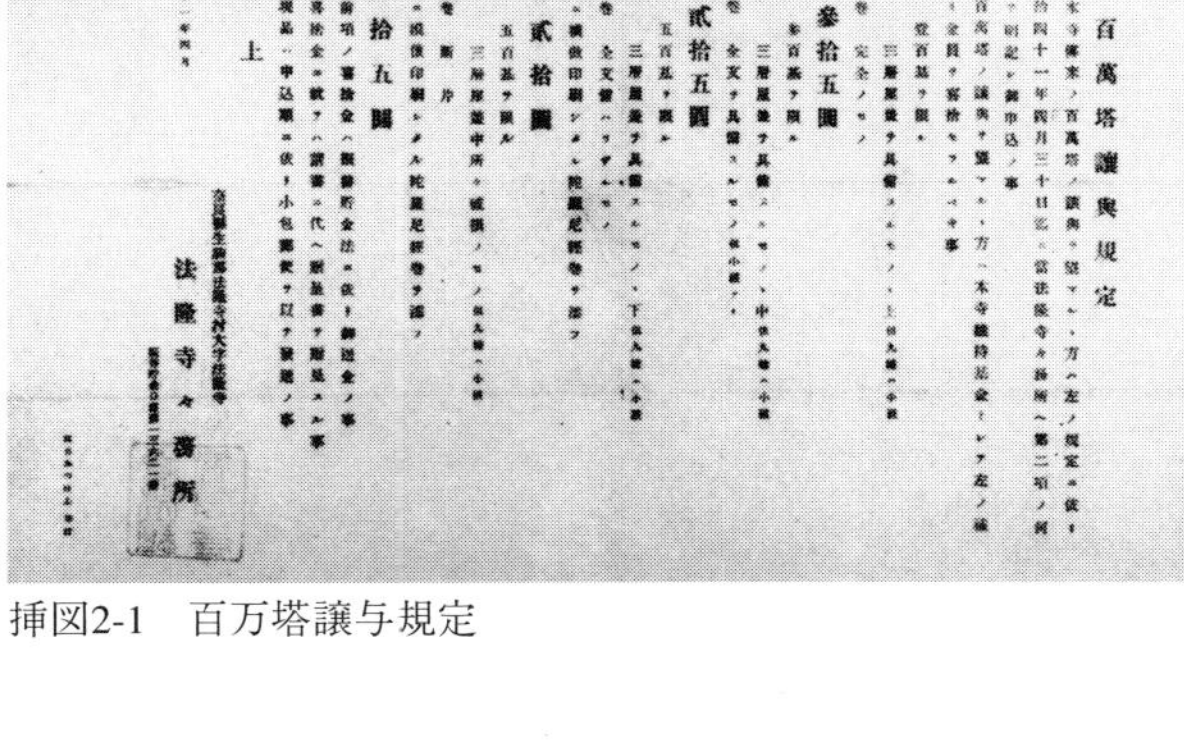
百萬塔譲與規定
右金參拾五圓
右金貳拾五圓
右金貳拾圓
右金拾五圓
以上
法隆寺々務所

挿図2-1　百万塔譲与規定

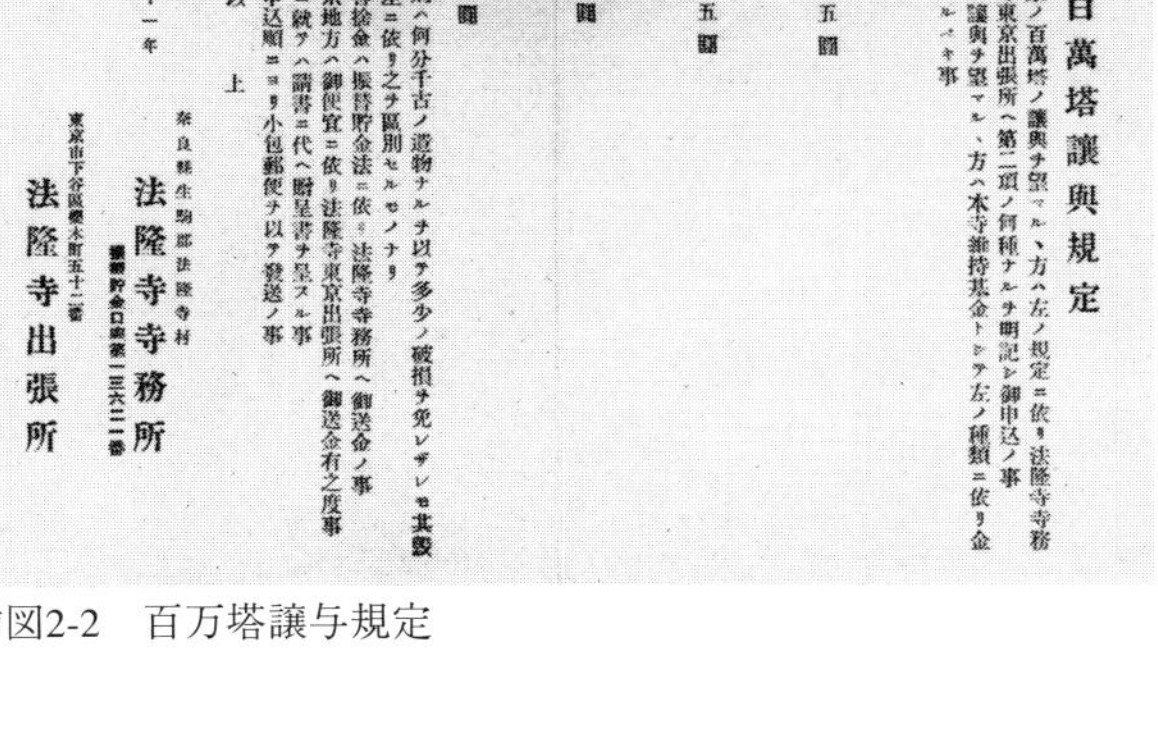
百萬塔譲與規定

第壹項　本寺傳來ノ百萬塔ノ譲與ヲ望マル、方ハ左ノ規定ニ依リ法隆寺寺務所又ハ法隆寺東京出張所ヘ第二項ノ何種ナルヲ明記シ御申込ノ事
第二項　百萬塔ノ譲與ヲ望マル、方ハ本寺維持基金トシテ左ノ種類ニ依リ金員ヲ喜捨セラルベキ事

第一種
右金參拾五圓

第二種
右金貳拾五圓

第三種
右金貳拾圓

第四種
右金拾五圓

右ノ種別ハ何分千古ノ遺物ナルヲ以テ多少ノ破損ヲ免レザレバ其破損ノ等差ニ依リ之ヲ區別セルモノナリ
第三項　前項ノ喜捨金ハ振替貯金法ニ依リ法隆寺寺務所ヘ御送金ノ事
但東京地方ハ御便宜ニ依リ法隆寺東京出張所ヘ御送金有之度事
第四項　喜捨金ニ對シテハ證書ニ代ヘ贈呈書ヲ呈スル事
第五項　現品ハ申込順ニヨリ小包郵便ヲ以テ發送ノ事
以上

明治四十一年
奈良縣生駒郡法隆寺村
法隆寺寺務所
振替貯金口座第一三六二一番
東京市下谷區櫻木町五十二番
法隆寺出張所

挿図2-2　百万塔譲与規定

このような規定を作り、百万塔は木箱に入れ譲与することとした（挿図3-1～挿図3-8）。内務省の指示通り、学校に優先して譲与する方針を固め、佐伯、大西両管主も上京して寄附集めを行なった。

明治四十一年四月付で法隆寺管主、佐伯定胤師の趣意書が出され、明治四十一年五月付の

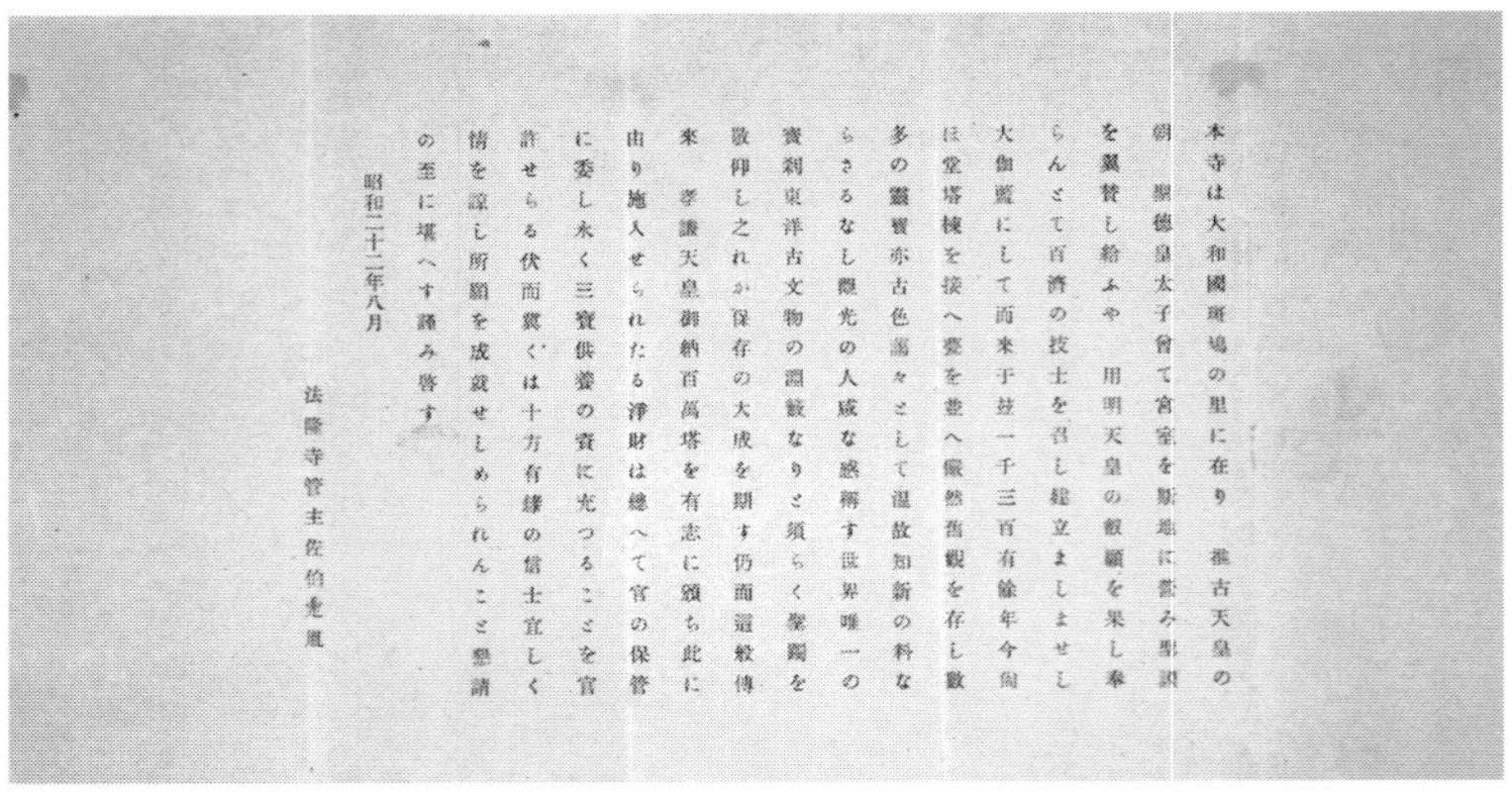
本寺は大和國斑鳩の里に在り　推古天皇の
朝　聖徳皇太子曾て宮室を斯地に營み梵讃
を翼賛し給ふや　用明天皇の叡願を果し奉
らんとて百濟の技士を召し建立ましませし
大伽藍にして爾来于茲一千三百有餘年今尚
は堂塔棟を接へ甍を並へ儼然舊觀を存し數
多の靈寶亦古色蒼々として温故知新の料な
らさるなし燦光の人威な感稱す世界唯一の
寶刹東洋古文物の淵籔なりと須らく衆瞻を
敬仰し之れか保存の大成を期す仍而遺般傳
來　孝謙天皇御納百萬塔を有志に頒ち此に
由り施入せられたる淨財は總へて官の保管
に委し永く三寶供養の資に充つることを官
許せらる伏而冀くは十方有縁の信士宜しく
情を諒し所願を成就せしめられんこと懇請
の至に堪へす謹み啓す

昭和二十二年八月

法隆寺管主佐伯定胤

挿図3-1

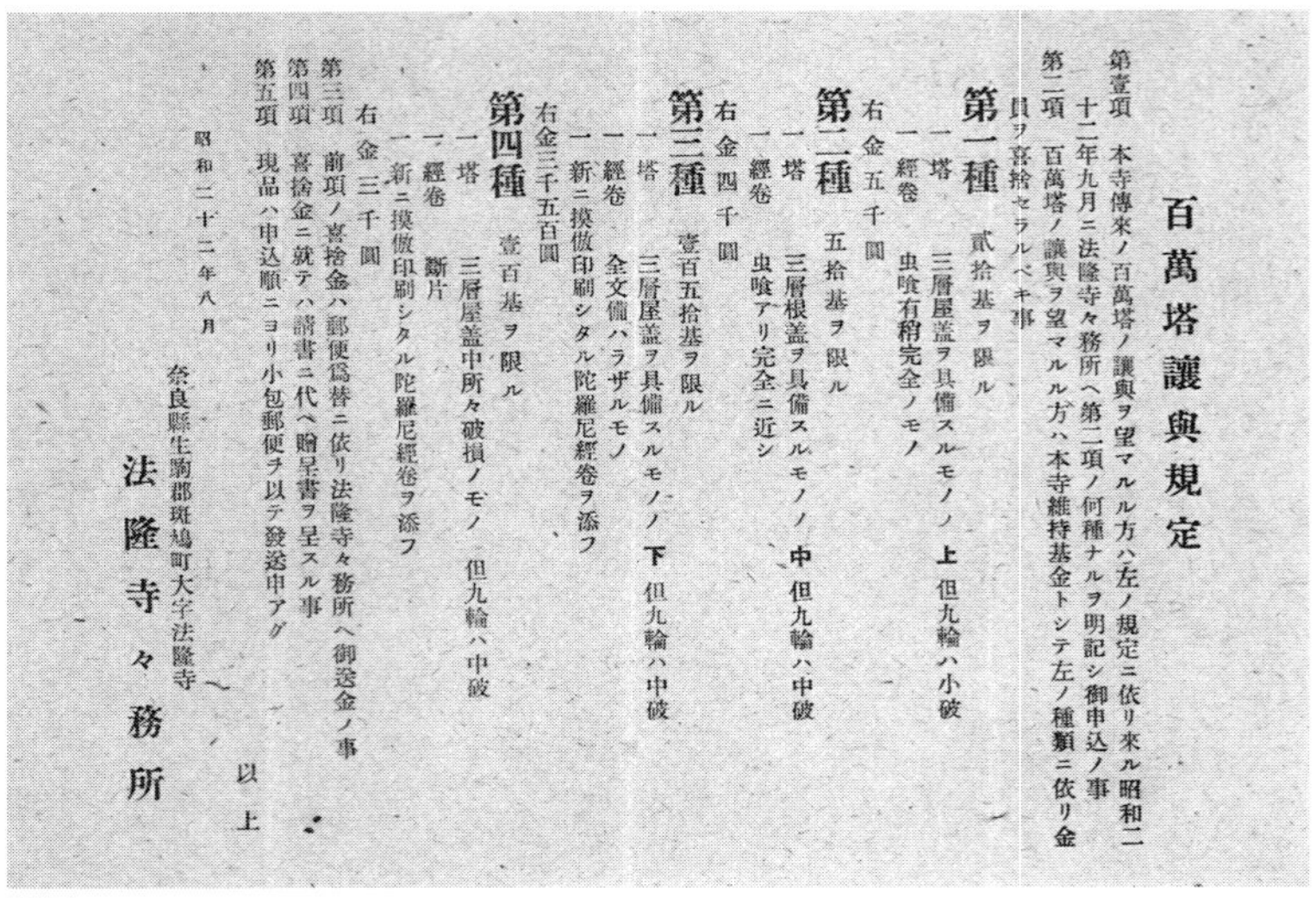
百萬塔讓與規定

第壹項　本寺傳來ノ百萬塔ノ讓與ヲ望マルル方ハ左ノ規定ニ依リ來ル昭和二十二年九月ニ法隆寺々務所ヘ第二項ノ何種ナルヲ明記シ御申込ノ事
第二項　百萬塔ノ讓與ヲ望マルル方ハ本寺維持基金トシテ左ノ種類ニ依リ金員ヲ喜捨セラルベキ事

第一種　貳拾基ヲ限ル
一塔　三層屋蓋ヲ具備スルモノノ上　但九輪ハ小破
一經卷　虫喰有稍完全ノモノ
右金五千圓

第二種　五拾基ヲ限ル
一塔　三層根蓋ヲ具備スルモノノ中　但九輪ハ中破
一經卷　虫喰アリ完全ニ近シ
右金四千圓

第三種　壹百五拾基ヲ限ル
一塔　三層屋蓋ヲ具備スルモノノ下　但九輪ハ中破
一經卷　全文備ハラザルモノ
一新ニ摸倣印刷シタル陀羅尼經卷ヲ添フ
右金三千五百圓

第四種　壹百基ヲ限ル
一塔　三層屋蓋中所々破損ノモノ　但九輪ハ中破
一經卷　斷片
一新ニ摸倣印刷シタル陀羅尼經卷ヲ添フ
右金三千圓

第三項　前項ノ喜捨金ハ郵便爲替ニ依リ法隆寺々務所ヘ御送金ノ事
第四項　喜捨金ニ就テハ請書ニ代ヘ贈呈書ヲ呈スル事
第五項　現品ハ申込順ニヨリ小包郵便ヲ以テ發送申アグ

以上

昭和二十二年八月

奈良縣生駒郡斑鳩町大字法隆寺
法隆寺々務所

挿図3-2

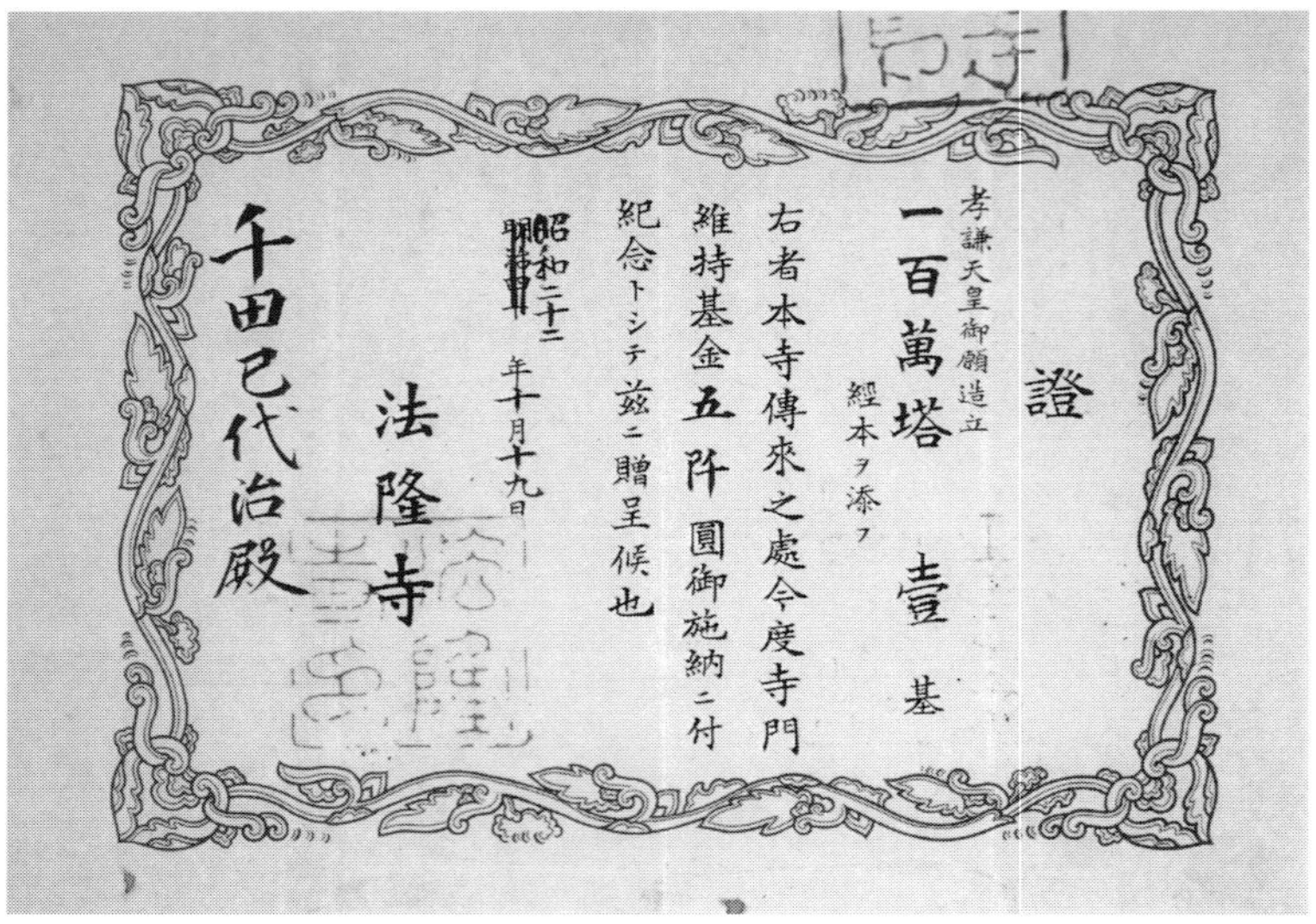
證

孝謙天皇御願造立
一百萬塔　壹　基
經本ヲ添フ
右者本寺傳來之處今度寺門
維持基金五阡圓御施納ニ付
紀念トシテ茲ニ贈呈候也
昭和二十二年十月十九日
法隆寺
千田已代治殿

挿図3-3

挿図3-4

挿図3-5

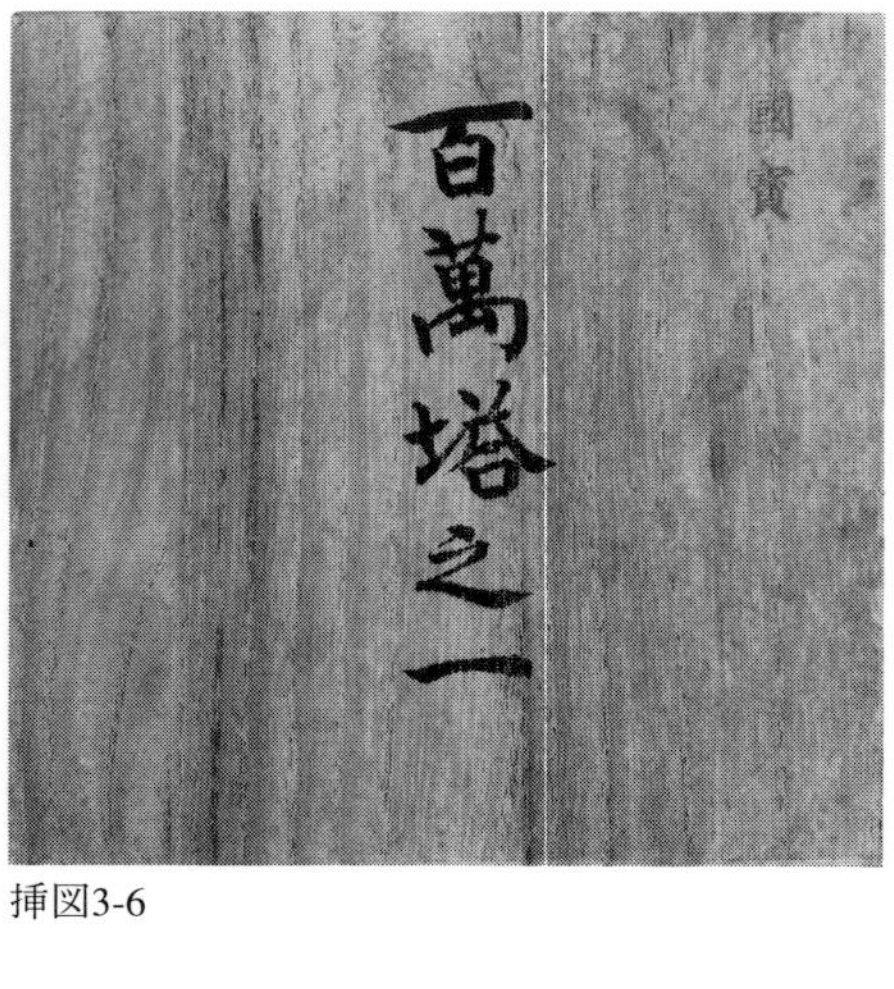

挿図3-6

挿図3-7

挿図3-8

百万塔譲与規定が作成された。また明治四十一年七月三十日、平子鐸嶺が法隆寺の要請により、「百万塔肆攷」を発行した。明治四十一年末までで、九百六十二基の百万塔を譲与し、三万二百十円の寄附が寄せられた。その結果、三千基を譲与する予定であったが、九百六十二基の段階で予定額はこえたのである。

譲与の内訳は、京都帝国大学文学部陳列館・第一高等学校など、学校関係七十八基、二千百七十五円、津村順天堂、はじめ一般希望者八百八十四基、二万八千三十五円であった。

田中光顕が、岩崎彌之助に届けた書状の日付が、明治四十年六月二十三日と考えると、法隆寺が頒布に先立って百万塔三千基を処分することを決定し、譲与方法を協議した頃と一致する。当時田中光顕は、宮内大臣であった。法隆寺の信徒代表の一人である、北畠治房は、幕末・維新期の尊皇攘位運動に参加し、明治の新政府成立後は、司法省に出仕した。大隈重信の官僚として活動し、その後、司法界に復帰、東京控訴院検事長、大阪控訴院長に就任した。明治三十一年司法界を退職し、男爵を授けられた。晩年は、郷里の法隆寺村に隠棲した。家は代々中宮寺の寺侍であったため、古寺社・古美術などに造詣が深かった。

田中光顕と北畠治房は、幕末・維新の尊皇攘位運動に参加した同士として、また明治期の官僚として、旧知の仲であった。それ故、田中光顕は百万塔の譲与の件なども事前に知らされていたものと思われる。

この事は、田中光顕から、岩崎彌之助にも伝えられ明治四十年、各学校に頒布される以前に、田中光顕の手紙と共に岩崎彌之助に届けられたのではないだろうか。

岩崎彌之介は、明治四十年九月頃から病にかかり、静養中であったが、三月二十五日の文庫の記録には「静嘉堂主、男爵岩崎彌之助君午後六時二十分高輪本邸ニ於テ永眠セラル」と記され、三十日、午後二時、芝、青松寺で葬儀が営まれた。

その後、長男の小彌太が大正十三年、父親の十七回忌に当たり、現在の地、世田谷区岡本の納骨堂の側に現在の文庫を構築し、陸心源の旧蔵書も入蔵、整理された。小弥太もまた、父親の意志を継ぎ、日本の文化の保存に勤めた。

大正七年（一九一八）、法隆寺の聖徳太子奉讃会が創立されたが、五月二十五日聖徳太子一千三百年御忌奉賛会の創立に小弥太は積極的に協力した。大正八年一月十一日、聖徳太子奉賛会の募金が開始された。大正十年四月十一日、法隆寺では、聖徳太子一千三百年御忌法要が行われた際、岩崎小彌太は聖徳太子奉賛会の評議員を引き受け、三井八郎衛門と共に特別名誉会員となった。大正十三年九月十一日、聖徳太子奉賛会は財団となり、小彌太は評議員を継続し、また、昭和十八年には、三井家・住友家・安田家と相寄って法隆寺の五重塔を空襲の危機から守るため、五重塔を疎開させる計画を立て、かなりの援助をし、塔を解体した。塔は法隆寺から数キロ離れた生駒の安堵村の旧家、岡田家の土蔵に収納された。戦後、もとの姿に組み立てる工事が、完了し、落慶法要が執り行われたのは、昭和二十七年、五月十八日のことであった。このように、岩崎家も法隆寺を全面的に援助をしていたのである。

静嘉堂文庫の創設者、岩崎彌之助に、この様な大部の百万塔・陀羅尼を送った田中光顕は、どの様な人物であり、岩崎彌之助とは、どの様な関係にあったのであろうか。

田中光顕（天保十四年〈一八四三〉―昭和十四年〈一九三九〉）は、岩崎彌之助と同じ土佐の出身で、天保十四年（一八四三）、閏九月二十五日、浜田充美、献子の長男（第二子）として、高岡郡佐川村に生まれる。はじめ浜田辰弥、改名して、田中謙助と名乗り、後に光顕と改めた。

家は、土佐藩の国家老、深尾家（一万石）の新小姓格で、二人半扶持の郷士であった。十一才で家塾、教館（後の佐川郷校）に入学し、その後、高知に出て、武市瑞山（半平太）に学び、勤王党に参加した。土佐の勤王家には、坂本龍馬・中岡慎太郎・谷干城等がいた。

田中光顕は、明治十四年（一八八一）に陸軍少将・陸軍省会計局長・参事院議官・恩給局長などを歴任、明治十八年（一八八五）には内閣書記官長に就任し、在職のまま元老院議官に任ぜられた。内閣は、伊藤博文内閣・山県有朋内閣・松方正義内閣と移っていった。この間に、田中光顕は、伊藤博文・山県有朋らの知遇を受けた。明治二十年（一八八七）、子爵を授与された。その後明治二十二年から二十四年に警視総監となった。明治二十三年（一八九〇）、帝国議会が開設された。田中光顕は子爵団から貴族院議員に選出されたが、翌明治二十四年に辞任した。その後、宮中顧問兼帝室会計審査局長・宮内次官・宮内省図書頭を経て、明治三十一年（一八九八）二月、第三次伊藤内閣時に同郷の土方久元の後を継いで、宮内大臣となり、明治四十二年（一九〇九）まで、明治天皇の晩年の十二年間、輔弼の大任を果たして、六月宮内大臣を辞職し、引退した。その間、明治四十年には、伯爵に陞爵した。以後表舞台からは引退した。

大正の末年には、東海道五十三次の宿場町、静岡県駿東郡蒲原に建てた別荘古谿荘に移り、後に近くの別荘「青山荘」（宝珠荘）に隠棲した。引退後は明治維新の志士の遺墨などの蒐集や故郷に青山文庫を設立するなど、文化的事業に貢献した。

昭和三年（一九二八）、五月には、高知県の龍頭岬頭に坂本竜馬の銅像が、高知県青年連盟によって建立された。五月二十七日海軍記念日に除幕式が挙行され、田中光顕が招かれた。その際、田中光顕に寄贈された明治維新の志士の遺墨も陳列した。その点数は三百点。田中光顕は会場を巡覧し、自身で、その作品の出所や史実の説明をし、感概にふけっていたという。翌年の五月中旬、青山会館に於て、土佐勤王志士慰霊祭と土佐勤王志士の遺墨展覧会が催されたことを機に、勤王の志士の唯一の生存者としての田中光顕伯の勲績と長寿を祝う会が六月二十九日、青山会館の大講堂で催された。岩崎小弥太も発起人の一人となった。当日は好天気で、朝野の名士六百名が出席、田中光顕の性格にふさわしい清素な祝賀会であった。昭和十四年（一九三九）三月二十八日、静岡県蒲原の青山荘に於て逝去、九十七才であった。青山の号は、兵法書『孫子』の語、「静ニシテ幽」の「静」「幽」の漢字の一部から採り「青山」と称した。著書に『維新風雲回顧録』がある。

挿図4　田中光顕（「華族画報」大正2年刊より転載）

二、田中光顕の文化的事業

（一）古典籍の蒐集

田中光顕が古典籍の蒐集に努め、図書館に寄贈したことは有名であるが書物に対して次の様に語っている。「人の事蹟を顕すには百の銅像よりも、一冊の書物にしくはなしと考えているものである。事実、書物は甚だ手軽で顕したい人の委曲を尽すことが出来る。保存する上にも、まことに便利である。天変地変などがあったような時、他の地で保存されている。全く失われるようなことはまずない。印刷術が長足の進歩を遂げ、写真やインク、その他ありとあらゆるこの方面の技術も進んでいるので、一冊の書、よくその顕すべき人の全貌を伝え得る。銅像よりも書物に顕す主義である。記録に残す主義である。書物は遙かに後世に残るものであり、「版」は世に稀とされている貴重な歴史の資料や器物・絵画・書籍などは版にして置くことが必要である。」

この様な考えのもとに蒐集した書物は次に紹介する図書館に寄贈された。

「内閣文庫　宮内庁図書寮」

明治十八年以後、田中光顕が内閣書記官長や宮内大臣の激務の時代に内閣文庫や、宮内省図書寮所蔵の楓山文庫の和漢の古典籍を蒐集、購入し、これらの図書を整理して、其の解題と目録を編輯した。編纂したものは『古経題跋随見録』正続二冊と『古芸餘光』十三冊である。

『古芸餘香』の「芸」は香草、転じて書斎あるいは書物の意である。書目は四百六十六種に及んでおり、日本の代表的な文献である。その内の第六巻以下三百六十四種は、田中光顕によって新しく収集されたものであった。この『古芸餘光』を見れば、ここに収められている図書の内容、梗概を容易に知ることが出来、研究に役立つものである。

大正四年七月発行の雑誌『典籍』に市島謙吉は「田中伯爵所蔵古写経」と題し、「田中光顕伯の古書画及び古典籍に対する深厚なる趣味は広く知られている。その中で古写経は、殊に珍重すべきもの多し」と記されている。また、田中光顕のように古文書に趣味を持ち、これを蒐集し、更にそれに関する記録を後世に残すことに努めた人は、世間に類例がないと述べている。

「早稲田大学」

早稲田図書館の館長、市島春城（謙吉）が、田中光顕と早稲田大学について『日本古書通信』の百十八号（一九二九年）に紹介している。市島春城は大隈重信傘下で早稲田大学の創立に参加し、終生大学経営の首悩として功労が多く、早稲田大学図書館長として図書館の整備と充実に貢献し、大日本図書館協会会長としても図書界の向上のために努力した。話はわかりやすく威張らず気どらない性格であった。

市島春城の知人が『水戸藩幕末勤王史』という書物を書き終えて、その原稿を田中光顕のもとに持参し、出版について援助を願い出たところ、内野皎亭は水戸と関係があるから相談してみようと承知してくれた。本も無事出来あがった。関口の田中邸と早稲田は近いので、本を十部ほど車夫に持たせて届けさせた。ところが思いがけなく車夫は大風呂敷の包みに沢山の古書を持ち帰った。風呂敷を開けてみると、お礼に同封の物を差し上げると書かれていた。封書が添えてあり、開いてみると春日版の法華経や切支丹版・宋版など二、三十点の珍本が出てきて驚いた（その本が後日、国宝や重要美術品に指定された）。早速に田中邸に出向き、辞退したが「見終わってしまい不用の物になった。本が好きで大切にする人の手元にあった方が良い」といわれた。田中光顕は、竹を割ったような性格で、本の鑑定なども偽物の場合、證拠を具えて説明すると納得し、それに従うことの出来る性格であった。

市島春城が図書館長の頃、皇侃の『礼記疏義』を田中光顕が入手したと聞いた。奈良時代に日本に将来され、光明皇后の「内家私印」の印が押印されている。しかし鎌倉時代以後、明治中期まで約七百年『礼記疏義』を見た人はいない。ところが明治中期に、この本の一巻「喪服小記」の巻が、上野池端の古書肆、斎藤琳琅閣の店頭に出現した。それは奇跡的な出来事であった。

皇侃の著書は、中国には絶えていて日本にのみ所蔵されていた。中国から書物に詳しい人が来日していて、この本の購入を望んだ。島田蕃根が国外に持ち去られるのを心配し、田中光顕に相談し、引きとってもらったのである。

明治の末に、田中光顕は、この珍書を精巧なコロタイプ版で複製して知友に寄贈した。

市島春城はその複製を見たい、ほしいと思ったが、田中光顕に会ったこともなく、手紙のやりとりをしたこともない。大学図書館長の名で無心をしてみようと自筆で鄭重な依頼状を書いた。

当時、田中伯は小石川関口の江戸川畔の芭蕉庵（現講談社野間記念館）に住んでいた。大学図書館から歩いて十分くらいの距離なので大学の小使いに手紙を持たせて指し向けた。三・四十分して帰館した小使の風呂敷の中からは複製ではなく、熨斗をつけた本物の本と、田中伯の手紙が出てきた。「これほどの稀覯本は図書館に置いてこそ長く保存できる。自分の手にあっては散佚しないとも限らないので寄贈する」と書かれていた。

その後、伊豆の長岡で田中光顕に逢った時に『礼記疏義』の礼を述べて書物の話をしたが、田中光顕は何でも知っていた。そしてその時、「顧野王の『玉篇』というものがあるはずですが」と尋ねると「あれもあげよう」といわれた。伊豆長岡から東京に戻ると『玉篇』は既に届いていた。現在、この『礼記疏義』（挿図5・1・5・2）と『玉篇』（挿図6）は国宝に指定され、早稲田大学の代表的な貴重書になっている。また、田中光顕は、学生たちに明治維新の志士たちを教えたいということで、西郷南洲・木戸孝允・高杉晋作等「維新志士の遺墨」百数十点を寄贈した。

市島春城図書館長が辞任した時、田中光顕より和歌を書いた色紙が贈られた。

愛で、守る人しあらねば　千代の書《ふみ》
しみのすみかとなりやはてなむ

田中光顕最晩年の和歌も、書物を愛した人らしい歌である。

春雨のふりにし人を　ともとして
ひとりふみみる　窓のうちかな　光顕九十七叟

（二）汲古留真会

明治四十一年春、黒板勝美等同志の者が「汲古留真会」を発足させた。古筆の重要なものを撮影し、さらに実物大に写しとろう、という主旨であった。その会長には賞鑑力を有し、鑑識を具えた人として、田中光顕に依頼し、承諾を得た。

人々が古筆に関心を持たなかった時代から、田中光顕は既に古筆を愛好し、率先して、これを蒐集し、他の人々にも勧め、購入させたりした。その蒐集した主なものは、本多家旧蔵の『古今集』秋下（高野切）一巻。松平家旧蔵『藍紙本万葉集』二巻、『宗尊親王歌合』一巻、『和漢朗詠集』一幅等の逸品で、その鑑識力は驚ろくべきものであった。

会の仕事の第一は『桂本万葉集』の印行であった。この本は、御物で、学者が見ることが

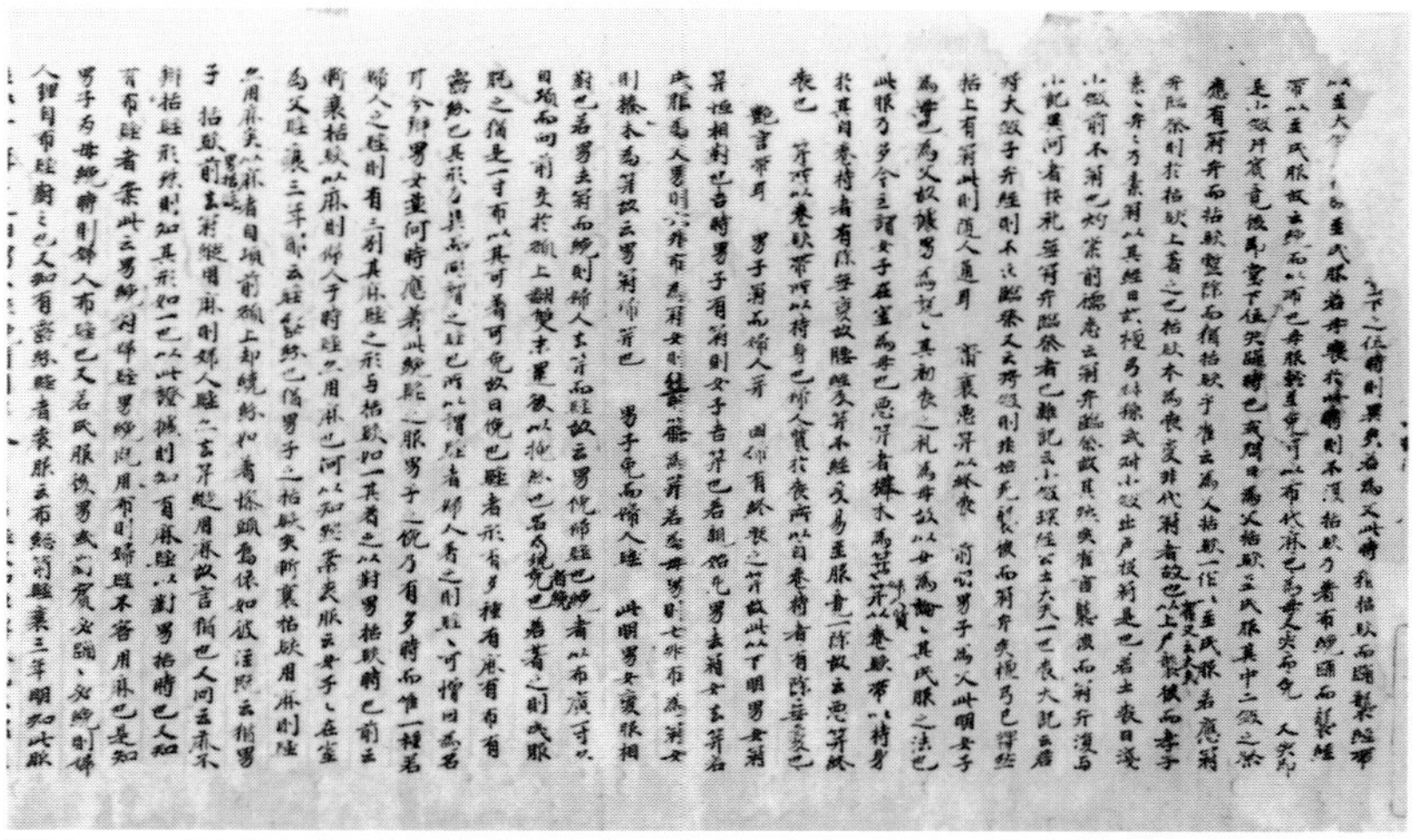

挿図5-1　『礼記喪服小記子本疏義』第五十九　巻頭　写本（唐時代）（国宝）早稲田大学図書館所蔵

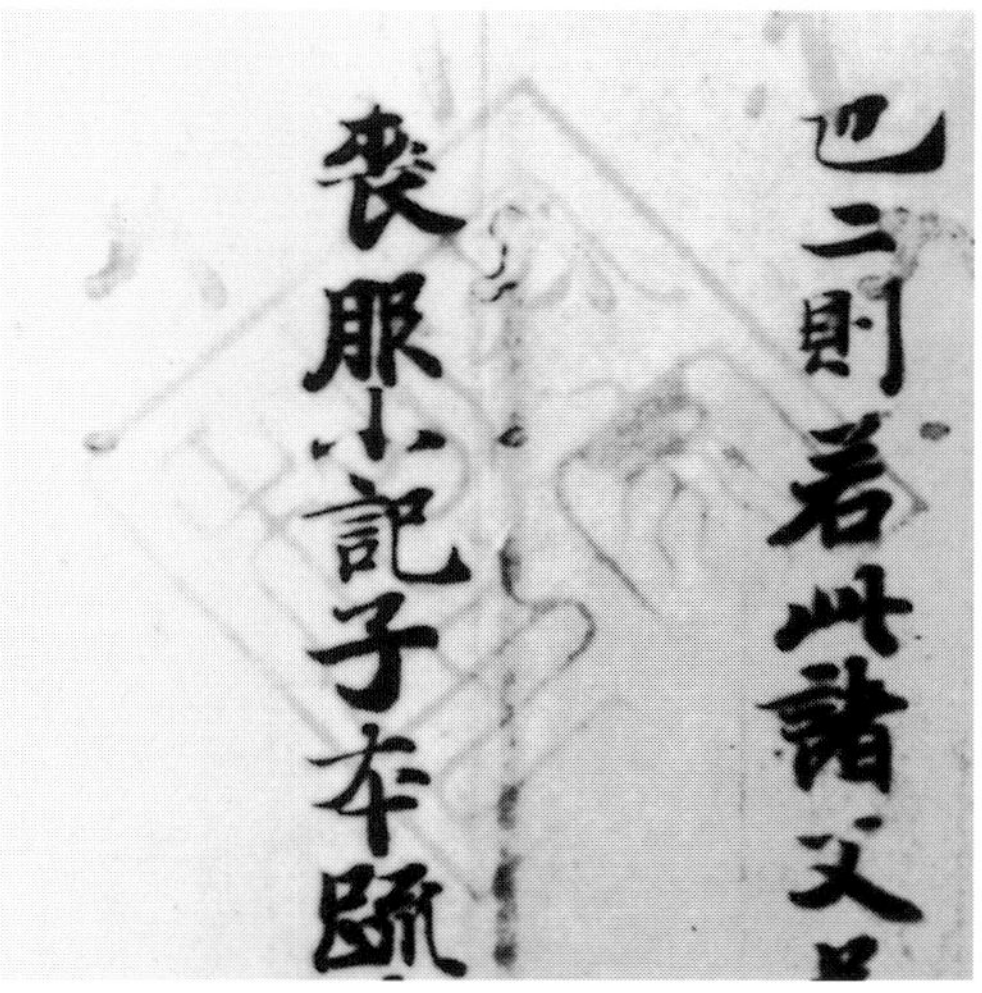

挿図5-2　『礼記喪服小記子本疏義』巻尾に「内家私印」の印記（光明皇后旧蔵）

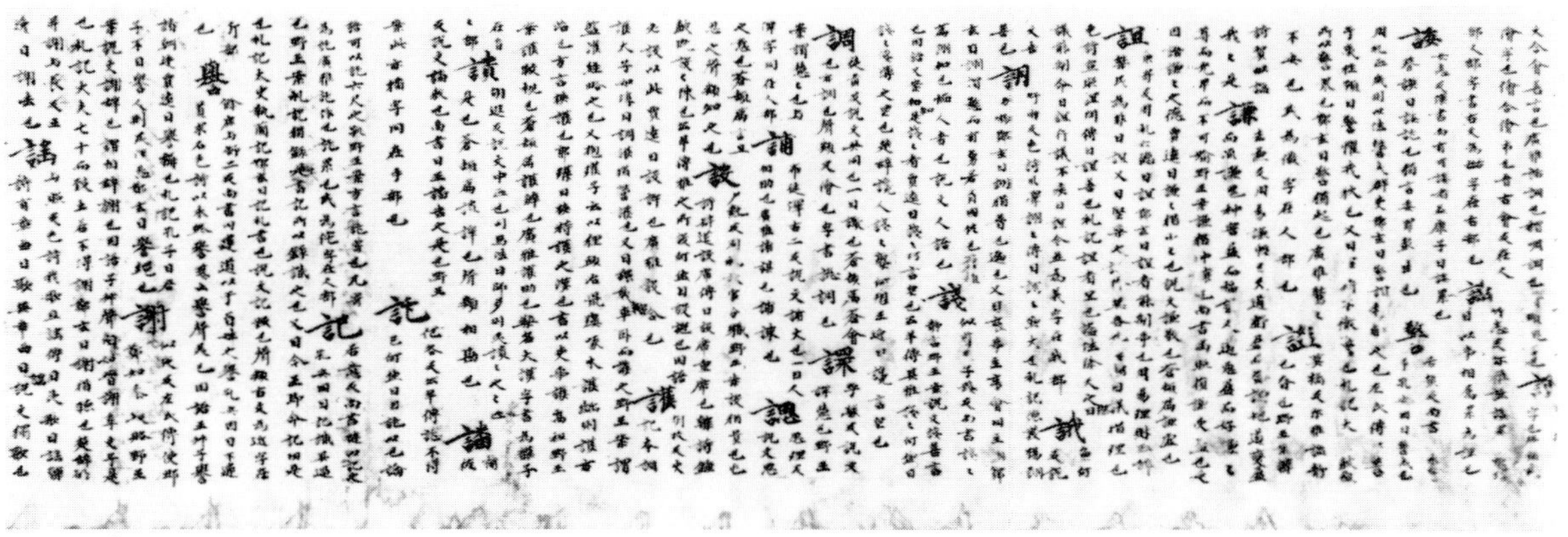

挿図6　『玉篇』巻第九残巻　巻頭　写本（唐時代）（国宝）早稲田大学図書館所蔵

出来なかった桂宮旧蔵の『万葉集』一巻である。田中光顕は、この一巻を私費を以て百部印行し、出版した。『桂本万葉集』は、万葉集の古写本のなかで最古のものであり、万葉集研究上貴重な典籍である。殊に御物になっているため、学界に流布させたのも、田中光顕でなければ不可能なことであった。

第二には『元暦万葉集』四冊の発見である。有栖川宮家に『元暦校本萬葉集』の一部分が所蔵されていることは昔から古筆家の間には「有栖川切」として伝えられ、珍重されてきたため、宮中に所蔵されていることは、予想し得たことであった。

宮中所蔵本の曝書の折には、田中光顕が伺候してこの、『元暦校本万葉集』が四冊現存することを発見したのである。

第三には、『類聚古集』の発見である。この写本も、宮内大臣であった頃、当時審査局長であった中山侯爵から、烏丸家伝来の古典籍があるということを伝えられ、その一見を請われた。その調査によって、平安時代に藤原敦隆の編纂による『類聚古集』十六冊が発見された。『元暦万葉集』『類聚古集』と、ともに、万葉学上、貴重な古写本である。田中光顕が、この職についていなければ、これらの古写本も学者に提供されるのは、更に後の事となったであろう。そして、それは、万葉学の研究の進歩にも影響を与えたと考えられるのである。

(三)田中光顕（青山伯）と審美書院

現在日本に残されている奈良天平時代の工芸品は、正倉院の遺宝に代表される。その遺品には、中国唐代の舶来品と思われる工芸品や天平時代の名品が多い。

正倉院とは、倉の名称で、その建築様式により校倉とも呼ばれている。東大寺の正倉院には、聖武天皇と光明皇后の遺品や宝物類が納められている。宝物類はその由来によると天平勝宝八年（七五六）五月二日に崩御した聖武太上天皇の遺品を光明皇太后が東大寺盧舎那仏に献納し、今日に伝えられたもの、その他のものと大別される。

光明皇太后が奉献した遺品は「献物帳」と称する目録が備えられており、この品々は特に由緒正しいものとして「帳内宝物」と称し、正倉院の宝物の中でも重要視されている。宝物類は、中国唐代に製作された宝物や工芸品、インド、中近東や南アジア等で製作され、シルクロードをはるばる運ばれてきた名品中の名品である。

その他の品々は、「献物帳」に記載されている以外の什器で、東大寺の大仏開眼用の道具や他の儀式等に使用された道具・記録類である。

正倉院は、奈良東大寺大仏殿の西北、白い土塀に囲まれた一廓の中にある。ことに北倉は帳内御物の珍宝を保存していたので、これを出用するには勅許を必要とした。鎌倉時代以後正倉院は三倉とも厳重に管理されてきたが、明治維新以後は、東大寺の手をはなれて、新政府の保護を受けることとなった。

明治八年（一八七五）年に内務省の保護下になったが、明治十七年（一八八四）年には、一括して宮内省の管理下に置き、帝室博物館が主として保管にあたった。その後、宝庫は三倉とも勅封に改められ、皇室財産としての「正倉院御物」の名称で呼ばれるようになった。

田中光顕が、この宝庫を一大英断を以て、帝国大学のために開いたのは明治三十二・三年宮内大臣の時であった。毎年、虫干しの時だけ開いていたのだが、然るべき者には拝観を許してもよいだろうという、田中宮内大臣の意見があり、この英断がなされた。これと同時に、大学の史学科に、この御物を拝写させ、日本史学界にこれらの資料を与える道を開いた。

またこの正倉院の御物が、審美書院によって出版されたことは注目すべきことであった。審美書院は隠れている日本の古美術を世に紹介する目的で、設立された。その最初の事業として『審美大鑑』を発行した。当時宮内大臣であった田中公顕はこの設立に賛成し、自ら東西に奔走し、岩崎・三井・益田孝・高田慎蔵・朝吹英二・原富太郎等に計った結果、皆進んで株主になることを承諾した。更に、寺崎廣業・川端玉章・荒木寛畝等の人々が助力し資本金二十五万円の株式会社を設立することになった。

会社の設立と共に数十万円の費用と九年間の利子を積んで『東洋美術大観』の刊行を企画し、貴族名門に秘蔵されている古美術を網羅することが出来た。しかし帝室所蔵の美術品は、日本美術の至宝として、最も珍重されるものであるが、拝観する方法はあっても、拝写する事は出来なかった。

審美書院は、是非拝写の許可を得たいものと、願書を提出した。「容易に許可は下りないだろう、と思っていた処が、幸にも田中宮内相より許可の指令を得た時は吾々の喜びは実に一通りではなかった」と、審美書院長窪田勘六は記している。

審美書院では、社員が力を合わせ、御物を撮影すると共に、画工に模写をさせ、出来る限り、急速に仕事をし、一年半で御剣・御鏡・御銅器・其の他の御物三百余種を複写して、これを世に発表した。『東瀛珠光』である。

この書物によって、美術工芸界は勿論、史学界・文学界の研究は発展した。日本美術の研究のために来日する学者にとっても重要な参考図書とされている。この本が出版された後、田中光顕の考えが審美書院の社長に伝わってきた。それによると、明治天皇は、正倉院の御物を唯だ一度御覧になられただけで、その愛玩の度は非常に強かったが、万一を考えられて、東京へ御取寄せになる事はなかった。このような門外不出の御物を拝写する事であるから、田中伯は一大事として、宮内大臣の職権を以て之を許可したのであった。御咎があれば、一死を以て御詫の覚悟であった、とのことであった。『東瀛珠光』の上梓した日に、その旨を知らせたところ、田中光顕は、まずこの本を、天皇に献上するという希望であることがわかり、早速、謹製して届けた。この本は、明治天皇の思召に適い、常に御座右に置かれていると、聞かされ、社長はじめ会社全体で安睹したという。この本の出版によって、学者たちは喜び研究に使用されたことは言うまでもない。

(四) 維新の志士の遺墨と聖蹟

田中光顕は、明治四十二年に宮内大臣を辞して引退した後、余暇の多くをさいて幕末維新の烈士たちの事蹟の顕彰に努めた。

幕末に、土佐から京都に出て王政復古の運動に参加し、幕末の波瀾万丈の危機を生き抜いてきたのも、明治天皇と先輩有志の庇護のおかげと感謝し、そして維新の大業を見届けず、国家の犠牲となって倒れた先輩や同志に敬意をはらい、感謝を表わすためであった。そして明治維新から六十年以上を経て王政復古という事を知らない者が多くなった。勤王家を表彰し、志士の功蹟を人々に知らせるために、遺墨や遺品を宮内省、早稲田大学、青山会館、及び現在の高知県立図書館、多摩聖蹟記念館、常陽明治記念館、霊山歴史館等に寄贈した。

「旧多摩聖蹟記念館」

日本各地に天皇が訪れた場所を「聖蹟」と呼び、その行幸を記念して様々な記念碑が建てられている。明治十四年頃、明治天皇が兎狩と鯉漁のため四回ほど連光寺を訪れた。その時の「明治天皇御野立所」が桜ヶ丘公園に残されている。そこで、この地を記念して、昭和五年(一九三〇)に田中光顕が中心となり、多摩聖蹟記念館を建設した。その後は、長い間財団法人多摩聖蹟記念会が管理・運営をしてきた。

記念館はドームの形をしたモダンな建築で昭和六十一年(一九八六)に多摩指定有形文化財に指定され、多摩市が改修後、管理・運営することとなった。建物の内部は、中央に明治天皇の馬上等身大の銅像が置かれている。この騎馬像の作者は渡辺長男で、田中光顕の依頼を受け、昭和五年に製作した。

銅像の外側の回廊には、明治天皇の愛用の品々と、田中光顕が収集した幕末維新の志士の遺墨が展示されている。遺墨は三百点以上に及んでいる。伊藤博文や山県有朋の田中宛書簡合計四百数十通を中心とする『田中光顕文書』が保存されている。(現在は法政大学図書館に移管)。現在の記念館には五賢堂と多摩郷土史研究センターが併設されており、五賢堂には三条実美・岩倉具視・木戸孝允・大久保利通・西郷隆盛ら五人の賢臣の胸像が置かれている。庭内には、田中光顕の筆による記念碑が建てられている。多摩川に近い丘の上にあり、桜の名所としても有名である。現在は、多摩市連光寺という地名である。

「常陽明治記念館」

茨城県茨城郡大洗町にある常陽明治記念館「幕末と明治の博物館」を管理・運営する財団法人である。田中光顕が水戸を勤王の発祥の地として記念し、明治天皇の賜品を寄贈し、公開した。

この館も旧多摩聖蹟記念館と同様、館の中央には、明治天皇の尊像が安置され、その周囲には、田中光顕が明治天皇より賜った記念品が数十種展示され、公開されている。

「霊山護国神社・霊山歴史館」(旧招魂社)

霊山護国神社には、木戸孝允・坂本竜馬・中岡慎太郎などの維新の志士が祭られている。霊山歴史館には、志士たちの遺品や遺書などが展示されている。

護国神社の東側の斜面の墓地には、坂本竜馬・中岡新太郎・木戸孝允を始め、維新の志士、千四十三名が埋葬されている。

三、松浦武四郎

田中光顕の書状の中に、「松浦翁の誇りたる」と書かれている松浦翁とは、松浦武四郎のことである。

静嘉堂文庫所蔵の百万塔四十基、陀羅尼七十一巻のうち、塔四基(第37～第40)と陀羅尼四枚(第45・56・57・63)が松浦武四郎の旧蔵で、桐製の箱に納められている(挿図7-1～7-3)。四基の塔と、その中に納入されている陀羅尼は、次の通りである。

(一) 百万塔第三十七　この塔は、基壇底面が削去されており、底面に墨書があったか否かは不明である。削られた底面には、次の様な識語が墨書されている。「続日本紀曰孝謙天皇発願弘令／造三重小塔一百萬基各高四寸六分／露盤之中各置根本慈心相輪六度／等陀羅尼宝亀元年夏四月功畢分置／七大寺今蔵和州法隆寺者是也盖比／経本為本邦印之権輿矣／従成功宝亀元年元治子年一千九十五年也／恵眼院蔵」。(挿図8) この識語の筆者は不明である。

この塔には、陀羅尼は相輪陀羅尼の短版(第57)が納められている。陀羅尼は、最終行の左横に刷ムラの様な跡がある。巻末の余白に「甲」の文字の墨書がある。この相輪陀羅尼は、裏打ちされ桐製の箱に納められている。箱の蓋には、「百萬塔中所納無垢浄光経陀羅尼」と墨書されている。桐箱の蓋裏には「此経　原　狩谷棭斎翁所珍蔵　後　得之於　柏木某之家函上題簽　即翁手書　明治十年八月十五日　松浦弘志(押印) 黄邨書」と墨書がある。松浦弘(武四郎) の文を向山黄邨が書写しているのである。

この陀羅尼については梅谷文夫氏著、『狩谷棭斎年譜上』の、寛政十年(一七九八)、八月十二日の条には、高橋与惣次真末(棭斎)が、「称徳天皇百万塔幷塔中安置本図跋」を著し、藤原茂利が清書した。その跋文には、『経本(陀羅尼) の末に「甲」の文字が肉筆で書写されている。』と書かれている。陀羅尼については、銅板であるとし、塔の材質は桜と檜、紙類は土佐紙としている。

この狩谷棭斎の年譜に記されている陀羅尼が、桐箱に大切に納められ、その蓋に、狩谷棭斎の直筆で「百万塔中所納無垢浄光経陀羅尼」と書かれている。この「相輪陀羅尼」は、傷んではいるが大切にされ、松浦武四郎の手にわたり、岩崎彌之助に引き継がれた。松浦武四郎は、岩崎彌之助を信頼していたという。

（二）百万塔第三十八　この塔は、基台底面中央に「奇見」の墨書がある。塔の中には「自心印陀羅尼」の長版（No63）が納められている。

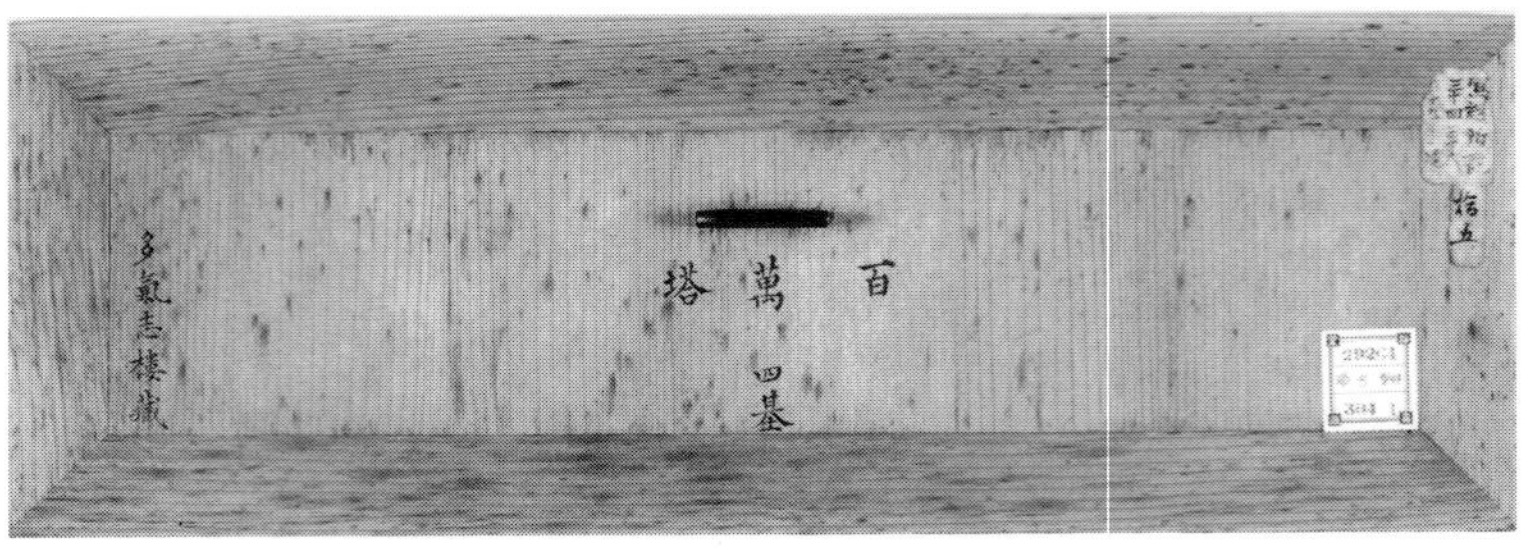

挿図7-1

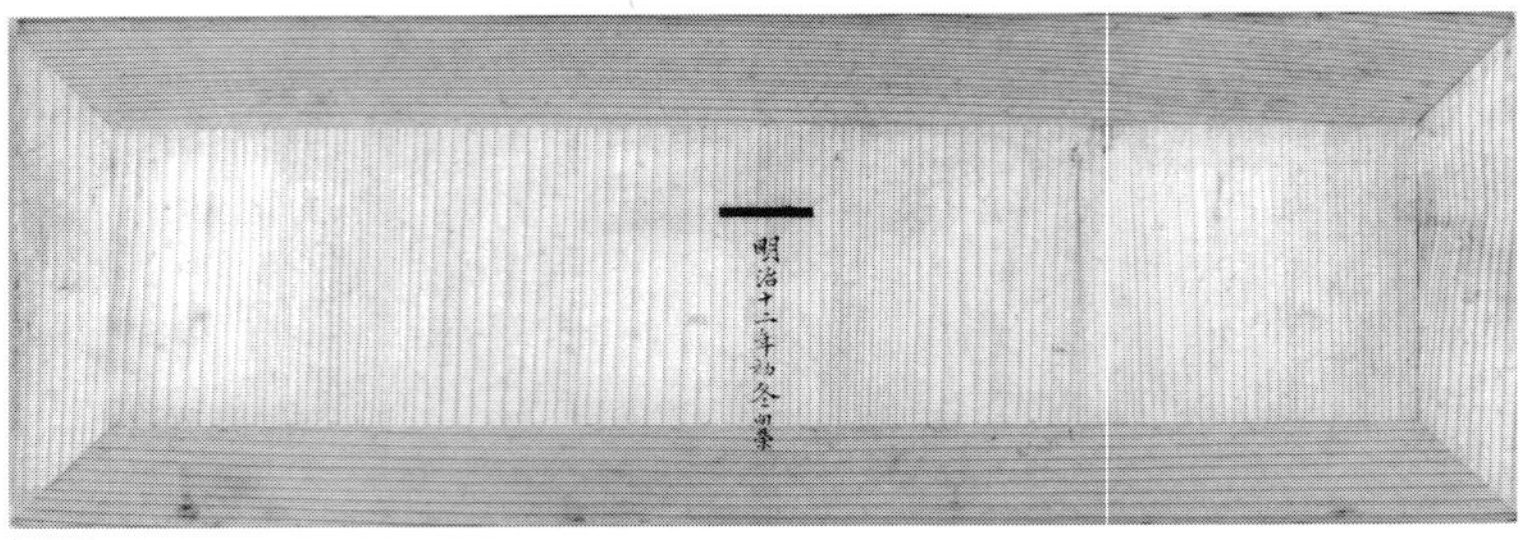
挿図7-2

挿図7-3

挿図8

（三）百万塔第三十九　基壇の底面には「十月十七日田人」と墨書されている。陀羅尼は根本陀羅尼の短版（第45）が納められている。この百万塔と陀羅尼は、松浦武四郎著『撥雲餘興』二集に紹介されている。（図9-1・9-2）

（四）百万塔第四十　この塔は、第三層笠の部分に「左紀」の墨書がある。また請花にも墨書があるが、判読不明である。この塔には、「相輪陀羅尼」の短版（第56）が納められている。この陀羅尼は裏打ちされず、包み紙に巻かれたままの原型を保っている。包み紙には、漢数字「二」が押印されている。

挿図9-1

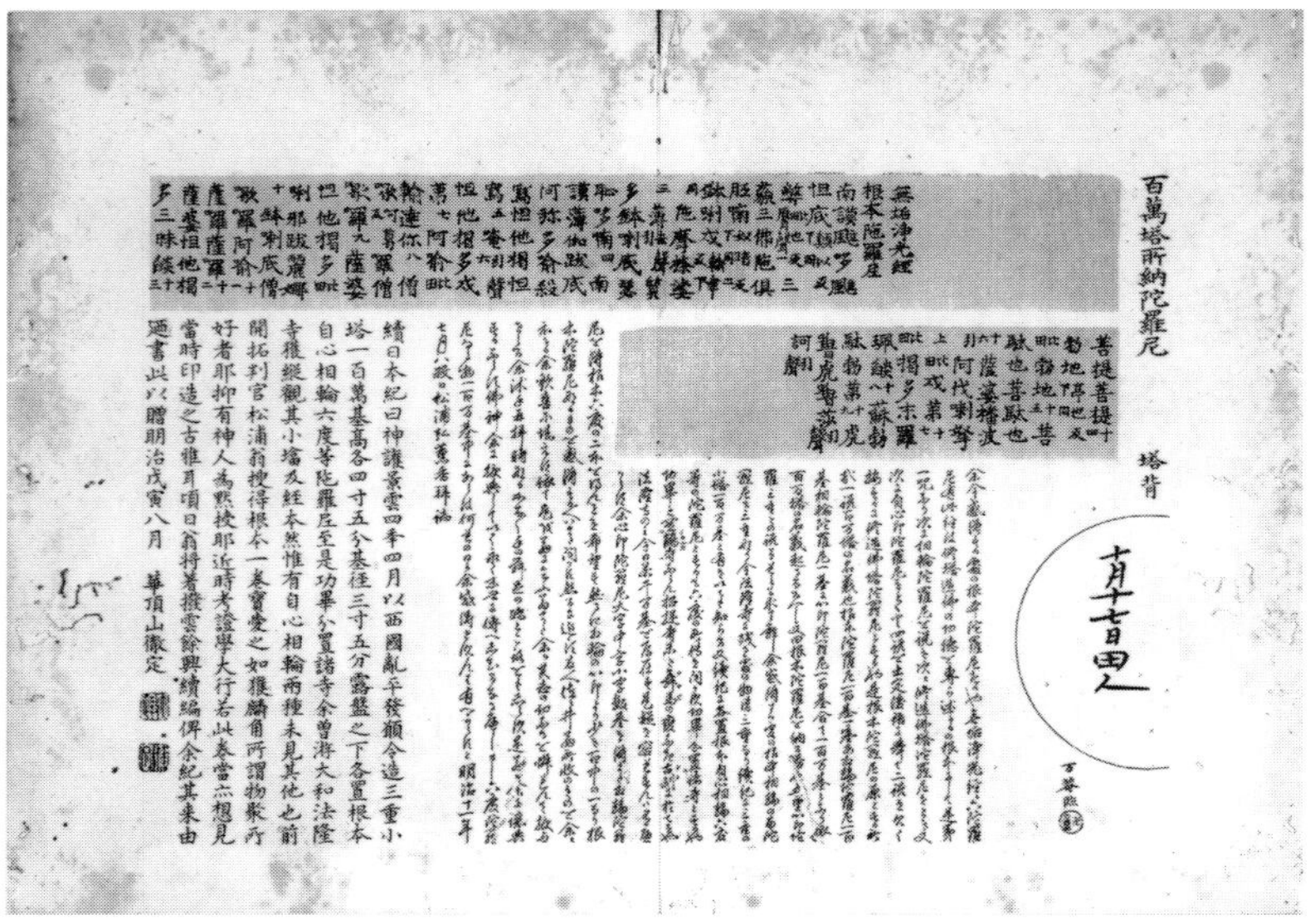

挿図9-2

以上の四基、四巻の塔と陀羅尼を、特別製の桐箱に納め、大切に保存してきた所蔵者、松浦武四郎は、江戸後期の北方探検家で、明治維新後、蝦夷地を「北海道」と命名した人物として、有名である。

松浦武四郎は、文政元年（一八一八）二月六日、伊勢国一志郡雲出川南岸須川村（現小野江）に生まれた。父時春、通称桂介（助?）は、紀州領の郷士。和歌を本居宣長に就いて学んだ。母は中村嘉右衛門の女、とく子。武四郎は、その四子で、幼名は竹四郎、後に武四郎と改めた。多気志郎と記すこともある。諱は弘、字を子重と称し、柳田・柳湖・雲津・馬角斎・多気志楼・北海・北海道人、等の号を用いた。

十三歳で津藩平松楽斎の塾に入り、十六歳で平松家を辞した後に、京都で、山本亡羊について本草学を修めた。天保四年（一八三三）から日本国中を遊歴した。同九年、肥前長崎で出家し、文桂と称して平戸に住んだが、その後も更に旅を続けた。強靭な体力・精神力・好奇心、そして恐ろしい程の健脚の持ち主であった。十七歳から二十二歳迄の数年間で、本州の西半分と、四国・九州を歩き、天保の飢饉に疲弊していた諸国の実情を見て回った。この頃、ロシア船が日本の北方に出没していることを友人から知らされる。これが蝦夷地に行く契機となったのである。

弘化元年（一八四四）、帰郷して還俗し、二十八歳の弘化二年に、渡海して、蝦夷・国後・択捉・利尻・礼文・樺太にまで出かけて行き、その見聞を記録して、『初航蝦夷日誌』『東奥沿海日誌』など、多くの紀行文や海防策の書を著した。

蝦夷地に渡って、先住民族のアイヌの人々とも交流を深め、信頼されて、アイヌ語の辞書も作成した。松前藩のアイヌ人に対する差別迫害に対しては、アイヌの人々の味方になった。

安政元年（一八五四）、幕府に蝦夷地図と『三航蝦夷日誌』を献上した。安政二年、幕府からの依頼により蝦夷地を探査した。幕末には、武四郎は、林子平に私叔し、水戸藩主・徳川斉昭に認められた。また藤田東湖をはじめ、頼山陽・吉田松陰などの志士や河鍋暁斎などの文人たちと親交があった。

明治二年、蝦夷地開拓判官を拝命して、蝦夷全図に画線を施し、十一国八十六郡の境界を査定し、道名・国道・郡名等を撰定した。八月には、その提議により、蝦夷は北海道と改称され、その道国郡の名称の大部分は採用された。武四郎が北海道開拓使の判官を辞したのは明治三年、五十三歳で、体力も旺盛であったが、再び北海道に渡ることはなく、老後は趣味の人として大成した。武四郎は北海道開拓使の判官を辞した後も、岩倉具視の邸内に寓居し、原保太郎・古澤滋・岩倉具行等と共に、岩倉門下生であり、岩倉具視の北辺開拓策の知恵袋であった。その間、明治十年頃に至るまでは専ら北海道に関する著述を刊行した。

北海道も開かれ、人々にも知られてゆき、北海道を紹介する必要は無くなったので、彼の著述は少年の頃から興味を持っていた考古学や古銭蒐集の方面に移っていた。特に、古銭蒐集は日本の古銭史に残る大家となった。著書に『古銭帖』がある。

また、書画骨董を好み、古佛像を愛好した。土器や石器は北海道探検中にも蒐集した。この方面の代表作として『撥雲餘興』（明治九年発行）と『撥雲餘興二集』（木邨嘉平刻、明治十年発行）の二冊がある。『辛巳游記』は天満宮を中心とした記録である。武四郎は、元来天満宮の信者であった。晩年には、これらの古器物や書画類、鏡を古社寺に献上するのを楽しみとした。鏡の工匠は京都にあり、富岡鉄斎が斡旋していた。献上した社寺は上野東照宮・大阪天満宮・吉野の金峯神社・太宰府の天満宮などである。なかでも京都北野天神に奉納した「大日本北辺地図大鏡」は、最も有名である。この鏡の背面の文様は、北海道・千島・樺太の図に、一首の和歌「幾年か思い深めし北の海、道びくまでに得《な》しえつるかな」が添えられている。

他に異色のある物は、近江の三井寺境内の天神社のほとりに建てられた鍋塚の碑である。碑文は、親友の小野湖山の作成による。碑文によれば、武四郎は北海道に入った時、泊まる宿は無く食を求める家も無かった。自分で、小鍋を造り米を炊いた。荊棘を抜き、霜雪に耐え、飢えた時は、枯枝や落葉を拾って鍋で米を炊き、草木を煮て食した。そのような状況で開拓を助けた。この鍋こそ生命に係わる大切な物で、その功を忘れてはならないと記している。近畿の大峯・熊野山険を開いた時も、この鍋を携えて行った。大峰山は、三井寺の管下に係る山であるため、この仕事が終了した時に、三井寺境内に鍋塚の碑を建てたのであった。

松浦武四郎は明治六年（一八七三）、五十六歳の時、神田五軒町に新居を移った。庭には、武四郎が丹念に蒐めた、あらゆる樹木と草花が満ちており、そこに多賀城趾の瓦とか恵比寿、大黒の石像、石灯籠など、故事、因縁のありそうな物ばかりが雑多に置かれていた。

こうした人生の歩みの末に、たどりついたのが、一畳の聖域「泰山荘」であった。泰山荘は、柱・鴨居・欄間から神棚にいたるまで、すべて諸縁のある家や、全国の社寺などから寄進を受けた古材を使用している。自著によると「各地の友を思い出すよすがであって、友の厚い志を忘れず、その行いの素晴しいことを人々に語りたいために家を建てた」と、増築の動機を語っている。この一畳敷は、紀州徳川家当主の徳川頼倫に価値を見い出され、明治四十一年（一九〇八）、麻布に出来た私立図書館「南葵文庫」の敷地内に移築されたが、その後、国際基督教大学のキャンパス内に移築された。ここには、旧日産財閥の重役であった山田敬亮の別荘が移築されている。竹林のこむらに隔てられた瀟洒な建物で、茅葺の屋根の門には、「泰山荘」の額が掛けられている。草庵「高風庵」には六畳の茶室、二畳の水屋に加え、南側に「一畳敷」と呼ばれる小さな空間がある。この空間が、松浦武四郎が、明治十九年（一八八六）に、神田の自宅に建て増しした書斎である。日常には無い「神聖な場所」となっている。

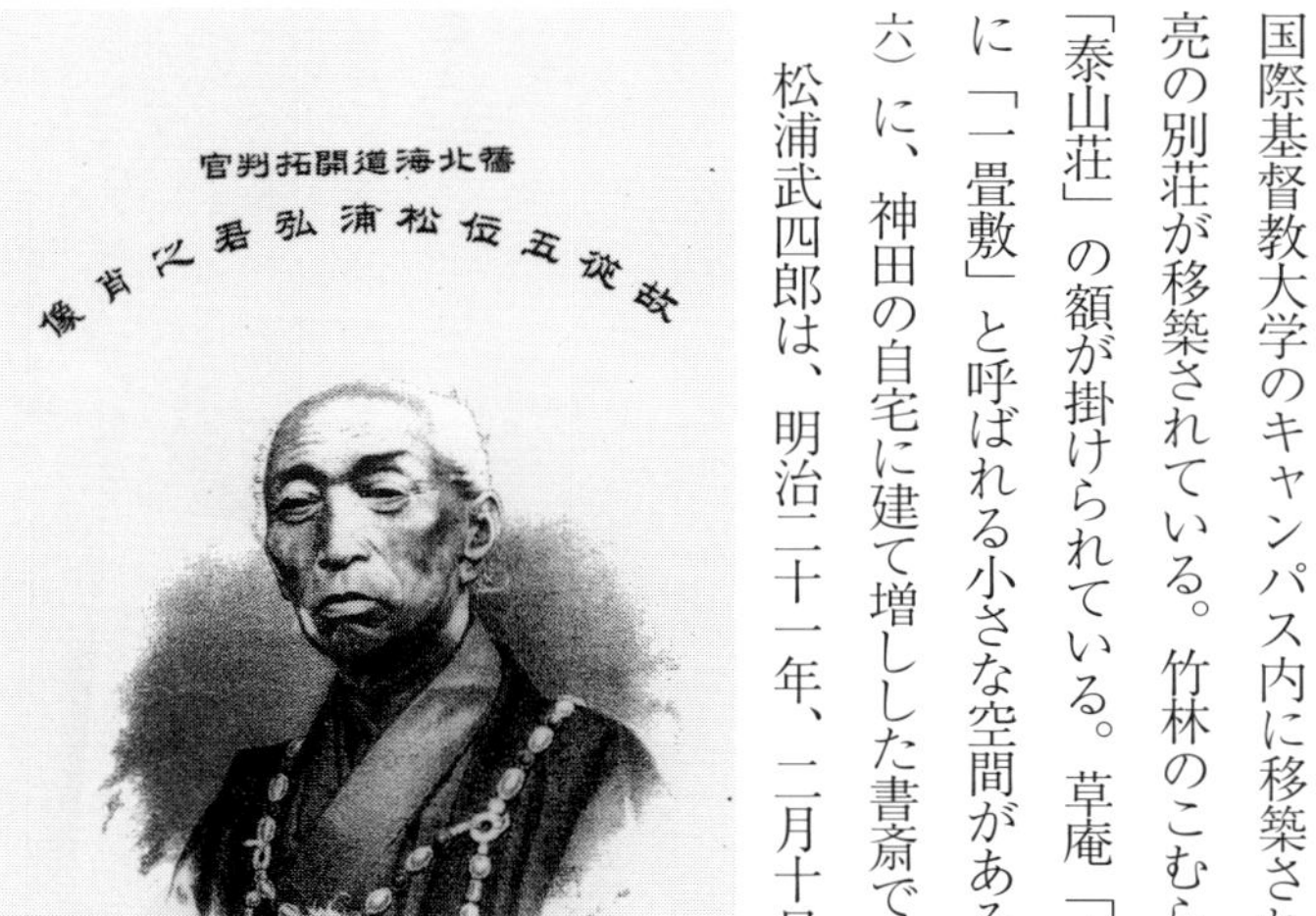

挿図10　松浦武四郎（「日本の殖産第2号」明治21年刊より転載）

松浦武四郎は、明治二十一年、二月十日、七十一歳で逝去した。法名は文桂、法号は教光院釈遍照北海居士。墓は豊島区駒込の染井墓地にある。

また故郷の三雲町には「松浦武四郎記念館」が設立され、三雲町教育委員会から『松浦武四郎関係歴史資料目録』が発行されている。

参考文献

「百万塔・陀羅尼関係」

藤井貞幹『好古小録』寛政七年(一七九五)
穂井田忠友『観古雑帖』天保十二年(一八四一)
榊原芳野『文芸類纂』明治十一年(一八七八) 文部省
市島謙吉『右文故事餘録』明治三十九年(一九〇六)
平子尚『百萬小塔肆攷』明治四十一年(一九〇八)
奈良帝室博物館『法隆寺宝物集』大正十年(一九二一)
田中敬『図書学概論』大正十三年(一九二四)
栗原武平『天平文化史論』昭和三年(一九二八) 寧楽発行所
白石民憲編『南都七大寺展覧会目録』昭和三年(一九二八) 三越呉服店大阪店
中野楚渓著『国宝綜覧滋賀縣篇』昭和十二年(一九三七) 国宝総覧刊行会
川瀬一馬『古活字版之研究』昭和十二年(一九三七) 川瀬一馬・安田文庫
大屋徳城『寧楽佛教史論』昭和十七年(一九四二) 平楽寺書店井上治作
羽田亨『飛鳥・奈良時代の文化』昭和三十年(一九五五) 武田薬品工業株式会社
天理図書館『富永先生華甲記念版書誌論叢』昭和三十七年(一九六二) 天理大学出版部
天理図書館『天理図書館報「ビブリア」二十三号』昭和三十七年(一九六二) 天理大学出版部
下中邦彦『書道全集 第十巻』昭和四十四年(一九六九) 平凡社
奈文研『日本古代の墓誌』昭和五十二年(一九七七) 奈良文化財研究所・飛鳥資料館
高柳光寿・竹内理三『角川日本史辞典』昭和五十三年(一九七八) 角川書店
大山仁快『日本の美術 5 写経』昭和五十四年(一九七九) 監修東京国立博物館 京都国立博物館奈良国立博物館
久野健『仏像のきた道―ガンダーラから慶州まで』昭和六十年(一九八五) 日本放送協会
奈良国立博物館『正倉院展目録 第三七回』昭和六十年(一九八五) 奈良国立博物館
国史大辞典編集委員会『国史大辞典5』昭和六十年(一九八五) 吉川弘文館
天理図書館『天理図書館報ビブリア』№89 昭和六十二年(一九八七) 天理大学出版部
中根勝『百万塔陀羅尼の研究』昭和六十二年(一九八七)「百万塔陀羅尼の研究」刊行委員会(代表片山英一)
王金林『東アジアのなかの日本歴史奈良文化と唐文化』一九八八年 六興出版
『陝西石刻文献目汞集存』一九九〇年 三泰出版社
高田良信・堀田謹吾『ドキュメント追跡!法隆寺の秘宝』一九九〇年 徳間書店
国史大辞典編集委員会『国史大辞典12』平成三年(一九九一) 吉川弘文館
法隆寺昭和資財帳編集委員会『法隆寺の至法 第五巻―昭和資財帳―』平成三年(一九九一) 小学館
『西安碑林書法藝術』一九九二年 陝西人民美術出版社
宇治谷孟『続日本紀』上巻中巻一九九二年 下巻一九九五年 講談社
歴史研究会『日本年表増補版』一九九四年 岩波書店
奈良国立文化財研究所『官営工房研究会会報 百萬塔工房をめぐる諸問題』一九九四年 奈良国立文化財研究所埋蔵文化財センター
東京国立博物館『特別展法隆寺献納宝物』東京国立博物館 一九九六年
成田壽一郎『木工諸職双書 木工挽物』理工学社 一九九六年
駒沢大学内禅学大辞典編纂所編『禅学大辞典』一九九六年 大修館書店
奈良国立博物館『天平』平成十年(一九九八)奈良国立博物館
原百代『武則天』一九九八年 毎日新聞社
王金林『東アジアのなかの日本歴史「奈良文化と唐文化」』一九八八年 六興出版
『北京図書館蔵石刻叙汞』一九九八年 文献出版社
奈良国立博物館 第五十回正倉院展目録 平成十年(一九九八) 奈良国立博物館
狩野久編『古代を考える古代寺院』平成十一年(一九九九) 吉川弘文館
『週刊朝日百科五号「皇室の名宝」正倉院文書と経巻』一九九九年 朝日新聞社
東京国立博物館編『法隆寺宝物館』平成十一年(一九九九) 東京国立博物館
奈良国立博物館『第五十一回正倉院展目録』平成十一年(一九九九) 奈良国立博物館
中根勝著『日本印刷技術史』平成十二年(二〇〇〇)八木書店
奈良国立博物館 東大寺 朝日新聞社『大仏開眼 一二五〇年 東大寺のすべて』平成十四(二〇〇二)年 朝日新聞社
宇治谷孟『続日本紀』二〇〇三年 講談社
『正倉院紀要』第二五号 平成十五年(二〇〇三) 宮内庁正倉院事務所
TBS『TBS五十周年記念金堂平成大修理記念』唐招提寺展国宝鑑真和上像と盧舎那仏 二〇〇五年
滋賀県文化財保護協会『聖武天皇とその時代―天平文化と近江―』平成十七年(二〇〇五)(財)滋賀県文化財保護協会
東京国立博物館・朝日新聞社『特別展「遣唐使と唐の美術」』二〇〇五年 朝日新聞社
田中史雄『倭国と渡来人 交錯する「内」と「外」』二〇〇五年 吉川弘文館

「田中光顕関係資料」

平子鐸嶺『百万塔肆攷』明治四十一年(一九〇七)
田島志一編『東洋美術大鑑』明治四年―大正七年(一八七一―一九一八) 審美書院
大村西崖『正倉院志』明治四十三年(一九一〇) 審美書院
杉謙二編『華族画報』大正二年(一九一三) 華族画報社
寺石正路著『土佐偉人博』大正三年(一九一四) 富士越澤本書店
土佐史談会『土佐史談』第拾参号 昭和三年(一九二八) 土佐史談会
市島春城『田中光顕伯の思い出』一九二九年 日本古書通信118
下中彌三郎『新撰大人名辞典』昭和十三年(一九三八) 平凡社
市島謙吉「田中光顕伯の思い出」一九三九年 日本古書通信
田中直樹編『憂国遺言 伯爵田中光顕遺書』昭和十五年(一九四〇) 鱒書房
平尾道雄『土佐藩』昭和四十年(一九六五) 吉川弘文館
林良一『日本の美術 第六巻 シルクロードと正倉院』昭和四十一年(一九六六) 平凡社

岩崎彌太郎、岩崎彌之助伝記編纂会『岩崎弥太郎伝』昭和四十六年（一九七一）
長澤規矩也『図解和漢印刷史』昭和五十一年（一九七六） 汲古書院
高柳光寿・竹内理三編『日本史辞典 第二版』昭和五十三年（一九七八） 角川書店
国史大辞典編集委員会『国史大辞典 第二巻』昭和五十五年（一九八〇） 吉川弘文館
国史大辞典編集委員会『国史大辞典 第四巻』昭和五十九年（一九八四） 吉川弘文館
早稲田大学図書館編集『早稲田大学蔵貴重書選図録』昭和五十九年（一九八四） 早稲田大学図書館
国史大辞典編集委員会『国史大辞典 第七巻』昭和六十年（一九八五） 吉川弘文館
国史大辞典編集委員会『国史大辞典 第九巻』昭和六十年（一九八五） 吉川弘文館
反町茂雄『一古書肆の思ひ出2 賈人を待つ者』昭和六十一年（一九八六） 平凡社
国史大辞典編集委員会『国史大辞典 第十一巻』平成二年（一九九〇） 吉川弘文館
早稲田大学図書館編『早稲田大学図書館史―資料と写真で見る一〇〇年』一九九〇年 早稲田大学図書館
鈴木博之『日本の地霊（講談社現代新書）』一九九九年 講談社
早稲田大学校賓名鑑編集委員会『早稲田大学校賓名鑑―早稲田を支えた人々―』二〇〇二年 早稲田大学総長奥島孝康
『講談社社友会（会報）No.63』二〇〇四年
奈良国立博物館『特別陳列模造にみる正倉院宝物』奈良国立博物館 平成十七年（二〇〇五） 奈良国立博物館
『多摩市指定有形文化財旧多摩聖蹟記念館パンフレット』多摩市教育委員会

「松浦武四郎関係資料」

松浦弘『挹雲餘興 初集・二集』明治十五年（一八八二） 松浦弘
吉田武三『評伝松浦武四郎』昭和三十八年（一九六三） 松浦武四郎伝刊行会
森銑三編『明治人物逸話辞典』下巻 昭和四十年（一九六五） 東京堂出版
吉田武三『増補松浦武四郎』昭和四十一年（一九六六） 松浦武四郎伝刊行会
吉田武三『定本松浦武四郎上』昭和四十七年（一九七二） 三一書房
国史大辞典編集委員会編『国史大辞典第一巻』昭和五十四年（一九七九） 吉川弘文館
国史大辞典編集委員会編『国史大辞典第二巻』昭和五十五年（一九八〇） 吉川弘文館
国史大辞典編集委員会編『国史大辞典第四巻』昭和五十八年（一九八四） 吉川弘文館
国史大辞典編集委員会編『国史大辞典第九巻』昭和六十三年（一九八八） 吉川弘文館
野沢信義『校注簡約松浦武四郎自伝』一九八八年 北海道出版企画センター
国史大辞典編集委員会『国史大辞典第十一巻』平成二年（一九九〇） 吉川弘文館
国史大辞典編集委員会『国史大辞典第十三巻』平成四年（一九九二） 吉川弘文館
横山健堂『伝記叢書二六〇松浦武四郎』一九九七年 大空社
市古貞次・堤精二・大曽根章介・堀内秀見・益田宗・篠原昭二・久保田淳・揖斐高・市古夏生篇『国書人名辞典第四巻』一九九八年 岩波書店
梅谷文夫『狩谷棭斎年譜』平成十六年（二〇〇四） 青裳堂書店
三雲町教育委員会編『松浦武四郎関係歴史資料調査報告書2』平成十六年（二〇〇四） 三雲町教育委員会 松浦武四郎記念館
高木崇世芝『松浦武四郎関係文献目録（未定稿）』北海道山越郡八雲町野田生八雲町立野田生中学校 平成十七年（二〇〇五）

〔付記〕 本論を作成するにあたり、左記の方々にご協力を得ました。ここに明記し深謝申し上げます。（敬称略）

雄松堂書店株式会社　早稲田大学図書館
尾崎康　木島史雄　工藤吉郎　小林容三
斎藤瑶子　櫻井孝三　芝原為利　芝原康子
田島公　辻本雅英　中村恵美　橋本和之
原徳三　藤本幸夫　古川千佳

天理図書館蔵百万塔及び陀羅尼の現況報告

金子和正

はじめに

天理図書館には、現在百万塔を六基、相輪（塔身部なし）三基、陀羅尼を計二十巻（「根本」の長版一巻、長版の異版一巻、短版一巻。「自心印」は長版四巻、短版四巻。「相輪」は長版が三巻、短版四巻。「六度」は長版二巻）所蔵している。裏打ちを施したものもあるが、それらはすべて本館に収蔵以前の処置であった。

保管の方法は、塔・相輪は一基ずつ桐箱に収納、陀羅尼は

（一）出来得る限り収蔵時の状態を維持する。

（二）裏面をも見ることができるよう随時に出し入れ可能であること。

（三）収納したまま展示できるようにしたい。以上の点を考慮して、一巻ずつそれぞれの寸法に合わせて作成した平箱に収納（この場合、巻子装のものは一枚に広げる）、更に、別途作成した大型の桐箱に二十巻を一括収納し、その箱を大型の帙で包んでスタックに収めている。

百万塔陀羅尼は日本の印刷史上及び書誌学史上とくに重要な意味をもつものとして、天理図書館では、一九三〇年（昭和五）開館以来深い関心をもって収集につとめてきた。その結果、陀羅尼については、一九四〇年（昭和一五）刊『天理図書館稀書目録』和漢書之部第一に四巻、第二（昭和二六刊）には二巻、、第三（昭和三五刊）には一巻、第四（平成一〇刊）には十三巻を著録することができた。

しかし、本館としては単に収集だけではなく、館自らもそれらを比較検討し、書誌学的見地からいろいろな問題の究明に努めてきた。一九六二年十二月十日には、日本の古版、特に百万塔陀羅尼研究の目的で来日されたケンブリッジ大学のE・B・キーデル氏を迎え、関西印刷学会の方々と合同研究会をおこして、印刷技術の面からの解明にも努力してきた。一応の成果は、一九六三年（昭和三八）三月、『ビブリア』第二十四号所収「百万塔陀羅尼の印刷」、同四〇年三十一号に所収「百万塔陀羅尼の印刷再攷」の座談会記事にまとめられている。

館蔵の陀羅尼は、法隆寺、静嘉堂文庫に所蔵されるものと同じく（注）、刷りあがりが多様である。墨付きの良いものもあり、墨付きが良くなく掠れているものもある。特に巻首と巻末には墨溜まりのある文字が多く、また経文の第一・二・三段目は墨付きが濃く、四・五段目は極端に淡いものもある。また刷りブレのあるのもある。

本稿は、肉眼による観察の範囲で、塔の場合は、塔身部底面の墨書・白土の残存状態について、陀羅尼の場合は、料紙や字面の破損・虫損などの現況についての報告である。なお、料紙・字面の寸法については、表によって示した。

（注）（昭和資財帳）五『法隆寺の至宝　百万塔・陀羅尼経』（小学館　一九九一年）第一一四頁鬼頭清明「陀羅尼経」

『汲古』第三七号（平成一二年六月）増田晴美「静嘉堂文庫所蔵の百万塔及び陀羅尼について」第八ー五〇頁

一、百万塔について

（一）一八三ーイ五〇七ー塔一

［塔身部］　基部底面中央に「云二四廿七／右豊成」と墨書。爪痕は「四爪＋中央一爪」で形は正菱型である。（挿図1）第一・二・三層の笠に小瑕がある。白土は経巻孔の所々に、また基部及び第一・二・三層笠に比較的よく残存している。

［相輪部］　請花の大には四個所に小瑕があり、また、四分の一ほど接着補修している。宝輪の第一輪は約三分の一破損、第二・三輪は甚だしく破損。塔身部・相輪部共にノミ削りである。

（二）一八三ーイ五〇七ー塔二

［塔身部］　基部底面に「（右回りに）右云二六六／（中央に）佐々倉荒海」と墨書。爪痕は「四爪＋中央一爪」で形は箱型である。この爪痕には入れ木がしてあるが、四爪のうち二爪の入れ木はほとんど脱落し、他の二爪・中央爪にはごく一部が残っている。（挿図2）

挿図1

挿図2

白土は全体に薄く残り、木地が鮮明に浮きでている。経巻孔に白土の塗布はない。第一・二層の笠には、それぞれ三分の一ほど接着補修しているが、接着部分の白土には若干褐色になっているところがある。第一・二・三層の笠には小瑕がある。

[相輪部] 請花の小には一個所、大には四個所破損がある。宝輪の第一・四輪は甚だしく破損、第三輪は約三分の一破損。宝珠の先端は折損している。塔身部・相輪部共に轆轤削り。

(三) 一八三一イ五〇七ー塔三

[塔身部] 基部底面に「(右回りに)云二三二／(左回りに)右弥池守」と墨書。爪痕は「四爪＋中央孔」で、形は菱型である。中央孔は径〇・七センチ、深さ三・二センチ。(挿図3) 基部側面に漢数字「一」が刻されている。白土の剥落甚だしく木地が鮮明に浮きでている。第一層と第三層の笠に小瑕がある。経巻孔に白土の塗布はない。

[相輪部] 請花の大の上面に「(円弧状に)左三年三月廿八日□□□」と墨書。(挿図4) 請花の小は約三分の一欠損、大には小瑕がある。宝輪の第一輪は甚だしく破損、第二輪は二個所破損。宝珠の先端は折損。塔身部ノミ削り、相輪部は轆轤削り。

(四) 一八三一イ五〇七ー塔四

[塔身部]、基部底面に「(右回りに)云二四十／(中央に)右財部古虫」と墨書。爪痕は「四爪」で、形は箱型である。(挿図5) 基部側面の白土はほとんど剥落し、約十分の一残存する。経巻孔に白土の塗布はない。

[相輪部] 請花の小には五個所、大には小瑕がある。宝輪の第一輪は甚だしく破損、第二・三輪は約三分の一破損。露盤には三分の一ほどの接着補修がある。宝珠の一部虫損、先端も折損している。底面には径三粍の円孔がある。塔身部ノミ削り、相輪部は轆轤削り。

挿図3

挿図4

挿図5

(五) 一八三一イ五〇七ー塔五

[塔身部] 基部底面に「(左回りに)十月十二日田六」と墨書。(挿図6) 爪痕は「四爪＋中央孔」、形は箱型で、中央孔の径は一・四センチ、深さ二・三センチ。白土剥落により木地が鮮明に浮きでている。第一・二層の笠は所々小破損、第三層の笠は約三分の一破損。経巻孔に白土の塗布はない。

[相輪部] 底面に「大鳥」と墨書。(挿図7) 請花は大小ともに甚だしく破損。宝輪の第一輪の笠は約三分の二、第二輪の笠は約半分破損。宝珠の先端は折損している。塔身部・相輪部ともにノミ削り。

(六) 一八三一イ五〇七ー塔六

[塔身部] 基部底面に「(右回りに)云二五二／(左回りに)右道守葛方」と墨書。(挿図8) 爪痕は「四爪＋中央一爪」、形は箱型である。基部側面には漢数字「三」が刻されている。また側面の白土はほとんど剥落、三個所に小瑕あり。第三層の笠の上面の白土には褐色の部分がある。第一・二・三層の笠に小瑕がある。経巻孔に白土の塗布はない。

[相輪部] 請花の大の上面に「(円弧状に)左三年四月五日□」と墨書。(挿図9) 宝輪の第一輪は甚だしく破損、第二・三輪には約三分の一の破損がある。宝珠の先端はやや折損している。塔身部は轆轤削り、相輪部はノミ削り。

挿図6

挿図7

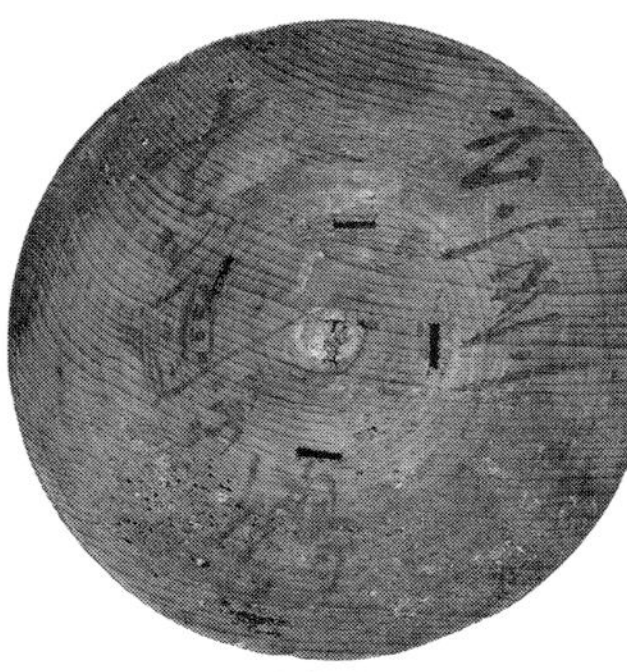
挿図8

挿図9

［相輪部］　三種

（一）一八三一イ五〇七一相輪一

高さ七・九センチ、底面径は二・一センチ。底面に「種」と墨書。第一・二・三輪は甚だしく破損、第四輪は約三分の一、第五輪は約半分破損。請花の（大）は破損甚だしく、（小）は三分の一破損している。宝珠の先端は折損。白土は剥落。ノミ削り。

（二）一八三一イ五〇七一相輪二

高さ七・九センチ、底面径は二・一センチ、底面中央の縁の附近に径二ミリ弱、深さ九ミリの小孔がある。第一・二輪は破損甚だしく原形をとどめぬ程である。第三輪は四分の三、第四輪は三分の一欠損。請花は小・大ともに小瑕あり。宝珠の先端は折損している。白土は薄く残る。ノミ削り。

（三）一八三一イ五〇七一相輪三

寸法略。第一輪以下を欠損し、第二輪以上を存す。第三・五輪は三分の一破損。請花の大に小瑕あり。宝珠の先端は折損している。

二、陀羅尼について

根本（長）　全四十行

（一）一八三一イ五〇七一一

（二行）根・本・陀・羅　（五行）弊・脣・也　（六行）蕵・三　（七行）奴　（八行）戌　（九行）陀　（一〇行）三・去　（一一行）喇　（一二行）耻・哆・喃　（一三行）謨・伽　（一五行）寫・怛・他　（一六行）寫、以上の二十四字は虫損のため文字の一部を欠く。墨溜まりの字が多い。

根本（長・異版）　全四十行

（一）一八三一イ五〇七一二

印面は良好であるが、第五段目には墨付きの悪い字が多い。

根本（短）　全四十行

（一）一八三一イ五〇七一三

（一行）無・垢　（三行）謨　（四行）怛・底　（五行）毗　（七行）喃　（八行）鉢・唎　（一〇行）薄　（一一行）多、以上の十一字は虫損のため文字の一部を欠く。墨溜まりの字が多い。墨色淡く滲みのある文字あり。

自心印（長）　全三十一行

（一）一八三一イ五〇七一四

保存状態・印面ともに良好である。

（二）一八三一イ五〇七一五

保存状態・印面ともに良好である。終行「訶引」字の左側に幅一乃至二ミリ、長さ一・五センチの細い墨線（挿図10）がみえる。茶色裂地に華模様を金箔押しした後補表紙を付している。

（三）一八三一イ五〇七一六

保存状態・印面ともに良好であるが、墨付きの悪い字が若干ある。料紙は天地ともに鋏によって剪裁されたと考えられる痕跡がある。終行「訶引」字の約五ミリ左側に、幅七ミリ、長さ三・五センチの細い墨線がみえる。（挿図11）

（四）一八三一イ五〇七一七

前十一行欠。第十二行「泥引菩提薩」以下終行まで二十行を存す。印面は良好であるが、（一二行）泥　（一三行）捶　（一四行）覩　（一六行）拏　（一八行）揭　（一九行）刺　（二一行）薩　（二二行）摩　（二五行）婆　（二六行）吽　（三一行）引、以上の十一字は虫損のため文字の一部を欠く。なお、終から七行目と八行目の間が切断されているが、その部分は裏面に幅七ミリの別紙を当てて継ぎ合わせている。墨溜まりある字若干あり。

自心印（短）　全三十一行

（一）一八三一イ五〇七一八

保存状態・印面ともに良好である。墨溜まりある字若干あり。

（二）一八三一イ五〇七一九

小虫損はあるが保存状態良く、墨付きも良好

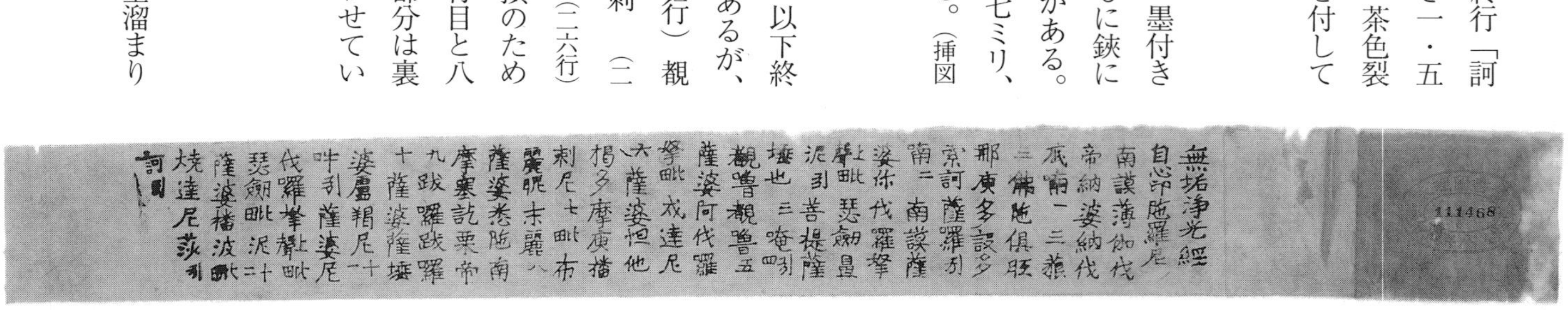

挿図10

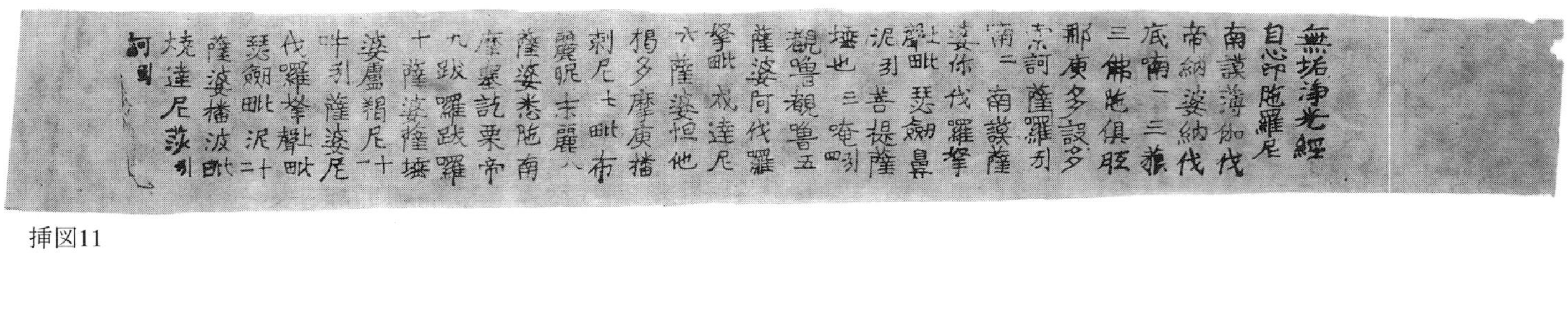

挿図11

である。

(三)一八三ーイ五〇七ー一〇

四か所小虫損があるが文字に影響はない。印面に濃淡のムラがある。墨溜まりのある字若干ある。

(四)一八三ーイ五〇七ー一一

前十六行欠。第十七行「六薩婆怛他」以下終行(第三十一行)まで十三行を存す。(一七行)六・薩　(一八行)掲　(二九行)薩　(三〇行)焼　(三一行)訶の六字は虫損のため文字の一部を欠く。

相輪(長)　全二十三行

(一)一八三ーイ五〇七ー一二

(一行)無・垢・浄・光・経　(二行)相　(三行)引・薩・婆　(四行)他　(五行)羅・移・熱　(六行)瑟　(七行)末・尼・諾　(九行)哆　(一〇行)哆　(一一行)杜・嚕　(一二行)三　(一四行)薩、以上二十三字は虫損のため文字の一部を欠く。また、(五行)曳　(七行)尼　(九行)三の三字は全字欠く。なお、第一三行「吉」字の上に小さい黒点がみえる。墨溜まりある字若干あり。巻子装で、華唐草模様金欄表紙を付す。見返しには金箔を押し、その上に更に金切箔を散らしている。題簽は金箔押し紙であるが書名は記されていない。料紙は裏打ちしている。巻末に八・四センチの継ぎ紙がある。

(二)一八三ーイ五〇七ー一三

破損・虫損のため、(一)光・経　(二行)尼の三字は全字、また(一行)無・浄　(二行)相　(三行)薩・婆・怛　(六行)瑟　(八行)反の八字は文字の一部を欠く。印面は良好でない。終行より二・五センチ左側に「甲」と墨書されている。(挿図12)

(三)一八三ーイ五〇七ー一四

前十三行欠。第十四行「薩羅播跛輪」以下終行まで十行を存す。虫損のため(一五行)尼の字は全字、また(一四行)薩・囉・播・跛・輪　(一五行)達・菩・達　(一六行)尼・三・尼　(一七行)八・鉢・囉・伐　(一八行)囉・撥　(一九行)囉・尼　(二〇行)脱・嚕　(二一行)羅　(二二行)毗・吽　(二三行)訶、

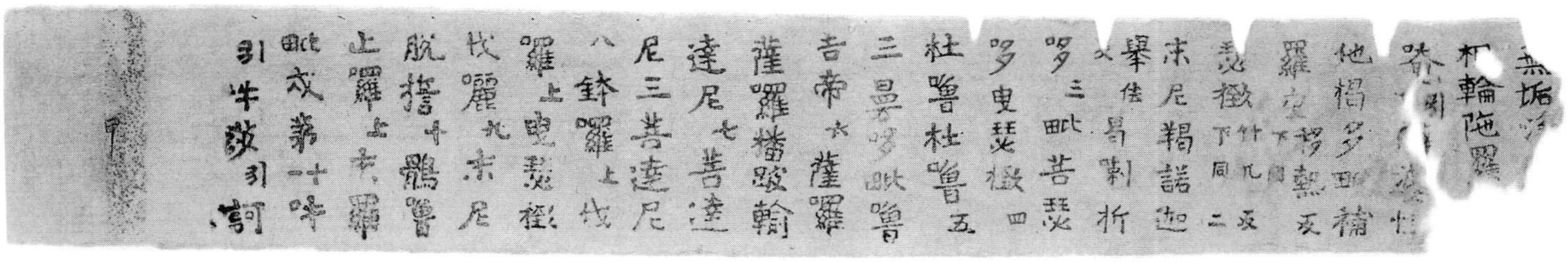

挿図12

以上二十五字は虫損のため文字の一部を欠く。墨色は淡い。料紙は裏打している。

相輪(短)　全二十三行

(一)一八三ーイ五〇七ー一五

印面は良好。小破あり。(一行)無　(二行)輪　(四行)掲　(六行)瑟の四字に極く僅かの虫損があるが、その部分のみ裏打補修。茶色裂地に華模様を金箔押しした表紙を後補。第十三行「吉」の左横に小さい黒点がみえる。

(二)一八三ーイ五〇七ー一六

保存状態・印面ともに良好。墨溜まりある字若干あり。第十三行の「吉」字の左横に小さい黒点がみえる。

(三)一八三ーイ五〇七ー一七

第九行以下は墨付き悪く、とくに第十四行至十七行は四段目と五段目、第九行至十三、十八、十九・二十二行の五段目は判読困難である。第十三行「吉」字の左横に小さい黒点がみえる。

(四)一八三ーイ五〇七ー一八

前八行欠。第九行「哆三毗菩瑟」以下終行まで一五行を存す。虫損のため、(九行)哆・三・瑟　(一一行)三の四字は全字、また、(九行)毗・菩　(一〇行)哆・曳・四　(一一行)杜・嚕・五　(一二行)曼　(一三行)吉　(一四行)薩　(一五行)達　(一六行)尼　(一九行)伐、以上十四字は文字の一部を欠く。料紙は裏打している。

六度(長)　全十五行

(一)一八三ーイ五〇七ー一九

(一行)無・経　(二行)尼　(三行)南　(四行)伐・怛・他　(六行)捺・迦　(七行)庾　(九行)唵、以上十一字は虫損のため文字の一部を欠く。第九行以下印面にブレがあり、文字もほんど墨溜まりである。(挿図13)

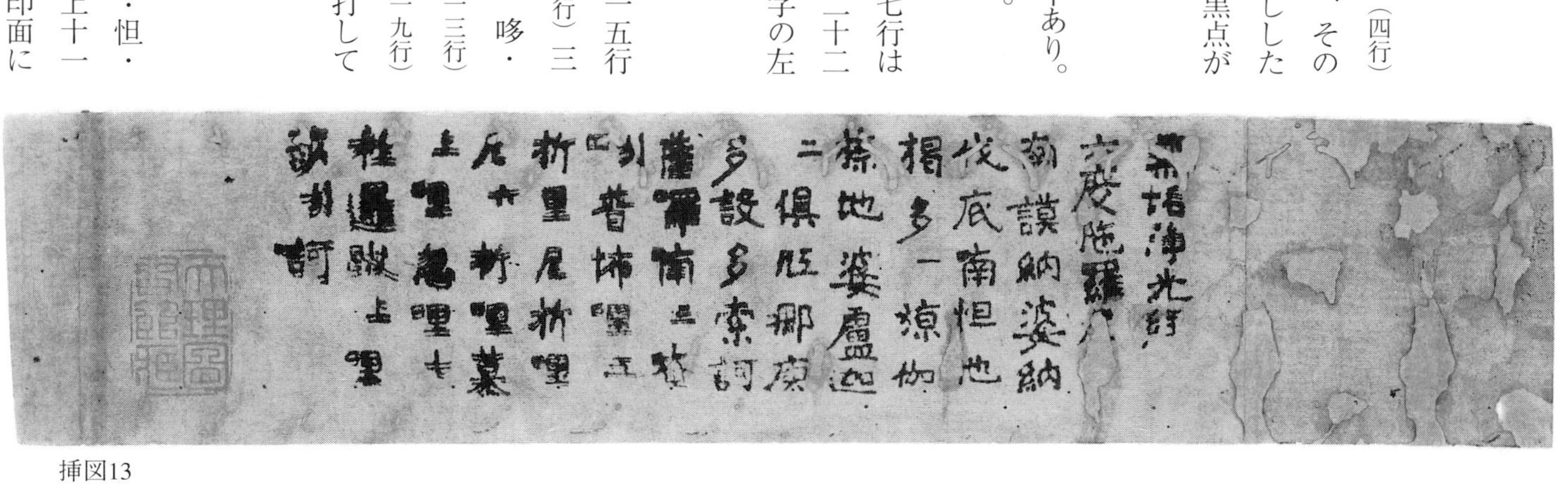

挿図13

料紙は裏打している。

(二)一八三—イ五〇七—二〇

虫損のため(四行)怛　(九行)三　(一二行)哩の三字は全字、また(一行)浄・光・経　(二行)六・度・羅・尼　(三行)南　(四行)伐・喃　(六行)婆・盧　(七行)那　(一〇行)哩　(一一行)折、以上の十五字は文字の一部を欠く。なお、虫損の個所にのみ裏打補修している。茶色裂地に華模様を金箔押しした表紙を後補。

以上で天理図書館所蔵の百万塔及び陀羅尼についての現況報告を終わるが、百万塔及び陀羅尼各部の寸法については別表を参照して頂きたい。

なお、平成三年に本館所蔵の百万塔及び陀羅尼は一括収納・保存のため、台貼されていた陀羅尼はすべて台紙と分離して原形に復し、また収蔵時期の異なることによって不統一であった請求記号を統一した。したがって、本稿は先に報告した「天理図書館蔵の百万塔及び陀羅尼について」(『ビブリア』第八九号所収　昭和六二年一〇月)の内容とは大幅に変更・訂正がある。

百万塔の各部の寸法(1)

寸法 cm / 塔番号	塔身の高さ	塔身底面の径	基壇の高さ	塔身第三層笠の径	孔径	孔の深さ	相輪の高さ	相輪底面の径	重さ(g)
1(イ311)	12.9	10.6	3.0	7.4	2.2	8.7	8.1	2.0×2.1	200
2(イ341-1)	12.8	10.4	3.1	7.4	2.1	10.2	△7.9	2.0	195
3(イ341-2)	13.0	10.0×10.2	3.0	7.3	2.2	8.4	△7.6	2.1×1.8	175
4(イ341-3)	13.1	10.2×10.4	3.0	7.2	2.3	8.9	△7.8	2.1×2.2	185
5(イ369)	12.8	10.0×10.3	2.9	7.4	2.3	7.8	△7.4	2.0×2.1	165
6(イ391)	12.9	10.3×10.2	3.2	7.6×7.8	2.2	8.1	7.9	1.9×2.1	200

注:「相輪の高さ」の項の△印は、宝珠の先端が折損していることを示す。

百万塔の各部の寸法(2)

通し番号	寸法 cm / 塔番号	紙高	全長	表紙	本紙	字面高	字面長	備考
	根本(長版)					本文第一行	第一段	
1	183-イ507-1	5.5	54.5	3.7	50.8	4.5	49.8	
	根本(長・異版)					本文第一行	第一段	
2	183-イ507-2	5.3	56.6	3.9	52.7	4.9	49.4	
	根本(短版)					本文第一行	第一段	
3	183-イ507-3	5.5	56.4	4.8	51.6	4.6	42.9	
	自心印(長版)					本文第一行	第一段	
1	183-イ507-4	5.5	45.9	5.2	40.7	4.7	35.8	
2	183-イ507-5	5.8	45.3	4.6	40.7	4.7	35.8	
3	183-イ507-6	5.6	45.9	4.7	41.2	4.7	35.9	
4	183-イ507-7	5.6	寸法略					前11行欠
	自心印(短版)					本文第一行	第一段	
1	183-イ507-8	5.6	46.0	6.2	39.8	4.9	32.1	
2	183-イ507-9	5.4	45.5	5.7	39.8	4.9	32.3	
3	183-イ507-10	5.5	43.2	5.7	37.5	4.9	32.1	
4	183-イ507-11	5.3	寸法略					前16行欠

通し番号	寸法 cm / 塔番号	紙高	全長	表紙	本紙	字面高	字面長	備考
	相輪(長版)					本文第一行	第一段	
1	183-イ507-12	4.9	45.9	2.5	35.0			虫損・墨付き悪し。巻末に継ぎ紙(8.4)、料紙裏打ち
2	183-イ507-13	5.4	35.3		35.3	4.5	31.0	巻初部分破れ
3	183-イ507-14		寸法略					前13行欠
	相輪(短版)					本文第一行	第一段	
1	183-イ507-15	5.5	40.3	3.3	37.0	4.6	28.2	
2	183-イ507-16	5.5	41.0	5.0	36.0	4.6	28.2	
3	183-イ507-17	5.7	42.2	7.2	35.0	4.6	28.1	継ぎ紙(4.7)
4	183-イ507-18		寸法略					前8行欠 料紙裏打
	六度(長版)					本文第一行	第一段	
1	183-イ507-19	6.0	27.3	5.4	21.9	4.7	16.1	字面寸法は第3段目
2	183-イ507-20	5.4	28.8	4.5	24.3	4.7	16.1	料紙裏打ち 字面寸法は第3段目

付記　百万塔及び陀羅尼の図版掲載をお許し下さった天理大学付属天理図書館、撮影を担当して下さった亀田尚久氏に厚く御礼申し上げます。

『百万塔陀羅尼』に残る墨痕経典の検討

櫛笥節男

周知のように『百万塔陀羅尼』には基本的に「根本陀羅尼」「相輪陀羅尼」「自心印陀羅尼」「六度陀羅尼」の四種があり、更に「根本陀羅尼」には長・長異・短の三種の版が、また「相輪陀羅尼」「自心印陀羅尼」「六度陀羅尼」にはそれぞれ長、短の二種類の版の違いがある（注1）。これらの陀羅尼の中には上端または下端に陀羅尼の文字の一部にあたる墨痕が残っているものがあり、この墨痕経典の種類によって版式及び印刷方式の見解が分かれているが、その根拠となる墨痕経典の種類について必ずしも解明されていないようである。そこで小稿では墨痕経典の種類について検討を試みたい。

本論に入る前に見解の相違とその経緯について見ておきたい。

後述するように一九八六年二月十日付「毎日新聞」に法隆寺所蔵四二六「相輪陀羅尼」短の最終行「引」字と、末尾から四行前の「脱」の字の上端に墨痕が残っている写真を掲げ、次のような記事が報道されている。

「法隆寺昭和資財帳編纂所による陀羅尼経の調査によって「相輪陀羅尼」短の最終行「引」と、末尾から四行前の「脱」の上端に別の経典の一部が残っていることが分かった。この経典は鬼頭清明奈良国立文化財研究所歴史研究室長の解読によって「相輪陀羅尼」長の最終行「引」字の行の下「訶」字の一部と、末尾から四行前の「脱」字の行の下「嚕」の一部であることが判明した。奈良時代の写経用紙の縦の長さが三〇センチで、陀羅尼の縦の長さ（四～六センチ）の約五倍にあたることから、五枚分を一度に印刷したとの説も出ていたが、今回の発見で、少なくとも二つのお経がまとめて印刷されていた一連印刷であることが裏付けられた」と言う内容である（注2）。

この記事に対して日本印刷学会西部支部「百万塔陀羅尼」研究班編『百万塔陀羅尼の研究』（以下『研究班』と称す）では、「相輪陀羅尼」短に残っている墨痕は長ではなく短と考えているという見解を示し、後述する八木書店所蔵「自心印陀羅尼」短の上端に残る墨痕を掲げ、これも同じ経典の短であろうと推測し、さらに「自心印陀羅尼」短の一種を一版にして、これを一枚の紙に上下に押捺したものの切り損じであろうと述べている（注3）。

この後、鬼頭氏は「百万塔陀羅尼調査の中間報告」において、一応法隆寺所蔵四二六相輪の短の上には相輪の長が、一〇四六根本の短の上には根本の短が、根本の長の上には根本の長が推定される。他の三二四、九五四については墨痕が少なく経典の種類は分からないと述べ、今回の調査では、同一の版を並べている場合と、同一の経の長短の異版を並べたかと思われるという見解を示している（注4）。

更に調査結果をまとめた『法隆寺の至宝　百万塔・陀羅尼経』（以下『至宝』と称す）において鬼頭氏は所蔵番号四二六、八二四、九五四、一〇四六、二一三三の上端・下端に文字の一部が残っていることから、印刷はおそらく通常の竪紙に経典の版六種を縦に並べるような形で行われ、その後切断されたものと考えられると述べているが、結論として「一紙に数点の経が刷られているのであるが、それが経一点一点の版を数回にわたって刷ったものか、あるいは竪紙の一紙分の大きさの版に数種の経を彫って刷ったものか、判断できなかった。したがって版式の問題については、その材質、形態ともになお今後の研究課題であるといわざるを得ない。」と結んでいる（注5）。

ところで近年、増田晴美氏は「静嘉堂文庫所蔵の百万塔及び陀羅尼について」（以下「増田論文」と称す）を発表された。内容は静嘉堂文庫所蔵の百万塔陀羅尼七一巻とその包み紙について詳細に検討したものである。この中で氏は陀羅尼七一巻の中の二九二六四―四八の「相輪陀羅尼」短版の最終行の「引」字の上端に残る墨跡について確定は困難であるとしながら、同じ相輪・短版の最終行、最後の文字「訶」の最下部分ではないかとも考えられると述べ、更に二九二六四―六七の自心印・短の上端に残る墨痕についても同じ経典の短であろうと推則し、この推則が正しければこれらの墨痕は一連印刷の一資料とすることが出来るかも知れないとしている。即ち氏は経典に残る墨痕は印刷されている経典と同種であり、同種類の経典を複数一版に彫り一紙に印刷した一連印刷であろうと推測している（注6）。

このように墨痕経典の種類から版式と印刷方式について

（一）原版に一種類の陀羅尼を彫り、これをスタンプのように一紙に複数押印したもの。

（二）原版に同種の陀羅尼を複数彫り印刷した一連印刷。

（三）原版に数種類の陀羅尼を彫り印刷した一連印刷。

との見解に分かれている。そこで小稿では、経典の上端または下端に残る陀羅尼の文字の一部である墨痕から、墨痕経典の種類を明らかにし、版式について検討したい。なお検討については次の方法で行う。

（イ）複数の墨痕から経典の種類を推測し、長と短では文字面の長さが異なるから、墨痕の文字間隔を計測して長か短かを判断する。

（ロ）墨痕文字の位置及び字形から長か短かを検討する。

（ハ）（イ）及び（ロ）を検証するため、推測した墨痕経典と墨痕と同じ文字とを対比し整合性について検討する。

一、法隆寺所蔵四二六「相輪陀羅尼」短の墨痕（挿図1）

この経典は一九八六年二月十日付「毎日新聞」に掲載された経典である。

（イ）既述したようにこの経典には「相輪陀羅尼」短の最終行「引」字と末尾から四行前の「脱」の字の行の少し左寄りの上端に墨痕があり、鬼頭清明奈良国立文化財研究室長の解読によって「相輪陀羅尼」長の最終行下の「訶」字と末尾から四行前の「脱」字の行の下「嚕」の一部であると推測されたものである。筆者も墨痕の形から「訶」字と「嚕」の字の一部であると考える。

この経典の本文行数は長・短共に二三行であるが、「増田論文」の「陀羅尼の各部の寸法」（以下「各部の寸法」と略）によると長の第一行の第一段の文字から最終行の第一段の文字までの長さは二九・九〜三〇・〇センチ、短は二八・一〜二八・二センチである。

ところで『至宝』所載四二六の経典は「嚕」字から「訶」字の下部が欠落しているが、残存している文字からこれらの文字間隔は四・一センチであることが分かる。また上端の墨痕の間隔も同じ四・一センチである。ここから墨痕経典は印刷されている文字面と同じ長さの「短」であると考えられる。

（ロ）この経典の第二一行目下「羅」字は長と短では印刷されている位置と字形が異なる。文字の位置は、二〇行下の「嚕」字から最終行下の「訶」字まで文字の下に沿って横線を引くと、短の「羅」字は横線より上の位置にある（挿図2-1）。一方長の「羅」字の「隹」の第二画は横線より下に伸びている（挿図2-2）。従って長の墨痕であればこの伸びている部分が「嚕」字と「訶」字の間に墨痕として残るはずであるがこの墨痕はない。

（ハ）静嘉堂文庫所蔵「相輪陀羅尼」短と、墨痕から推測した文字を対比すると両者は整合するところから、墨痕経典は「相輪陀羅尼」短であることが裏付けられる（挿図3）。

二、『国史大事典』所載法隆寺所蔵一〇四六「根本陀羅尼」短の墨痕（挿図4）

（イ）この経典には第三四行目下の「拏」字、第三六行目下の「羅」字、及び第三九行目下の「聲」字の一部に当たると思われる墨痕がそれぞれの同じ行の上端に残っている。長及び長異版と短の本文行数は共に四〇行であるが、「各部の寸法」によると、長及び長異の第一行の第一段の文字から最終行の第一段の文字までの長さは四九・二〜四九・六センチ、短は四二・五〜四三・三センチである。従って墨痕文字の推測が正しければ墨痕経典は、印刷されている経典と文字面が同じ長さの「短」であると考えられる。

（ロ）この経典の第三四行目下の「拏」字の字形が短と長及び長異とは異なる。短版は「拏」字の「手」の第四画が跳ねているが、長及び長異には跳ねがない（挿図5）。この行の上端の墨痕は形からこの跳ねの部分であると認められる。また第三八行目下「虎」字の位置も短と長及び長異では異なる。第三四行下の「拏」字から第三九行下端の「聲」字まで文字の下に沿って横線を引くと、長及び長異の「虎」字の一部は横線の下にあるが（挿図6-1・2）、短の「虎」字は横線より上にある（挿図6-3）。従ってこの墨痕が長及び長異であれば「虎」字の一部が第三六行下の「羅」字と第三九行下の「聲」字の墨痕の間に残っているはずであるがこの墨痕がない。ここからこの墨痕経典は短であると考えられる。

（ハ）静嘉堂文庫所蔵「根本陀羅尼」短と、墨痕から推測した文字を対比すると両者は整合するところから、墨痕経典は「根本陀羅尼」短であることが裏付けられる（挿図7）。

三、法隆寺所蔵二一三三「根本陀羅尼」長異の墨痕（挿図8）

（イ）この経典は第三四行目下の「拏」字、第三六行目下の「羅」字、第三七行目行下の「勃」字、第三八行目行下の「虎」字及び第三九行目下の「聲」字の一部に当たると思われる墨痕が、それぞれの同じ行の上端に残っている。従って墨痕文字の推測が正しければ墨痕経典は印刷されている経典と文字面が同じ長さであることから、「長」または「長異」であると考えられる。

（ロ）前項の法隆寺所蔵一〇四六で明らかなように、長及び長異の三八行下「虎」字の一部が横線より下にある（挿図6-1・2参照）。したがって「虎」字の一部墨痕が残るこの経典の種類は長または長異であることが考えられる。

（ハ）静嘉堂文庫所蔵「根本陀羅尼」長異と、墨痕から推測した文字を対比すると両者は整合するところから、墨痕経典は「根本陀羅尼」長または長異であることが裏付けられるが、これまで見てきた墨痕経典が印刷されている経典と同種であったことから、この墨痕経典も

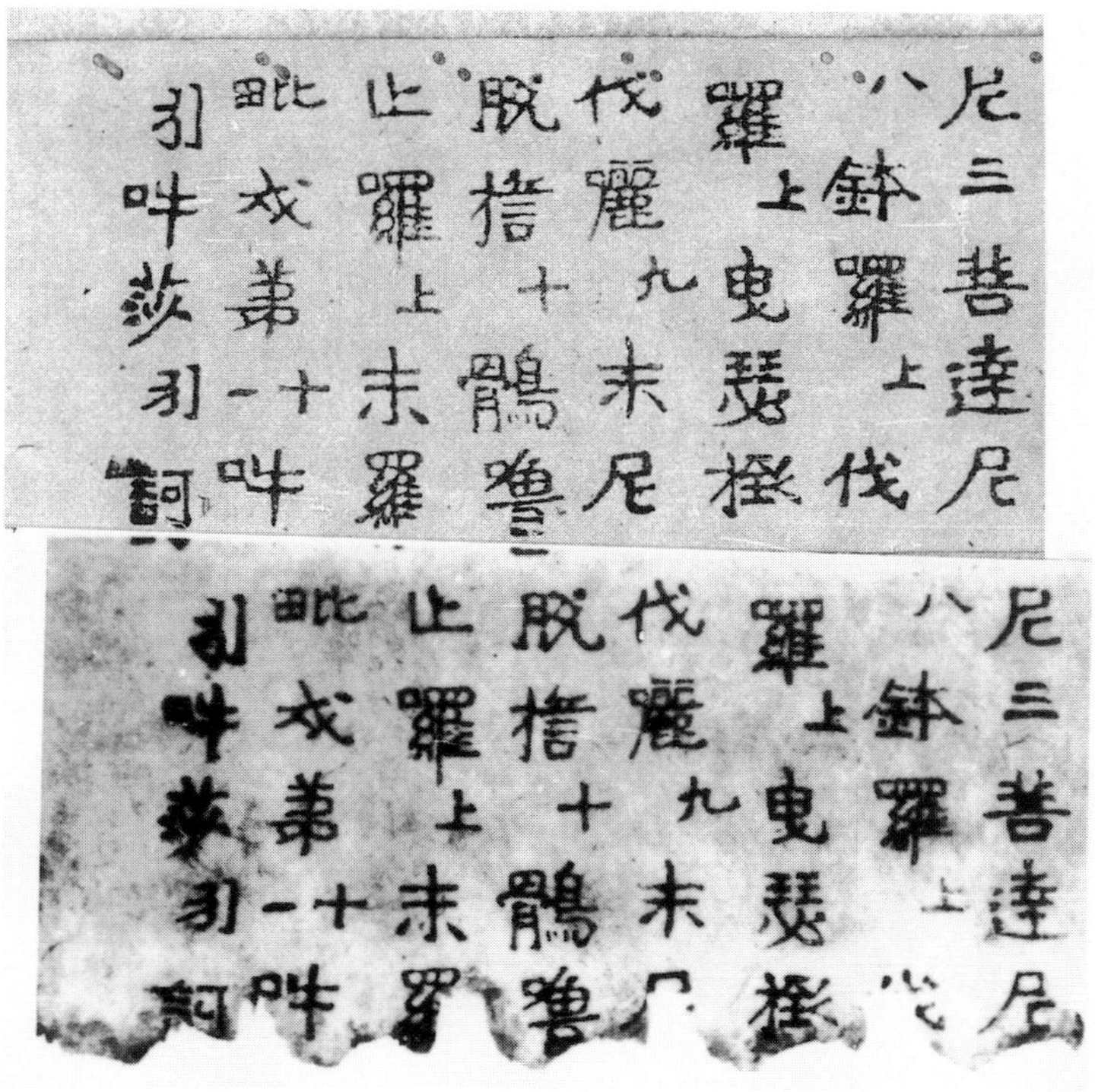

挿図3

挿図5　左から「根本陀羅尼」の短・長・長異、短の「拏」字の「手」の四画は跳ねているが長・長異は跳ねがない

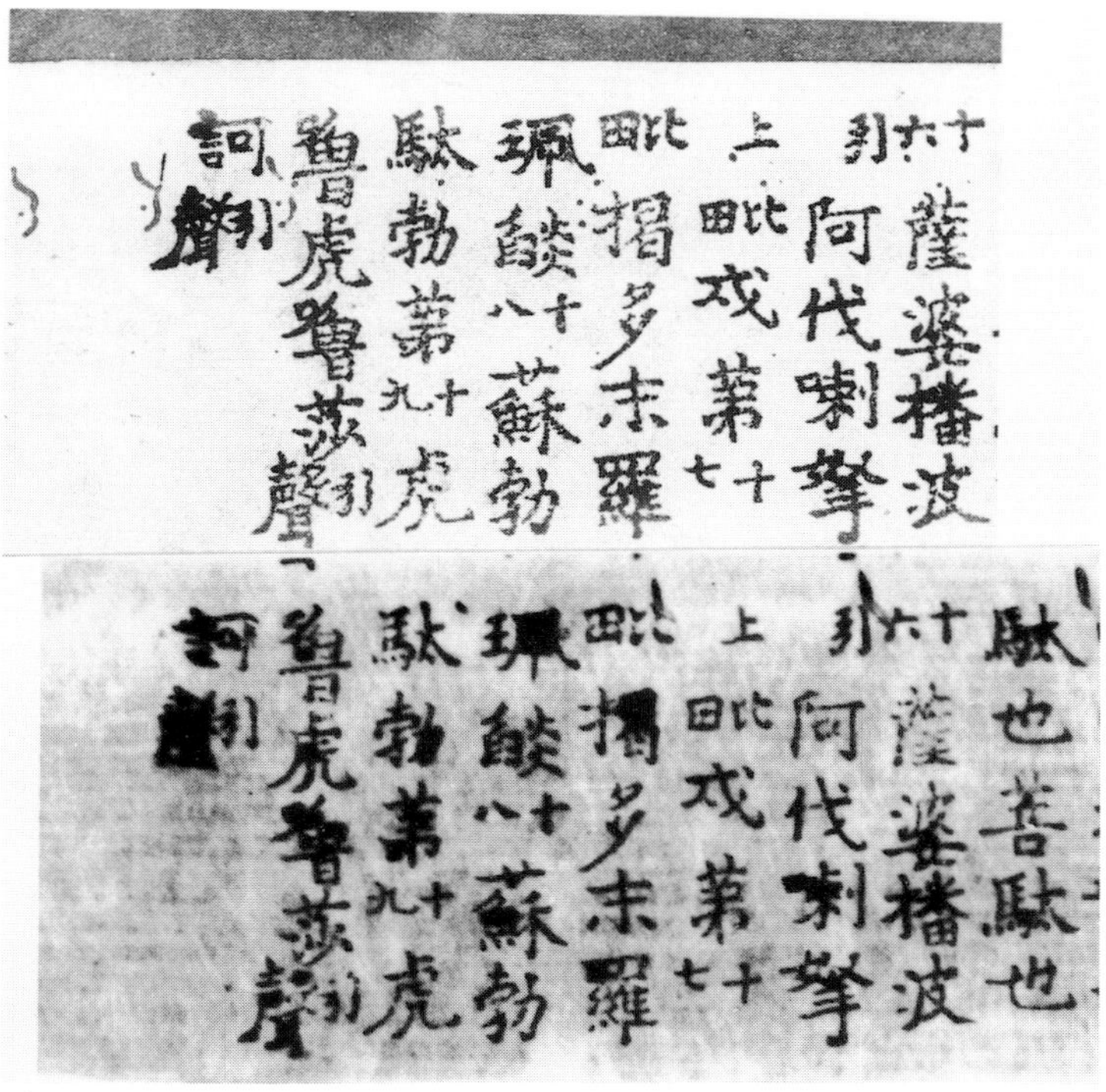

挿図7

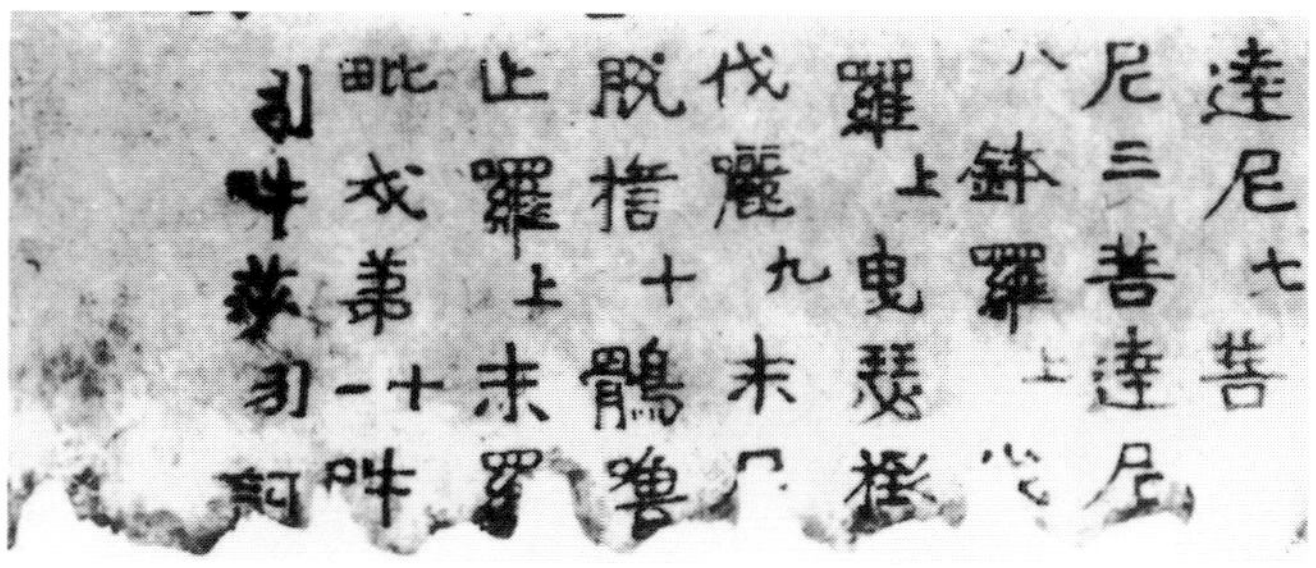

挿図1　四二六番「相輪陀羅尼」短

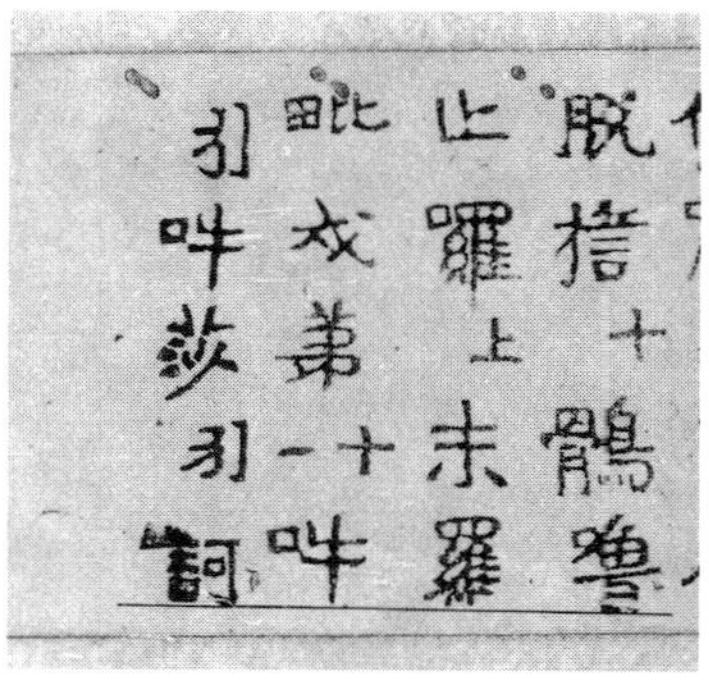

挿図2-1　「相輪陀羅尼」短

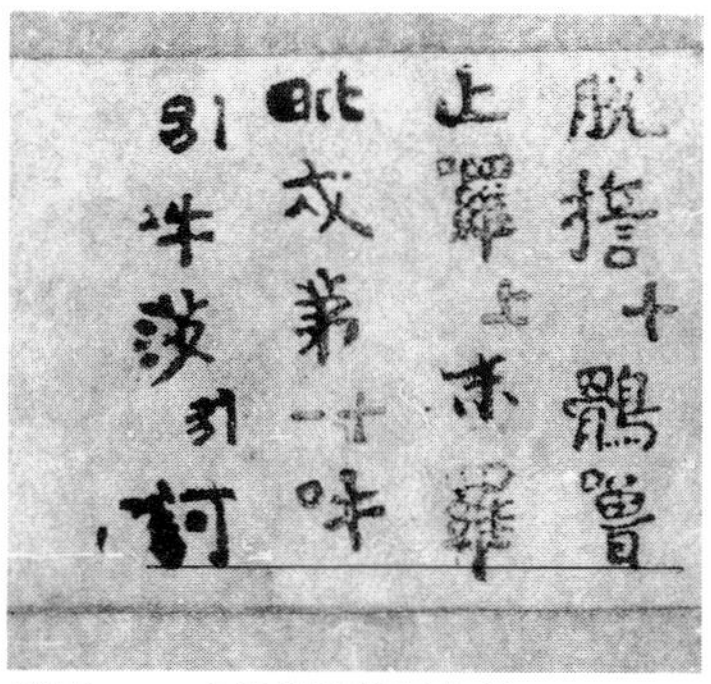

挿図2-2　「相輪陀羅尼」長

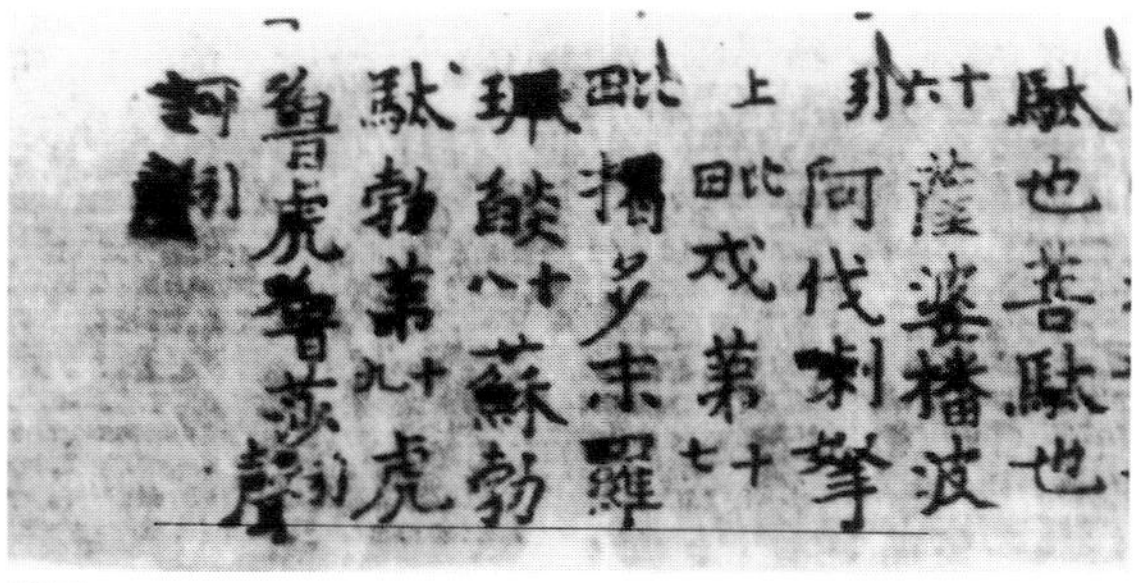

挿図4

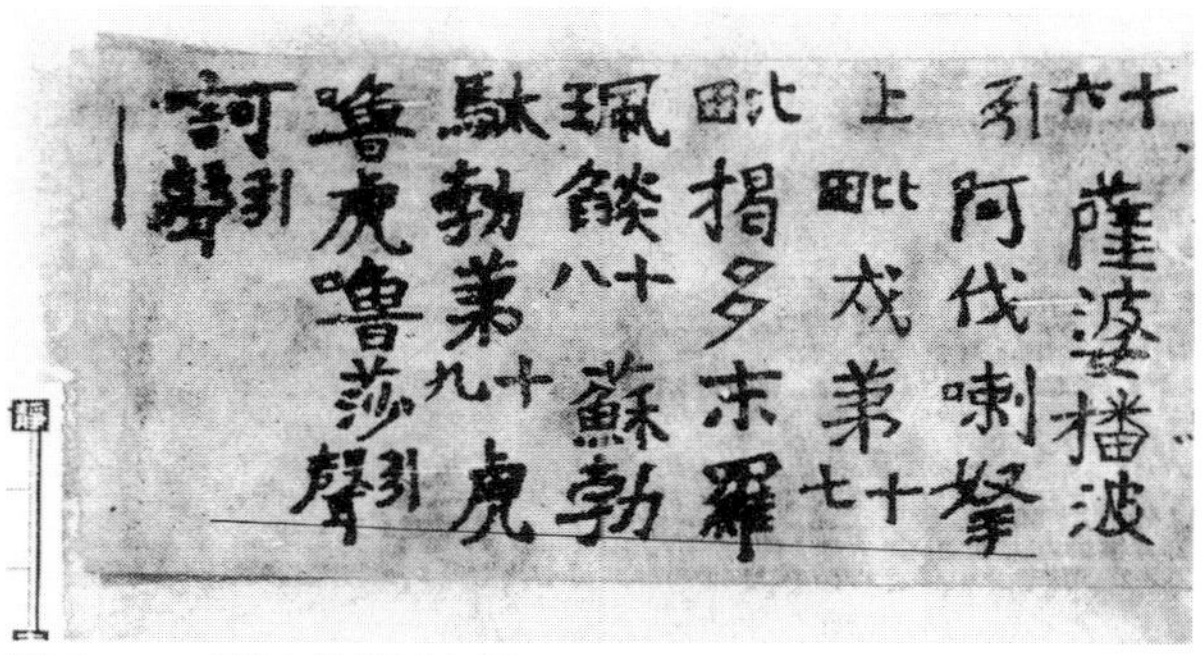

挿図6-1　「根本陀羅尼」長

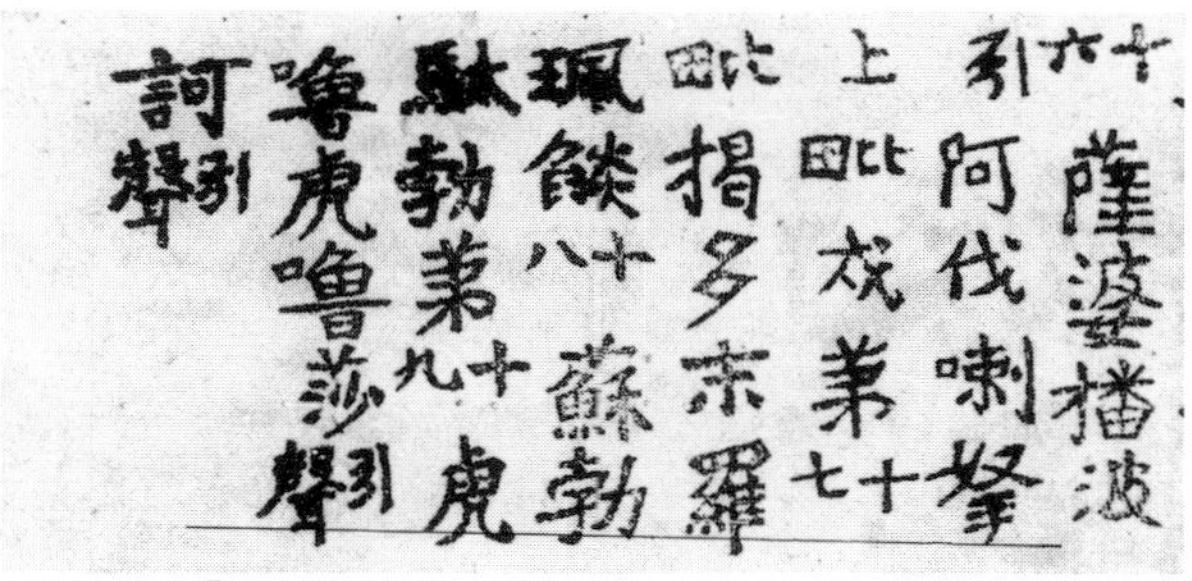

挿図6-2　「根本陀羅尼」長異

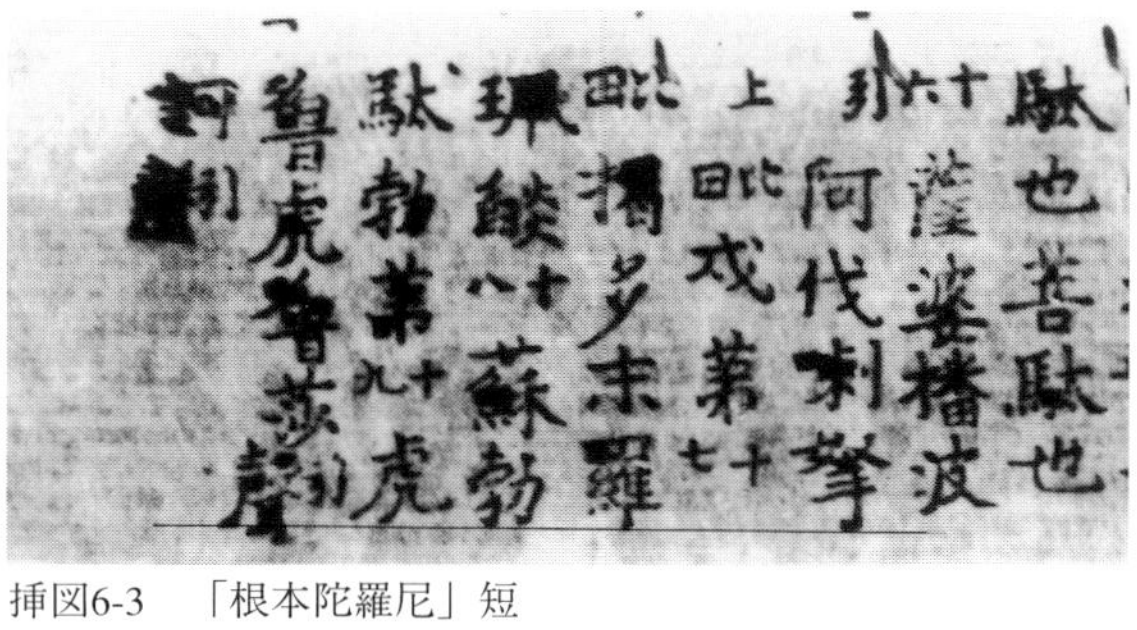

挿図6-3　「根本陀羅尼」短

長異であると思われる（挿図9）。

四、静嘉堂文庫所蔵二九二六四—六七「自心印陀羅尼」短の墨痕（挿図10）

（イ）この経典には増田氏の推測のように「自心印陀羅尼」第三行目「南」字下の「伐」字、第七行目「那」字下の「多」字、第九行目「喃」字下の「薩」字、第一〇行目「婆」字下の「拏」字、第一一行目「聲」字下の「鼻」字の一部に当たると思われる墨痕が、それぞれの同じ行の上端に残っている。この経典の本文行数は長・短共に三一行であるが、「各部の寸法」によると、長及び長異の第一行の第一段の文字から最終行の第一段の文字までの長さは三五・六センチ～三五・八センチ、短は三一・八センチ～三二・三センチである。

従って墨痕文字の推測が正しければ、これらの文字の一部が同じ行の上端に残っていることから、墨痕経典は印刷されている文字面と同じ長さの「短」であると考えられる。

（ロ）この経典の第七行目下の「多」字の第五画目の「ノ」は短は長に比べて長い。この経典の第三行下「伐」字から第一一行下端の「鼻」字まで文字の下に沿って横線を引くと、短はこの部分が横線より下にあり、長は上にある（挿図11-1・2）。この経典に残る墨痕の中には「多」字の一部に当たると思われる墨痕が含まれているところから、この墨痕経典は短であると考えられる。

（ハ）静嘉堂文庫所蔵「自心印陀羅」短と、墨痕から推測した文字を対比すると両者は整合するところから、墨痕経典は「自心印陀羅尼」短であることが裏付けられる（挿図12）。

五、八木書店所蔵「自心印陀羅尼」短の墨痕（挿図13）

（イ）この経典には『研究班』の指摘のように第五行目下の「藐」字、第七行目下「多」字の一部の墨痕がそれぞれの同じ行の上端に残っている。したがって墨痕の文字の推測が正しければ、これらの文字の一部が同じ行の上端に残っていることから、この墨痕経典は印刷されている文字面と同じ長さの「短」であると考えられる。

（ロ）この経典の第五行目下の「藐」字が長と短では字体が異なる。短は正字「藐」であるが、長は異体字「藐」である（挿図14-1・2）。第五行目「底」の上端の墨痕の形から、『研究班』の指摘のように短の正字「藐」の下端と思われる。

（ハ）この経典の上辺と下辺を対比すると両者は整合するところから、墨痕経典は「自心印陀羅尼」短であることが裏付けられる（挿図15）。

六、法隆寺所蔵『至宝』第八三頁所載「根本陀羅尼」短の墨痕（挿図16）

この経典に残る墨痕は最末から二行目の上端の一箇所であり、文字の判断は困難である。しかしこれまで検討してきた墨痕が印刷されている経典と同種の経典で、しかも同じ行の下端の文字の一部であったことから、この墨痕も短の同じ行の下端の「聲」の最下部分と思われる。またこの「聲」字は長及び長異と短では異なる。この文字の下に沿って横線を引くと長及び長異では「声」の七画目「ノ」の部分が「耳」の中央までしかないが、短はこの部分が「耳」の下の位置まで伸びていることが分かる（挿図6-1～3参照）。

墨痕には「声」の七画目「ノ」と「耳」の一部と思われる墨痕が残っているところからこの墨痕経典は「根本陀羅尼」短であると思われる。

七、静嘉堂文庫所蔵二九二六四—四八「相輪陀羅尼」短の墨痕（「挿図17」）

この墨痕について増田氏は確定は困難であるとしながらも、同じ相輪・短の最終行、最後の文字「訶」の最下部分ではないかと推測している。これまで検討してきた墨痕が印刷されている経典と同種の経典で、しかも同じ行の下端の文字の一部であったことから、増田氏の推測のとおりこの墨痕も短の「訶」の最下部分と思われる。

以上検討した墨痕文字は印刷されている経典と同種類であることが明らかになった。

ここから版式について検討をしたい。

初めに墨痕の経典が同じ種類であるが、墨痕が異なる静嘉堂文庫所蔵二九二六四—六七「自心印陀羅尼」短（以下「静」と称す。挿図10参照）と、八木書店所蔵「自心印陀羅尼」短（「八」と称す。挿図13参照）について検討したい。

本文料紙右端の縦の長さは「静」が五・七センチ、「八」も同じ五・七センチ。左端は「静」が五・六センチ、「八」は五・五センチである。次ぎに墨痕が残る各行の第一段の文字の上辺から料紙上端（上欄）までの長さを比較すると次のようになる（単位はミリ）。

	静	八
南	7	8
底	7	8
那	7	7
喃	7	6
婆	7	6
聲	7	6

この表からわかるように、上欄が同じ第七行「那」の上端には両者ともに「多」の墨痕がある。また「静」の九行「喃」、一〇行「婆」、一一行「聲」の上端には「薩」、「拏」、「鼻」の墨痕があるが、上欄が「静」より一ミリ短い「八」にはこれらの墨痕はない。さらに「静」の三行目「南」の上には「伐」の墨痕があるが、一ミリ長い「八」には墨痕がない。これは

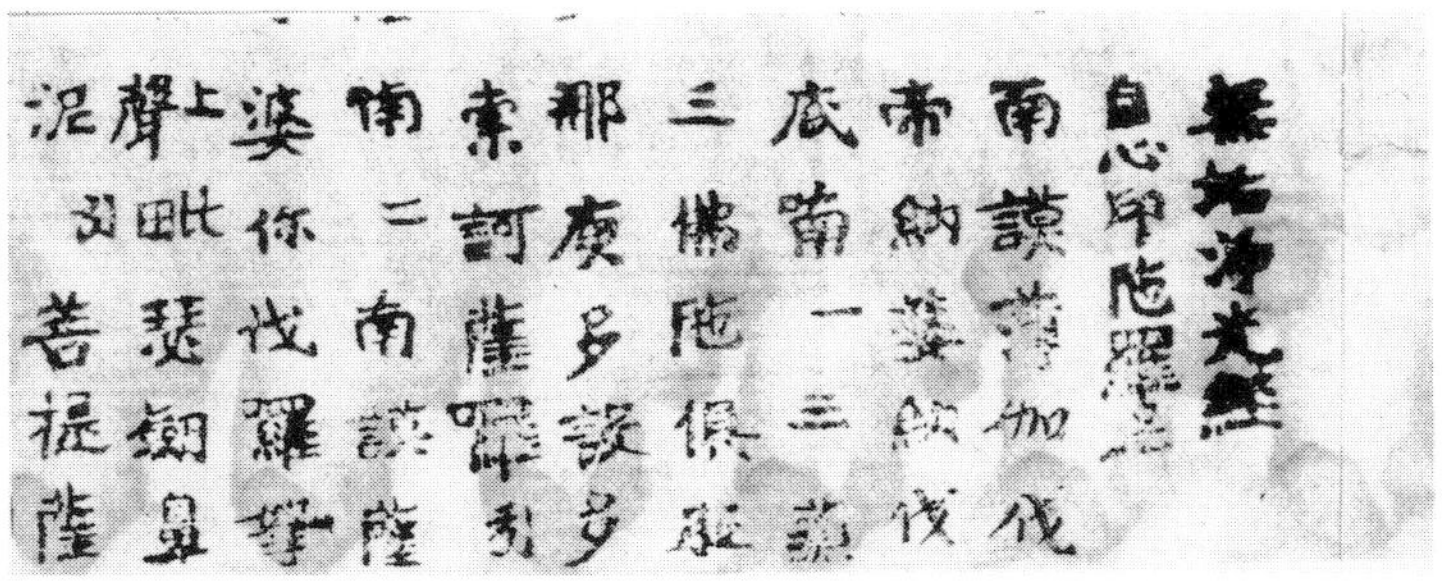

挿図10

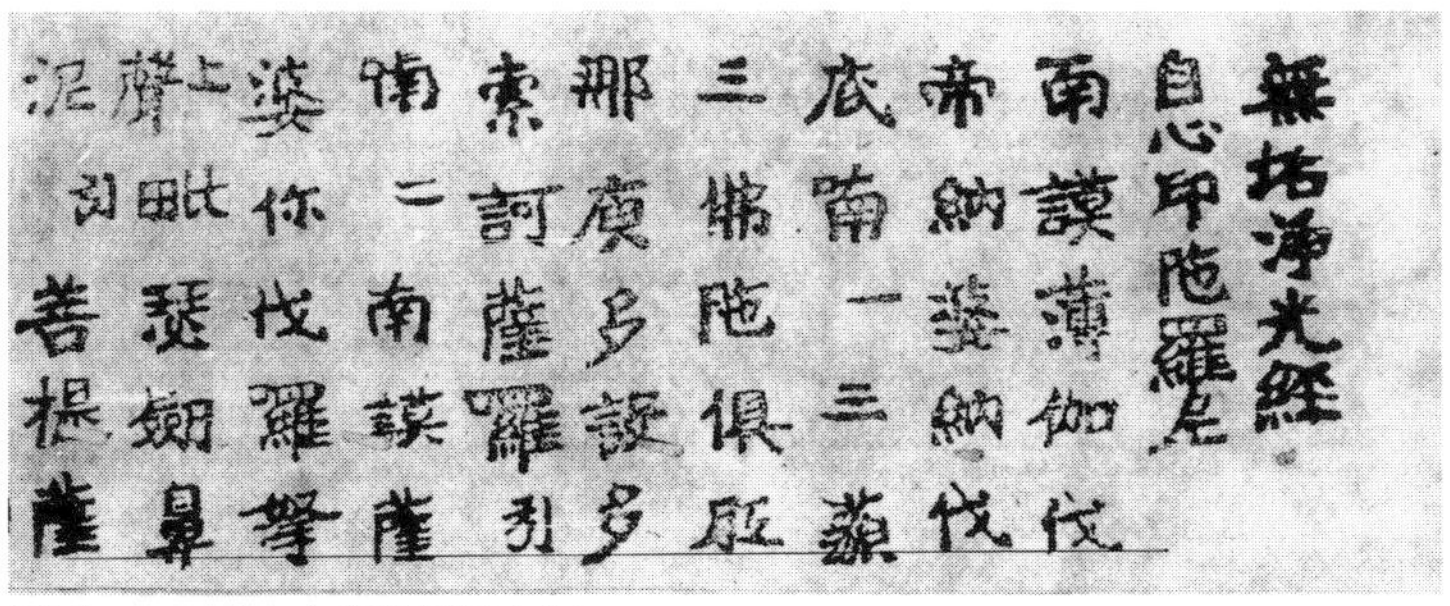

挿図11-1　「自心印陀羅尼」短

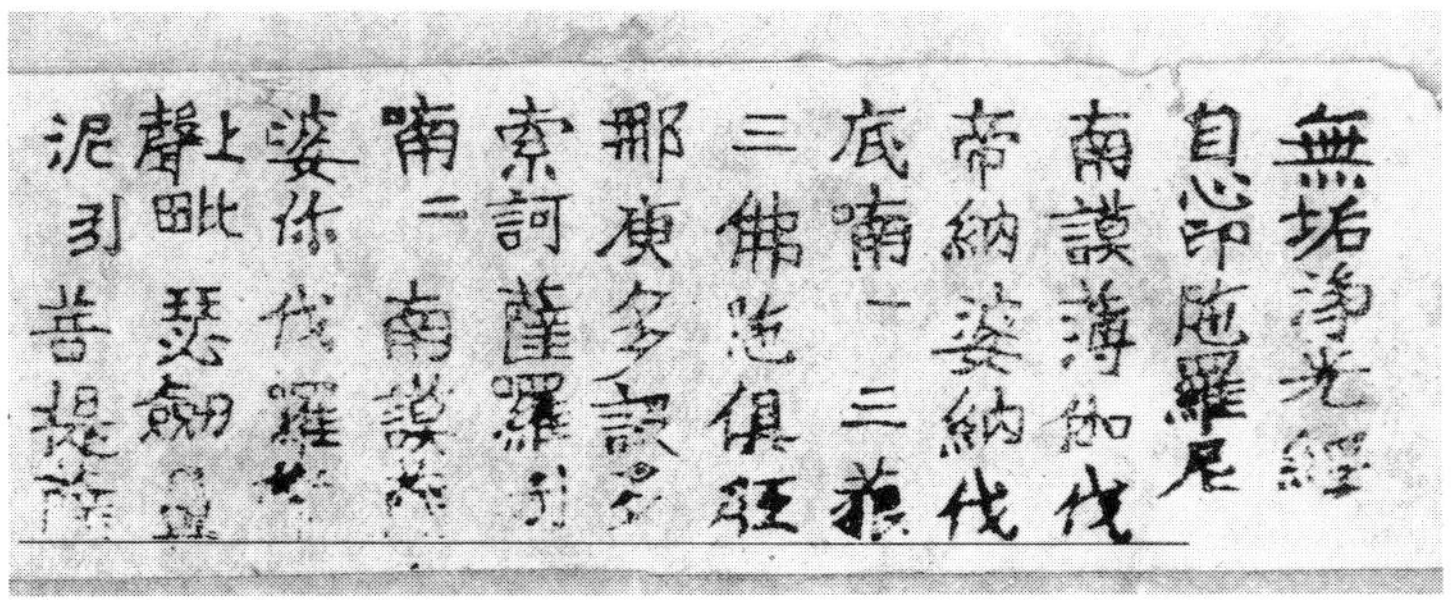

挿図11-2　「自心印陀羅尼」長

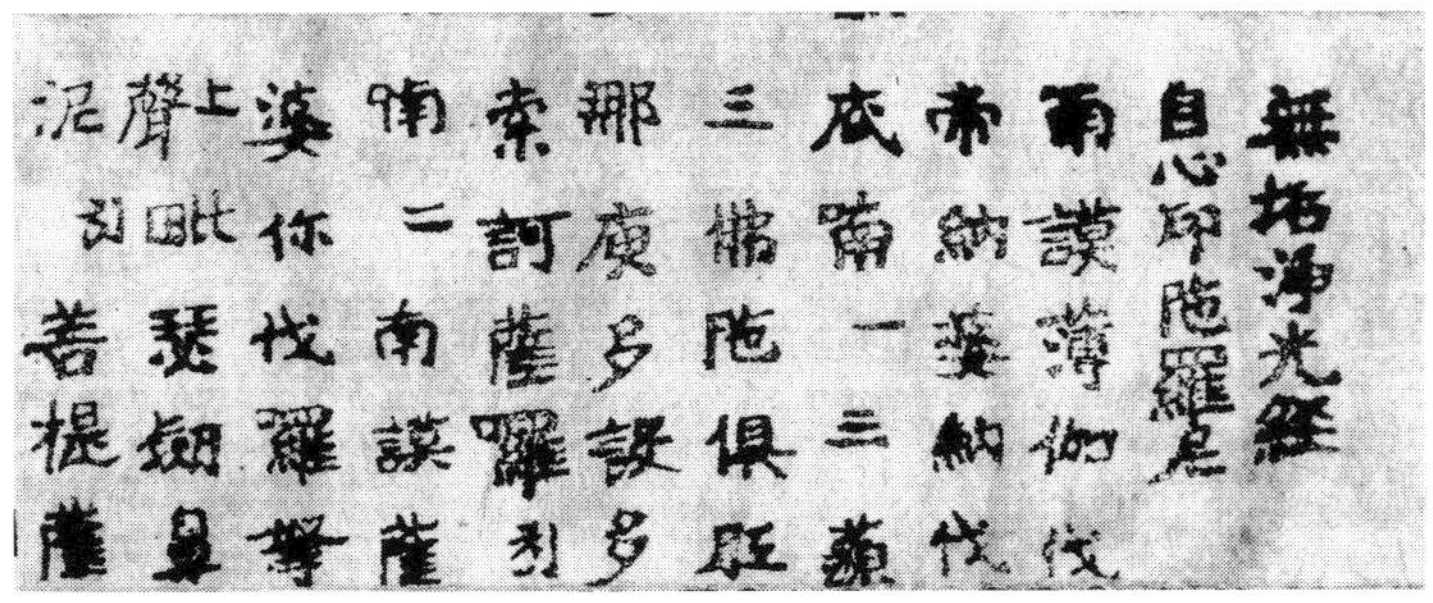

挿図13

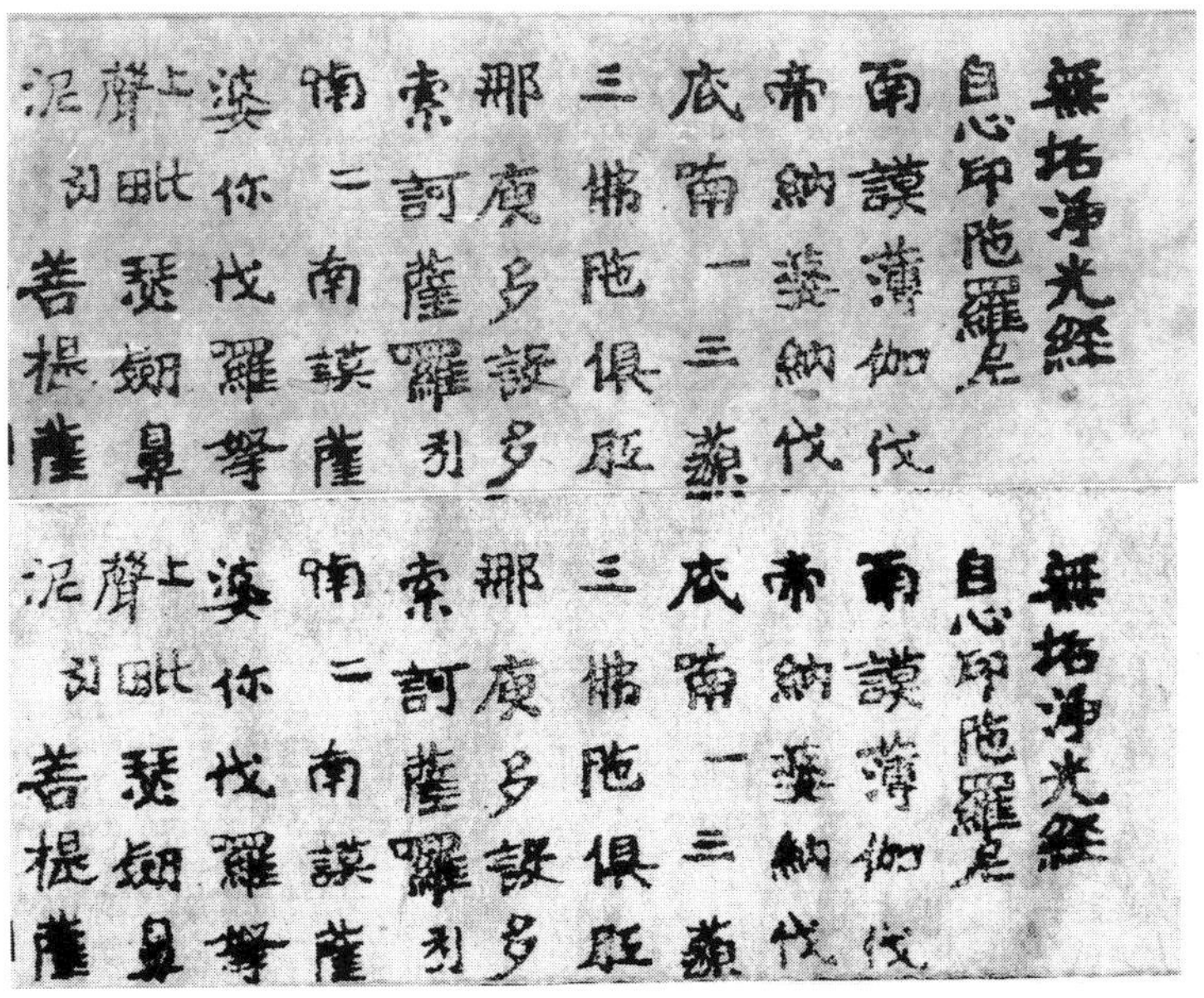

挿図15

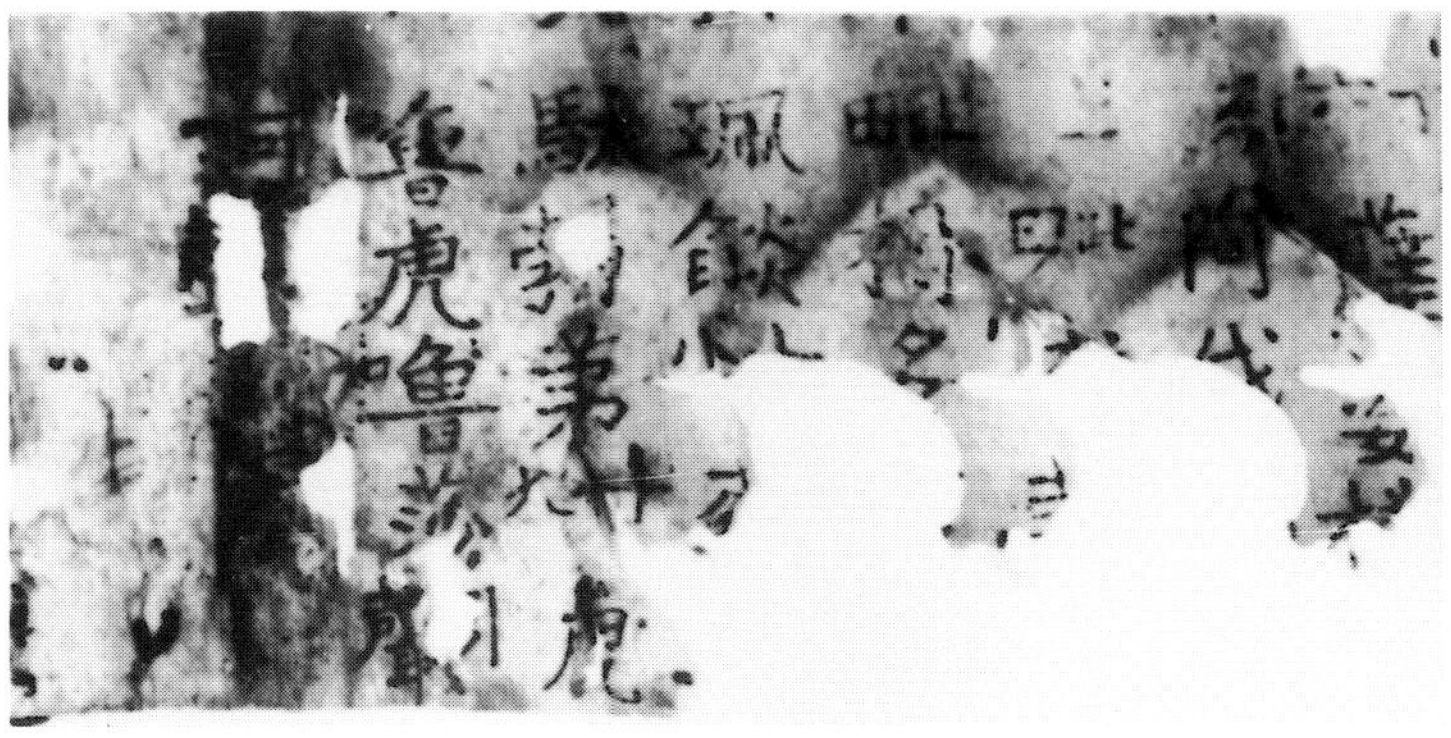

挿図8

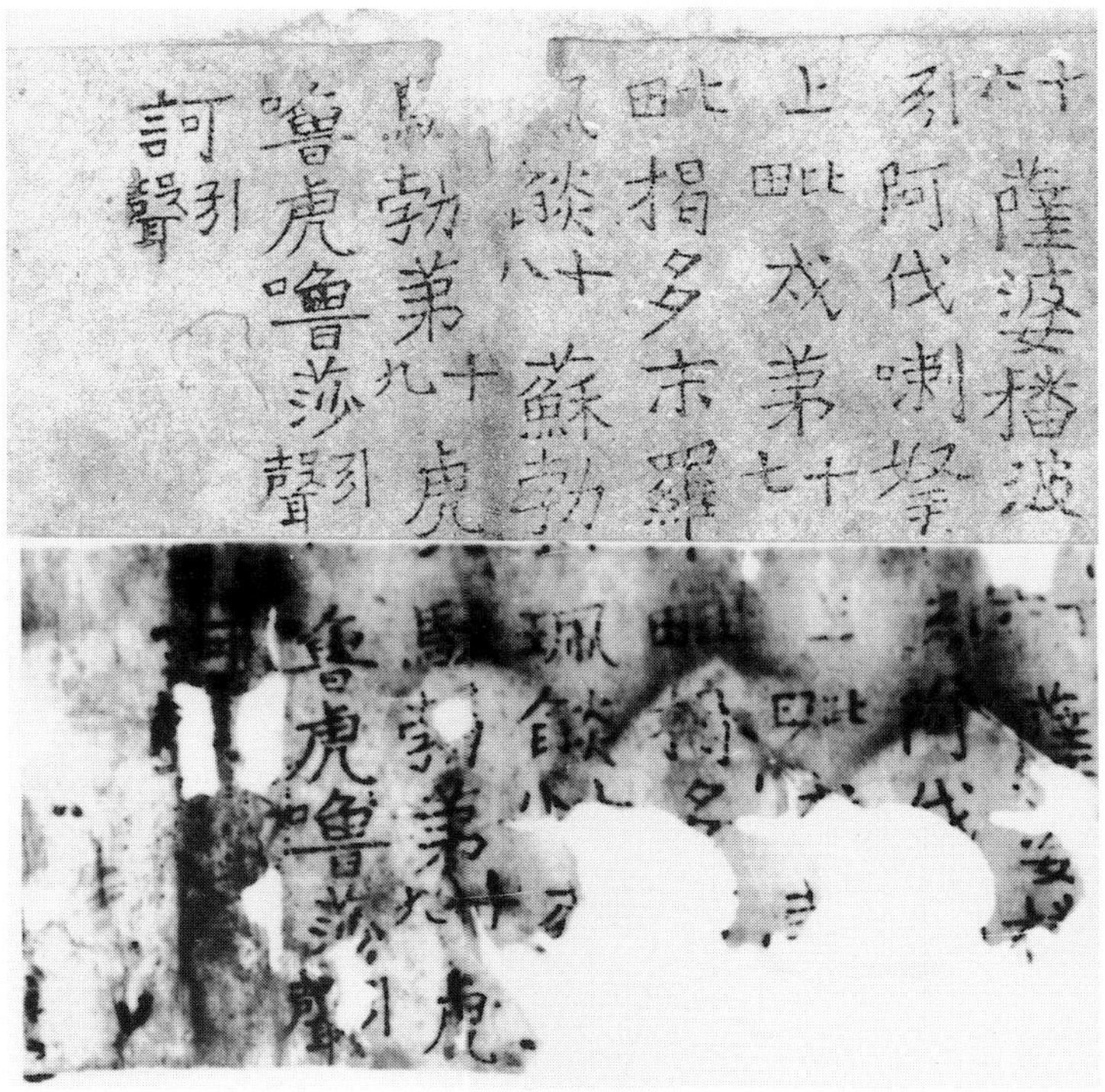

挿図9

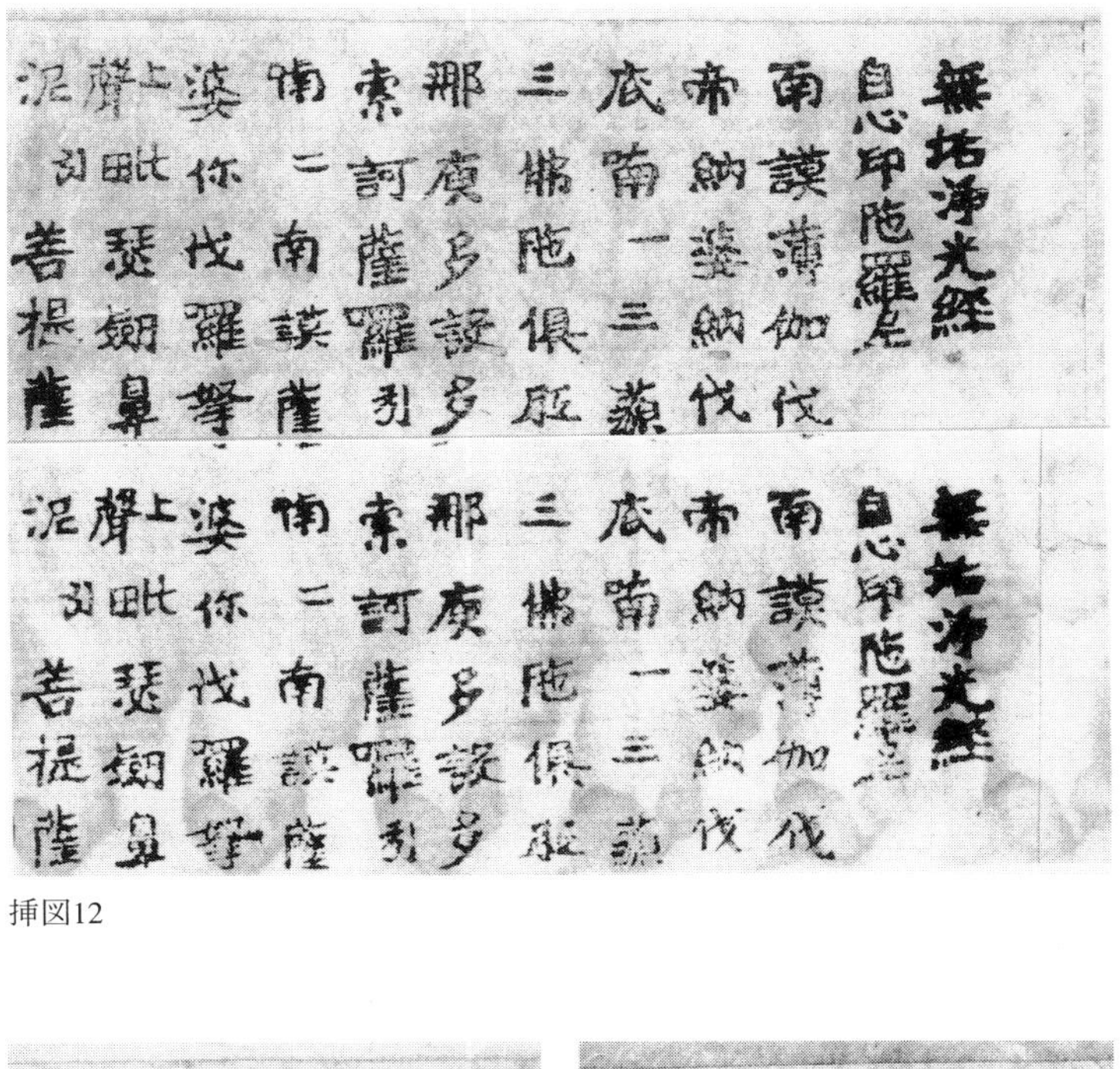

挿図12

挿図14-1　「自心印陀羅尼」短の䕫

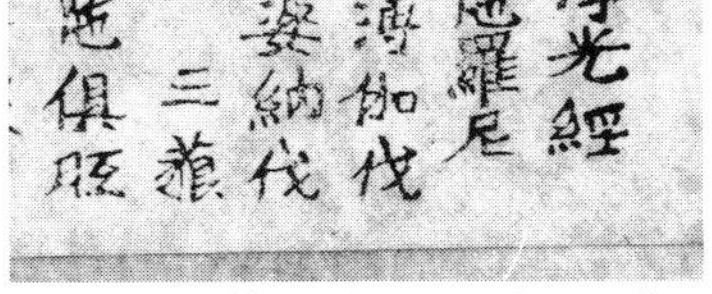

挿図14-2　「自心印陀羅尼」長の䕫

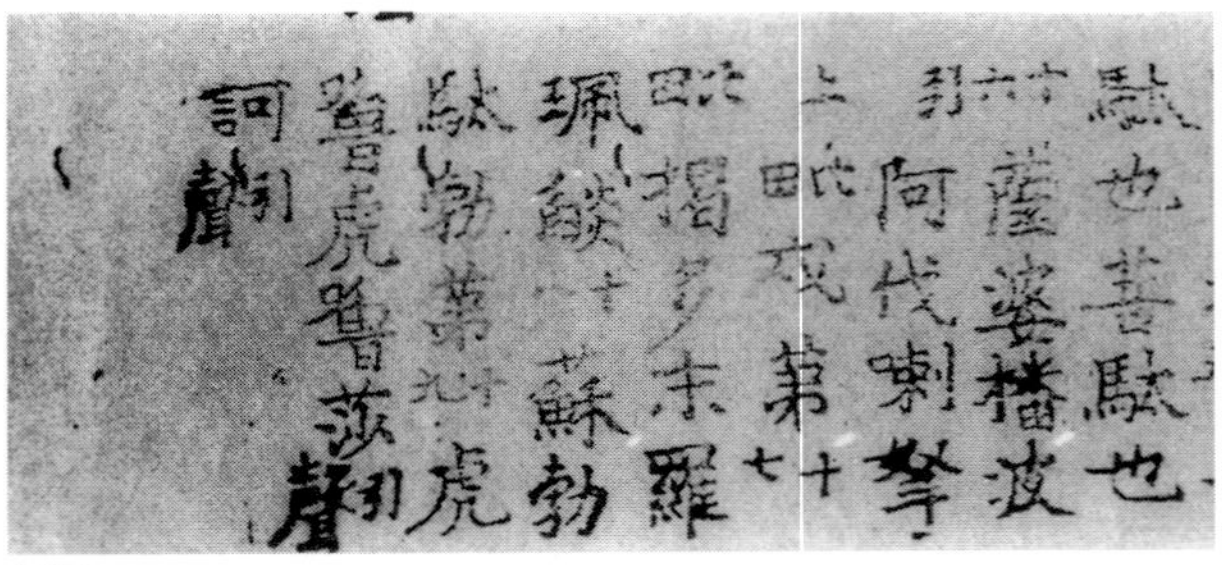

挿図16

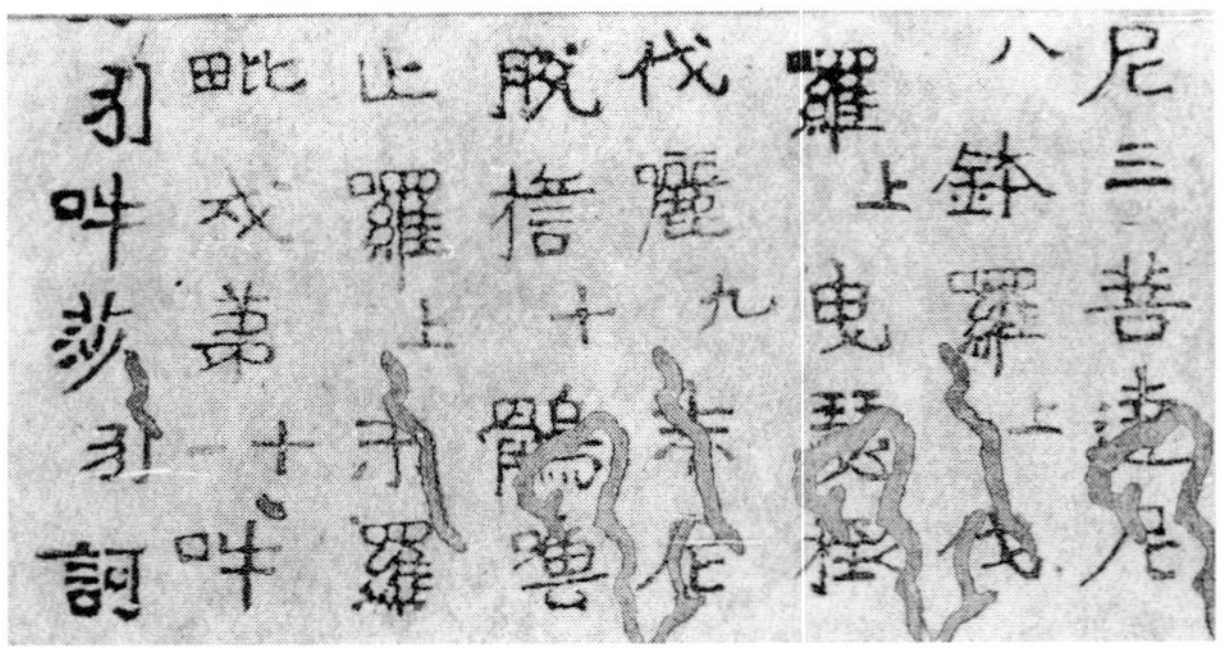

挿図17

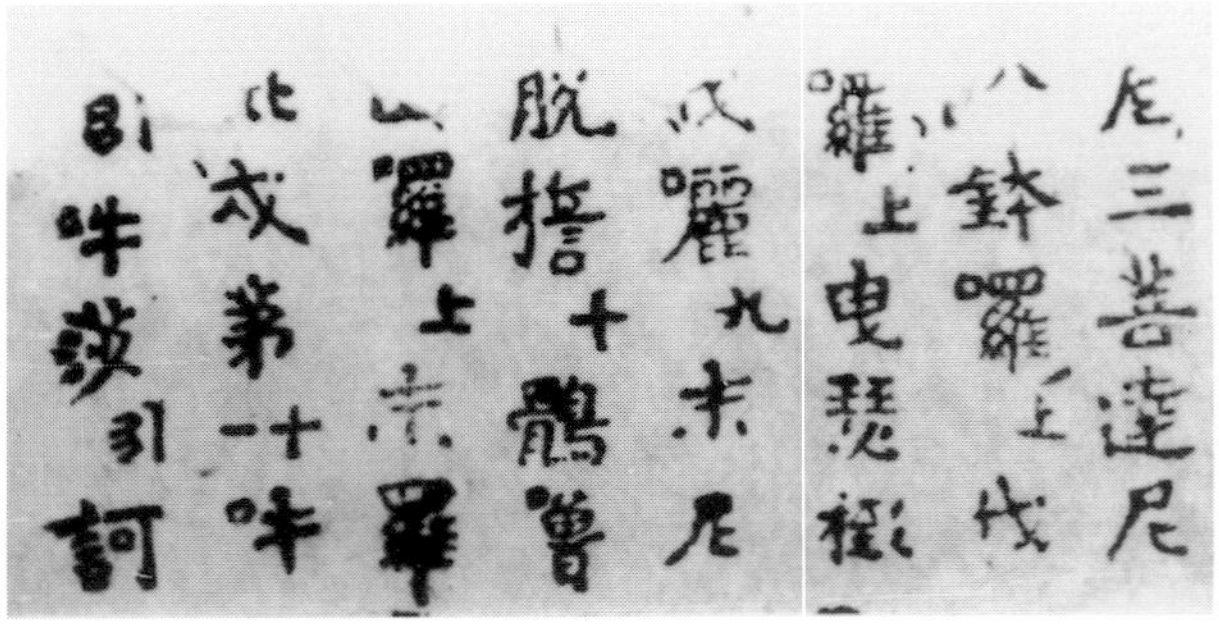

挿図18

「八」の印刷経典の上に摺られた墨痕経典が斜めに摺られていたためと思われる。

一方、「八」の五行「底」上欄には「藐」の墨痕があるが「静」にはこの文字の墨痕はない。「静」の三行目「南」と七行の「那」の墨痕の位置から五行「底」の上に「藐」の墨痕がないのは不自然である。ところでこの墨痕はこの行の下「藐」の一部であることが明らかになっているが、「静」の五行「底」の行の下「藐」は墨付きが少なく摩滅している。したがって五行「底」の上に墨痕がないのは「藐」の摩滅と墨付きが少なかったためと思われる。

また一番の法隆寺蔵四二六「相輪陀羅尼」短の「訶」墨痕（挿図1）と、七番の静嘉堂文庫蔵二九二六四ー四八「相輪陀羅尼」短の「訶」墨痕（挿図17）を比較すると、法隆寺蔵の最終行の下端の「訶」字の下端は、この行の第一段「引」字の左よりにあるが、静嘉堂文庫蔵は「引」字の上にある。また静嘉堂文庫蔵、一段「引」字の上欄の長さは三ミリであるが、法隆寺蔵の上欄の長さは写真で見る限り静嘉堂文庫蔵より長い。

さらに『至宝』一六頁所載、法隆寺蔵八二四「相輪陀羅尼」長の第一八行目下端の「揿」と第二二行目下端の「羅」字の下に残っている墨痕は、鬼頭氏が『至宝』において文字墨痕とされているものであるが、この文字墨痕の位置は印刷されている文字と極めて接近している（挿図18）。原版に同種の経典を複数彫り一連印刷ならば、このような形で墨痕は残らないであろう。

これらから版式は原版に一種の経典を刻したものと思われる。

以上墨痕を検討した結果、一番から五番の経典の上には印刷されている経典と同種の経典が印刷されていたことが明らかになった。また六番と七番の墨痕経典も印刷されていた経典と同種である可能性が高い。紙が貴重品であった時代において、一枚の紙に長さの異なる経典を印刷するよりも、長さが同じ同種の経典を印刷する方が経済的であろう。

また版式も原版に一種の経典を刻したもので、印刷方法も原版の上に料紙を置いて印刷したものと思われる。この方が押印方法より効率的であると考えられるからであるが、このことについては他の執筆者が実証してくれるであろう。

閲覧・掲載などに御高配を賜りました八木書店社長八木壮一・静嘉堂文庫増田晴美・奈良文化財研究所渡辺晃宏・宮内庁書陵部石田実洋の各氏及び法隆寺にお礼申しあげます。

また煩雑な写真撮影に携わって下さった三浦証吾氏に感謝の意を表します。

注

1 この他に日本印刷学会西部支部「百万塔陀羅尼」研究班編『百万塔陀羅尼の研究』によれば、「自心印陀羅尼」短版に補刻を加えた修正版があると報告されている（八木書店、一九八七年）。

2 一版に複数の陀羅尼が彫られ一紙に摺ったという見解は、既に一九六二年十二月天理図書館で催された「百万塔陀羅尼の印刷」座談会で、当時東大寺図書館司書堀池春峰氏が、陀羅尼が摺られた時代の写経用紙が大体三十センチで、陀羅尼の巾が大体五センチであるから、一枚の板に五種の陀羅尼を彫り一度に五つ分を摺るという方法をとったのでは無かろうかと述べている（『ビブリア』二十四号、一九六三年三月）。

なお、『国史大事典』の百万塔の項には、墨跡が残る法隆寺蔵四二六「相輪陀羅尼」短版及び法隆寺所蔵一〇四六「根本陀羅尼」短版などの写真を掲げ、「これらはすべて版による印刷で、これまでの調査によれば、原版は一種類のみの経典で成り立っているのではなく、少なくとも二種類以上の経典を刻みこんだもので、一枚の紙に複数の経典を同時に摺り、のちに上下を裁断したことがわかった」とある（吉川弘文館、一九九〇年）。

3 『研究班』では「我々も既に自心印陀羅尼（短）についても同様なケースを発見している、即ち五行目下端の「藐」の下部及び七行目の下端「多」の下部の端が、各々五行目上端の「戌」及び七行目上端の「那」の上部余白に印されている。これについては我々は自心印（短）の版で一枚の紙に上下に押捺したものの切り損じと判断している」と述べ（ただし、五行目上端の文字は「戌」ではなく「底」である）、更に当時の幼稚と考えられる刻版技術から「百万燈陀羅尼の版が一版に複数の面付けしたものでは無いと考えざるを得ない。この見解の相違は奈良国立文化財研究所の今後の豊富な資料を以てする、百万塔陀羅尼調査研究が解明してくれるものと期待している」と述べている。

4 ここでは墨痕の残る経典は所蔵番号四二六、一〇四六、所蔵番号が記されていない根本の長、そして墨痕が少ないとする三二四、九五四の五種が掲げられているが、後掲の『法隆寺の至宝』において墨痕が残る経典は四

二六、八二四、九五四、一〇四六、二一三三の五種とする。従って所蔵番号が記されていない根本の長とは本稿で後述する二一三三の根本の長と思われる。また墨痕が少ないとある三二四は『至宝』に報告されている所蔵番号の中にはない。これも墨痕の少ない八二四の間違いと思われる。なお九五四に墨痕はない（『伊珂留我』第八号、一九八八年、法隆寺昭和資財帳編纂所）。

5 『法隆寺の至宝　昭和資財帳』第五巻（小学館、一九九一年）。

6 『汲古』第三七号（二〇〇〇年六月）。

自心印陀羅尼（短版）、その特徴と差異
―比較方法の検討と共に―

猪股謙吾

静嘉堂文庫の自心印陀羅尼は六巻あり、うち二巻（29264-49, 29264-52）は異版と思われるものである。異版とする根拠は、各文字の線が本版に比べ痩せて細く、一部の筆法、特にハネの部分に差異が認められる。これらは根本陀羅尼（長版・異版）とは異なるもので、一見すると同じ版の墨付きの濃淡という印象を受ける。

本調査では、この二種類の陀羅尼を比較し、その比較方法を検討しつつ、それぞれの差異について述べる。また六巻という少ない比較対象であるが、製法についても考えてみたい。

この二種類の自心印陀羅尼について初めて言及したのは『百万塔陀羅尼の研究』（「百万塔陀羅尼の研究」刊行委員会、昭和六二年、八木書店）である。論点は以下の三点。

（一）本版であることを前提に、摺刷を繰り返し磨耗した版木（本版）を刀で削った補刻版（異種版）である。根拠として、本版の文字の中に異版が収まり、文字の細い異版は重ね合わせると本版の外に出ることがない（同書二七頁）。

（二）版木に付けられた瑕が両版に共通する（二八頁）。

（三）本版が古くなり磨耗した形跡が認められ、異種版に連続している。すなわち異種版の方が文字の欠けが大きい（二九頁）。

まず（一）については補刻の方法を、磨耗した文字の輪郭を刀で整えたとする。そのため文字は細くなる。本版の文字の中に必ず異版の文字が収まる、という事実は、陀羅尼を原寸のフィルムにし、それらを重ね合わせることで見つけ出したという。筆者も（一）についての疑問を本版、異版の特徴を検討することで考えてみたい。（二）についてはその中で言及する。（三）は両版を同じものとする根拠として、陀羅尼印面の文字の欠けや掠れを版の劣化として並べている。だが、文字の欠損と墨付の濃淡とを見分ける根拠を示していない。異版の下辺部（五行目）に文字の欠けが多いことを指摘するが、静嘉堂文庫のものには当てはまらない。たしかに異版29264-49の五行目「藐」、一一行目「鼻」の下辺は欠けているが、異版29264-52は完全に残っている。これらを部分的に見れば29264-52から29264-49へと版が劣化したように見えるが、上辺についてはまったく逆の現象が起こる。多くの陀羅尼にいえることであるが、特定の箇

	本版、29264-51	異版、29264-52	
二行目「羅」			第一画の角度
五行目「藐」			（後述）
六行目「陁」			最終角はね
六行目「胝」			最終角の角度
七行目「設」			第四画
八行目「薩」			（後述）
一三行目「引」			最終角の湾曲
一四行目「観」			最終角はね
一五行目「婆」			第七画
一六行目「毗」			右側の角度
一七行目「掲」			手偏のはね
二一行目「陁」			最終角はね
二二行目「帝」			最終角の形
二三行目「囉」			口
二六行目「尼」			左払い
三〇行目「達」			第一画の長さ
三一行目「訶」			第一画の有無

挿図1

所の比較が全体の磨耗や損傷とは結び付くとはいえない。よって(三)については言及しない。

版木の文字の輪郭を整えたとする補刻説を、筆者の方法で試みた。まずは目視でわかる範囲での相違である。

実物の陀羅尼は、墨付、滲み、摺りブレ等さまざまな印面の特徴を持つ。比較検討をするための基準となる陀羅尼は、墨付の平均した29264-51, 29264-52とした。特徴のある一七箇所を挙げる（挿図1）。

全体の印象として文字の太さが異なるのがわかる。それと共に各文字の字画に注目してほしい。このように目視による比較を行った後、差異の見られる文字を拡大し、重ね合わせをする。その際、透過原稿を使用して文字の比較を行い、文字線の太い本版をネガに、異版をポジにして重ね合わせる。これによりどの部分が異なるかがわかる。『百万塔陀羅尼の研究』では、原寸大に撮影したフィルムから密着焼付けでポジフィルムをつくり、これをマゼンタ染色したのちに脱銀し、マゼンタ地に文字が白抜きのマゼンタ染色フィルム（マゼンタネガ）を製作している。これを原寸の紙焼印画と重ね合わせることで比較をしている。このようなネガとポジの重ね合わせで注意することは、線の細いポジ画像（異版）がネガ（本版）よりもはみ出ていた場合に気づきにくいことである。多少の違いは濃度の高いフィルムの場合相殺されてしまい、一見うまく収まっているように見えてしまう。この欠点を銀画像よりも透明度のあるマゼンタ染色という方法で補っている。筆者の方法はこれを顧みたもので、マイクロフィルムに撮影したものをデジタルデータに変換し、フィルムへ原寸で出力している。また、個々の文字を比較するには画像処理ソフトの合成機能を使用している。

文字の太さと共に字画にも注目して欲しい。特徴的なのは八行目「薩」である。本版は艸部の第四画が独立しているが、異版では第八画と連続し一本の線として表されている。これは本版のそれが斜めに書かれているのに対し、異版ではほぼ垂直になる。字画そのものが異なるのである。このような場合、ネガとポジのフィルム同士を重ね合わせることでは分かりづらい。このように文字線の細い異版が太い本版よりもはみ出ていた場合、一見すると異版が本版の中に収まっているように見えてしまう（挿図2）。

『百万塔陀羅尼の研究』では字画の特徴として「施」等のハネの違いを指摘している。本版「施」のハネは異版のそれより長い。異版のこの部分は本版の中に収まる。これはハネの部分だけを比較したものである。単純に文字線の細さと長さの比較である。だが、文字全体を比較すると、八行目「薩」のほかにも、「藐」、「設」、「引」、「毗」、「囉」なども異版では大きく異なる。同書ではこれらを「末端に小差異のある文字」（二八頁）として本版の文字からはみ出ることに言及していないが、これらの文字は本版の文字に収まらない。これ以外の文字についても収まるとはいえないだろう。とりわけ「藐」に関しては、「本版と異種版で著しく変化している」「下端部が異種版では大きく欠如したものと考えられる」（二八頁）とするが、欠けの有無に関わらず他の箇所も大きく異なる。

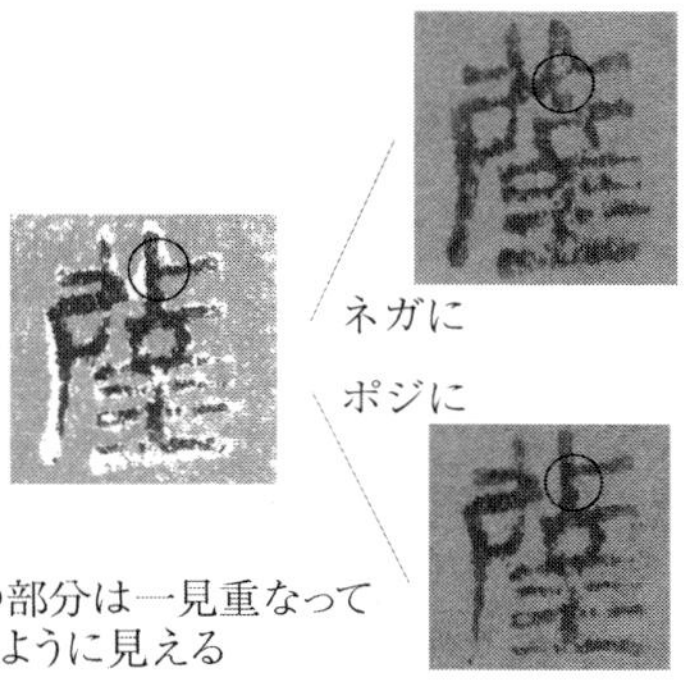
ネガに
ポジに
○の部分は一見重なって
いるように見える
挿図2

この「藐」も異版の右側は本版よりも文字線が太い。「薩」と同様ネガとポジの重ね合わせではわかりづらい。陀羅尼の文字は1㎝角程度であるため、原寸の透過原稿で各文字を比較すると、重なり部分が1㎜にも満たない。ネガとポジの透過原稿を重ね合わせる方法では、この僅かな差に気付かない場合がある。また、料紙が焼けているため透過原稿が煩雑になりやすい。比較を容易にしようとすれば画像を工夫する必要がある。画像を拡大する事の他に、情報を間引きし適度にコントラストをつける処理をする。前掲のようにグレースケール（通常の中間調のある白黒画像）での比較よりも2値（白と黒の二階調）の画像に加工した方が分かりやすい。2値ではスレッシュホールド（またはスレッショルド、しきい値）と言い、グレーで表現されている部分を白か黒かに振り分ける値を設定しなくてはならない。墨文字の場合はこの値の設定によって、微妙な滲みや掠れが、文字になったり間引かれたりしてしまう。これは一見デジタル固有の問題のようにも思えるが、銀塩写真でも同様なことは行われてしまう。デュープの作製やネガからポジへの反転、撮影ではマイクロフィルムの使用などによって中間調が白か黒かに振り分けられてしまう。実物での曖昧な部分は強調されるか消されることになるので、処理をした画像が現物と大きく異なっていないか確認する必要がある。

ここでは本版「藐」の輪郭をトレースして白抜き文字を作成し、透明シートにプリントして異版と重ね合わせた（挿図3）。

これで見ると左下の欠けに限らず、右側が大きく異なることが分かる。本版を補刻したらこのようにはならないだろう。これと同様に、前掲の文字を個々に比較すればよい。

こうして個々の文字を比較すると、大まかな配列は共通するが、細部はかなりの違いがあることがわかる。非常に似てはいるが、補刻とは考えられない。「藐」に限らず、本版の字画の外にはみ出ているものを例外（埋木をし、文字を入れ替えた）とするのは根拠がない。そして、版木の磨耗を修正するための補刻であれば字画まで変えないだろう。

また、第二九行「波」に瑕があることがあげられている。瑕とは第七画に斜めに入る線のことである。本版と異版に共通していることから、両版が同一の根拠としている（二八頁）。しかし、本版から異版へと版木を修正したときになぜ瑕を残したのだろうか。文字の相違については補刻で修正し、瑕についてはそのまま残したとは考えられない。そもそもこの線が版木についた瑕なのか疑問に思う。瑕が版木に後天的に付けられたものと証明できなければ、両版が同じ版木であるとはいえない。仮に瑕、割れとしても、版木を作る段階から材料に付いていたものではないであろう。節割れや瑕のある材料を版木に使うことは考えられない。また、摺刷の過程で付いたものであれば、取木、埋木で補修するはずである。瑕をそのまま残すものであろうか。本版と異版に線が共通しているからといって、両版が同一の版木から摺られた証明にはならない。瑕のない「波」が認められる本版が存在すれば、版の劣化により付いたものと想定できる。だが、静嘉堂文庫のものには確認できない（挿図4）。

そもそもこの線（隙間）は瑕なのだろうか。第七画目は通常左にハラウ部分が分断されたものではなく、ハネと見ることができる。字画としては不自然だが、文字全体のバランスは取れているように思う。版木が割れた、あるいは瑕が入ったと仮定して図のようにしてみると逆に不自然に思える。もともとこのような字画と見ることはできないだろうか。瑕と証明する手立てがない以上、これを元々の字画と考える。

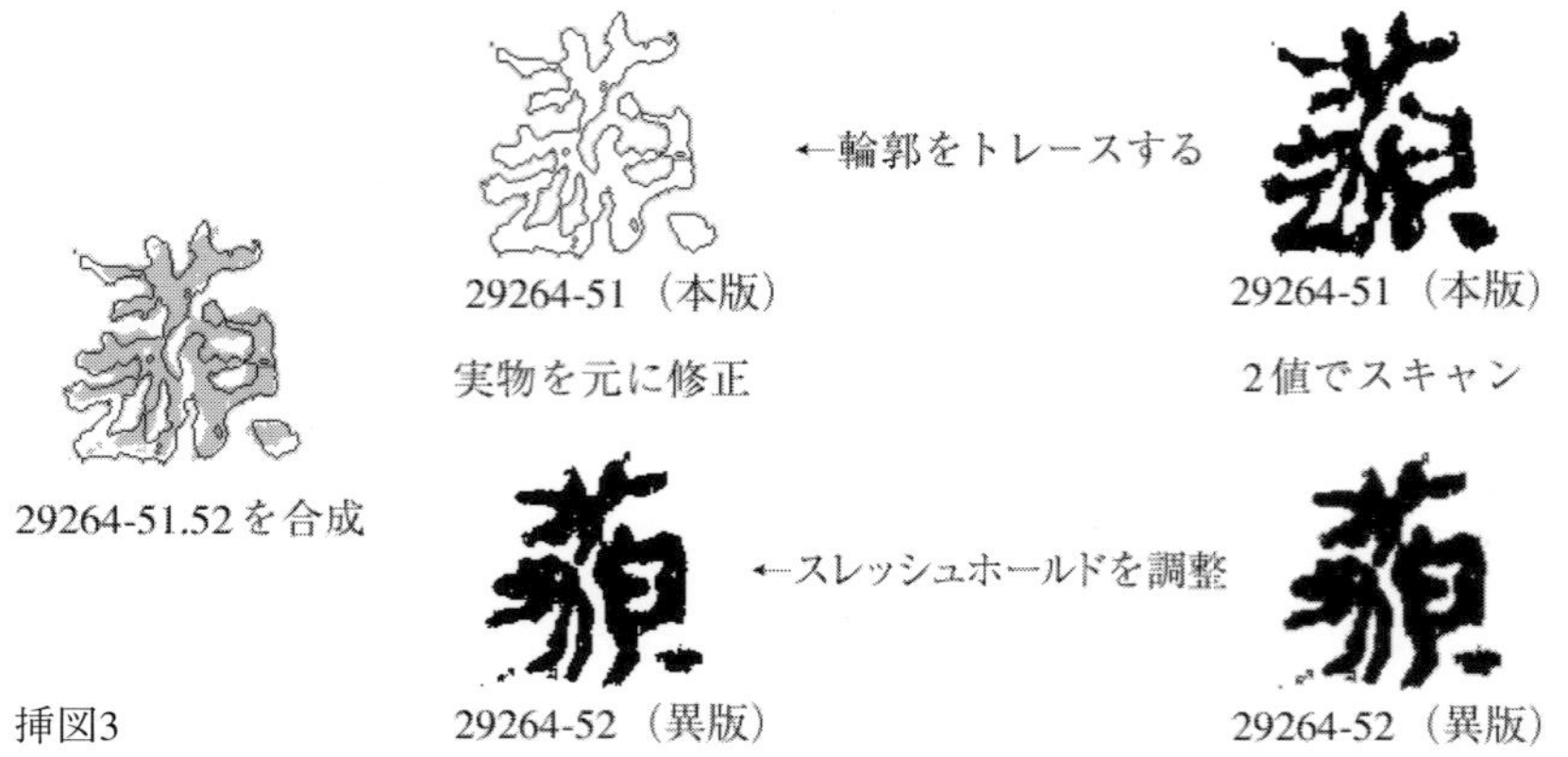

挿図3

字画としては不自然な「波」がすべての陀羅尼に共通するということは、底本から忠実に写し取ったと予想できないだろうか。もともとこのような字画のものともいえるし、底本の版が劣化していたものともいえる。本版「藐」左下の墨溜りのような部分も同様と考える。

では、このような文字の相違、底本の存在から、本版、異版の関係はどのようなことがいえるのだろうか。

一枚の底本から複数の版下を起こしたことが考えられる。前述の「藐」左下の特徴などは、底本の滲みを極力忠実に写し取ったもの（本版）と、ある程度端折ったもの（異版）とで出た違いとも言える。

底本が二枚存在していたとも考えられる。底本自体が刷物や拓本であれば、類似した陀羅尼が複数枚あってもおかしくない。根本陀羅尼長版（本版、異版）はこの例と考えている。

有力なのが覆刻（かぶせ彫）である。版木の劣化や損傷、印刷効率を理由に新たに版を起こしたということである。本版あるいは異版の刷を版下として版木を彫るのであるから、文字の違いも出てくる。例えば、

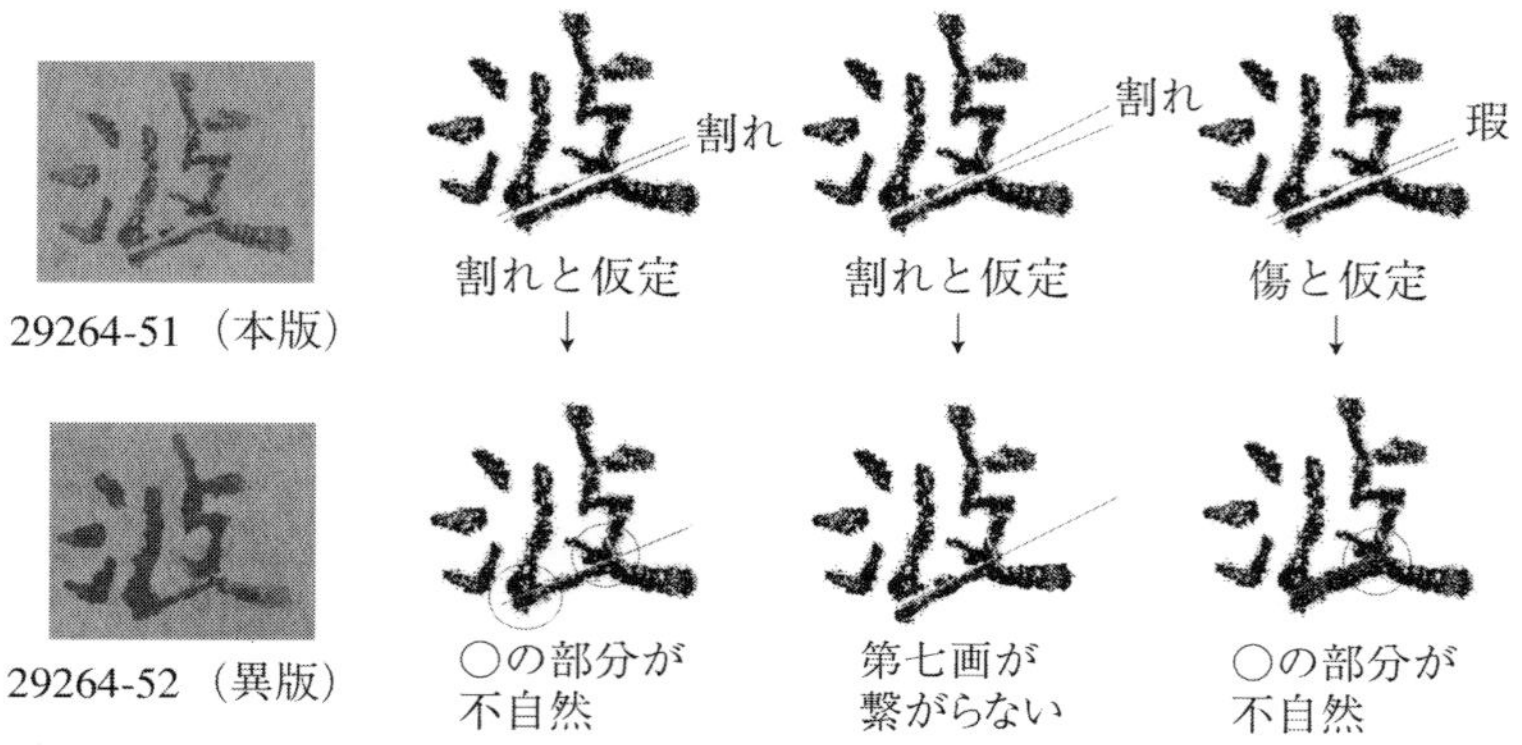

挿図4

二十一行目「薩」だけを取り出してみてもこれだけ墨付にバリエーションがある。第四画が独立しているものと、第八画に連続しているような墨付のものである（挿図5）。

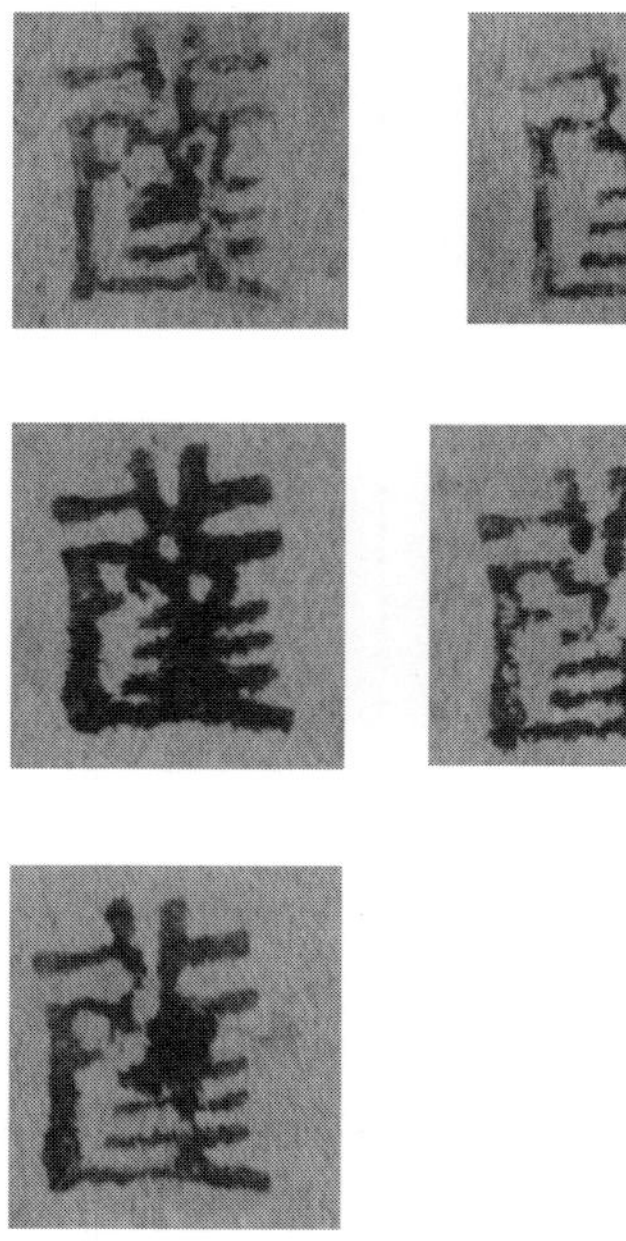
挿図5

陀羅尼の場合、どれ一つとして完璧な墨付をしているもの（滲みなどがまったくないもの）がない。そのため底本、版がない状態での覆刻ではあいまいな部分を想像して彫るのではないかと考える。また、陀羅尼の料紙は比較的厚いため、裏写りというものが殆どない。覆刻の際、裏返した陀

羅尼を板に張付けて文字を彫る。おそらく相剥ぎしたものを使用するのであろうが、それとて不鮮明であろう。他の陀羅尼を参考にしても、曖昧な部分はのこる。そして、覆刻と考えるのは次に述べる長さの相違もあるからである。

	増田氏採寸字面長	分類	裏打の有無	最終行「訶」の大きさ	一行目「無」の大きさ	歪み	筆者採寸字面長	A	B	C
29264-49	32.0㎝	異版	有	1.0㎝	0.90㎝		31.4㎝	9.65㎝	10.30㎝	11.40㎝
29264-50	32.2	本版	有	0.9	0.95		31.7	9.80	10.35	11.50
29264-51	32.3	本版	有	1.0	0.90		31.7	9.80	10.35	11.50
29264-52	31.9	異版	有	0.9	0.90	僅かに有	31.4	9.70	10.30	11.40
29264-53	32.3	本版	有	1.1	0.90		31.7	9.80	10.40	11.50
29264-67	32.1	本版	有	0.9	0.95		31.4	9.75	10.20	11.40

・増田氏字面長は一行目「無」第七画右端から最終行「訶」第二画左端までを採寸。
・筆者は「無」最終画右端から「訶」中心部までを採寸。
・Aは、3行目「南」から12行目「泥」まで
・Bは、「泥」から20行目「麗」まで
・Cは、「麗」から最終行「訶」まで

挿図6

先に述べたように、文字の特長を検討するために原寸大の透過原稿を作成した。これを重ね合わせると、長さが異なることに気づく。補刻であれば版が同じであるため、長さに相違が出ることはない。「薩」や「藐」など特長のある文字を重ね合わせ絶妙な位置に調整すると、他の文字がまったく重なっていないのである。

自心印短版は字面長32.2㎝前後である。まず、一番長い32.3㎝（29264-51,53）と短い31.8㎝（29264-52）を比較すると5㎜の差がある。この採寸の基準となったのが、一行目「無」の右端、一番突出した部分と、最終行「訶」左端である。六巻の陀羅尼がそれぞれ1㎜程度異なるのは、墨付や字面の大きさによるものと考えられる。この基準となる各文字は異版、本版でかなり異なるため、透過原稿で重なりあう部分をそれぞれ基準点として決め、筆者の採寸表を作成した（挿図6）。1㎜程度の誤差はなくなっている。

挿図7

また、静嘉堂文庫所蔵の陀羅尼は多くが裏打されているため、採寸と同時に歪みを検証する必要があった。裏打時に本紙の曲りや伸縮で差が出ることが考えられる。歪みの場合、ネガとポジの透過原稿を重ねた比較ではわかりづらい。長さが異なっているため、どの文字を基準にしてよいかの判断が付かない。また、重なり合わない部分の文字がネガの濃度で相殺されて、歪みの全体像を把握しにくい。全てをポジの透過原稿にしてバックライトの上で重ね合わせるか、プリントした陀羅尼に線（グリッド）を引く。例えば、一行目「無」の第二画右端から最終行「訶」の第二画左端までを線で結ぶ（挿図7）。これを各行と列で行い、その間にある文字のどこにこの線が交差するのか六巻の陀羅尼それぞれを比較する。

結果、31.9㎝の29264-52は中心部の行が他の陀羅尼より上方向にずれていることがわかった。本紙の伸縮、曲がりによる誤差で1㎜程度の違いが出たと考えられるが、筆者の採寸では誤差の範囲と判断した。29264-53は六行目中程に皺が見られる。下部に虫損があるため、裏打時に皺を付けてしまったと考えられる。また32.3㎝のもの（29264-51,53）はともに最終行の「訶」に滲みが見られる（「訶」自体が1㎜程大きい）。この二巻についてはやはり1㎜程度長く採寸されたと思われる。

配列も問題である。全体の長さが異なるのは一部の配列が異なることが考えられるからである。一行目に基準を置き、それぞれ次の行の文字までを採寸すればよい。透過原稿であれば各行の文字同士をそれぞれ重ね合わせれば、特定の行間が異なることに気付く。もしくは、おおよそ全体を三等分し（前掲表A、B、C）、それぞれ1㎜程度の差が出ればよいことになる。表のとおり、配列の相違は確認できなかった。全体に伸びた、あるいは縮んだという印象である。

裏打時の本紙の伸縮については、誤差は1㎜程度と考えている。このあたりは紙の厚みや成分で異なるのでなんともいえない。陀羅尼そのもので試すことが出来ないのは仕方がない。

注目すべきは29264-67で、異版と同寸である。この陀羅尼のみ裏打が施されていない。裏打の誤差を考慮しても3㎜程度の差は無視できず、本版の中でサイズの異なるものがあることに疑問は残る。ちなみにこの版は、上部に一連印刷の跡と思われる墨付きがある。

本版が32.2㎝（筆者基準の採寸では31.7㎝）、異版が31.9㎝（31.4㎝）としても差は3㎜、やはり透過原稿が合わない理由はここにある。3㎜の差は数値の上では僅かだが、実際に文字を重ね合わせてみるとかなりのものに感じられる。

一般に覆刻の場合、文字の輪郭を彫るために、元のものより画線が細くなる。このように考えると、本版を覆刻したものが異版ということになる。だが、覆刻すると長さはどのように変化するだろうか。実際に刷られた陀羅尼（三浦彰士氏作成の摸刻版）に糊を引き、板に貼り付けると2㎜～3㎜程度伸びる。もっとも板に糊を引けば伸びない。この場合はほぼ同寸となる。本版と異版の差としては適当であるが、そうなると異版を覆刻したものが本版ということになってしまう。覆刻（木版）であると仮定すれば、異版の覆刻が本版とも考えられるが、逆に本版が木版でないとすると、その可能性は低くなる。

木版ではないと考えられるのが、一連印刷の跡である。29264-67（本版）は上部に一連印刷と思われる墨付きがある。陀羅尼の版が唯一無二の木版であれば、一連印刷は一つの版を一枚の紙に二度刷ったということになる。この場合、他の本版とこの一連印刷の本版は同一の版で摺られていることになるので、すべて同寸でなければならない。だが。この29264-67は他の本版より3㎜短い。異版と同寸である。では、一連印刷の痕跡と異版の下部が合致するかというと、その特徴は本版のものと一致し、異版のそれとは一致しない。一連印刷が一つの版を二度刷りしたものか、二つの版を並べたものなのか不明であるが、本版と一連印刷のものと、同じ文字の版が二種類存在することにはなる。

本版が木版で一連印刷が木版を原型とした金属版とも考えられる。だが、三浦氏作製の模刻版（相輪陀羅尼短版の字面長は28.1㎝）では木版と金属版の差が約5㎜ある（三浦氏論考を参照）。金属により異なるであろうが、伸縮率からすると自心印では5.7㎜程度の差になるはずである。一連印刷のものとの差が3㎜なので、この可能性はないと思われる。

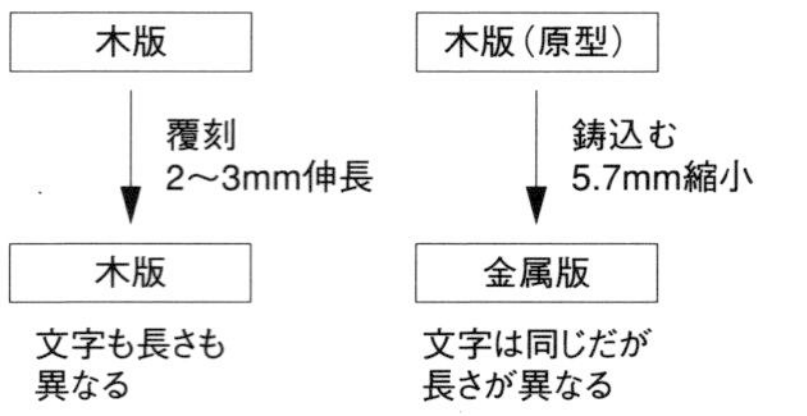

挿図8

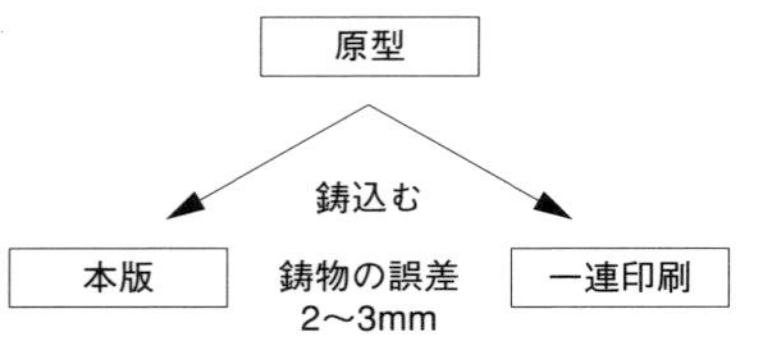

挿図9

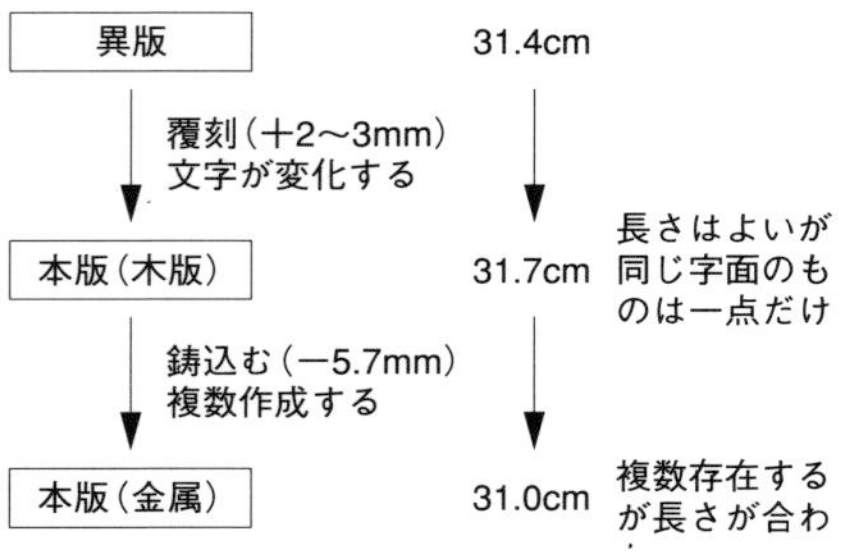

挿図10

通常、金属版であれば作業効率を高めるために、複数の鋳物を作る。原型が一つあれば字面が殆ど同じものを複数作ることができる。長さは金属の成分が異なることで縮小率も異なることが考えられる（挿図8）。本版と一連印刷のものとの差は、同じ原型を使った鋳物の中での差ではないだろうか（挿図9）。長さが若干異なり、文字の同じ版が本版の中にあるということは、木版では不可能と考える。

したがって本版が木版でないならば、本版が異版の覆刻であるとは考えられない。仮に覆刻された木版を原型にした鋳物だとすると長さが合わなくなる。鋳物の縮みからすると、覆刻されたものの方が短くなければならないからだ。（挿図10）

文字の特徴にならって、本版の覆刻が異版の場合はどうであろうか。本版の刷を板木に貼り付けたとき、紙に糊を引くと殆ど変化はない。板木に糊を引くと2㎜程度伸びる。覆刻された異版は本版より2㎜長いか、同寸である。異版が3㎜短いということを考えると、本版を覆刻し、それを原型にした鋳物の可能性はないだろうか。本版を版木に貼り付けたときの3㎜の伸長と鋳込んだときの5.7㎜の縮小である。差引約3㎜の差と覆刻時の文字の変化である。

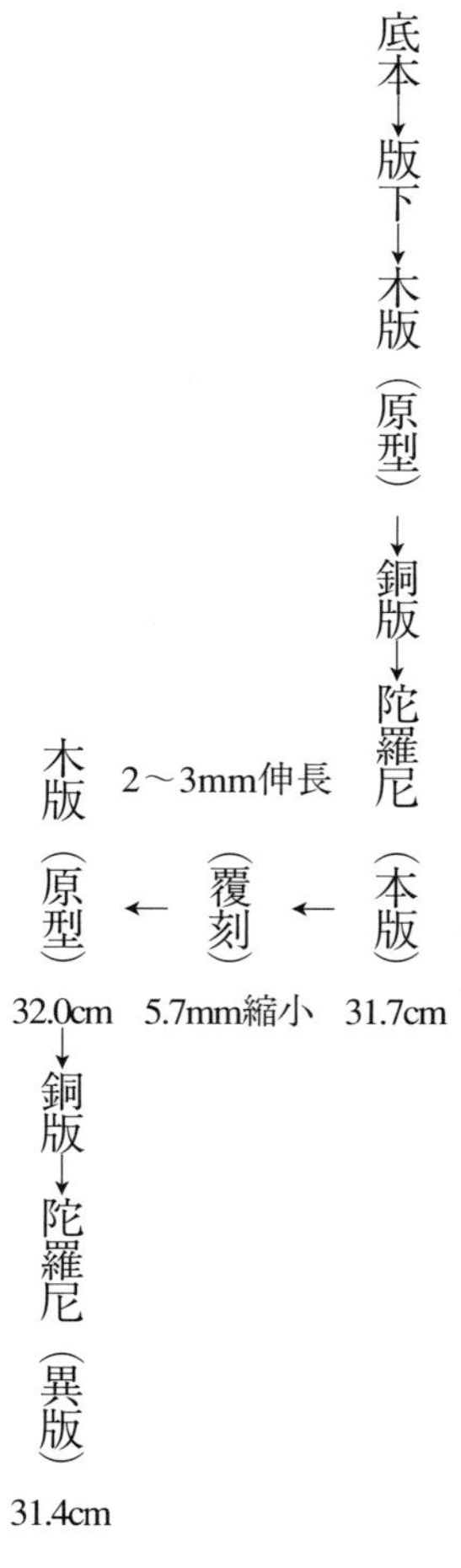

だが、この原型の再作製という方法を採ったのはなぜだろうか。覆刻（木版）をそのまま使用すればよいと思うのだが。今回調査した静嘉堂文庫では六巻中異版は二巻（約33％）。『百万塔陀羅尼の研究』での調査では五十一巻中五巻（約10％）。仮に百万巻の陀羅尼を刷ったとすると、八種類の陀羅尼（各種長短）それぞれが十二万五千巻、自心印短版異版を10％と見積もっても一万二千巻である。一万二千枚の陀羅尼を一つの版木で摺るか、それを原型として複数の版を作るかである。

それではなぜ覆刻が必要であったのか。原型を紛失もしくは破損した場合、使用していた鋳物を原型として鋳型をつくる（踏み返し）と5.7㎜の収縮が起こる。覆刻を原型とすることでその違いを3㎜とすることができる。また、災害や事故等で原型、版（鋳物）共に紛失したことも考えられる。これらはいずれも想像の域を出ない。

今回、静嘉堂文庫所蔵自心印陀羅尼短版には、三種類の版が存在することを認めた。

百万塔陀羅尼の印刷について

中村一紀

本書編者でもある増田晴美氏により、静嘉堂所蔵百万塔陀羅尼の詳細な報告（「静嘉堂文庫所蔵の百万塔及び陀羅尼について」（汲古第三七号、汲古書院、二〇〇〇・六、その後本書で再編）が公表され、その後筆者らも実際に陀羅尼経に接する貴重な機会を与えられた。

小稿ではそのような中で特に陀羅尼の印刷について二・三気づいたところがあったので以下に報告し諸賢のご批正を仰ぎたい。

一、なぜ印刷であったのか

これまで百万塔陀羅尼についての報告や研究は多々存するが、版の種別や印刷方法について力点が置かれ、なぜ印刷であったかという議論は殆どなく、はやくから製作部数が百万という膨大な量であるため、物理的に筆写では到底無理で印刷に代えられた、と考えられた。加えてその当時称徳天皇による一切経の書写も行われていて、そのために写経生が不足したことも印刷に代えられた一因、ともいわれてこれらの見解は通説のようになっている。

しかし素朴な疑問として、陀羅尼を百万部も作ることは多大なる労力を必要とすることに間違いないが、実際にその当時、労力や時間を今日思うほど問題にしていたであろうか（実際に百万部作ったかどうかについては議論のあるところであるが、ここでは最大百万部作製されたという前提のもとに進める）。例えば、光明皇后発願による一切経（五月一日経）の書写事業は、天平八年（七三六）九月にはじまり、途中底本の選定等により若干中断があったものの、約七〇〇〇巻が書写されたのは天平勝宝八年（七五六）の頃で、約二十年もの歳月を費やしているのである。この間、五月一日経の書写は写経所の恒常的事業として継続されていたが、同時に他の一切経の書写事業も行われていたと考えられている。写経生はひとつの写経所に専属するのではなく、写経事業により顔ぶれも異なったり、別の官司の役人を写経生として集めている例も多い。こうしてみると、称徳天皇による一切経書写と陀羅尼作製との関係も、写経所の盛衰もあり一概に五月一日経の時期と同様に考えることは出来ぬかも知れないが、百万塔陀羅尼の作製は一切経書写以上の大事業であり、筆写で行ったとしても写経にかかわる人数等はあらかじめ計算されて、他の事業とは別に運営する事は可能であったろう。

そこで実際に四種の陀羅尼経を最大二五万部ずつ書写したとして、一体どのくらいの時間を要することになるのか、以下、単純に各陀羅尼経字数から書写日数を試算してみた。

まず、各陀羅尼経の字数を挙げると、根本が二二三字、相輪が一二二字、自心印が一五八字、そして六度が七四字である。写経生の一日の写字ノルマはおよそ約三千字であるという。仮に一日平均三〇人の写経生が当たったとすると一日の写字数は約九万字である。根本の場合二二三字であるから、一日約四〇三部の根本陀羅尼経が書写されることになる。それを二五万部揃えるには約六二一日を要する。同じように他の三種の陀羅尼経についても二五万部の書写に要する時間を試算すると、相輪は約三四〇日、自心印は約四四〇日、六度は約二〇六日で、このそれぞれを合計すると一六〇七日となる。この事業が通説どおり天平宝字八年（七六四）九月の押勝の乱を契機としたものであるとして、区切よく乱の翌年天平神護元年から、『続日本紀』に完成の記事が記載される神護景雲四年（宝亀元、七七〇）四月二十六日までの全日数を『日本暦日原典』（内田正男編、雄山閣出版、一九七五）にみてみると、一九四六日となる。試算の一六〇七日は書写日数のみであるが、これに校正作業などを加えたとしても右の一九四六日と比べてさほどの増減はなさそうで、書写でも可能であったことをうかがわせよう。

古来日本では筆写に対する思いは特別で、中国では印刷が発明されると徐々に書写本は姿を消し、宋代以降は印刷を主とする印刷文化となるが、我が国では印刷法が輸入されてもなお、あくまで筆写を主とし、印刷を従とする傾向が強い。実際に陀羅尼を印刷していながら、それ以後約二〇〇年余印刷という方法がとられていない事は、背景にこのような意識も介在したかも知れない。それはともかくとして、写経という作業が今日思う以上に宗教的な色合いが濃かったといわれている当時において、写経を行うことは当たり前のことで量の多い少ないは問題とはならなかったのではなかろうか。量が膨大であるというだけの理由で、当時としては確実な方法ではなくリスクも伴う伝播間もない印刷という手段をわざわざ使わなくとも、写経生による書写で充分に達成できたと考えられる。はじめから書写の方針であれば、そのように進めることは勅願でもあり最優先で行う事に支障をきたすことはなかったであろう。そこをあえて印刷で行った背景には別の事情があったと考えたい。

ではその事情とは何か、という問いに対しては明解な答えを出すことはむづかしい。しかしいくつかの考え方は出来よう。

その一つが増田氏が報告の中で述べられている底本の模写説である。氏は、陀羅尼が通説のような理由から印刷されたのであれば、（一）各陀羅尼の書体が異なること、（二）各陀羅尼に長・短二版あること、（三）奇古な文字が交ざること、（四）誤字脱字があることなどの現象は不自然であり、一定の管理下に置かれた写経生が通常に書写したのであればこのような事は起こらないのではないかとされた。その上で百万塔陀羅尼には例えば中国からの舶載品のような特別な底本となるものがあり、それを写経生たちが「底本通り、正確に忠実に写し取った結果」ではないかとされる。

もう一つ、こちらは推測の域を出ていないが、増田氏の説に導かれての私見である。増田氏もいわれるように製版には版下書の存在を考えねばならないが、筆者はその版下書となったもの自体が底本であった可能性を考えたい。すなわち、版下となった原書は写経生の手によったものではなく、例えば仏教界で功績ある人物などが複数人指名され、それぞれに手本となる底本はあったろうが、その者らの手でオリジナルが筆記されてそのまま版下に用いられた、と推測するのである。こう考えれば筆写陀羅尼も含め各陀羅尼の書体等に特色が出て当然であろう。

当時の人々の仏教に対する信仰心は思想的な面よりも呪術的な面への期待が大きく、そういう状況の中でまさに呪術そのものを説く陀羅尼経を十大寺に分かち鎮護国家を願ったのである。写経の精神的な重みなども合わせ考えてみると、なおさら単に量が膨大であるから印刷にしたとするには納得できないものがある。そういう理由から印刷法を採り入れたのであるならば、当たり前の事ながら書写であれ印刷であれ陀羅尼が百万部できればよいということであり、当然原書は写経生が担当したであろう。しかし、それならば増田氏指摘のように勅願の陀羅尼において誤字脱字のような現象が起こる可能性は少なかろう。さらに書体書風が異なるという点についても、例えば根本と相輪のように明らかに違う書体がみられることは、仮に版下が写経生の手によったとしても通常の写経とは考えがたい。増田氏もいわれるように「工房や写経生の自由な意志に任せられる事は無い」のである。百万塔陀羅尼が作られた時期の写経生の書風はすでに唐風が定着しているといわれており、文字に間違いさえなければ書体は他の写経にみられるような唐風の楷書で差し支えないはずであろう。書体について田中塊堂氏は、銅版説を前提として版下は写経生が書写したが、製版時の技術の稚拙さから写経体風の文字が歪んでしまい、あのような奇古な文字になった、とする。（「百萬塔陀羅尼文字考」ビブリア二三、天理図書館、一九六二・一〇）確かに、陀羅尼を全体としてみると一見整然としていない印象を受けることは否めないが、文字一つ一つを熟覧すると存外細かいところまで明瞭であることが多く、文字自体が歪んでいるようにはみえないのである。

以上、陀羅尼の作製にあたってなぜ印刷という手段がとられたかについて考えてきた。その結果、増田氏が疑問とされる点や陀羅尼の文字が稚拙な印刷技術の結果であったとは思えないこと、そして書写で行っても実際とあまり変わらない期間で成就できそうなことなどから、筆者も、増田氏のいわれるような何らかの意味を持つ陀羅尼の原書があり、その複製を作ったと考えるものである。複製であれば、それは印刷でしか叶わないことであろう。

称徳天皇はその原書の複製を十大寺に頒かつことで、鎮護国家の願いをより効果的にしようとしたのであるまいか。

二、陀羅尼の印刷は摺りか押捺か

この問題については、すでに昭和三十七年に天理図書館で行われた「百万塔陀羅尼の印刷」座談会や、昭和六十二年に「百万塔陀羅尼の研究」刊行委員会から出版された『百万塔陀羅尼の研究』（八木書店、一九八七）において語られており、大部の印刷による版木の耐久性の点（木版を前提として）、あるいは陀羅尼の印面に見られる墨溜まり等から押捺説にかたむいているが、いずれにしても印刷方法を決するに到ってはいない。この度増田氏の報告に接し、静嘉堂文庫所蔵の陀羅尼経から印刷方法を推定できるような事例に行き当たったので、ここに報告し参考に資することにする。

その事例とは、本書所収増田氏報告、陀羅尼経の部の各経に付せられた書誌情報にみられる「刷りブレ」についてである。

氏の報告によれば「刷りブレ」は、登録番号29264-24（以下親番号省略、子番号のみを表記）の根本長版第三六行目「多」「末」字、1の根本長版（異版）第一一～一三行目、第二一～二四行目、44の相輪短版末尾「訶」字にみられる。その後の調査で右の1の経には「駄」「十」

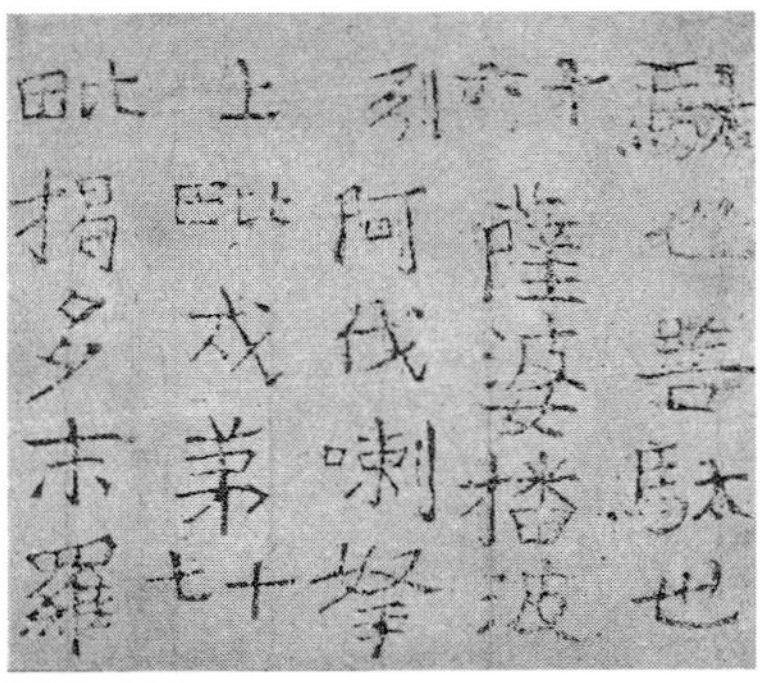
挿図1

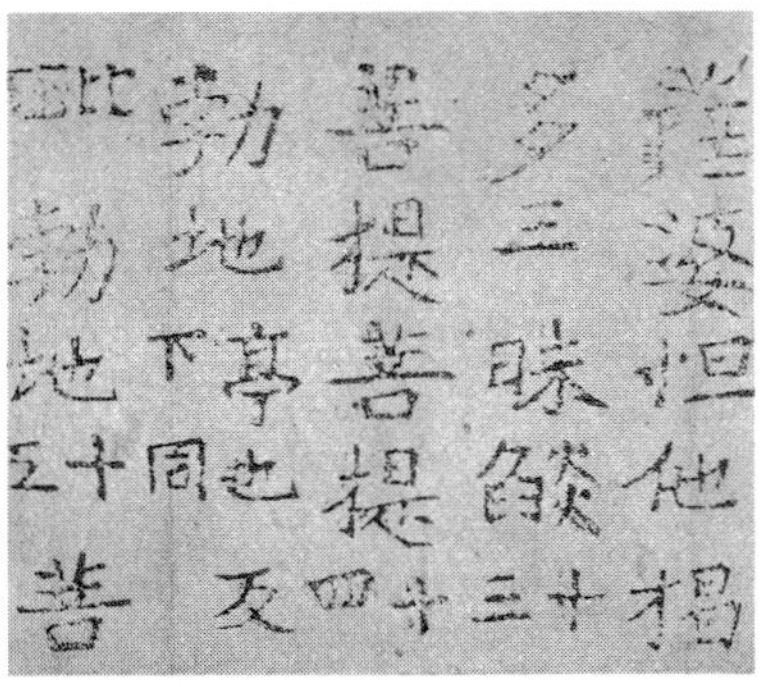
挿図2

「六」「引」「阿」「伐」字（挿図1）、同じく「昧」「餤」「菩提」「十」字（挿図2）にも認められた。このほかにも、17の根本短版「底」「耻」「謨」「阿」「多」字（挿図3）に、また28の根本短版「勃」、「九」、「嚕」字（挿図4）にそれぞれブレを確認することが出来た。

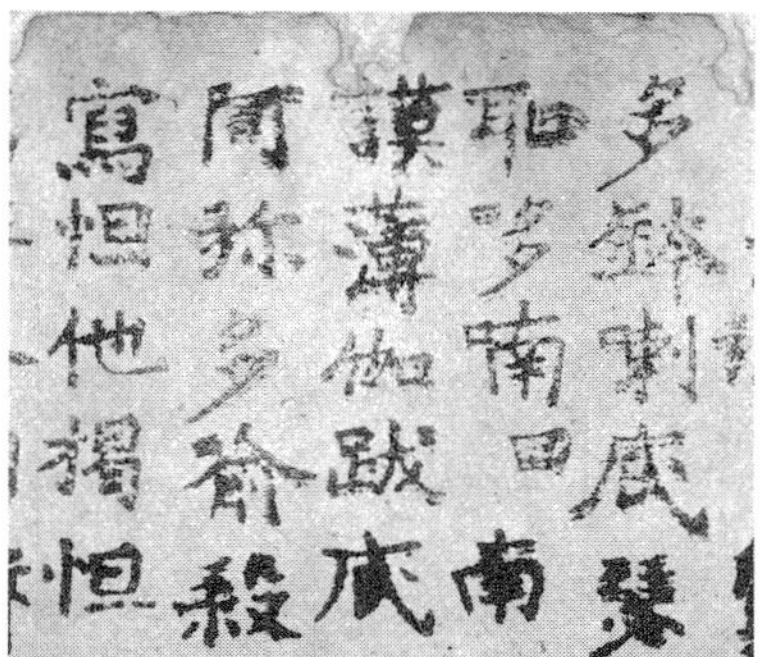
挿図3

挿図4

このようなブレについては静嘉堂だけでなくすでに他館所蔵の百万塔陀羅尼からも報告が行われていて、まず天理図書館の金子和正氏が「天理図書館所蔵の百万塔及び陀羅尼について」（ビブリア八九号、天理図書館、一九八七・一〇、その後改訂され本書に再録）の中で、所蔵の六度短版（番号183-イ507-19）の文字が二重になっていることを報告されている。また、法隆寺所蔵品からも報告がある。奈良国立文化財研究所による法隆寺宝物の調査報告『法隆寺の至寶5 昭和資財帳 百万塔・陀羅尼経』（小学館、一九九一）の中の「陀羅尼経」の項で「刷りあがりの特徴」として鬼頭清明氏は、陀羅尼には墨付きのよいもの悪いもの、シャープに刷られているもの、にじみのあるものがあるとして、

この様な現象は、おそらくは陀羅尼経を刷る方法と関連するものと思われる。これに類した現象として、刷る際の版のずれのあるものが見られる。このずれも、陀羅尼経の巻首と巻末に近いほど大きい。これは陀羅尼経の用紙がかなり腰が強いために、刷り終わって用紙が版から離れる際に、紙の中央部分から先に離れ、用紙の巻首と巻末との周辺部分が版から離れにくかったり、二度付着したりするためではないかと考えられる

とされ、ここでもブレがみられることを指摘されている。そこでこれらのブレについて改めて整理してみると、二つの共通点がある。一つはこの七例ともブレている箇所が部分的なものであること。今ひとつはブレ部分については増田氏も説明されるように画が二重に印刷されている事である。ことにブレ部分については、天理図書館所蔵経にみられるような一版の半分くらいがブレている例もあるが、静嘉堂所蔵経のように同じ行の中でブレている字とブレていない字があるような、極めて限定された部分でのブレが大半であり、これは注意する必要

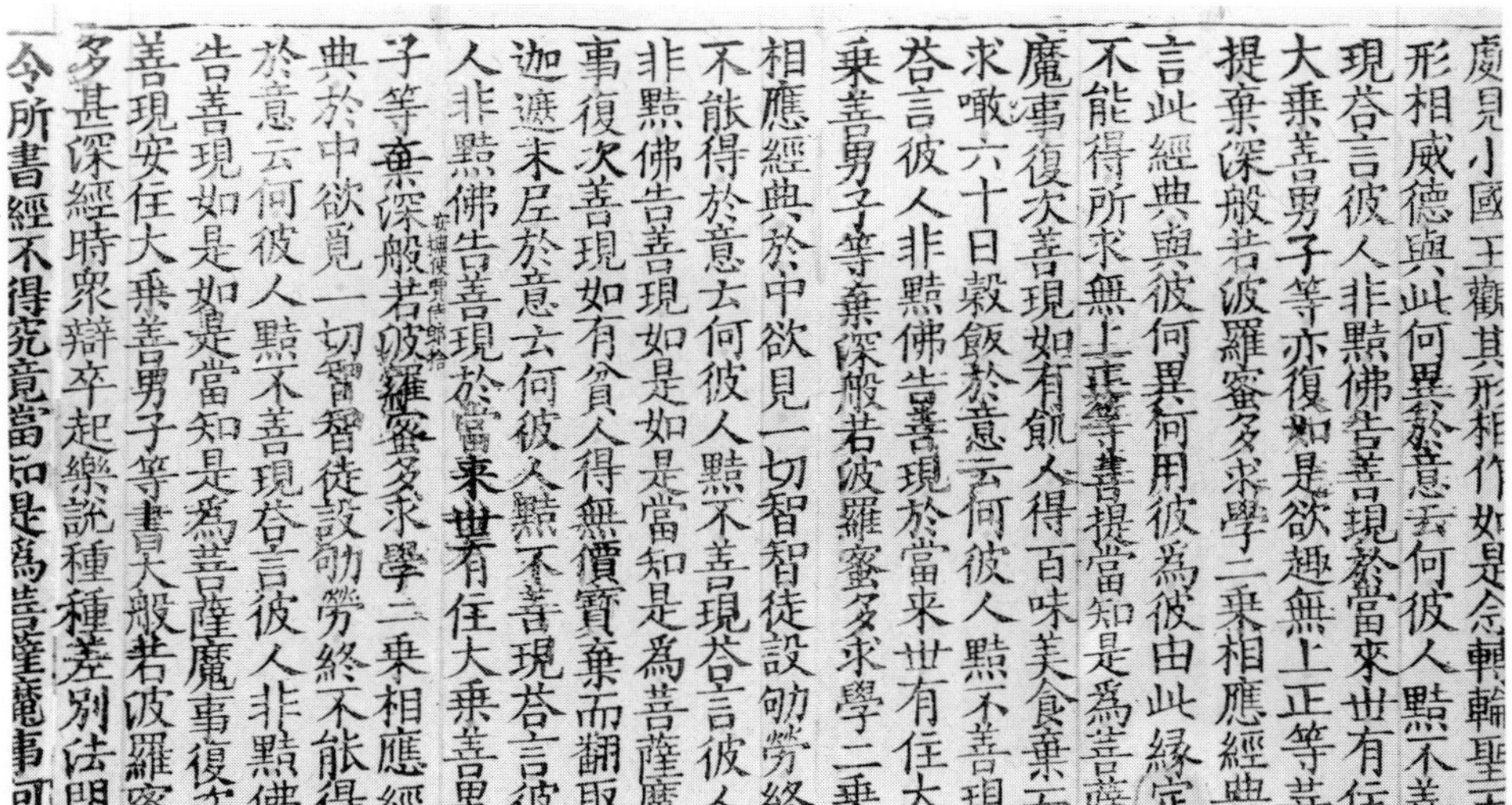
處見小國王觀其形相作如是念轉輪聖王
形相威德與此何異於意云何彼人黠不善
現荅言彼人非黠佛告善現於當來世有住
大乘善男子等亦復如是欲趣無上正等菩
提棄深般若波羅蜜多求學二乘相應經典
言此經典與彼何異何用彼為彼由此緣定
不能得所求無上正等菩提當知是為菩薩
魔事復次善現如有飢人得百味美食棄而
求噉六十日穀飯於意云何彼人黠不善現
荅言彼人非黠佛告善現於當來世有住大
乘善男子等棄深般若波羅蜜多求學二乘
相應經典於中欲見一切智智徒設劬勞終
不能得於意云何彼人黠不善現荅言彼人
非黠佛告善現如是如是當知是為菩薩魔
事復次善現如有貧人得無價寶棄而翻取
迦遮末尼於意云何彼人黠不善現荅言彼
人非黠佛告善現於當來世有住大乘善男
子等棄深般若波羅蜜多求學二乘相應經
典於中欲覓一切智智徒設劬勞終不能得
於意云何彼人黠不善現荅言彼人非黠佛
告善現如是如是當知是為菩薩魔事復次
善現安住大乘善男子等書大般若波羅蜜
多甚深經時衆辯卒起樂說種種差別法門
令所書經不得究竟當知是為菩薩魔事可

挿図5　↑

がある。

実はこのような部分的なブレは、整版印刷の書籍には時折見受けられる現象であり、ここに書陵部所蔵本からその実例を示めす。挿図5は陀羅尼が刷られた紙よりやや厚みを持つ紙に印刷された宋版の福州東禅寺版『大般若波羅蜜多経』巻五〇九の部分である。挿図6は明版の『吉安府志』巻三二にみられるブレで、こちらは薄手の竹紙に刷られている。どちらも版木の上に紙を置く摺刷法で、ことに明版の本にはまま見受けられる現象である。一見して陀羅尼のブレ部分の写真とブレ方が大変よく似ている。このように部分的に画が二重に印刷される原因としては、版木の上に紙を寝かせた時、あるいは摺っている時に摺り具の進む方向に紙の一部分が波打ち、一度版上に寝せられた紙が浮き上がって、鬼頭氏も指摘するように二度付着した事によるものであろう。ただ鬼頭氏のいわれるような印刷後に起こる可能性は小さいと考える。ブレた各画線の多くが割合にはっきりと二重に印刷されている

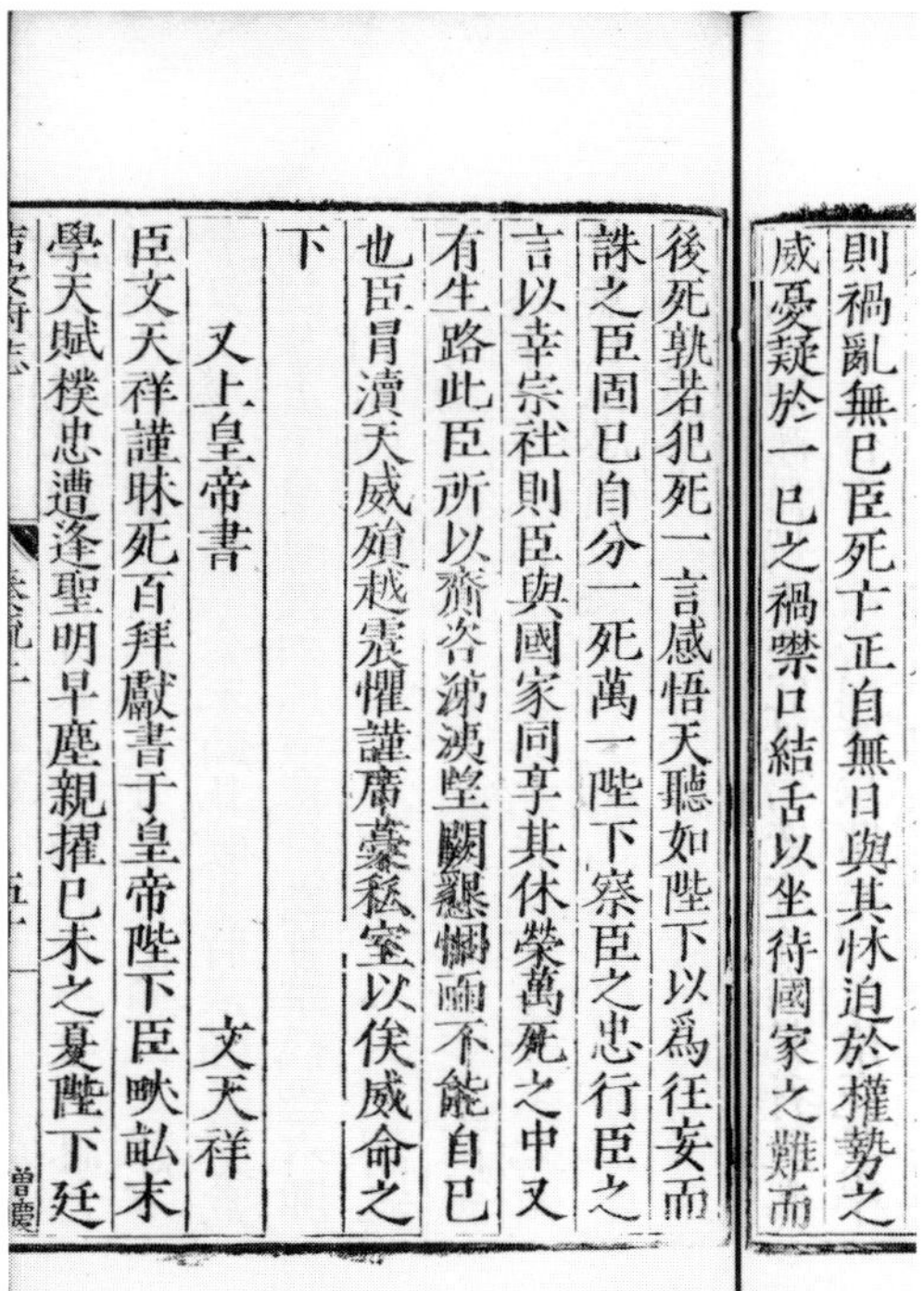
則禍亂無已臣死亡正自無日與其休迫於權勢之
威憂疑於一己之禍禁口結舌以坐待國家之難而
後死孰若犯死一言感悟天聽如陛下以為狂妄而
誅之臣固已自分一死萬一陛下察臣之忠行臣之
言以幸宗社則臣與國家同享其休榮萬死之中又
有生路此臣所以齎咨涕洟望闕懇惻而不能自已
也臣冒瀆天威殞越震懼謹齋[illegible]緘室以俟威命之
下
又上皇帝書　文天祥
臣文天祥謹昧死百拜獻書于皇帝陛下臣昳訟末
學天賦樸忠遭逢聖明早塵親擢巳未之夏陛下廷

挿図6　↑

ことは、今述べたような状況でなければ生じる可能性は極めて少ないと思われる。

明版の料紙は竹紙で、陀羅尼の料紙に比べてはるかに薄い。したがって、一度版面に着けば浮き上がることはあまりないように思われるが、実際にはこのようなブレの例を多く見ることが出来る。陀羅尼やそれよりも厚い東禅寺版の料紙では、腰の強い分浮き上がる可能性は高いと考えられる。

以上、摺刷方式を前提としたブレ方について説明してきたが、それでは、押捺式で印刷した場合はどうであろう。

押捺の場合、上から版を押しつけるわけであるから、もしこの時にブレるとすれば紙のずれからブレるのではなく、版そのもののずれによるものと考えなければならない。版のずれによりブレが生じたとすれば、それは部分的なブレなどではなく、もっと広範囲にずるようにブレるであろう。押捺式の場合上述のようなごく一部分だけがずれることは不自然であり考えにくいのである。

そこで、今回の調査に当たって模版木版及び金属版を作製し、様々な実験を試みられ、本書にその結果を報告されている三浦彰士氏から六度の木版と金属版を借用し、押捺方式で印刷を試みてみた。紙は実際の陀羅尼経と同じような厚さの楮紙を用いた。墨は一九六三年に天理図書館で行われた第一回目の百万塔陀羅尼の印刷座談会でも指摘されたように、特別な墨ではなく通常の墨を擦ったものである可能性が高いことは、実物に当たってみてもうなずけるため、ここでは市販墨汁を適宜薄めたものを用いた。押捺の方法は版一枚を単体で押し付けるのではなく、版と同じような大きさの木を数枚上に載せて取っ手のような役割を持たせ、なるべく均等に力がおよぶようにその数枚の木を持ち押し付けた。

いうまでもなく、この実験は押捺式での版のブレを意識的に試みようとしたものであり、そのため押捺時に版の天辺と地辺が交互に紙から離れるように動かしてみた。しかしこれではブレは発生しなかった。おそらく天地のどちらかは必ず紙に密着しているためブレが生じなかったと考えられる。次に、押捺したままの状態で版木自体を斜めにずらそうとしてみたが、紙ごと動いてしまい、この場合もブレは生じなかった。金属版では重量のある分余計にずれにくいようである。結局一度版木を完全に持ち上げて再度紙面に載せなければブレは生ぜず、しかしこの場合は当然であるが部分的ではなくほぼ全体にブレが生じた。三センチ角くらいの印鑑を捺す場合時にずれて二重に写ることがあるが、それは底面積が小さく不安定であるからで、陀羅尼ほどの大きさであれば捺しながらずれる可能性はきわめて少なかろう。

この様に、明版等の印刷ブレの実例や実験結果から考えてみると、印刷方法は押捺方式ではなく、版木の上に紙を置き摺り上げる摺刷式と考えることのほうがより蓋然性があると思えるのである。

三、陀羅尼の字面長から見る版素材について

これまで陀羅尼の「字面長」については、長版と短版の長さの報告はある。しかしここで問題としたいのは各個の陀羅尼の字面長で、これについては今回の増田氏報告のほか天理図書館の金子和正氏が前掲「天理図書館所蔵の百万塔及陀羅尼について」でデータを報告されているだけで、法隆寺所蔵の百万等陀羅尼では報告されていない。したがって、これについてのデータは現状では合わせても百足らずでしかない。そのデータをみると、同じ長版同士短版同士であっても、字面長は異なるものが目に付く。

増田氏報告「陀羅尼の各部の寸法（表2）」中「字面長」に記載された寸法によれば、一乃至二ミリの出入りはあるものの（静嘉堂所蔵の陀羅尼は殆どが裏打ちをされており、その際一ミリ前後の紙の伸長があったかも知れない）各陀羅尼の中では標準的な寸法であろうと認められるものと、それよりも五ミリから一〇ミリ位短いものがある。すなわち、5の根本陀羅尼長版、34・40の根本短版および52の自心印短版がそれにあたる。今便宜これらを「縮小版」と呼ぶ事にする。

ここにみられる五ミリ以上の差というのは行で言えば半行から異なることになり、字面の全長が五〇センチに満たない百万塔陀羅尼の中では要検討事項である。そこでこの縮小版についてほかとの比較検討を行った。

増田氏は、字面長の計測にあたって第一行目第一段の文字の最も外側に出た部分から最終行の同じような部分までの巾を計測されている。しかし、経によっては料紙の虫損などにより正確に計測できなかったものもあり、それらは「寸法略」と注記した、とされている。

それに従い以下では根本陀羅尼長版、短版についてみてゆく事にするが、自心印短版は従来指摘されてきた異版の問題を含め、本書所収の猪股謙吾氏論文で扱われているのでそちらを参照願いたい。

まず根本長版の字面長をみると、5が四八・五センチで他よりも九ミリ以上短い。ついで63が四九・二センチで他より若干短い。他は2・4・19・24が四九・四センチ、9が四九・五センチ、3・20が最長で四九・六センチを計る。6・8・10・15・16・22・23・25の八点が「寸法略」とされる。

これらの事から5の縮小率が著しい事がわかるが、増田氏は裏打ちによる収縮の可能性をいわれる。しかし裏打により収縮することは考えづらく、むしろ伸長の可能性が高い。次に「寸法略」となっているものと他と比較するため、痛みの少ない後半部で末尾第二行第五字目「聲」と同二三行目五字目「僧」の外側外側を計測してみた。結果は殆どが二六・一センチほ

どでほぼ9と同寸であった。ただ25のみはやや短く二五・八センチで63と同寸であった。このことから25も5ほどではないとしても縮小していると思われる。しかし、根本長版の印刷面を比較してみると墨の濃淡あるいは墨付き具合の良し悪しはみられるものの、縮小している経とそうでないものとに相違点はみられなかった。

次に根本短版について検討を加えてみよう。根本短版の字面長は34・40が四二・五センチで他より五ミリ以上短く、30・35・36・38・64が四三・〇センチ、7・26・29・37・39が四三・一センチ、31が四三・二センチ、そして61が最長の四三・三センチで、17・27・28・32・33・62が「寸法略」とされている。

根本長版同様「寸法略」について改めて計測を試みた。まずもっとも虫損が激しくそのために数カ所にわたって寸断されている62については、計測不能であった。ついで虫損の激しかった27では、末尾から二行目の五字目「聲」字から同じく一八行目の五字目「娜」字の外側から外側までの計測が可能であった。この部分は33をのぞく残りの三点でも計測することができた。その結果27と32は一八・三センチで、これは縮小版である34と40と同寸であった。また17と28は一八・六センチで、前者と約三ミリの差がでた。これは字面長が四三・一センチの7・26とほぼ同寸である。また、地辺を破損している33は、末尾第二行第一字目「嚕」字の外側から一八行一字目「唎」字の外側までを計ったところ、一七・九センチで、縮小版の34と比較するとこれは同寸である。さらに7・26と比較すると33より二ミリ長い一八・一センチである。その差はここではわずか二乃至三ミリであるが全長でみれば五ミリ前後の差が出る事になる。したがって、「寸法略」とされる陀羅尼のうち27・32・33は縮小版に入り、17・28は標準的な部類にいれてよかろう。以上の結果から根本短版の二〇点のうち27・32・33・34・40の五点が縮小版に入ると思われる。

ところで、このような縮小版の事例は、詳細は不明であるが山岸徳平氏がその著『書誌学序説』(岩波書店、一九七七)の一二四頁で安田文庫に所蔵されている陀羅尼に触れていて、相輪陀羅尼の中には「一行半ばかり出(A)入(B)している」ものがあるとされ、さらに「相輪陀羅尼の末に、「甲」の字を記してあるものは、行間が縮小していて、全体としては、Aよりも二行、Bよりも半行ばかり縮まっている。従って、相輪陀羅尼は、三類あると言うことも、出来るであろう」とされる。この指摘のうち二行分の縮小は長版短版の違いと考えてよさそうであるが、半行分の差については、これは本稿でいう縮小版を指していると考えてよいのではないかと思う。静嘉堂所蔵の相輪には縮小版は含まれず、また現在安田文庫の百万塔陀羅尼の行方も定かではないようで詳細は確かめようもないが、山岸氏の説明に従えば、ここまで六度を除いた根本長・短、相輪、自心印の陀羅尼に縮小版が認められることとなる。

実は今回の合同研究に当たって三浦彰士氏が行った金属版の作製実験では、字面長に関して興味深い事例が報告されている。詳しくは本書三浦氏の報告をごらん頂くとして、氏は金属版を作るに当たって木版から母型を作られたが、出来た金属版は、(一)木版に比べて約五ミリ(約半行分)縮小したといわれる。また、(二)原版ではきちんとしている字画が金属版では欠けた部分があるともいわれるのである。もちろん版の素材にもよろうが、金属版ではこのように作製過程においていくつかのアクシデントが起こりうることを三浦氏は実証されている。そうであれば字面長に数ミリの異動が出ることの原因は、まさに(一)の実例ではないだろうか。母型から作られた版が若干収縮した、という解釈が成り立とう。そもそも版は一つではなく複数存在したであろうことは天理図書館での座談会でもすでに指摘されているところで、むしろ百万という数から考えれば複数の版でなければ実行は不可能であったろう。

三浦氏(二)の点についても、実際の陀羅尼に以下の様な例が見られる。それは挿図7に示したように根本短版第一〇行の五字目「質」字の貝部のハの右側下部三分二が欠けているものと、そうでなく平常の字体を示すものがあることである。下部の欠けているものは印刷の具合で印字されなかったというようなことではなく、皆同じような欠け方で版自体が欠けている如くみえる。登録番号により分類すれば、欠けているものは7・17・26・28・29・35・37・38・39・61・64で、字面長はすべて標準的な陀羅尼である。また、「質」字の平常体のものは27・30・31・32・33・34・36・40で、このうち30・31・36は標準的な字面長で、ほかは縮小版である。

挿図7-1

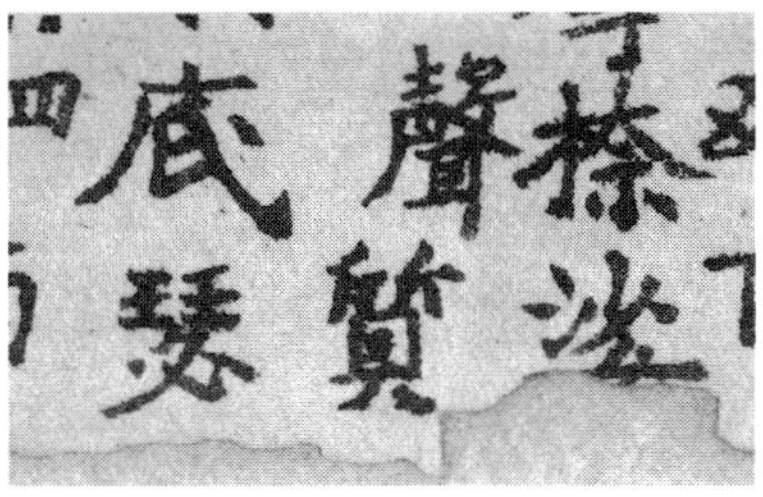

挿図7-2

このような「質」字の字画を欠いた例は、法隆寺所蔵根本短版(前掲書八〇頁二段)の写真に見られる。残念ながら字面長の数値は明らかにされていないが、写真でみる限り欠け方はほぼ同様である。また、昭和五年貴重図書影本刊行会が出版した『百万塔陀羅尼』中「根本陀羅尼　別版」とされるものにも見られる。これはほぼ原寸で複製されているため字面長を計るとおよそ四三センチで標準的なものといえる。

ここの例だけを取り上げてみても陀羅尼には三種類の版が存することになる。それは字面長は標準的であるが「質」字の字画を欠く版と、字画が平常体であるものの二版。字面長は縮小版であるが字画は平常体である一版、計三版を認めることが出来る。このことも、陀羅尼の版は同一の母型から数種の版を造った可能性を示している。

それではこれらの版に大きな相違点があるかといえば、右に挙げた以外顕著な違いは見られないのである。むしろ字面長などの点を除けば同版と考えてもよい部分がある。例えば、根本短版の末尾から三行目三字目の「第」字最終画のハライ上に黒点がみられるが（挿図4）、これは静嘉堂所蔵の根本短版の全てと法隆寺所蔵根本短版（前掲書八三頁）および天理図書館所蔵の根本短版（「座談会百万塔陀羅尼の印刷」『ビブリア』24　一九六三　天理図書館）にもみられる現象である。これなどは同版と見極めるための材料になるのであるが、しかし一方では40と61についていえばその字面長に歴然として八ミリの差があるのである。このように字面長などに違いが存する一方で、同版と思しき事象が見られることは、先ほども触れたように同じ母型から複数の版を作ったことによると考えることがもっとも理解しやすいであろう。

以上のことから、筆者は字面長の違いと「質」字の字画を欠いた版は、同じ母型から作られた兄弟版と考えるものである。金属版の製造過程でたまたま起きた同版の中のアクシデントと考えてよいのではないだろうか。もちろん木版の可能性もなしとはしないが、この時期はすでに所謂皇朝十二銭と呼ばれる貨幣や大小仏像の鋳造は行われており、また渡来技術者の存在もあり、技術的には大きな問題はないと思われる。

おわりに

以上、陀羅尼の印刷について疑問に思ったこと気づいたことなど三件について、かくあれかしと推測をしてきた。そしてその中から印刷は押捺式ではなく摺刷式であったと考えられること。また、版の素材は金属である可能性が強いと考えるに至った。

そもそも百万塔陀羅尼については実物披見の機会も少なく、また確たる資料がないという状況も手伝い、塔そのものについては奈良国立文化財研究所（現奈良文化財研究所）における調査研究がなされているが、陀羅尼についてはあまり活発な議論が起きていない。

今回は増田氏の詳細な報告を契機に種々推測を重ねたが、それにしても書誌情報がいかに大切であるかを改めて考えさせられたことであった。こと百万塔陀羅尼に関しては特にこのようなデータは不可欠で、今後に期待するところである。

小稿をまとめるにあたり、天理図書館金子和正氏、奈良文化財研究所渡辺晃宏氏および書陵部の石田実洋氏からは種々ご高配を得た。改めて厚く御礼申し上げたい。

百万塔陀羅尼料紙の再現について

宍倉佐敏

はじめに

奈良・平安時代の紙を観察する時いつも一つの問題点に当たる。それはこの時代の紙類は紙として保存されたもので無く、紙に書かれた絵画や文字が芸術や貴重記録の資料とされ、文化財として保存されているため、これらの紙類は掛け軸、屏風、手鑑などに表装されている。この為に紙の研究者が行う「紙を透かして観る」観察が出来難いことにある。

紙を透かして観ると我々は多くの情報を得ることができる。手漉きなら流し漉きか溜め漉きか機械抄紙なら長網抄紙か円網抄紙かなどが解り、繊維の長さや切断の状況、繊維の方向性や分散の様子などを知る事もできる。さらに指先で紙の両面に触れた感触や、紙を静かに振った時の「鳴り」などにより漉く前の原料処理法、紙の加工法なども推定できる極めて重要な紙の観察法であるが、表装された紙類はこうした観察ができないので紙の分析が難しい。

百万塔陀羅尼の観察

前述の通り私の観た殆どの百万塔陀羅尼も表装されているので、紙の表面を主に観察して製法などを推定する方法を続けてきたが、特種製紙に収蔵されている陀羅尼料紙をルーペや実体拡大鏡で観察すると、料紙に損傷部分や一部剥落部等が見つかった。その一部の繊維を微量採取して顕微鏡観察すると料紙に使用された繊維が推定できた。世田谷にある静嘉堂文庫に多くの百万塔陀羅尼が収蔵されている事を知り見学させて頂き、担当の方と古い時代の紙の繊維分析法を話し合った。微量の繊維サンプルで繊維分析ができる説明を行い担当の方にも理解して頂き、後日剥落繊維片を採取して顕微鏡観察を行った。

特種製紙に収蔵の陀羅尼料紙と静嘉堂文庫収蔵の陀羅尼料紙の繊維分析結果を纏めると次の通りとなった。

・原料　切断した楮八点　切断少ない楮四点
楮に雁皮混合二点　楮にオニシバリ混合一点　桑一点
苧麻一点
・塗布物　ニカワ一二点　キハダ一点　ニカワとキハダ四点

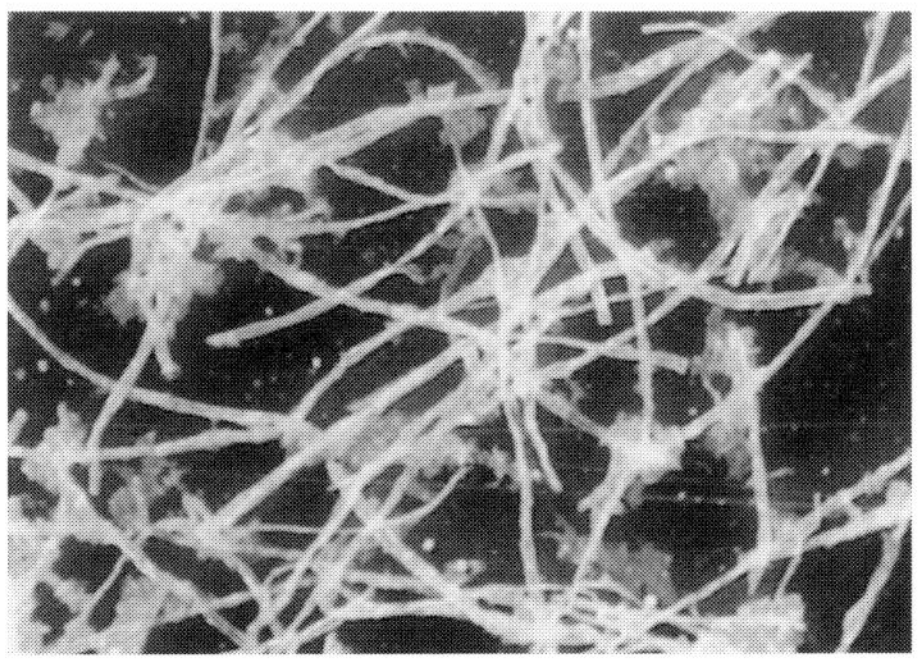
挿図1　切断された楮（根本経）

切断された楮、苧麻の切断時期は不明確である。漉き方は溜め漉き法が多いと思われる。百万塔陀羅尼の紙については小学館発行『法隆寺の至宝』陀羅尼経の紙質について（鬼頭清明）や、わがみ堂出版『和紙文化辞典』久米康生著「百万塔陀羅尼」の説明に麻紙か楮紙とあるが、今回の結果で現実には楮を主とした紙が多いことが判った。日本に早くから紙の原料として伝えられ、古文書等にも使われている苧麻の他に、日本経済新聞社から発行された『正倉院の紙』に奈良・平安時代には製紙原料として雁皮などのジンチョウゲ科植物が試作研究されていたとあり、雁皮やオニシバリが楮と併用されていることは注目される。桑については現代の人は桑と楮を分けているが、この時代は楮も桑も同じクワ科植物であるから同一品種としていたと思われる。

この様に百万塔陀羅尼料紙は使われた原材料が単一種の紙でなく、同じ楮でも切断に長短があり叩打工程や洗滌方法も千差万別で、製紙の基本である漉き方も流し漉き、溜め漉きの両方が見られることから、製紙は多くの場所で色々の人々が個々の事情によって行われたと推定する。

表面加工に使われたニカワは温度変化で紙質に影響が出やすい材質であるから、表面処理は同じ場所で同じ物を多人数で加工すると作業効率が高いと考えるが、この面でもキハダ単独やキハダとニカワの併用があり、ニカワ単独でもドーサ処理の有無があるなど、紙漉き同様に殆ど固定された処方はなく、多くの地域で加工されたと想像できる。

陀羅尼料紙再現計画

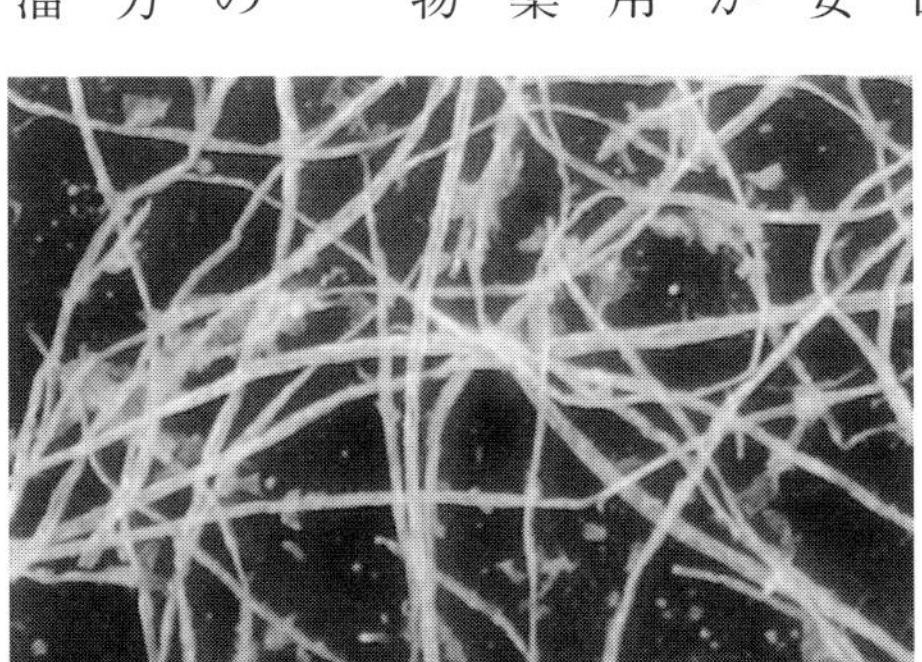
挿図2　切断なく非繊維細胞が残った楮（相輪）

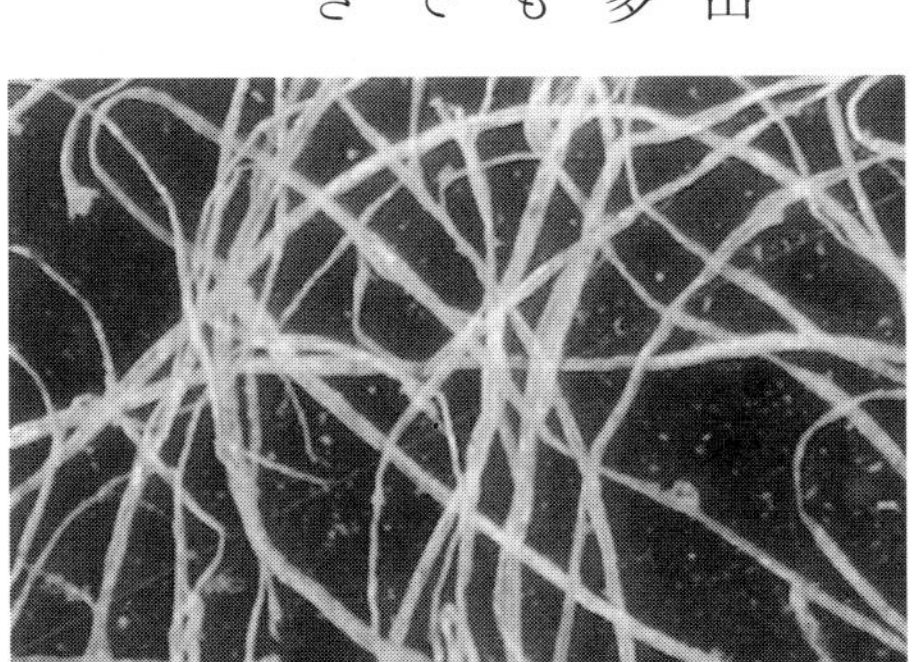
挿図3　切断なく洗滌された楮（六度）

「この様な状況を知り陀羅尼料紙を再現するのは、製法条件の範囲が広すぎ焦点が定まらない作業であり、色々の魚が生息している海に、釣ろうとする魚が決まらないまま釣り糸を垂らす様な感じがして、再現計画は停止していた。」「奈良・平安時代の写経料紙の研究依頼がありこれを始めると、百万塔陀羅尼料紙と類似な紙が多く観られ、これらの紙と陀羅尼料紙の研究は共通と考え、奈良・平安時代の紙と同じ方法で陀羅尼料紙を再現する計画をした。」

奈良・平安時代の紙を研究する場合に多くの人々が参考にする書物として、寿岳文章著『日本の紙』吉川弘文館発行があり、この中には奈良・平安時代の紙の製法が書かれた書物として『延喜式』をあげ詳しい解説がされている。『延喜式』の解説には図書寮紙屋院での造紙工程が説明されてあり、この時代の製紙工程と労働条件などが記され、この時代の製紙の様子が良く理解できる。この製紙工程には截（さい）・煮（しゃ）・擇（たく）・舂（しゅう）・成紙の五工程があり、截は紙にする繊維を断ち切ること、煮は原料を煮ること、擇は煮で使った薬の洗滌や異物を除去すること、舂は繊維を叩き解すこと、成紙は漉いたり乾燥して紙にすることで、労働量は夏の一日が長い時期を長功日、春秋の中ぐらい時期を中功日、冬の短い時期を短功日に分け原料ごとにその仕事量が記されている。

陀羅尼料紙の再現作業は『延喜式』の製紙工程を基本として、原料は顕微鏡観察の結果で使用量の最も多い楮とした。

再現計画の背景

奈良・平安時代の紙を再現するには製造器具、使用原料、手漉き技術の問題があるので、先にこれを説明する。

私は昭和六十年（一九八六）から美濃紙を生産する美濃・蕨生地区で業務の合間をみて三年程手漉き紙をつくる多くの紙匠に美濃紙の製法を学んだ、手漉き技術は平成元年（一九八九）より「修善寺紙再現の会」に入会し五年程度修練した。平成五年に美濃半紙と駿河半紙を漉ける漉き漕、漉き枠、竹簀などを購入した。叩き台は江戸時代に修善寺地区で使用していた厚板、美濃地区で使われている石と同質の叩き石、小型餅つき臼と杵を準備し、楮や三椏の原木を蒸す大型釜、樹皮蒸煮用釜などを揃えた工房を自宅に設置した。この時点で畑地に五十本前後の楮と百本程の三椏を栽培してあったので、以後毎年冬期になると楮や三椏を伐採して蒸し、黒皮剥ぎ、白皮の蒸煮、洗滌、チリ取り、手漉きなどと共にネリ剤用のトロロアオイの栽培も行い、伊豆山中に自生する雁皮の紙を交え、毎年千枚位の手漉き紙を作り技術向上を目指してきた。

再現試作一

『日本の紙』に記された製紙工程を基本とした試作の条件。

(一)原料・自家栽培トラフ楮使用

イ楮の白皮を七ミリ前後に切断した後、原料量の一〇倍の水を鉄釜に入れ煮沸後、原料に対し一〇％の炭酸ソーダを添加して、切断した楮白皮を投入して蒸煮した、冷却後流水で灰汁抜きして、適度の濃度に絞り臼に入れ杵で叩打分散した。

ロ原料量の一一倍の水を鉄釜に入れ煮沸後、原料に対し一三％の炭酸ソーダを添加して、切断しない楮の白皮を分散しながら投入して蒸煮した、冷却後流水で灰汁を抜きチリ取りをして、適度の濃度に絞り叩き台で叩打分散した。

(二)洗滌の有無

イ叩打分散後洗滌なしで漉いた、淡い茶色紙。

ロ叩打分散後充分洗滌して漉いた、白色紙。

(三)手漉き法

イ溜め漉き法（楮の繊維が急速に沈殿しない程度にトロロアオイの液を加えて、漉き漕の紙料液を一度に漉き枠に流し込み、枠を停止して脱水）

ロ流し漉き法（楮の繊維が水に充分分散して沈殿や凝集作用が起きない程度にトロロアオイの液を加えて、漉き漕の紙料液を化粧水、調子に分けて漉き込み、捨て水をする）

(四)乾燥法

イ板貼り乾燥（平滑な厚い板に湿紙を貼り付けて天日乾燥）

ロ吊し乾燥（縄や紐に湿紙を吊して自然乾燥）

結果とまとめ

切断しない楮

・溜め漉き法では厚薄が多く紙の形にならない、流し漉き法では繊維の流れが見られ古代紙風でなく近代紙風。

・洗滌なしは非繊維細胞が残っているため紙が硬い、充分洗滌すると白色度が高くソフトであるが脆い印象がある。

・吊し乾燥は檀紙風の皺があり高級感はあるが、陀羅尼料紙に見られる素朴さが見られない。

切断した楮

・流し漉きで地合の良い表面平滑な紙となる、溜め漉きは地合が良くないが、表面平滑な紙で繊維の動きが見られる。

・蒸煮後に未蒸解物や結束繊維の除去が困難で、これらの切断異物が紙に残留し見栄えの悪い紙となった。

・叩打分散後に充分洗滌すると非繊維細胞が消失し、脱水が早く地合が悪い、溜め漉き法では竹簀から離れない。

陀羅尼料紙や写経料紙の表面は比較的平滑で繊維が肉眼で見られ、顕微鏡観察では切断された楮が多く観られるので、これらの紙は楮を切断して僅かな量のネリ剤を加えて溜め漉きしたと推定される。しかし試作した紙は陀羅尼料紙には殆ど見られない切断された未蒸解物と結束繊維の混入が多く、切断された楮繊維に折れ曲がりが少なく、紙に粘りが乏しい事などから、切断した楮繊維の長さと製紙工程の順序に問題があると感じたので、紙の歴史や製法を記した相馬太郎著『紙の世界』講談社出版サービスセンター発行や、小林嬌一著『紙の今昔』新潮選書によって再確認したが、両著書とも古代の製紙法についての探求が少なく、『延喜式』の文章を検討することもなく『日本の紙』の文章をそのまま引用して、蒸煮前に繊維を切断すると書いたと思われる。

陀羅尼料紙に近似な紙を再現するため、校訂『延喜式』臨川書店刊の復刻版を読み直してみると、『日本の紙』と原文に違いがあることに気付いた。それは繊維を切断する截の工程が『日本の紙』では最初であるが、『延喜式』では繊維を蒸煮する煮が最初で、蒸煮後の灰汁抜きやチリ取り工程である擇の後に截が行われている。流し漉きによる和紙の製法では、ネリ剤の使用法を会得することが重要な技術であるが、古代紙や洋紙製法の溜め漉き法は叩打や切断が重要であり、再現試作では重要な繊維の切断工程に問題があったと思われる。現在の機械抄紙は溜め漉きの原理で造られるが「紙はビーターで造られる」と言う諺が有り、ビーターは繊維を切ったり叩いたりする工程で、製紙に於いて叩解や切断は重要視される。

再現試作二

楮繊維の切断長さと製紙工程の順序変更

・蒸煮前に切断処理

楮白皮を三～五ミリに切断して原料に対して一三％の炭酸ソーダで蒸煮後、灰汁抜きして叩打分散。

・蒸煮後切断処理

楮白皮を一三％の炭酸ソーダで蒸煮後、灰汁抜きやチリ取りを行った後、五㎜前後に切断して叩打分散。

手漉きは「溜め漉き」と「流し漉き」を行う。

結果とまとめ

・溜め漉き

蒸煮前切断でも前回試作より短かく切ったので、地合は良くなり表面は平滑であるが、厚い紙しか出来ない。

蒸煮後の切断は地合はやや劣るが、表面は適度に荒れ、繊維を見ることができ、紙に粘りがあり陀羅尼料紙に似ている部分が多い。厚い紙も薄い紙もつくり易い。

・流し漉き

蒸煮前切断は細い木材パルプで漉いた様に地合が良く、表面平滑で洋紙風。

蒸煮後切断の紙は地合が良く表面は平滑で、繊維に動きが感じられる。ソフト感があり外観で陀羅尼料紙に似ている。

奈良・平安時代の紙の製法は『延喜式』に記された通り、麻類は蒸煮が無く切断され、樹皮類は蒸煮後に切断されたと想像する。切断する長さは初期は五ミリ以下であったがその後五ミリ前後になり、流し漉きが発展すると切断は無くなったと考える。

考察

繊維分析の結果と二回の試作から、陀羅尼料紙に最も多く使われている楮の料紙の製法は

(一)楮は栽培種は少なく天然の自生種が使われた。(円筒形の繊維が多い)

(二)切断は蒸煮後に行い除塵や洗滌は細かく行った。

(三)手漉きは溜め漉き法で行い、少量のネリ剤を使用した。(繊維判定用C染色液による顕微鏡観察で、トロロアオイに類似した澱粉粒子が見られる紙がある)

(四)溜め漉きでも、雁皮の混合やネリ剤過多で脱水が遅くなると、流し漉きの化粧水に似た操作を行い、片面に流し漉き風の紙が生まれた。

(五)表面のケバ起ち防止にはキハダやニカワなどを塗布したり、場合によっては打紙処理も行った。

などと考察し、一二七〇年も前につくられた紙の米粒大の紙片を試料として繊維分析を行い、これを基に楮白皮の前処理、手漉きの方法を検討して、百万塔陀羅尼料紙に使われた楮の紙に近似の紙を再現した。私の持つ科学機器の操作技術と天然繊維の知識を最大に使って行った作業である。充分満足できる結果ではないが、百万塔陀羅尼に興味を持つ人々に多少ともお役になれば幸いに思います。

百万塔陀羅尼の包み紙調査

宍倉佐敏

紙の繊維分析は古くから行われている。特に顕微鏡が発明されて、最初に観察された物はカビや植物の繊維と言われている。

特に植物の繊維物質は観察しやすいので、小学生の理科の授業でも花粉や葉脈を観察する、こうした観察経験を記憶している人も多いと思う。

紙の繊維分析も理科の授業の延長のようであるが、顕微鏡がテレビやパソコンのように広く普及していないので、誰でもが簡単に観察できる環境に無い事と、紙は殆ど植物から造られていて、その使われている植物の種類が多く、単細胞である繊維が類似している事も紙の繊維判定を難しくしている。

加えてそれらの植物を紙にするための植物処理法（繊維化、パルプ化）が複雑なため、同一植物でも自然醱酵による処理と、アルカリや酸による化学的処理方法でもそれぞれ形態が変わってくる。

単細胞に繊維化してからも紙の性質（柔らかい、強い、伸縮性など）を変える叩解（リファイニング）でも繊維の形態は微妙に変化してくる。

また紙に成ってからの水の滲み防止、強度の向上、印刷適性、裏写り防止などの対策に、松脂石鹸、澱粉、化学樹脂、白土、炭カル、バンド、カチオン性物質など複雑な薬品類を添加し、印刷性向上のために表面処理をしてあり、紙の中には繊維以外の物質が多種類加えられてある。

形態が複雑な繊維類と、多くの種類の薬品類が化学的に膠着しているので、慣れないと顕微鏡による紙の分析は非常に難しい。

しかし今日では何千倍という電子顕微鏡もあり、繊維の長さ、幅など自動的に測定する機器が現れ、かつては顕微鏡を覗いて繊維形態をスケッチしていたのが、スイッチひとつで瞬間に自動映像化されフィルムに写され、この写真をゆっくり観察できるので、あとは謎解きのように一つひとつの疑問点を解決して行けばよい。

分析を容易にするのは優れた顕微鏡の使用で無く、使い慣れた機具と信頼できる参考見本を多く保管して置き、同じ植物の繊維を色々な角度から沢山観察する事となる。

紙の繊維分析は日本工業規格（ＪＩＳ）P-8120に次のような規定が有り、普通はこの規定通りか、これに準じて行われている。

紙の繊維組成試験法

紙を構成している繊維の種類を識別したり、二種以上の繊維を含む紙の中の各種繊維の量比を求める事が必要になる場合がしばしばある。

繊維の種類は顕微鏡でその形態を観察するだけでも大体の識別はできるが、多くの場合は特殊な試薬で繊維を染色し、その呈色状態を調べる必要がある。

正確な結果を得るにはかなりの練習と経験が必要であり、分析者は既知の配合の標準試料または確実な繊維試料を用いて、種々の繊維の外観と染色液で染色したときの呈色状態に精通しておかなければならない、と規定されている。

(1)試料の離解

(2)スライドの準備

この二項目は実験者が忠実に行うべき一般的実験手順が書かれている。

これは単なる標準で、特殊処理紙、着色紙などはアメリカの紙・パルプ試験法であるＴＡＰＰＩ標準法（Technical Association Pulp and Pepar Industry）などを参照せよとなっている、中国や西洋の手漉き紙や古文書などの紙、和紙全体は特殊紙の分野になるのでＪＩＳ規格よりＴＡＰＰＩ標準法を応用している。

(3)形態による繊維の識別

形態によって識別する場合には、繊維の形状、細胞膜壁の厚さ、内腔、膜壁上の紋様、柔細胞、繊維の長さ、繊維の幅などが特徴となる。

次に製紙用繊維の特徴をあげておくが、紙の繊維は種々の物理的、化学的処理を受けているために、それぞれの繊維の特徴が失われている場合があることに注意する必要がある。以下針葉樹繊維、広葉樹繊維、木綿繊維、マニラ麻繊維、亜麻繊維、大麻繊維、苧麻（ラミー）黄麻繊維、三椏繊維、雁皮繊維、楮繊維、ワラ繊維、エスパルト繊維、竹繊維の形態的特徴が書かれている。

木材以外の製紙用繊維の識別は、「日本工業規格繊維分析試験法」が一般的に使われている。

(4)呈色反応による繊維の識別

繊維は種類によって、それぞれ物理的性質、科学的性質が異なっているので、特殊な試薬で処理すれば繊維の種類により、それぞれ特有の色に染色される。この呈色の違いを利用して繊維の識別をすることができる。

C染色液による繊維の識別

A液・塩化アルミニウム液　B液・塩化カルシウム液　C液・無水塩化亜鉛液　D液・乾燥ヨウ化カリウムと乾燥ヨウ素を混ぜたヨウ素ヨウ化カリウム液

A・B・C三液良く混合した後D液を加えて混合し、一昼夜冷暗所に放置し、沈澱物が沈降したら透明な上ずみ液を呈色反応試薬とする。

C染色液による非木材繊維の呈色反応は次の通り。

木綿…………灰赤
マニラ麻…………黄みの灰色、うす青および灰紫
亜麻…………にぶい赤～灰赤紫
ワラ・竹・バガス……にぶい青～灰青
雁皮・三椏…………明るいオリーブ色～明るい青みの灰色
楮・桑…………にぶい赤～うすい青
苧麻（ラミー）………うすい赤みの茶色

以上の通り繊維の識別は繊維の形態を中心に観察し、呈色反応によって確認する。

この試験法は国際的にも認められ、今日では多くの国々で使用されている。

「百万塔陀羅尼」包み紙の具体的繊維識別法と結果

1　繊維の離解とスライド作成

倍率二〇倍の実体顕微鏡にスライド・グラスを置き、この上に水を一～二滴分散しないように静かにのせる。試料となる微細な紙片を水の上に置き、試料紙片の水の吸収性を観察する。水の吸収の仕方でドーサ処理、ニカワ塗布を推定する。

両手に実験用針を持ち繊維を一本いっぽんに分散する、この時繊維の形態を見て長さを確認して、分散の状況から叩打か切断か、雁皮か竹か三椏かなどを感じとる。

スライド・グラスに分散した試料を、60℃前後に暖めたプレート板の上に置き、水が充分蒸発するまで放置する。

試料は三グループに分散し、C染色液による観察用、アルカリ膨潤試験用、保管用とする。

（但しアルカリ膨潤試験はチンチョウゲ科靭皮繊維のみ行う）

2　繊維観察

倍率一三五倍の顕微鏡で「百万塔陀羅尼の包み紙」の繊維形態を観察した。

包み紙には四種類の植物繊維が使用されている。

(1)大きく別けて二種の幅の繊維があり、円筒形の繊維は一五～二五μ、リボン状の繊維は二五～四〇μで桑科靭皮繊維特有のソックス状膜がみられ、C染色液で鈍い小豆色か灰紫に染まるので楮と判断した。長さは紙の状況により変化している。

楮は水中叩打で鋭く切れないで、膨潤し短いフィブリル化の状態になっている。

(2)繊維の分散時に水中凝集性がある、スライド上の繊維は薄く透明性が高くリボン状で繊維幅一〇～二五μ、C染色液で淡緑と灰青に染まるので、雁皮と判断した。

(3)繊維は細いが水中分散が容易。幅一〇～二〇μで円筒形でチンチョウゲ科靭皮繊維特有の形態をしている。C染色液で淡い黄緑色になり、三椏の様な鮮やかな黄色が出てない。一七・五%カセイソーダ溶液で長楕円形の数珠状膨潤があるのでオニシバリと判断した。

(4)繊維の両端は切れている、幅は三五～五五μと太く叩打部分に長いフィブリルがある。C染色液で鈍い茶色と赤みのオレンジとなるので苧麻と判断した。苧麻の単繊維の長さは平均一七〇㎜であるから、紙に漉くには五㎜前後に切断する必要があるので、苧麻紙の原料は全て両端が切れている。

この他C染色液によりネリ剤に使われたトロロアオイ、アオギリ、ビナンカズラに似た物質、ニカワ、キハダ、デンプンなどの表面塗布物なども観察できた。

日本工業規格『紙の繊維組成試験法』TAPPI『紙の繊維識別法』を基本とした試験法で今回の調査を実施したことを報告します。

（「汲古第37号」（汲古書院　平成12年6月）に掲載した論文を一部訂正）

百万塔陀羅尼の包紙と接着剤について

吉野敏武

はじめに

　今日まで、装幀された料紙や接着剤の研究があまり進んでいなかったが、料紙に関しては正倉院宝物である経典などの料紙分析調査がおこなわれ、その報告書が昭和四十八年発刊の『正倉院の紙』（平凡社刊）に掲載されており、細かな料紙分析はこの前後から始められたと考えられ、その後、徐々に料紙分析研究が進み素材と共に加工のほかネリ材までが、分析によってかなり正確に解明されようになった。しかし、接着剤の糊に関しては、研究者が極めて少ないためにどのような糊が使われていたかが解明されていないため、深く言及されたことがなく、現在でもほとんど研究が進んでいないという状況下にある。

　今回、静嘉堂文庫（以下文庫と略す）所蔵七十一点の内四十七点の百万塔陀羅尼の料紙と接着剤について調査研究をする機会を得たことで、古代の料紙と接着剤に関して、多少であるが判った結果を報告ができることになった。

　文庫所蔵の百万塔陀羅尼には、表紙及び包紙が保存されているが、これらのほとんどが文庫職員によって裏打ちが施されており、少数であるが裏打ちがされず原装状況で残っているものがあり、それらにには包紙で包み丸められて保存されているものもある。

　百万塔陀羅尼の研究に関しては、印刷に関してはすでに数多くの先行論文があるが、装幀と包紙の材質及び接着剤についてはあまり言及されてはいない。そこで、これらについて今回分析した私見を述べることにしたが、接着剤に関して分析結果のみでは正確な報告とならないので、記述されたものがないか探した結果、数点が見つかったのでその資料を挙げて述べることにする。

陀羅尼の種類と裁断寸法及び装幀形態

　文庫には、塔四十基が保存されており、塔に納められているものを含めて七十一点の経典が所蔵され、これらは黄檗染めされている。なお、四種の経典の大きさは次のようになっている。

　根本陀羅尼は、長版二十五点・短版二十点、
　　全長一尺六寸七分五厘（508㎜）から一尺九寸三分五厘（587㎜）。
　相輪陀羅尼は、長版五点・短版七点、
　　全長一尺二寸八分（388㎜）から一尺三寸八分（419㎜）。
　自心印陀羅尼は、長版六点・短版六点、
　　全長一尺二寸二分五厘（372㎜）から一尺あ八分五厘（419㎜）。
　六度陀羅尼は、長版一点・短版一点で、短版は計測されていない。
　　全長九寸八分五厘（289㎜）の長さ

　このほかにも、黄檗染めされていない白い料紙に表紙が付いた相輪陀羅尼は額に納められ、その大きさは、
　　表紙は、横一寸六分五厘（50㎜）。
　　本紙は、竪一寸六分（49㎜）×横一尺一寸八分五厘（360㎜）。

　また、これらの経典の本紙の天地は、一寸六分（48㎜）から一寸九分八厘（60㎜）に裁断されている。

　陀羅尼の形態は、八双をもたない本紙共紙表紙が貼られており、中には包紙に包まれたうぶな状態で内部に納められていたものもある。

　この様な経典料紙は、簀目と糸目の見えるものや二層漉き・溜漉きなど、厚み等が異なるものが多く、漉き群のあるものも見られる。

陀羅尼の本紙と表紙

　文庫の陀羅尼には、印刷されてから裁断され表紙が付けられ、包紙に巻き込み丸めた状態のものが七点存在する。

　本紙の裁断された天地部に裁ち落とす際に、上下に印刷された文字が残っているものもあり、一枚の版に複数が彫られていたものではないかと思われる。

　表紙の長さは塔の孔に入れるため、孔の天地と太さを考え丸めた本紙を包める長さとしているため、あまり長くする必要はなかったと考える。

　紙継ぎは継ぎ幅が狭く、しかも剥がれにくい強力な接着力の糊を使って継いでおり、黄檗

挿図1　木印

挿図2　木印

挿図3　墨書

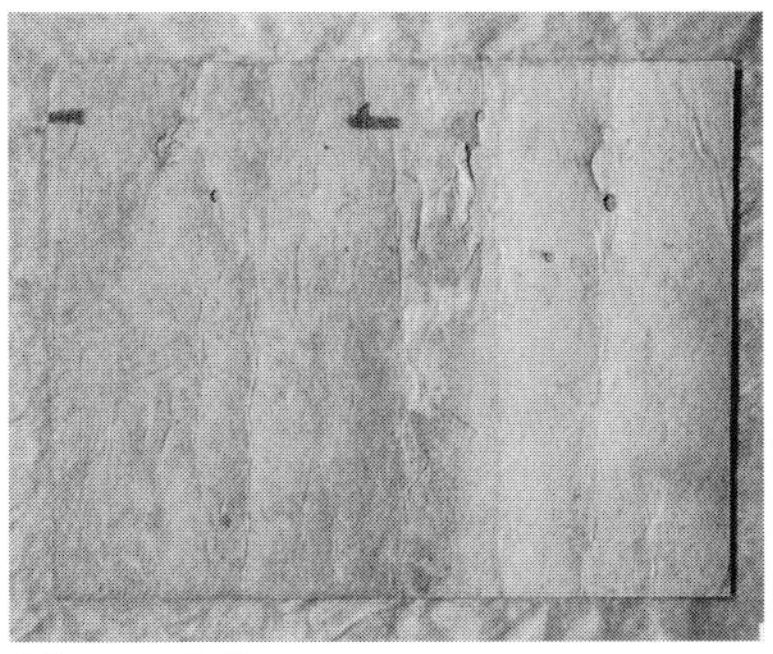
挿図4　木印

染めにも濃淡の差がある。裁断面も段差がついたものもあり、厳密に切断されていないことが判った。

　印刷された陀羅尼の文字に相違があること、そして造紙・染色・印刷・成巻をするという工程から、また百万という塔と経典を作るには、複数の工房が必要であろうと考えられる。この様なことから、多くの工房が存在したと思われる。

　ところで、元特種製紙株式会社宍倉佐敏氏によると、包紙及び本紙の繊維分析では、楮主体と雁皮主体のほかオニシバリが入れられた斐楮混漉紙や、楮に苧麻を入れた混漉紙などがみられ、本紙は黄蘗染めされてから膠が塗布され打紙が施されたものもあり、本紙・表紙自体も包紙同様の紙が使用されていることが明らかになった。また、殊に表紙については、厚みも各々に厚薄の差がある紙が使用され、簀目と糸目が透過できる薄様紙から、かなり厚葉で簀目が見えないものなどがあるとのことであった。

　表紙を観察したところ、本紙同様に大きさも様々で、透過光で撮られた写真から厚いものには群漉きのものがあり、中葉のものは平均に漉かれたものが多く、薄様のものは雁皮主体や斐楮混漉紙と考えられ、簀目と糸目がはっきりと見える平均した紙となっている。この他、簀目や糸目も確認できたものもある。

包紙

陀羅尼七十一点のうち、本体と別置された包紙は四十二点が残っており、裏打ちされない陀羅尼は塔から出され、経典本体に包紙が巻かれて保存されているものが七点があり、その一点に包紙二枚入っているものを含めと、総点数で五十点が保存されている。一点に二枚入れられている包紙は、一枚は天地寸法と染めに相違があるので、整理時に混雑したものと推測される。

　包紙は、本紙・表紙を丸めた後に端を開かないように糊止めがされている。この包紙端には、挿図1・2・4のように木印と思われ数字は太さが異なる一・二の黒印が押され、挿図3は墨書きで木印包紙より広幅となっており、これは工房の違いか経の種類を示したものかは不明である。押された数字は、挿図4のように貼られた部分にまたがって押されているものもあることから、包紙を巻き糊止めした後に数字を木印か墨書となっている。

　包紙の寸法は、本紙同様の天地巾で二周以上の長さであり、共紙表紙は本紙に貼り付けられている。包紙は、表紙・本紙が孔に入る太さに丸められた後に包み込んで糊止めがされているところから、経が孔の中で広がらないように止めるためのもので、包紙の長さも決めて付けていなかったものとも考えることができる。

　包紙は、大半が裏打ちがされて分離しているため、それぞれの経と包紙の厚み・漉き方・染色の色など、現状の裏打ちを剥離し精査しなくては判らない。しかし、各経の本紙に厚薄の差がある紙が使用されいることと、簀目や糸目が透過で見える薄様からかなり厚葉などの種々のものがあることが判った。普通に撮った写真では挿図5のように表面しか見えないが、挿図2と5を透過光写真を撮ってみると、挿図6（挿図2）や7（挿図5）のように溜漉きでありながら、厚薄のある群漉きのものも見られ、挿図8・9のように表面から簀の痕跡も見られるものや、挿図10・11のように透過させないと見えないものとがある。

　簀目と糸目が紙面にはっきりと見える包紙は、四十二点中に六点であり、透過光での確認では十四点に見られた。

　透過光写真の挿図を見れば判るように、厚薄とともに漉き群があることが判る。

　これらの百万塔陀羅尼は、包紙のみではなく表紙・本紙ともに厚みを計測することにより、表紙・本紙との厚みの関係を調べるためにも、厚みの計測も必要である。そこで、三浦氏の計測結果を参考にして表とした。（139頁参照）

　なお、所蔵されているものは、裏打ちしたものが大半であったが、表紙と本紙も計測できたものを記載する。表にあげた厚みの数値は裏打紙も含め計測し、後に裏打紙のみを計測したものを差し引いた本紙厚で示している。

　この表の表紙と本紙が付いたものを見ると、表紙と本紙の厚みに差のあるものと差のない

挿図5　厚葉紙のため、巻き込みが行われたため縦シワが見られるのは、二層漉きのためと思われる。

挿図6　挿図5の透過光したところ、厚薄が見られるが、簀目は見えない。

挿図7　挿図2の透過光したものであるが、厚薄があるとともに萱簀の目も見られる。

挿図8　厚く漉いているため、萱簀の凹凸と糸目がはっきりと出ている。

挿図9　挿図8と同様であるが、萱簀の太さと糸目幅に相違があるので、同じ工房で漉いたものとは考えられない。

挿図10　透過光したもので、厚薄が見られ、萱簀もかなり太いものである。

挿図11　挿図10と同様であるが、萱簀の太さは細く糸目幅も狭いので、工房が違うと思われる。

裏打ちされている表紙と本紙の厚さ

陀羅尼No.	文庫No.	表紙厚	本紙厚	裏打紙厚
第60	29264-56	0.15mm	0.18mm	0.08mm
第61	-57	0.10	0.12	0.08
第62	-66	0.23	0.23	なし
第63	-69	0.08	0.09	0.22
第64	-50	なし	0.135	0.075
第65	-51	0.13	0.13	0.08
第66	-53	0.18	0.19	0.07
第67	-67	0.18	0.16	なし
第68	-49	0.27	0.23	0.08
第69	-52	0.24	0.20	0.08
第70	-58	0.16	0.17	0.08
第71	-59	0.09	0.17	0.08

未修補包紙の厚さ

陀羅尼No.	文庫No.	厚	陀羅尼No.	文庫No.	厚
第17	29264-63	0.23mm	第56	29264-68	0.26mm
第45	-64	0.18	第62	-66	0.23
第49	-65	0.33	第67	-67	0.21
第50	-70	0.17			

裏打ちされた包紙の厚さ

裏打紙No.	包紙No.	包紙厚	裏打紙厚
1	(1)	0.21mm	0.08mm
	(2)	0.22	
	(3)	0.23	
	(4)	0.19	
2	(5)	0.19	0.08mm
	(6)	0.17	
	(7)	0.16	
	(8)	0.17	
3	(9)	0.30	0.08mm
	(10)	0.19	
	(11)	0.22	
	(12)	0.18	

裏打紙No.	包紙No.	包紙厚	裏打紙厚
4	(13)	0.11mm	0.08mm
	(14)	0.25	
	(15)	0.29	
	(16)	0.23	
5	(17)	0.20	0.08mm
	(18)	0.15	
	(19)	0.14	
	(20)	0.17	
6	(21)	0.17	0.08mm
	(22)	0.20	
	(23)	0.22	
	(24)	0.20	
7	(25)	0.14	0.08mm
	(26)	0.25	
	(27)	0.18	
8	(28)	0.29	0.08mm
	(29)	0.18	
	(30)	0.21	
	(31)	0.34	
9	(32)	0.19	0.08mm
	(33)	0.19	
	(34)	0.23	
	(35)	0.26	
10	(36)	0.23	0.08mm
	(37)	0.14	
	(38)	0.10	
	(39)	0.15	
11	(40)	0.16	0.08mm
	(41)	0.20	
12	(42)	0.22	0.08mm

この表の包紙・表紙・本文は、個々の厚みとなっている。

ものがあることが判る。また、観察結果から、同じ厚みのものと厚みに多少差があるものがあり、本紙と同じものが使用されたとは考えられず、別に漉いたものが付けられたとも考えることができる。三浦氏計測以外のもので、陀羅尼本体に包紙が付属して丸められて保存されいる七点を調査した表を揚げる。ただ、この中に含まれる包紙が二枚あるものは、一枚が表紙本紙と天地寸法に相違があるので、整理時に混雑してしまったと思われる。

塔から取り出され、丸めて保存された包紙（簀の目は3㎝内の本数、糸目は㎜表示）

陀羅尼No.	文庫No.	包紙厚	簀目数	糸目幅	表紙厚	簀本数	糸目幅	本紙厚	簀本数	糸目幅	備　考
第17	29264-63	0.19	23		0.14	23	27	0.21		17	表紙・本紙薄黄檗染め、包紙濃黄檗染め異種
第45	64	0.17	20		0.21	20	20	0.21	20		表紙・本紙濃黄檗染め、包紙薄黄檗染め異種
第50	70	0.18	24		0.14	16		0.15	16	24	表紙・本紙濃黄檗染め、包紙横紙
第56	68	0.21		24	0.22		24	0.21		17	表紙・本紙・包紙薄黄檗染め
第62	66	0.25			0.22	23		0.22	23	27	表紙・本紙濃黄檗染め、包紙薄黄檗染め異種
第67	67	0.22	25	22	0.17	15		0.14	20		表紙・本紙・包紙濃黄檗染め、包紙異種あり

根本陀羅尼は第17・45、相輪陀羅尼は第50・56、自心印陀羅尼は第62・67の二種である。

表を見て判るとおり、このように表紙が付いているものでも紙の厚みは様々であり、その上簀目・糸幅にも相違がある。今回調査した陀羅尼が、整理時に塔から出されたままの姿で保存されていれば、原装持点の推測は可能と思われるが、包紙が本紙と分離され本紙と包紙の比較作業ができなかった。しかし、透過写真での比較作業では、漉き方が類似しているものが使われているとも考えられ、天地寸法と漉きの状態で判断できると思われるが、今回の調査では付き合わせ作業ができなかったためあくまでも推測である。

この表から推測すると前述したように、一工房で漉かれた可能性は少なかったと考えられ、これを明確にするためにも、今後は紙繊維素材の打解・漉き方の状況を追求する必要がある。

接着剤について

使用されている接着剤の糊に関して、どのような材料が接着剤となっていたかは詳しく分析されたことはなかったように思われ、貼付表面の色や表面の粒子によって推測されることはあったようであるが、古代・中世においての接着面を写経類を含めて見ると大半が茶褐色の色となっており、継ぎ幅も2㎜位で容易に剥がれることのない接着剤が使われているものが多く見かけられる。史料を観察した結果では、茶褐色となっている接着剤は奈良時代の経典に多く見られ、中世以降においても同様の茶褐色の史料も見られる。経典のほかにも平安末期や鎌倉初期の書写の巻子本や粘葉装にもあり、巻子本の記録史料の写本などは、利用のために横広の折本に改装され、利用頻度が激しかったものはあまりにもずれが生じるので、谷折り部分の紙背面を貼った接着剤の部分が茶褐色になったものも見られた。

この茶褐色の接着部分をルーペで観察して見たところ、表面に澱粉では見られない膠同様のヒビ割れが見られたことから、糊に膠を混入したものと判断した。しかし、前に、元東京国立文化財研究所見城敏子氏に依頼し分析してもらったところ、澱粉質であるとのことであった。

そこで今回、包紙に付着している糊を少量削り取り分析することができないか、静嘉堂文庫長米山寅太郎先生にご相談したところ特別にご許可をいただき、陀羅尼から分離した包紙

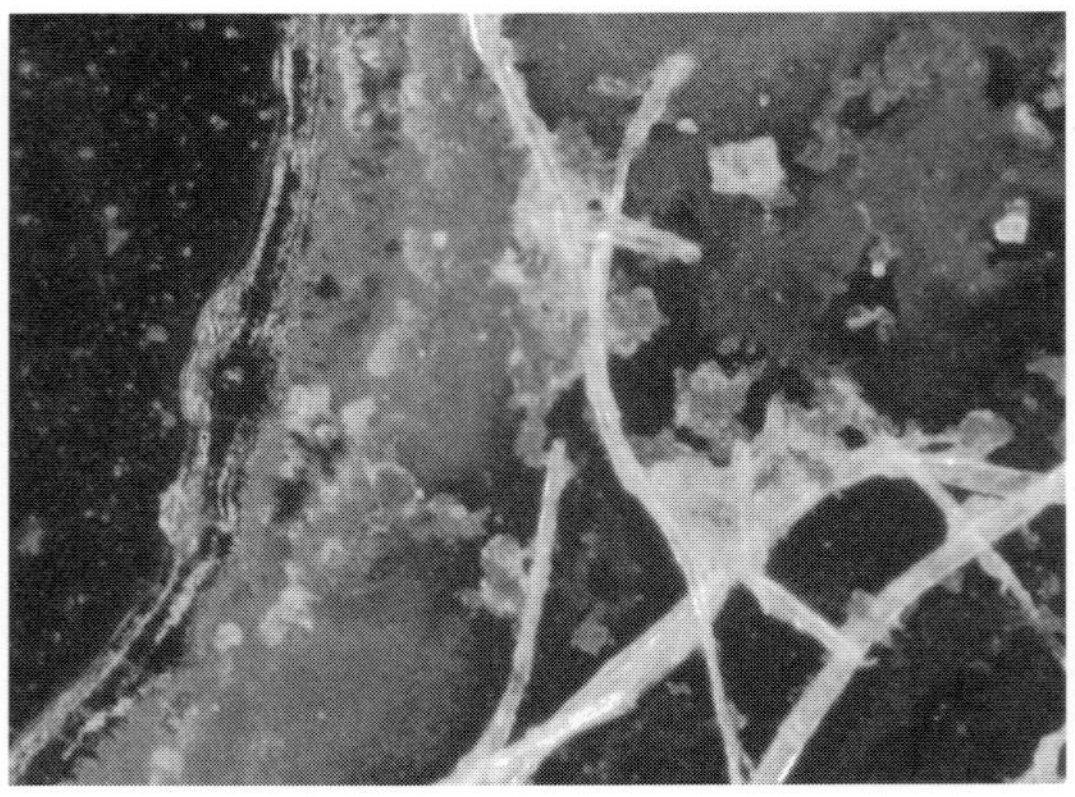
挿図12　百万塔の糊　86倍
左隅の透明物は糊が熱で溶けて再凝集した膠

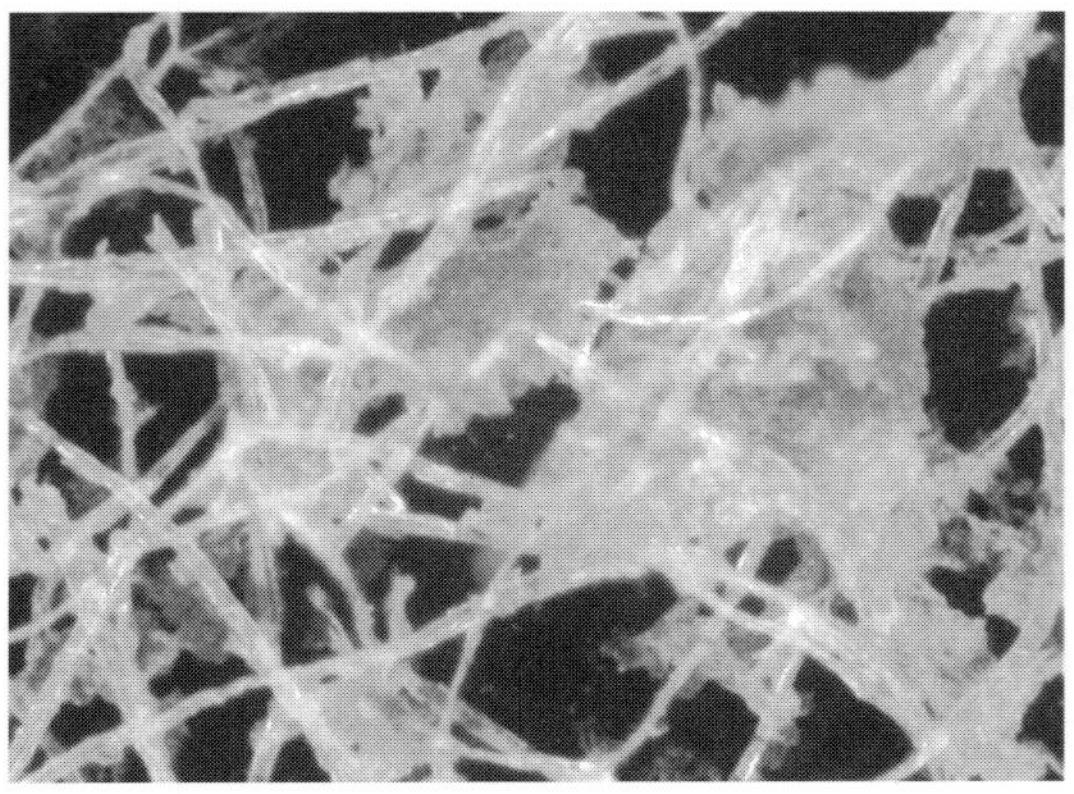
挿図14　楮に付着した百万塔の糊　86倍

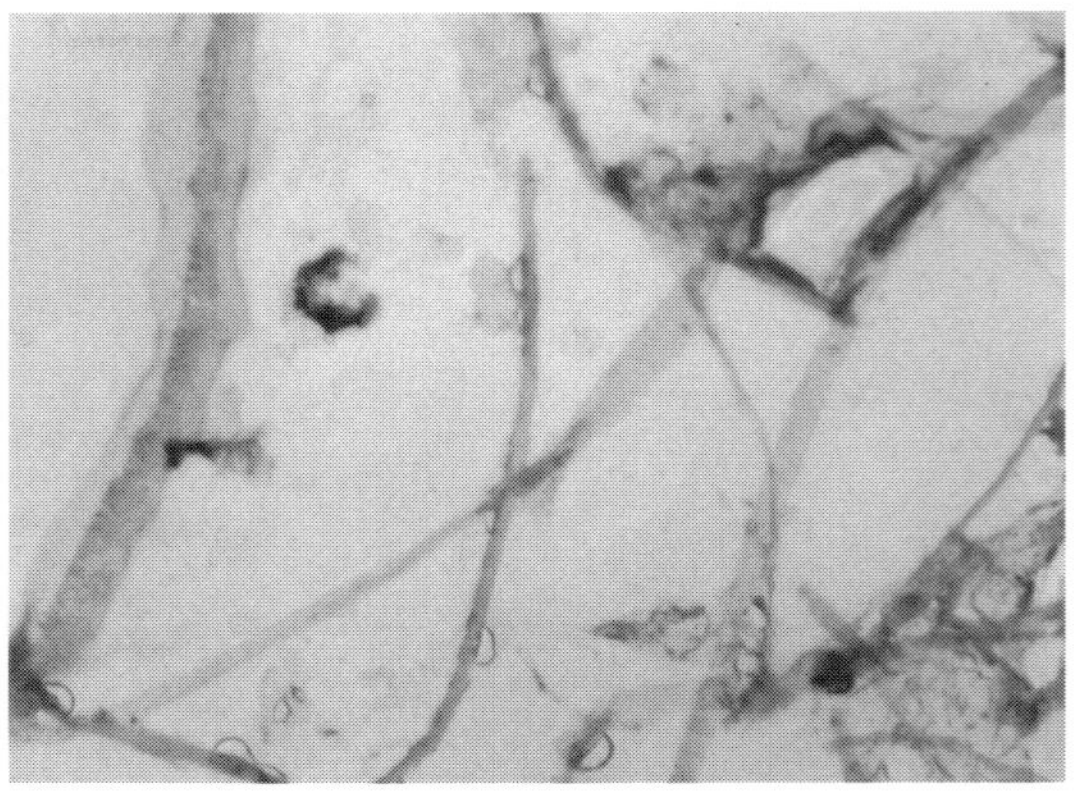
挿図13　百万塔の糊C染色液染め　86倍
楮の繊維は赤味を帯びており、右上下繊維に黄味を帯びた膠が付着している

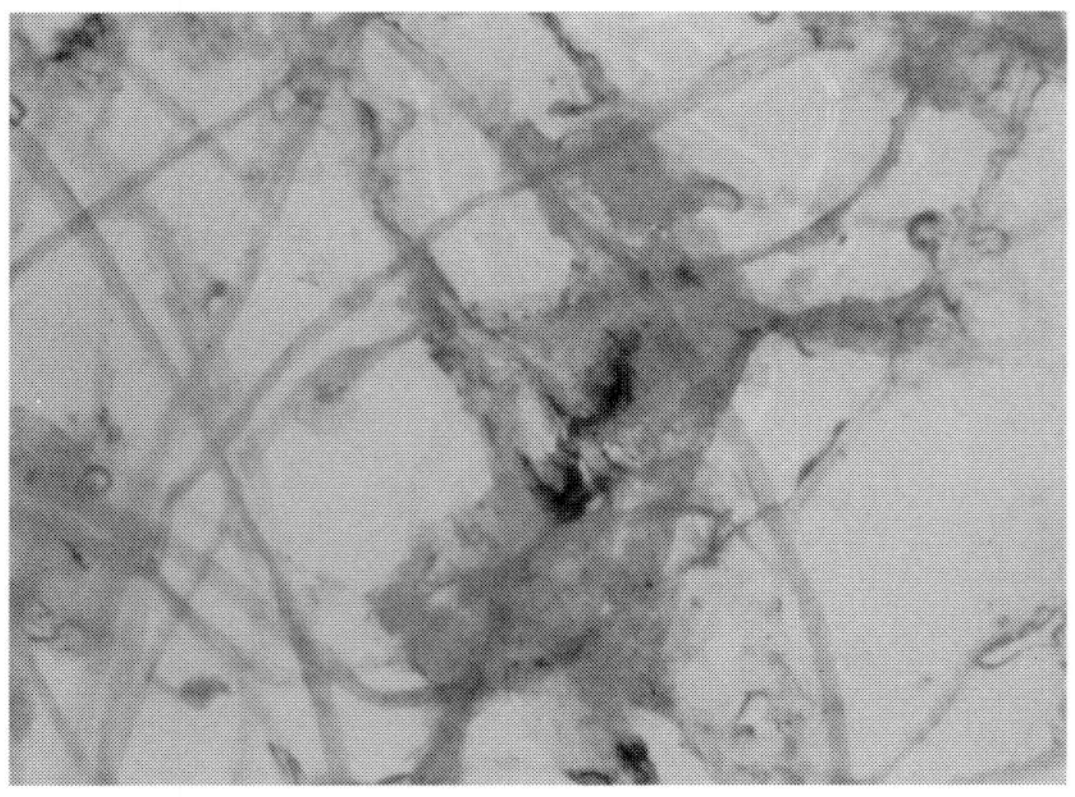
挿図15　楮に付着した百万塔の糊C染色液染め　86倍
中央部の影は楮繊維に付着した膠

一点に多量に付着したものから、糊を少量削らさせていただき宍倉氏に分析依頼したところ、植物性の澱粉反応がみられ膠反応も出ているとの報告であった。

また、当時は接着力を強めるために澱粉や膠の他も混合して接着剤としたとも考えられ、経典などが数箇所の工房で作られていたと推測されるところから、各工房によって接着剤も違うということも考えられる。

挿図12・13・14・15は、顕微鏡写真で膠反応が出たものである。また、挿図16の中央部分に付着している接着剤は、他の経典にも多く見られた。

以上の結果から、中世まで使用された接着剤について報告はできなかったが、以前東京国立文化財研究所に依頼して行われた二・三点の分析結果では、大半が澱粉反応であり、現在使われている小麦澱粉ばかりではなく、古代の稲作から考えて米粉も使われていたことも推測できる。

また、それ以前から接着剤としての大豆糊については、正倉院文書二の天平勝宝二年（七五〇）十月十二日の『造東大寺司解』の條に「大豆壹斗壹升　紙継料以外（叔か）継紙一千張」とあり、大豆糊を使って紙継一千枚とあることで、大豆糊も多様されていることも判った。また、稲作の普及とともに接着力の強い米が主として多用されていると思われる。今回のように膠着性のある糊で継がれていることは、古代からの写経に見られるように継ぎ幅が２㎜くらいの狭さであるため、剥がれにくい強固な接着剤が必要とされていることを考えると、この接着剤が使われたことも解せないことではないと考える。

接着剤については、田中啓著『汲古随想』の「粘葉用糊の製法に就て」の項に、中国の宋代以降の史書に記述されたいた接着剤の糊に関して、解説を加えて詳しく記されている。その糊と百万塔陀羅尼経に使われた糊との関係も考えると、その史書に出ていた糊の記述から検証することができるのではないかと考え、田中氏原文の文面を抜粋引用し、私説を述べておきたい。

挿図16　中央部に剥がされた茶褐色となった糊跡

「粘葉用糊の製法に就て」の抜粋文

宋代の王洙の『談録』に「書冊を作るには粘葉に仕立てるのが最も善い」といっており、そのことは後世の人によっても引用されている。粘葉は紙葉を糊綴じして冊子に仕立てたものであり、こ

れに用いた糊は頗る膠着性にとんでおり、数百年経っても脱落しないということが、明代の張萱『疑耀』に見える。張萱はこれに用いた糊はどんなものであるか、この糊法を知ろうと心掛けていたところ、たまたま宋代の王古心『筆録』に

「有㆓老僧永光㆒相、逢㆓古心㆒問㆑僧前代蔵経接縫如㆑線日久不㆑脱何也。光云古法用㆓楮樹汁飛麪白末三物㆒調和如㆑糊以㆑之粘㆑紙永不㆓脱落㆒堅如㆓膠漆㆒」

とあるを見て、唐代の装書に用いた糊はこれではなかったかと思うと述べている。即ち継目は糸のごとく細いが、それでも永く離れないのはどういうわけかと物知りの老僧永光に尋ねたところ、楮の汁と、飛麪と、白末は白芨でその粉末との三種を用い調和して作るのが古法だと教えてくれた。その三種を混和した糊は貼った部分が糊離れが起きないもので、膠漆のごとく堅いものであると記されてる。

原料三種内の楮樹汁は得やすく、白末は白芨のことであり、芨とは中国原産の川鳥頭という毒性のあるカラトリカブトのことで、白芨は紫蘭で毒性がないものを粉末にしたものだが、漢方薬であるため、薬店で手に入れることができるとある。また、飛麪の麪は麺と同字で『佩文韻府』には、麪は麦末で麺に同じとあり、飛の字は意味がないと思われる。麪は麦粉と考え、これら三種はいずれもありふれたもので、誰でも手に入りやすいものであるため、容易に作れるもののようであるが、三種を調合する割合については述べられていない。

また、このように粘葉装の糊綴じは、永年経っても解けず新しく付けたようであり、それは失傳の秘製であると、清末の書史学者葉徳輝がいったのもこのためだとある。

老僧永光については、明初の陶宗儀（?-1369）が記すところの『輟畊録』の第二十九巻「黏接紙縫法」に

「王古心先生筆録内一則云、方外交青龍鎮隆平寺主蔵僧永光字絶照、訪㆓予観物齋㆒、時年已八十有四。話次因問㆑光、前代蔵経接縫如㆓一線㆒日久不㆑脱何也。光云、古法用㆓楮樹汁飛麪白芨末三物㆒調和如㆑糊、以㆑之黏接紙縫永不㆓脱解㆒過如膠漆之堅先生上海人。」

によって大体を知ることができ、当時の永光は八十四歳という年齢から、善く古法に通じていたことが推定される。

また、同書の別巻の「手巻」（巻軸のこと）の項では、

「毎見㆓宋装名巻㆒皆紙邊、至㆑今不㆑脱。今用㆑絹折㆑邊不㆓数年㆒便脱切、深恨㆑之。古人凡事期㆓必永傳㆒、今人取㆓一時之華㆒苟且従㆑事、而畫主及装者倶不㆓體認㆒、遂迷㆓古法㆒、余装㆑巻以㆓金粟箋㆒用㆓白芨糊㆒折㆑邊永不㆑脱極雅致。白芨止可㆑用㆓之于邊㆒。」

とあり、宋代の著名な巻軸は一時の出来栄えの華やかさを眼目とせず、永く後世に伝えたいと思うものは、その装潢にあたっては糊に特別の注意を払う必要があり、糊に白芨を混和することが絶対に必要であると記されている。

田中氏は数年来その製法について注意を払ってきたところ、清代の『古今秘苑続録』第八巻「法糊」に次のような記事に逢着したとあり、その文面は

「瓦盆貯㆓清水㆒篩㆓白麪於上㆒任㆓其浮沈㆒、夏五日冬十日、以㆑臭為㆑度瀝㆓取浸麪清水㆒、煎㆓白芨五銭白礬一銭㆒和㆓所㆑浸麪㆒打成㆓濃糊㆒入㆓桐油黄蠟芸香末各三銭㆒共就鍋内㆒和作㆓一團㆒、別換㆑水煮、令㆓熟去㆒㆑水、傾㆓器内㆒候冷換㆑水浸之、用時切㆓一塊㆒以㆑湯化、開㆓擂盆内㆒擂数千轉用㆑之。」と、王古心『筆録』より詳細に各原料の分量と、その製法の手続きまで説いている。銭は盞（小杯の盃）と同じとあり、その製法を詳しく記されている。

その製法内容は、「素焼きの盆に清水を入れ、麦粉を篩に入れ徐々に水の上に篩い落とし沈殿させ、夏は五日冬は十日、臭気（発酵）を発する頃上澄みを漉み取り、白芨五盞と白礬（明礬）一盞の割合を持って合わせたものを煎じ、その液で前に発酵させた浸麺粉を捏ねて濃糊状とし、桐油（あぶらきりの油）・黄蠟（ミツバチの巣から取った蝋）・芸香末（薬草の虫害を防ぐ香草）を各三盞を入れ、鍋内で合わして一塊りとし、別に水を加えて煮、熟煮して水を取り去り、器（広口の瓶）に傾け入れて冷却してから水を入れこれを浸し貯え置き、用いるときに一塊を切り取り湯で解き、擂り鉢に入れ擂粉木で数千回擂ってからこれを使用する」とある。

また、同書「釘書十約」第六項において、

「（上略）将㆓花椒白芨白礬湯乾麪㆒、打成㆑糊　（下略）」

と記され、花椒の椒は山椒のことで芳香性があり、その花椒と白芨・白礬と混和する必要を説いている。花椒・白礬は防虫効果のためと考えられ、それらを混入して糊を作ったと考える。

以上に記された三書から判ることは、装幀に使う糊を強い膠漆にするため、飛麺（麦粉）に楮樹汁や白芨末（紫蘭根末）を加え糊離れの起きない糊を作っており、その上「釘書十約」にあるように花椒（山椒）・白礬（明礬）・石灰などが混入されている。この三種は、殺虫効果があることから防虫のために入れられていると考える。

この様な糊が、実際に膠漆のごとく強固な接着剤であったか、実際にこの三種を使って糊を作って接着実験してみないと判明しないが、現存する巻子本となった敦煌経や奈良朝写経などの現物史料を観察しても、継ぎ幅が2㎜位しか貼られていないのに強固に接着されており、接着面が茶褐色となって糊離れが起きていないと同時に、剥がそうとしても容易に剥がれないというものが多いことから、記述された糊が膠漆のごときものであると考えることができる。

しかし、『汲古随想』だけでは、古代の糊離れしない糊作り方法がどのようなものであるか

不明であったため、制糊法が出ている書がないか探索したところ、近年出版されている中国表装古籍修復関係書の中に、史書の制糊法を記載したものがあり、それらの書は唐代張彦遠撰（八一五?―八七五）『歴代名画記 第三巻』の『論装背褾軸』に「糊法」、明代周嘉冑撰（一五八二―一六六一?）『装潢志』に「硬売・又方・治糊（糊法）」三項、明代文震亨撰（一五八五―一六四五）『長物志』に「糊法」、明代馮夢禎撰（?）『快雪堂漫録』に「糊法」、明代高濂撰（?）『燕閑清賞箋』に「糊法」、清代周二学撰（?）『賞延素心録』の「第五則（糊法）」などがあり、前三書では糊の製法で小麦粉を水に浸け置き発酵作業を起こし糊にしているとあるが、ここにあげた書には防虫のための添加物も加えられ糊煮がされていることや、糊の主原料である小麦粉や添加物の量まで事細かに記されたものが見られた。このようなことから『汲古随想』を補足する意味で、明代の『装潢志』『長物志』『燕閑清賞箋』の三書が、糊原料と添加物と量までも記されているので、その内容を取り上げ説明を加えることにした。

『装潢志』の三項

「硬売」（碑帖表裏の厚表紙）

「碑帖冊叶之偉現、而能歴久無患者、功系硬売。工倍料増、不敢属望于装者。余装有碑帖百余種、冊叶十数部、皆手制硬売。

糊用白芨、明礬、少加乳香、黄蜡（蝋）、又用花椒、百部、煎水投之。（下略）」

「碑帖の冊は丈夫で美しく、且つ長期流伝しても破損がせず、これは硬売の重要な保護作用と考える。硬売製作は、工作の手数料が倍増しているのは請け負う装裱者が希望しているためである。私が装幀した碑帖は百余種で書画冊は十数部で、すべて手製作の硬売である。

糊には白芨を用い、明礬に少量の乳香と黄蜡を加え、再び花椒と百部を煎水に併行して調整する（下略）」とあり、明礬・乳香・黄蜡・花椒・百分を合わせ糊煮をしていることが判る。

乳香は樹脂膠で辛い性質があり、黄蜡は蜜蜡のことで蜜蜂の蜡膠質を精製したものであり、糊を貼付後硬化させるためと考えられる。百部はヒャクブ科ヒャクブの根が使われ、明礬・花椒同様に殺虫剤としての防虫効果に用いたものと考えられる。

硬売とは、名筆家の碑文を拓本を取ったものを、書の勉強のために作られた帖装本でその表裏に付けられた厚表紙のことであり、この表紙を製作する時に使用する糊で、著者自身が関わって製作した冊数までも記されている。

「又方」（硬売の一方法）

「糯米浸軟、擂細濾浄、淋去水、稠稀得所、入豆粉及篩過石灰各少許、打成糊。以之打硬売、装帖冊等用更堅。（下略）」

「糯米を水に浸け軟化させ、それを擂り潰して水を注ぎ滓を取り去り、頃合いを見て豆粉入れ及び篩に掛けた石灰を適量加入し、煮て糊とする。これを以て硬売製作に用い、帖冊を装する時に用いると更に堅固である（下略）」

糊の材料として、麦粉ではない糯米が使われており、粳米は餅米のことでこの主原料に大豆と思われる豆粉が少量入れられていることが記されている。このことから糊に麦粉だけではなく、使用用途によってかなり強力な糊が必要となるために使われたと考えられる。その上、殺虫効果と思われる石灰も少量混入して糊煮がされている。

「治糊」（制糊）

「先以花椒熬湯、濾去椒、盛浄瓦盆内、放冷。将白面逐旋軽軽糁（撒）上、令其慢沈、不可攪動。過一夜、明早攪糁。如浸数日、毎早必攪一次、待令過性、淋去原浸椒湯、別放一処、却入白礬末、乳香少許、用新水調和、稀調得中、入冷鍋内、用長大擂槌不住手擂転、不令結成煮塊子、方用慢火焼。候熟、就鍋切作塊子、用元浸椒湯煮之。攪匀再煮、攪不停手、多攪則糊性有力。候熟、取起、面上用冷水浸之。常換水、可留数月。用之平貼不瓦。霉候（梅雨季）、不宜久停、経凍全無用処」

「先ず花椒をトロ火で煮て、花椒湯を濾過し盆内に入れ冷めるまで放置する。糊の白面（小麦粉）は水を入れた盆に撒き散らし、そのまま沈ませ動かさずに置く。一夜過ぎた二日以降は早朝に白面を均一に混じるよう攪拌する。数日浸けて置くが毎朝必ず一回攪拌し、その面が発酵変化を待ち、その白面と滓を取った花椒水を一緒にし、さらに白礬末と少量の乳香を入れ、新水を用い調和し適度に混ぜた後に冷鍋に入れ、大きな擂り棒で良く打ち擂り潰し塊がなくなってから煮とろ火を用い煮る。糊煮が鍋の中で塊となったら、椒湯を入れて煮る。煮の時に攪拌を止めず多く攪拌することで糊の粘力が増強する。糊煮をよく行った後、鍋から煮糊を取り出し盆内に入れ、煮糊の上に冷水を入れ浸け置く。常に水を換えることで、数ヶ月留めおける。この糊を用いると書画装裱や表面が平らになり反らないものができる。梅雨の季節時は糊の保存に良くなく、冬時は凍ることで無用となる」

花椒・白礬末（明礬）・乳香は殺虫効果のための添加物と考える。

『装潢志』には、楮樹汁は記されてないが、主原料の小麦粉は飛麺とか白面との表記であり、小麦粉のほか糯（餅）米や大豆と思われる豆粉が使われている。

『長物志』（制糊）

「用瓦盆盛水、以面一斤滲盛水上、任其浮沈、夏五日冬十日、以臭為度。后用清水蘸白芨半両、白礬三分、去滓和元浸面打成、就鍋内打匀団、別換水煮熟。去水傾置一器候冷、日換水浸。臨用以湯調開、忌用濃糊及蔽帚」

「瓦盆を用い清水を入れ、面一斤を清水上に撒き散らし、その浮き沈みに任せ、夏は五日冬は十日、発酵するを度合いである。後に清水を用い白芨半両を浸し、白礬三分、滓を取り去り元浸した面に溶き打つなり、鍋内に均一に打ち、別に水を換えて煮る。冬季は器を傾け水を取り去り、毎日浸けた水を換える。書画に用いる糊は湯を以て取り替えたり、濃い糊を用いたり覆うことは嫌う」

『燕閑清賞箋』（制糊）

「白面一斤浸三五日、候発臭作過、入白芨面五銭、黄蜡三銭、白礬三分、白芸香三銭、石灰末三銭、官粉一銭、明石二銭、用花椒一二両、去椒先投蜡、礬、芸香、石灰官粉熬化入面作糊、粘背不脱。又法飛面一斤入白茵末二両、豆粉五銭亦妙」

「白面一斤を三五日浸し、発酵がした頃白芨五銭を入れ、黄蜡三銭・白礬三分・白芸香三銭・石灰末三銭・官粉一銭・明石二銭、花椒一・二両を用い、先ず椒の滓を去り蜡を入れ、礬・芸香・石灰・官粉を面に入れてとろ火で煮て作った糊は、背貼りは剥がれず。また飛面一斤を範とし白茵末二両入れ、豆粉五銭を加えることはまた絶妙なり」

『長物志』と『燕閑清賞箋』には、小麦粉の量とともに添加物それぞれの量を細かに記しており、明代には糊を作る時にそれぞれの量を正確にすることで、良質での糊作りが行われ出した時代と考えられる。

この様に史書から見える糊作りの主原料は、小麦粉のほかに粳米であり、その上豆粉までが入れられている。強糊にする材料の白芨のほかに添加されている物には、防虫効果のためと思われる花椒・明礬・石灰・芸香・官粉（鉛粉）・百部のほか、薫陸香と乳香は同種の樹木で樹皮の間から採れる樹脂で、黄蜡（蜜蜂の巣から取る蝋）ともに、糊で貼った後に糊を硬化させると考えられるもののほかに、糊にどのような効果があるか不明である。明石に関しては種々の辞書などで調べたが不明であった。また白茵末に関しては、茵を大漢和辞典で調べたところ、茵芋（いんう、薬草のみやましきみ）と茵蔯蒿（いんちんこう、薬草のかはらよもぎ）いうものがあり、この二種のいずれかの粉末と考えるが、茵蔯蒿の味が辛く苦いとあるのでこのものと考える。これらの主原料以外の混入する添加物は、漢方薬に使われている薬用植物や鉱物などが使われていることが史書から見られる。このことから、強固な糊と虫害に遭わない糊を作るため、防虫効果がある漢方薬の添加物が混入されて作られていたことが、いかに書を作製するために考えた糊作りをしていたか判る。

ただ、最も重要視されている混入物の白芨が、糊に入れるとどのような効果があるものか判らなかった。しかし、台湾訪問した修復家の友人から、現在でも糊煮にこの様な粉末が使用されていると聞いた。話では、訪問した工房の職人がその粉末を土産に上げるとのことであったが、舐めると死ぬといわれ貰うことを断ったと聞いたことから、その粉末が白芨末でトリカブトではないかと考えた。しかし、装幀作業に使うものが毒性の強いものを混入することは考えられないので、社団法人北里研究所の東洋医学研究所医史学研究部の天野陽介氏に、台湾の粉末と史書にある白芨について問い合わせたところ、台湾で入れられているものは白芨とは別物ではないかとの答えで、白芨は紫蘭根で粘性を持ち根を乾燥した粉末であると教えられた。友人から聞いた粉末のことは、毒性のあるキンポウゲ科のトリカブト属カラトリカブトで漢方薬とされており、根に粘性があることからこのカラトリカブトを、台湾の工房では白芨の代用として用いていると考えられる。

では、小麦と合わされ必ず入れられる白芨とどのようなものかというと、蘭科多年生草本で地下の根茎は大きく白い多肉質で粘性があり、その根を皮をむいて蒸し乾燥したものを粉末状にしたものを白芨とか白薬という漢方薬となる。この白芨末は、粉末となったものが再度粘性が出るか聞いたところ、粉末を湯を使って溶いてみたら粘性は失われず、その状態がゼラチン状の粘性を持ったものとなったとのことであった。

このことから推測すると、粘性を持つ白芨末が小麦粉と合わさることにより、強固になるのではないかと考えられる。また、接着面の茶褐色に関しては、明礬を加えていることで酸化劣化がおこった影響ではないかと考えられる。

このようなことから陀羅尼の継ぎの接着面は、かなり強固で茶褐色に変色していることを考えると、史書に出ていたような糊が用いられた可能性があり、分析結果でも膠質が見られることから、添加物も中国同様にされた糊が使われたものと考えられる。

今回、分析させていただいた点数が少なかったため、今後はこの様な糊が使われたと思われる多くの史料を分析する必要があり、その結果奈良時代に使われた接着剤の糊が解明できるのではないかと考える。

また、糊ばかりではなく料紙に関しても、陀羅尼や写経書に虫害の防虫効果が強い黄檗染めがされていることは、古代より貴重な書を虫に冒されないように、黄檗の苦みが防虫効果があるとされ、多くの史書に記述されている。この様に、古代には糊と同様に虫に対して書写料紙をいかに虫害に遭わないようにするか、糊とともに料紙も重要視していたことが伺えられる。この様な作業は、当時人達が書を重要と考えていた結果と思われる。

今後の課題としては、古代の料紙の造紙・料紙加工・装幀形態及び料紙と接着剤の糊を分析することにより、料紙加工や製作工程が明らかになることにより、その後の装幀製作工程とともに接着剤がどのように変化してきたかが判り、史料の製作工程があきらかになると考えられるので、史料の分析は必要で重要な手がかりを得られることとなるので、料紙や接着剤を分析するための試料採取を史料を破壊すると考えずに、これからの史料を研究するための研究進歩の一助と考えることが必要だと思う。

おわりに

百万塔陀羅尼の包紙と接着剤を主として述べてきたが、漉き場や工房数の把握もしてない上に、分離している陀羅尼経と包紙を一致させて調査ができなかった。今後の課題としては経本体と包紙を一致させ、更にこの時代の料紙を多く調査して我国での紙の進歩もあきらかにし、料紙の材質と加工についても十分考察する必要がある。

また、可能ならば包紙についている接着剤を全部調査することにより、接着剤の糊を解明できるのではないかとも考えている。なお、今後は田中氏の調査した史書の糊の文献を元に糊を作り、その糊で貼り付け作業をして百万塔陀羅尼の糊との比較作業を行い、接着剤を考察してみたいと考えている。

分析検査について述べたいことは、種々の装幀製作工程や料紙の材質及び接着剤の糊などを知るために必要であり、分析を供される史料は破壊試験として考えるのではなく、料紙や糊と製作工程の解明をはかるために必要で大変重要なことであると考える。今後の史料の修復作業には、史料の料紙と同様なもので修補することが重要であり、料紙を観察するだけでは材質や加工まではみることができず、例えば近年は望遠顕微鏡であるピーク製のワイド・マイクロ・スタンド一〇〇倍を使い、料紙を見て材質・加工を判断し、修補用紙を発注することも必要であろう。すでに修復作業を行っているところでは、分析検査を行い史料と同様な修補用紙を作成しているところもある。このように、正確な料紙や接着剤を読みとる必要がでてきている時代となっている。そのためには、多くの所蔵館の協力がないと解明することができない。

このような問題点を十分に考慮し、歴史資料である古文書・古典籍の保存と同時に材質や加工など進んで研究していただくと共に、史料のできたその過程を考えてみる必要があることを、研究者のみではなく携わる関係者は、連携が必要なことと考えていただき、この問題に対処して進まれることを望んでいる。

参考文献

『汲古随想』田中啓著　書物展望社刊　昭和8年発行
『和紙研究 第14号』和紙研究会刊　昭和26年発行
『日本の紙』寿岳　文章著　吉川弘文館刊　昭和42年発行
『手漉紙史の研究』関 義城著　木耳社刊　昭和51年発行
『中国製紙技術史』藩 吉星著・佐藤 武敏訳　小学館刊　昭和55年発行
『百萬小塔肆攷』平子 鐸嶺著　東京古典会刊　昭和56年発行
『日本出版文化史』川瀬 一馬著　日本エデタースクール出版部刊　昭和58年発行
『和紙と日本人の二千年』町田 誠之著ＰＨＰ研究所刊１９８３年発行
『汲古 第37号』古典研究会編　汲古書院刊　平成12年発行
『原色日本薬用植物図鑑』木村靖一・木村孟純著　保育社出版　昭和39年発行

（中国書関係）
『古籍修復与装幀』潘美娣著　上海人民出版社出版　１９９５年発行
『薬物與書畫装褫』夏冬波著　中医古籍出版社出版　２００１年発行
『古籍修復技芸』朱賽虹著　文物出版社出版　２００１年発行
『古文献的形成和装修技法』童芷珍著　上海科学技術文献出版社出版　２００２年発行
『中国書画装褫技法』馮鵬生著　北京工芸美術出版社出版　２００３年発行
『装潢志図説』明周嘉冑著　田君注訳　山東画報出版社出版　２００３年発行
『中国書畫装褫』（増訂本）馮増木著　山東科学技術出版社出版　２００３年発行

百万塔陀羅尼推定銅版鋳造実験

緒方宏大

はじめに――印刷の視点から見た百万塔陀羅尼

百万塔陀羅尼を印刷の視点から見てみると、三つの注目すべき点があげられる。

まず一つ目は、百万塔陀羅尼が、印刷された年代が記録に残る現存世界最古の印刷物であるという点である。『続日本紀』巻三十、神護景雲四・宝亀元年（七七〇）四月二十六日の条にある「戊午　初天皇　八年乱平　及発弘願令造三重小塔一百万基　高各四寸五分　基径三寸五分　露盤之下　各置根本　慈心　相輪　六度等陀羅尼　至是功畢　分置諸寺　賜供事官人已下仕丁已上一百五十七人爵　各有差」の記録は、孝謙太上天皇（重祚《ちょうそ》して称徳天皇）の発願により百万塔陀羅尼事業が行われた事実を伝えたものであり、印刷された年代を示す記録として確たる証拠となっている。もっとも今日においては、一九六六年に韓国慶州の仏国寺釈迦塔より発見された「無垢浄光大陀羅尼経」が、百万塔陀羅尼より古い印刷物と言われているが、残念ながらこちらの陀羅尼経については、経文そのものに年代の明記が無く、成立を記した記録も発見されていない。

二つ目の注目すべき点は、今から一二〇〇年以上も前に、百万もの膨大な数の陀羅尼が印刷された点である。百万塔陀羅尼は、孝謙太上天皇が、恵美押勝（藤原仲麻呂）の乱後、国家鎮護を願って、「無垢浄光大陀羅尼経」（延命や除災を願うにあたり唱えるごく短いサンスクリット語をそのまま漢字に当てたもの）に説かれている造塔・写経の功徳を期待して、陀羅尼百万枚を印刷させるとともに、百万基の小塔の中に納め、法隆寺などの寺に分置した事業であり、仏法によって国を治める、いわゆる鎮護国家の思想のもと行われた。つまり百万塔陀羅尼とは、造塔・写経といった善行を積めば積むほど、より多くの仏の功徳が得られると信じられていたことから、百万という数の善行（百万の造塔と写経）を積むことによって、より多くの功徳を得ようと行われたものである。しかし、百万という膨大な数の写経を行うには、多くの時間と労力が必用とされるので、写経の代わりとして、複製行為としての印刷が利用されたと推察されるのである。

そして三つ目は、百万塔陀羅尼が、当時どのような方法によって印刷されたかという点である。印刷方法としては、木版と銅版（鋳造銅版。以下銅版と略称）の二説が主流であり（双方を混用したという説もある。）、そのどちらであるかについては、明治時代から論争が繰り返され、今日に至ってもなお結論が出ていない。さながら邪馬台国論争の印刷版と言ったところだが、この二説については、版や印刷の特徴はもとより、墨や紙、社会背景など、多方面からの調査、研究、分析が進められ、現在では木版説が有力視されている。

この様に、百万塔陀羅尼は、歴史的にはもちろん、印刷面からも大変貴重な史料である。殊に、いまだにはっきりとした結論が出ていない木版説、銅版説についての論争は、史料としての魅力を高めているといえるであろう。

そこで、以下、これまで各方面で行われてきた調査、研究、分析によって取り上げられてきた木版、銅版両説の根拠となる点を改めて確認してみたい。

一、木版説の根拠について

（一）印刷面から考える木版説の根拠

木版説をとる根拠として、これまで以下の点があげられてきた。

1 文字のはねの部分の切り込みが特に鋭く、木彫特有の技法（文字の鋭い線を木版で彫る際に、刀で字面の両側をせめるように彫る技法で、印刷面ではシャープな尖端として出る。）を用いない限り困難である。

2 当時行われていた写経（書写）に使用される墨を用いた場合、銅版による印刷では、墨が紙面にまだらについてしまう。

3 木版で印刷した場合、紙の後ろ（裏）に墨が通らず（浸透せず）、たまったまま表面に残る。百万塔陀羅尼の印刷面にはこの現象が見られるものがある。

（二）社会背景から考える木版説

続いて、社会背景から木版説の根拠を考えてみた場合、そこには、中国における印刷術（木版印刷術）の発明と、日本への伝播の問題が深く関係してくる。

印刷発祥の地は中国とされる。古くから行われていた、拓本を採る技術の普及と、製紙技術、墨の製造技術の発明が、唐の時代までに木版印刷術の誕生へと結びついたと考えられている。この木版印刷術が、いつ頃日本に伝わったのか、はっきりした年代は分かっていない。

しかし、日本では、舒明二年（六三〇）から承和五年（八三八）までの間、遣唐使が派遣され、儒教や歴史、天文学をはじめとする唐のさまざまな先進文化・技術がもたらされることとなった。百万塔陀羅尼の印刷事業が完成するまでも、計十一回の遣唐使が派遣されており、この期間に、印刷術が、日本にもたらされていた可能性も考えられるのである。中でも、二度も唐へ派遣され、数々の文物を日本にもたらした吉備真備が、称徳天皇の右大臣となっていたことは、百万塔陀羅尼との関連性から興味深い点である。こうして中国より伝えられたと目される印刷は、写経の代わりとして利用されたと考えられるのである。

二、銅版説の根拠について

(一)印刷面から考える銅版説の根拠

一方、銅版説についても、印刷、社会両面から考察することができる。まず印刷面については、銅版説をとる、これまでの諸説を要約したものとして以下の点があげられる。

1 印刷された文字に白抜けがある。（銅版だと墨がうまくつかず、印刷した場合に印字面が薄くなり、白抜けしてしまう。）

2 百万という膨大な数を印刷したにもかかわらず、ほとんど印刷された文字の形が崩れていない。（木版であれば、版に彫られた文字が徐々に磨耗していくため、印刷文字が崩れ、墨のつき方も粗くなるはずであるが、それが見受けられないことから、磨耗しない銅を版材としたと推察される）

もっとも2における木版の耐刷力の問題については、昭和三八（一九六三）年に行われた、日本印刷学会西部支部調査団による陀羅尼調査によって耐刷力があることが実証されている。この実験は、唐代の銅銭を版材としたものと、銅銭を摸刻した木版の二種の版を、それぞれ中央で切断し、半分ずつの版を一個に組み合わせて、スタンプ式に十二万五〇〇〇回（百万枚の陀羅尼を八種類の版で印刷したと仮定すると、一版あたりでの印刷枚数は十二万五〇〇〇枚となる）押捺したものである。結果としては、木版の版面は、わずかに摩耗が認められる程度で、木版でも充分に耐刷力があることが実証された。（『百万塔陀羅尼の研究』中根勝編集「百万塔陀羅尼の研究」刊行委員会一九八七年）もっとも、これは、スタンプ式の押捺で行った場合の結果であり、版を下に置き、紙を当て、その上から摺る方法での実験は行われていない。

(二)社会背景から考える銅版説の可能性

また、銅版説については、当時の鋳造技術の面からも、その可能性が考えられる。

日本では、早くから鋳造技術による生産が盛んに行われていた。弥生時代の初めに大陸製の青銅器がもたらされると、以後、鋳造技術により銅剣や、銅矛、銅鏡の国産化が始まった。さらに、飛鳥、奈良時代には、大きい物では、東大寺の毘盧舎那仏に代表される仏像から梵鐘、文字が鋳込まれた銅銭などの小物までが鋳造されるようになり、鋳造技術は大きく発展することとなった。特に、飛鳥、奈良時代には、鋳造工房において生産が行われていたことが、近年の遺跡発掘によって明らかにされている。平成三年（一九九一）に行われた奈良県明日香村の飛鳥池遺跡発掘調査では、青銅やガラスの鋳造に関する炉や遺溝、坩堝《るつぼ》などの遺物が多数発見された。同遺跡では、その後の調査によって国内最古（七世紀後半頃）の銅銭である富本銭が発見されたことは、記憶に新しい。さらに、平城京跡においては、七〇八年発行とされる和同開珎の鋳造を行った工房、遺溝、遺物が発見されている。

残念ながら、百万塔陀羅尼の銅版鋳造を行った裏付けとなる工房跡、関連遺物は見つかっていない。しかし、以上述べたような、さまざまな鋳造生産の事実から考えると、百万塔陀羅尼銅版の鋳造を可能とする技術力、生産体制が十分整っていたと言えよう。

三、推定銅版鋳造実験

以上が、これまであげられてきた、木版、銅版両説の根拠や可能性である。印刷博物館では、これらの根拠や可能性を確認した上で、長く続く両説の論争を検証する一助となることを目的に、このたび銅版説の可能性を探る一手段として、百万塔陀羅尼の推定銅版鋳造実験を試みた。本稿では、仮に銅版で印刷された場合、その版となる銅版が一体どのような方法で鋳造されたのかを、以下、その鋳造工程とともにまとめてみた。百万塔陀羅尼の銅版鋳造については、記録として残っているものが今のところ無いので、仮に行われていたとしても、どの様な原料を使い、どの様な方法で鋳造したのか確かめるすべがないため、推定によるしかなく、今回の実験はあくまでその可能性を考えてのものである。

実験は、東日本金属株式会社（東京）にて、同社代表取締役社長小林容三氏のご厚意により行った。同社は、大正七年（一九一九）創業以来、建築金物（ハンドル、錠前、サッシ金具等）や電気照明器具、装飾品などの鋳造を行っている会社で、当館では、以前にも、駿河版銅活字（徳川家康が造らせた日本で最初の銅製活字。重要文化財）の推定鋳造実験を同社の協力により行っている。

(一)鋳造方法と使用素材

今回の鋳造実験は、木の父型を使用した砂鋳型による方法を用いた。日本には、古来よりさまざまな鋳造技法があったが、この技法は、鋳物砂を用いて鋳型を作り、焼成せずに、そのまま溶かした金属を注湯するもので、大型には不向きであるが、造型費が安く、量産に向いているといった特徴がある。百万塔陀羅尼が製作された時代においては、先に述べた富本銭や和同開珎などの銅銭が鋳造されたが、その技法は、粘土に原型から型取りし、焼き固めた鋳型に溶かした銅を流し込み、鋳造するものである。今回の実験で用いた技法は、近世において銅銭を鋳造する技法として利用されたものであり、仮に百万塔陀羅尼が鋳造されたとしても、その技法が用いられていたかは確証できない。しかし、和同開珎など、当時の銅銭を鋳造した技法と原理的には近いことから、今回の実験ではこの技法を用いて銅版の製作を試みた。なお、この鋳造法には、立入れ鋳造法（鋳型を垂直に起こして注湯する方法）と、平入れ鋳造法（鋳型を水平に配置して注湯する方法）があるが、今回は、平入れ鋳造法を用いた。これは、立入れ鋳造法だと、垂直に注湯された銅合金が、微細な文字の型に勢いよく流れ込んでしまい、文字がつぶれてしまう可能性が高いからである。

　また、百万塔陀羅尼の版が鋳造されたと仮定した場合、当時の素材には、中国から製法が伝わった唐金（概ね銅・錫・鉛を主成分とする青銅系）が使われたと考えられる。事実、和同開珎発行から約二百五〇年にわたる皇朝十二銭の多くは、銅に錫、鉛を加えた青銅系のものであった。ただし、銅と錫分の多い青銅ほど鋳造しにくく、原料の問題もあって、後のものほど錫、銅を減らして、その分、安価で鋳造を容易にする効果がある鉛を相当量入れていた。今回の実験では、技術者の慣れを考慮し、鉛と類似の効果を期待できる亜鉛を銅に加えた黄銅（真鍮）を用いた。今回使用した真鍮は、銅六三％、亜鉛三七％の比率とした。また、鋳型に使用する砂については、珪砂（主に石英粒より成る白ないし褐色の砂で、鋳物砂の原料とされる）に、粘土分を混ぜたものを用いた。比率は、珪砂九〇％、粘土分七〜八％とした（残りは亜鉛など）。

（二）鋳造工程

　このような条件により、銅版の鋳造実験を、以下の工程によって行った。

1陀羅尼（相輪陀羅尼）が書かれた紙（陀羅尼の複製）を裏返しにして板木に張り、その上から文字の部分を残して周りを彫ることで、鋳造の父型となる版木を製作する。（挿図1）

2捨て型（砂鋳型を作るための土台型で押し台ともいわれる）上に父型を、文字面を上にしてセットする。（挿図2）

3下型を作成するための木枠をセットする。（挿図3）

4父型の上や周囲に篩《ふるい》にかけた砂を木枠の半分まで充填する。（挿図4）

5充填した砂を突き棒で突き固める。（挿図5）

6足で砂をほぼ平面に押し固める。（挿図6）

7かき板で木枠と同一平面に砂をすり切る。（挿図7）

8捨て型とともに下型を反転させる。（挿図8）

9捨て型をはずして現れた下型に砂どうしがくっつかないように別れ砂をふりかけ、ほぼ完全に嵌合《かんごう》させる。（挿図9）

10湯道となる金属をセットする。（挿図10）

11上型用木枠を下型に完全に嵌合させて置き、下枠と同じ方法で砂を盛って突き固めて、最後にかき棒で上枠と同一平面ですり切る。（挿図11）

12下型から上型をはずした後、下型に残った父型に金属棒を差し込み、周囲にわずかな振動を与えて上方に素早く抜き上げる。（挿図12）

13父型を抜き取った後の下型。陀羅尼の母型の完成。（挿図13）

14上型に鋳込みの湯（真鍮を溶かしたもの）を流し込む穴（湯口）を設ける。（挿図14）

15下型に上型を重ねて砂鋳型を完成させる。（挿図15）

16完成した砂鋳型。（挿図16）

17炉で真鍮を溶かす。（挿図17）

18鋳型の上下枠の隙間から湯が漏れないよう金属の重し板で鋳型を固定した後、炉で溶かした真鍮を湯口から少しあふれる程度に一回で注ぎ込む。（挿図18）

19五〜十分程で真鍮はほぼ固まるので、上型をはずす。（挿図19）

20まだ砂の付いた鋳物（鋳造銅版）を取り出す。（挿図20）

21取り出した鋳物に付いている砂を取り除く。（挿図21）

22砂を取り除いた鋳物（挿図22）

23湯道の部分を切り落とし、完成した百万塔陀羅尼鋳造銅版。（挿図23）

（三）鋳造実験の結果

今回の実験の結果として分かったことを以下にまとめてみた。

1砂鋳型による方法でも、百万塔陀羅尼サイズの鋳造は可能であったと推定できる。

2文字を浅めに彫った版木を父型として用いたため、鋳型（母型）として砂に文字が深く残らず、鋳込んだ際、文字が潰れてしまう可能性もあったが、結果としてはほぼ精巧に文字面が鋳造された。

3木版説の根拠ともなっている、文字のはねの鋭い切り込みについても潰れることなく鋳造された。

4父型の厚さを十三ミリとして鋳造したが、さらに薄く鋳造することで、銅版を軽くさせることも可能である。（東日本金属株式会社談）

5銅版のサイズは、鋳造後に真鍮が縮んだことによって、父型となる木版のサイズより、天地約一・三ミリ、左右約八ミリ縮小された。

なお、今回の実験にて鋳造した銅版による印刷実験が行われたが、その詳細については、別頁における三浦彰士氏の論文に述べられているので、本稿では割愛させていただいた。

四、むすび

近年の奈良県明日香村をはじめ、平城京跡、難波京（細工谷遺跡）跡などにおけるめざましい発掘調査により、数々の銅鋳造品ならびに工房跡跡が発見された。こうした一連の発見は私たちに、当時の先進鋳造技術を伝えるとともに、これまでの古代史の見方を変えさせるものとなっている。

これらの遺跡が舞台となった時代から、それ程時を経ずして行われた百万塔陀羅尼印刷事業も、まさに当時の進んだ銅鋳造技術が用いられていた可能性も考えられるのである。また、元明天皇による和同開珎の鋳造・発行（七〇八年）、孝謙天皇の父である聖武天皇による東大寺の毘盧舎那仏の鋳造（七五二年）、さらには、称徳天皇による銅銭（神功開宝）の鋳造・発行（七六五年）と、朝廷主導のもと、鋳造事業が行われていた事実は、同じく孝謙太上天皇（重祚して称徳天皇）による朝廷主導の百万塔陀羅尼事業と関連づけてみると大変興味深いものである。特に、称徳天皇による銅銭鋳造は、百万塔陀羅尼事業の時期と重なる点から、銅版鋳造の可能性を考えさせるものでもある。百万塔陀羅尼が銅版で印刷された背景を推測し、銅版説の可能性を探ることを目的に行った今回の推定鋳造実験は、その点を改めて追究したいための試みであった。

百万塔陀羅尼とは、製紙技術、墨の製造技術、木工技術（銅版であるなら鋳造技術も含む）といった、まさに当時の技術力を結集して行われた一大プロジェクトであったのである。千二百年以上も前に、先人の技術と英知を結集して制作された百万塔陀羅尼が、今後さらなる注目を浴びることを願いたい。

※今回行った推定銅版鋳造実験の映像については、印刷博物館（東京・小石川）において紹介しています。

参考文献

北山茂夫『女帝と道鏡』、中央公論社、1969年
會田富康『鋳金・彫金・鍛金』、理工学社、1975年
鈴木敏夫『プレ・グーテンベルク時代』、朝日新聞社、1976年
長澤規矩也『図解和漢印刷史』、汲古書院、1976年
中根勝編『百万塔陀羅尼の研究』、『百万塔陀羅尼の研究』刊行委員会、1987年
中口裕『改訂　銅の考古学』、雄山閣、1987年
『国史大事典』、吉川弘文館、1989年
瀧浪貞子『最後の女帝　孝謙天皇』、吉川弘文館、1998年
中根勝『日本印刷技術史』、八木書店、1999年
『月刊古代研究　第八号』、奈良日日新聞社、1999年
『印刷博物誌』、凸版印刷株式会社、2001年

挿図1　陀羅尼（相輪陀羅尼）の父型を製作する。

挿図2　捨て型上に父型を、文字面を上にしてセットする。

挿図3　下型を作成するための木枠をセットする。

挿図4　父型の上や周囲に篩をかけた砂を木枠の半分まで充填する。

挿図5　充填した砂を突き棒で固める。

挿図6　足で砂をほぼ平面に押し固める。

挿図7　木枠と同一平面に砂をすり切る。

挿図8　捨て型とともに下型を反転させる。

挿図9　反転した下型に別れ砂をふりかけ、ほぼ完全に嵌合させる。

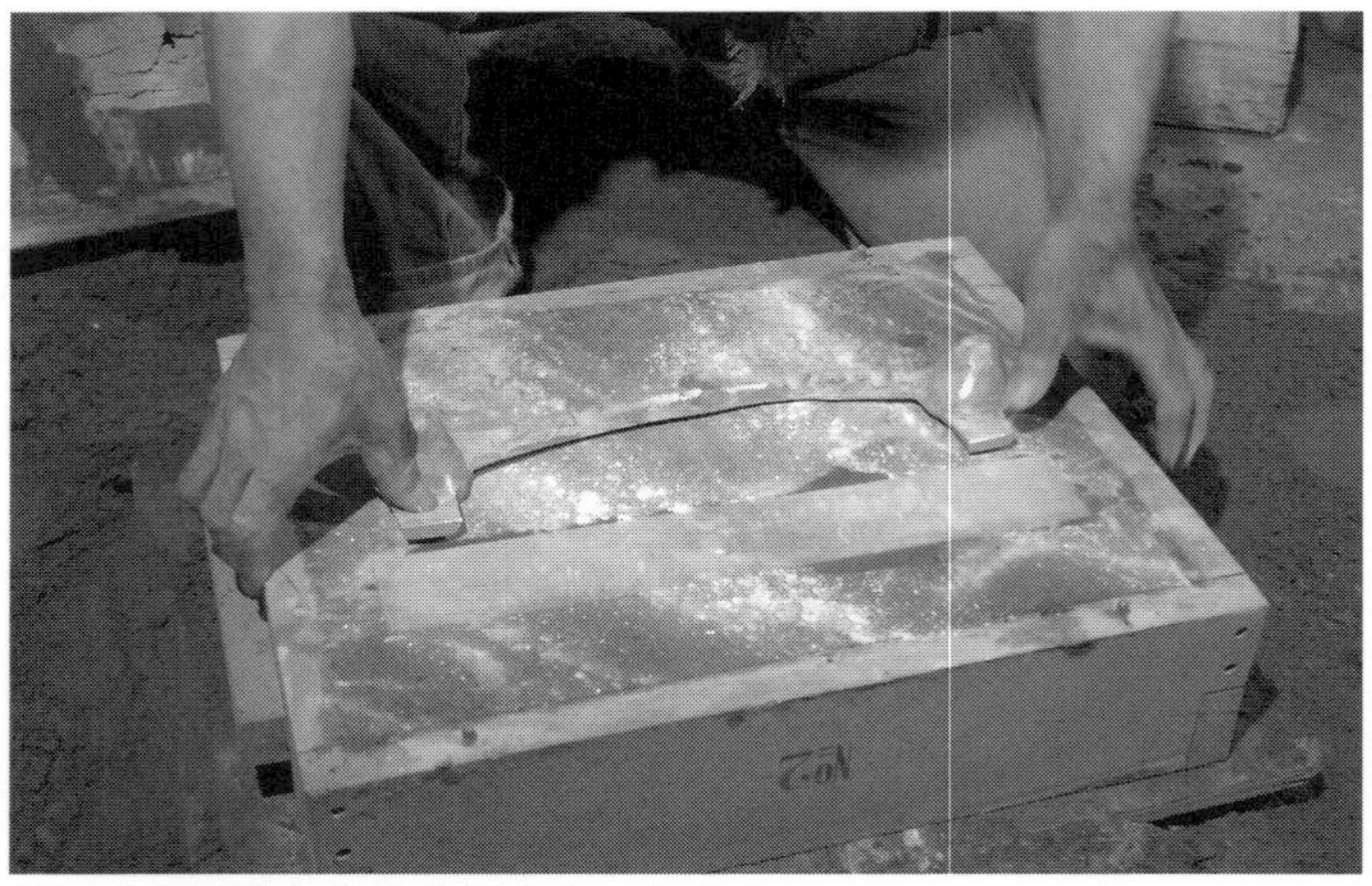

挿図10　湯道となる金属をセットする。

挿図11　上型用木枠を下型に完全に嵌合させて置き、下枠と同じ方法で砂を盛って突き固めて、最後にかき棒で上枠と同一平面ですり切る。

挿図12　下型から上型をはずした後、下型に残った父型に金属棒を差し込み、周囲にわずかな振動を与えて上方に素早く抜き上げる。

挿図13　父型を抜き取った後の下型。

挿図14　上型に鋳込みの湯を流し込む穴（湯口）を設ける。

挿図15　下型に上型を重ねて砂鋳型を完成させる。

挿図16　完成した砂鋳型。

挿図17　炉で真鍮を溶かす。

挿図18　鋳型の上下枠の隙間から湯が漏れないよう金属重し板で鋳型を固定した後、炉で溶かした真鍮を湯口から少しあふれる程度に一回で注ぎ込む。

挿図19　五～十分程で真鍮はほぼ固まるので、上型をはずす

挿図20　まだ砂のついた鋳物を取り出す。

挿図21　取り出した鋳物に付いている砂を取り除く。

挿図22　砂を取り除いた鋳物。

挿図23　湯道の部分を切り落とし、完成した百万塔陀羅尼鋳造銅版。

百万塔陀羅尼の試し摺り

三浦彰士

実験の目的

静嘉堂所蔵の百万塔陀羅尼をまとめて見させていただいた。第一印象は江戸末、明治初期の版本の摺りとは異なるものであった。墨溜りと思われる様な所や、かすれた所は木版使用ではなく、金属版の可能性が高いのではないかと感じた。

百万塔陀羅尼については木版説・金属説のある事は知っていたが、まとめて時間をかけて拝見出来たのが始めてで有り、いままでは一・二枚の展示や隆寺展で見た印象でしかなく、深く考えていなかった。七十枚近くの各種の整理された百万塔陀羅尼を見るにつけ自分の抱いていた木版説は薄れて行くのを感じたのは確かである。

木版説と金属説を見分けるにも陀羅尼を見ているだけでは一歩も前進しないので、木版を作って検証できればと思った。江戸時代の職人達の技にはとても及ばないが、奈良時代の刃物や砥石は現在とは大差があり、私の技術で彫っても比較検討出来ると考える。

彫り易い物と考え、短い六度と相輪を奈良博ミュージアムショップで購入した陀羅尼をバックライトの上に置き、薄い雁皮紙を重ねて、墨で書き起こしたものを使った。

使用した材料

版の材料

六度——梨、山桜、鉄粉入りプラスチック、真鍮、低温溶解金属（鉛系）

相輪——山桜、鉄粉入りプラスチック、真鍮

インキ材

墨（古梅園製お花墨）、墨汁（墨運堂濃液）、屑墨（中国製・日本製）、木炭粉（漆芸用）、煤、膠、ヤマト糊

用紙

黒谷和紙（六匁目）、本美濃紙、小川細川紙、土佐染原紙、土佐版画紙、宇陀紙、宇陀二層紙、宇陀米粉入二層紙、三椏・楮二層紙、岐阜統制紙、越前奉書紙（昭和三十年代

使用用具

刷毛——摺り染用刷毛（幅30㎜）

馬連——学童用廉価馬連、径10㎝、円盤厚紙二枚のもの

墨付用ローラー——径25㎜の木芯に1㎜のセーム皮を巻き、その上に薄絹で包んだもの

墨液床——ローラーの為のもの、木の薄板に厚手和紙四枚を乗せて薄絹で包んだもの

タンポ——綿芯を薄絹で四重に包んだもの径9㎝

六度版

六度木版Ⅰ——彫り深さ0.4〜0.6㎜と浅彫りとする（梨材）

梨材は書墨の型枠の材料で耐磨耗性に優れ、ねばりが有り、木理は緻密で年輪も明瞭でなく、細工には最適材。粘りが有れば、彫る時の損失が少なくなる。

六度木版Ⅱ——彫り深さ1㎜前後になる様に彫る（山桜材）

版木は桜材といわれるが、桜材にも色々有り、染井吉野桜、朱里桜、水目桜、枝垂桜、山桜等、多くの種類が有る。今回使用したのは北海道産の山桜で本州の山桜より粘りが有る様に感じたので北海道産の山桜を使用。

六度木版Ⅲ——彫り深さ1㎜前後で、型抜きを考え彫の断面が台形になる様に彫る（金属版の原版となる）

プラスチック版——木版Ⅱを原版としてシリコン系型取材を使用して型を取り、鉄粉入りエポキシ系樹脂で版を作る。墨の吸収はなく、版と墨の親和性もあまり無いと考え、多少とも金属版に近くなるものと想像した。

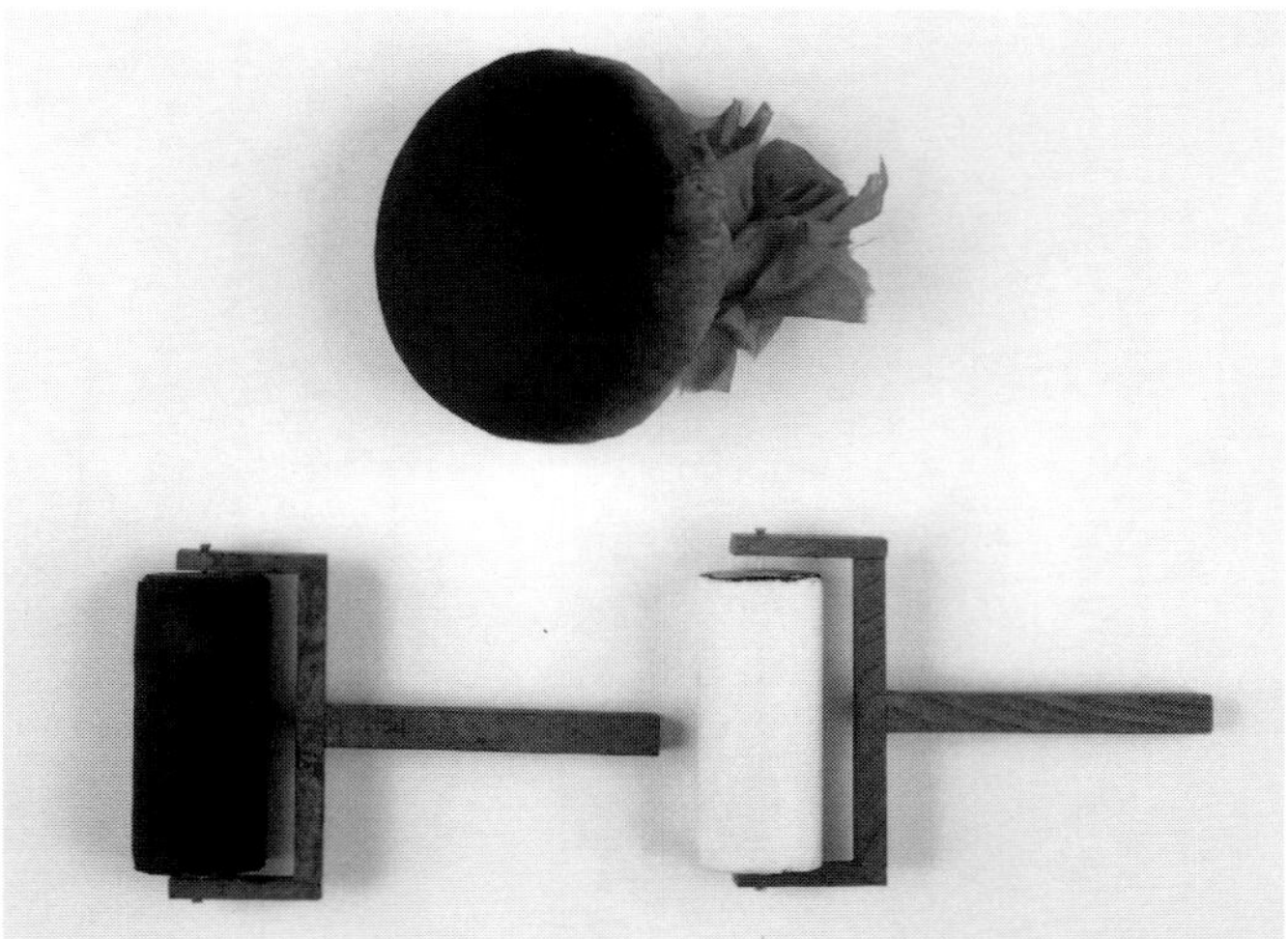

挿図1　上段　使用 タンポ 直径約9cm
下段　使用 墨付け用ローラーと木芯に和紙を巻いた状態

金属板――東日本金属の小林容三さんの好意により木版Ⅲを原版として、砂型を作り真鍮を鋳込んだ版、墨の付き具合や文字部の線の仕上がりが木版とどれ程違うか見たかった。

鉛版――プラスチック版で作った雌型を低温溶解金属（260℃溶解）を使用したが、家庭の片隅での作業では字型の隅まで流れず、またシリコン系雌型は260℃の鉛合金を流すと熱膨張で大きくなり使用可能な版は出来なかった。

相輪版

相輪版木版Ⅰ――山桜材　彫り深さ1㎜前後

六度で試し摺りを行なっても文字数が少ない為、比較するには短いので作る。金属板の原版となる。

相輪版木版Ⅱ――山桜材　彫り深さ1㎜前後

文字は奈良博ミュージアムのものを雁皮紙に筆にて書き起こしたものを木版三枚作ったが三回書き起こす。

木版は墨とのなじみも良く、墨を均一化してくれるのでこれをウレタン塗料にてコーテングし、水分（量）の吸収を少なくしようと考えた（金属版への足掛りに）。

相輪版木版Ⅲ――山桜材　彫り深さ1㎜前後

ウレタンコーテングの版で試し摺りをすると明瞭な差は摺手としては感ずるが仕上がりで、はっきりさせる為にプラスチック版を作る。プラスチック版が出来上がった時点で中央部で切断して、木版部とプラスチック版部の差を見る為の版。

相輪プラスチック版――木版Ⅲを原版としシリコン系樹脂で雌型を作り、これに鉄粉入りエポキシ樹脂で版を作る。プラスチック版A　プラスチック版B　プラスチック版C。

木版Ⅲに離型剤を出来るだけ薄く塗り、シリコン系樹脂を文字の細部まで入る様に泡が立たない様指で摺り込み文字の原版を作る。鉄粉入りエポキシ樹脂も指で細部に泡の無い様摺り込み作業をするが文字面の整形の時、樹脂の中より泡が顔を出す事多く有り。

相輪木版プラスチック版――木版Ⅲ、プラスチック版Cを中央部でそれぞれ切断して、木の台に組合せて前半木・後半プラスチック、前半プラスチック・後半木の二組を作る。

相輪金属版A（真鍮版）――六度の金属版と同様に東日本金属さんで作っていただく。鋳型は砂型。鋳上った版は文字の表面を少し板ヤスリにて整形すればよく奇麗に仕上った。

相輪金属版B（真鍮版）――凸版印刷さんのビデオ撮りを兼ねて作業した版の為か、文字面を整形した所一部の字が潰れている所があった。潰れている文字はタガネで彫り起こす、文字が潰れているので整形時A版より少し多目にヤスリにて削っている。金属A版、B版での比較も可能。

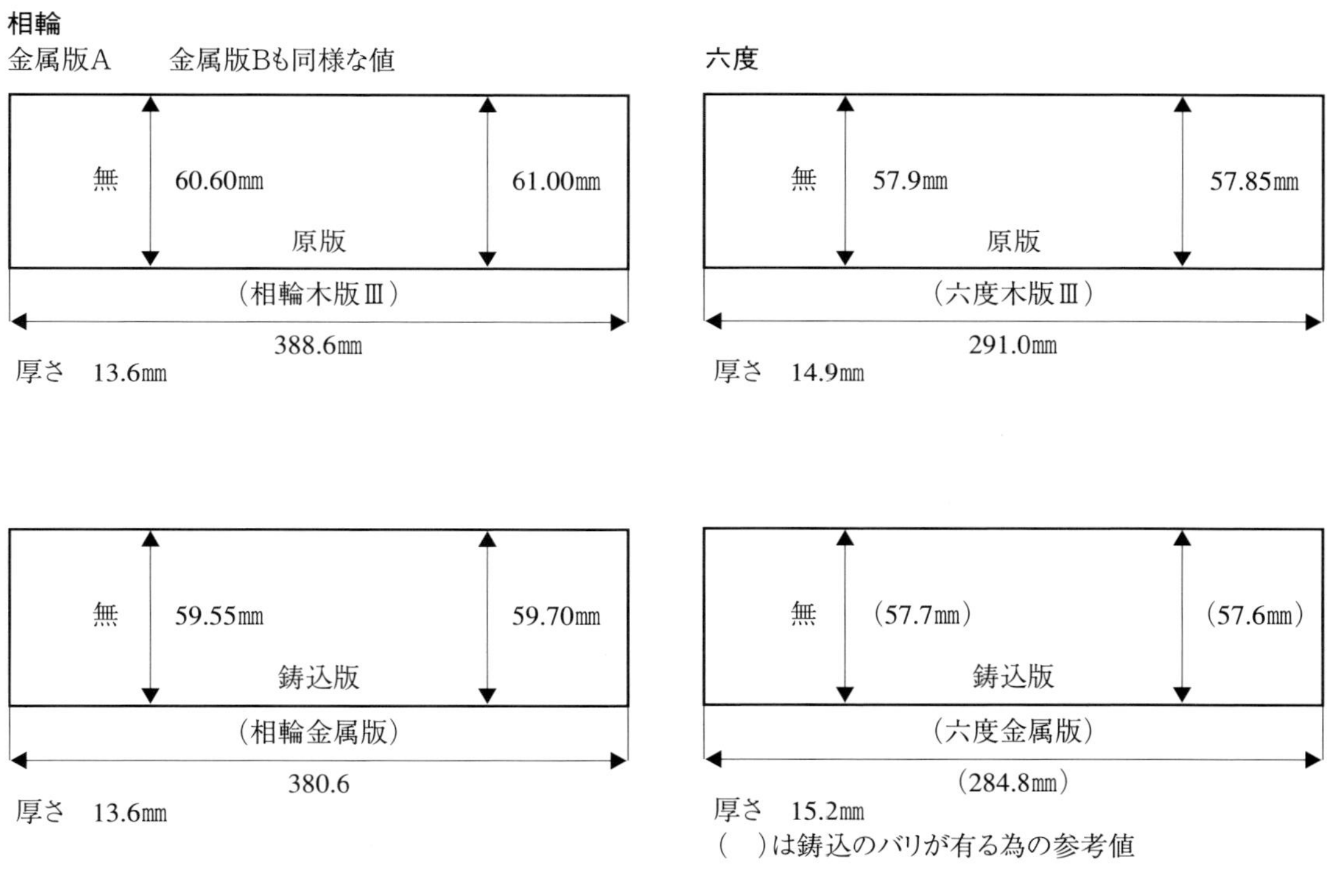

参考まで

木版を原版として金属版（真鍮版）を作った時、鋳込んだ原料により収縮が違うが、今回は右記の通り収縮した。

試し摺り

黒谷和紙六匁目――厚手の和紙で木版摺りは良好な摺り上りとなるが、墨が多い時には馬連の当り面（紙の裏）まで墨が通ってしまう、墨の通りは厚手の分少ない。

本美濃紙・小川細川紙――黒谷和紙より薄い為か墨の裏面までの通りは速く多い様である。本美濃紙と小川細川紙では大差が出ないと思われまる。

土佐染原紙（四層紙？）――薄紙四層の紙で墨の裏面までの通りも少なく扱いもよい、四層紙の為の効果と思う。

版画用紙（ドーサ引き）――かなりの厚手になり墨付きも良く、裏までの墨通りもない扱いは非常に良い。

宇陀紙厚手――摺りは黒谷紙より良い様に感じた、墨の裏までの通りも少なく良好、但し紙の表面が少し堅い様に感じた。

宇陀紙厚手二層紙――厚手二層の為、扱いが少し悪い、裏面までの墨通りは無い。表面が堅く感じ、厚過ぎる様だ。

白土入宇陀紙――少し厚手であるが摺りや扱いは良好であり墨の通りも少しはあるが、黒谷・美濃・細川より墨の通りは少ない。

宇陀紙米粉入――厚さは少し薄目であるが摺り扱いは良好裏面までの墨通りも少なく良い。

三椏・楮二層紙――表が三椏で柔らかく摺り上りは奇麗であるが、墨の裏面までの通りは厚さの割には多い様に思う。

岐阜統制紙――紙は荒い皮状のものや護美・砂と思われるものが入ったり良質の紙ではないが米粉が入っていると思われ摺りも良く、墨の通りも二層紙ほどではないが少ない。

検査證紙により、昭和十五年から昭和十九年までの間に作られた紙で、岐阜県手漉和紙工業組合の縦3･5㎝・横3㎝の切手状の證紙が包装用紙に貼ってあった。

越前奉書紙（昭和三十年代）――厚さも有り、思ったより柔らかく摺り上り良好、墨通りも無く良好

六度木版で試し摺り（宍倉佐敏氏による試作紙）

吊るし乾燥の紙は見た目では摺れないと思っていたが、試して見ると良く摺り上がった、全般には良好で特に扱えない紙はなく、紙の厚さにより裏面までの墨の通りは有る。

紙の厚さにもよるが墨の裏面までの通りは少なく、摺り上りも良好である。しかし、木版摺りでは問題にならないが金属版では表面の堅さを感じる。馬連の使い方、馬連の特性か、A～Lの紙より、M～Rの紙の方が堅さを感じる。

原料は楮、蒸煮

A	5～10㎜に切って洗滌	留め漉き	吊るし乾燥
B	右に同じ	右に同じ	板貼り乾燥
C	右に同じ	流し漉き	吊るし乾燥
D	右に同じ	右に同じ	板貼り乾燥
E	5～10㎜に切って洗滌なし	留め漉き	吊るし乾燥
F	右に同じ	右に同じ	板貼り乾燥
G	右に同じ	流し漉き	板貼り乾燥
H	右に同じ	右に同じ	吊るし乾燥
I	切らない楮を洗滌	流し漉き	吊るし乾燥
J	右に同じ	右に同じ	板貼り乾燥
K	切らない楮を洗滌なし	右に同じ	板貼り乾燥
L	楮枝先端部洗滌なし	右に同じ	板貼り乾燥
M	蒸煮前3㎜前後に切断して溜め漉き		
N	蒸煮前3㎜前後に切断して流し漉き		
O	蒸煮洗滌後5～7㎜に切断して溜め漉き		
P	蒸煮洗滌後5～7㎜に切断して流し漉き		
Q	蒸煮洗滌後叩打して5㎜前後に切断して溜め漉き		
R	蒸煮洗滌後叩打して5㎜前後に切断して流し漉き		

インキ（墨）について

インキ材として墨を使用したが固形墨を硯で下ろして墨液を使った以外に、墨液にヤマト糊を入れた糊墨。楢の木炭を乳鉢で細かくし膠液を合わせたもの。漆工芸用炭粉を膠液と合わせたもの。煤を膠液と合わせたものを使って見た。

多種の墨を使ったのは、摺った時、墨が裏面まで通らない様にする為である。現物の百万塔陀羅尼は裏面までは墨が通っていないと見たからである。また、字形がはっきりしているが墨の薄い所も気になっている。

糊墨（墨液にヤマト糊）

糊墨にすると金属版では墨乗りが良くなり、墨の点状のものが少なくなって均一に版に付ける事が出来、糊の量によって裏面までの墨の通りはほとんど無くなる。

楢炭粉と膠を合わせたもの

乳鉢で細かくしたが粒子は、まだまだ大きい様であり、一応摺れるが、摺り上がった面に触れると木炭粉が感じられる。裏までの墨の通りは無い。

漆芸用炭粉と膠を合わせたもの

漆芸用炭粉は、乳鉢で炭を細かくしたより粒子が微細であり墨液に近いが、まだ粒子が大きい様である。裏面への通りはほとんど無い。

煤と膠を合わせたもの

煤を乳鉢で下して膠を合わせたもので基本的には一般の墨と同じであるが摺りのインキ材として使用可能と思う。但し乳鉢で充分に作業し篩に掛けて使用すべきであった。

試しの結果、インキ材として墨液に糊を加え、煤を加えたものでも充分使用出来る。固形の墨を摺り下すのも古い程時間がかかるが未乾燥の墨を摺り下ろすと、短時間で作業が終わる。また、墨の量を多くするには糊と煤を加える事で可能となる。一般の煤を用いると不純物がかなり混入する事も考えられる。（鉄錆・緑青等）

刷毛使用とタンポ使用

木版摺りを行う時、墨付けはブラシの様な刷毛を使うが、木版への墨付けは多少荒く付けても木の水分吸収や親和性で均一化するので、摺り上りは奇麗に仕上がる。文字の彫りの線がくっきり出る。墨を多量に付けると狭い線の間は墨溜が出来るが少しの時間で解消する、泡立った墨も泡は消え易い。墨付けの動作は通常刷毛を左右に動かすと思うが、多少なりとも木版ではこの跡を見る事が出来る。但し、金属版プラスチック版であると墨との親和性が小さく、薄い墨の時には点々と墨が集まるし、濃い墨でないと印面の上に奇麗に溜まっていない。また、刷毛の先端の荒れている物では、印面に乗った墨を掻き落としてしまい、印面の脇に墨が溜まって字形を悪くする。

印面への墨乗りを良くする為に糊を墨液に混ぜ合わすと印面上の墨の点々と集まる現象がなくなり墨も均一に乗る様になる。

刷毛では印面の墨を掻き落とすので、小さなローラーを、木を芯とし、クッション材をセーム皮（厚さ2㎜程）と薄絹で作って試した。含ませる墨の量にもよるが、ローラーの進んだ方向の文字の脇に墨が溜まり、これが摺りに出るので良くわかる。

金属版と墨の親和性の少ない物の印面への墨乗せを良くする方法として、タンポを使用して見たが、思っていたより簡易で良い。一般にはタンポに含まれる墨の量、ムラ含み等を考えると使用出来ないかも知れないが陀羅尼の場合には、ムラの発生や墨溜まり、カスレ等も良い感じである。

タンポを使ってもかなり奇麗な墨付けが可能である事は、タンポを押す回数を多くすればするほど墨は均一に印面に乗ってくれる。

試作試行を終えて

版を作り、墨を工夫し、墨付けを考えて摺って見た。百万塔陀羅尼を静嘉堂で見た印象を元に、作業を続けているが、その時感じたのは、第一あまり奇麗な摺り上がりではなく、墨溜まりの有るムラの多いもの、第二に紙の質が色々で厚さも一定していない、第三に裏打ちされていない経の裏面には墨が通っていない事の三点あった。紙の質・厚さについては私の専門範囲外なので、版の種類、木版か金属版かを試して見る事が主であった。

試し摺りを千数百枚行なって感じた事は

・木版説・金属版説があるが金属版の可能性が高い。
・墨付けは刷毛ではなく、タンポ使用ではないか。
・墨は固形墨と煤を使い膠、糊を混ぜて糊墨を使ったのではないか。

その理由は

1 金属技術は充分に発達していた。銅鐸、銅銭、大仏、正倉院宝物を見れば現在とほとんど変わらない技術を持っていた。

2 金属浅彫の版の墨溜まりの跡を見ると、木版浅彫りより金属浅彫版が墨溜まりが多く発生する。（挿図4）

3 木版での摺りでは摺り上りはより奇麗に仕上がり、文字の彫の刃の線が明瞭に見える。（挿図6）

4 木版を多量に使用すると印面の角が円くなり文字は細く、木理の線が見える様になる。（挿図23）

5 金属版は砂型を使用するので、印面の角は直線的でなく細い粒の連続状になり、綺麗な

直線にはなりにくい。（挿図17）（挿図21）

6 文字の狭く囲われた所の墨溜まりは、文字の一部を潰したり、泡が破じける時、囲の真中に小さい点が出来る事が多い。（挿図12）

7 墨付けは墨のムラ等によりタンポ付けの方が、使用可能性は高いと思う。（挿図16）

8 墨は糊墨を使ったのではないか、糊墨により裏面までの墨通りは少なく薄い文字も良く摺り上がるし金属版でも墨載が良くなる。（挿図15）（挿図16）（挿図18）

その他

陀羅尼の紙は溜め漉き状の原紙で、厚さは均一でない為、馬連の様なもので摺らなければ、摺り上がらないのではないかと思う。経の長さの版をスタンプ状に使用するには紙の均一性と紙を乗せる台のクッション性が仕上がりの状態を多きく影響する。

静嘉堂の陀羅尼の根本経では三版有るが、その印面の長さをマイクロ写真より伸ばしバックライトを使用して合わせた所、三版共にそれぞれ約文字半分の長短が認められる。これは木版を原型とした金属版か、金属版の踏み返し版と考えても良いのではないか。

今回試行出来なかった点

1 今回は真鍮で版を作っていただいたが、青銅系の版では墨の乗り具合はどうか？

2 砂型ではなく石型で金属版を作った時の文字の線の直線性はどうか？

3 文字の深さは割合浅いので、深く彫ったときの墨溜まりの具合は？

4 馬連は現在使っている様な円板状のものか、韓国の古い馬連の様に馬の毛を芯に作った四角型のものか？

馬連と同様な効果として刷毛（撫で刷毛・打刷毛）等の使用は行わなかった。

馬連の替わりに刷毛を使用すると紙と版の密着性が曖昧になり易く、これを補う為には印面への墨を多くする必要がある。墨を印面上に多く溜めるには濃墨か糊墨を使用するのが良いと考える。

5 紙に水分を持たせた湿紙の使用

紙質が堅く感ずるものについては水気をあたえると柔らかくなり、版への密着性が、墨の吸収性が増し、摺りには好条件となりそうである。水分が多過ぎると文字のにじみが発生する。

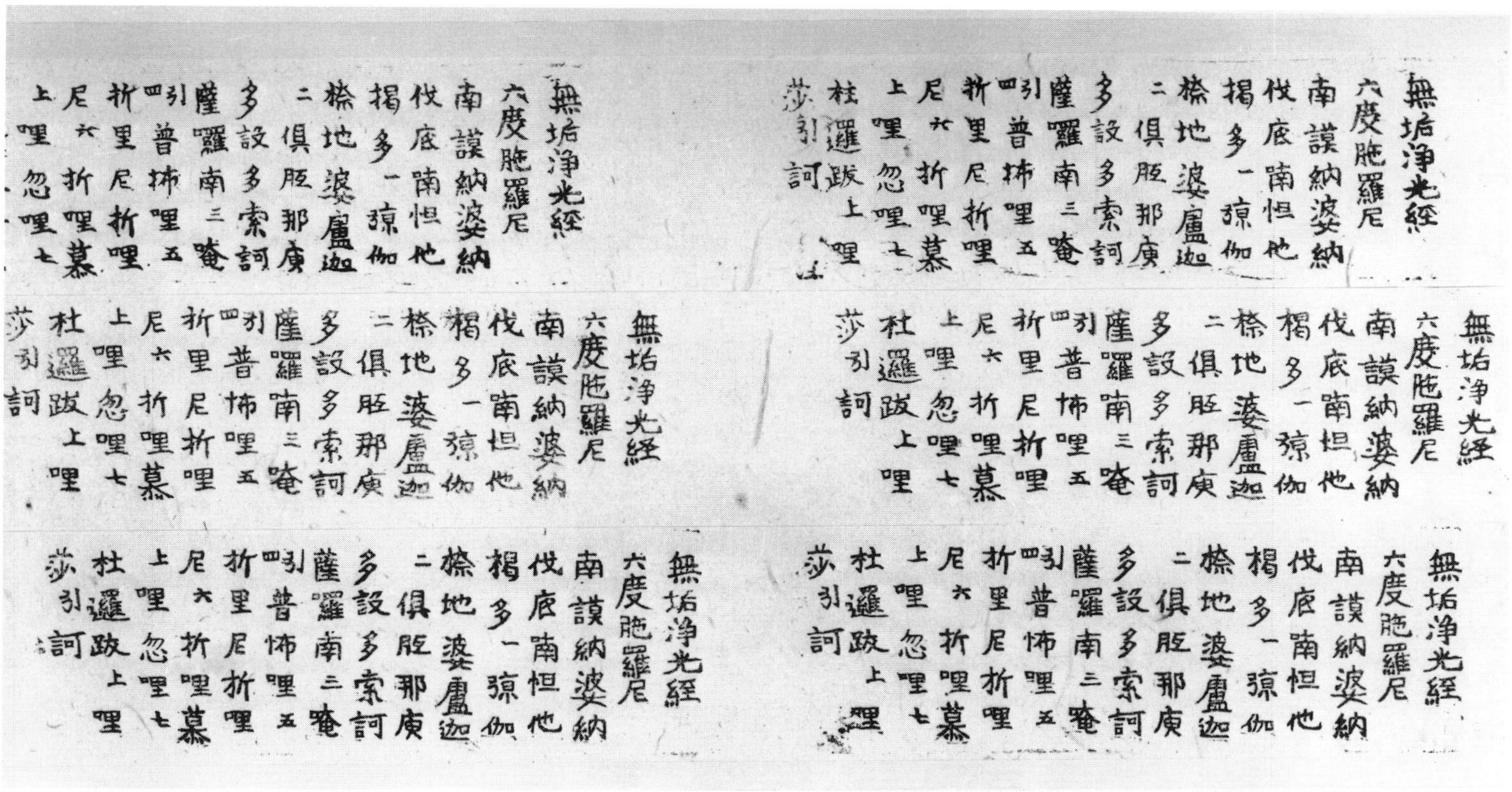

挿図2　六度　使用版
一段目　木版Ⅰ　梨材。文字の特徴は一行目の無、経、七行目二、後から四行目哩に注目。
二段目　木版Ⅱ　山桜材。文字の特徴は一行目の無、経、七行目二、胝に注目すれば見分けられる。プラスチック版、鉛版の原型。
三段目　木版Ⅲ　山桜材。文字の特徴は一行の無、経、五行目_、七行目二、後から四行目六に注目。金属版の原型。

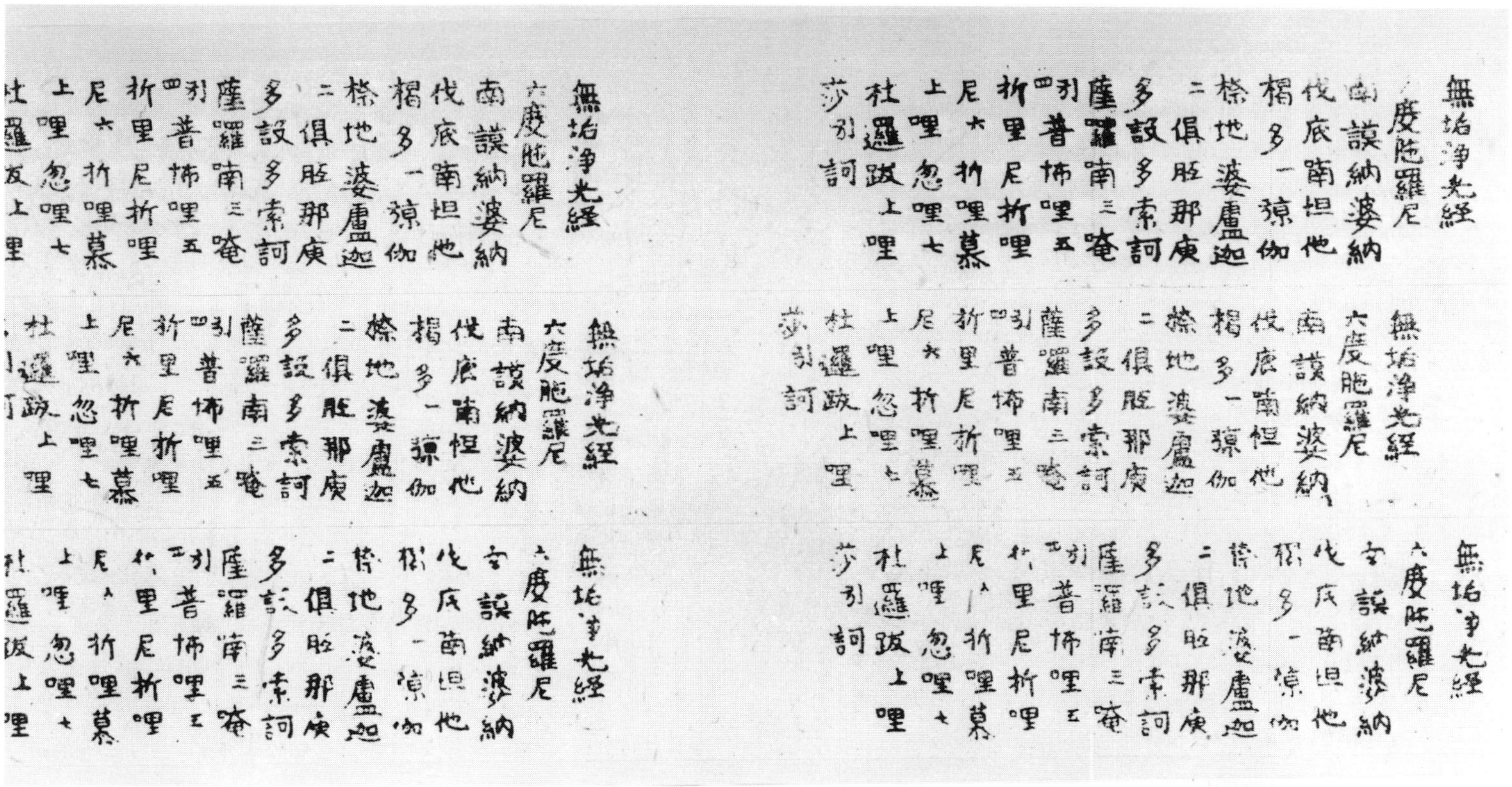

挿図3　六度　使用版
一段目　プラスチック版　字形は木版Ⅱと同様だが二の字に注目、樹脂が文字の端まで完全に入らなかったので文字の端が短くなっている。
二段目　金属版　真鍮版。文字の線が直線的ではなく、小さな粒子の連続の様に見える。また、文字全体の切れが悪く、丸みを感じさせる字となっている。
三段目　鉛版　プラスチック版の雌形をそのまま使用したが、鉛の流れが悪く隅にまで鋳込まれず、字形が出ていない。字が丸く見える。

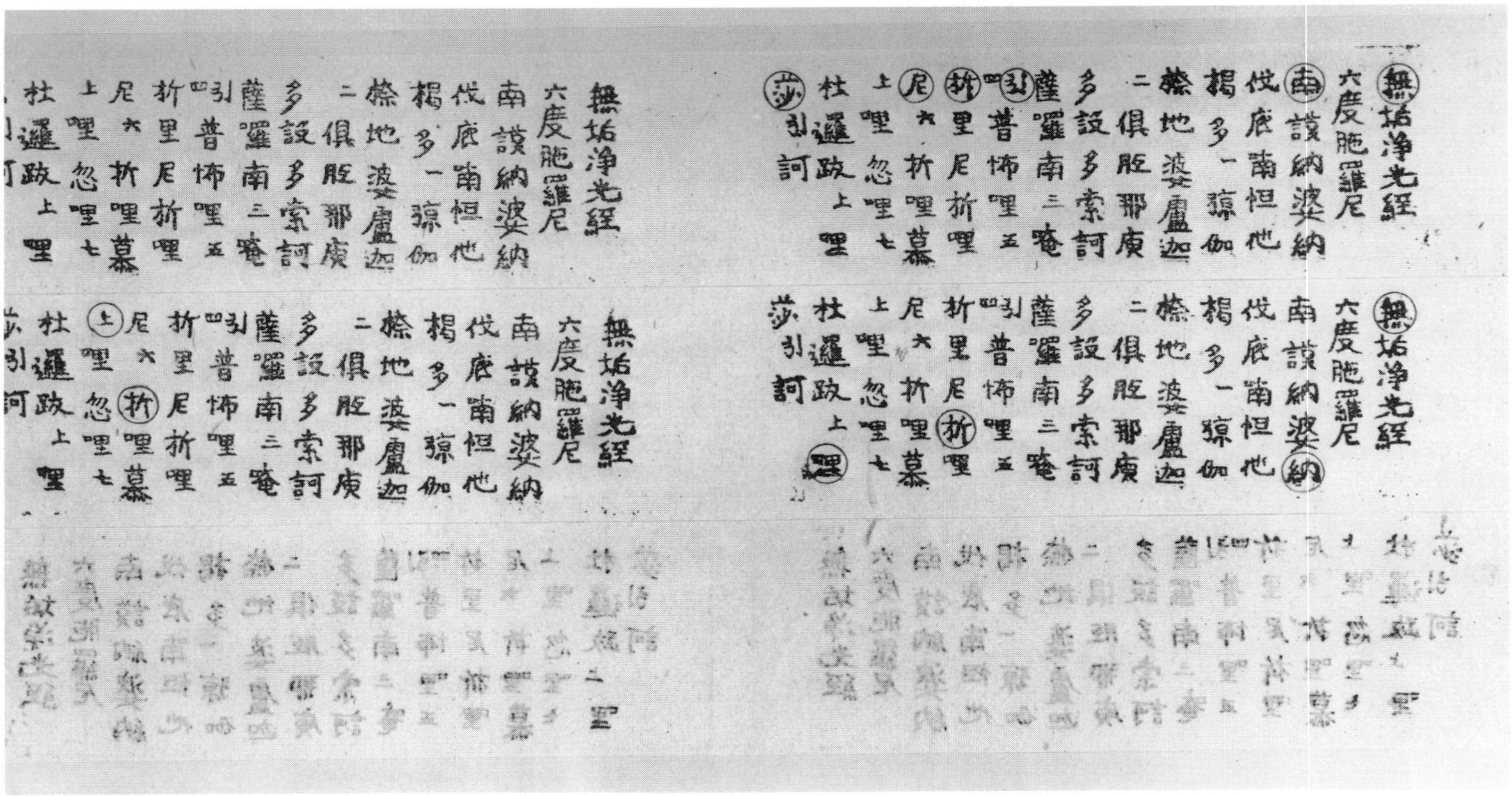

挿図4　六度　金属版　刷毛使用　岐阜紙
小林氏作製。(4) の版を原型として真鍮を鋳込んだもの。摺り上がった文字を見ると、木版の文字より切れが悪く、文字の線の横に墨が多く付いた所が点々と見える。○印部。紙裏面への墨通りも、刷毛の動きが直接現れている。

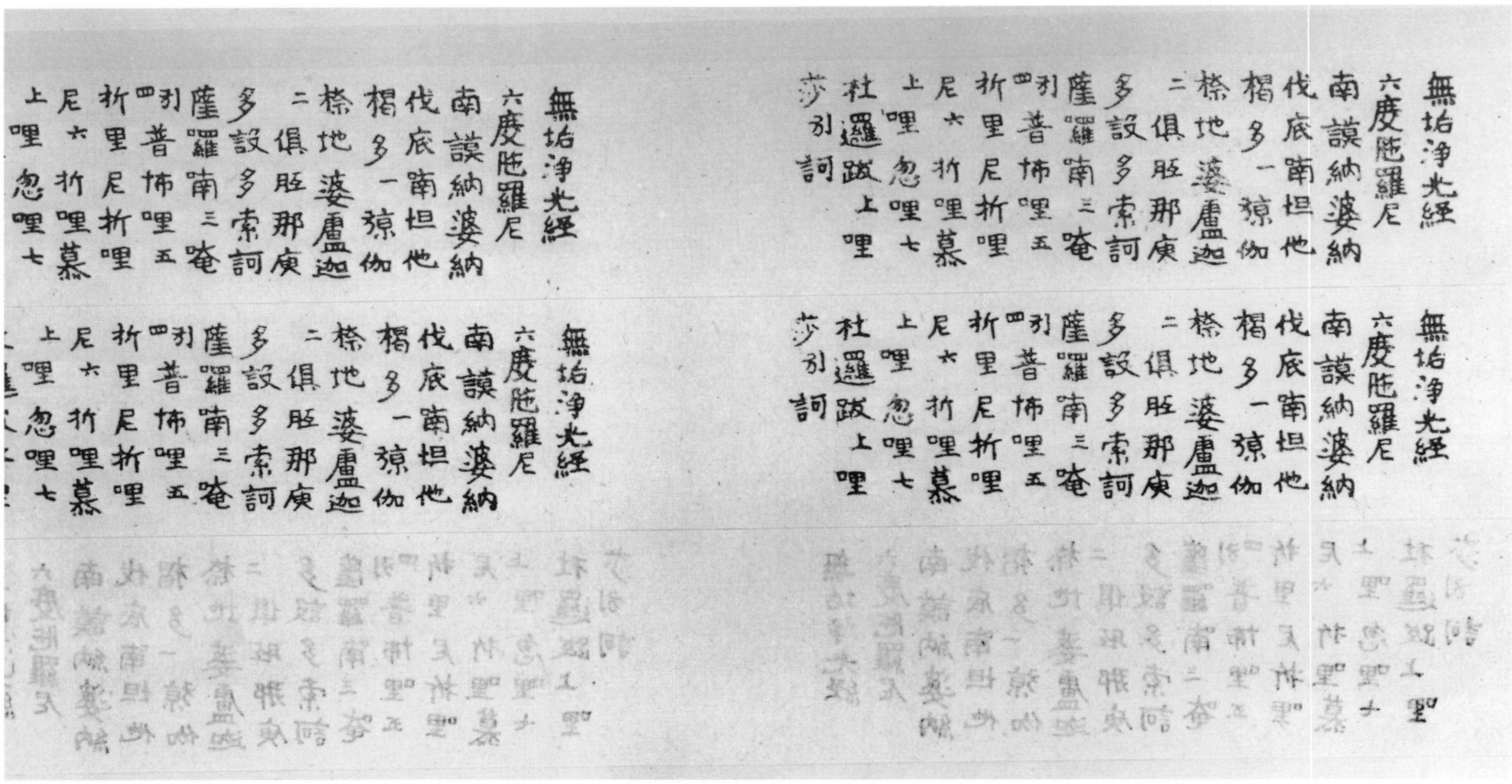

挿図5　六度　プラスチック版　刷毛使用　岐阜紙　糊墨
墨だけの摺りと違い、墨溜まりがほとんど見られず、木版に近い状態になる。印面への墨載りも良くなる。紙裏面への墨通りもかなり少ない。

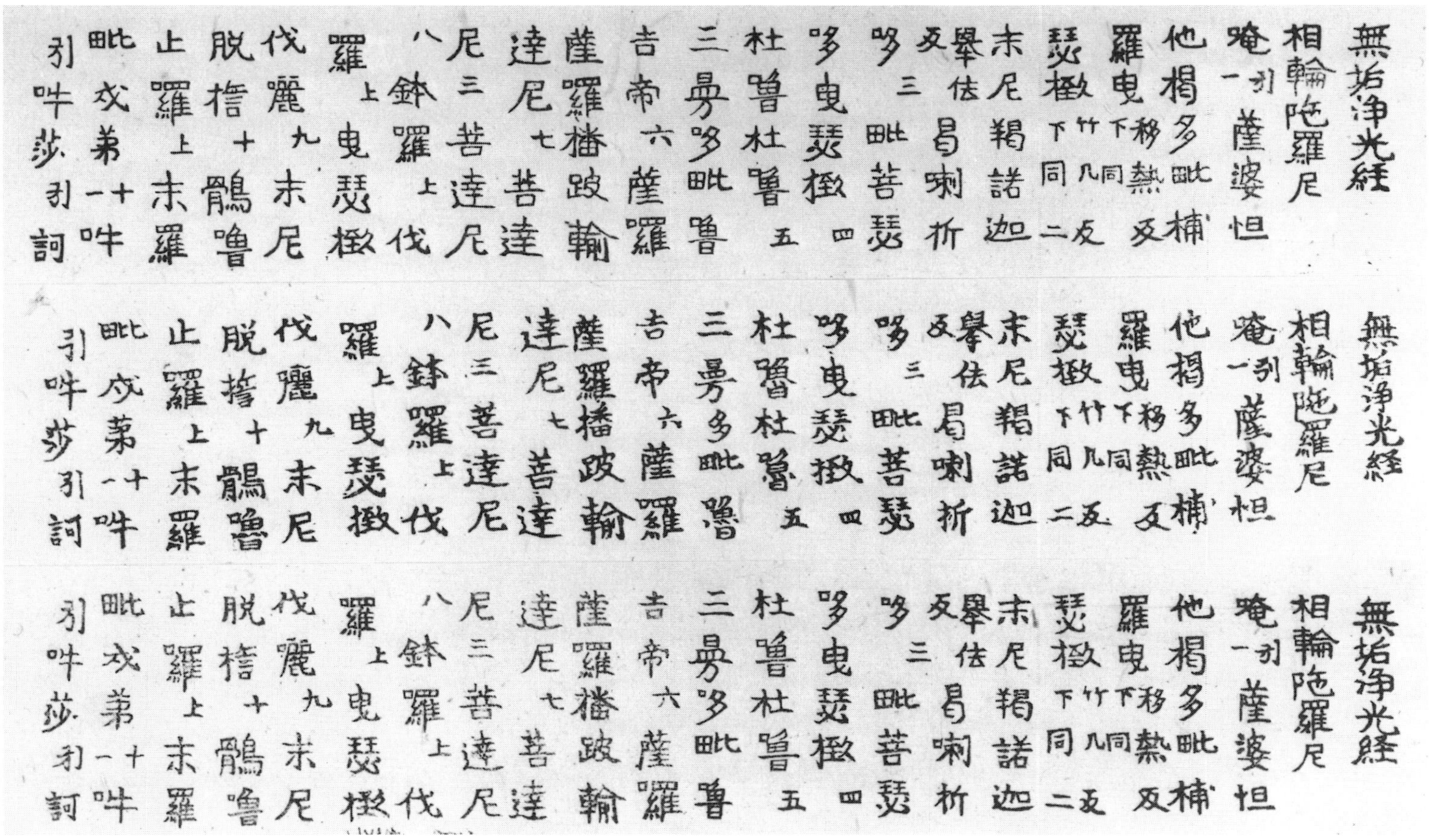

挿図6　相輪　使用版
一段目　木版Ⅰ　山桜材。文字の特徴は無、九行目三を注目。金属（真鍮）版の原型
二段目　木版Ⅱ　山桜材。文字の特徴は嚕、九行目三、多を注目。ウレタン系塗料で版からの墨の吸収供給を押さえ、金属版に近付け様とした物。
三段目　木版Ⅲ　桜材。文字の特徴は無、熱を注目。プラスチック版の三枚の原型。版木を中央部で切断し、同様にプラスチック版の一枚も中央部で切って、木とプラスチック、プラスチックと木の二版を作る。

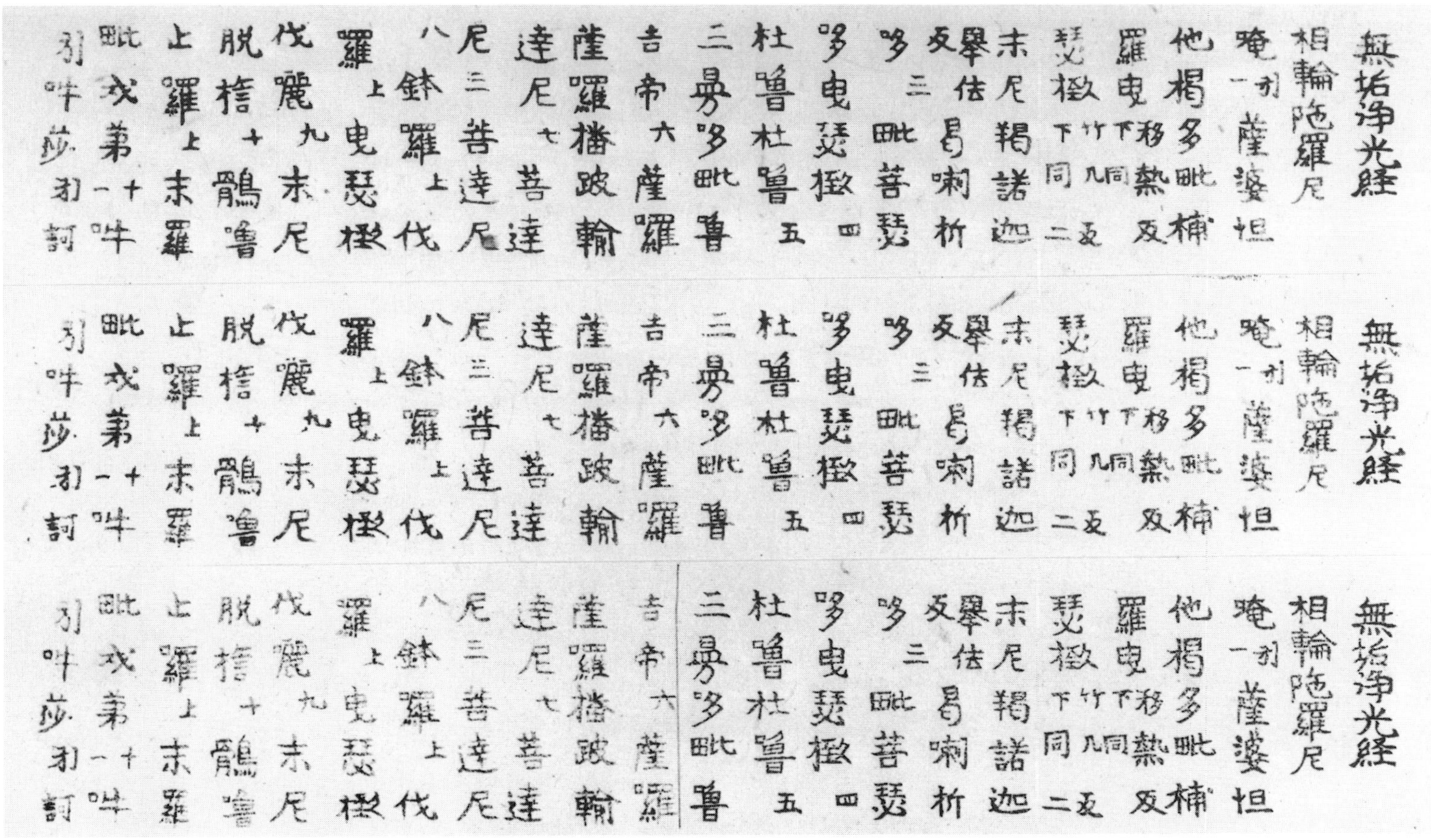

挿図7　相輪　使用版
一段目　プラスチック版Ⅰ　鉄粉入りエポキシ樹脂版。文字の特徴は鶻の鳥の上の部に小さい泡の残りがあり、線が切れている。
二段目　プラスチック版Ⅱ　プラスチック版Ⅰと同一雌型より作ったもので、泡の残りが多く二行目尼、八行目曷、一二行目_、十五行目尼、菩を注目。
三段目　前木後プラ版　十二行目の後で切断して組み合わせた版。墨と版との親和性の関係で摺り上がりに明瞭な差が出る。

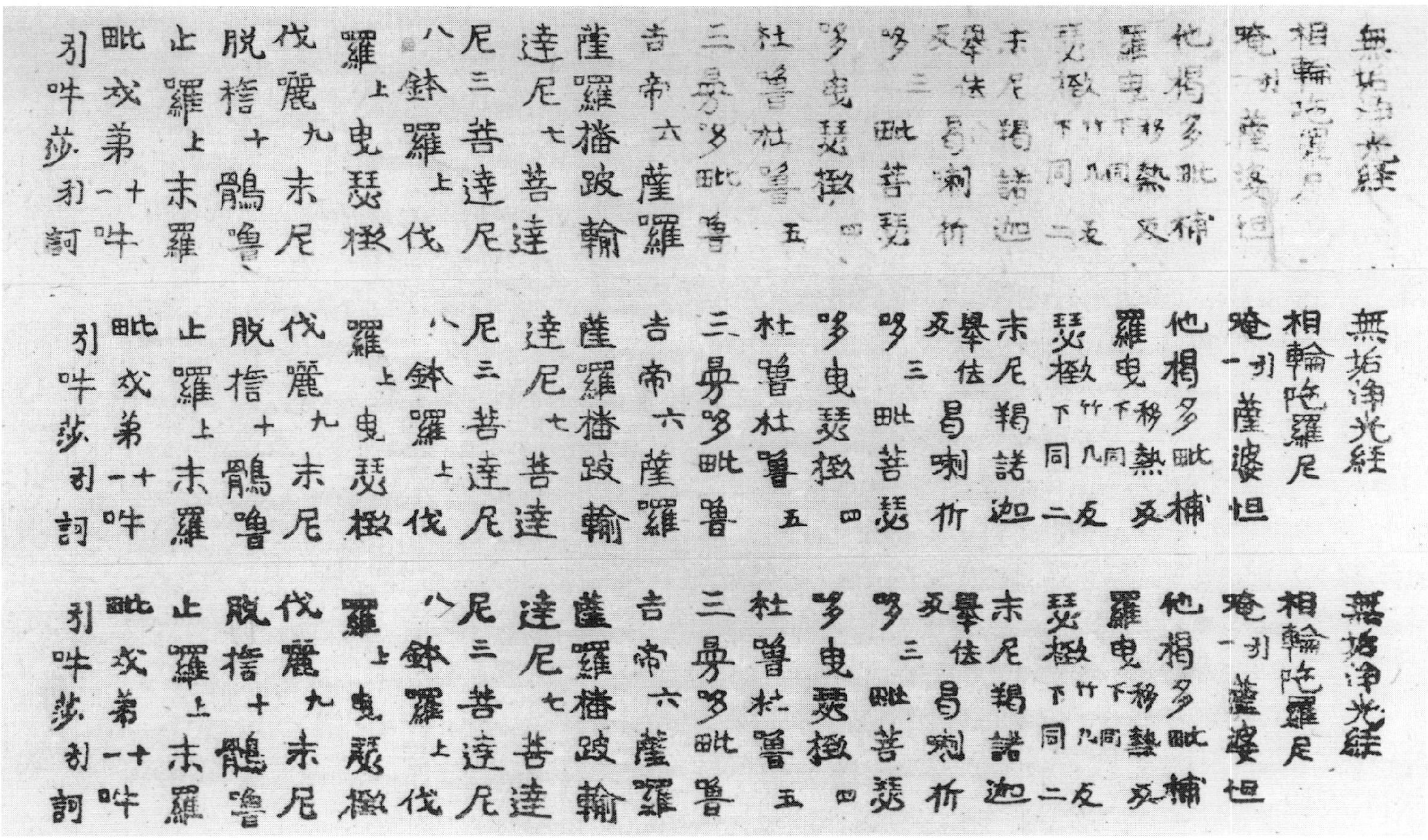

挿図8　相輪　使用版
一段目　前プラ後木版　木版部の文字は綺麗に出るがプラスチック版部の文字印面上に墨をどの様に載せるかが課題となる。
二段目　金属板Ａ　　　真鍮版。鋳込みが良く版の修正はしていない版。
三段目　金属板Ｂ　　　金属板Ａと同一の木版Ｉで砂型を作るが、少し潰れたため、修正した版。Ａ版と比べると違いが見とれる。

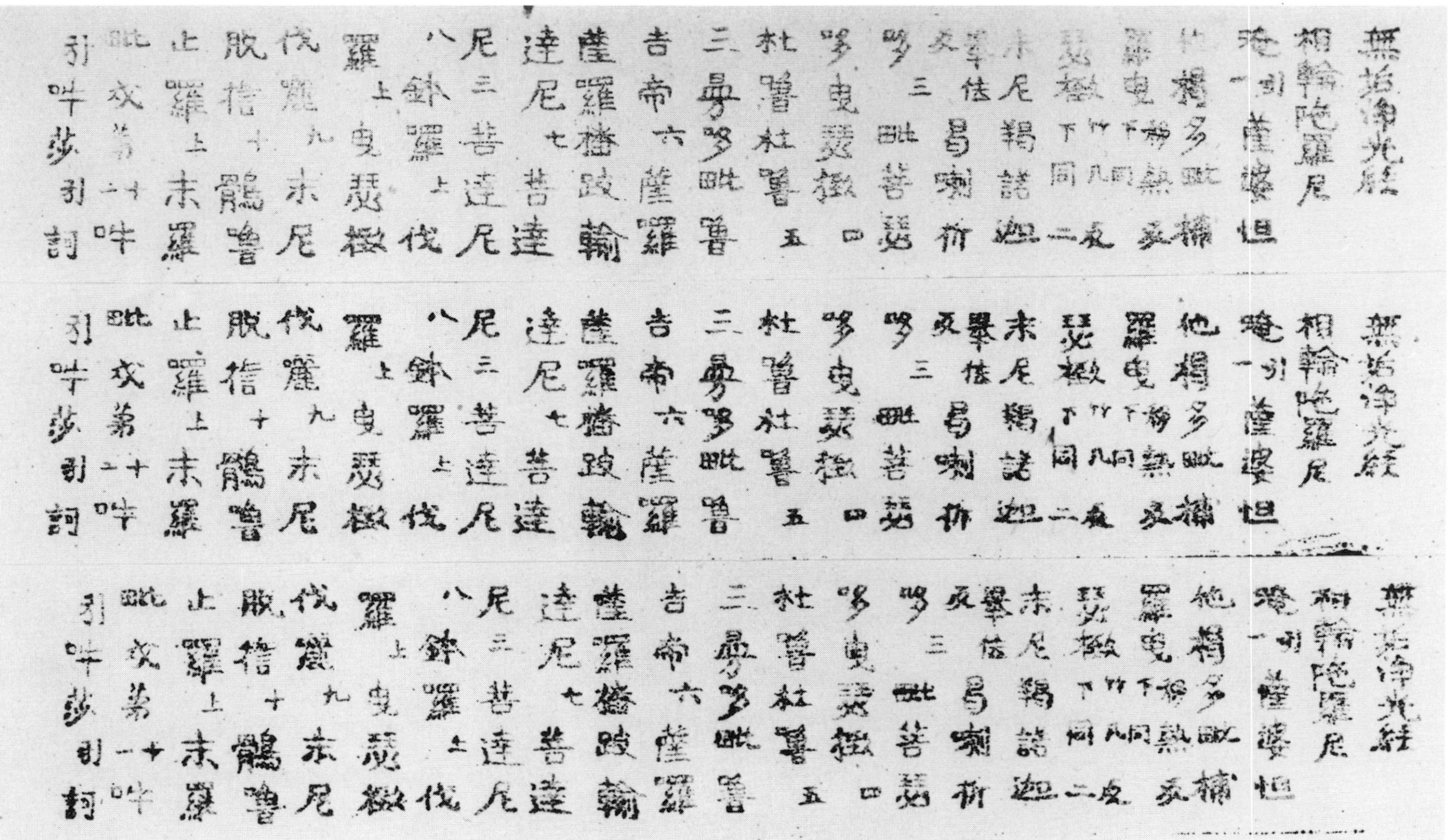

挿図9　相輪　金属板Ａ　刷毛使用　岐阜紙　薄墨
静嘉堂の陀羅尼経の中には墨色の薄いものが有る為、薄墨での摺りを試してみたが金属板への墨付きが思う様にいかず、一段目はかなり良好であったが、二、三段目は墨付きがかなりムラになり、黒点の様にも見える所が目立つ。

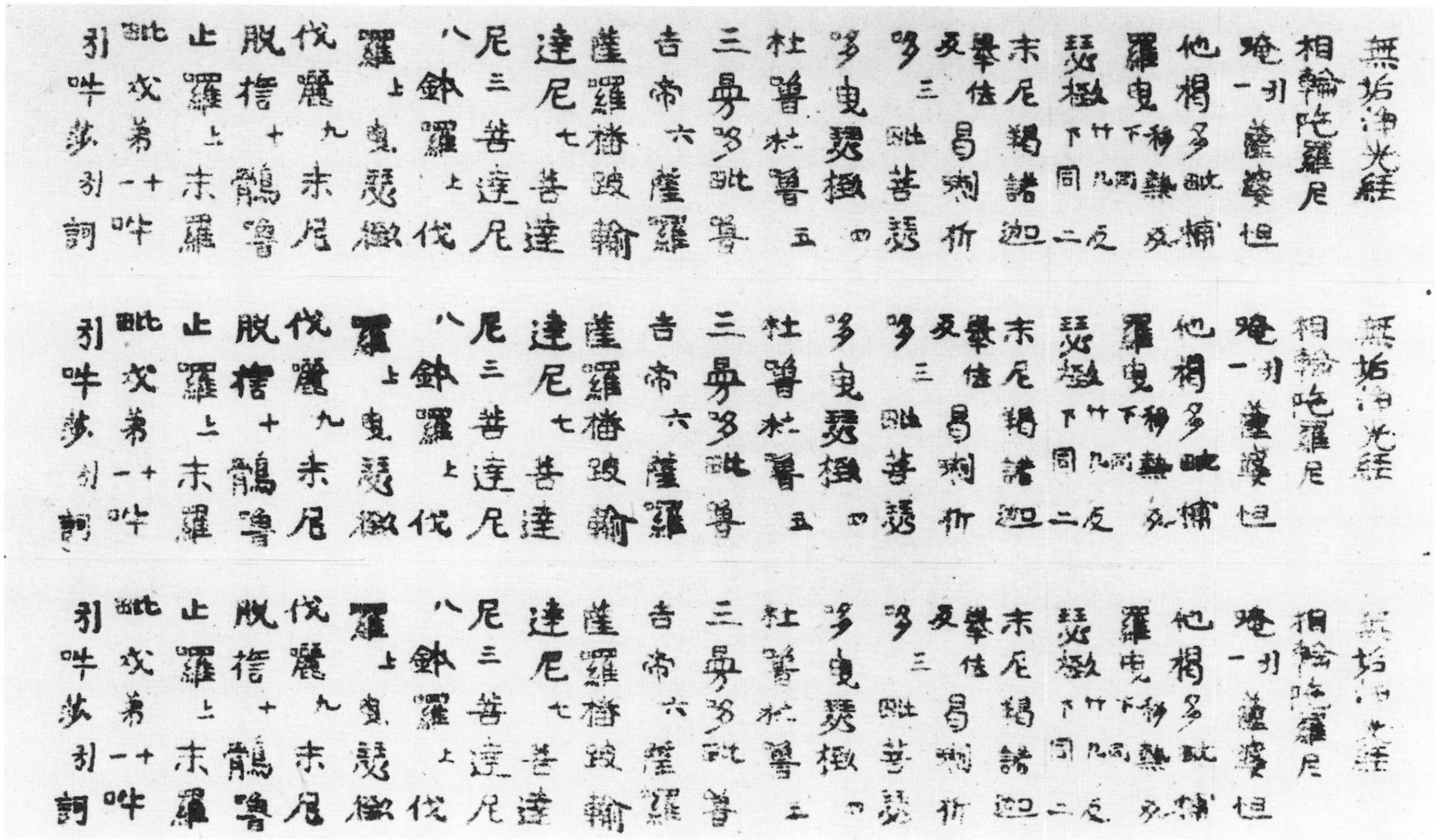

挿図10　相輪　木版Ⅰ　ローラー使用　岐阜紙　墨のみ
ローラーを使用すると墨付けの速さは、格段に早くなり、文字印面にもかなり良く載る様になるが、ローラーの押す方向によって、墨の片寄りが発生する。右から左へ墨付けをした時。

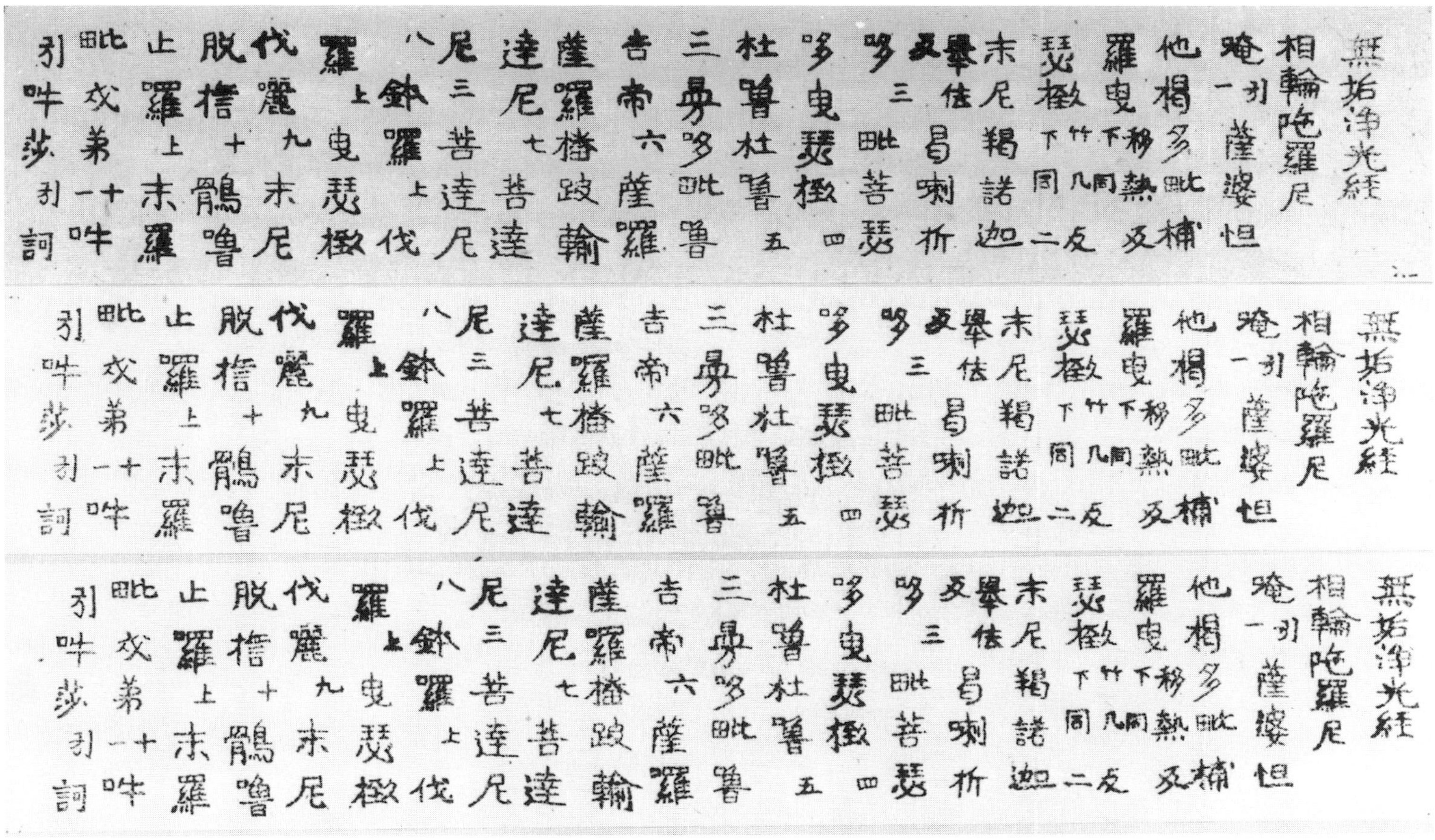

挿図11　相輪　木版Ⅱ　ローラー使用　岐阜紙（上段）　宇陀紙（下二段）　糊墨
上段は片寄った墨付けであるが、文字の細部を見ると、紙と木版の密着が良いのか字形は良く摺れている。下二段は紙質が堅いのか、紙と木版の密着が甘い。文字を良く見ると線の途中に墨のない所が細く発生している。

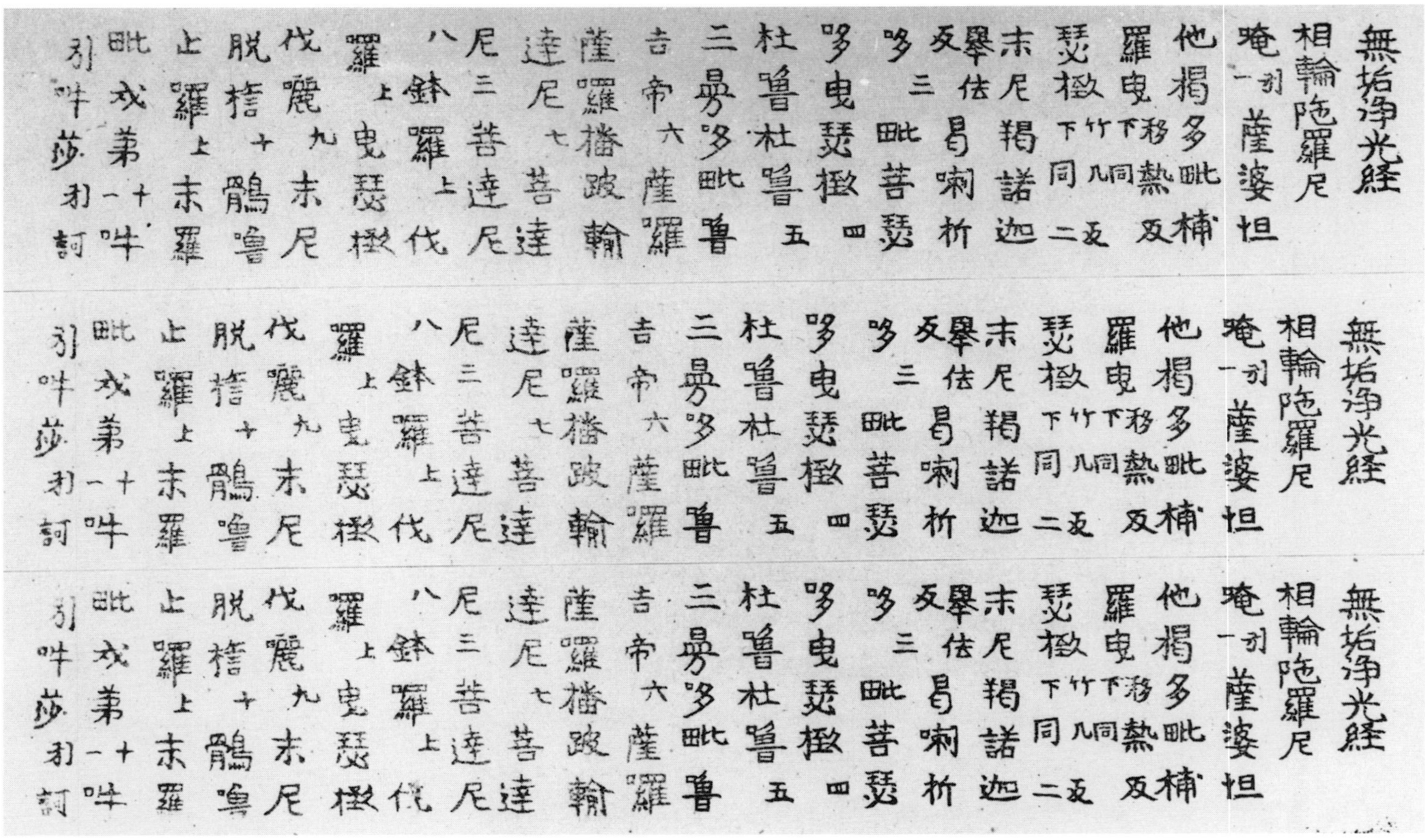

挿図12　相輪　前木後プラ版　刷毛使用　岐阜紙　薄墨
前半と後半とははっきり区切りが出来る。木版部は文字の端々まで明瞭であるが、プラスチック版部は不鮮明である。刷毛使用

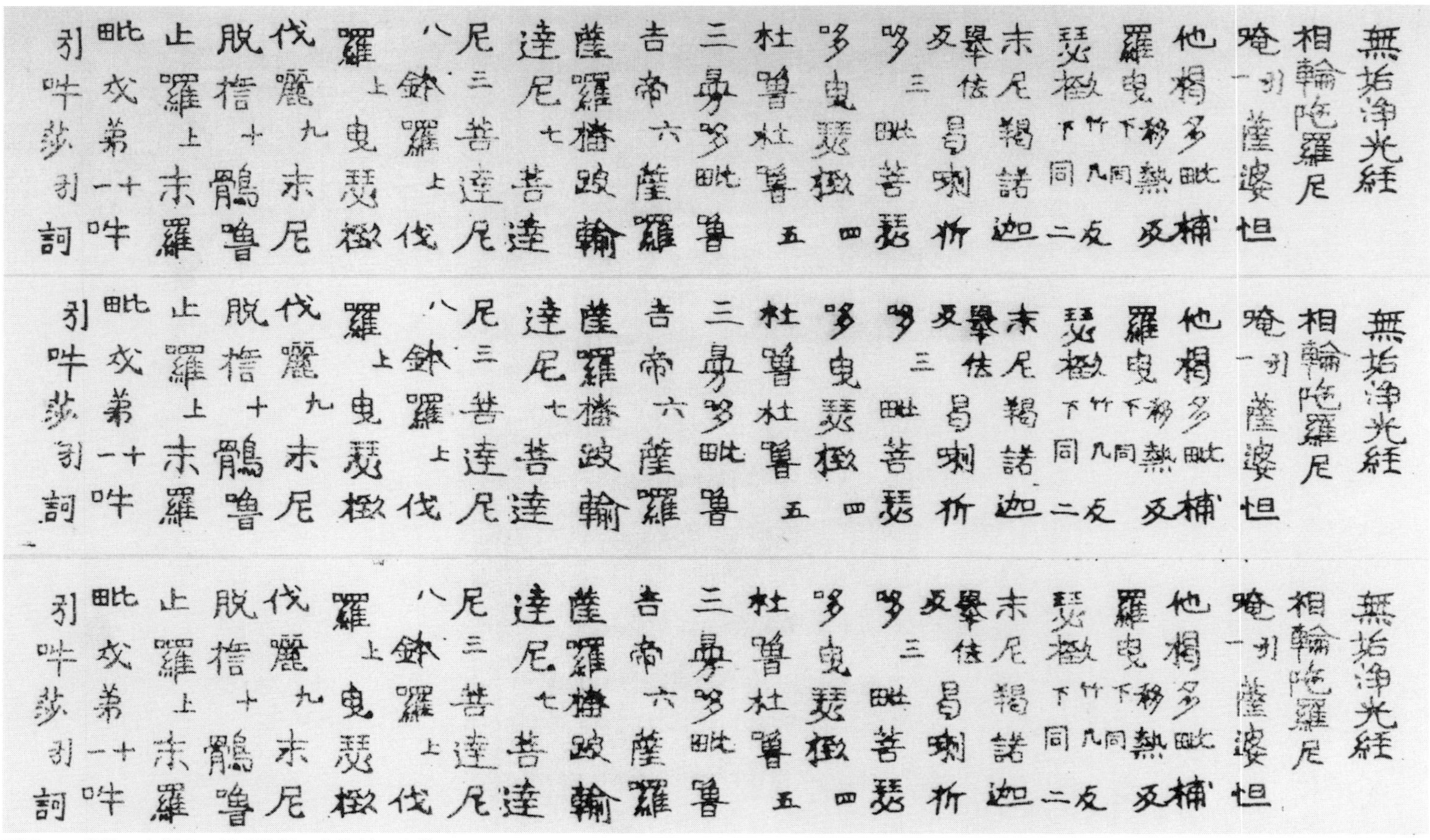

挿図13　相輪　木版Ⅰ　刷毛使用　宇陀紙　木炭
木炭（楢炭）を乳鉢で粉々にして、膠とヤマト糊でインクとする。想像より良い墨の代用に出来そうに考える。但し、粒子が粗く、刷毛に木炭粉がまとわり付く。摺り上がった文字面を手で触ると、所々に木炭の塊となって盛り上がっているのがわかる。

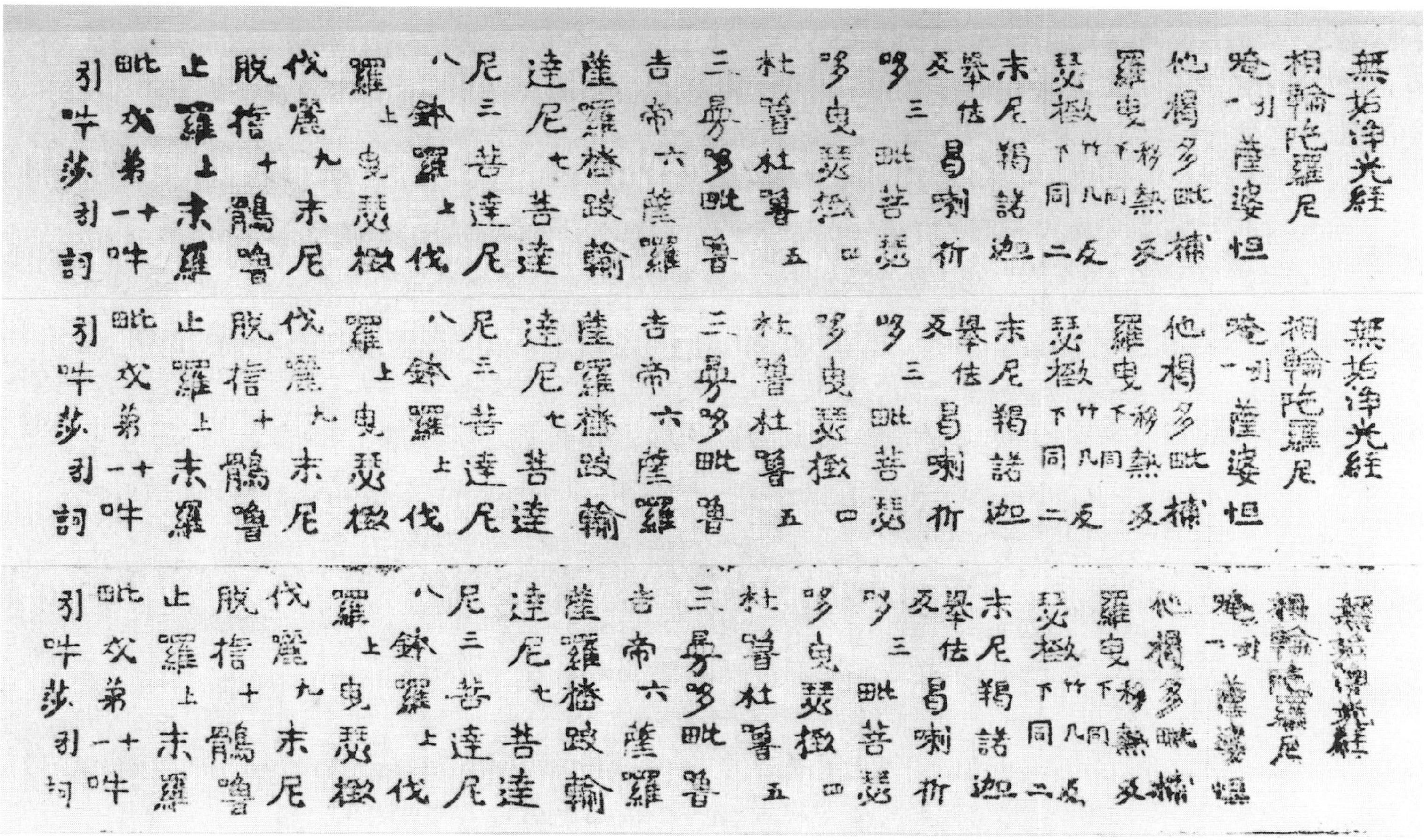

挿図14　相輪　金属板A　宍倉氏試作紙、タンポ使用、楮紙
一段目　M　蒸煮前　3mm前後に切断して溜め漉き。後半部に墨溜まりが文字の白い四角の部分を潰している。
二段目　N　蒸煮前　3mm前後に切断して流し漉き
三段目　O　蒸煮洗滌後　5〜7mm前後に切断して溜め漉き
M、N、O共タンポ使用により墨載りが刷毛使用とは違い、墨載りのムラが発生している。前部に紙の波打ちによる二重摺りが発生した。

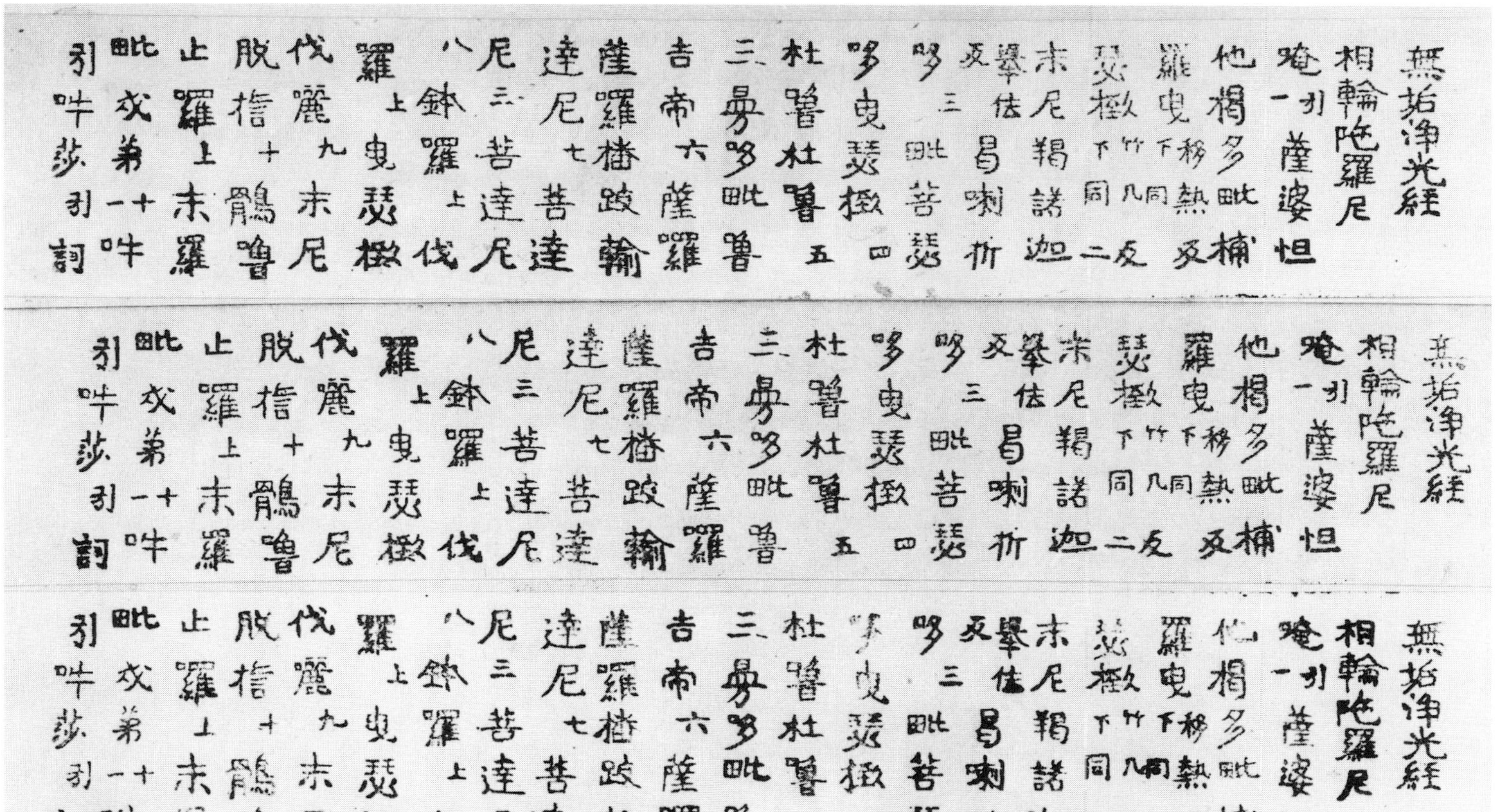

挿図15　相輪　金属板A　タンポ使用　煤・膠・糊　越前奉書
金属板を使っているが墨載りもあり綺麗ではないが目標としている墨の紙の裏面まで通らない状態に近付いた。摺りのムラ、墨付き、文字の潰れ等も思う所に近付いている。墨付きのムラを少なくするには、タンポを数回往復して墨を付けるとかなり均一な墨の濃さに仕上がる。

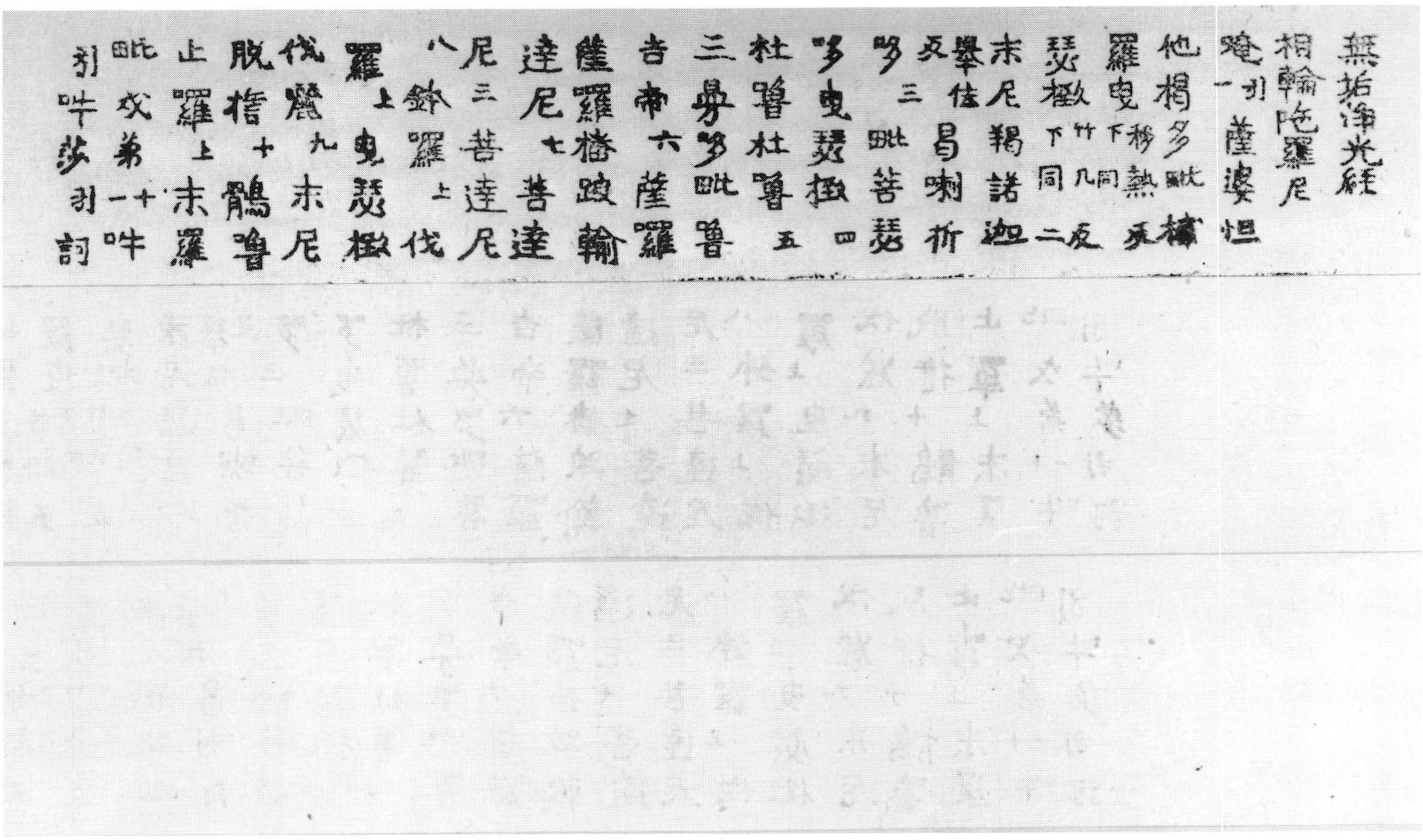

挿図16　相輪　金属板A　タンポ使用　煤・膠・糊　越前奉書紙
刷り上がりは目標に最も近い。紙裏面への墨通りも無く、墨溜まりや、墨のムラ付き有り。良好。

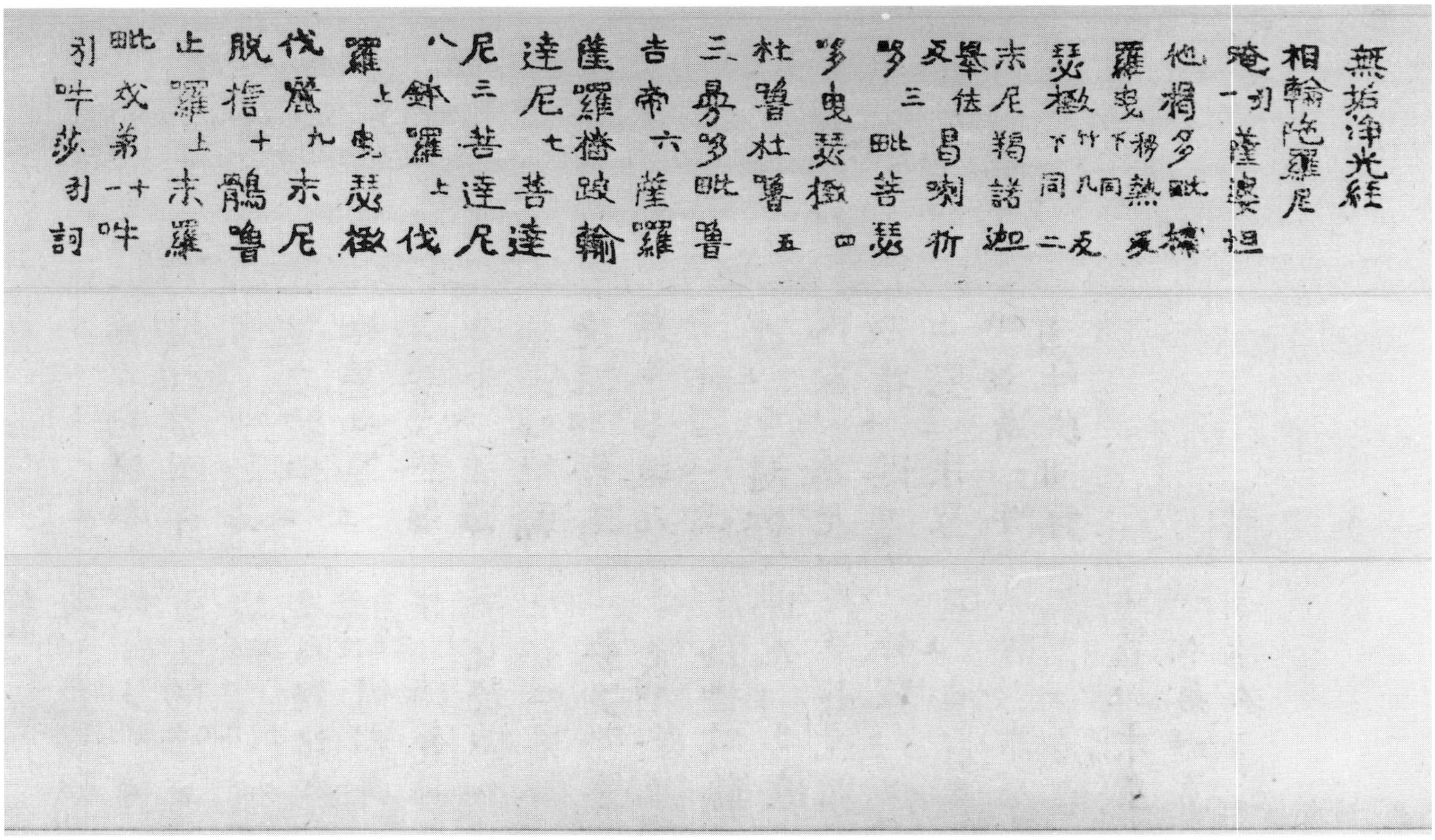

挿図17　相輪　金属板A　タンポ使用　煤・膠・糊　越前奉書紙
黄蘗液の引き染紙で、摺り上がりや墨の紙裏面への通りもない。染めによる影響はほとんど無い様である。

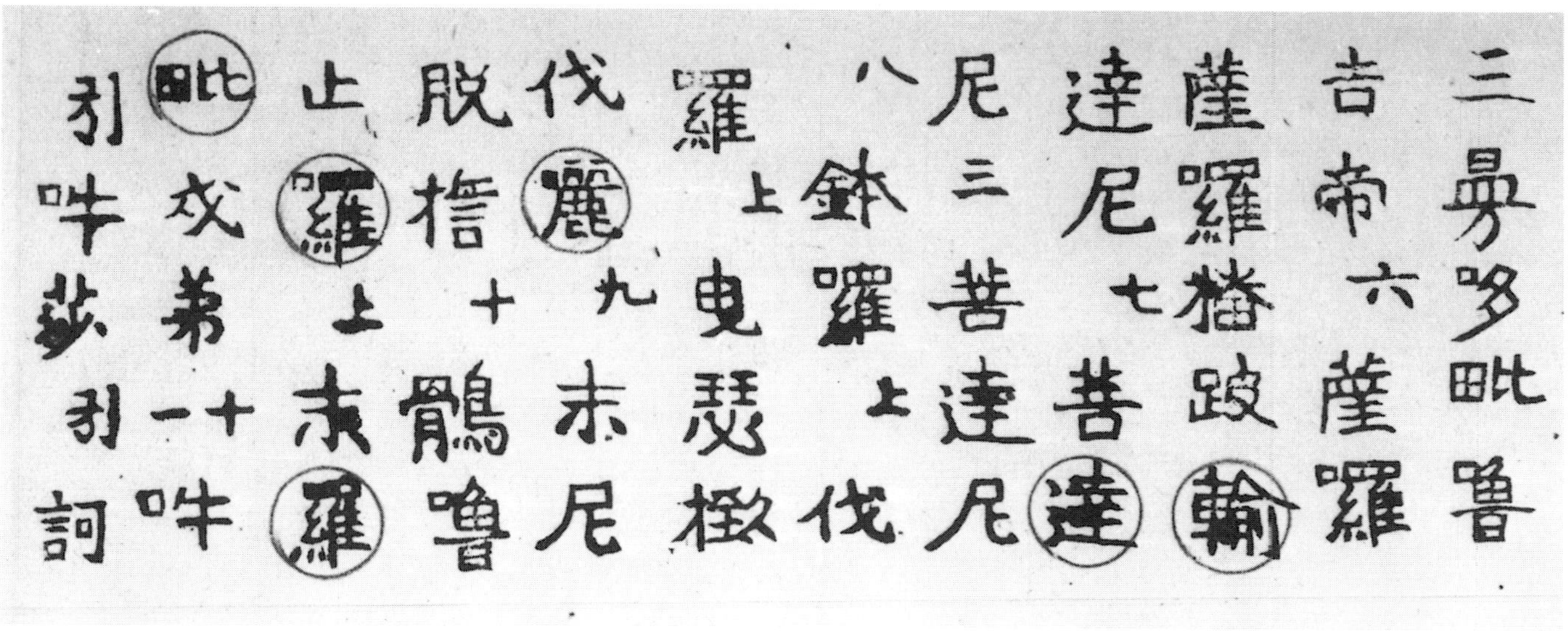

挿図18　相輪　木版Ⅱ　タンポ使用　岐阜紙　濃墨
墨付けのムラは刷毛の時は上中下と段状になっているが、タンポの墨付けは、版に数回タンポを押し付けるので段状のムラではなく、団子状のムラが数箇所出易い。また、線に囲まれた狭い部分が墨溜まりで潰れ易くなり、局部的に発生する。○印の部分。

挿図19　相輪　金属板Ａ　一段目　岐阜紙　墨のみ　二段目宇陀紙　糊墨
刷毛使用
○印の一部に小さな円い点がある。墨付けの時の泡が紙を置く時まで残って、泡がはじけて小さな円い点となって残ったものと思われる。泡の立つ状態は墨の濃度（割合薄く粘りが少ない時）、墨含みの多い時、木版より金属板の時多く出る。特に市販墨汁を薄めて使用する時、泡立ち易い。

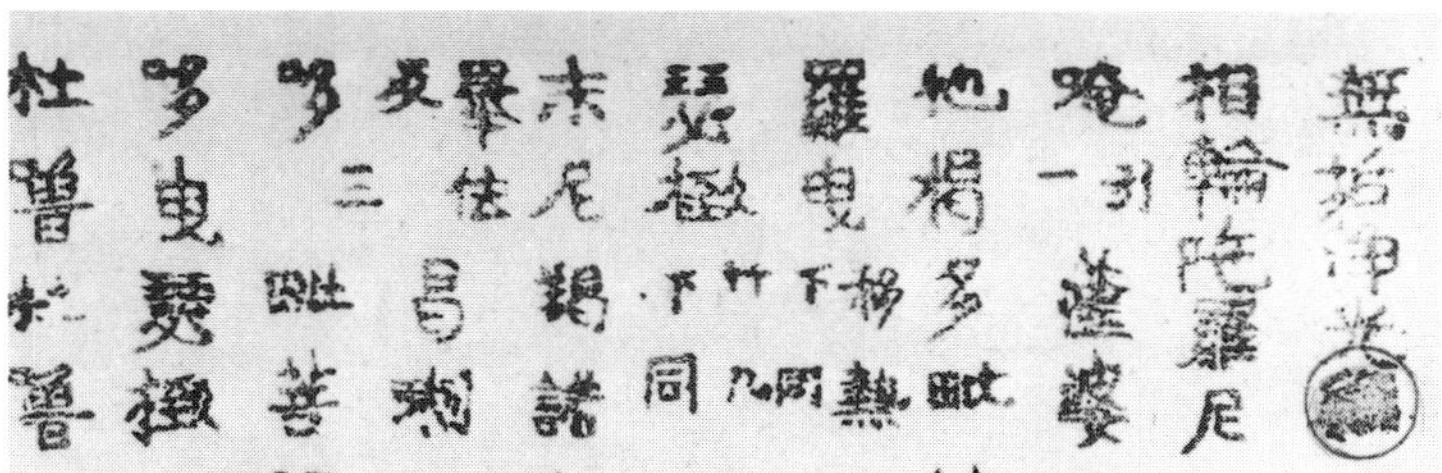

挿図21　相輪　金属板Ｂ　刷毛使用　岐阜紙　墨のみ
金属板Ｂ（19）の○印の箇所にタガネを入れ加工した。但し、経の字は未加工（基本的には金属板Ａと同様の字形となる様加工）。
墨のみの摺りの為、墨の点状の凝縮が気になる。
ほぼ読める字となる。○印経の文字のみ未加工。

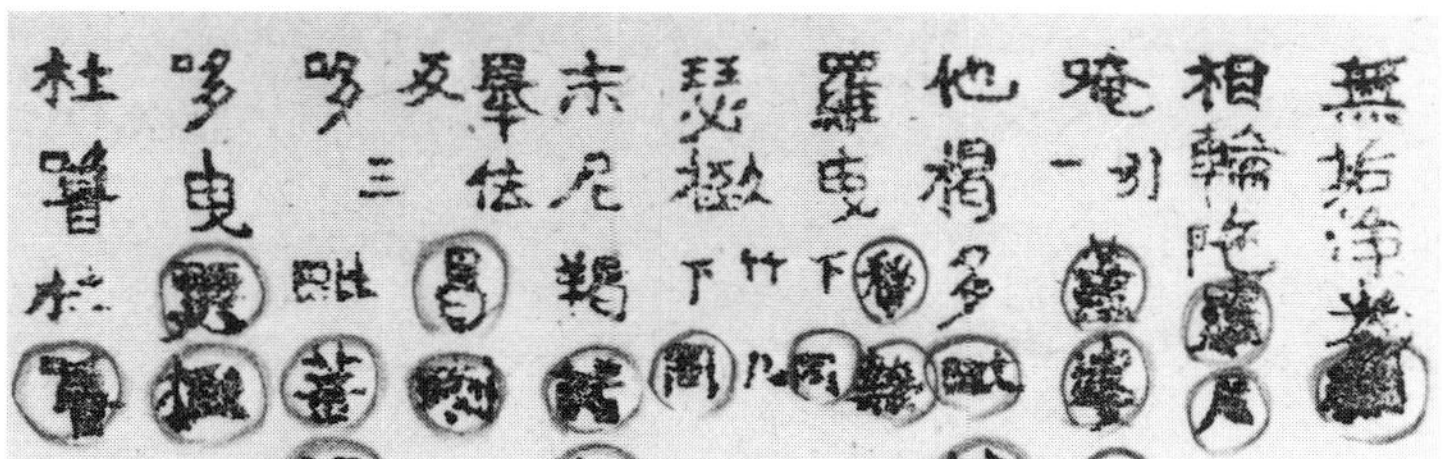

挿図20　相輪　金属板Ｂ　刷毛使用　岐阜紙　墨のみ
金属板Ａと同じ木版Ⅰを原形とする。鋳上がった真鍮版の平面を整えたもの。
○印の箇所が潰れ、文字が不鮮明となっている。
墨のみを使用したので、文字印面の上に墨が載り難く、墨の凝縮が点々と現れ、薄い文字と濃い文字が鮮明になっている。文字が太いから摺り上がりは濃くなるとは限らない。

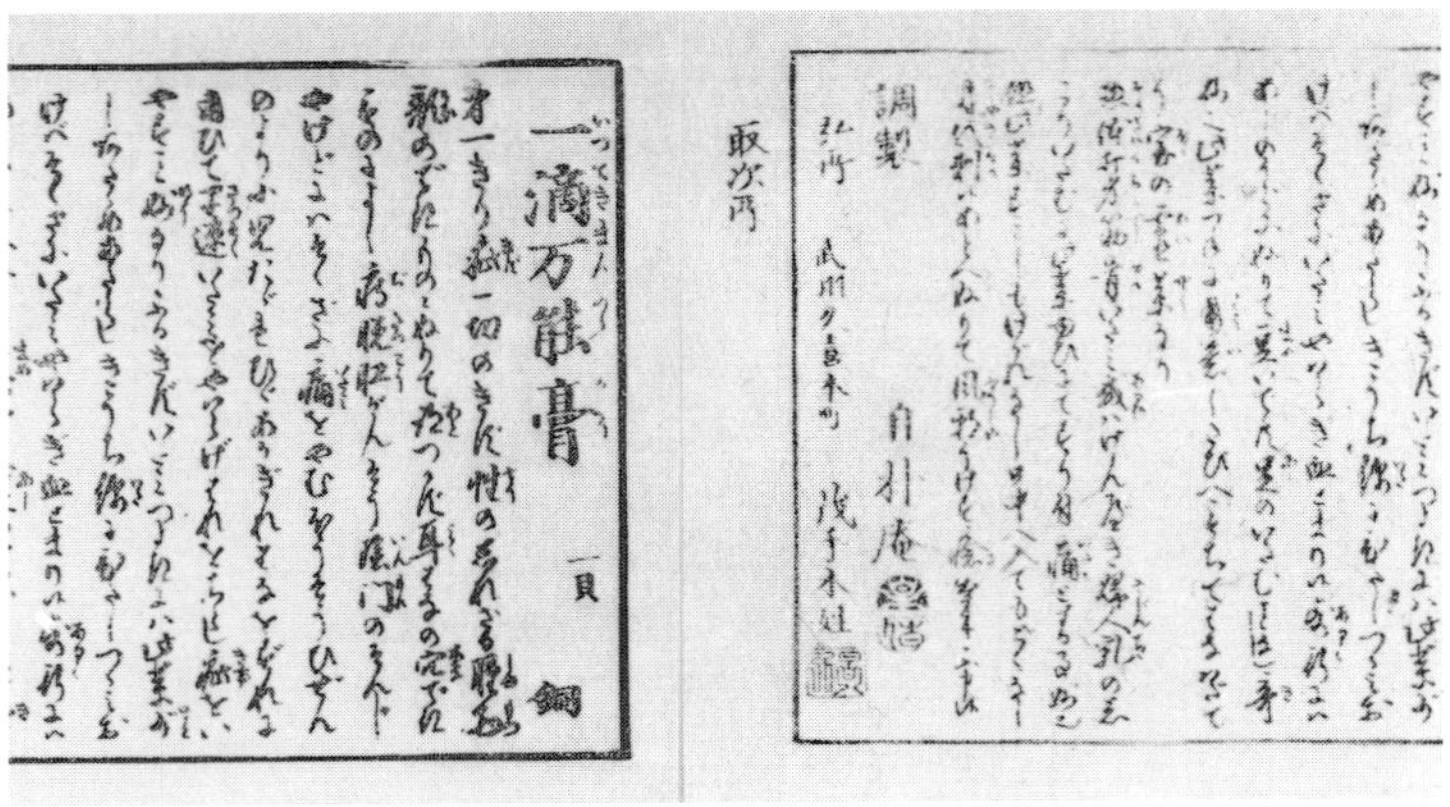

挿図24　一滴万能膏

右側　多量に使用された版。良く充分に摺ったにもかかわらず文字は不鮮明で細い。

左側　鉋を版木全面に掛けたもの。膏、自字の内の横線が明瞭となり、文字も充分に太く，仮名ははっきりしている。版が摩耗した時は印面は丸味を帯び文字は細くなって木肌の繊維が見えてくる。
版木の摩耗の白い線を見えなくするには、墨を多量に印面に付けると良いが、滲み、墨溜まりも出る。

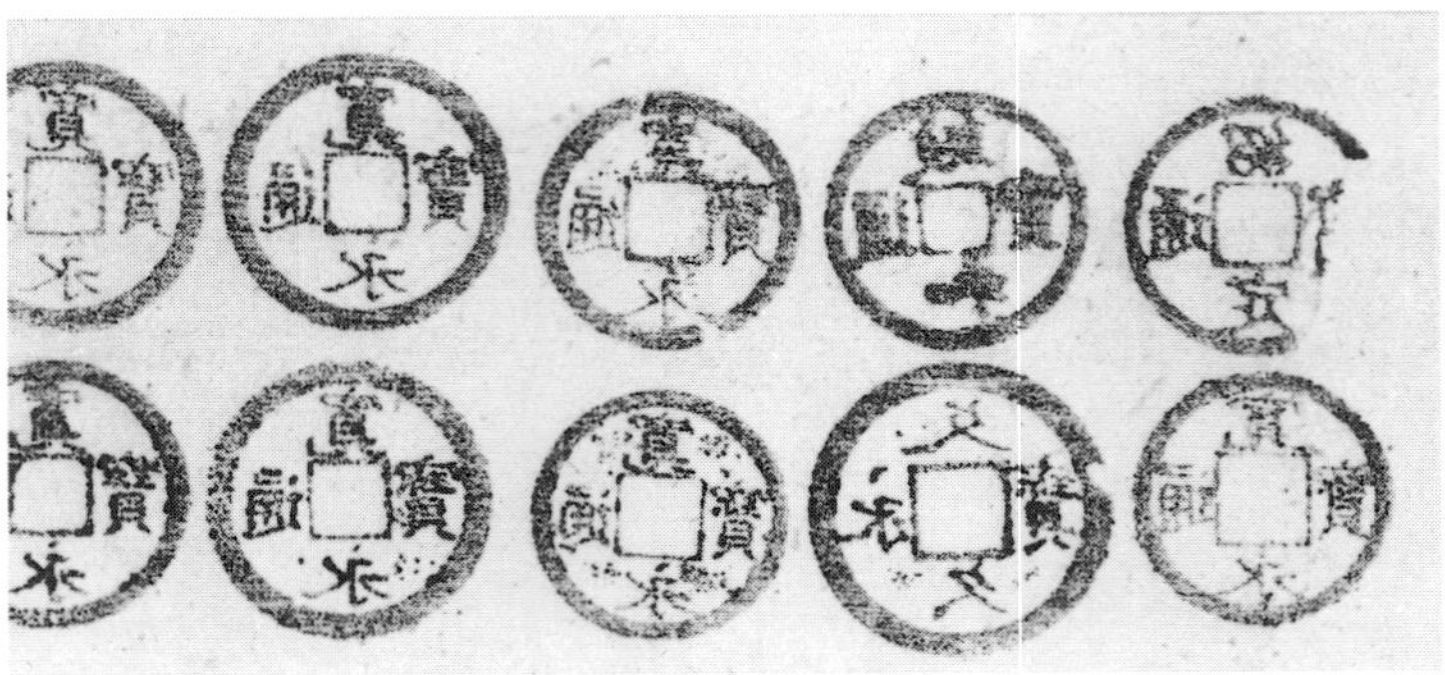

挿図22　古銭の摺りⅠ　刷毛使用　墨のみ

金属の種類によって、印面への墨載り具合を確認する為のもの古銭の文字の深さは約0.2mmで、古銭の表面の色より銅を主体とした錫系、亜鉛形、純銅に近いものと鉄銭で、摺り上がりを見て墨の載り具合を見る為のもの。

特徴として、濃い墨、薄い墨関係なく、広い印面上では墨の凝縮の点々がはっきり現れる。また刷毛動かした銭目状にも墨は凝縮し始める。墨が多ければ点々と現れる凝縮も多く、はっきりと発生する。

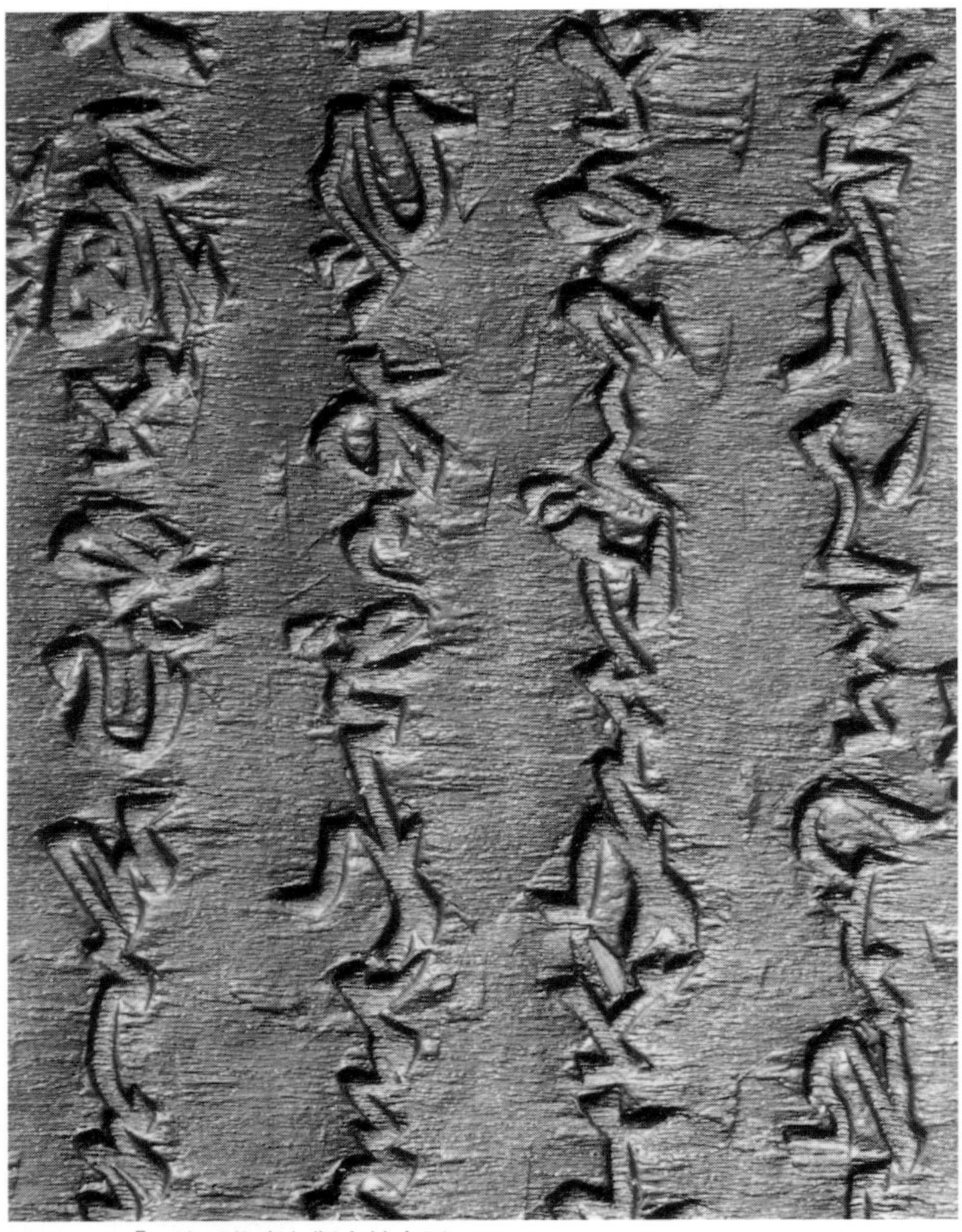

挿図25　「一滴万能膏」版木拡大図

かなり使い込まれた木版のため、印面の木理は横線が目立ち、平面ではなく丸みを持っている。彫刻刀の鋭い掘り跡は無く、文字の端先が摩耗していることが明瞭。

挿図23　身延山の古い御札

御札を見ると白い線が無数に入っている。これは版木の桜材の柔らかい部分の摩耗によるものと考える。特に版木は長手方向を旨く利用。縦木、横木として用いるので御札の場合、文字に対して縦材として使い、刷毛での墨付けも材に沿った動かし方をすれば、版の柔らかい部分はより摩耗しやすくなる。白い無数の線は版の摩耗の結果と見る。印面はかなり丸くなり、文字の端口は細くなり、文字の線は直線にはならず、凸凹の連続である。

かなり多く使用された版と見る。

百万塔及び陀羅尼の伝承

八木壮一

現在、法隆寺には百万塔塔身部四万五千七百五十五基、相輪部二万六千五十四基、陀羅尼三千九百六十二巻がある（文献1 九〇頁、文献2 一一四頁）。法隆寺から明治四十一年に百万塔及び陀羅尼が頒布された事はよく知られているが、その数は九百六十二基、九百六十二巻であった（文献3 五八頁）。しかし、これ以前、またこの後にも法隆寺から百万塔及び陀羅尼は市中に出ている。神護景雲四年（七七〇年）に十大寺に納置されたといわれるこれら百万塔及び陀羅尼の伝承の跡を資料と諸文献によって辿り、千二百年前の工芸品と現存世界最古の印刷物の在り様の一端に触れてみる。

一、八木書店旧所蔵の百万塔と陀羅尼

平成十二年十一月、当時小店所蔵の百万塔十三基と陀羅尼十三巻の展示即売と、明治四十一年以降法隆寺で頒布時に封入した譲与證などの資料を展示した。その詳細を次に1から14まで掲げる（文献4）。

1百万塔十三基（「挿図1 八木書店旧所蔵の塔と轆轤あと・陀羅尼」は文末179～183頁の写真参照）

塔は、墨書きあるもの十二基。その内訳は塔身底部六基、塔身笠部四基、相輪底部六基、相輪請花部五基にあった。数字が合わないのは、二ヶ所などに墨書きがあるものもあるためである（原則は一ヶ所だが、明治三十九年修理の際に接合して二ヶ所になった物が多い。文献1 一〇六頁注一三）。基台側面に「三」刻印あるもの三基。自心印が入っていた事を表すといわれる（文献5 七頁、八頁、対応関係はないとの説も出ている 文献6 一六頁）。

轆轤の爪跡

塔底面に爪跡が認められる塔十一基。その形は四爪箱形二基、四爪中央一爪箱形四基、三爪中央爪一基、四爪中央爪菱形三基、四爪中央爪正十字一基であった（文献1 九四頁）。

2陀羅尼十三巻（「挿図1 八木書店旧所蔵の塔と轆轤あと・陀羅尼」は文末179～183頁の写真参照）

それぞれの塔の芯に陀羅尼を納めている。陀羅尼は自心印陀羅尼「短」五巻、「長」四巻、根本陀羅尼「短」一巻、相輪陀羅尼「短」一巻、「長」一巻。

相輪陀羅尼「長」に奥書「甲」とあるもの一巻（法隆寺昭和資財帳調査では相輪長の八〇巻に甲の奥書あり 文献2 一一五頁、文献6 一六頁、静嘉堂文庫には短に甲の墨書きあるもの一巻 文献7 四一頁）。

経文上部に微かに二行の下端の文字の印刷部を残し、陀羅尼が二面以上で刷られた事を表す自心印一巻（文献8 四五頁、文献6 一七頁、昭和資財帳調査でも五巻あり 文献2 一一五頁、静嘉堂文庫にも相輪、自心印の二巻あり 文献7 四〇頁）。

陀羅尼は千二百年前から塔に入ったまま伝承された訳でなく「元来陀羅尼は小塔の中に入れてあった訳ですが、いつの間にか中から出されて、塔と経とが別々に保存されているのが法隆寺の現状です」（文献9 九八頁、陀羅尼が入ったままの百万塔も発見された 文献30 二〇頁）。そもそも最初から陀羅尼を百万塔の全てに入れていたものではないとの疑いの説もある（文献10 四六四頁、文献11 一一頁）。明治三十九年頃に百万塔を修理して、明治四十一年の頒布時に塔と陀羅尼は適当に一緒にされた。

3木箱十三箱（「挿図2 木箱」は文末183頁の写真参照）

それぞれ木箱に納められているが、明治四十一年以降に法隆寺で頒布時に作成されたと思われる箱と、別に作られた箱がある。「百万塔三千基之内（中）二」「所伝 法隆寺」と箱に墨書きされたもの二箱、「鵤寺倉印」の角印を箱の表面墨書き部、箱の蓋裏、箱の底部などに押しているもの四箱、その他、「所伝法隆寺」、「法隆寺伝来」、「法隆寺百万塔」などの墨書きあるもの四箱。「百万塔は一々木函を作り、それに入れて譲与すること」と明治四十年十一月八日の信徒総代会で他の事項とともに決めている（文献3 五七頁）。

4「百万塔縁起」一冊、法隆寺管主佐伯定胤著、明治四十一年一月（百万塔頒布時に同封したと思われる）

5三種の百万塔譲与規定（挿図3）

譲与は明治四十一年一月に内務省宗務局長の許可により実施され、その条件に基づき最初は主に教育機関等に働きかけている（文献3 五四頁、文献12 二五六頁、文献13 四頁）。

百万塔譲与規定（挿図3-1）

第壹項　各学校ニ於テ百万塔ノ譲与ヲ望マル、トキハ左ノ規定ニ依リ来ル明治四十一年二月二十九日迄ニ当法隆寺寺務所へ第二項ノ何種ナルヲ明記シ御申込ノ事

但シ一校一基ヲ限リトス

第二項　百万塔ノ譲与ヲ望マル、トキハ本寺維持基金トシテ左ノ種類ニ依リ金員ヲ喜捨セラルヘキ事

第一種

一　塔　完全ノモノ

一　経巻　完全ノモノ

右金参拾五円

但シ五拾基ヲ限ル数満ツルトキハ謝絶スルコトアルベシ

第二種

一　塔　完全ノモノ

但シ小破ノ箇所ハ之ヲ修補ス

一　経巻　全文完備ノモノ

右金弐拾円

第三種

一　塔　所々欠損ノモノ

一　経巻　全文備ラサルモノ

一　新ニ摸倣印刷シタル陀羅尼経巻ヲ添フ

右金拾五円

第三項　前項ノ喜捨金ハ振替貯金法ニ依リ御送金ノ事

第四項　喜捨金ニ就テハ請書ニ代ヘ贈呈書ヲ交附スル事

第五項　現品ハ申込順ニ依リ小包郵便ヲ以テ発送ノ事

以　上

奈良県大和国生駒郡法隆寺村大字法隆寺

明治四十一年一月　法隆寺寺務所（法隆寺印）

学校御中

明治四十一年五月、六月に一般に喜捨を求めたときの譲与規定（挿図3-4）

百万塔譲与規定

第壹項　本寺伝来ノ百万塔ノ譲与ヲ望マル、方ハ左ノ規定ニ依リ来ル明治四十一年五（印で「六」とする）月三十一日迄ニ法隆寺々務所又ハ法隆寺東京出張所ヘ第二項ノ何種ナルヲ明記シ御申込ノ事

第二項　百万塔ノ譲与ヲ望マル、方ハ本寺維持基金トシテ左ノ種類ニ依リ金員ヲ喜捨セラルベキ事

第一種　壹百基ヲ限ル

一塔　三層屋蓋ヲ具備スルモノ、上　但九輪ハ小破

一経巻　完全ノモノ

右金参拾五円

第二種　参百基ヲ限ル

一塔　三層屋蓋ヲ具備スルモノ、中　但九輪ハ小破

一経巻　全文ヲ具備スルモノ　但シ小破アリ

右金弐拾五円

第三種　五百基ヲ限ル

一塔　三層屋蓋ヲ具備スルモノ、下　但九輪ハ小破

一経巻　全文備ハラザルモノ

一新ニ摸倣印刷シタル陀羅尼経巻ヲ添フ

右金弐拾円

第四種　五百基ヲ限ル

一塔　三層屋蓋中所々破損ノモノ　但九輪ハ小破

一経巻　断片

一新ニ摸倣印刷シタル陀羅尼経巻ヲ添フ

右金拾五円

第三項　前項ノ喜捨金ハ振替貯金法ニ依リ法隆寺寺務所ヘ御送金ノ事

但東京地方ハ御便宜ニ依リ法隆寺東京出張所ヘ御送金有之度事

第四項　喜捨金ニ就テハ請書ニ代ヘ贈呈書ヲ呈スル事

第五項　現品ハ申込順ニヨリ小包郵便ヲ以テ発送ノ事

以　上

奈良県生駒郡法隆寺村

明治四十一年五月　法隆寺寺務所

振替貯金口座第一三六二一番

東京市下谷区桜木町五十二番

法隆寺出張所

この譲与規定にある百万塔の合計は千四百基となる。四月（挿図3-3）、五月付けで第一項

の締切日を六月に印で改め（挿図3-4）、月記載無し（挿図3-2）の三種の譲与規定。

某氏所蔵の百万塔についている昭和二十二年付けの譲与規定の本文（挿図3-5）は左記の部分以外は明治四十一年の規定とほぼ同じである。抜粋して掲げる。

第壹項…昭和二十二年九月ニ法隆寺々務所へ…

第二項

第一種　貳拾基ヲ限ル

一経巻　虫喰有稍完全ノモノ

右金五千円

第二種　五拾基ヲ限ル

一経巻　虫喰アリ完全ニ近シ

右金四千円

第三種　壹百五拾基ヲ限ル

右金三千五百円

第四種　壹百基ヲ限ル

右金三千円

昭和二十二年八月

この譲与規定にある百万塔の合計は三百二十基となる。これら明治四十一年に始まる百万塔の譲与と市中にある状況は後に述べる。

6 趣意書一通

明治四十一年四月法隆寺管主佐伯定胤名の「……孝謙天皇御納百万塔を有志に頒ち此に由り施入せられたる浄財は総へて官の保管に委し永く三宝供養の資に充つることを官許せらる伏而冀くは十方有縁の信士宜しく情を諒し所願を成就せしめられんこと懇請の至に堪へす謹み啓す」の印刷物一通。前記某氏所蔵の趣意書は文面は全く同じで管主佐伯定胤名で年月のみ昭和二十二年八月となっている。

7 譲与證二通（挿図4）。

證

孝謙天皇御願造立

一百万塔　壹基

経本ヲ添フ

右者本寺伝来之処今度寺門維持基金〇〇円御施納ニ付紀念トシテ茲ニ贈呈候也

明治四十　年　月　日　法隆寺（法隆寺印）

殿

明治四十一年の印刷文字を大正二年三月十九日（挿図4-1）、昭和七年三月九日付け（挿図4-2）に書き改めた二通の「證」である。

前述の某氏所蔵の證（挿図4-3）は維持基金五千円也として、明治四十を昭和二十二年十月十九日と書いている。

どの譲与規定、また證にも経巻の種類は記されていない。

8「無垢浄光大陀羅尼経　訓点和解　完」一冊（法隆寺発行、明治四十一年七月）

9『百万塔肆攷』（平子鐸嶺著、明治四十一年四月二十八日）一冊

『百万小塔肆攷』（平子鐸嶺著、東京古典会創立七十周年記念覆刻、昭和五十六年十一月二十二日、本文は明治四十一年版の複製であるが、挿入写真は別物である）

10 模造品百万塔及び陀羅尼

明治四十一年法隆寺で頒布時に添えた四種の陀羅尼のコロタイプ複製（挿図5）。

陀羅尼の巻末に「明治戊辰套印　法隆寺」の長方形印を押す。箱の表に「無垢浄光経　陀羅尼裳本四」蓋裏に「法隆寺一切経」と角印を押す。

11 貴重図書影印刊行会コロタイプ複製の四種の陀羅尼

12 木版刷りの四種の陀羅尼模造品

13 薬師寺に喜捨すると分けて貰える百万塔と陀羅尼の複製

14 模造の百万塔三基

二、市中にある百万塔及び陀羅尼

明治四十一年に浄財を集めるために法隆寺が所蔵する百万塔を頒布した。しかし、それ以前、幕末から明治時代にも百万塔と陀羅尼は関心を持たれ、民間人で所有する人もあり、出回っていた（文献14 六七五頁）。静嘉堂文庫所蔵の四十基七十一巻の内、四基四巻は明らかに明治四十一年以前に収集されたものである（文献7 一六頁）。実際、市中にどれだけの百万塔と陀羅尼が出回っているのか、私ども商人としては関心のあるところである。

法隆寺に伝わる文献以外で百万塔及び陀羅尼についての文献は中根勝編著『百万塔陀羅尼の研究』（文献8 一四五頁）に詳しい。江戸期以前の「続日本紀」等の文献に続く江戸期以降の民間に存した百万塔等を記す文献に管見の文献を含めて内容を記して市中に伝わった百万塔及び陀羅尼の伝承を探る。

『好古小録下』（藤原貞幹著、寛政七年〈一七九五年〉刊）雑考の十九「印本」の条に「国朝印板ノ書、何ノ時ニ始ルヲシラズ。法隆寺伝ル所ノ陀羅尼アレドモ、銅板トミユ、云々」とある。

「称徳天皇百万塔及塔中安置経本」（寛政十年〈一七九八年〉八月刊）に狩谷掖斎所蔵の相輪陀羅尼の原寸大模刻刷りを載せ、掖斎の識語が付されている（文献7 二五頁、文献15 三三頁）。その識語には法隆寺東円堂でも見たとある。この陀羅尼はその後松浦武四郎の所蔵となり、現在静嘉堂文庫に存している。

穂井田忠友著『観古雑帳一』（天保十二年〈一八四一年〉刊）「百万塔并塔中所納陀羅尼」に孝謙天皇紀の「三重ノ小塔一百万基、（中略）根本慈心相輪六度等ノ陀羅尼ヲ置諸寺」（引用ママ）と記し、続いて「今ハ法隆寺ニ幾万許カ遺レル其他ノ諸寺ハ曽テ見聞及ハヌ」と記す。「前図ニ載タル自心印咒二本并ニ真男書ニハ忠友蔵之」と記し、自心印陀羅尼大字、小字、相輪陀羅尼の三巻、九輪と三重小塔の図及び「九輪（注、相輪）根下墨書数品之中」として三つの墨書き、次に「基下（注、塔身底部）墨書数品之中」として二つの墨書きを載せる。続けて崇蘭館福井氏、大坂人松山貞主蔵、壬生寺寶静律師愛玩、梅川重高カ所得の相輪陀羅尼等を記す。相輪底部の墨書きのみ記しているのは、天理図書館に相輪のみ現存する三基（文献15 二九頁）、法隆寺に残る二万六千五十四基（文献1 九〇頁）と同じくこの時代から相輪のみが出回っていたのであろうか（挿図6、文献8挿入図版）。

栗原信充著『法隆寺宝物考証』（天保十三年〈一八四二年〉刊）「百万塔東円堂に現存す……余も亦一基を相伝す。但し無垢浄光陀羅尼一巻を置く……」（文献8 一四六頁）。

『諸家雑談』（天保年中）「柳澤庄次郎は……南都に行て奈良奉行に従て三藏（注、正倉院）に入。此時、古書類の記録に載らざる物はひそかにこれを獲て尾（注、名古屋）に帰り、諸家へこれを鬻ぐ。百萬塔をも数基持来て家に藏す。」（文献16 五頁）

松浦武四郎著『撥雲余興二集』（明治十一年〈一八七八年〉刊、文献17 三九頁、挿図7）「百万塔所納陀羅尼」で「根本陀羅尼なるものを感得する人いまだ聞かず。然るに近頃友人佐々井翁、所収のものを余に示さる。余歓喜に堪えず、依て是を翁に乞ふ。翁また余が其志の切なるを憐んで授与せらる。余沐手再拝、時なるかな時なるかな。手の舞足の踏むところもしらず。是翁が余に譲与するならず、仏神余に授与して以て永く末世に伝へむるべし。もし六度陀羅尼なる物一百万基中にあらば、何れの日か余感得せずんば有べからずと。明治十一年七月八殺日　松浦弘薫香拝誌」、木村嘉平に彫らせた根本陀羅尼一巻と塔背「十月十七日田人」の墨書名を掲載する。松浦武四郎所蔵の百万塔四基及び陀羅尼四巻が静嘉堂文庫に現存する。内一基一巻は恵眼院旧蔵、一巻は蓋の表に「百万塔中所納無垢浄光経陀羅尼」の狩谷掖斎の自筆で、蓋裏に「此経原狩谷掖斎翁珍蔵後、得之於柏木某之家函上題籤即翁手書　明治十年八月十五日　松浦弘志（捺印）黄邨書（捺印）」の識語を付す（文献7 二五頁）。

「内田魯庵日記」明治四十三年～四十四年（文献18 五三六頁）に百万塔の明治頃の所在状況を詳しく記しているので、少し長くなるが引用する。

○法隆寺の百万塔を卅五円で売出した当時は誰も驚いて了つた。オイソレと勧工場へ駆付けて買へるものでは無いが、品が出れば十円ぐらゐで買へる。卅五円は厳しすぎると誰も彼も思つたが、百万塔の黒まくの平子（注1）は無暗にやすがつてゐた。原富や三井源右衛門など何れも五十円宛で十個申込んだそうだ。尤もキヤツラは金持だから五十円が百円でも高くはあるまいが我々には卅五円はちと厳しすぎる、と思ったが、平子に頼んで、其の代り同じもので少しカドのある品を選んでくれと云つて買つた。というわけで手に入れたのは黄土を塗つたもので、法隆寺保管の国宝たる彩色及び節塔を除いては百万塔中の稀品、原富や三井が五十円出してもやらなかつたものだそうナ（注、昭和資財帳調査でも多彩色の百万塔があった。文献1 九一頁）。鳥渡見たところでは白か黄か解らぬが、胡粉塗のと比べて見ると少し黄がゝつてるさうだ。左に右く法隆寺にあつたゞけに市中に出るザラ物から見ると余程綺麗である。二三人の持つてる百万塔と比へて見たが遥にすぐれている。坊間普通の売物が十円とすれば少くも十七八円位の価はあると頷ける品だ。夫でも卅五円は高すぎると思つた。中には卅五円は安い、モ少し経てはメキメキ高くなると云ふものもあつた。平子は無暗にやすがつて五十円は無論だと云つた。高いか安いかは別として、何しろ一千年前の品であるし、其中の陀羅尼は世界最古の印刷物だから相当に弥重する値がある、と思つて弥重していたが、妙なもんで、市価は段々高くなつた。近頃は最も普通の相輪陀羅尼の付いてるものでも二十円、手持のい丶綺麗なヤツは二十七八円するやうになつた。法隆寺出となると卅円を越すさうで、卅円なら、引取るといつた商売人があつた。して見ると平子のいふ通り五十円には遠からぬ内になりさうだテ。

○俎板の石黒の鍋嶋が矢張百万塔を買つた。処が二階の坐敷の違棚に飾つて置いた処が、毎朝おさんがはたきを掛ける。いつの間にか九輪が盡く缺けて棒になつて了ひ、かけらもどこかへ失くなつて了つた。大に恐縮して硝子箱を作つたが、二十円缺けて了つたと云つて笑つた。寺に一朱も寄附すると呉れたものださうだ。御一新初めには二朱かそこらで貰へた。明治何年（注2）二十五銭寄附して貰つて来た人が淡島（注、寒月）氏の噺だ。十七八年前（注3）佐々井半十郎（注4）の遺物の百万塔二個を一円五十銭で阿部弘蔵君が買入れた事があつた。安いものだつた。尤も在家にあるものは好事に弥重したよりは仏具として仏壇に置いたものが多いから線香でくすぶつて黒くなつてる。法隆寺にある品のやうにウブのなものは無かつた。ツイ五六年前ある処から売物に出たのは五円ヅヽで、関安之助君が買つたさうだ。斯ういふ相場から推して卅五円が高いやうな気がしたのだが、……

○陀羅尼の中でも根本陀羅尼が高い。六度陀羅尼は勿論高い。此頃ある商売人から聞くと百円といふ相場ださうだ。尤も百円にしろ二百円にしろ恐らく世の中に無いものであらう。法隆寺にさえ七巻しか無い。穂井田忠友が手を盡くして捜してもドウしても見付からなかつたさうだ。

この日記が明治四十一年以前に百万塔及び陀羅尼が市中に出回り、関心を持たれていたことを表している。

注

1 平子鐸嶺、美術史家、明治四十年内務省嘱託として法隆寺百万塔及び陀羅尼の調査を詳細に行う。『百万塔肆攷』を著述。明治四十四年五月十日没。魯庵は平子鐸嶺の弔辞も読み上げ、可也親しくしていた。（内田魯庵全集「平子鐸嶺君の事」文献19 三六九～三七一頁）

2 七、八年頃だろう。

3 十七、八年前は明治二十五、六年頃。

4 佐々井半十郎は松浦武四郎著『撥雲余興』に出てくる人か。

三、法隆寺の記録にある百万塔

神護景雲年間に作成され十大寺に十万基ずつ納置されたといわれる（注1）三重小塔も、長い年月の間に消滅し、法隆寺にのみ塔が五万基余、陀羅尼四千巻余が明治末まで伝来した。十万基づつ納置して合計百万という数字にも異論があるが（文献10 四六八頁、文献11 一〇頁、文献20）、短い期間に数十万の小塔が作られた事は間違いない。ちなみに奈良文化財研究所の法隆寺昭和資財帳調査では、法隆寺に現存する小塔はその墨書きから天平神護二年（七六七年）から神護景雲二年（七六八年）の二ヶ年の間に作成されたと考えている（文献1 九七頁）。

これら百万塔は別表1のような記録に残り、また消失した（文献10 四六七頁）。法隆寺にのみ伝来したのは「法隆寺は、奈良でも中心から離れているため、古い建物が多く残っています。」（文献21 三三頁）「ひとり法隆寺のみはやや隔絶した地の利を得たため現在でも残し、いくつかは国宝に指定されている」（文献22 七頁）のであろう。また、「称徳天皇、鑑真和尚の関係から法隆寺は大事にせず、数ヶ所に分けて収納されたので残ったのではないか」（文献10 四六九、四七〇頁）。大事にされなかったかどうかの真意は別として、法隆寺には小塔院がなく、数ヶ所に分けて納置されていた事は事実であり、その為に残存したといえる。「堀池春峰氏は法隆寺にも小塔院が存在したとするが遺構の上からも確認できない。」（文献1 一〇五頁注6）

表1 文献上の百万塔存置状況（たなかしげひさ著『奈良朝以前の寺院址の研究』文献10 四六七頁に加筆改編。他に平城京・大安寺、飛鳥・弘福寺（川原寺）といわれる。崇福寺は西隆寺尼寺との説もある。文献1 九〇頁、一〇五頁注4、文献30 一七頁）

寺名	堂院名	文献上の塔数	屋の葺方と堂院数	堂の位置付属建物	焼亡・顛倒年月日	典拠
東大寺	東小塔殿 西小塔殿	十万基	瓦葺カ二院二堂	東塔院の北鐘楼の南辺と正倉院の南	東は保延年中（一一三五～四一年）顛倒 西は一二三〇年四月顛倒、共に以後廃絶	東大寺要録・東大寺別当次第・実忠廿九ヶ条
西大寺	小塔院の小塔殿		桧皮葺一院一堂・小塔院四棟	西北部細殿僧房	八四六年一二月十一日焼亡	続日本後紀・西大寺縁起并流記資財帳・延暦僧録・堂塔坊舎図
元興寺	小塔院	八万四千基	瓦葺一院一堂	金堂の西南。礼堂	一四五一年十月焼亡	南都七大寺巡礼私記・堂舎損色検録帳・元興寺検損色帳
薬師寺	東院正堂 西院正堂	十万基	瓦葺東西両院正堂	南大門の東北・西北	一五二九年五月二十八日焼亡	薬師寺縁起（長和四年編）・諸寺建立次第・菅本諸寺縁起集
興福寺	東院小塔堂	十万基	瓦葺一堂	寺務所辺	一〇一七年六月二十一日焼亡	興福寺流紀・菅本諸寺縁起集・発掘報告
四天王寺	二万塔院の小塔殿	八万四千基中の二万基	瓦葺一堂	仏院の西南絵堂と相照	九六〇年三月十七日焼亡	延暦資財帳・中明の古今目録抄・太子伝古今目録抄
法隆寺	東院正堂夢殿・伝法堂 西院金堂・中門楼上	一九〇八年に数えて 四万三千九百三十基	瓦葺、東院正堂講堂（伝法堂） 西院正堂（金堂）中門		本論171頁以降に詳記	斑鳩古事便覧・百万小塔肆攷（平子鐸嶺）・発掘報告・文献30 一八頁
崇福寺		八万四千基	全伽藍桧皮葺		九二一年十一月四日焼亡	日本紀略・扶桑略記・菅本諸寺縁起集

元禄以降の法隆寺に伝来した経緯が寺の記録によって「法隆寺伝来の百万塔について」（文献23 二〇頁）に記されているので少し補い要約して転載する。

一六九八年（元禄十一年）「法隆寺堂社霊験并仏菩薩像数量等」。これによって「小塔」と呼ばれ、法隆寺では「数を知らず」といわれるほど多数の塔を所蔵していたことを伝える。これ以前の記録はない。

一七一六年（享保元年）付の文書。享保二年正月六日「年会日次記」に記載。西大寺僧を仲介として大坂多田院智空の要望に応じて「無垢浄光之小塔」三百基を寄進している。この寄進状の中に「修覆を加え拝敬供養する」旨の記載から譲与した百万塔は相当破損していたことをうかがわせている。また、同年五月の「年会日次記」に二百七十基と三十基を二度にわたって寄進している記録がある。

一七一七年（享保二年）七月二十一日「年会日次記」に記載。舎利殿の外陣へ、小塔百六十五基を納める。昭和十八年舎利殿解体修理の際、長押などから相輪などが発見され、この記録を傍証している。

一七一七年（享保二年）八月九日『斑鳩古事便覧』、「年会日次記」。中院覚勝の発願によって、浄光経を心中に納める小塔六百基余りを夢殿に納めている。昭和資財帳調査で発見された数枚の板材の記事が実証している（文献1カラー口絵、八六頁、九一頁、文献30 一八頁、一九頁）。

一七一六年～一七三五年（享保年間）「台覧記」。百万小塔と記載。

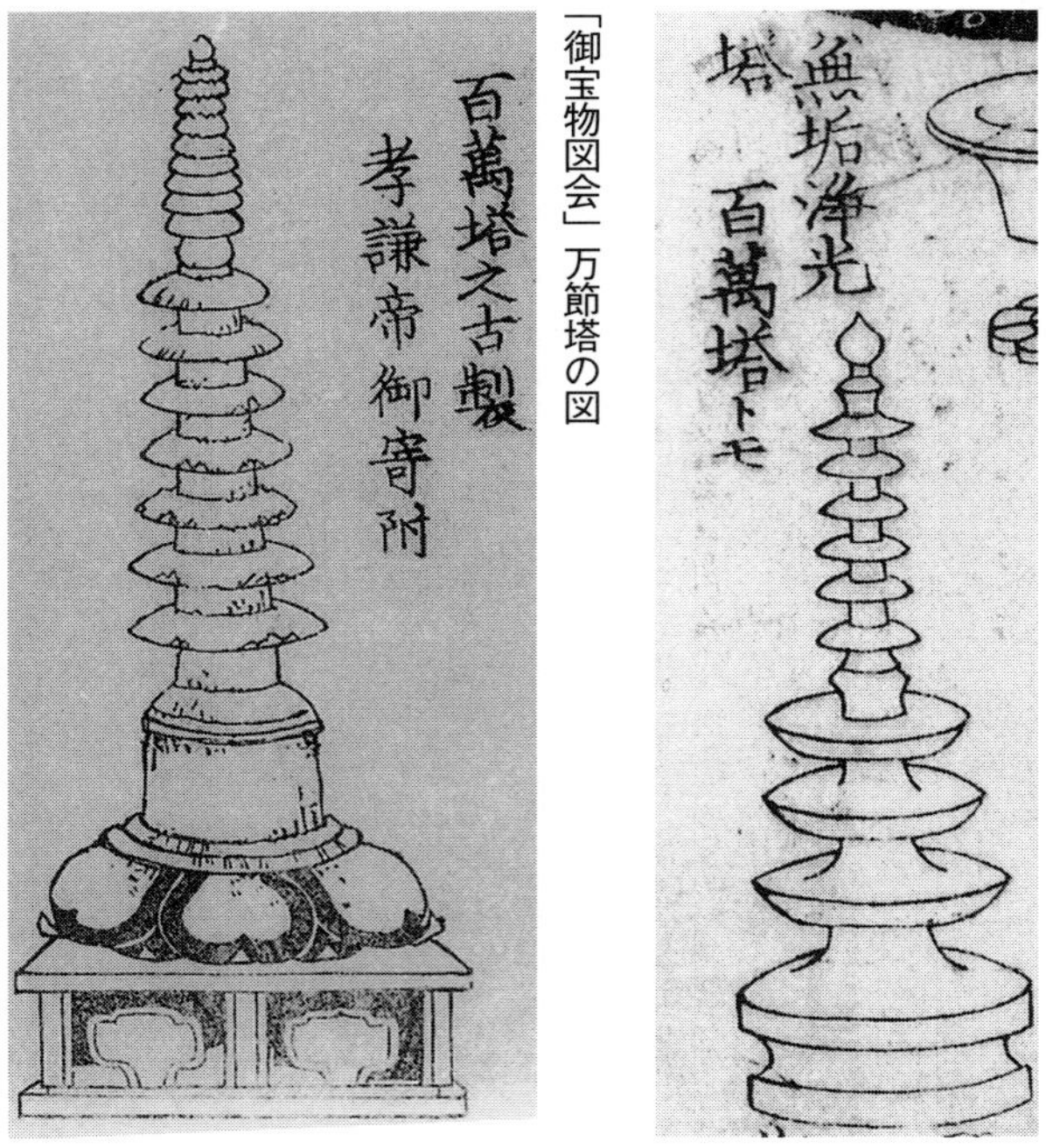

「御宝物図会」百万塔

「御宝物図会」万節塔の図

挿図8　「御宝物図会」（天保十三年）百万塔と万節塔の図

一七九五年（寛政七年）「宝物図」。無垢浄光塔と記載。

一八四二年（天保十三年）「御宝物図会」。無垢浄光塔、百万塔トモト図を記載。追編に百万塔古製として万節塔の図を記載（挿図8）。

一八六〇年（万延元年）「法隆寺宝物古器物古文書目録端書」。無垢浄光陀羅尼塔之図として拾万算塔、一万算塔、小塔を図画。

幕末、明治時代になると「徳川幕府の末期的症状と国学の振興により、各寺院は大きな変革の時代に直面する。とりわけ維新政府は慶応四年（一八六八年）三月、祭政一致の方針にもとづいて、太政官布告をもって「神仏判然令」がだされ、やがてその思想に拍車がかかり、廃仏毀釈となって、寺院に破壊の危機が押し寄せることになった」（文献3 二二頁）。

明治の廃仏毀釈によって法隆寺境内も荒れていた。「明治維新後の廃仏毀釈の嵐の中で法隆寺も財政的に厳しく寺内も荒廃していた。」「維新以後は、村人が牛馬を回廊につなぐなど、まったく想像を絶する状況の変動に寺僧たちは困惑している。」「多くの古仏や経巻類が売却されたのもそのころである。」（文献3 二四頁、二五頁）「明治初年の混乱期に、寺院から宝物が多数流出したという話はよく聞くところである。多くの寺宝が巷間に流れていることは事実である。法隆寺でも宝物の流出があったといわれているが、その実態は把握されていない。」「しかしその流出した宝物は、法隆寺自体のものよりも、むしろ各塔中に伝わる寺僧の私有物的なものが多数を占めていたようである。法隆寺自体の宝物は、明治初年の政府による宝物調査を皮切りに、たびたびその調査を行っており、それの流出は極めて不可能な状況下にあった。」（文献3 四三頁）

一八七六年（明治九年）「法隆寺什器宝物目録」作成。

一八七八年（明治十一年）宝物を天皇に献納、一万円を下賜される。百万塔四十八基が献納宝物に含まれている。皇室に献納された宝物を納める法隆寺宝物館（現東京国立博物館内）に百万塔四十八基が現存する。

一八七九年（明治十二年）「法隆寺明並古器文書目録」によると

（金堂）無垢浄光陀羅尼塔　三重小塔各五十基を明治十一年五月二箇の硝子張ノ莒ニ納メ北正面左右ニ安置。全《ママ》壱万基算塔一基、全《ママ》十万基算塔中院家ニ伝来ノ処破壊ニ因リテ硝子張ノ仮莒ニ納メ明治十二年五月之ヲ安置。

（中門）二階ニハ無垢浄光陀羅尼塔数千基ヲ蔵メ置ケリ。

金堂ノ階ニモ同《ママ》ク数千基を蔵置ク。

一八八一年（明治十四年）十月二十五日　金堂の金剛観音像と百万塔盗まる（文献3 四七頁）。

一八八八年（明治二十一年）「法隆寺古建物及美術品取調書」。綱封蔵、百万塔数個と記載。

一八九五年（明治二十八年）「法隆寺伽藍諸堂巡拝記　鳥井武平著」。中門二階に百万塔数千基今尚現存すと記載。

しかし、法隆寺に存置していた百万塔及び陀羅尼は管理が行き届かなく、次のような状態でもあった。

「今は人となれる法隆寺の村人等にきけば彼れらは幼年のとき、中門の上にのぼり、小塔の上を飛びあるきて、バチバチ踏み割るを日課の如くし、また時にはその所納の印本陀羅尼の心地よく燃ゆるを見て遊び、幾百巻烟になしたるやを知らずと云う。かくて今存する塔は殆ど悉く破損せざるものなく、陀羅尼は多くやぶれ、朽ち、虫ばみたり。」（文献24 二五五頁）「私が聞いておりますところでは、以前百万塔は、中門―と申しますと今の仁王門ですが、その天井裏にあったとのことでした。それで昔の方々は、よく中門の二階へ上がって、その小塔を足で踏んで遊んだそうです。」（文献9 九八頁）「宝物の流出と共に、宝物の盗難もたびたびあった。」（文献3 四六頁）

注

1『続日本紀』、『東大寺要録』、『薬師寺縁起』等の記録。

四、明治四十一年頒布の経過と昭和資財帳調査―法隆寺の百万塔及び陀羅尼の現存数と状態

法隆寺は明治十一年一万円を下賜されたが、その後も寺の経営は厳しく、明治二十六年の伽藍修繕千二百八十円と明治三十四年寺山の払い下げ金五百円の経費を借入れしていたところ、利息が重くなり、明治四十年の時点で前者が六千二百五十五円五十二銭、後者が九百八十円九十一銭に膨れ上がり、このまま放置すれば利息が重くなる一方であり、一刻も早く借入金を返却し、寺門維持の基金確立を計らねばと苦慮する日々を送っていた。

その結果、寺僧と信徒総代が協議し、「寺役勤行上不用ノモノ」である百万塔三千基と屏風を信徒に譲与して三万円を勧録してまず負債を償却し、その残余金を基金とすることを議決した。明治四十年四月二十日付けをもって「什物譲与之義に付御願」いを奈良県知事に提出した。この譲与願いは、奈良県から内務省に上申され、九月三日奈良県より百万塔等の譲与許可が下りる。その許可条件として、百万塔は国史にも見え、歴史上由緒ある物件であるから、全国の学校での教育上参考となる資料であり、中学以上に通知し、譲与を希望する学校を優先し、その残余を一般の希望者に譲与する方法をとるよう指導された（文献3 五四頁）。

十月に法隆寺による百万塔及び陀羅尼の残存数の調査の結果が表2-1、表3-1のように出る。十一月から百万塔及び陀羅尼調査と国宝指定のため内務省古社寺保存計画調査嘱託平子鐸嶺が数度に渉り法隆寺を訪れる。法隆寺の要請により『百万塔肆攷』を執筆、明治四十一年七月に刊行する。国宝に指定された百万塔及び陀羅尼は

百万小塔百基、十万節塔一基、一万節塔一基。

陀羅尼　自心印三十九巻、相輪二十七巻、根本二十七巻、六度七巻（文献25 五五六頁）

十一月に信徒総代会を開いて譲与の方法、金額等を検討、六項目の決定を行った。美術商に一括買い上げを相談していたが、寺から直接希望者に譲与する事に決した。塔と陀羅尼の保存状態による譲与金額は先に掲げた譲与規定にある。他に一々木箱を作る事、百万塔の修理を至急行うこと等を決議している（文献3 五七頁）。翌年一月には各学校に「百万塔譲与規定」を送付し、五月には一般の浄財も集める段取りを行っているので、その間、百万塔の修理、木箱の作成、陀羅尼の複製、「百万塔縁起」の製作等忙しい事であったと思われる。

この時に法隆寺にあった百万塔及び陀羅尼は「塔　四三、九三〇基（破損するもの多）、内完全　三三基（寺に保存、他を譲与する事にした）。陀羅尼　根本三二一巻、相輪四一〇巻、自心印九八〇巻、六度七巻、写経三巻、断片二、三一五巻、計四、〇二六巻。この中三、〇〇〇基を限り譲与」（文献26 五〇二頁、文献23 二四頁、文献5 一七頁）

法隆寺百万塔頒布の事は、頒布に至った経緯と百万塔の千二百年前の形状の美しさと、陀羅尼経の印刷上の価値と共に新聞等でも広く報道された。

明治四十一年十二月には、百万塔の譲与が完了したのにともない、奈良県知事に対して「百万塔譲与処分済御届」を提出している。それによると、百万塔九百六十二基の譲与に対して三万二百十円の寄付金収入があった（表4-3）。その内訳は、各学校七十八基、二千百七十五円、一般希望者八百八十四基、二万八千三十五円。その明細は

学校之分、第一種二十七基、第二種四十二基、第三種九基

一般の分　特別五十円以上ノモノ二十九基、第一種五百三十八基、第二種百七十三基、第三種七十基、第四種七十四基（文献23 二七頁）、譲与した陀羅尼の種類は不明である。

「当初予定の三万円を大きく上回り」「百万塔の譲与も予定三千基のところ、九百六十二基にとどまり、二千基あまりは譲与するに至らなかった」（文献3 五八頁）

木箱の表面に三千基の内一と記してあるのは、この最初の予定数を書いたものであろう。

明治四十一年の頒布以後も適時希望者に喜捨は求められたようだ。「それ以降も百万塔の譲与によって、寺の危機はたびたび救われている。」（文献3 五八頁）

その反面、寺内の整理に伴い新たに百万塔の発見もあった。昭和五年に文庫内にあった百万塔四万二千二十五基を新倉庫二階に納め、東室内に二千六百十基と九輪のみ七千二百五基

表4　百万塔頒布の種類と数

表4-1　明治41年1月各学校への譲与規定
（経巻の種別は記載無し。内容は本文167頁記載挿図3-1）

種別	単価	数量	金額
第１種	35円	50基限り	1,750円
第２種	20円		
第３種	15円		

申込期限　明治41年2月29日まで

表4-2　明治41年5月各方面への譲与規定
（挨拶文は4月。内容は本文168頁記載挿図3-4）

種別	単価	数量	金額
第１種	35円	100基	3,500円
第２種	25円	300基	7,500円
第３種	20円	500基	10,000円
第４種	15円	500基	7,500円
	合計	1,400基	28,500円

申込期限　明治41年5月31日まで、訂正印6月
※法隆寺の譲与願いは県庁から内務省に上申され、内務大臣の許可を得て明治40年9月3日付けで県知事名で正式許可。（文献3　54頁）
※明治40年11月8日の信徒総代会では塔陀羅尼とも完全なもの30円（50基に限る）、塔の小破の部分を修理したもので陀羅尼の完全なもの20円、塔陀羅尼とも破損しているもの15円としたが、結果として表4-1、2のような種別と価格した。

表4-3　百万塔譲与処分済御届（奈良県庁へ明治41年末）

学校之分 （京都大学文学部陳列館、第一高等学校、他）	第1種	27基	
	第2種	42基	
	第3種	9基	
	合計	78基	2,175円
有志之部 一般（津村順天堂、他）	特別50円以上のもの	29基	
	第1種	538基	
	第2種	173基	
	第3種	70基	
	第4種	74基	
	合計	884基	28,035円
	総計	962基	30,210円

※明治41年12月23日「百万塔譲与処分済御届」を奈良県知事に提出。3,000基譲与の所、962基にとどまり、2,000基は譲与するに至らなかった。（文献3　58頁）
※明治41年12月23日「法隆寺日記」（文献23　27頁）
「被譲与者姓名及各自寄附金尚明細書は略之」とある。
※文献12　259頁
※譲与リストが寺に残っている。（文献12　284頁）
※表4-1、2の種別と価格で表4-3を計算すると、学校之分1,930円、有志之分20,870円、合計22,790円となるも、文献に記載通りとした。

表4-4　明治41年からの法隆寺からの譲与　（文献23　29頁）

明治41年から昭和5年までの譲与	1,400基	1,400巻
昭和5年以降譲与	50基	50巻

表4-5　昭和22年8月の譲与（本文169頁記載の挿図3-5）

種別	単価	数量	金額
第１種	5,000円	20基	100,000円
第２種	4,000円	50基	200,000円
第３種	3,500円	150基	525,000円
第４種	3,000円	100基	300,000円
	合計	320基	1,125,000円

表2・表3　法隆寺残存の百万塔及び陀羅尼

表2　百万塔の数
表2-1　明治40年10月3日、法隆寺の調査（文献23　25頁）

合計			43,930
内訳	上の上		323
	内	宝蔵入二箱	100
		新堂	223
	上之中	東室南の間	2,777
	上之下	東室北の間	2,430
	下之上	文庫入	5,820
	下之下	文庫入	32,580

表2-2　明治41年4月、平子鐸嶺調査（文献5　17頁）

小塔	43,930	
組立塔	10数基	
十万節塔	1基	（三重塔）
千節塔	1基	（十三重塔）
		（七重塔）

塔は殆ど破残して、完全といえるは僅300余基

表2-3　昭和5年文庫内、東室内の百万塔整理（文献23　27頁・文献30　18～20頁）

文庫内	総計		42,025
	内	甲	4,030
		乙	23,165
		丙	14,830
		整理後は新倉庫二階に納蔵	
東室内	総計		2,610
	内	特等	1,320
		甲上	120
		甲	470
		乙	700
	九輪総数		7,205
		特等	1,620
		甲	2,178
		乙	3,407
	総合計		44,635

表2-4　昭和56年～平成6年　「昭和資財帳調査」（文献1　90頁）

百万塔	塔身部		45,755
	相輪部		26,054

表3-2　明治41年4月、
平子鐸嶺調査（文献5　17頁）

合計	4,026
根本	311
相輪	410
自心印	980
六度	7
小計	1,708
断片	2,315
肉筆	3

表3-3　昭和56年～平成6年
「昭和資財帳調査」

	文献2	文献6
合計	3,962	3,076
根本長Ａ	345	530
根本長Ｂ	465	
根本長ＡＢ不明	5	
根本短	662	489
根本小計	1,477	1,019
相輪長	402	319
相輪短	659	447
相輪小計	1,061	776
自心印長	567	470
自心印短	573	465
自心印小計	1,140	935
六度長	7	7
六度短	12	12
六度小計	19	19
不明	265	337

表3　陀羅尼の数
表3-1　明治40年10月3日、
調査の結果（文献23　25頁）

合計		4,026
根本陀羅尼	上	54
	中	80
	下	111
	小計	311（ママ）
相輪陀羅尼	上	94
	中	89
	下	227
	小計	410
自心印陀羅尼	上	372
	中	286
	下	322
	小計	980
六度陀羅尼		7
	中計	1,708
外に	断片取交	2,315
	写経断片	3

表3-3の注
※文献2　114頁　調査した総点数
　陀羅尼経は損傷がはなはだしく、巻首・巻末をそろえているものは少ない。ほとんどは断簡のたぐいである。
※文献6　14頁　中間報告
　残存状況によってＡ、Ｂ、Ｃに分類。Ｃは小さな断簡で数えていないものもある。

表6　百万塔の市場価格推移

発行年	目録名	種別	価格（単位円）
昭和8年6月	弘文荘待賈古書目　1号	自	100
昭和9年5月	東西連合古書大市会	自（保存悪し）	40
23・7	〃　16号	自	3,500
31・12	〃　28号	根	25,000
32・9	弘文荘待賈古書目	自、根各	40,000
38・12	古書大即売フェアー出品略目（白木屋）	4種	500,000
39・	組合50年史		150,000
44・5	西武古書展	根	450,000
46・1	三越古書展	自	600,000
46・5	上野松坂屋古書展	相	600,000
48・9	国際古書展	根	980,000
49・1	弘文荘待賈古書目	自	1,500,000
50・1	三越古書展	自	2,200,000
50・2	ＡＢＡＪ展	自	1,700,000
51・12	三越古書展	自	2,000,000
52・1	弘文荘待賈古書目	自	2,200,000
52・2	弘文荘善本目録	異版8種	25,000,000
52・6	上野松坂屋古書展	自	2,300,000
53・2	ＡＢＡＪ展	自	2,300,000
54・5	西武古書展	根	1,850,000
55・10	玉英堂書目	自	3,000,000
56・4	玉英堂書目	自	3,200,000
59・1	八木書店古書目録	自、根各	4,300,000

〔備考〕
表中、自は自心印、根は根本、相は相輪陀羅尼
八木福次郎著『古本屋の手帖』文献28の111頁掲載を基に加除
弘文荘待賈古書目索引より抽出分を加える。

表5　六度陀羅尼残存数

表5-1　長

	所蔵先	複製、写真、記録等
1	法隆寺　仮長1	法隆寺複製、譲与の塔・陀羅尼に付ける。（明治41年）
		『百万小塔肆攷』（明治41年原本）
		『国史大辞典』11巻「百万塔写真」（吉川弘文館　平成2年）
		『追跡！　法隆寺の秘宝』（徳間書店　平成2年）
2	法隆寺　仮長2	『法隆寺寶物集』（奈良帝室博物館編　大正10年）
		『寧楽刊経史附図』（大屋徳城著　大正12年）
		貴重図書影本刊行会複製（昭和5年6月）
		『奈良六大寺大観』4巻　法隆寺4（岩波書店　1971年）
		『百万小塔肆攷附図』（東京古典会複製　昭和56年）
		『重要文化財』29　考古（毎日新聞社　昭和59年）
3	法隆寺　仮長3	『原色日本の美術』2法隆寺（小学館　昭和41年）
		『昭和資財帳』5（百万塔）（小学館　平成3年）14頁
4	法隆寺　仮長4	『昭和資財帳』5（百万塔）（小学館　平成3年）82頁
5-7	法隆寺	『昭和資財帳』5（百万塔）（小学館　平成3年）114頁、他に3巻有り。
8	東洋文庫（和田維四郎旧蔵）	『訪書余録』（著者私刊本　図録編第1号2　大正7年10月、弘文荘重刊　昭和8年3月、新装複製版・臨川書店　昭和53年5月）
		『岩崎文庫貴重書誌解題1』（（財）東洋文庫　平成2年5月図録37頁、解説37頁）
		『日本出版文化史展 '96京都』（日本書籍出版協会　平成8年2月）10頁
9	大英図書館（安田善二郎旧蔵）	『旧刊景譜』（日本書誌学会　昭和7年）（安田文庫蔵）
		『安田文庫古経清鑒』（昭和27年）
		『弘文荘待賈古書目』45　弘文荘古版本目録（昭和49年）
		『入門講話　日本出版文化史』（川瀬一馬著　日本エディタースクール　昭和58年）
		『大英図書館蔵　日本古版本目録』（大英図書館・天理図書館　1994年）
10	天理図書館	天理図書館『ビブリア』第24号、89号31頁（短と記す）
		『百万塔陀羅尼の研究』（中根勝編著　八木書店発売　昭和62年）（短と記す）
11	天理図書館	天理図書館『ビブリア』第24号（昭和38年）、同『ビブリア』89号（昭和62年）31頁（短と記すも長）
12	静嘉堂文庫	『汲古』第37号（平成12年）42頁
13	八木書店所蔵複製	原本不明、贋物

表5-2　短

1	法隆寺　仮短1	『昭和資財帳』5（百万塔）（小学館　平成3年）82頁
2-12	法隆寺	『昭和資財帳』5（百万塔）（小学館　平成3年）114頁、他に11巻有り。
13	大英図書館（安田善二郎旧蔵）	『旧刊景譜』（日本書誌学会　昭和7年）（安田文庫蔵）
		『安田文庫古経清鑒』（昭和27年）
		天理図書館『ビブリア』第24号（昭和38年）（長と記す）
		『弘文荘待賈古書目』45　弘文荘古版本目録（昭和49年）
		『百万小塔肆攷附図』（東京古典会複製　昭和56年）
		『入門講話　日本出版文化史』（川瀬一馬著　日本エディタースクール　昭和58年）
		『百万塔陀羅尼の研究』（昭和62年）（長と記す）
		『大英図書館蔵　日本古版本目録』（大英図書館・天理図書館　1994年）
		『複製版　百万塔陀羅尼』（雄松堂書店　1997年）
14	静嘉堂文庫	『汲古』第37号（平成12年）42頁

表5-3　法隆寺にある六度陀羅尼

明治41年調査	7巻（平子鐸嶺：百万小塔肆攷）
昭和資財帳	長7巻　短12巻　計19巻

よって法隆寺以外にある六度陀羅尼は長5巻、短2巻となる。

を確認している（文献23 二七頁）。「昭和十四年からはじまった舎利殿の解体にともない、その長押裏などから、多宝塔や百万塔の九輪の発見があり」（文献3 一三一頁）昭和資財帳の調査でも約二千基が新たに発見されている。

法隆寺の百万塔及び陀羅尼の調査は明治四十年十月、明治四十一年の平子鐸嶺の確認、昭和五年の整理、昭和五十六年から平成六年までの昭和資財帳調査の四回行われている。その調査の結果の数字と記載されている状態を表2、表3に掲げる。これによって現在法隆寺に存置している百万塔及び陀羅尼の状態が想像出来る。

陀羅尼については「法隆寺に現存する百万塔陀羅尼経は昭和十七年に国宝に指定されたもの百点をふくめて約四千点であるが、これらの陀羅尼経は、指定調査以前から百万塔の本体から抜き取られており、別置されていたものである。法隆寺では、かつて平子鐸嶺が調査したときには四千点をこえる数のものが残されていたのであるが、『昭和資財帳』の調査開始当時には二千点近くに減少していたと思われる。今回の『昭和資財帳』の調査過程で、新たに二千点近くが発見された。これらの陀羅尼経は、いずれも塔本体から離れていたこともあって損傷がはなはだしく、巻首・巻末をそろえているものは少ない。ほとんど断簡のたぐいである」（文献6 一一四頁）。これからすると二千巻程が明治四十一年から昭和の戦後のある年代まで市中に出回ったことになる。昭和資財帳調査で木箱に入れた陀羅尼が新たに千九百点余発見され、一巻の体裁を残しているものが千点以上ある（文献6 一三頁、文献31 一五頁）。これらは明治から残存のものに較べると良い状態と思える。他にも断片等があり法隆寺に残存していた四千点余に昭和資財帳調査で数千点の陀羅尼がみつかった（文献32 二一―三一〇頁）。これらの中から、三千九百六十二点が調査されたと思われる。

残存陀羅尼の中でも六度陀羅尼の伝存は極端に少ない。明治四十一年以降も六度陀羅尼は譲渡されていないと思われる。市中にある六度はそれ以前に流出したものであろう。現在判明する六度陀羅尼を表5に掲げる。図録等に掲げる六度を写真等から判別して整理した。現存する六度の殆どと考えてよいのではないだろうか。六度が少ないのに何か特別の理由があるのであろうか。

昭和資材帳調査で百万塔について種々の新しく判明した事があった。その一つに塔身五千百四十八基、相輪五千九十九基を調査したところが、塔身に墨書名九十%、相輪部に九十五%あった。陀羅尼は九種三千七十六巻について紙質、染色、版形、包紙、紙幅、長さなどを精査し、これを統一した台帳に記載する事を行ったが、『百万塔陀羅尼の研究』に加える新知見は見当たらなかった（文献27 二八七頁）。

これまで多くの引用をした高田良信著「法隆寺伝来の百万塔について」の「おわりに」に法隆寺伝来の百万塔の流れが要約されているので転載する。（ ）内は筆者注。

（名称）法隆寺に伝来する百万塔に関する記録は、現在のところ、元禄十一年以前のものは確認していない。江戸末期までは「小塔」と呼んでいたが、それ以降「無垢浄光陀羅尼塔」「百万小塔」「百万塔」などの名称で記載している。明治九年の法隆寺献納宝物目録が作成されたころから、百万塔と呼ばれることが多くなり、明治二十年代には「百万塔」が正式名称となっている。

また、一万、十万節塔も、明治四十年に平子鐸嶺の調査までは「一万基算塔」「十万基算塔」「百万塔ノ内数塔大中」などと呼ばれていたことが記録によって明らかである。おそらく「一万節塔」「十万節塔」という名称は平子鐸嶺が調査したころに命名したものと考えられる。

（存置場所）百万塔の安置場所も、古い時期の記録はないが、享保二年に夢殿や舎利殿などに安置したもの以外はそのほとんどが、明治の中頃まで中門、金堂などの二階に分置していたらしい。そのような安置の習慣は相当古い時代までさかのぼるものと推定される。

明治四十年の調査から、文庫と呼ぶ土蔵（宝光院の北側に建っていた）や東室に納めていたが、昭和五年の調査後は、そのころタバコ「朝日」などの輸送用の木箱に納めて、寺務所の西側にある新倉と呼ぶ建物の二階に納められていた。昭和資材帳調査完了後は、工芸収納庫に納められる。

（譲与と総数）百万塔の総数に就いては、明治四十年に平子鐸嶺が調査した時点で、百万塔は四万三千九百三十基、その他に組立塔十数基分、及び節塔二基を確認している。その中から、百万塔百基と節塔二基が国宝に指定され、それ以外のものの中から一般に譲与されていった。ところが昭和五年に行われた再調査の結果、文庫納置分四万二千二十五基、東室納置分二千六十基、総計四万四千六百三十五基を確認している。明治四十一年から約千四百基余りを譲与しているにもかかわらず、明治四十年の調査の時より増えている。これはおそらく百万塔が各所に分置してあったため明治四十年の調査にもれていたためであろう（補足 昭和資財帳調査では昭和五年に整理されて木箱に入れてあった優品の塔約千三百基を調査している。文献30 一八～二〇頁）。

昭和資材帳調査の結果、伝法堂の地下などから出土したもの五百二十六基を含め重要文化財の百基を含めて四万五千七百五十五基を確認した。昭和五年以降昭和四十一年に西大寺へ一基寄進したのを最後として約五十基余りを譲与している。境内をくまなく調査した昭和資材帳調査によって明らかになった総数は今後増加することはまずないであろう。また、今後はいかなる事情があっても譲与しないことになっている。

（江戸時代に有った数）明治四十一年から譲与した約千四百五十基余り、献納宝物の四十八基、多田院への寄進分三百基などから考えると、江戸時代には五万基以上があったということになる（文献23 二九頁）。

五、百万塔及び陀羅尼の流布と模造品

法隆寺以外の寺に蔵されていた百万塔及び陀羅尼は壊滅したと考えられている（表1）。ただ、平子鐸嶺は「薬師寺蔵文書、安政四年十月奉行所へ差出せし口上の覚といへるものに、西院堂、孝謙天皇十万基小塔御奉納。……慶長元年地震ニ傾倒仕候後。当時仮堂ニ御座候。と記せり、されば薬師寺には近代まで若干の小塔を存したるものなるべし」（文献5 四頁）と伝存を述べている。現在薬師寺が百万塔の複製を頒布して喜捨を求めている趣意書にも薬師寺にあった記載がある。

明治四十一年以降、昭和に入ってから百万塔及び陀羅尼は広く流布するようになった。八木福次郎著『古本屋の手帖』「百万塔」掲載の表を補ってその動きの一端を表6に示す（文献28 二一二頁）。

管見の明治大正時代の古書、美術目録では見付ける事が出来なかった。

「外国人では明治十一年に来日、明治三十四年に帰国した法隆寺に縁があり、日本の古美術に関心の強かった外国人フェノロサ、明治十四年に来日したビゲローなどの収集した多くの古美術の中に法隆寺ゆかりの宝物、百万塔などがあるのではないかと調査を依頼したことがあったが、いまのところそれらしきものは見つかっていない」（文献3 九七頁、九八頁）。その他百万塔に興味を持ったと思われるイギリス人アーネスト・サトウの収集品は大英図書館にある。中国人楊守敬等の収集もあると思うが記録に残っていない。

現在諸外国の図書館、美術館、個人で百万塔及び陀羅尼を所蔵している所は多い。管見の範囲でも大英図書館に一基八種揃い、他にアーネスト・サトウ旧蔵の二巻を含めて四巻、ケンブリッジ大学図書館に四基四巻、米国議会図書館に三巻、カリフォルニア大学バークレー校図書館、コロンビア大学図書館、ニューヨーク・パブリック・ライブラリーなど他にも多く所蔵しているようだ。コロンビア大学図書館では四天王寺で作成された模造品を見た。

千二百年前の工芸品であり、世界で現存最古の印刷物として江戸時代から、また広く世間に知られるようになってから百万塔及び陀羅尼の複製、模造品が出回るようになった。法隆寺の古材を使用した小塔や古布をほぐして特漉きした紙を作り、木版で印刷した陀羅尼の複製まで出来た。重さで真贋を見る、本物の塔は何処か欠けているので、完全に整った塔は疑問に思うなど区別の要点はある。

前に記した内田魯庵日記の続きに贋物の記述がある。

「此頃琅玕洞にある模造品を見ると、あまり上手とも見えぬ模造物で十八円の正札が附いている。模造物で十八円は滅法高い。

（六度陀羅尼の贋物について）忠友時代さへ決して見当たらなかつたといふものが今日有るわけが無い。田中青山（注1）伯と野村素助氏が持つてるといふのは余ほど怪しいもんだ。といふのは此両氏の持つているのは何れも池の端のバイブル（注2）から買つたので、バイブルへ盛んに奈良の古物を担ぎ込んだのが例の贋物屋の今村甚吉である。然るに今村が先年死んだあと、道具屋をやめると云つて遺物を売りに出したが、其中から六度陀羅尼が復た一巻出てきたさうだ。田中野村両家の秘蔵も無論今村から出たものに違ひないのだが、娘を郡山奉行の妾にしてまで熱心に奈良古物を槐《ママ》集研究した忠友が百年前一生懸命になつて捜しても見当たらなかつたといふ品が、一つ道具屋から三ツも四ツもヘタヤタラに出る事があるものか。

〇モ一つをかしい咄がある。淡嶋君が丁度百万塔の陀羅尼と同じ幅の帋を沢山もつてゐた。かなり時代のある古い帋で、其質と云ひ色と云ひ陀羅尼と少しも違はぬ。此帋で陀羅尼の贋物を作るのだと淡嶋君が吐かしたが、此帋は矢張今村から買つてきたのださうナ。田中野村両家の品は見ないから善くは知らぬが、何しろ今村甚吉はコウいふ贋物を盛んに作つたものだ」（文献18 五三七頁）。

川瀬一馬、反町茂雄氏も贋物、模造品について述べている。

「注意しておきたいことは、その時安田氏の手許に集まって来た偽物の摺物である。何れも天平写経等の古紙を用いて摺ってあったが、それらは全部木版でできていて、かなり出来がよいものであって、世間では実物として通用する類が多かった。江戸末期頃のものや明治以後のものなど色々であったが、元来江戸時代でも陀羅尼の遺品の市場へ出るものは少なかったから好古者流にとっても珍品であった。それが明治になって例の法隆寺献納御物という事があり、百万塔の陀羅尼も金額を定めて奉納寄捨に応じてこれを頒けたため、多数が市場へ出たのである。さういう際などに偽物と真物とすり変わったといふ様なこともあったと聞いているが偽物を多数目堵した感じから言えば、ありそうなことであると思った。従って、百万塔陀羅尼などは確実な遺品が多数残存しているものの、実物を調査して論ずる際にはその遺物の真偽を定めて後、精査すべきであると言い添えたい」（文献14 六七四頁、文献21 三〇頁）。

「百万塔は随分巧妙に出来た模造品が可也多くあります。奈良辺の道具店などで屡々見かけますから注意を要するでしょう。これは悪意の模造品ですが、悪意のない類似品も古くからつくられて来ました。なくなった人の追善供養のためと云う様な目的で小塔をつくって中へお経を入れたものです。尤もこの場合は無垢浄光経を入れたものは殆んどなく、大抵は心経とか法華経とか大般若経とかで、版ではなく写経である事が多いようです。古くは徳川時代から近くは大正時代まで色々作られて居ります」（文献29七頁）。

注

1 田中青山伯は田中光顕。静嘉堂文庫蔵六度陀羅尼は田中光顕からの寄贈品であるが、原本の虫食いの状態から見て贋物模造品ではない。

2 池之端のバイブルは琳瑯閣書店（反町茂雄編『紙魚の昔がたり　明治編』二八頁、八木書店、平成二年）

以上見てきたように、法隆寺に現存する百万塔は表2-3にある特等は保存状態が良いものであるが、多くは必ずしも良い状態ではないようだ。明治時代から残っていた陀羅尼は国宝指定品を除けば、ほとんどは虫喰などの破損がいちじるしく、新たに発見された陀羅尼も巻首・巻末をそろえているものは少なく、欠けていたり、断片であるものが多い。市中にある百万塔は法隆寺に残っているほとんどの塔に較べれば良い状態のものが多いようだ。まして陀羅尼は法隆寺に現存するものに較べれば良い状態のものが多い。大事にしてゆかねばならない。

参考文献

1 金子裕之著「百万塔」『百万塔・陀羅尼経　法隆寺の至宝　昭和資材帳』5　小学館　平成3年6月
2 鬼頭清明著「陀羅尼経」『百万塔・陀羅尼経　法隆寺の至宝　昭和資材帳』5　小学館　平成3年6月
3 高田良信著『「法隆寺日記」をひらく』日本放送出版協会　昭和61年
4 八木書店所蔵百万塔陀羅尼展目録　平成12年11月17日～12月2日
5 平子鐸嶺著『百万塔肆攷』明治41年　平子鐸嶺著『百万小塔肆攷』東京古典会　昭和56年（上記の複製。但し写真は異なる）
6 鬼頭清明著「百万塔陀羅尼調査の中間報告」『伊珂留我』8　小学館　昭和63年8月
7 増田晴美著「静嘉堂文庫所蔵の百万塔及び陀羅尼」『汲古』第37号　平成12年6月
8 中根勝編著『百万塔陀羅尼の研究』同刊行委員会　昭和62年
9 「百万塔陀羅尼の印刷」『ビブリア』第24号　天理図書館　昭和38年3月
10 たなかしげひさ著「木造八万四千小塔と小塔殿・東西両院の正堂―堀池春峰の百万塔論を駁す」『奈良朝以前の寺院址の研究』白川書院　昭和53年
11 宮坂宥勝著「百万塔陀羅尼の解読」『百万塔の意義とその供養勧進』薬師寺
12 高田良信・堀田謹吾著『追跡！　法隆寺の秘宝』徳間書店　平成2年
13 長澤規矩也著『図解和漢印刷史』汲古書院　昭和51年
14 川瀬一馬著『増補　古活字版の研究』中巻　日本古書籍商協会　昭和42年
15 金子和正著「天理図書館所蔵の百万塔及び陀羅尼について」『ビブリア』第89号　天理図書館　昭和62年10月
16 太田正弘「正倉院文書を持ち出した男」『ぐんしょ』再刊第71号　平成18年1月（『諸家雑談』〈「名古屋叢書三編」第12巻193頁〉）
17 吉田武三著『拾遺松浦武四郎』同伝刊行会　昭和39年
18 内田魯庵著「日記（七）明治43年～44年」『内田魯庵全集』別巻雑纂　ゆまに書房　昭和62年
19 内田魯庵著「平子鐸嶺君の事」『内田魯庵全集』第6巻　ゆまに書房　昭和59年
20 足立俊弘著「百万塔に関する考察―百万という数量について―」豊山派教学大会発表資料　平成14年12月5日
21 川瀬一馬著『日本の出版文化』日本エディタースクール　昭和58年
22 「法相宗　大本山　薬師寺」『百万塔の意義とその供養勧進』薬師寺
23 高田良信著「法隆寺伝来の百万塔について」『聖徳』第21号　平成2年10月
24 平子鐸嶺著「百万塔の現存数」『歴史地理』第11巻第1号　明治41年1月（第一書房複製あり）
25 『国宝重要文化財大全』第9巻「考古資料　重文指定考古木造」毎日新聞社　平成9年
26 「法隆寺百万塔の譲与」『歴史地理』第11巻第3号　明治41年3月（第一書房複製あり）
27 坪井清足著　法隆寺昭和資財帳調査完成記念『国宝法隆寺展』百万塔　NHK　昭和58年
28 八木福次郎著『古本屋の手帖』東京堂出版　昭和61年
29 反町茂雄著「古本屋のための書誌学―百万塔陀羅尼の話」『日本古書通信』昭和10年1月
30 工楽善通・金子裕之「百万塔の調査から」『伊珂留我』1　小学館　昭和58年10月
31 鬼頭清明「百万塔陀羅尼を調査して」『国史大辞典』11　月報　吉川弘文館　平成2年
32 鬼頭清明「百万塔と陀羅尼の謎」週刊朝日百科『日本の歴史』54　朝日新聞社　昭和62年4月

挿図1　八木書店旧所蔵の塔と轆轤あと・陀羅尼

以下に掲げる、百万塔、及び百万塔の各部位等（相輪底部、塔底部、付属籾塔、塔身笠部、相輪請花部、塔身底部）、陀羅尼の図版は、見やすさを考慮し適宜縮率を変えた。

相輪底部

塔底部

付属籾塔

経文極美　塔身部完　相輪部少破損有　塔底「右丈マ忍万　云二六廾六」　相輪底部「淨足」墨書有

本経文の五行目、七行目の上部に、行下の「藐」「多」字の下端の一部残っている。これは自心部（短）の版で一枚の紙に上下に押捺したものの切り損じと思われる。従って百万塔陀羅尼の版が、一版に複数の面付けしたものではないと考えられる貴重な資料である。大和国室生寺弘法大師籾塔一個付

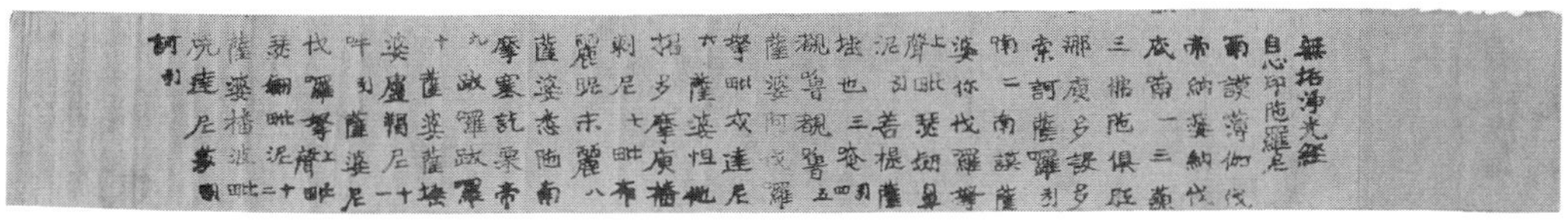

挿図1-1　自心印陀羅尼経（短）

相輪請花部

塔身笠部

経文扉部少虫喰有も極美　塔身部完　相輪部少欠有
塔身笠部「□□□」相輪請花部「乙足」の墨書有

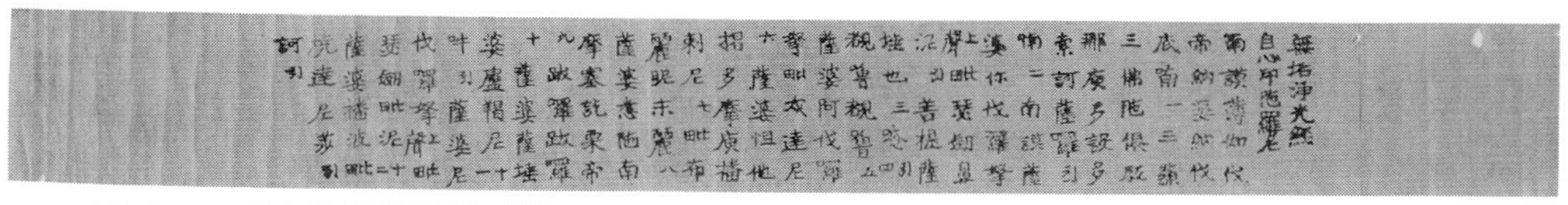

挿図1-2　自心印陀羅尼経（短）

相輪請花部

経文少虫喰有　裏打　塔身部補修有も完　相輪部少破　相輪請花部に「右云□□□」の墨書有　納箱底に「鵤寺倉印」朱印有

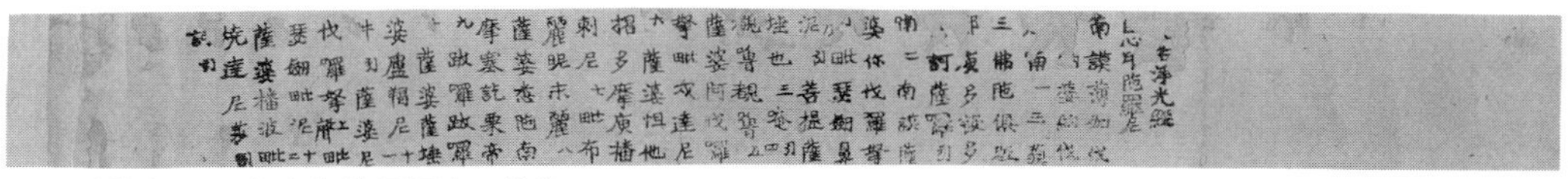

挿図1-3　自心印陀羅尼経（短）

経文上部虫喰有　塔身部完　相輪部破損有塔底に「云二六廿九　右豊成」　相輪請花部「左云二三□□」の墨書有　基台側面に「三」刻印有　宝玲文庫旧蔵

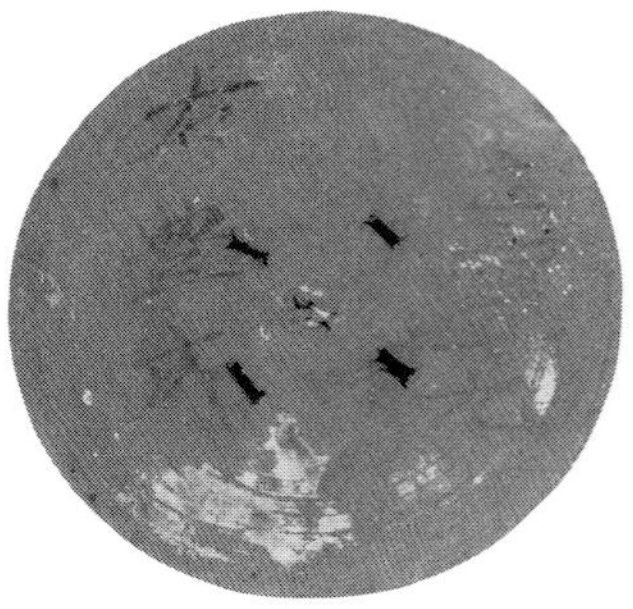
塔底部

相輪請花部

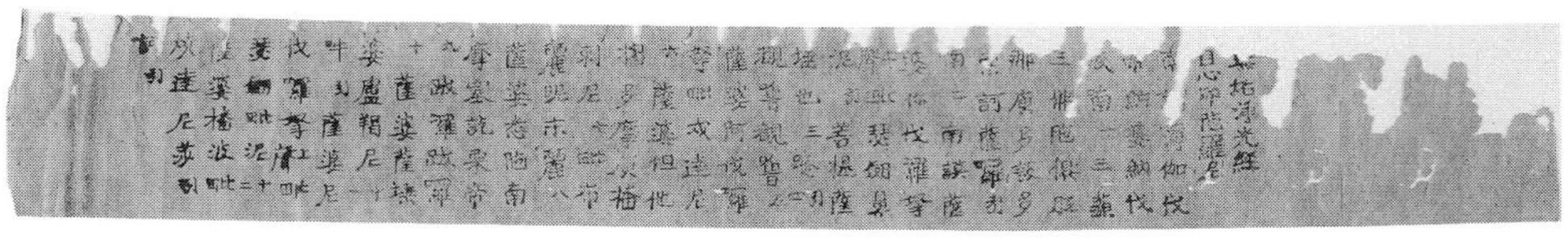

挿図1-4　自心印陀羅尼経（短）

経文書少虫喰補修　扉半分無　塔身相輪部少破有　塔身笠部相輪底部に墨書有　納箱蓋裏「鵤寺倉印」朱印有

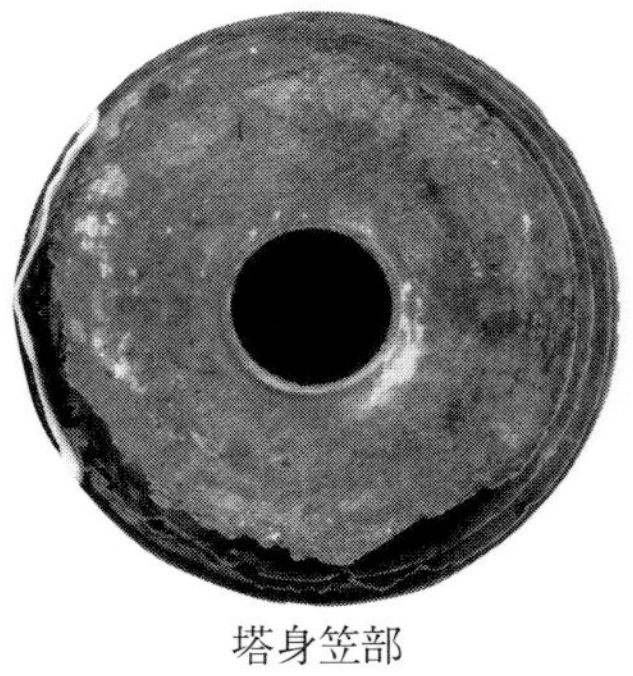
塔身笠部

相輪底部

挿図1-5　自心印陀羅尼経（短）

経文完全極美　塔身完　相輪部破損有　塔身笠部「忍田万」相輪底部「□」の墨書有　宝玲文庫旧蔵

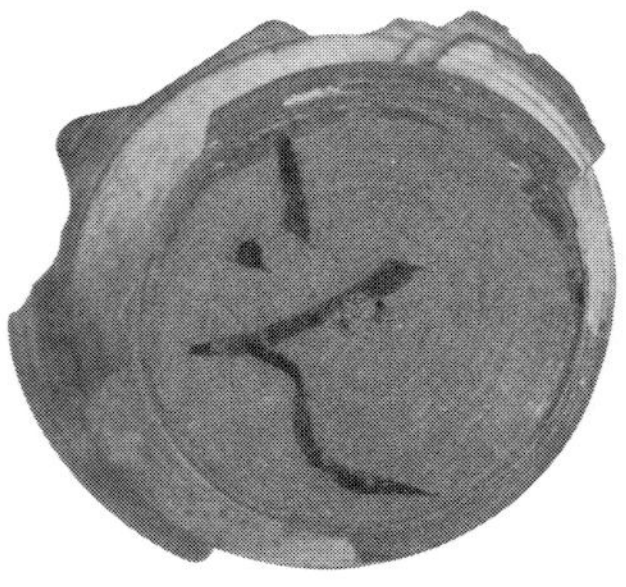
塔身底部

塔身笠部

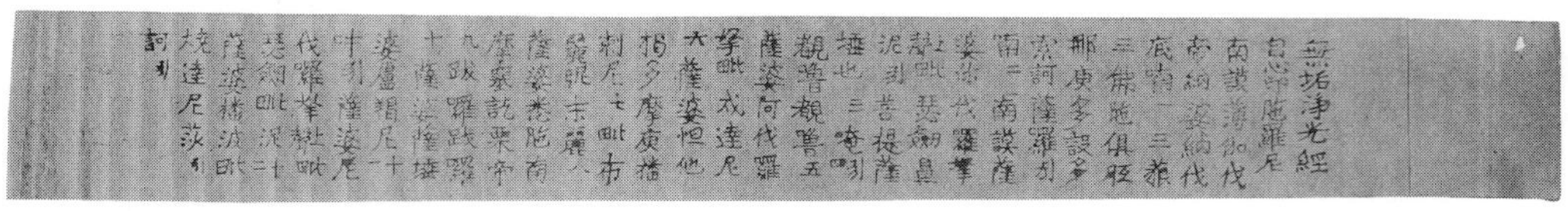

挿図1-6　自心印陀羅尼経（長）

経文少虫補修済　塔身相輪部極少破　相輪請花部「秋足」の墨書有　基台側面に「三」の刻印有

相輪請花部

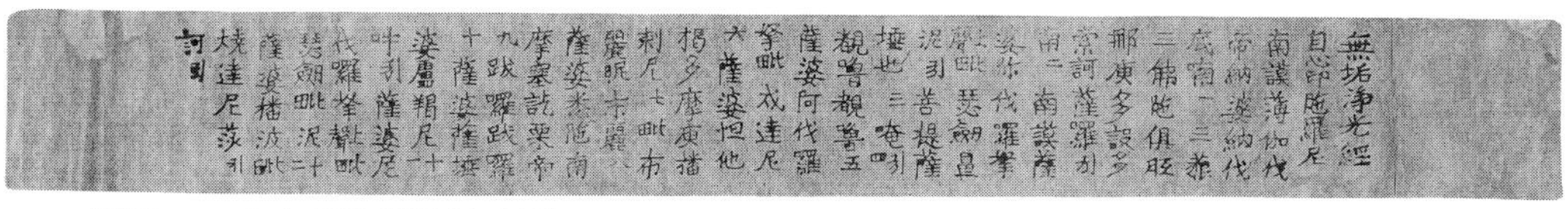

挿図1-7　自心印陀羅尼経（長）

経文少虫喰有　扉部欠　裏打済　塔身部完相輪部少破　相輪底部「浄足」の墨書有　納箱表に「鵤寺倉印」の朱印有

相輪底部

塔身底部

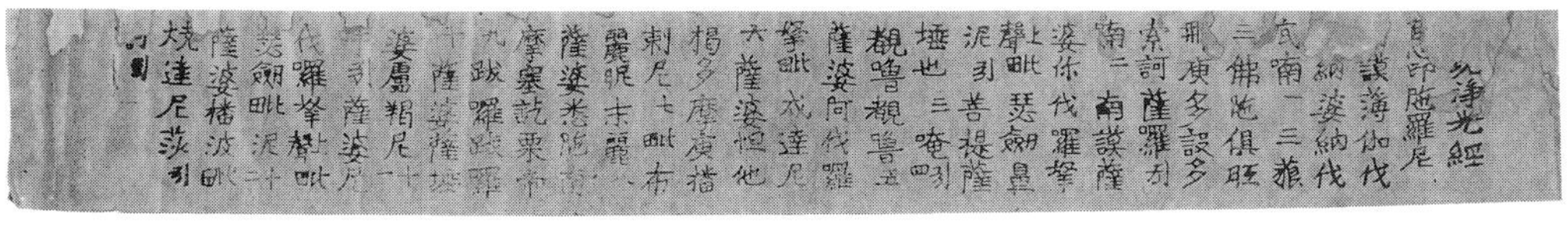

挿図1-8　自心印陀羅尼経（長）

経文破損　裏打済　塔身相輪部破損有　塔身笠部に「左足国」相輪底部に「□□」の墨書有

相輪底部

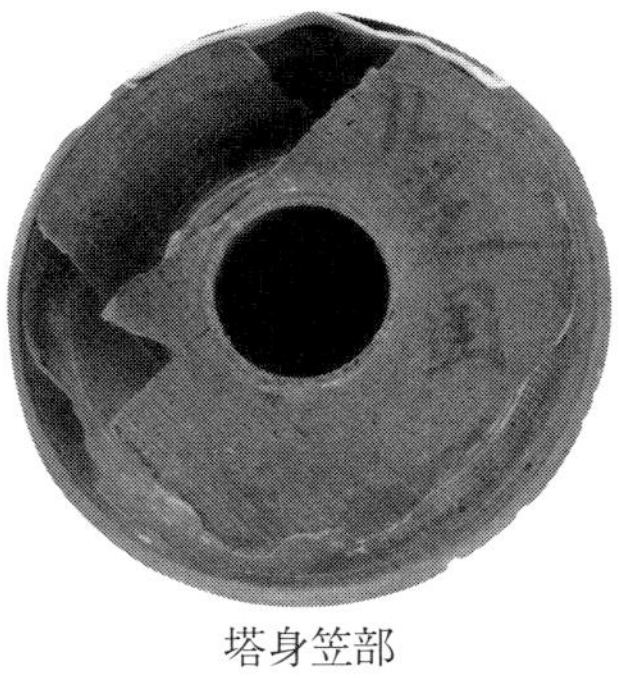

塔身笠部

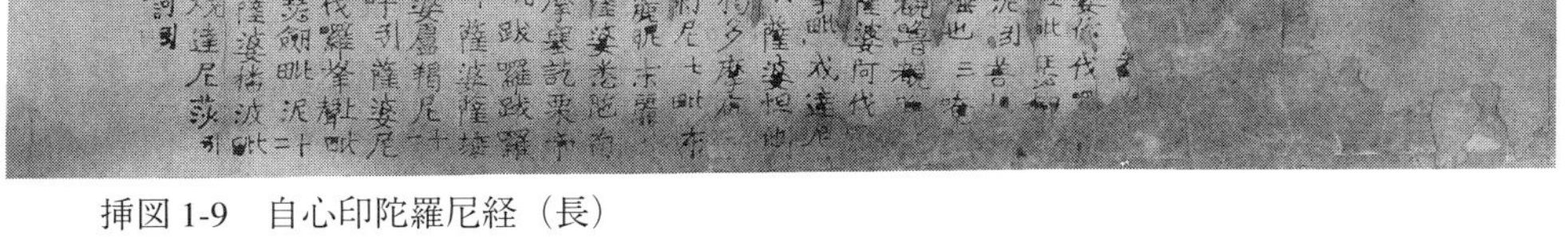

挿図 1-9　自心印陀羅尼経（長）

経文上部虫喰有も文字欠落無　補筆数字有塔身部完
相輪部少破ほぼ完全塔底部、相輪請花部に墨書有
納箱蓋裏に「鵤寺倉印」の朱印有　宝玲文庫旧蔵

塔底部

相輪請花部

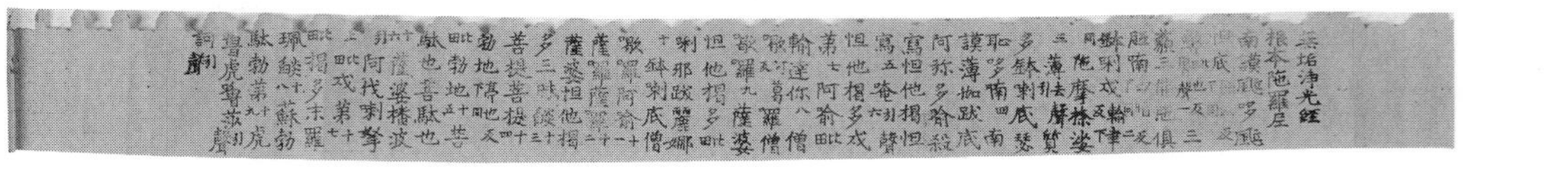

挿図1-10　根本陀羅尼経（短）

経文扉部少シミ有　損傷無　極美　塔身、相輪部補
修有もほぼ完全　塔底部に「右　黒栖」の墨書有

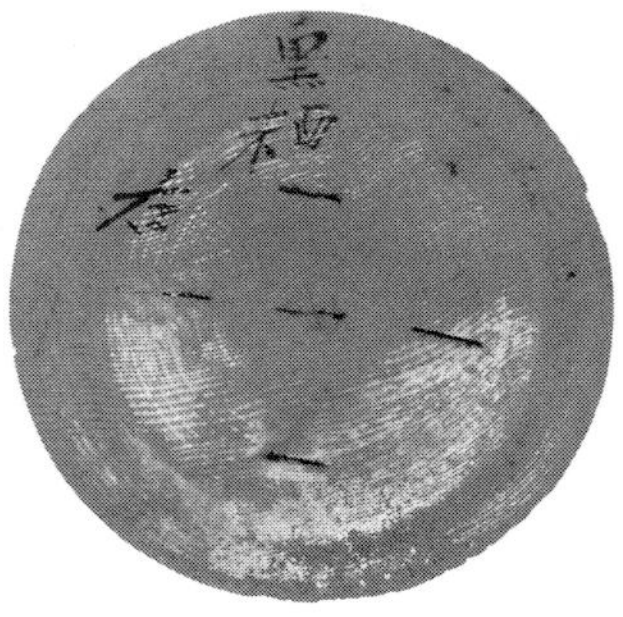
塔底部

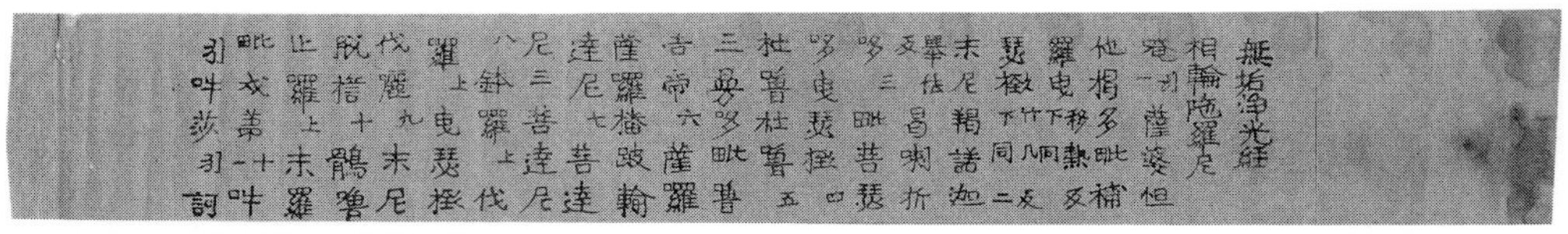

挿図1-11　相輪陀羅尼経（短）

経文扉部に虫喰有　「甲」の墨書奥書有　塔身部補
修有も完　相輪部少破　塔身底部「□□□□」相輪
底部に「辛人」の墨書　基台側面に「三」刻印有

相輪底部

塔底部

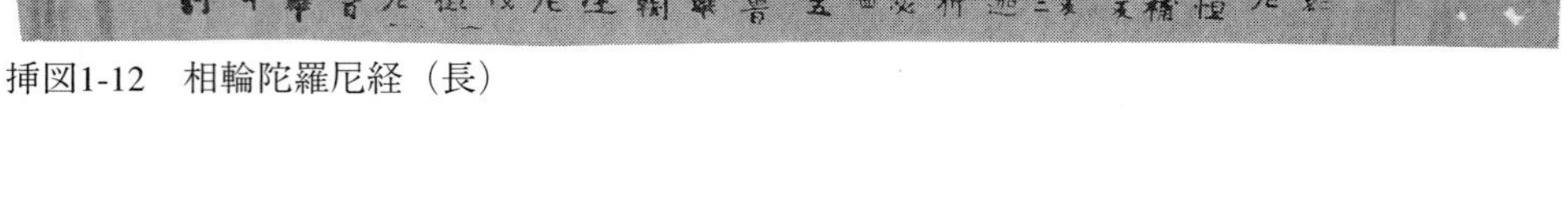

挿図1-12　相輪陀羅尼経（長）

経文上部破損　修復済　塔身部相輪部接着
破損有　全体に煤汚有

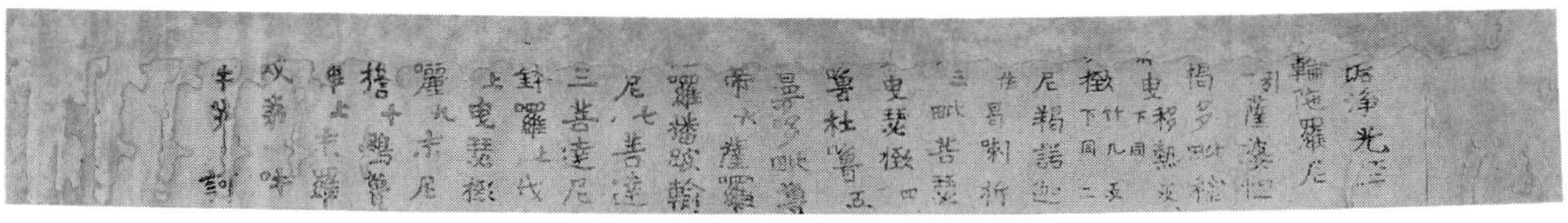

挿図1-13　相輪陀羅尼経（長）

挿図２　百万塔を入れた木箱

挿図２‐１　挿図１‐１の箱

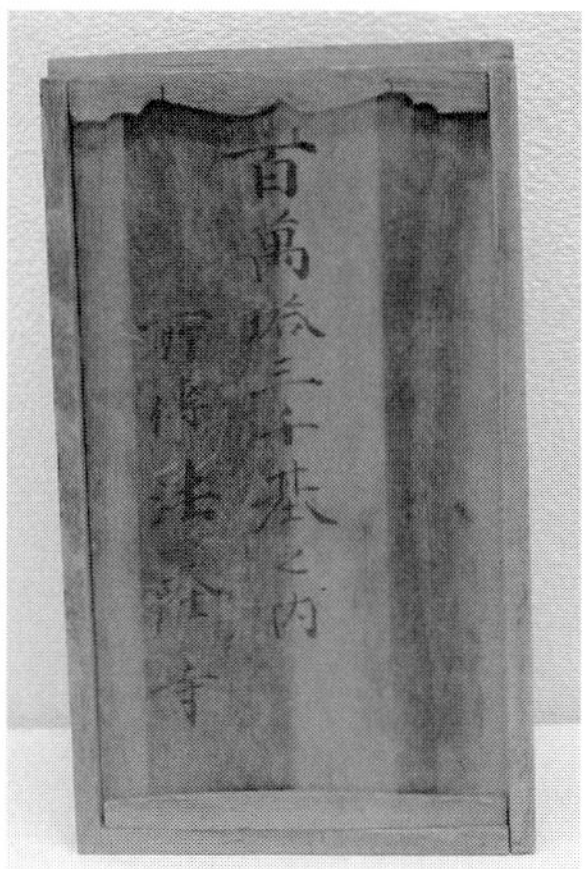

挿図２‐２　挿図１‐８の箱

挿図２‐３　挿図１‐９の箱

挿図２‐４　挿図１‐４の箱（上写真箱／下写真蓋）

挿図２‐５　挿図１‐５の箱（上写真箱／下写真箱の蓋）

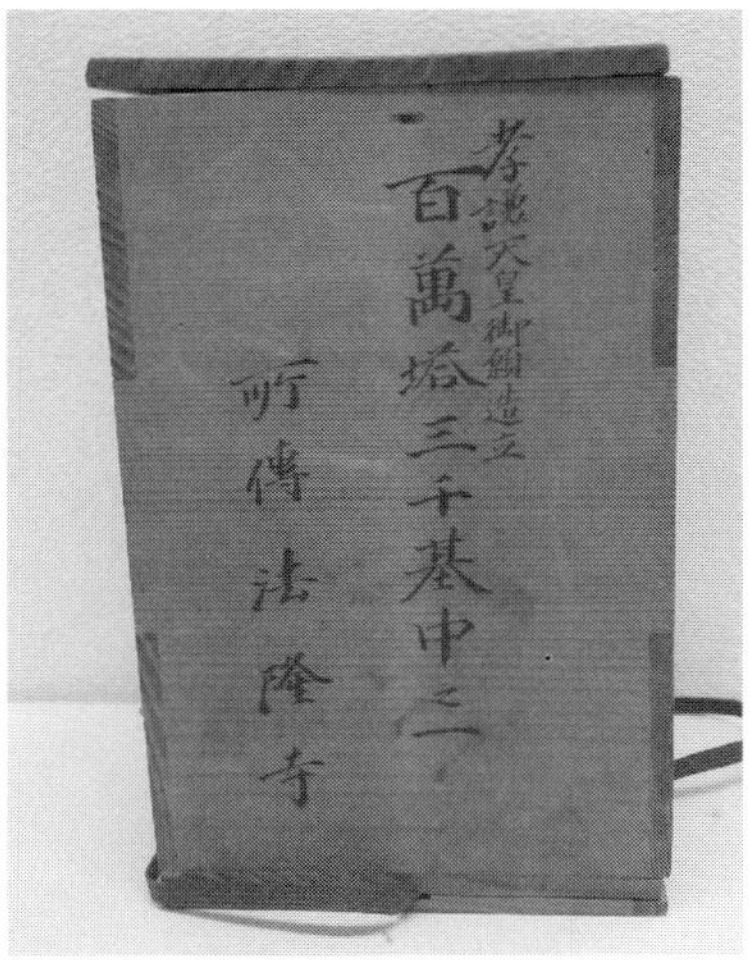

挿図２‐６　挿図１‐６の箱（上写真箱／下写真箱の蓋）

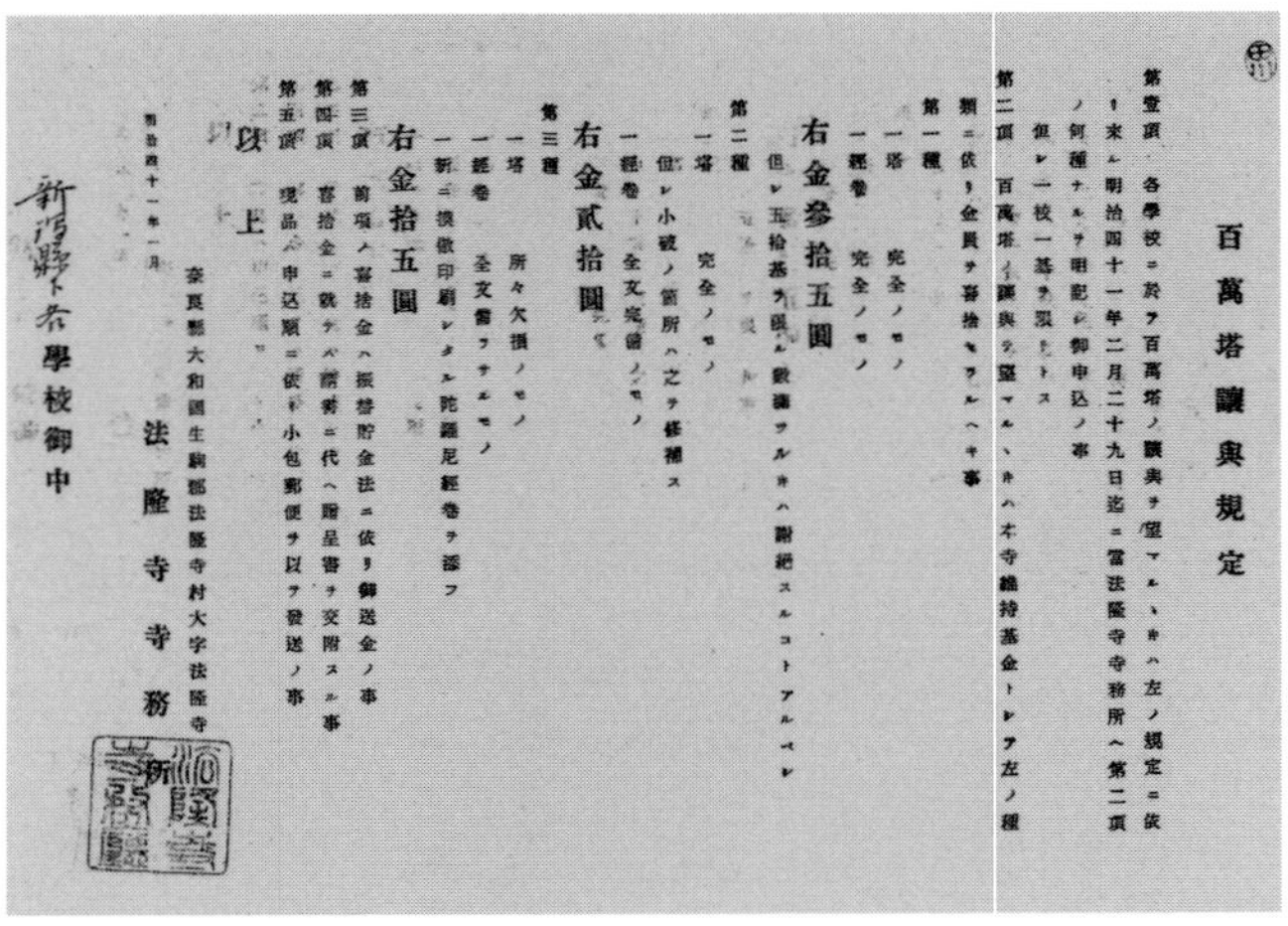

挿図3　譲与規程
挿図3-1　明治四十一年一月学校宛

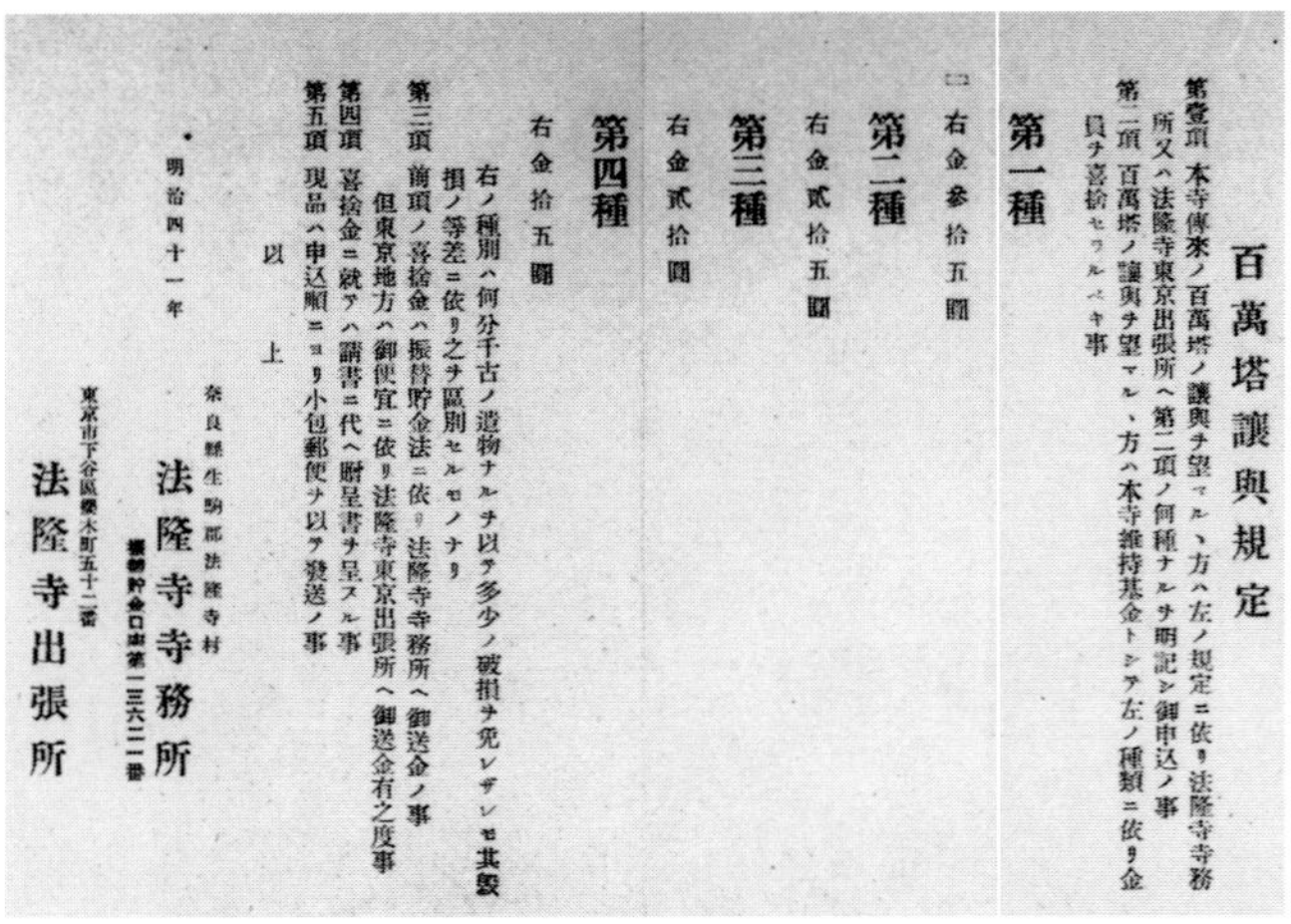

挿図3-2　明治四十一年　一般宛（文献12）

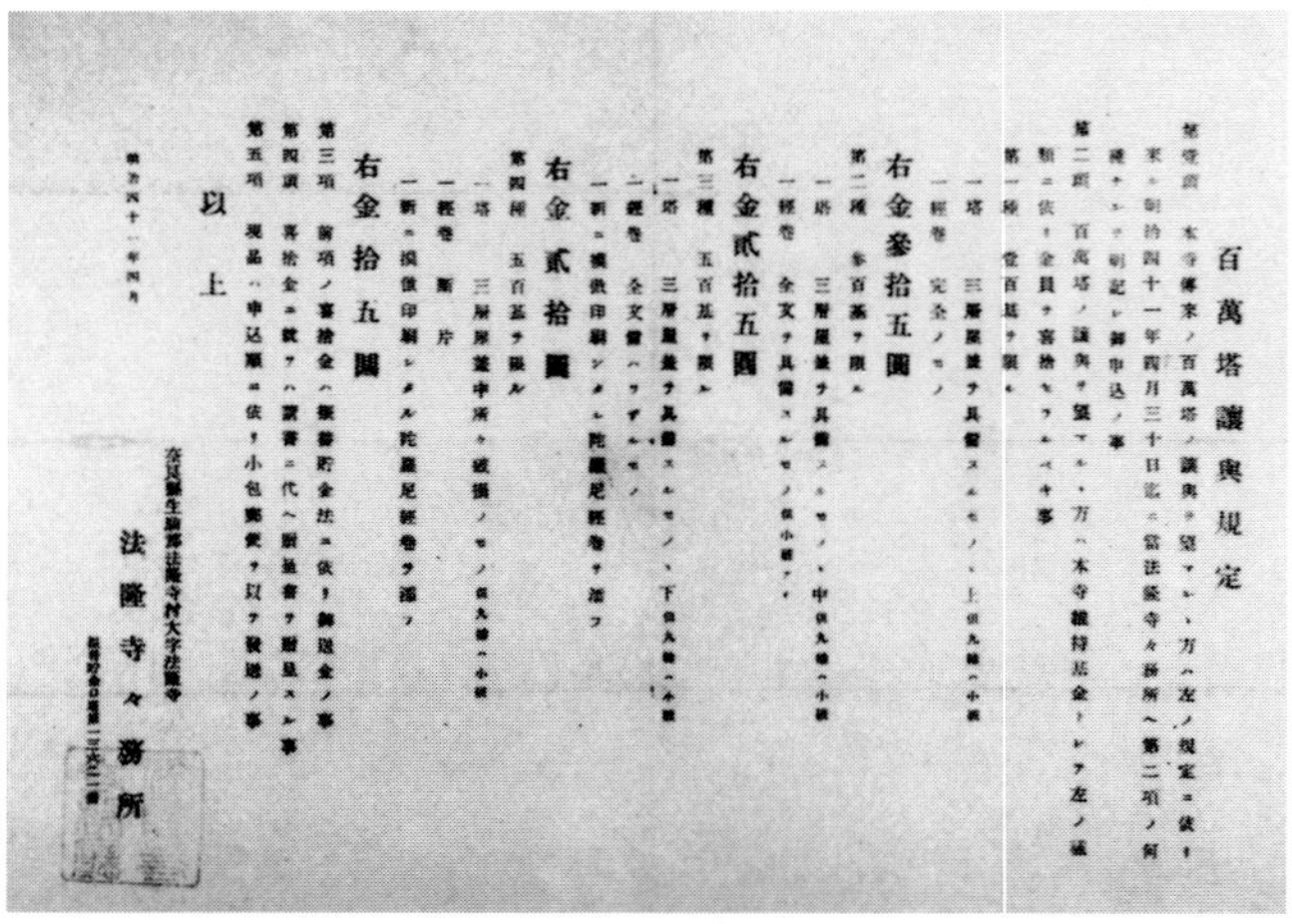

挿図3-3　明治四十一年四月　一般宛

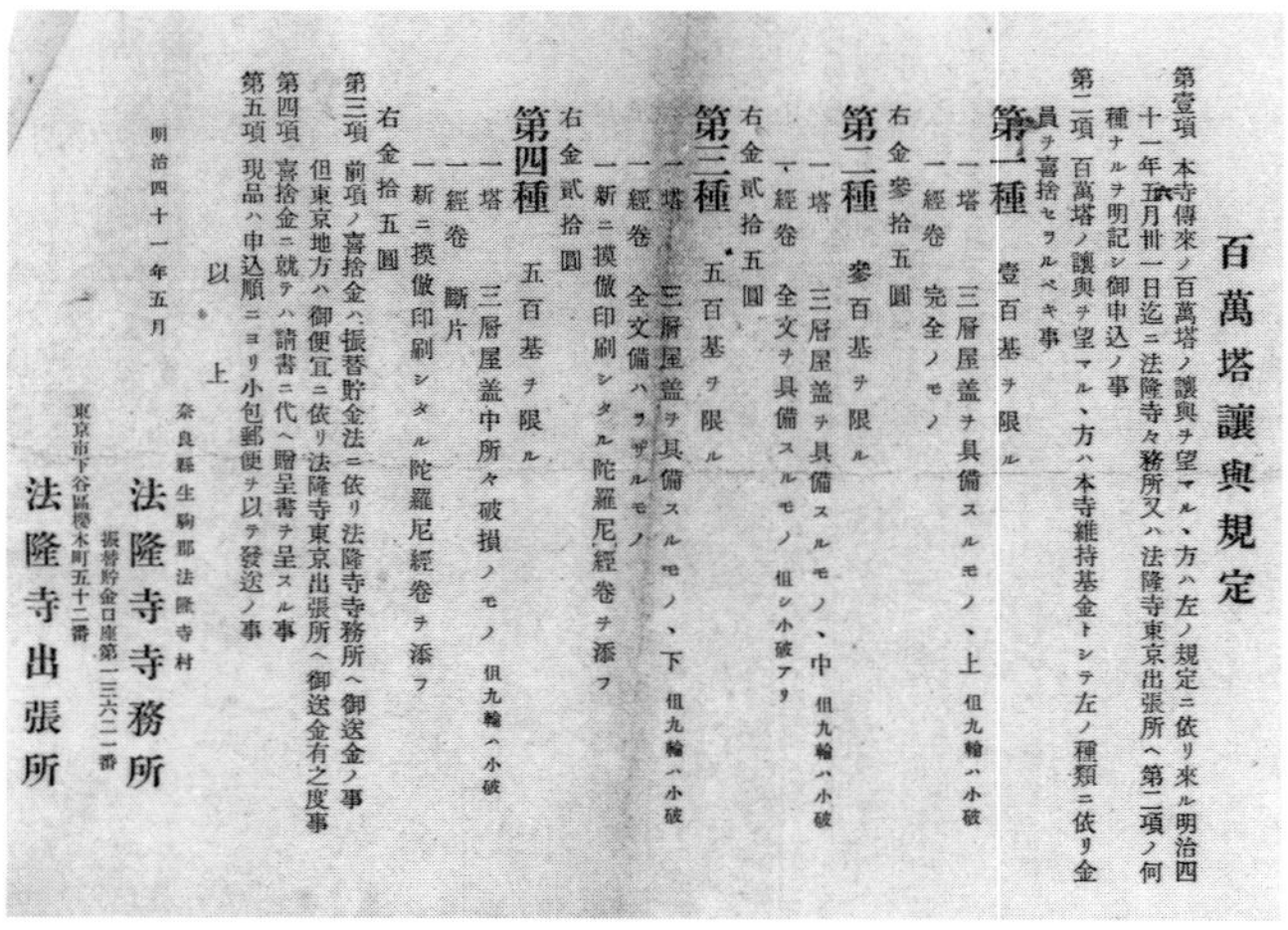

挿図3-4　第壹項締切日明治四十一年五月を六月に印で改める一般宛

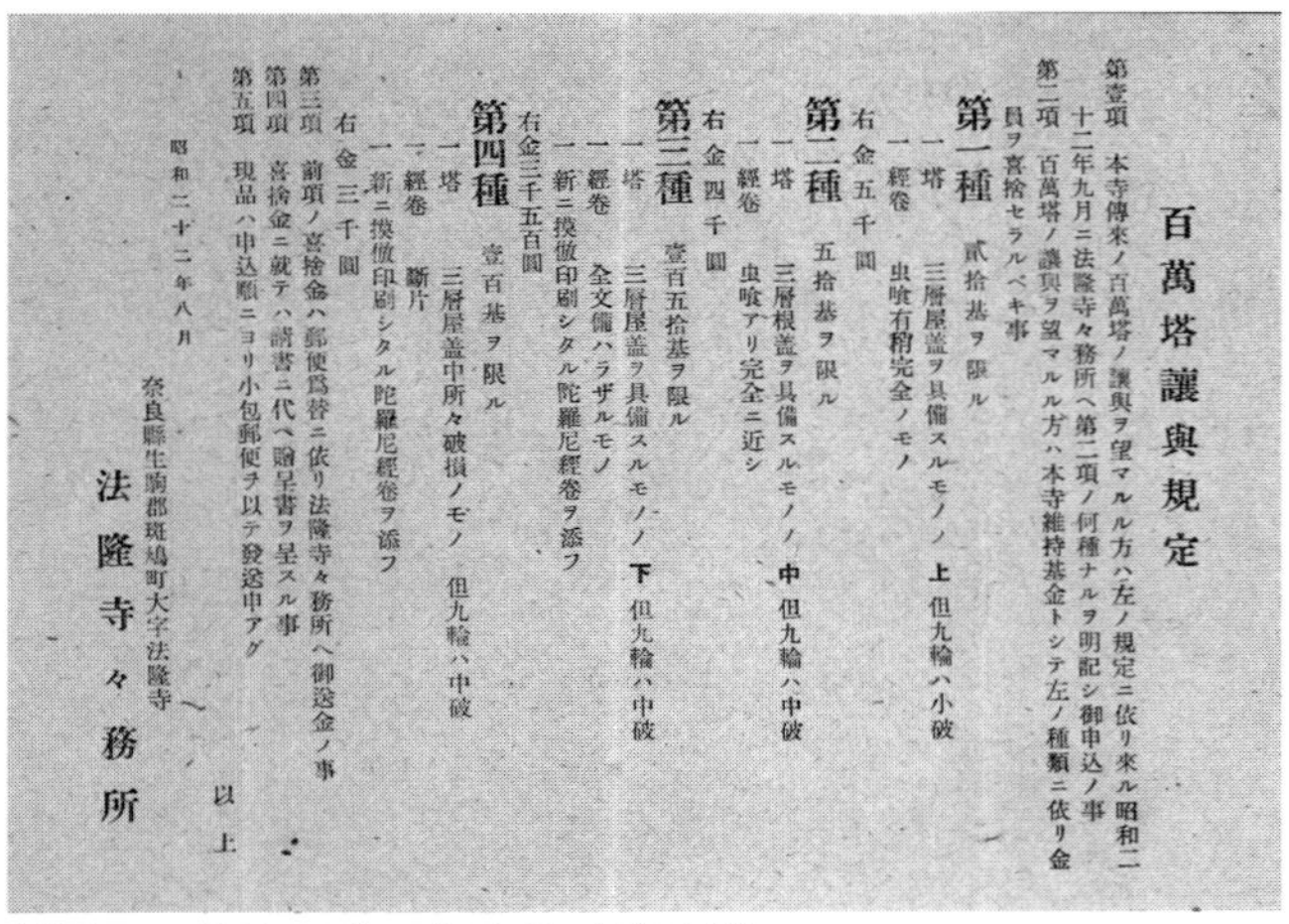

挿図3-5　昭和二十二年八月（某氏蔵）

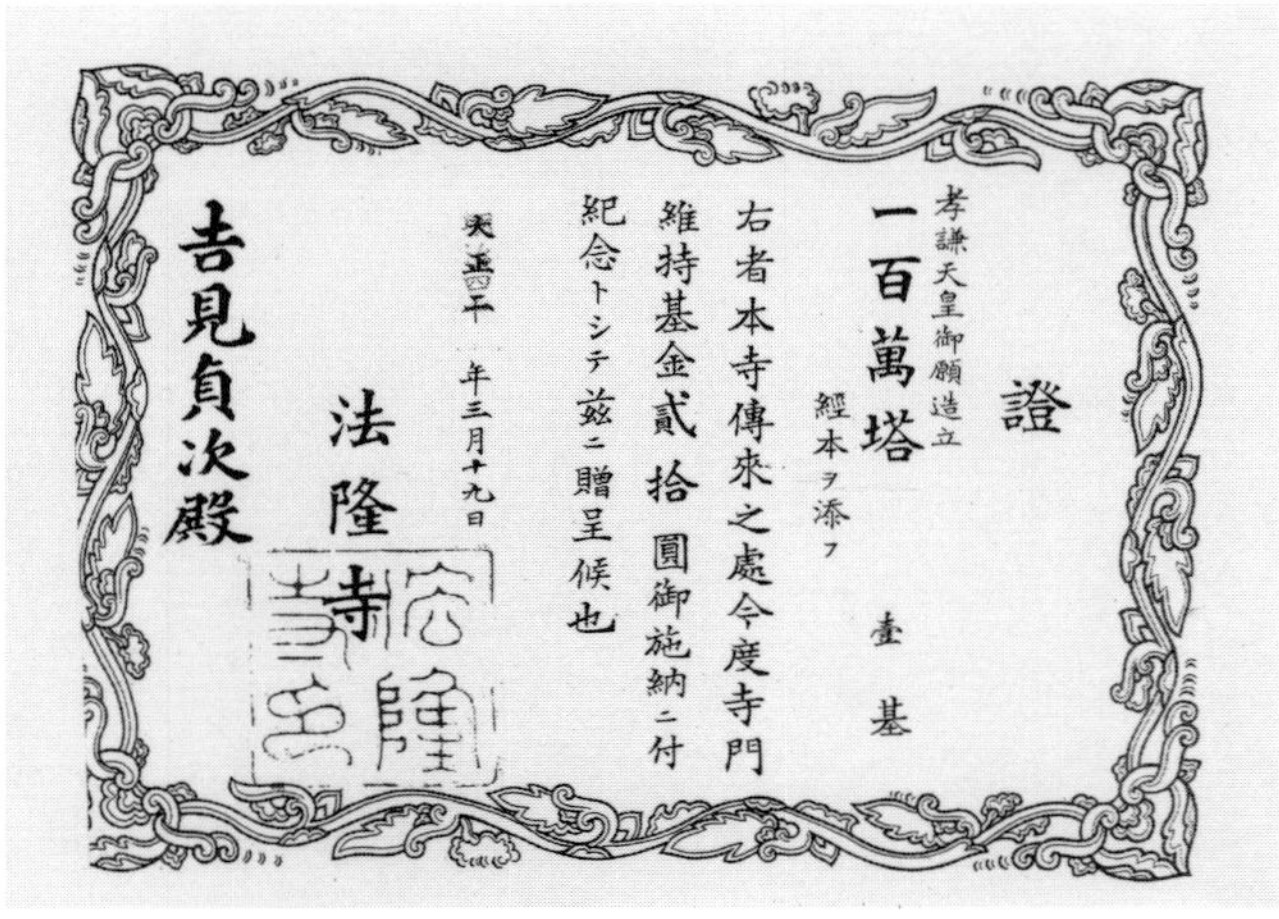

證
孝謙天皇御願進立
一百萬塔
經本ヲ添フ
壹基
右者本寺傳來之處今度寺門維持基金貳拾圓御施納ニ付紀念トシテ茲ニ贈呈候也
大正二年三月十九日
法隆寺
吉見貞次殿

挿図4　（受領）証
挿図4-1　明治四十□年を大正二年に訂正

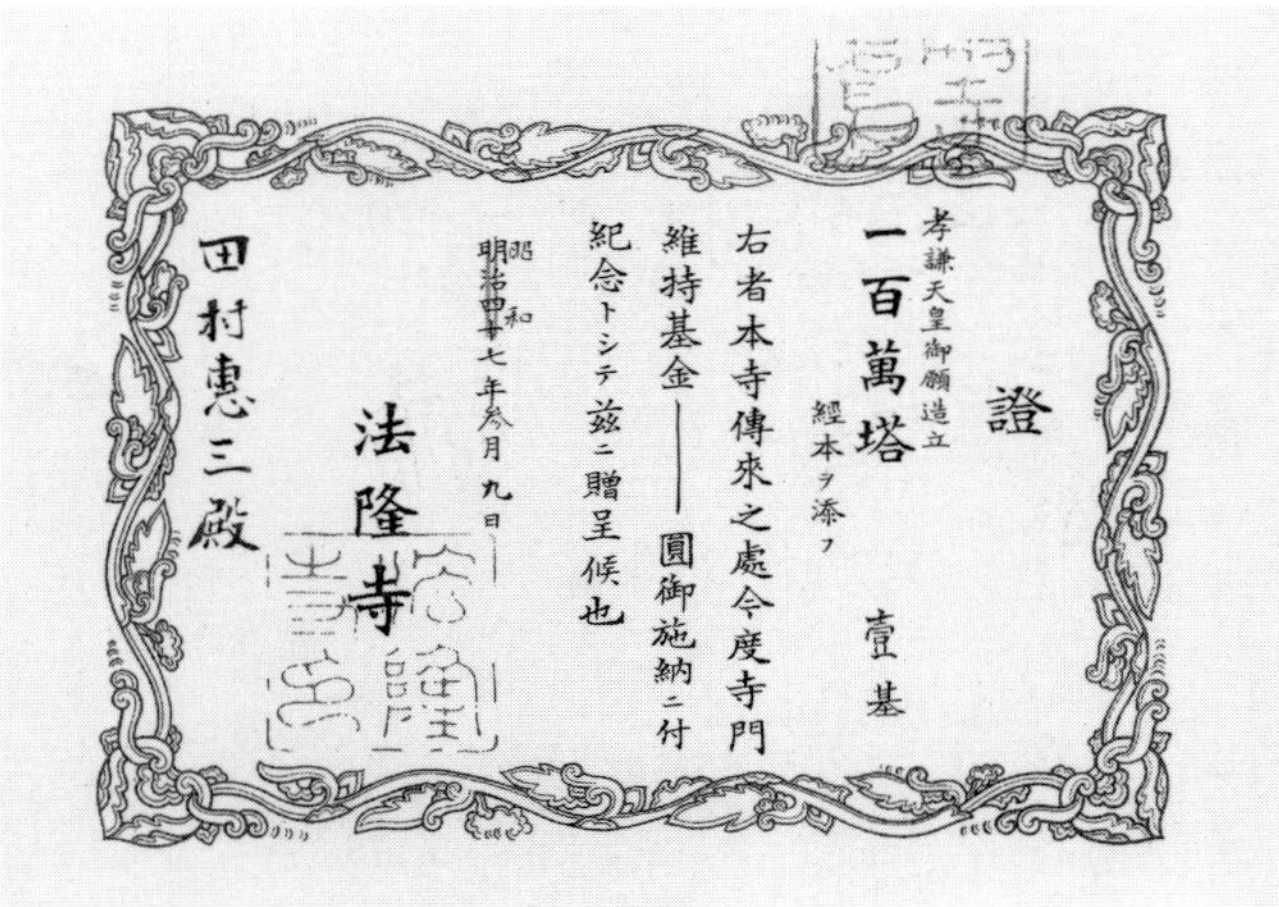

證
孝謙天皇御願進立
一百萬塔
經本ヲ添フ
壹基
右者本寺傳來之處今度寺門維持基金——圓御施納ニ付紀念トシテ茲ニ贈呈候也
昭和七年参月九日
法隆寺
田村惠三殿

挿図4-2　明治四十□年を昭和七年に訂正

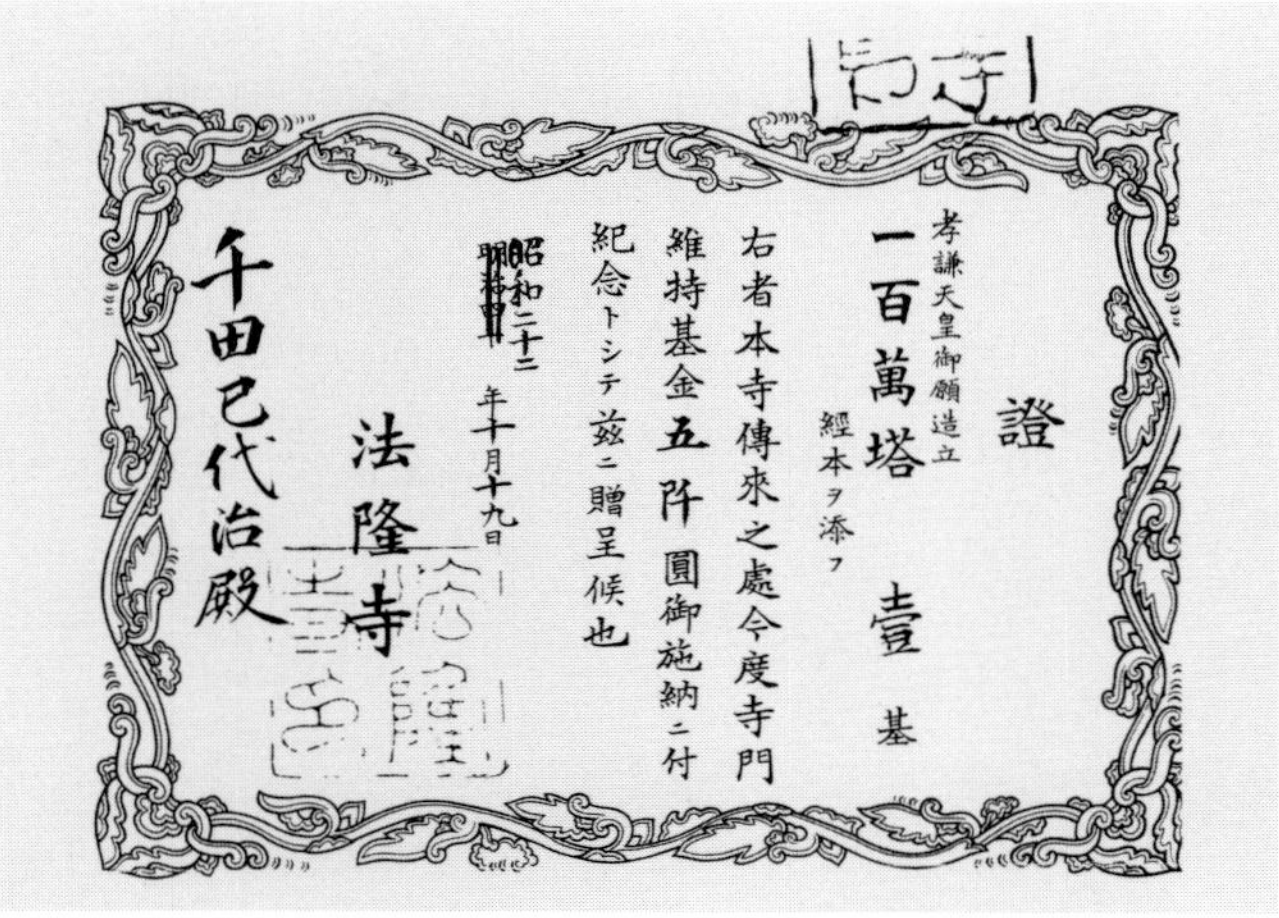

證
孝謙天皇御願進立
一百萬塔
經本ヲ添フ
壹基
右者本寺傳來之處今度寺門維持基金五阡圓御施納ニ付紀念トシテ茲ニ贈呈候也
昭和二十二年十月十九日
法隆寺
千田已代治殿

挿図4-3　明治四十□年を昭和二十二年に訂正（某氏蔵）

挿図5　頒布時に付けられたコロタイプ複製

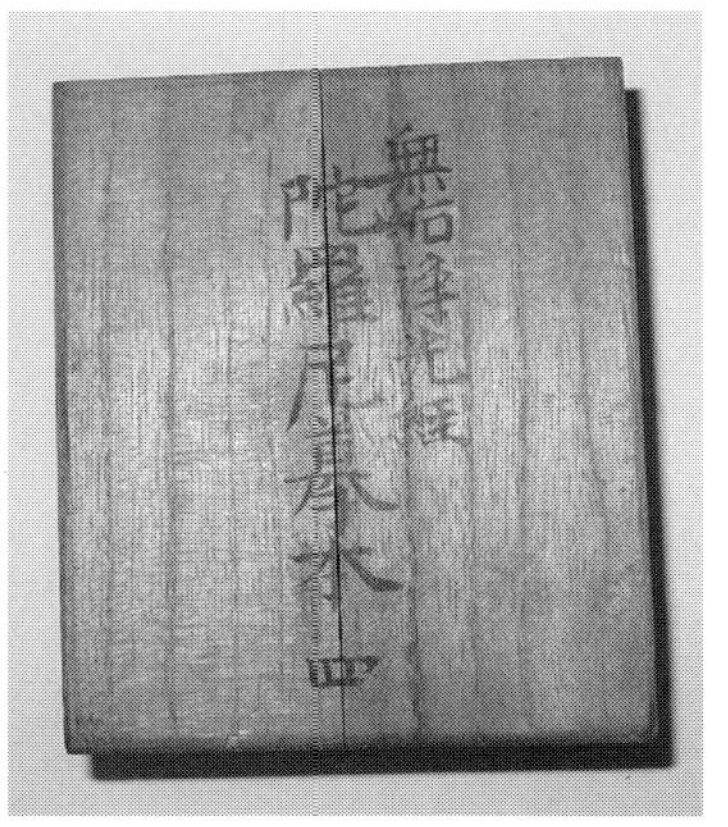

挿図5-1

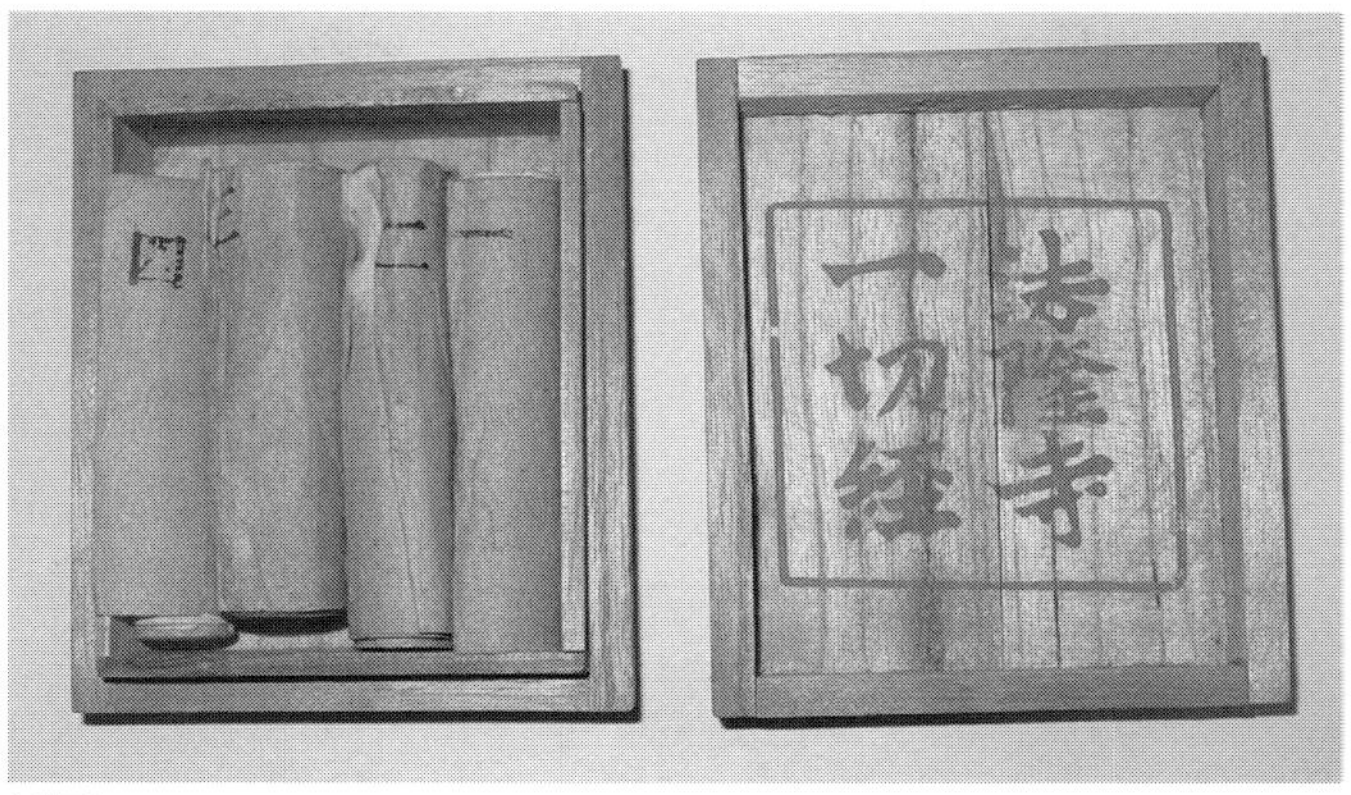

挿図5-2

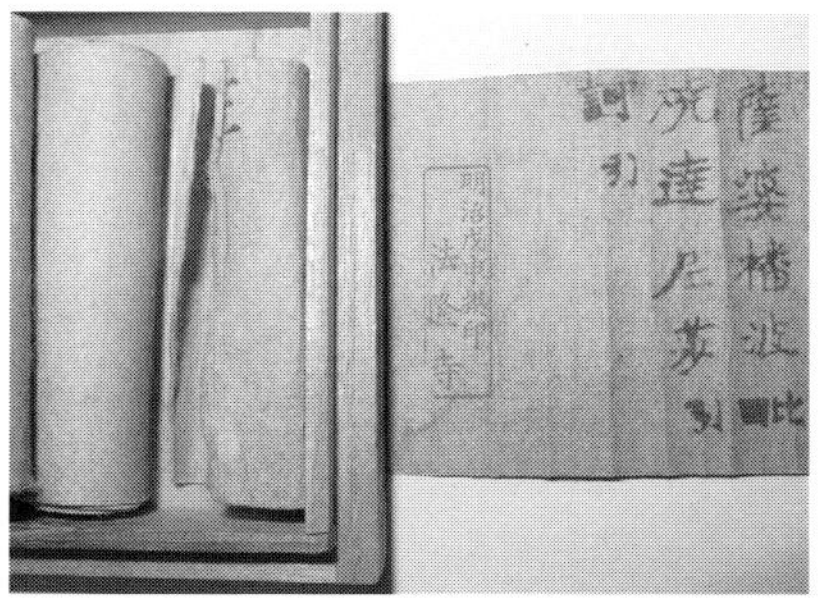

挿図5-3

挿図6　『観古雑帳二』（天保十二年）

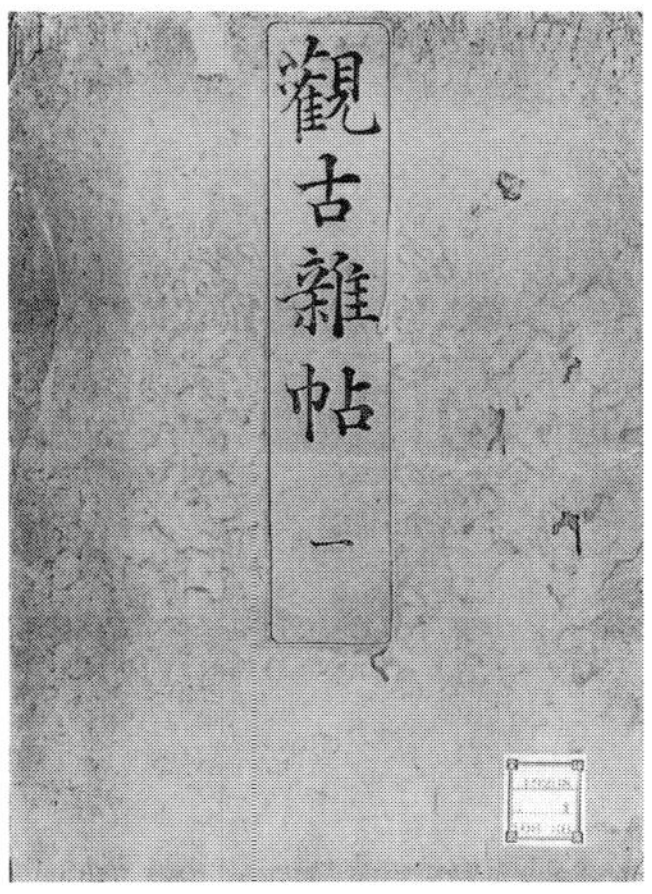

挿図6-1

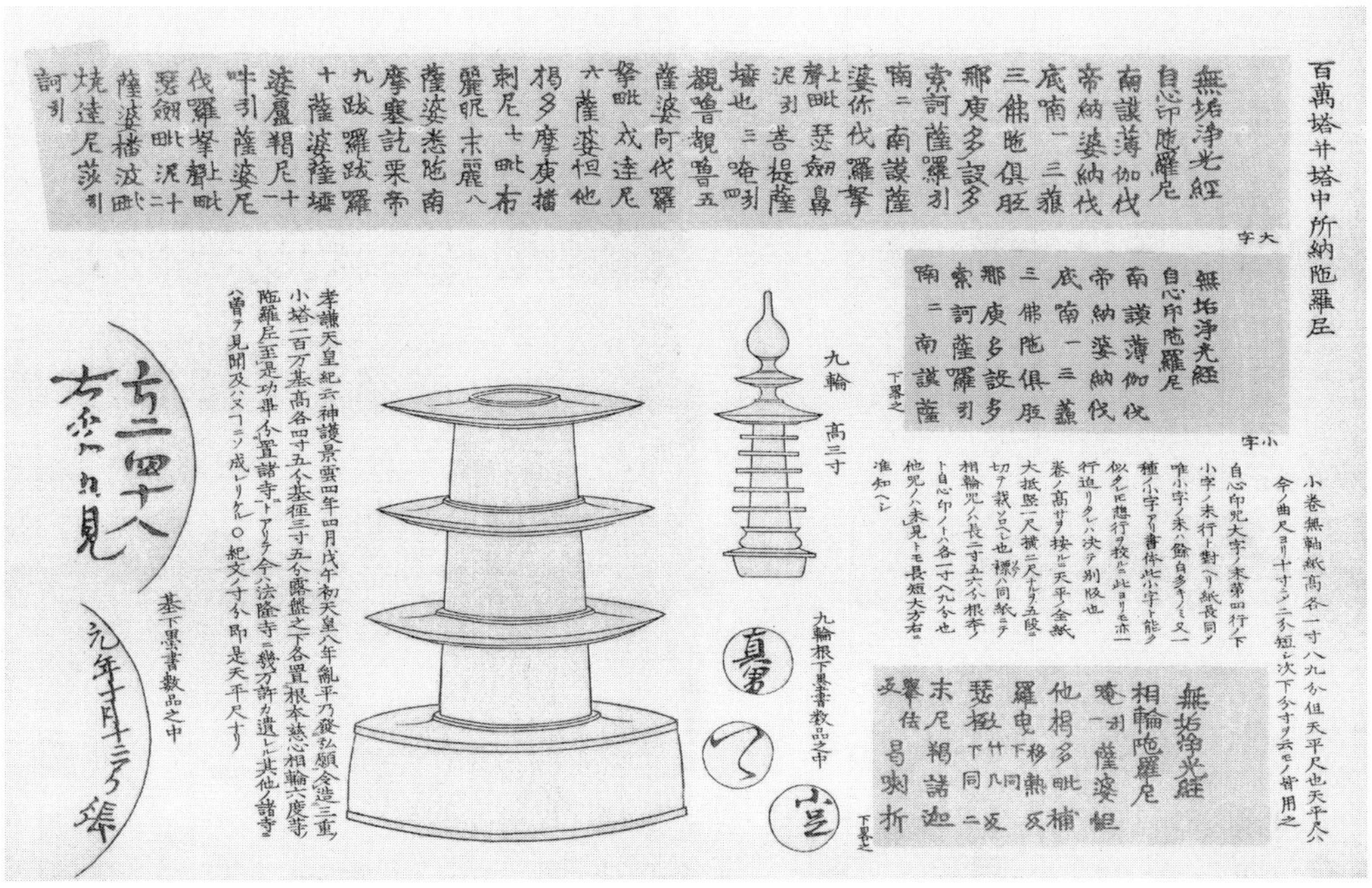

挿図6-2

挿図7　『撥雲余興二集』（明治十一年）

挿図7-1

挿図7-2

百万塔陀羅尼研究の歩み―明治期より昭和十年代まで―

成沢麻子

はじめに

百万塔及び百万塔陀羅尼（以後、「陀羅尼」と簡称）をめぐっては、既に江戸時代後期、藤原貞幹がその著『好古小録』（寛政七年〈一七九五〉刊）において言及したのを始めとし、現在に至るまで様々な方面より探求が積み重ねられてきた。その歴史的、思想的背景、又、小塔においては、構造、製作年代、製作の実態、工人・工房をめぐる諸問題、陀羅尼においては、原版の素材、版式、製作方法、文字、料紙、墨などに焦点が当てられ、多くの研究成果がもたらされてきたのである。

昭和五十六年には、『法隆寺昭和資財帳』編纂のために「法隆寺昭和資財帳編集委員会」が組織され、法隆寺所蔵の四万五千七百基を超える百万塔、三千九百余点の陀羅尼[注1]について、翌年夏から奈良国立文化財研究所が中心となり、その総合的調査が開始された。

陀羅尼については、戦後間もなく、日本印刷学会西部支部が中心となって研究が開始され、昭和六十二年、四十余年にわたるその研究成果が『百万塔陀羅尼の研究』としてまとめられた。[注2]その序文において、木村三四吾氏は、それまでの陀羅尼研究の歩みを三期に分ける見方を示された。（一）書誌学的手法が適用された時期、（二）日本印刷学会西部支部が中心となって調査研究のすすめられた時期、（三）『法隆寺昭和資財帳』編纂開始以降、の三期である。（一）は江戸後期より昭和十年代まで、（二）は昭和二十年代半ば以降、（三）は昭和五十六年以降に相当するものと思われる。

本稿では、（一）の時期の内、特に明治期以降の陀羅尼研究の流れを振り返ってみたい。この時期の研究の積み重ねが、以後の研究の基礎となっていると考えるからである。

一、明治期の研究の歩み

「百万塔陀羅尼」をめぐる疑問点は多いが、藤原貞幹が「国朝印版ノ書何ノ時ニ始ルヲシラズ法隆寺伝ル所ノ多羅尼アレドモ銅板トミユ」（『好古小録』下）と記しているように、その中でも最大のテーマであり続けたのは、原版の素材（木版か金属版か）の解明であった。

明治にはいり、榊原芳野の百万塔についての短い記述の中にも「…或ハ此陀羅尼を折して、銅鋳の者とす、然れとも、其鮮明なる者を検するに、全く木刻と見えたり」（『文芸類纂』巻八明治十一年刊）と記すのは、当時の大方の関心がやはり原版の素材にあったことを示している。四年後の明治十五年、黒川真頼は「本邦書籍刊行考」（『東京学士会員雑誌』四編一号）を著し、百万塔陀羅尼製作以前に印行した例ありとして、『日本国現報善悪霊異記』中の説話を挙げた。そしてその中の一字「摸」について、「（『新撰字鏡』の中で）模の字に「加太支」と施したるは、文字及華文を彫るには必木を用ゐたりければ、形木《カタキ》の言あり、以て銅版にはあらざりける事の証とすべし」と述べる。この論においても、やはり陀羅尼本体について注目されているのは、「銅版か木版か」の一点である。

なお同年、松浦武四郎により『撥雲余興』第二集が刊行された（第一集は明治十年刊行）。『撥雲余興』は、北方探検家として著名な武四郎の蒐集した古物骨董等の逸品の図録であり、各図（模刻）に武四郎自身の解説を附している豪華本である。この第二集に、根本陀羅尼の図とその解説、及び養鸕徹定の一文が掲載されている。この解説では素材の件には触れず、「百万」という数の由縁について述べている。

明治三十年代にはいり、黒川真頼の息、真道は『国華』一一二号（明治三十二年十二月）に「百万塔考」を発表した。百万塔の歴史的背景及び木製小塔について述べた後、「陀羅尼経は板本にして…（中略）…何れも麻紙に摺立たるものなり。…此の経文は正版なりといふ説と活字版なりとの二説あり」と原版の問題点（「正版か活字か」について二説あることを紹介）について触れ、なお「到底一板にて摺立ること能はされは、同呪文の同板も数種ありしことも、また推考すへきなり…文字の大小、筆者の不同ある事、かたかた一目して瞭然たり」と指摘しているのは注目される。「原版の種類」は、素材の問題とともに、以後重要な研究テーマとなっていったのである。岡倉天心・九鬼隆一らにより創刊された『国華』という東洋美術の紹介・研究を目的とする専門美術雑誌に「百万塔（及び陀羅尼）」が掲載されたことは、「百万塔」が専門の研究者による本格的な研究対象として捉えられるようになってきたことを意味するのではないだろうか。その後、考古学会が刊行する機関紙『考古界』誌上で、江藤正澄・沼田頼輔・山中共古など、歴史学・考古学の学者らを混じえての「活字・銅版・木版」論争が繰り広げられたのである（『考古界』第一篇一号〈明治三十四年六月〉、同第一篇二号〈明治三十六年七月〉）。

ここに見られるような研究意識の変化の背景には、明治二十年代から三十年代にかけて、東京帝国大学史学科の教師ルードウィヒ・リースによって導入された実証主義的史学の擡頭と拡大を指摘することができよう。その方法論は、歴史学の分野のみならず、例えば当時の国文学研究などにも多大な影響を与えているのである。(注3)

明治期始めより同三十年代までは、総じて「銅版か木版か（また、正版か活字か）」の問題に関心が集中していた時期であり、且つその中に、百万塔陀羅尼を、実証を基礎とした研究対象として見る目が生まれ出てきた時期と捉えることができるようである。

明治四十一年一月、法隆寺の百万小塔百基と一万・十万節塔各一基、及び陀羅尼百巻が美術工芸乙種として、明治三十年制定の古社寺保存法による国宝に指定された。そして、同年八月には、平子鐸嶺による『百萬小塔肆攷』が刊行された。三十六年に東京帝室博物館嘱託となり、内務省嘱託も兼務していた平子の著した本書は、百万塔及び陀羅尼についての初めての本格的調査報告書、研究書である。研究史の上からみれば、以後の研究の出発点となり、基礎ともなる論考と位置づけることができるものである。本書において注目されることは、小塔の実物大写真と共に四種の摺本陀羅尼及び書写本自心印陀羅尼二枚の実物大写真を掲載している点である。このことは、書誌学の基礎である実物の精査・比較検討を志向する意識の表れであることは疑いを容れない。明治三十年代から立ち現れてきた、実証的研究の対象として陀羅尼を捉える意識の確実な定着をここにみることができる（余談ながら、本書の中で、陀羅尼を封じた糊について「千載経過の今日猶粘付力を失はず、而も些の虫害に犯されざるは、常に見るもの、怪み且驚くところなり」と記すのは、以後、糊について言及した論を見出し得ない今日、平子の非凡な目に改めて驚かされるのである）。

翌四十二年四月には、朝倉亀三により『日本古刻書史』が著された。発行元である国書刊行会は、「貴重なる古書が、或は外国へ持去られ、或は名門旧家に秘蔵されて世に出る機会を失ひ、或は災禍の為めに天下の一本を失ふことのあるを、平生慨嘆すると同時に、有益なる前人の著作が大部の故に、若しくは出版しても引合はぬと云ふ理由から空しく埋没してゐるのを深く惜」（同書、「第一期刊行顛末」）しんで、これらを編集出版するために組織された編集団体であった。朝倉はこの中で、主として印刷法起源、陀羅尼開版の背景、陀羅尼の形状、紙質、原版の素材についての諸説を紹介し、版の種類については、「慥に別版と断ずべきもの其数少なからず」と記す。また、自心印陀羅尼の実物大覆刻を挿図として挿入している。

なお、この前年、法隆寺では寺院維持基金としての浄財の喜捨を受けた際、その謝礼として百万塔を贈与することが決定された。そしてそれらは、京都帝国大学文学部陳列館・第一高等学校など多くの学校関係者に優先して譲られた。(注4) このことは、百万塔及び陀羅尼研究史を辿る時、実に大きな意味をもっていたと考えられる。なぜなれば、それらの実物を実際に目にし、調査する機会の増えることを意味するからである。例えば、大正四年十一月、大谷大学において「大典記念第一回大蔵会」が開催され、陀羅尼四種が陳列された。翌五年十二月には、東京美術学校において再び陀羅尼が展示されている。(注5) 実物を調査する機会の増えることは、研究の格段の進展、研究の質の変化をも引き起こすことにつながるものでもある。

二、大正期の研究の歩み

大正期にはいり、陀羅尼はより広く深く探求されるようになってくる。大正二年、矢野道也の『印刷術』（丸善刊）が刊行された。印刷について体系的に述べた本書の中で、小塔と自心印陀羅尼の写真を掲載し、陀羅尼について簡略に記述している。矢野は、東京帝大工科大学応用化学科を卒業後、内閣印刷局に勤め、この『印刷術』三巻を著したことにより工学博士の学位を授与されている。また、昭和三年には、印刷学会創立にあたり委員長に就任している。本書において初めて、印刷の専門家により陀羅尼がとりあげられたことになる。

次に、藤原猶雪の一連の論考を挙げることができる。「日本仏教印書史の研究（緒論）」（『無尽燈』二十三巻八号、大正七年八月）では、印書の起源について、「勅版無垢浄光経陀羅尼解題（上）（下）」（上、『無尽燈』第二十三巻十号、大正七年十月　下、『無尽燈』二十四巻一号、大正八年一月）においては、陀羅尼の歴史的背景、伝来、梗概、種類、版質、紙質、墨書、開版史上における位置などについて、多数の資料を引用し詳細な考察を加えている。この一連の論考の最初に、著者自身が実物を見ることを得た展示会、及び書籍に掲載された写真を列記していることは、前述の民間への譲渡の件と関連し、研究史を考える上で示唆的である。

藤原猶雪の研究と相前後し、大正七年十月、和田維四郎により『訪書餘録』が刊行された。後に、ここに至って近代書誌学の礎が築かれたと称されたように、(注6) この書が刊行されたことは、古文書・古典籍研究のみならず、陀羅尼の研究においても画期的なことであった。「主ら研究者の便を図る」ために「成るへく未た汎く世人に知られさるものを採」（緒言）り、「標本は総て実物大の写真版とし」（凡例）た本書に、根本・相輪・自心印陀羅尼各二種、六度陀羅尼一種の書影が掲載されたのである。明治末、平子の『百萬小塔肆攷』に見てとることのできた、実物（或いは、それになるべく近いもの）の精査を先ず重視する研究態度の端的な現われである。

大正十年には、奈良帝室博物館編纂の『法隆寺宝物集』が刊行され、法隆寺所蔵の宝物類が網羅的に紹介された。

同十二年六月、大屋徳城は、その著『寧楽刊経史』（内外出版株式会社刊）において、特に陀羅尼開版の思想的・信仰的背景に目を注ぎ、当時の悔過（罪障懺悔）の信仰と陀羅尼との関係を、正倉院文書を中心に多くの例を挙げて追及している。論考の末尾は「陀羅尼の摺写は、……（中略）……何事も大陸の文化を摸倣せし時代なれば、恐らく唐朝に模せしならん。其の粉本或は将来敦煌等の流沙の間より発見せられて、此の間の聯絡を明にする期ある可き歟」と結ばれ、印刷技術と共に、その底本までもが大陸渡来のものであった可能性を示唆している。

三、昭和前期の研究の歩み

実物精査を重視する傾向は、昭和にはいり、より一層の強まりをみせ、昭和五年六月には、貴重図書影本刊行会により、陀羅尼の複製が作成された（自心印・相輪・根本各二種、六度一種、自心印筆写本二枚、相輪筆写本一枚）。鈴鹿三七による解説と各陀羅尼の釈文及び小塔の実物大写真、十万節塔の縮小写真が添えられている。同年十月には、中山久四郎・龍粛による『世界印刷通史』（三秀舎刊）が刊行され、その上巻『日本印刷史』（龍粛著）の中で、陀羅尼と奈良朝の印刷の背景について、従来の説がまとめて紹介された。

昭和七・八年は、陀羅尼研究がひとつの大きな高まりをみせた年である。先ず、昭和七年には、陀羅尼の版式研究上大きな進展がみられた。従来一種とみられていた六度陀羅尼に新たに安田文庫蔵の異版が発見されたのである。新発見の六度陀羅尼の異版は、同年十一月に日本書誌学会が刊行した『旧刊影譜』（川瀬一馬編纂解説担当）に掲載された。この『旧刊影譜』は、「…善本影譜拾輯の刊行を終ふるに方りて開催せんとする旧刊稀覯本展覧会昭和七年十一月十九日於教育会館参会者の実物参照に供し、併せて後の研究に資せんが為に若干部を公刊」（同書、凡例）したもので、根本・相輪・自心印陀羅尼各二種づつの巻首と六度陀羅尼二種の全文の影印が原寸大で掲載されたのである。それに加え、同じく十一月に、先に陀羅尼の複製を作成した貴重図書影本刊行会により、追加として異版六度陀羅尼の複製が作られた。

続く昭和八年一月、書誌学の専門研究誌『書誌学』（書誌学社刊）が創刊されたことも、研究推進の弾みとなったとみることができよう。はやくも『書誌学』一巻二号（同年二月刊）では川瀬一馬が「日本古刻史講話」と題し、陀羅尼の印刷についての論考を発表し、一巻三号（同年五月刊）では、橘井清五郎が「大伴赤麿懺悔文に対する異見」の中で、明治十年代に黒川真頼により、日本最古の印刷の例として提出された大伴赤麿懺悔文について考察を加えている。同年十月には、禿氏祐祥の『百万塔陀羅尼考証』（京都泉山堂刊）が公刊された。これは、六月に『龍谷学報』三百六号に発表したものに多少の修正を加え、写真版を添えて新たに刊行されたもので、小塔と陀羅尼の、特にその背景にある歴史について詳細に論じ、最後に、字体・紙質などからみて「我国で印刷されたものではない」自心印陀羅尼を紹介している。著者がこれを契丹か新羅時代の朝鮮あたりで作られたものではないかと推測しているのは、前出の大屋徳城の指摘（『寧楽刊経史』）と共に注目される点である。この年にはまた、十一月、十二月と相次いで川瀬一馬編『古版本図録』、大屋徳城「百万塔陀羅尼印造の思想上の背景」（『夢殿論誌』十号）が出されている。

昭和十二年、これらの研究の流れをより発展させた論考が二点公刊された。川瀬一馬『古活字版之研究』（安田文庫刊）、大屋徳城『寧楽仏教史論』（平楽寺書店刊）である。『古活字版之研究』では、著者が実物の比較研究を試みた時、原版が同一と確認されるのに、細部に極めて微少な差異の存在する理由を推定しているが、「多数の実物を精査」「各種陀羅尼を多数比較精査する」等の記述が繰り返され、陀羅尼の書誌学的研究のひとつの典型例をここにみることができるように思われる。

『寧楽仏教史論』では、「無垢浄光経の信仰」と題する一節をたて、無垢浄光大陀羅尼経のもつ意味、その信仰の歴史を我が国のみならず、大陸・朝鮮半島にまで視野を広げ詳述している。そして結論として「朝鮮半島に於いても、晩唐の大中、咸通頃に、無垢浄光経の信仰が流行し、無垢浄光塔の建立や、同じく結壇が行はれたことは確実で、唐、新羅、本邦に亘って、殆ど時代を同じうして、斯る信仰が流布したことを知り、孝謙朝の無垢浄光陀羅尼印造の思想上の背景を知ることを得、…（中略）…本邦印刷史上其源流の那辺に在るかを暗示するものとして興味がふかい。」と結ぶ。陀羅尼開版の背景を当時の東アジア全体の動きの中で捉えた本論は、また、陀羅尼の歴史的研究におけるひとつの到達点を示しているのではないだろうか。

この昭和十年代前半の時点で、書誌学的手法が適用された時期における、百万塔陀羅尼の書誌学的、歴史学的研究の成果はほぼ出揃ったものとみることができる。

おわりに

戦後、日本印刷学会西部支部の優れたスタッフによる豊富な実験に基づく科学的研究が開始され、多くの目覚しい成果が報告された。そしてそれらはまた従来の書誌学的分野での成果を十分に参考としたものでもあった。明治期から昭和十年代前半まで、実物の精査・比較検討を目指し、それを手掛かりに積み重ねられてきた書誌学的研究、そして、朝鮮半島・大陸にまで視野を広げた歴史学的研究の成果が、昭和二十年代以降の科学的研究を支え、その中に溶け込んで新たな成果を生み出しつつあると言えるようである。

百万塔及び陀羅尼製作の実態を具体的に解明することの意義は、単に「百万塔」にのみ留まるものではないであろう。それはまた、当時の技術の問題のみならず、政治・経済・文化、そして交通などをも含む社会全体に光を当てる有効な手掛かりになるのではないだろうか。より一層の研究の進展が俟たれる所以である。

注

1 法隆寺昭和資財帳編集委員会編『法隆寺の至宝』第五巻（小学館　一九九一年）参照

2 中根勝編著、「百万塔陀羅尼の研究」刊行委員会刊

3 梶原正昭「軍記研究の出発—明治期の軍記文学研究をめぐって」（『軍記文学の位相』、汲古書院、一九九八年刊所収）。例えば、軍記文学のジャンルでは、この時期、従来は史書として評価されていた軍記が、歴史学の立場からの史料批判によりその評価が覆されると同時に、それがそのまま文学性への認識を高めさせる契機となったとしている。

4 高田良信『近代法隆寺の歴史』（同朋舎出版　一九八〇年）、高田良信・堀田謹吾『ドキュメント追跡！法隆寺の秘宝』（徳間書店　一九九〇年）等参照

5 藤原猶雪『勅版無垢浄光経陀羅尼解題（上）』（『無尽燈』第二十三巻十号　真宗大谷大学無尽燈社　一九一八年）

6 栗田元次「書誌学の発達」（東京帝国大学文学部史学会編『本邦史学史論叢』下巻　一九三九年）では、実物の精細な調査を基礎とする書誌学が真に軌道にのったのは大正年代に入ってからとし、その功労者の一人として和田維四郎の名を挙げている。

中国人による百万塔陀羅尼の記録について

陳　捷

はじめに

一九六六年十月、韓国慶州の仏国寺において、八世紀に印刷された『無垢浄光大陀羅尼』が発見されたというニュースが発表され、現存する世界最古の印刷物であるとして世界中に伝えられた。しかしながら、中国は当時、文化大革命の初期に当たり、中国国内の学者がそのことを知ったのは、十数年も経た一九七八年以降のことであった（注1）。それまでの長期にわたり、中国の学界では、日本の百万塔陀羅尼が現存する世界最古の印刷物として知られていたが、印刷史関係の論著において、百万塔陀羅尼に関する言及は少なく、その内容も殆どカーターの『中国印刷術の発明とその西伝』（T.F.Carter：*The invention of printing in China and its spread westward*）や、朝倉亀三、禿氏祐祥など、二三十年代の日本人による印刷史関係の論著からのものであった。その原因の一つとしては、後に述べるように、中国の学者たちは百万塔陀羅尼に関する知識が少なく、印刷史を研究する学者でもその実物を目にする機会がなかったことが挙げられるだろう。

十九世紀の八十年代において、中国人学者はすでに百万塔陀羅尼とそれを収めた小塔の様子を模写して中国の学界に紹介しており、また、数年後に、東京で百万塔陀羅尼を入手し、中国に持ち帰った学者もいた。敦煌蔵経洞がまだ発見されていなかった当時において、この百万塔陀羅尼は中国人が目にすることのできる唯一の北宋以前の印刷物であったため、当時としては重要な発見であったが、残念なことに、当時の学界においては注目を獲ることができず、百万塔陀羅尼が中国に伝わったという事実さえ殆ど世間に知られることもなく過ぎてしまった。筆者は中国の近代以降において出版された多くの印刷史や出版史関係の書物を調べてみたが、この件に関する言及を見いだすことはできなかった。今日においては、百万塔陀羅尼がかつて中国にわたったことについて、中国の学界においてさえも完全に忘れさられてしまったようであり、東アジアにおける初期印刷物の専門家であっても、この事実を知る人は少ない。

筆者は明治期に来日した中国の学者の古籍蒐集および出版活動を研究した際、中国人による百万塔陀羅尼の記録に触れる機会があった。本稿においては、これらの記録を手がかりにして、百万塔陀羅尼が中国に伝わった経緯、歴史背景および近代以来の中国人学者による百万塔陀羅尼に関する研究について考察してみることとしたい。

一、中国人による最初の百万塔陀羅尼の記録――楊守敬の『留真譜』

中国人学者による百万塔陀羅尼の研究について考える際には、まず、何時、誰が最初に百万塔陀羅尼の存在と価値に注目したのかという問題に答えなければならない。しかしながら、印刷史に関するさまざまな論著を当たってみても、この件に関する言及は意外なほど少ない。後に述べるように、近年中国で出版された、権威を有する著作において、百万塔陀羅尼が日本の遣唐使や学問僧たちによって中国に持ち込まれた可能性があるとの指摘も見られるが、それを裏付ける根拠は提示されておらず、その信憑性はかなり低いと言わざるを得ないのである。

管見の限りでは、中国人による百万塔陀羅尼に関する記録としては、明治十三年（一八八〇）に来日し、日本で古典籍の調査収集に努めた中国人学者である楊守敬の『留真譜』が最初のものと思われる。

楊守敬は明治十三年に中国初めての駐日公使である何如璋の誘いを受けて来日し、明治十七年（一八八四）に帰国するまで東京で四年間を過ごしていた。日本滞在中に、彼は清国公使館の随員として日常の公務をこなしながら、古典籍の蒐集のため多大な精力を注ぎ、また、第二代の公使である黎庶昌に協力して日本に残っている中国の古典籍を集めた『古逸叢書』の編纂・刊刻に尽力した。帰国後の光緒二十七年（明治三十四年、一九〇一）に、日本で入手あるいは目にした貴重書の伝承淵源、テキストの特徴と価値などを記した解題『日本訪書志』を出版すると同時に、原本の形式上の特徴などを明確に記すために、各書の序跋、刊記、行款、格式あるいは奥書など文献鑑定の際に重要な書誌的なデータを図版の形で示す書影集『留真譜』を出版した。この二編の著作は当時の中国の学界においていずれも大きな話題を呼び、楊守敬の古典文献学分野における重要な業績と見なされているばかりではなく、清末における版本目録学の代表的な著作として後世に伝えられている。

『日本訪書志』および楊守敬が残した他の文献においては、百万塔陀羅尼に関する記述はい

挿図1　『留真譜』所収百万塔と相輪陀羅尼（『留真譜初編』巻十一仏部）

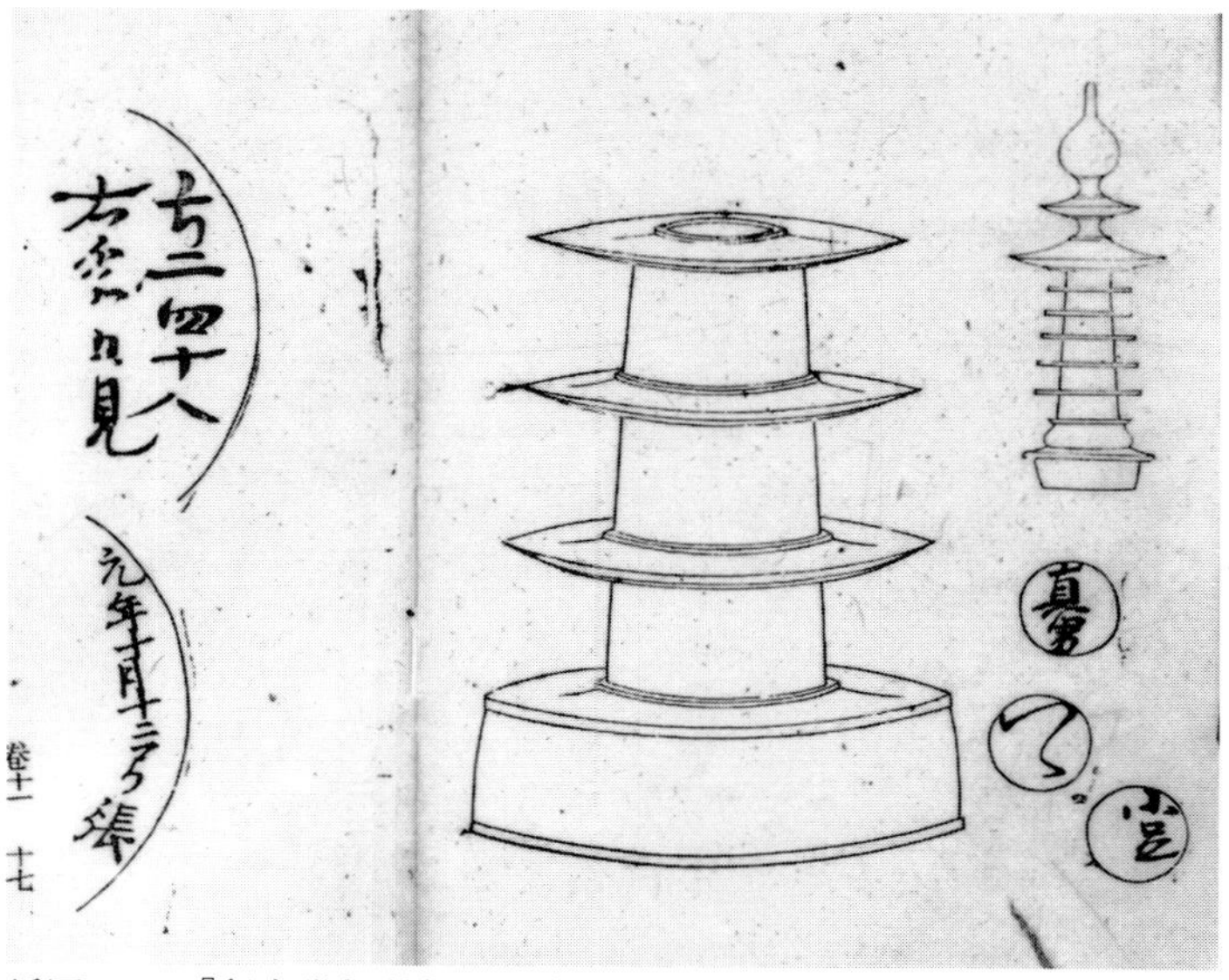

挿図1-1　『留真譜』所収百万塔小塔図版

挿図1-2　『留真譜』所収相輪陀羅尼図版

っさい見当たらない。しかしながら、『留真譜』には、百万塔陀羅尼の図版が収められている。挿図1で示したように、『留真譜』初編巻十一仏部には、陀羅尼を納めた小塔と一枚の陀羅尼の図版を収録している。小塔の図においては、分離できる上下の二つの部分によって構成されていることや、下の部分に陀羅尼を納入するための穴があることなどを示すために、上部の相輪部と下部の塔身部とが別々に描かれており、さらに、相輪図の下に「真男」「小足」「て」などの丸の中の文字が小塔九輪の底の部分に墨で記されている様や、弧線の側にある「云二四十八」「元年十月十二弓張」などの文字が塔の底に墨で書かれている筆跡も示されている（挿図1-1）。現代の百万塔陀羅尼の研究によれば、「真男」「小足」「て」などの文字は小塔の製造者の名であり、「云二四十八」「元年十月十二弓張」などの日付は塔の製造日とされる。一方、陀羅尼は『相輪陀羅尼』の比較的保存状態の良いもので、文字は二十三行あり、それを忠実に模刻するために、料紙前後の虫食いの部分さえも再現されている（挿図1-2）。

しかしながら、『留真譜』は本来、文献学者に資料を提供するために編纂された書物であり、僅かの書影に楊守敬の簡単なコメントが附されているのみで、大多数の書影においては何の解説も附されていない。そのため、『留真譜』を見ただけでは、その中に収められている百万塔陀羅尼の図像は楊守敬自身が実物を見て記したものなのか、それとも、他に資料源があったのか、言い換えるならば、楊守敬が果たして本当に百万塔陀羅尼の実物を見たのかどうかという問題については、判断することができないのである。また、楊守敬が百万塔および塔中にある陀羅尼印刷品に関して、どのような知識を持っていて、その価値に関してどのように認識していたかについても、判断するすべはない。

『留真譜』の編纂過程に関しては、楊守敬は光緒二十七年（明治三十四年、一九〇一）に武昌で出版した際に記した序文で、次のように述べている（注2）。

従来の著録家は旧刻書について、行格を記録して考証の根拠とすることが多い。しかし古刻は常に見ることができるとは限らず、よし見る機会があっても、実際に実地において考証を行ってはおらず、やはり釈然としないものがある。私は日本の医士森立之のところで彼が古書の様式を模写したぶ厚いものを数冊見たことがあり或いはその序文を模写し、或いはその巻末を模写しているが、それらはみな考証鑑定に関わる箇所であった、これを見た人は実際に真本を見ているように感じられる。その題名は『留真譜』と名付けられているが、それは『漢書・河間献王伝』の言葉である。私はそれを好み手を放すことができなかった。森立之は私が深くそれを愛でたため、私に贈って下さった。ただその模写は古鈔本が多く、宋元刻本はやや少なかった。私はその方法を真似て、宋元本を以て補い、また、かの国の文部省の書記官である巌谷修と博物局長である町田久成と知り合い、紅葉山文庫や浅草文庫の蔵書を見ることができた。また時には個人蔵書家たちの秘伝の書物を模写し、遂には二十餘冊となった。そしてかの国で刻工を集めて刊刻し始めたが、費用が高かったため、僅か三冊に止まった。帰国後続けて完成させたかったが、刻工は古代の刻本の風格になれていなかった。久しくしてやっと少し判るようになり、ようやく百枚ほどを増補した。

これによれば、『留真譜』の編纂は、森立之のところで見た『留真譜』稿本よりヒントを得ており、『留真譜』稿本を入手することができたため、内容もそのまま受け継がれたものがあったという。「私は日本の医士森立之のところで彼が古書の様式を模写したぶ厚いものを数冊見たことがあり」という言葉から、楊守敬が入手した資料は森立之の模写であったと思われがちであるが、筆者の考証によれば、楊守敬が森立之から譲ってもらった『留真譜』は、実際には江戸時代後期におけるもう一人の重要な考証学者である小島宝素の稿本なのである（注3）。つまり、楊守敬の『留真譜』は書名から内容に至るまで、小島宝素の『留真譜』を直接継承し、その上で、楊守敬自身が見ることのできた日本の官私の収蔵品によってそれを補充したものということになる。

　ところが、筆者は『留真譜』の百万塔陀羅尼の資料の由来に関する探索によって、『留真譜』の編纂過程についての新たな手がかりを得ることができた。実は、『留真譜』に収められている百万塔陀羅尼の図版が、江戸時代の考証学者である穂井田忠友や狩谷棭斎などの業績を根拠としていることが明らかになったのである。

　まずは穂井田忠友の著作『観古雑帖』から見てみよう。

　穂井田忠友（一七九一～一八四七）は天保七年（一八三六）における正倉院開封の際に古器物、古文書の整理を担当した著名な学者である。彼の考証筆記『観古雑帖』には、「百万塔並塔中所納陀羅尼」と題する条目があるが、それは日本における百万塔陀羅尼および小塔に関する最早期の、しかも比較的詳細な研究であるとされている。穂井田忠友の考証は、小塔および陀羅尼の寸法・形態、木塔に書かれた墨書の意味の説明、無垢浄光大陀羅尼の由来・功徳および百万塔陀羅尼が歴史上もっとも古い印本であることについての考察などさまざまな点に及んでいる（注4）。とくに注意すべきこととしては、『観古雑帖』には、百万塔の小塔、二種類の『自心印陀羅尼』および一種類の『相輪陀羅尼』の図版が収録されており、その中の小塔の図版が楊守敬の『留真譜』に収められているものとほぼ一致する点が挙げられる（挿図2）。

　それでは、果たして楊守敬は実際に『観古雑帖』を見ていたのだろうか。

　穂井田忠友は自分が使用した資料について、次のように述べている。

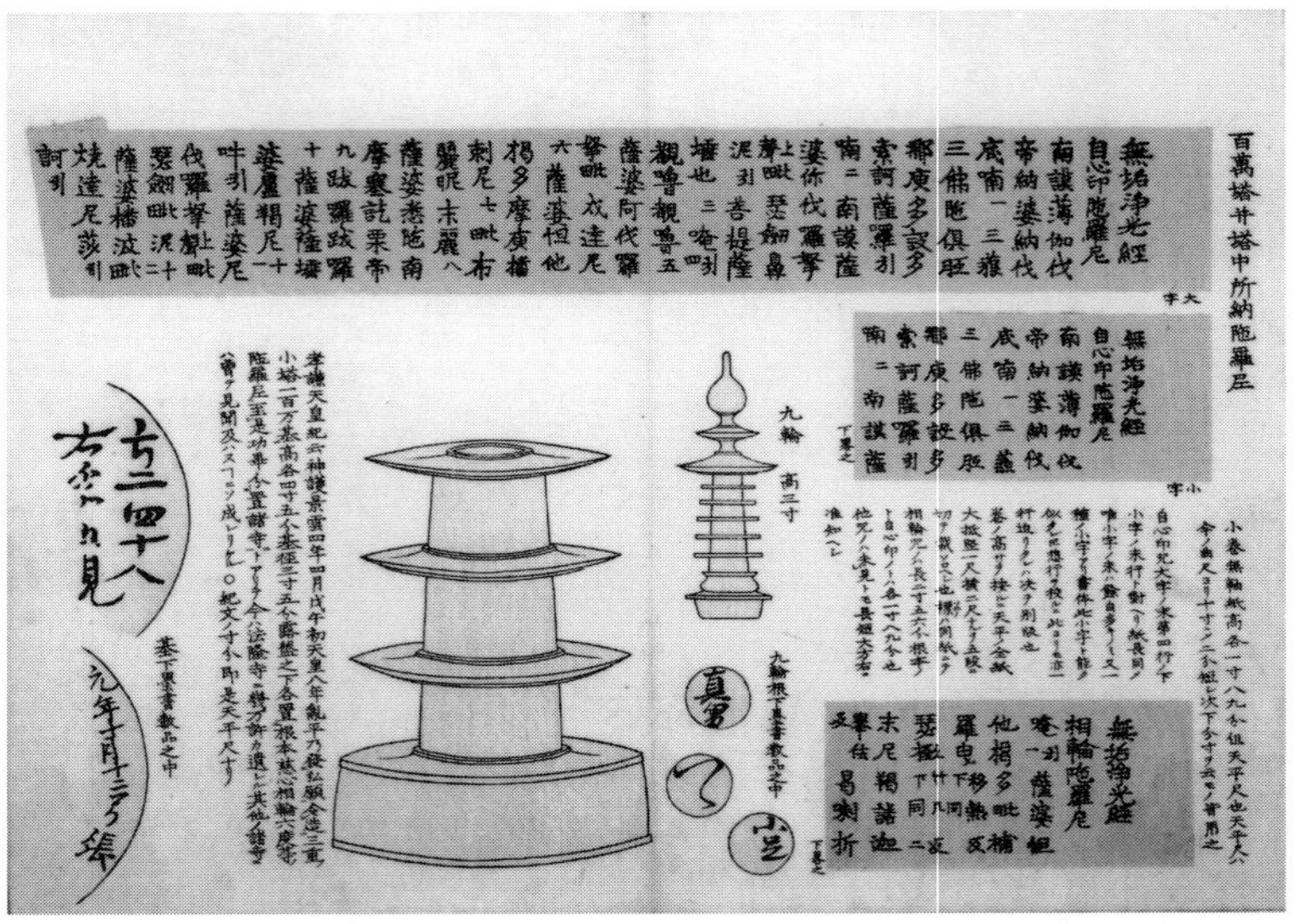

挿図2　穂井田忠友『観古雑帖』「百万塔並塔中所納陀羅尼」の図版

> 前図ニ載タル自心印呪二本並ニ「真男」「云二」ハ忠友蔵之、相輪咒ト「て」トハ崇蘭館福井氏蔵、「小足」ハ大坂人松山貞主蔵、「元年」ハ壬生寺宝静律師ノ愛玩也。

　ここでの「真男」「云二」および「て」とは、これらの文字が記されている小塔のことを指しているのだろう。これによれば、『観古雑帖』における小塔と陀羅尼の図版は、穂井田忠友が自分の所蔵品の他、崇蘭館福井氏・大阪人である松山貞主・壬生寺の宝浄律師の所蔵品である小塔と陀羅尼の特徴も取り入れて制作したものなのである。楊守敬の来日は明治十三年（一八八〇）のことで、『観古雑帖』が出版された天保十二年（一八四一）から四十年近くの歳月が経っており、その間には、幕末明治の大きな社会的な変動もあった。四十年後において、楊守敬が東京で穂井田忠友とまったく同じものを見、さらに『観古雑帖』の図版とこれほどまでに一致した図像を独自に作成したことはまず考えられない。楊守敬の『留真譜』に収められている百万塔の小塔の図版は、穂井田忠友の『観古雑帖』に依っていることはほぼ間違いないと思われるのである。

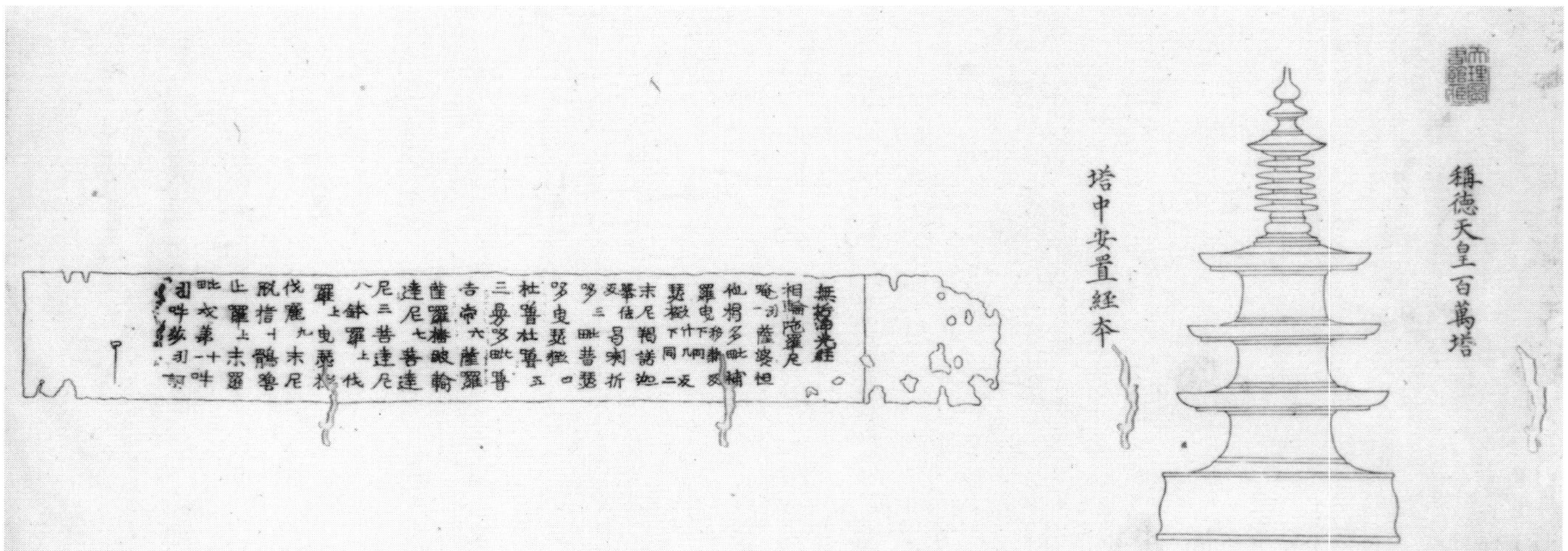

挿図3　狩谷棭斎刊『称徳天皇百万塔及塔中安置経本』部分（天理図書館蔵）

　しかしながら、いま一つの問題が残されている。挿図1と挿図2を比べれば判るように、

『留真譜』の小塔の図版は確かに『観古雑帖』と一致しているにもかかわらず、陀羅尼の図版は明らかに『観古雑帖』のそれとは異なっているのである。前述のように、『留真譜』に掲載されている『相輪陀羅尼』は一巻二十三行の首尾完備したものであり、巻首と巻尾の虫食いの部分も出来る限り本来の面目を示すように模刻してある。一方、『観古雑帖』には、確かに『相輪陀羅尼』が収められてはいるものの、模刻されているのは前半八行の文字のみであり、その後の部分はすべて省略されている。従って、『留真譜』にある小塔の図版は確かに『観古雑帖』によっているが、『相輪陀羅尼』の図版はまた別な資料によるものであるということになる。

それでは、『留真譜』における『相輪陀羅尼』の図版はどのような資料によるものであろうか。

以下に述べるように、明治四十一年、法隆寺は寺の維持のために、百万塔を寄付金を集めるための謝礼として放出している。楊守敬の来日した明治十年代は、百万塔が法隆寺から大量に流出したその時期より二十年も早く、当時、世間に流出していた百万塔陀羅尼はまだ多くはなかったはずである。しかしながら、楊守敬の周囲の環境から考えて、彼が百万塔陀羅尼を目にした可能性が全くなかったとは断言できない。楊守敬と親しく交際していた日本人学者である森枳園（立之）、巌谷一六（修）、向山黄村（栄）、重野成斎（安繹）、島田篁村（重礼）、町田石谷（久成）、寺田望南（弘）、島田蕃根などはみな日本印刷文化を熟知する蔵書家、あるいは修史局・博物局などに勤務する学者・文人であり、楊守敬が彼らから百万塔陀羅尼の存在を聞かされていた可能性は大いにあり得ることなのである。但し、これはあくまで状況判断であり、『相輪陀羅尼』図版の由来を究明するには、さらに具体的な証拠が必要である。

挿図4　静嘉堂文庫所蔵松浦武四郎旧蔵、狩谷棭斎箱書『相輪陀羅尼』

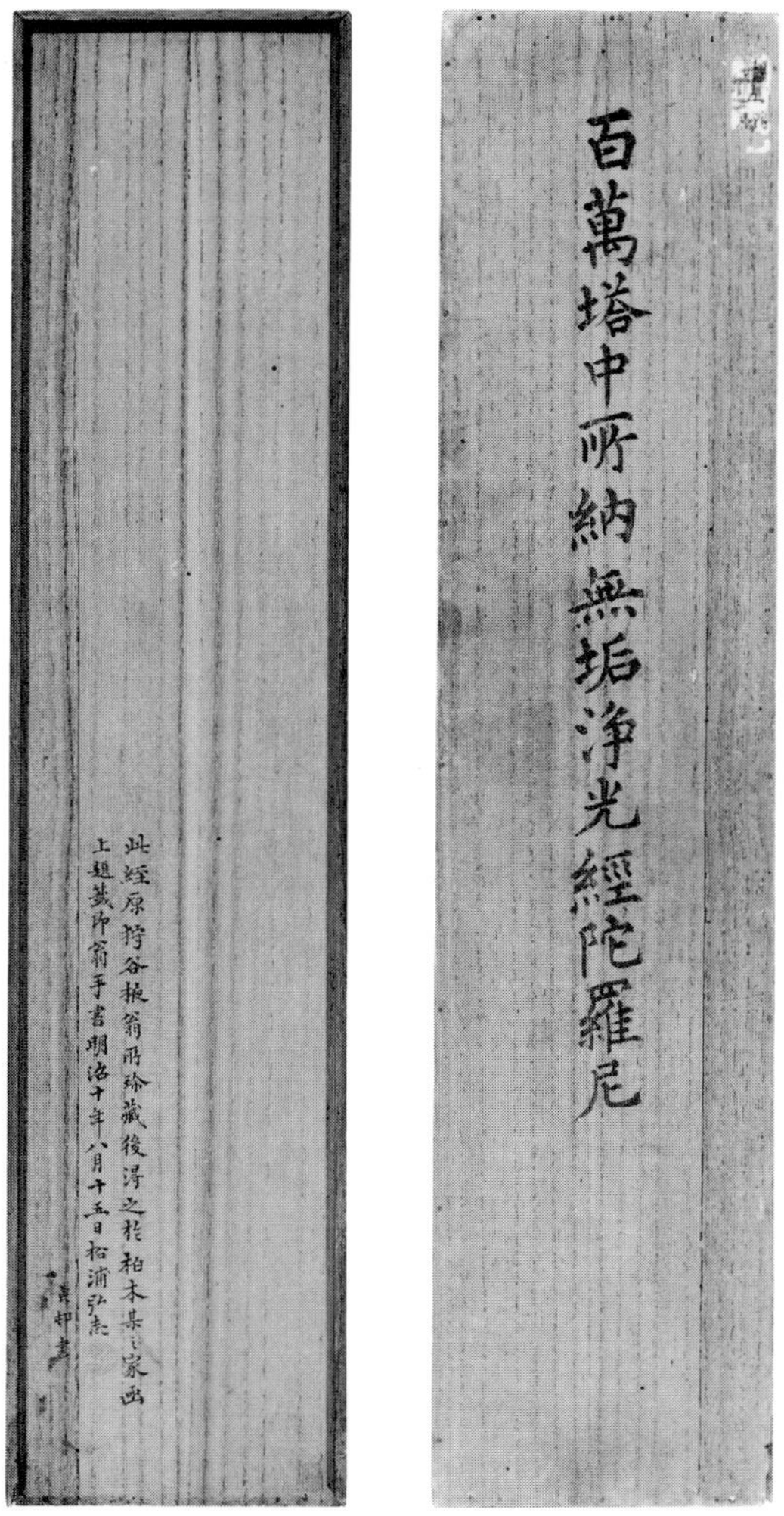

挿図4-1　狩谷棭斎箱書と向山黄村書松浦武四郎識語

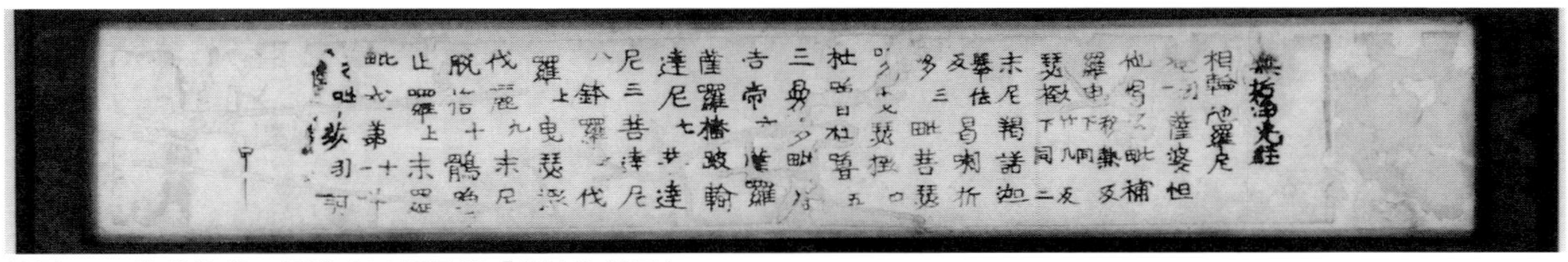
挿図4-2　狩谷棭斎、松浦武四郎旧蔵『相輪陀羅尼』

挿図1・2に示す『留真譜』に収められている『相輪陀羅尼』の図版をより丁寧に観察するならば、経巻の巻首、巻末の料紙にある虫食いの箇所が写されている他に、経咒の後に、書写体の「甲」という文字が見られることに気づく。この文字は『相輪陀羅尼』の内容と関係しないため、『留真譜』の図版だけで考えるならば、非常に不思議なものと思われるだろう。しかしながら、この不思議な文字こそが、我々にその資料の由来を探すうえでの重要な手がかりを与えてくれたのである。

実は、『留真譜』の『相輪陀羅尼』図版と同様に、書写体の「甲」という文字が見られる資料は現存している。それは、狩谷棭斎が寛政十年（一七九八）に刊行した百万塔および陀羅尼の図版で、法隆寺所蔵の百万塔小塔の側面図と『相輪陀羅尼』一巻を模刻したものである（挿図3）（注5）。巻末には狩谷棭斎の識語が附されており、百万塔陀羅尼が作られた経緯や、伝世の小塔と陀羅尼の様式およびその状態などについて詳しく説明がなされている。

挿図3にある、「塔中安置経本」とされる『相輪陀羅尼』図版の部分を見てみると、巻首料紙の上縁と下縁、「無垢浄光経」の五文字の右下と下、巻末の料紙の上縁と下縁などに見られる虫食いの形は、挿図1・2『留真譜』の『相輪陀羅尼』図版と酷似している。また、最後の行の「引」「吽」「莎」などの文字の左側には、印刷の際に残された墨の掠れが示されているが、この特徴も『留真譜』の『相輪陀羅尼』図版と一致している。特に興味深い点としては、経咒の後ろに同じく書写体の文字の「甲」が印刷されており、その文字の特徴は、同様に『留真譜』のものと極めてよく似ているのである。「甲」の文字について棭斎は、「其の経は則ち印刻なり、独だ末に『甲』字を題し肉書為り」と述べていることからも判るように（注6）、この文字は、底本に書かれていた肉筆の文字をそのまま模刻したものである。

以上に述べた特徴から考えるならば、『留真譜』の『相輪陀羅尼』図版は、この狩谷棭斎刊『称徳天皇百万塔及塔中安置経本』より模刻されたことが十分考えられる。その他に考えられる可能性としては、楊守敬が狩谷棭斎の複製本ではなく、直接、狩谷棭斎の複製本の底本を模刻したということのみが挙げられるにすぎない。

現在、静嘉堂文庫には、松浦武四郎の旧蔵品である『相輪陀羅尼』が所蔵されている（挿図4）。巻首と巻末には確かに虫食いの箇所があり、その場所や形は狩谷棭斎の複製本や『留真譜』の図版と類似している。また、先述した「引」「吽」「莎」などの文字の左側にある墨の掠れや、経咒の後ろに墨で書かれた「甲」という文字も見ることができる（挿図4-2）。この『相輪陀羅尼』を収めた桐箱の箱蓋に狩谷棭斎の箱書きがあり、蓋の裏にある向山黄村が記した、松浦武四郎の明治十年の識語によれば、該本は本来狩谷棭斎が所蔵していたものであり、柏木探古（貨一郎）の所蔵を経て松浦氏の収蔵品となったという（挿図4-1、注7）。これらの情況から見て、この『相輪陀羅尼』こそ、狩谷棭斎刊『称徳天皇百万塔及塔中安置経本』の底本であると断定できるのである。

向山黄村、柏木探古はいずれも楊守敬の古典籍蒐集と復刻を積極的に応援した人物である。『日本訪書志』巻首に附されている「日本訪書志縁起」において、楊守敬は自分と親交のある三人の日本人蔵書家として、森枳園、島田篁村とともに向山黄村の名を挙げており、『留真譜』には、柏木探古の蔵書から模写した旧鈔本『左伝』や、向山黄村の蔵書から模写した貞和三年の宗重の奥書のある『論語』などの図版が収められている（注8）。このような点から考えて、楊守敬が彼らを通して『相輪陀羅尼』を目にした可能性も確かに存在する。

ただし、『留真譜』、『称徳天皇百万塔及塔中安置経本』およびその底本である静嘉堂文庫蔵『相輪陀羅尼』の三つの図版を詳細に比べると、『留真譜』の図版は、静嘉堂文庫蔵『相輪陀羅尼』よりも『称徳天皇百万塔及塔中安置経本』に類似しており、このことから、『留真譜』が直接、狩谷棭斎の複製本の底本である静嘉堂文庫現蔵『相輪陀羅尼』を模刻した可能性を排除することができるであろう。

楊守敬は狩谷棭斎を日本人学者のうち最も学力のある人物として尊敬しており、狩谷棭斎の著作や旧蔵書も多く集めていた。『留真譜』に収められた百万塔陀羅尼図が狩谷棭斎刊『称徳天皇百万塔及塔中安置経本』を忠実に模刻したものである事実は、楊守敬が狩谷棭斎の影響を受けたことのさらなる証明になるであろう。

以上、我々は『留真譜』に掲載されている百万塔の小塔と陀羅尼の図版の資料の由来について考察を行ってきた。『観古雑帖』や『称徳天皇百万塔及塔中安置経本』の例から見て、少なくとも、楊守敬はすでに当時の日本人学者たちの百万塔陀羅尼に関する研究と基本的な資料を把握していたと思われる。果たして彼が百万塔の実物を見ていたかどうかについては、確実な証拠の無い現在においては、まだ具体的な結論を出すことができない。今のところ、次に紹介する陳矩が、百万塔陀羅尼を見たことを文献によって確認することのできる、最初の中国人学者と言うことができるだろう。

二、中国に伝来した百万塔陀羅尼―陳矩による百万塔陀羅尼の記録

陳矩（または「榘」）は貴州省貴陽の人、号は衡山、『明詩紀事』などの著作で有名な学者、陳田の弟である（注9）。若い頃から学問を好み、郷里の先輩で、学者・蔵書家として知られている鄭珍や莫友芝などを尊敬していた。二度の落第により科挙の勉強を断念し、経史百家の学問や金石の研鑽に励むこととなった（注10）。光緒十四年（明治二十一年、一八八八）、彼は同郷の黎庶昌に招かれて日本を訪れ（注11）、公使館の随員として約三年間日本に駐在した。日本滞在中は、日本の文人や朝鮮の外交官たちと広く交際し、詩会酒宴においても活躍した（注12）。その間、日本の社会・風俗を観察し、日本の学問を吸収すると同時に、特に古典籍・古物および金石資料の蒐集に熱心であり、入手した珍本の覆刻も心がけていた。帰国後、四川省の台州・天泉・三合などの知県を歴任し、また、天全州の知州・井研県知県なども勤めている。辛亥革命後は、暫く四川の地方官を勤めた後、故郷の貴州に帰り、国学講習所所長、貴州省立図書館館長、貴州通志局分纂、貴州文献徴輯館編審などを歴任、貴州地方における文化事業や地方誌の編纂、地方文献の保存に尽力し、民国二十八年（一九三九）に八十八歳で亡くなった。『天全石録』、『日本金石志』、『石鼓文全箋』、『貴州通志・金石稿』、『霊峯草堂集』（『悟蘭吟館詩集』『東瀛草』『東游文稿』『滇遊草』）、『入蜀文稿』などの著書を残している。

帰国した陳矩は、日本滞在中に記した文章を集めた文集『東游文稿』と、その間に詠んだ古今体詩を収めた詩集『東瀛草』を出版した。これらの詩文集は、彼の日本での見聞・体験を辿る際の好資料であるが、文物や古典籍を収集した際の経験や、古物を入手した時の喜びも描かれており、作者の古物蒐集への熱意、さらには書物を入手するまでの具体的な経緯や古書購入のルートなども窺うことができる。

『東瀛草』巻頭に附された、同じく駐日公使館随員を経験した姚文棟の序文には、陳矩について以下のように述べられている（注13）。

貴陽出身の陳衡山は捜奇嗜古の癖があり、かつて日本に出使したときにその国の金石文字を集めて一書を編集し、当時の人は彼のことを北宋時代の欧陽修に譬えていた。また、餘暇には詩文を作り、遊歴の際の経験や見聞などは全てそこに表現されている。

姚文棟自身も古典籍の収集に非常に熱心だった一人であるが（注14）、そのような人物によって、「捜奇嗜古の癖」と評されていることからも、陳矩の収集への熱意を伺うことができるであろう。

陳矩は熱心な蒐集活動の結果として、大量の古典籍と金石資料を入手することができた。また、帰国の際には、これらの文献資料を中国に運んだようである。『東瀛草』の「帰国期近留別海上諸名流」と題する詩作の第二首では次のように詠んでいる。

昨年訪古上蓬莱、
謬被群推博雅才。
秘笈圧装光照海、
魚龍知我泛槎回。

昨年古を訪ねて蓬莱に上り、
謬って皆に、博雅の才子として推挙されてしまった。
貴重な書物が旅装を満して、その光は海を照らしているようで、
魚や龍も我の帰航を知っているようである。

そしてその下の注においては、

余は日本に住むこと二年近く、佚存書百餘巻、宋元刊本二百餘巻、日本の金石資料四千餘点、名人の著述未刊本五百巻あまりを入手した。

と説明している（注15）。この詩作の題目に「時庚寅九月也」との自注があるので、帰国直前の光緒十六年（明治二十三年、一八九〇）に記されたものと判るが、この時点での彼の収穫を窺うことができる。なお、陳矩が編集した石譜『天全石録』の巻頭に附された、彼の学生である楊賛襄が記した序文のうち、「先生帰自日本也、袖有東海矣。」という文の下に付された自注には、

日本に出使した際、古本逸書は数百巻、金石は三千餘点を入手し、当時の人々は彼のことを欧陽修になぞらえたのである。

と述べられている（注16）。具体的な数字は陳矩の詩注と多少の相違があるが、日本から大量の書物や金石資料を持ち帰ったことは間違いないであろう。

『東瀛草』および『東游文稿』によって、陳矩は百万塔陀羅尼を目にしたことがあるのみならず、一つの陀羅尼が納められている小塔をも購入して中国に持ち帰っていたことがわかる。次に、それらの著作に見られる、百万塔陀羅尼に関する記録を考察していきたい。

『東瀛草』には「日本天平宝字塗金経筒歌筒得之二上山僧房銭琴斎観察徳培所贈天平宝字当唐粛宗至徳二年」と題した詩作が収められており、これは公使館参賛である友人の銭徳培から、二上山の僧侶より入手した日本天平宝字塗金経筒を贈られたことを記念するために詠ったものである。詩の内容は以下のようである。

琳宮貝闕燦雲霞、釈典琛蔵洵足誇。
宮錦為衣水晶軸、泥金書字走龍蛇。
百万霊塔蔵無垢神護景雲時製木塔百万、蔵無垢浄光経、
写経復有光明后后写経流伝於世者尚有、曾獲二巻。
年深巻軸恐飄零、器以代嚢束紫綬。
此器深蔵二上山、僧房千載共雲間。
文字撐腸誇富有、参禅豈是頑石頑。
一朝鬼舶来神宇、屠豕刲牛汚浄土。
西法崇尚仏法衰、不誦金経学西舞。
飄零重器知何年、幾伴銅駝泣荒煙。
挙世紛紛重玉帛、購求孰肯捐俸銭。
嗜奇幸有琴斎氏、奇物購帰貽知己。
款識半封鸜鵒斑、塗金蝕処銅花紫。
楠公一鏡早収蔵、天永古鈴勝圭璋。
並此已足称三絶、夜深射斗生寒芒。

立派な宮殿は雲霞の中で輝き、そこには誇るべき貴重な仏典が大切に保存されている。
宮錦でつつまれて軸は水晶、金泥で書かれた文字は走っている龍蛇のようだ。
百万塔に無垢浄光経は収められており神護景雲年間に百万基の木塔を作り、無垢浄光経を収めた、また光明皇后の写経も伝えられている皇后の写経はいまだに世に伝えられており、私もかつて二巻を入手した。
年月の流れによる巻軸の散失を恐れ、紫の帯で包んで書嚢の代わりに器に収めている。

この器は二上山に深く蔵され、僧房と共に千年も雲の中にあった。

博学の誇りを持っており、参禅するものは石のように頑なではなかった。

ある日西洋の船が来航し、豚や牛を殺し、浄らかな土は汚されてしまった。

西洋の学問が崇拝され、仏法は衰退し、大切な仏経を読まず西洋のダンスを学ぼうとしている。

重要な古物は何時の間にか散失してしまい、銅製の駝鈴とともに荒野にうち捨てられる危険もあった。

世の中の人は皆玉帛を重んじており、古物を購入するために誰が俸給を出そう。

幸い銭琴斎は奇を好み、この奇物を買って知己の私に下さった。

款識は半分錆に覆われ、鍍金の腐蝕の部分に紫の銅花が咲いている。

楠公の鏡を早くも入手し、天永の古鈴は圭璋よりも優れている。

それらとともに三つの絶品と称するに足り、深夜斗宿に照らせば冷光が輝く。


詩の中において彼は、古くから二上山に秘蔵されていた天平宝字塗金経筒のことを詠み、黒船来航以後の、日本社会の西洋崇拝や廃仏毀釈の背景と、仏寺の多くの宝物が散逸してしまった現象について述べ、さらに、俸給によってこのような貴重なものを購入・寄贈してくれた銭徳培の見識を賞賛している。二上山は、奈良県と大阪府の境にある山であるが、そこには奈良時代以前に創建された当麻寺という有名な寺があり、江戸時代から明治にかけては花の名所として文人墨客で賑わっていたようであり、見物にやってきた清国公使館の銭徳培らと寺の僧侶との間で、骨董品のやりとりがあった可能性が考えられる。しかしながら、経筒そのものが盛んに造られるのは平安時代中期以降、すなわち末法思想が広まってからのことであるので、天平宝字年代の経筒の存在は殆どあり得ないことと思われる（注17）。但し、ここで注目されるのは、陳矩が「天平宝字塗金経筒」とともに、詩文や自注において、百万塔無垢浄光経や、光明皇后の写経などにも言及していることである。これは現在見られる陳矩による百万塔陀羅尼に関するもっとも早い記録である。陳矩はここでは百万塔陀羅尼に関して詳しい説明をしていないが、少なくとも、この時点では、彼はすでに百万塔陀羅尼のことを知っていたことが窺えるのである。

『東游文稿』に収められている「黔霊山蔵塔記」と題する文章は、陳矩の帰国後に書かれたものであるが、彼が日本滞在中に百万塔陀羅尼を入手していたことを記した興味深い資料である。この文によれば、陳矩は上野のある本屋において、陀羅尼の入った一基の小塔を入手したという。百万塔陀羅尼が中国に伝わっていたことを示す貴重な記録であるにもかかわらず、今日まで研究者によって言及されることがなかったため、やや長文にわたるが、その全文を次に挙げることとする（注18）。

日本人が仏教を好むことは、非常なものがある。神護景雲年間において百万塔を造ったことからも、このことは判るのである。『続日本紀』の「孝謙天皇紀」の神護景雲四年四月戊午の項には、「そもそも、天皇八年に乱が平定されると、そこで弘願を発し、三重の小塔を百万基造らせたが、その高さは各々四寸五分、基壇の直径は三寸五分、露盤の下に、それぞれ『根本』『慈心』『相輪』『六度』等の陀羅尼を置いた。完成後、各地の寺に分置した」と記されている。光緒戊子の年（一八八八）に、私は公使に従って日本を訪れたが、十二月十六日にたまたま東京上野の書肆に遊び、この塔を見かけた。法隆寺の旧蔵である。書賈は初めその価値を知らず、僅か数千銭でそれを入手することができた。塔の形は『孝謙天皇紀』の記載と毫髪の相異もなかったが、ただ法量は日本の天平尺によるものであり、今尺とやや異なる。塔の底に墨書の数文字があるが、その多くは判別できない。塔の中に経巻が納められており、工部の営造尺でそれを測ってみたところ、高さは一寸九分、長さは一尺五寸九分である。紙の厚さは銅銭ほどで、色は黄色、墨色はつやのある濃い黒、字画は古勁で六朝碑のようである。古代の香りを漂わせ、これを見れば疲れを忘れさせられるほどで、極めて貴重なものである。昔、陸深の『燕閑録』を読んだ際に、隋文帝開皇十三年十二月八日に「像を廃して、経を遺す」と勅して、すべての経典を雕版させたとの記載があった。又、『筆叢』においても、雕本は隋から始まり、唐代に行なわれ、五代に拡がり、宋人によって精密になったとの記録がある。私は始めその説を認めていなかったが、いま神護景雲刊本経 神護景雲四年は中国、唐の代宗大歴五年に当たる に拠れば、唐代に異国において刊本はすでに始まっていたことになり、上記の二説は必ずや根拠があるのだろう。ああ、此の塔は、造られた時には百万もあったにせよ、今日までの流伝の間に、已に千餘年も経ってしまった。湿気や虫によって腐食され、すりへってほとんどなくなってしまった。残されたものは朝の星のように少なく、入手した人は麒麟の角を得たように珍重する。私が幸いにもこの完全なものを入手できたのは、おそらくは天の助けによるものだろう。しかしながら、考えるに、仏寺の珍宝を、いつも所持することはおそらくできないことなので、むしろまた仏寺に寄贈する方がよいであろうと思い、これを黔霊山蔵経楼の中に置くこととした。また、歳月が経つに従って、再び遺失してしまうことを恐れ、その顛末を記して、石に刻み、永く後世に伝えるものである。

この文ではまず『続日本紀』の記録を引用して百万塔陀羅尼の刊行の史実を説明し、その後、書肆において安価で入手した経緯を述べ、百万塔の様子や、陀羅尼の寸法・料紙・墨色・字様などの書誌的な情報を記録している。それによれば、来日後間もない光緒十四年十二月十六日（明治二十二年［一八八九］一月十七日）に、彼は東京上野の書肆において、偶然一基の小塔を見かけ、その場で購入した。本屋の主人はその価値を十分に認識していなかったため、数千銭で手に入れることができたという。根拠については明示されていないが、法隆寺から流出したものであるとの認識はあったようである。また、購入の際、塔の中に経巻が納められていたことは確実であるが、百万塔に納められた根本、慈心、相輪、六度のいずれなのかは記されていない。塔の寸法や形式は、『続日本紀』の記録とほぼ同様であり、経巻の寸法は工部営造尺によれば高さ一寸九分、長さは一尺五寸九分、すなわち六・〇八センチ×五〇・八八センチであり、現存する百万塔陀羅尼のデータと大きな相異はないようである（注19）。現代の学者の調査によれば、小塔基壇の側面や底部、相輪の柄底部や請花などにおいても墨書が認められるが、陳矩は底部に墨書の文字が見られるものの、その多くは判読できないとしている。

木版印刷技術の起源に関して、宋代以降の学者が様々な意見を残している。そのうち、明・陸深の『河汾燕閑録』は、「隋文帝開皇十三年十二月八日、勅廃像遺経、悉令雕撰」と述べ、それを印刷の始まりとしている。明・胡応麟も『少室山房筆叢』において陸深の説を引用し、印刷技術が隋代において始まったという見解を述べている（注20）。陳矩はそれ以前においては、陸深や胡応麟の説に関して異見を持っていたが、中国唐代宗大歴五年（七七〇）にあたる日本の印刷物を実見した経験から、中国では印刷技術が隋代においてすでに始まっていたという彼らの説はきっと拠るところがあったのだろうと考え直している。

異国の地において幸運にも、偶然廉価で入手できたこの百万塔の小塔と陀羅尼印本は、陳矩にとっては特に思い入れが強かったようである。中国に持ち帰った後、彼はこれらの仏寺の珍宝を永らく自分の手元に残すことはふさわしくないと考え、故郷の貴陽にある黔霊山の寺に寄贈した。また、小塔と陀羅尼が時が経つにつれ失われてしまうことを恐れ、その経緯を文章に記し、石にも刻んで、後世に知らせようとしている。

黔霊山は貴陽市の北西にある中国西南地方の名山であり、康熙年間に建立された弘福寺という著名な仏寺がある。陳矩の詩集である『悟蘭吟』には、「癸酉秋日游黔霊山題壁」、「重游黔霊山」などの黔霊山に遊んだ際の詩作が収められており、「僧房味禅悦、日夕尚句留」（「癸酉秋日游黔霊山題壁」）というような詩句も、彼の黔霊山および弘福寺との深い関係を窺わせるものである。このような情況から、百万塔および陀羅尼を寄贈した仏寺は恐らくは弘福寺であったと思われる。ただし、清末から百年近くの変動、とくに文化大革命中の徹底的な打撃により、弘福寺は大きな被害を受けており、建築物や石碑は甚しく破壊され、僧侶は離散し、蔵書も完全に破却されてしまっている。二〇〇〇年十二月、筆者が黔霊山を訪れた際には、弘福寺は復興事業が進められており、寺の規模やその活動は日々盛んになってきているようであったが、蔵経楼の旧蔵書は全く残っておらず、陳矩の「黔霊山蔵塔記」を刻んだ石碑も残っていないとのことだった。小塔と陀羅尼が再び散佚してしまうのではないかという陳矩の心配は不幸にも現実となってしまい、それが存在した事実を永く後世に伝えるために建立した石碑さえも行方不明になってしまっているのである。

三、近代以降における中国人学者の百万塔陀羅尼に対する認識および楊守敬、陳矩の百万塔陀羅尼に関する記録の意義

以上、楊守敬『留真譜』の百万塔陀羅尼に関する記録、および陳矩が百万塔陀羅尼を入手した経緯とその行方について考察してきた。次に、当時の歴史背景から楊守敬、陳矩の百万塔陀羅尼に関する記録の意義を探り、さらに、その後の中国における百万塔陀羅尼に関する研究について簡単に振り返ってみることとしたい。

古来、中国人によって書かれた日本に関する記載は少なくないが、管見の限りでは、十九世紀七十年代以前の中国文献においては百万塔陀羅尼に関する記載はいっさい見当らない。光緒三年（明治十年、一八七七）に何如璋を始めとする清国駐日公使団が来日し、東京において清国駐日公使館を設置した後、歴代の駐日公使や公使館スタッフたちは公使館の公務を執行する傍ら、様々な文化活動に従事し、日本に伝わった中国古代の文献に関心を持つ人も少なくなかった。『古逸叢書』を編纂・出版した黎庶昌、楊守敬の他にも、例えば何如璋、徐承祖、黄遵憲、姚文棟および陳矩などはみな日本に保存されている漢籍文献に注目していた。ただし、紀事詩の形で中国人に日本の情報を伝えようとした黄遵憲の『日本雑事詩』および楊守敬、姚文棟などの中国国内の友人たちに宛てた、日本に存在する古典籍について報告する書簡などからみて、彼らの関心が最も高かったのは、和刻本を含む漢籍の古本と珍本、とくに中国国内においてすでに散逸しているにもかかわらず、日本国に現存している所謂「佚存書」であり、古写経など古写本類を熱心に集めたのも、古いテキストや書道資料としての価値を重視したためであった（注21）。このような傾向は、中国国内でも同様であった。このような認識のもとでは、百万塔陀羅尼のような初期の印刷物に関しては、たとえ見聞する機会があったとしても、恐らくはさほど重視されなかったものと思われる。

日本の古書市場の情況から見るならば、明治中期以降、古典籍の価値は徐々に認められるようになり、明治維新直後、一時衰退していた古書市場も改めて整合、再形成されていった

が、長い間、百万塔陀羅尼の価値は個別の学者以外には十分に認められておらず、市場価格もさほど高くはなかったようである。陳矩が安い値段で古書店において入手できたことや、後述のように法隆寺が謝礼として寄付者に頒布されたことも、百万塔陀羅尼の価値が、当時は日本人の間でもあまり重視されていなかったことの傍証として挙げられるだろう。

前文においても多少触れたように、法隆寺に奉納されていた百万塔陀羅尼は江戸時代においてすでに大量に散失してしまっていたが、近代以降における大規模的な流出は、明治維新期に国家神道を樹立するために進められた廃仏毀釈の後のことである。特に明治四十一年（一九〇八）においては、法隆寺の復興をはかるために、三千基の百万塔および塔中に収められていた陀羅尼が売却されてしまった（注22）。当時、百万塔の売却は、直接売り捌いたという印象をなくすために、寄付を行った人に対する謝礼として贈与するという形式でなされていた。「贈与」の条件などについては、長沢規矩也編『図解和漢印刷史』に掲載されている、当時頒布された法隆寺事務所編の「百万塔譲与規定」から窺うことができる（注23）。寺院の維持のために、このような売却はそれ以後も度々行われたという（注24）。しかし、楊守敬と陳矩の日本における滞在期間は、百万塔陀羅尼が法隆寺から多量に流出する時期より二十年も早く、そのため、古書市場において流通していた百万塔陀羅尼の数はまだ非常に限られたものであったと思われる。

以上の背景から考えるならば、楊守敬の百万塔陀羅尼についての記録や、陳矩による百万塔陀羅尼購入の事実およびその価値を見出した見識は、高く評価されるべきものである。楊守敬は『留真譜』において、百万塔陀羅尼の歴史およびその印刷史上において占める重要な位置に関する説明をいっさい残していないが、百万塔陀羅尼の図版を収めたということは、恐らく楊守敬が百万塔陀羅尼の印刷史上における重要性を認識していたためだろう。『留真譜』の百万塔陀羅尼に関する記録は、中国の学界に対して始めて当時における現存世界最古の印刷品の図像資料を提供したものであった。陳矩が偶然に百万塔とその中に納められた陀羅尼を見かけて即座に購入した行動も、彼の見識の表れといえる。陳矩が百万塔陀羅尼を入手したのは、一八八九年一月であり、敦煌蔵経洞の発見の十一年前のことであった。この時期においては、中国の学者は宋版以前の印刷物を見る機会は殆どなく、初期印刷物に関する知識も文献記録によるもののみであった。陳矩が日本の百万塔陀羅尼を、単に骨董品として珍重するのみならず、初期の印刷物の実例として、中国の印刷技術の起源を考える際の重要な参考資料と見なしたことは、当時としては、非常な卓見であった。また、日本の文献である『続日本紀』を引用し、入手した実物と照らし合わせて、百万塔の様式が日本古代の史書の記載と一致する点に注目したことも、日本に滞在した経験があればこその見識であろう。

楊守敬と陳矩の後に百万塔陀羅尼を目にした中国の学者としては、管見の限りでは、王国維が最初である。彼は湖州天寧寺の塔の中から発見された、顕徳二年（九五五）刊の宝篋印陀羅尼のために記した「顕徳刊本宝篋印陀羅尼経跋」において、

又、日本の神護景雲四年唐の大暦三年に当たるに造られた百万木塔があり、その中には各々無垢浄光経の刻本の中の陀羅尼一巻見たところでは、根本陀羅尼、相輪陀羅尼、自心印陀羅尼、六度陀羅尼の四種があるが納められている。（中略）日本の百万塔に納められた陀羅尼の刻本の寸法もこれとほぼ同じであり、この制度はおそらく唐から伝わったものである。従って、唐の大暦以前にもすでにこの種の印本が存在していたが、伝存しなかったものと思われる。

と、自分がかつて目にした日本の百万塔陀羅尼を例として、唐代には、このような小さな経巻を印刷して塔に納める習慣があったのではないかと推測している（注25）。この跋文によって、王国維が百万塔陀羅尼の根本、相輪、自心印、六度の四種類を目にしていたことが判る。王国維は光緒二十六年十二月（一九〇一年一月）から翌年の夏にかけて東京物理学校に留学し、辛亥革命以後の宣統三年十月（一九一一年十二月）に恩師の羅振玉とともに再び日本にわたり、民国五年旧暦正月（一九一六年二月）に帰国するまで京都に滞在していた。恐らく亡命中に京都において百万塔陀羅尼を目にしたものと思われる。

しかしながら、楊守敬、陳矩や王国維の見聞は、当時およびその後においても中国の学界には広く伝わらなかった。例えば、中国の印刷史研究に長らく影響を与え続けた孫毓修『中国雕板源流考』（商務印書館、一九一八年初版）は、その「雕板之始」の項において、現存する早期印刷物の実例として、「日本所蔵永徽六年阿毘達磨大毘婆娑論刻本」を挙げているが、百万塔陀羅尼のことについては、一切言及していない（注26）。日本人学者と交流のあった葉徳輝による、書誌学の名著である『書林清話』においても、百万塔陀羅尼に関しては全く触れられていない（注27）。

一九二五年には、カーターの『中国印刷術の発明とその西伝』が出版され、中国の印刷史研究に大きな刺激を与えた。該書の第七章にある百万塔陀羅尼を論じた部分は、後に敦煌研究や唐代文化等の研究で有名になる向達により翻訳され、「日本孝謙天皇及其所印百万巻経咒」という題目により、当時の中国の学界に影響のあった『図書館学季刊』に掲載され、百万塔陀羅尼のことはそれによって、中国人研究者に広く知られるようになった（注28）。また、向達は、一九二八年に「唐代刊書考」と題する論文を発表し、カーターおよび朝倉亀三の『日本古刻書史』の論述を引用した上で、「現在世界上の最古の印刷品は、宝亀本の陀羅尼を推す

べきであろう」と明確に指摘している（注29）。但し、向達のこの論文の主題は唐代の印刷であり、百万塔陀羅尼に関しては、当時の日本の文化は殆ど中国から伝わったものであるため、陀羅尼の刊印に際しても恐らく中国の影響があっただろうという推測を述べるに留まっている（注30）。その後、中国において、中国の四大発明の一つとされる印刷技術の研究は大きな進展を見せており、中国印刷史に関する著書や論文が多く出版されている。しかしながら、日中両国間の長期にわたる交流の隔絶のため、中国の学者の百万塔陀羅尼に関する知識、および日本における百万塔陀羅尼の研究成果に関する情報は少なく、印刷史を研究する学者でも、殆どその実物を目にする機会がなかった。そのため、近年までの中国の印刷史関係の論著に散見する百万塔陀羅尼に関する記述を見る限り、その論拠はカーターの『印刷技術の起源とその西伝』や朝倉亀三の『日本古刻書史』（一九〇九年初版、一九八四年複製版）、木宮泰彦『日本古印刷文化史』（富山房、一九三二年初版、一九六五年再版）、禿氏祐祥「百万塔陀羅尼考証」（『龍谷学報』三〇六号、一九三三年六月、のち『東洋印刷史研究』に所収、青裳堂書店、一九八一年）、藤田豊八「支那印刷の起源について」（『剣峰遺草』、一九三〇年。この論文の中国語訳は、「中国印刷起源」という題目により『図書館学季刊』第六巻第二期に掲載され、多くの中国人学者によって知られるようになった）などの二、三十年代の著述によるものがいまだに多いようである（注31）。中には、中国印刷史研究の権威である張秀民先生のように、長年にわたりその真偽に疑問を持つ学者さえもいるほどであった（注32）。また、近年の印刷史関係の論著の中で、百万塔陀羅尼のことをもっとも詳細に記した潘吉星先生の著作においても、百万塔陀羅尼の印刷について述べた後、「日本の遣唐使や学問僧ができあがった経典（筆者按、百万塔陀羅尼を指す）を、贈り物として中国に持ち込んだ可能性があるが、今となってはすでに行方不明になっている」と、百万塔陀羅尼が古代、遣唐使や学問僧によって中国に持ち込まれた可能性を示している（注33）。そもそも百万塔陀羅尼は、恵美押勝（藤原仲麻呂）の反乱を鎮圧したことをきっかけとして、罪業消滅と国家安泰を願って造らせたものであり、塔に入れて寺院に納めるためのものであり、贈り物として遣唐使が中国に持ち込むことはあり得なかったと考えられる。以上のことからも判るように、百万塔陀羅尼の造られた歴史背景や社会環境に関して、中国の学界においては充分に理解されてこなかったといえるだろう。

言うまでもなく、張秀民先生および潘吉星先生は筆者の尊敬する碩学である。ここで以上二つの例を挙げたのは、彼らのような博学の印刷史研究者でさえも、百万塔陀羅尼に関する知識が十分ではなかったことを指摘しておきたいためである。楊守敬の百万塔陀羅尼の記録および陳矩が百万塔陀羅尼を購入した事実が中国では全く忘れられてしまったことが象徴しているように、中国の印刷史研究において、百万塔陀羅尼に対する関心はあまりにも低かったと言えよう。

おわりに

本稿においては、楊守敬『留真譜』の百万塔陀羅尼に関する記録や、陳矩が百万塔陀羅尼を購入して中国に持ち帰った経緯を考察し、さらに、楊守敬や陳矩以後の中国の学界における百万塔陀羅尼に関する研究史を簡単に振り返ることにより、楊守敬と陳矩による百万塔陀羅尼の記録、紹介の意義を再認識しようと試みてきた。

八世紀以降に日本の法隆寺に納められた百万塔陀羅尼が十九世紀末において中国に伝えられたことは、明治時代における日本の文化財の移動史を研究する上での重要な例証であり、また、楊守敬と陳矩による百万塔陀羅尼の記録と紹介は、近代以降の中国の学界における印刷術の起源に関する研究を辿る際の貴重な手掛かりでもある。これらの事実が殆ど忘れられてしまっていたということは、偶然とはいえ、ある面において、中国の印刷史研究者が今日に至るまで、百万塔陀羅尼に対してあまり強い関心を示さなかったことを象徴するものと言えるだろう。

百万塔陀羅尼は、早期における印刷物の実例として、日本の印刷文化史のみならず、東アジアにおける印刷技術の起源の解明においても重要な意味を持っている。近年、韓国の慶州仏国寺で発見された陀羅尼の印刷品を物証として、韓国が世界で最も早く印刷術を発明したという一部の韓国の学者の主張を背景に、中国の学界においても、印刷技術は何時、何処で発明されたのかという印刷術の起源の問題に対して、多大な関心が寄せられるようになっている。これらの議論においては、韓国と中国のいずれにおいて印刷術が発明されたのかといった点が議論の中心となっているため、韓国慶州仏国寺の陀羅尼とは対照的に、初期の印刷物を研究する際の重要な資料である、日本の百万塔陀羅尼に対する関心は意外なほどに低く、中国においては、これに焦点を合わせた新しい研究はほとんど見当たらないのではないかと思われる。

韓国の慶州仏国寺の無垢浄光大陀羅尼は、年代的には確かに日本の百万塔陀羅尼よりも古いもので、技術的にも、百万塔陀羅尼より成熟した面があると思われる。しかしながら、慶州仏国寺の陀羅尼と百万塔陀羅尼は、いずれも中国で発掘された一連の初期の印刷物と同様に、東アジアにおける印刷技術の起源を究明する際の重要な資料なのである。特に、慶州仏国寺の陀羅尼の実物が、専門の学者でさえも殆ど実見が不可能なのに比して、かなりの数の実物が残されている百万塔陀羅尼に対する具体的な研究は、より有益なものであるように思われる。

百万塔陀羅尼に関しては、なお多くの謎が残されているが、これらの謎の究明は、東アジアにおける印刷技術発明の初期の様々な問題の解明にも繋がるものだと思われる。本稿の執筆の動機は、まず、十九世紀後半にすでに百万塔陀羅尼の価値に注目していた楊守敬と陳矩の百万塔陀羅尼についての記録の考察と分析により、清末における彼等の日本での学術活動の足跡を追い、近代日中学術交流の脈絡を整理することにある。同時に、すでに忘れられてしまった百年前の史実の紹介を通して、百万塔陀羅尼に対する中国の学界の関心を高めることにもあるのである。今後、多くの中国学者の参加による、一層本格的な研究がなされることを願って止まない。

二〇〇二年七月初稿、二〇〇五年七月改訂

[付記]

本稿の執筆中に、増田晴美・湯浅吉美両氏から御指教を賜わった。謹んで謝意を申し上げる次第である。また、初稿の完成からかなりの時間が経過したが、その間に、拙著『明治前期日中学術交流の研究—清国駐日公使館の文化活動』(東京、汲古書院、二〇〇三年二月)が出版されたため、陳矩の事跡や彼の百万塔陀羅尼の購入に関する一部の論述が該書第三部第二章の内容と重複することとなってしまったことを記しておきたい。

注

1 中国における、韓国慶州仏国寺で発見された陀羅尼印刷品の報道としては、一九七八年、外国の新刊本を紹介する情報誌である『国外書訊』で、カーター『中国印刷術の発明とその西伝』の日本語訳注『中国の印刷術：その発明と西伝』(藪内清・石橋正子訳注、東京、平凡社、東洋文庫、一九七七年)を紹介した陳政周「国外談中国古代的偉大発明印刷術」(『国外書訊』一九七八年第六期)が最初のものである。ただし、慶州仏国寺陀羅尼に関しては断片的にしか言及しておらず、多くの学者の注目するところとはならなかった。その翌年、胡道静は友人であるシカゴ大学遠東図書館館長、銭存訓博士の紹介によってこの発見を知り、早速、書評誌『書林』において、「世界上現存最早印刷品的新発現」と題する短文を発表し、中国国内に広くこの事実を公表したのだった(『書林』一九七九年第二期)。また、この短文を掲載した『書林』はその後、アメリカの印刷史研究者L.C.Goodrichが十数年前に発表した、慶州仏国寺陀羅尼に関する論文の翻訳を掲載した(L.C.Goodrich著・梁玉齢訳「関於一件新発現的最早印刷品的初歩報告」、『書林』一九八〇年第二期)。中国国内の多くの学者はこの二つの文章によって、韓国慶州仏国寺で発見された陀羅尼の存在を知ることとなったのである。慶州仏国寺陀羅尼の発見と中国に紹介された経緯については、銭存訓「現存最早的印刷品和彫版実物」(『中国古代書籍紙墨及印刷術』所収、北京、北京図書館出版社、二〇〇二年修訂版)を参照されたい。

2 「著録家於旧刻書多標明行格、以為験証。然古刻不常見、見之者未及卒考、仍不能了然無疑。余於日本医士森立之処見其所摹古書数巨冊 或摹其序、或摹其尾、皆有関考験者、 使見者如遘真本面目、顔之曰『留真譜』、本『河間献王伝』語也。余愛不忍釈手、立之以余好之篤也、挙以為贈。顧其所摹多古鈔本、於宋元刻本稍略。余倣其意、以宋元本補之。又交其国文部省書記官巌谷修与博物局長町田久成、得見楓山文庫、浅草文庫之蔵。又時時於其収蔵家伝録秘本、遂得廿餘冊。即於其国鳩工刻之。以費重、僅成三冊而止。帰後擬続成之、而工人不習古刻格意。久之、始稍有解。乃増入百餘翻。」

3 拙著『明治前期日中学術交流の研究』第三部第四章第五節、第四六六〜四七五頁、東京、汲古書院、二〇〇三年二月。

4 穂井田忠友『観古雑帖』、天保十二年(一八四一)刊本。以下引用する穂井田忠友の説はすべて該書による。

5 狩谷棭斎『称徳天皇百万塔及塔中安置経本』、寛政十年(一七九八)刊、天理図書館蔵。中根勝『百万塔陀羅尼の研究』(大阪、『百万塔陀羅尼の研究』刊行委員会、昭和六十二年二月)巻末に、当複製本巻末に附されている狩谷棭斎の識語を収録している。なお、『国書総目録』には『百万塔考』として著録されている。

6 「其経則印刻、独末題『甲』字為肉書。」

7 「此経原狩谷棭斎翁所珍蔵、後得之於柏木某之家。函上題簽即翁手書。明治十年八月十五日、松浦弘志、黄邨書。」また、該経巻の詳細に関しては、増田晴美「静嘉堂文庫所蔵の百万塔及び陀羅尼について」(『汲古』第三七号第二十五頁、汲古書院、平成十二年六月)を参照されたい。

8 楊守敬『留真譜』初編第一冊、第二冊所収。なお、楊守敬と向山黄村との交遊に関しては、拙著『明治前期日中学術交流の研究』第三部第四章第六節の関係部分(第五〇二〜五一三頁)を参照されたい。

9 『貴州通志』に伝記がある。

10 陳矩『霊峯草堂集』(光緒二十四年成都刻本)巻頭光緒十九年剣川趙藩序による。

11 なお、陳矩「跋夷牢亭図」には「光緒己丑春、従節使黎先生於日本」とあり、光緒十五年のこととしている(『霊峯草堂集』)。

12 陳矩と日本人との交流に関する最近の研究としては、石田肇「藤野真子と陳矩」(『東洋文化』復刊第八五号、平成十二年九月)がある。

13 「近貴陽陳子衡山有捜奇嗜古之癖、嘗使日本、集其金石文字為一書、時人以比之欧陽永叔。又以其餘事為詩、挙身所遊歴、耳目所睹聞者、壱於是発之。」姚文棟光緒十七年(一八九一)序

14 姚文棟の日本滞在中の古典籍蒐集活動に関しては、拙稿「姚文棟の日本における古籍蒐集活動について」(『汲古』第四十号、第四十七〜五十一頁、東京、汲古書院、平成十三年十二月)を参照されたい。

15 「余居東近三載、獲遺書百餘巻、宋元槧本書二百餘巻、日本金石四千餘宗、名人著述未刊行者五百餘巻。」

16 「使日本時、得古本逸書数百巻、金石三千餘種、時人以比之欧公。」『天全石録』楊賛襄序、霊峯草堂叢書本、光緒二十九年春日錦城鋟版。

17 当麻寺および天平宝字経筒の信憑性に関しては、湯浅吉美氏の御指教を賜わった。なお、この経筒は中国に持ち帰られたものと思われるが、この件に関する記録は一切見当たらず、その行方も不明である。但し、ここに詠われている内容は、近代における中国人による経筒に関する最初の記録であり、中国人による経筒の研究史においても重要な意味を有するものである。中国に伝わった日本古代の経筒の中では、近年、中国歴史博物館に所蔵されている「道賢銘経筒」が日中両国の学界において話題となっている。この経筒は五台山の古寺から流出したものと伝えられ、経筒に刻まれた延長三年(九二五)の銘文により、道賢が中国に渡る僧侶に依頼し

て五台山に届けさせたものとされているが、経筒および銘文の真偽に関して、学者たちの意見は二分されている（「道賢銘経筒」をめぐる最近の議論に関しては、『アジア遊学』第二十二号の特集である「道賢銘経筒の真贋」を参照されたい。東京、勉誠出版、二〇〇一年十二月）。経筒と銘文の信憑性が高いことを主張する王育成氏は、その論拠の一つとして、「筆者はかつて一九四一年以前の中国文物考古学、歴史学、宗教学に関する大量の資料、書目、論文目録を調査したが、日本の経筒を紹介或いは研究した文章は一編も見当たらなかった。近年の中日両国における日本経筒研究に関する著作や論文を見ても、やはり一九四一年以前に日本経筒について触れた中国の文章や著作に言及するものはない」ことを挙げ、「一九四一年に至るまで、中国では、（道賢銘経筒を入手した）李泰棻教授が日本経筒の実物を研究したのみで」あり、また、「一九四一年に李泰棻が道賢法師経筒を著録するまで、我が国の学術界では日本経筒を研究或いは紹介する文章を発表したものはなく、日本の経筒に対する知識は一つの空白であった」とし、「二十世紀の四十年代以前の中国には、日本の銅製経筒を偽作するため参考となるものは全く存在せず、すなわち、経筒の形態に対する概念は甚だ茫漠としていた」と力説している（王育成「五台山に奉納された経筒—中国蔵日本道賢法師経筒論」、同前誌第八頁〜第二十三頁）。しかしながら、陳矩の入手した「天平宝字塗金経筒」の例から見て、日本の経筒は十九世紀末期にはすでに中国に伝えられていた可能性があり、さらに、陳矩のような中国の学者もそれに対して強い興味を示していたことが窺えるのである。

18「甚矣、日本国人之好仏也。於神護景雲之造塔可概見矣。攷日本『孝謙天皇紀』、神護景雲四年四月戊午、初、天皇八年乱平、乃発弘願、令造三重小塔一百万基、高各四寸五分、基径三寸五分、露盤之下、各置『根本』『慈心』『相輪』『六度』等陀羅尼。功畢、分置諸寺。光緒戊子、余随使日本。十二月十六日、偶游東京上野書肆、見此一基、為法隆寺旧蔵。書賈初不知貴、以銭数千取之。考塔式与『孝謙天皇紀』所記、無毫髪異。惟所記乃日本天平尺、与今尺稍有異耳。塔底有墨書数字、多不可辨。塔中蔵経巻、以工部営造尺度之、高一寸九分、長一尺五寸九分。紙厚如銭、色等硬黄、墨色如翠、字画古勁、類六朝碑。古香襲人、覧之忘倦、可宝也。曩閲陸深『燕閑録』、隋文帝開皇十三年十二月八日、勅廃像遺経、悉令雕板《ママ》。又『筆叢』、雕本肇自隋、行於唐世、拡於五代、精於宋人。余始未然其説、今拠神護景雲刊本経 神護景雲四年当中国唐代宗大歴五年、是異国刊本之行已始唐代、則二説必有所本矣。嗟乎、斯塔也、造時雖計以百万、然流伝至今、已千餘年矣。潮蒸虫蝕、消磨幾尽。存者如晨星、得者等麟角。余幸獲此完整者、殆有天焉。然浮屠氏之珍、自度不能常有、不若仍寄之浮屠氏。因置之黔霊山蔵経楼中。又恐歳月逾遠、当復遺失。並志巓末、勒諸石、以永其伝焉。」陳矩「黔霊山蔵塔記」（『東游文稿』）。

19清代工部営造尺の一尺は三十二センチに相当する。丘光明編著『中国歴代度量衡考』、北京、文物出版社、一九九二年。

20陸深および胡応麟は明記していないが、「隋文帝開皇十三年十二月八日、勅廃像遺経、悉令雕撰」は隋・費長房『歴代三宝記』巻十二の記載に基づいている。この記録は現在でも屢々印刷史研究者によって引用されているが、「雕撰」に関する解釈は様々である。

21黄遵憲『日本雑事詩』初刊本第六十二（定本第六十七）・六十三（定本第六十八）・六十四（定本第六十九）・七十三（定本無）および初刊本には無く、定本において補われた第六十八・七十八・七十九首、李慈銘に宛てた楊守敬の書簡（『越縵堂日記』光緒六年十二月二十日、中華書局、一九六三年）、姚文棟「答東洋近出古書問」（『読海外奇書室雑著』）。

22高田良信著『近代法隆寺の歴史』、同朋舎、一九八〇年五月。中根勝『百万塔陀羅尼の研究』では、「百万塔譲与規定」によって、この時に一四〇〇基もの百万塔が流出したと述べている。

23長沢規矩也編『図解和漢印刷史』、汲古書院、一九七六年。

24高田良信著『近代法隆寺の歴史』、同朋舎、一九八〇年五月。

25「又日本神護景雲四年 当唐大歴三年 所造百万木塔、其中各有刻本無垢浄光経中陀羅尼一巻 所見有根本陀羅尼、相輪陀羅尼、自心印陀羅尼、六度陀羅尼凡四種。（中略）日本百万塔中所有刻本陀羅尼大小亦与此略同、其制当出於唐。是唐大歴以前必已有此種印本、而世無伝者。」王国維「顕徳刊本宝篋印陀羅尼経跋」（『観堂集林』巻二十一）。

26永徽六年阿毘達磨大毘婆娑論刻本とは、三井高堅所蔵の『阿毘達磨大毘婆娑論』巻一四四のことである。紙背に「大唐蘇内侍写真定本」という木刻の楷書朱印が押されているため、一時期、初唐刊本と伝えられていた。例えば、羅振玉『莫高窟石室秘録』には、「予於日本三井聴氷氏（高堅）許、見所蔵永徽六年阿毗達摩大毗婆娑論巻一百四十四、其紙背有刻木楷書朱記、文曰『大唐蘇内侍写真定本』九字、与宋蔵経紙後之『金粟山蔵経記』朱記同、此為初唐刻本之確拠」と述べられており、その真偽について疑念を持たれてはいない。しかしながら、贋作であることが後に指摘され、向達は「唐代刊書考」において、新村出『典籍叢談』の「唐宋版本雑話」を引用して、その信憑性を否定している。「唐代刊書考」、『中央大学国学図書館第一年刊』、一九二八年十一月、のち『唐代長安与西域文明』（三聯書店、一九五七年四月）に所収。

27葉徳輝著『書林清話』。

28向達訳「日本孝謙天皇及其所印百万巻経咒」、『図書館学季刊』第二巻第一期、一九二七年十二月。向達は訳文において、日本人学者の論著によって、孝謙天皇刊陀羅尼経六種というカーターの論述の誤りを訂正し、訳文末の「訳者補注」においては、朝倉亀三『日本古刻書史』により、四種の陀羅尼の内容を述べ、さらに、百万塔陀羅尼を論じた大屋徳成『寧楽刊経史』を紹介している。

29「現今世界上最古之印刷品、当推宝亀本『陀羅尼経』。」向達「唐代刊書考」。

30「唐代日本文化大都伝自中土、（中略）則刊印陀羅尼経恐亦有所受也。顧文献無徴、今不具論。」向達「唐代刊書考」。

31『雕版印刷源流』（北京、印刷工業出版社、一九九〇年）、潘吉星『中国科学技術史—造紙印刷巻』（北京、科学出版社、一九九八年八月）、宿白『唐宋時代的雕版印刷』（北京、文物出版社、一九九九年三月）。

32張秀民先生は、「中国印刷術的発明及其対亜洲各国的影響」と題する著名な論文において、①百万塔陀羅尼には刊刻年月が記されていないので、印刷の行われた時期を断定できないこと、②『東大寺要録』に「摺本」という言葉が見られるが、「印本」の意味とは取れないこと、③『続日本紀』が最も有力な証拠であるが、その記録には、百万の小塔を造って、その露盤の下に陀羅尼を置いたことが記されているのみであり、「印刷」に関しては全く触れていないこと、④百万巻の陀羅尼を印刷した後の三四百年間において他の印刷事業が全く行われていないことから見て、これほど大規模な印刷事業が社会や文化に全く影響を与えていないことは情理には合わない、などの理由を挙げて、百万塔陀羅尼の信憑性を疑っている（『光明日報』一九五二年五月三十日、同年『文物参考資料』第四期に転載。後、『張秀民印刷史論文集』〔北京、印刷工業出版社、一九八八年十一月〕に収録）。この観点はその後に刊行された、印刷史研究の名著として広く知られている『中国印刷術的発明及其影響』（北京、人民出版社、一九五八年初版〈一九七八再版〉；台北、文史哲出版社、一九八八年；日本語版『中国の印刷術―その歴史的発展と影響』、広山秀則訳、関書院、一九六〇年）においても受け継がれている。但し、近年刊行された『中国印刷史』（上海、上海人民出版社、一九八九年）においては、旧説を改めている。

33「此経印成後、日本遣唐使・学問僧可能携入中国以礼物相贈、然今已不知去向。」潘吉星『中国科学技術史―造紙印刷巻』（北京、科学出版社、一九九八年、第五三〇頁）。

奈良時代仏教史の中の百万塔

湯浅吉美

一、はじめに

百万塔陀羅尼が奈良時代に制作されたものであることは言うまでもない。また、仏教的な文化遺産であることも説明を要しない。ならば、これを奈良時代仏教の中に位置付けて考察しなければならぬということもまた明らかなことである。本稿は、そのような観点から若干の考察を試みる。具体的に言えば、百万基の小塔を十か寺に安置するという、日本史上、空前にしておそらくは絶後の一大プロジェクトが、どのような仏教史的背景をもって構想されたのか。そのことを中心に検討する。

この大事業の思想的典拠としては、『無垢浄光大陀羅尼経』の所説に従って、との説明が通説であり、その中にはたしかに、この陀羅尼を書写して小塔に納めて云々、という内容が説かれている。また同経こそが現存する四種の陀羅尼の出典に他ならない。ゆえに通説に謂うところは一応もっともと思える。しかしながら、虚心に同経を読むとき、以下のような疑問が浮かんでくる。すなわち、

・百万という数も出てこなければ、諸寺に分置ということも説かれていない。これらはどこから発想されたのか。
・六種の陀羅尼が説かれているが、現存するのは四種である。元々四種のみであったのか、それとも当初は六種あったのか。

願意に相応しい内容をもつ経典なり陀羅尼なりを選択するだけならば、ある意味ではさまで困難なことではない。何しろ俗に八万四千の法門と称するくらいで、まず大抵の物事の拠り所を見出すことができよう。しかし、経文に明言されていない供養の仕方、殊に百万という厖大な数量を考え付くためには、典拠経典とは別の由来、ないしは類稀な創造力を必要とするに相違ない。『無垢浄光大陀羅尼経』の所説に基づいて、と単純に言い切ってしまっては、何か物足らぬように思われるのである。

先に結論を表明してしまうと、

・十か寺に十万ずつ、合計百万という数は、『梵網経』に説く蓮華蔵世界観に基づいており、東大寺大仏と思想基盤を同じうするものである（注1）。
・やはり当初は六種の陀羅尼が作成されたと見るほうが穏当であろう。
・建策者は東大寺の初代別当、良弁であろう。

ということである。とくに第一と第三の点は、これまで注意されることのなかった新見解と言えると思うので、大いに当否を問いたい。第二の点については十分な論証ができぬゆえ、簡単に言及するに止める。

ところで、本論に入る前に確認しておくべきことがある。それは、百万塔の現存数が全体の五パーセントにも満たず、しかも法隆寺にのみ伝来した、という事実である。細かに言えば、最近の法隆寺昭和資財帳編纂に伴う調査において、塔身部四五七五五、相輪部二六〇五四、陀羅尼経三九六二という数が挙げられている。明治期に頒布されて諸家に蔵する分（予定数で千四百）を合わせても五万に及ばない。陀羅尼経に至っては、総数の〇・四パーセント。つまり、百万を十か寺に分納したと伝えられる大事業の遺品としては、限られ、かつ偏った標本である可能性を否定できないのではあるまいか。拙稿も含めて、何を論ずるにも、その地平線の内側での話であることを認識しておく必要があろう。とは言え、もとより無い物ねだりはできぬ相談、現存する資料のみに拠って議論を進めねばならぬこともまた自明である。

二、『無垢浄光大陀羅尼経』について

『無垢浄光大陀羅尼経』は仏塔修造の功徳を説く経典である。唐代の弥陀山三蔵によって漢訳された。ちょうど則天武后の末年、日本では奈良時代の幕が開こうとする時に当たる（注2）。禿氏祐祥は、日本に本経をもたらしたのは玄昉であったと考えている。玄昉は養老元年（七一七）に留学僧として入唐し、天平七年（七三五）に帰国する際、『開元釈教録』所載の仏典五千余巻を請来した。本経は『開元釈教録』に記載されている一方、天平九・十年の正倉院文書に所見があるという。従うべき見解であろう（文献2）。左に経典の梗概を記す（注3）。

迦毘羅城下でのこと。劫比羅戦荼なる外道の大婆羅門が人相見の名人から死期の近いことを告げられ、世尊に救いを求めてくる。世尊はその求めに応じて婆羅門に仏塔修造の功徳を説くが、居合わせた除蓋障菩薩の請を受けて、さらに詳しく「最勝無垢清浄光明大壇場法」と名付ける法を説く。まず個別に、根本陀羅尼法、相輪樸中陀羅尼法、修造仏塔陀羅尼法、自心印陀羅尼法の順に、それぞれ陀羅尼の呪文、供養の仕方、その功徳が記される。ただし自心印陀羅尼は、根本、相輪、修造と聴聞してきた除蓋障菩薩が説いたもの。次に世尊は金剛大夜叉主の問に答えて大功徳聚陀羅尼を説き、最後に六波羅蜜陀羅尼（いわゆる六度）を説く。そして除蓋障菩薩をはじめ、一同の歓喜讃嘆をもって終わる。

全体を通して見ると、六種の陀羅尼が均質に並んでいるわけではないことがわかる。というのは、根本、相輪、修造の三者は一連のもので仏説、自心印は前三者を踏まえての除蓋障菩薩説、以上の四者をばまとめて「四大陀羅尼呪」と記している。あとの二つは、四大陀羅尼呪を供養するに当たって、延寿招福を願うならば大功徳聚陀羅尼を誦念し、六波羅蜜満足を求めるならば六度を誦せよ、という具合である。また供養の仕方も異なり、四大陀羅尼呪はそれを書写すべきことをいうが、後二者はもっぱら誦するものとして説かれている。さらに、四大陀羅尼呪は各々「何々陀羅尼法」と名付けられているのに対し、後二者にはそのようなことがない。実のところ、大功徳聚陀羅尼と六波羅蜜（六度）陀羅尼という呼び方も、便宜的にそう呼んでいるだけで、経典本文に出てくるわけではないのである。このように六種の陀羅尼は、その重みに差のあることが察せられるし、そのことを認識した上で考察する必要があるのではないか、ということを指摘しておく。

次に、本経の所説に従って得られる果報はどのようなものであろうか。換言すれば、どのようなことを期待できるのであろうか。その答えは第一の根本陀羅尼法の個所に集中的に記されている。大概を要約すれば、寿命を延べ、地獄・餓鬼・畜生など諸々の悪趣を離れることを得、一切の所願みな満足し、一切の病および諸々の煩悩も悉く消除する。まさに死せんとする病者の命を繋ぎ、意識を回復させ、あるいは亡者をして天上界ないし兜率天宮に生ぜしめる等々。もともと死期近く、地獄に堕ちると予言された婆羅門に対する説教ゆえ、これは当然のところとして首肯できる。しかしそれ以上に注意すべきことは、いわゆる鎮護国家的な効果をもたらすことが記されている点である。少々事々しいけれども、左に訓み下し文を示す。

かの国土にして、もしは諸悪の先相現るる時あらば、その塔即ちたちまちに神変を現じ、大光焔を出だし、かの諸悪不祥の事をして殄滅せざるは無し。もしはまた彼に悪心の衆生あり、あるいはこの怨讐及び怨伴侶、ならびに諸の劫盗寇賊等の類、この国を壊さんとおもわば、その塔またたちまちに大火光を出だし、即ちその処に諸の兵仗を現じ、悪賊、見おわって自ずからに退散せん。

このように国土擁護のことが功徳として述べられている。また六度陀羅尼の個所にも、

呪の威力をもってこの人を擁護し、諸の怨家および怨朋党、一切の夜叉、羅刹、富単那等をして、皆、この人に悪をなすことあたわず、おのおの恐怖を懐き、諸方に逃散せしむ。

との文言が見える。

ここで想起すべきことは、百万塔の造立は、恵美押勝（藤原仲麻呂）の乱の平定後、押勝一派の鎮霊と以後の国家安穏とを念じて発願された、ということである。その沿革を語る唯一の史料、『続日本紀』神護景雲四年（七七〇）四月戊午（二十六日）条を次に示す（注4）。

初天皇。八年乱平。乃発弘願。令造三重小塔一百万基。高各四寸五分。其径三寸五分。露盤之下。各置根本。慈心。相輪。六度等陀羅尼。至是功畢。分置諸寺。賜供事官人已下仕丁已上一百五十七人爵。各有差。

（訓み下し）

初め天皇、八年の乱平らぎて、すなわち弘願を発し、三重小塔一百万基を造らしめたまう。高さ各四寸五分、その径、三寸五分。露盤の下に、おのおの根本、慈心、相輪、六度等の陀羅尼を置く。是に至りて功畢り、諸寺に分かち置く。事に供する官人已下仕丁已上一百五十七人に爵を賜うこと、おのおの差あり。

「八年乱平」とあるのが天平宝字八年（七六四）九月に起こった恵美押勝の乱を意味することは明らかである。また、これが（他の同様の事績――もしあったとしても――ではなく）正に現存する百万塔を指す記述であることも、「高各四寸五分。其径三寸五分」と「根本。慈心。相輪。六度等陀羅尼」の文言によって証される（注5）。そのような目的をもった事業であってみれば、

前記、根本と六度に説く鎮護国家の功徳は、まことに趣意に適ったものと言える。その他の個所で繰り返し説かれる寿命延長とか罪業消滅といった功徳は、陀羅尼の呪力が自己に向かって発現するわけで、この目的のためには重要でない。強いて言えば、根本陀羅尼法によって得られる国土擁護と、六度の保障する玉体安康こそが、百万塔陀羅尼の眼目である。

三、供養の在り方

次に供養の在り方を概観する。またそれと関連して、陀羅尼がはじめから現存の四種だけであったか否かについても言及する。

四大陀羅尼呪と呼ばれる根本、相輪、修造、自心印については、それぞれ個別に供養法が説明される。いま一々に掲げることは煩瑣に過ぎるので、大体において共通する要素だけを箇条書きに記すと、

・陀羅尼を書写する
・方壇を築く（「修造」では塔を造り、または補修する）
・壇場や塔に香華・香水・飲食等を供え、荘厳する
・壇の四周、塔中などに陀羅尼を置く
・右遶礼拝しながら陀羅尼を念誦する

といったことである。ところが、書写する本数や誦する回数には少なからぬ違いがある。

〔根本〕書写すること、右遶すること、誦すること、小泥塔を作ること、すべて七十七。
〔相輪〕書写すること、九十九本。
〔修造〕呪すること、一千八遍。
〔自心印〕書写すること、九十九本。その他に、仏塔を右遶し誦すること、百六遍から一万一千遍まで二十段階に分けて如来地に達するまでを説く。

それに対し、大功徳聚と六度とは以下のように説かれる。

〔大功徳聚〕もし比丘・比丘尼・優婆塞・優婆夷、大功徳聚を満足し得んとおもわば、まさに前法に依りてこの四大陀羅尼呪法王各九十九本を書写すべし。然る後、仏塔の前に一の方壇を造り、牛糞をもって地に塗れ。（中略）陀羅尼呪をもって相輪樘中および塔の四周に置き、呪王法をもって塔内に置け。十方の仏を想い、至心にこの陀羅尼を誦念せよ。
〔六度〕もしまた人ありて、六波羅蜜を満足することを得んとおもわば、まさに方壇を作り、まず牛糞をもって塗るべし。（中略）前の四種陀羅尼呪各九十九本を写し、手ずから小塔を作り、九十九を満たし、この塔中に各一本を置け。その相輪呪をまた小塔相輪樘中に置け。壇上に行列し、もろもろの香花をもって供養し、旋遶すること七遍、この陀羅尼を誦せよ。

このように供養の仕方を整理してみると、現在われわれが一般に理解している百万塔陀羅尼の在り方は、六波羅蜜陀羅尼（六度）の個所に記す供養法に最も近いと言えるが、しかし、全く同じではない。根本から自心印までの四大陀羅尼各九十九本を書写するのはよいとして、そのあとを文字通りに読めば、九十九基の小塔の中に四大陀羅尼各一本ずつを納めることになる。そして「六度」は唱えるのであって、書写して塔中に納めるわけではない。つまり百万塔陀羅尼は、たしかに経文の出典は『無垢浄光大陀羅尼経』に相違ないものの、百万という数や諸寺に分置するということが同経に由来していないことは明らかである。

必ずしも経文のとおりに作ったのではないということは、夙に平子鐸嶺によって指摘されている。平子はこのことを、陀羅尼が六種完備ではなく最初から四種であったとする説の論拠として使っているが、にわかには賛同し難い。たしかに、唯一の史料たる『続紀』には「各置根本。慈心。相輪。六度等陀羅尼」という文言がある。そして、現存する陀羅尼がその四種に限られることは動かし難い事実である。『続紀』に見えない二種が見事に一片も残らず失われたと考えることは偶然に過ぎ、はじめから修造と大功徳聚の二種は無かったと見るほうが自然ではある。しかし上述の如く、経文では修造までを総称して四大陀羅尼といい、大功徳聚と六度の供養法では明らかに四種同列のセットとして扱っているし、その中から修造だけを除く理由は全く見当たらない。もし除くのなら、仏説でない自心印を除くほうが理に適うのではないか。これは消極的ながらも、当初は修造が存在した可能性を示唆する。さらに、『続紀』が自心印を「慈心」と誤っているのは、机上で編纂に当たった『続紀』編者が、実は百万塔の現状をよく知らなかった様子を窺わせるかと思う。

また、従来は一向に注意されなかったと見えるが、次に掲げるような史料がある。すなわち、『七大寺巡礼私記』元興寺吉祥堂条に、

斯堂者在金堂坤角、光明皇后御願也、安置八万四千小塔（轆轤曳／高七寸許）、故号小塔、此塔各無垢浄光陀羅尼経五真言之内納其一本云々、仁和寺勝定房阿闍梨説云々

（訓み下し）

この堂は金堂の坤の角にあり。光明皇后の御願なり。八万四千の小塔（轆轤曳き、高さ七寸ばかり）を安置す。ゆえに小塔（院）となづく。この塔はおのおの無垢浄光陀羅尼経の五真言の内、その一本を納むと云々。仁和寺の勝定房阿闍梨の説なりと云々。

と見える（注6）。各々の小塔に「五真言」のうちの一本が納められていることが明記されている。続く「仁和寺勝定房阿闍梨説云々」との文言から、撰者大江親通も実見の上で記したのではないことが知られるが、ともかく五種の陀羅尼が存在したことを伝える唯一の史料である。平子鐸嶺は相当強烈な筆致で「当初から四種のみ」とする説を述べ、「実物の検覈を怠り、古記のいふ所を考査せずして、ひたぶるに想像をたつるは抑妄なり」とまで言うが、当人はこの一文を引用するに当たり、いかなる事情からか「五」の一字を脱している。むしろ平子自身、現物が四種しか存在しない事実に引きずられて「古記のいふ所を考査」していない、と評しうるように思う。

ただし、はじめは六種あったという説をなすならば、解決しなければならない難題がある。それは陀羅尼の包紙に見える番号と、塔身にある番号刻印である。平子鐸嶺は包紙の番号が根本＝一、相輪＝二、自心印＝三、六度＝四であることを、例外なく確認したと報じている。もしも修造が刷られたのならば、それが三となり、自心印は四になる。また大功徳聚があれば五になって、六度は六になるはず、という。一方、刻印についても四までしかなく、五・六は見当たらない（文献5、金子裕之）。この二点は「当初から四種」説の強力な論拠である。これに異を唱えるのは見苦しい屁理屈と思われるかもしれないが、あえて挙げておこう。

・包紙でくるんだ状態が奈良時代の原状のままであるという確証は無い（注7）
・刻印の存する塔身は二千点弱で、全数はもとより、現存数（四万五千余）に比してもごく僅かであり、定性的に全体に敷衍するのは危険ではないか
・二種の陀羅尼を除外する積極的な理由が見当たらない

そこで筆者の私見を提示すると、やはり六種全て刷られたものと思う。もしくは大功徳聚を除く五種類であったかもしれない。そして根本から自心印までの四大陀羅尼を各一本ずつ、合計四本を一つの塔に納め、それが九十九基に達するごとに、百基めには大功徳聚または六度を納めたと見る。このように考える理由は、こうした供養を修する場合、努めて経典のとおりを遵守するのが自然であろうということに尽きる。百万という厖大な数を作ることを決めた以上、明確な理由も無しに一部の陀羅尼を除くのは、無意味な省力である。

そして同時に、このような供養法を採ったとすれば、他の三種に比べて六度の残存数が極端に少ないことも解釈できる。要するに、四大陀羅尼各九十九本に対して、六度は一本あればよい。現在、根本一四七七、相輪一〇六一、自心印一一四〇、六度二九という数を算する（注8）。上記の如く想像すれば、六度に期待される残存数は十いくつ程度であるから、やや多めながらも適当な数の範囲内と見られ、謎とされてきた六度の少なさを、ある程度は説明できよう（注9）。

またあるいは、十万節塔・一万節塔と呼ばれているやや大きな塔こそ、六度を納めたものだった可能性もあるのではないか。と言うのも、大功徳聚と六度の供養の仕方を振り返ってみると、明示されてはいないものの、小塔に納める四大陀羅尼に対し、これら二種を「相輪橖」の中に置けと言っているようにも受け取れる節がある。相輪橖とは柱の上に塔の相輪を取り付けて地上に建てるもので、柱の中には経典を納める。現に比叡山西塔や日光山輪王寺などに存するが、形としては正に十万節塔・一万節塔に似た姿をしている。要するに、四大陀羅尼各一本を九十九基の小塔に入れ、その中心に「百節塔」として六度（または大功徳聚）を納めた「相輪橖」を建てたというのが、筆者の仮説である。

四、百万塔の思想的背景――蓮華蔵世界のミニチュア

百万塔が諸寺に分置されたことを疑う必要はあるまい。『続紀』に「分置諸寺」の文言があるばかりでなく、東大寺、西大寺、元興寺、薬師寺、興福寺の五か寺においては、それぞれの寺院史料が独立してこのことを伝えている（注10）。ただし、十大寺に各十万基ということを確証する史料は無く、何処を「諸寺」に数えるかも明瞭とは言い難い。さしあたり、南都七大寺を中心として、適切な諸所に置かれたと言うほかないであろう（注11）。

先に『無垢浄光大陀羅尼経』には延命招福のほかに鎮護国家的な功徳が説かれていることを記した。しかし、いわゆる護国経典は決して『無垢浄光大陀羅尼経』が代表ではなく、『金光明最勝王経』や『仁王経』、あるいは『法華経』など、仏法の威力によって国土や国王が守護されると説くものは少なくない。いずれも相応に大部な経典で、したがって功徳も広大無辺に思える。にもかかわらず、短小な『無垢浄光大陀羅尼経』が採り上げられた背景には、それなりの理由があろう。ここでその理由を考えてみたい。

筆者はその理由を、『無垢浄光大陀羅尼経』がごく短い陀羅尼から成り、大量生産が可能であったためと考える。つまり、厖大な数を諸寺に分置するということが発想としては先にあって、それに適する経文を選択したものと見ている。百万という数は『無垢浄光大陀羅尼経』

に説く七十七とか九十九などと比べて文字通り桁違いであり、同経とは全く独立したところから、厖大な数量と諸寺への分置ということが創意されたと見なければならない。では、どこからそのようなことが案出されたのであろうか。

平子鐸嶺や禿氏祐祥は、先例として『大唐西域記』巻九（摩伽陀国下）に見える優婆塞闍耶犀那（唐名勝軍）の事跡を挙げている（文献1・2）。その事跡とは、高さ五、六寸の小卒塔婆を作り、その中に経文を書写して納め、三十年間に「七拘胝」（七十万）に達した、というものである（注12）。実際、こういったことを情報としては知っていたであろう。しかし、この例はあくまでも個人的な修行のためであって、百万塔とは性格的に隔たりがある。とかく日本の古代史、とくに文化史的事象を云々する際に、西域や中国・朝鮮の先例を挙げ、以ってその淵源と目して事足れりとするような説が見られるのは、十分な考察とは言えまい（注13）。

結論から言うと、筆者は百万塔の発想の根源を『梵網経』に説く蓮華蔵世界に求められると考えている。以下にそれを述べよう。

蓮華蔵世界（蓮花台蔵世界）とは次のような世界観である。

我いま盧舎那、まさに蓮花台に坐し、周匝せる千花の上に、また千の釈迦を現ず。一花に百億の国あり。一国に一釈迦ありて、おのおの菩提樹に坐し、一時に仏道を成ず（注14）。

これを模式的に示せば、

盧舎那仏――千花（千釈迦）――百億国（百億釈迦）

となる。同経の巻上には、蓮華一葉ごとに百億の須弥山、百億の日月、百億の四天下、百億の南閻浮提があると説かれているから、我々が「世界」として認識しているのは、ここにいう百億国の一つである。そこに一体ずつの釈迦が現れ、衆生を化度するのだという。凡夫には、別の蓮華はおろか、百億国のうちの別の国の存在を知覚することさえできない。その千×百億の国のすべてを盧舎那仏は一つの光で被い尽くす。まことに無量無辺際の尊格である。全体として、簡潔明瞭な階層的世界観であることが理解される。

同じように階層的な世界観として、『華厳経』所説の蓮華蔵世界がある。八十華厳（新訳八十巻本）の華蔵世界品に詳述されるもので、『梵網経』の蓮華（台）蔵世界とはやや趣を異にする繁密な説である。しかし、法蔵の『華厳経探玄記』に「蓮華蔵荘厳世界海に三種あり、一に蓮華台蔵世界」とあって、華厳宗の側でも『梵網経』の所説を取り込んでいる。思想的には本質的に共通するということであろう（注15）。

この世界観を最も端的に具現しているのが東大寺の大仏（盧舎那仏）と、その台座蓮弁に施された線刻「三千大千世界百億須弥図」である。開眼後に刻入されたものであるにせよ、この大仏が『梵網経』の説くところを如実に表していることに変わりはない（注16）。大仏造立の思想的典拠としては、『華厳経』に基づくとする説と『梵網経』に拠るとする説とが提示されているが、その差異を論ずることにあまり大きな意味はないと考えられる。もともと『梵網経』は戒本の部類であって、経典とは異なる。強いて言えば、盧舎那仏という尊格そのものは『華厳経』を典拠としつつも、全体の構想は『梵網経』に依拠したということであろう。あるいは、次節に述べるように、中途で『華厳経』から『梵網経』へとシフトしたのであろう。また、『梵網経』が中国唐代に作為された偽経であることもすでに定説となっているが、それは現代の仏教学・仏教史での話である。当時の人々の間では「仏説」として扱われていたわけで、南都の護国仏教の根幹をなす重要経典としての位置付けを揺るがすものではない。

さて、何故に蓮華蔵世界観による大仏が造立されたかというに、それが律令制的支配構造の在り様と重ね写しになったためである。再度、模式的に示せば、

盧舎那仏――千花（千釈迦）――百億国（百億釈迦）――衆生

天皇――国（国司）――郡（郡司）――百姓

天皇――所管（上級）官司――被管（下級）官司――官人

このような階層的支配構造の投影、もしくは逆にそれを正当化するものとして、仏典に説くところの蓮華蔵世界が意識された。そして頂点に位置する天皇が自ら利他の菩薩行を実践し、仏教を保護し流通せしめることにより、国家の安泰・五穀豊穣が実現されるという、いわゆる皇帝菩薩思想に基づく正法治国の理が信奉されたのである。近世以前の我が国の仏教は終始ほぼ一貫して国家仏教であったと言えるが、奈良時代のそれを特徴付けているのは、『梵網経』ないしは『華厳経』に基づく蓮華蔵世界観と、天皇によって実践される菩薩行という点とであり、百万塔の造立も同じ仏教史的脈絡の中において解釈すべきであろう（注17）。

また、同じことは寺院や僧侶の在り方にも投影されてくる。まずは国分寺制。天平十三年（七四一）に国分寺造立の詔が発せられた。その本尊は釈迦像である（注18）。国分寺には国師が派遣され、管内の寺院・僧尼を監督することになっている。一方、京内の場合には、僧綱（僧

正・僧都・律師）が寺ごとの三綱（上座・寺主・都維那）を監督し、三綱を通じて衆僧を統括する。

東大寺＝総国分寺（盧舎那仏）——国分寺（釈迦）——諸寺（各本尊）——衆生

天皇——国分寺（国師）——地方諸寺（三綱）——衆僧

天皇——僧綱所（僧綱）——京内諸寺（三綱）——衆僧

とすると、百万塔造立の背景となった考え方も見えてくるように思う。まず頂点に位置する発願者称徳天皇、これが盧舎那仏に当たる。次に安置先の諸寺、これらが千の蓮華に相当する。そしてそれぞれの寺に配られた小塔は、小なりといえども一つ一つが各蓮華に百億ありという仏国土を表象する。このように見ては如何であろうか。

称徳天皇——十大寺——各寺に十万基ずつの小塔

そして、もう一つ興味深いことを指摘しよう。蓮華蔵世界の「千花」と「十大寺」とを比べれば、その数は百分の一。同じ比率で「百億国」を百分の一にすると「億」。漢字の億は古くは十万を表したから、つまり百万塔を十か寺に十万ずつ分配したとして、数が合うではないか（注19）。一見、埒も無い算術のように思われるかもしれないが、典拠の『無垢浄光大陀羅尼経』に出てこない二点、すなわち、（一）「百万」という途方も無い大数、（二）諸寺に分置するということ、この二つが何に拠って発想されたかと考えるとき、右に記した数の一致は偶然ではあるまい。要するに百万塔プロジェクトは、蓮華蔵世界を数的に百分の一にして表現したミニチュアなのである。

さらに言えば、頂点を称徳一人に限定する必要もないのかもしれない。天皇自身、国家の繁栄という観点からすれば、自身一代に止まることなく、代々の天皇に受け継がれることを願っていたであろうし、鎮護国家の仏の威光という意味では頂点はやはり教主盧舎那仏であってよい。また単に恵美押勝の乱に関わるものとのみ考える必要もない。直接的には乱の平定が契機であったにしても、以後の国家安泰を願う、永遠不滅の仏教国家実現の夢がそこには託されていよう。百万塔の造立は、東大寺——国分寺制に比すべき、すぐれて国家仏教的な事業だったのである（注20）。

五、百万塔の人物的背景——建策者は誰か？

最後に、そのような思想を誰が当時の宮廷に浸透させたのか、ということについても、僅かばかりの私見を提示しておきたい。

百万塔の発願者が称徳天皇であることは疑いない。とかく称徳というと、かの道鏡との醜聞が想起され、実際、道鏡を目して百万塔事業の推進者とする見方もある（注21）。たしかに、百万塔についてのみ考えるならば、時期的に見て、道鏡の建策と言うこともできよう。しかし如上の拙論により、百万塔の思想的背景が『梵網経』所説の蓮華蔵世界に求められること、東大寺大仏や諸国国分寺の制と共通の根源から発していること、などが理解されたと思う。すなわち、国分寺造営、大仏造像、百万塔を一連の動きと見、その推進者たる聖武天皇、光明皇后、孝謙天皇（言うまでもないが、後に重祚して称徳天皇となる）、これらを悉く視野に入れた上で、この思想を宮廷に示した人物について考えねばなるまい。称徳と道鏡との結合だけでは、国分寺や大仏との連絡が説明できないのである（注22）。

時間的には、天平十三年（七四一）二月の国分寺造立詔が最も早く、次いで大仏造立詔（同十五年十月）の順となるけれども、盧舎那仏造像の構想が同十二年二月の河内智識寺への行幸に由来していることは広く認められている（注23）。一方、百万塔の発願は、その直接の動機が恵美押勝の乱平定にあるところから、おそらく天平宝字八年（七六四）九月に相違ない。したがって、天平十二年から天平宝字八年までの二十五年間にわたって宮廷に対する発言力を持ち続けた僧侶があれば、その人物が件の候補となるであろう。

筆者はその候補者として良弁を提案する。以下、その理由を述べよう（注24）。

河内智識寺への行幸ののち、同年、大安寺審祥を講師、慈訓・鏡忍らを複講として『華厳』（旧訳六十華厳）の講経が発足する（注25）。三か年を経て終わり、以後も慈訓らを講師として継続された（「知識華厳別供」と称する）。これを始めたのが、当時、金鐘山寺（東大寺の前身とされる）に住した良弁である。ゆえに日本の華厳宗では、審祥を始祖、良弁を檀主としている。良弁は玄昉や行基らとともに法相宗の義淵の弟子とされ、審祥から華厳を学んだ。彼自身はとくに華厳の学匠というわけではなく、コーディネータ的な手腕に優れていたものと見られる。

一方、石田瑞麿は『梵網経』の重視が唐僧道璿の律師補任（天平勝宝三年四月）と時を同じくしていることに注目している。道璿は天平八年（七三六）に来朝して『華厳経』の章疏類を請来したほかに、大安寺において『梵網経』を講じ、その注釈書をも著している。『梵網経』の流布に与って力のあったことは疑いない。そして大仏の開眼会に際しては呪願師を務めた。しかしながら、道璿は天平宝字四年に没するので、百万塔に関しては直接の建策者とは考えられない。

ところが、ここにも良弁の影が見え隠れする。良弁は大仏開眼供養の後、東大寺別当に任ぜられたが、それに先立つ天平勝宝三年（七五一）五月、『梵網経』を写さしめたことがあり、これは道璿の律師補任の翌月に当たる。良弁の東大寺別当への補任については開眼会の前とする史料もあり、いささか不確定要素もあるが、要するに大仏プロジェクトの事実上の指揮権者である。その良弁が、道璿の律師補任と前後して『梵網経』に着目している点、甚だ興味深い。造仏と開眼会の準備とが進む間に道璿からの影響を受け、『梵網経』に注意するようになったものと考えられる。

筆者の見るところでは、大仏の思想的背景は始めは『華厳経』であったが、良弁と道璿とが交流したことにより、中途から『梵網経』にシフトしたのではないかと思う。経典を見れば了解されるように、『華厳経』の蓮華蔵世界はすこぶる繁にして難解、それに比して、『梵網経』の蓮華（台）蔵世界は実に簡にして端的である。前述した律令制社会との重ね写しをイメージすることは『華厳経』の所説では少々難しく、『梵網経』の蓮華蔵世界にして初めて可能となる。良弁はその点に気付き、巧みに思想基盤をシフトさせたのであろう。もともと『梵網経』は、華厳思想に中国風の道徳観を加味して作為された戒本なので、支障なく転移しえたのである。

良弁は天平勝宝八歳（七五六）五月、病の床にあった聖武太上天皇の看病禅師としての功績を認められて大僧都となる。そして聖武が崩御すると、十二月、皇女孝謙天皇は菩提を弔うべく、六か寺に遣使して『梵網経』を講ぜしめた。その詞に曰く、

> 聞くならく、菩薩戒をたもつことは梵網経を本とす。功徳巍々として、よく逝く者を資くと。仍て六十二部を写さしめ、六十二国に説かしめんとす。四月十五日より始めて、五月二日に終えしめよ。

さらに、翌年の一周忌に際して『梵網経』による斎会を設けたのである。女帝に、同経に基づく国家仏教的思想が浸透していたことが看取されるが、「聞くならく」という、その建言をしたのは、父帝の看病禅師にして『梵網経』に傾倒していた良弁に他なるまい。

天平宝字五年（七六一）、良弁は東大寺の別当を辞し、石山寺の建立に尽力するようになるが、これは当時、保良宮に在った孝謙上皇のための祈願所という性格をもつものと考えられている。上皇と道鏡との関係が生ずるのは、ちょうどこの頃からである。やがて成立した道鏡政権下では、かつて良弁のもとで共に華厳を鼓吹した慈訓や慶俊らは僧綱の任を解かれるなど、総じて不遇であった。しかし良弁は生き永らえる。それどころか、道鏡自身、はじめ義淵の弟子、のち良弁の弟子となる、とされるように、むしろ良弁が道鏡に背後から指示を与えているようにさえ見える。良弁はこの後も宝亀四年（七七三）まで存命で、宮中内道場において依然として隠然たる勢威を保っていたのである（注26）。

そこで筆者は、良弁が初めて僧正として史料に現れるのが神護景雲四年（七七〇）五月である点に注目する。これは百万塔完成の翌月ではないか。百万塔の完成と良弁の任僧正とが近い時期であるということは、これが論功行賞の人事であったことを示唆し、つまりはこのプロジェクトの推進者もまた良弁であったことの一証と言えよう（注27）。

もう一つ、良弁について付け加えておくと、その写経や請経の様子からして、かなり雑密にも関心が深かった様子が窺われる。とくに、天平勝宝三年の『六字呪王経』書写、翌年の『尊勝陀羅尼経』書写などが注意され、百万塔の『無垢浄光大陀羅尼経』も彼にとっては強ち突飛な思い付きではなかったのである。

以上のように、聖武天皇の発願に係る大仏と国分寺制、称徳天皇による百万塔、この三十年近くにわたって続けられたところの三大事業は、おそらく良弁の建策・主導によるものと考えられる。南都仏教の世界で高名な僧侶は他にも多々あるけれども、これほどの長い期間、一貫して発言力を行使しえた人物は多くはない。そして彼は、高邁な華厳思想に基づいて始められた事業の思想基盤を途中で『梵網経』にシフトすることにより、宮廷や廟堂にとっては正に理想的と思われる仏教国家の夢を示すことに成功した。奈良時代の国家仏教の本質が、聖武天皇や孝謙女帝の皇帝菩薩思想、ひいては自らを教主盧舎那仏と一体化して観ずる壮大なる幻想にあったと見るとき、良弁と『梵網経』こそがその支柱だったのである（注28）。

六、むすびに

書き終えてみると、何とも羊頭狗肉に終わった感を否めない。述べ来たったところの仮説は、いずれも蓋然性の域を出るものでなく、今後それを証明するような新資料の発見される期待もほとんど無いであろう。読者諸賢ならびに研究会諸氏の海容を乞う次第である。

今でこそ、暦日、陰陽道、はたまたコンピュータ応用などと嘯いているものの、筆者の本来のテーマは寺院制度史であった。平安前期、太政官と東寺とを仲介した官人俗別当なるものが修士論文の題目である。その意味では、久々に元ネタに近い話を書かせていただいた。南都仏教や知識集団に関することは、偏に恩師志水正司先生の賜物である。御目に懸けたなら何と仰せらるるか心許ないけれども、旧知の諸君は「志水ゼミ精神、健在なり」を感じてくれることと思う。この機会を与えられた研究会の同志諸氏に謝意を表する。

注

1 厳密に区別する場合、『梵網経』所説のものは「蓮華台蔵世界」と呼ばれる。しかし、後に本文で述べるように、両者の思想基盤は同一であって、仏教辞典の類でも項目としては「蓮華蔵世界」を立て、その中に蓮華台蔵世界をも記述している。よって本稿では、総称的に「蓮華蔵世界」の語を用いる。

2 鎌田茂雄ほか『大蔵経全解説大事典』（東京、雄山閣出版、一九九八）の同経の項（苫米地誠一担当）によれば、長安四年（七〇四）の年紀が与えられている。日本では慶雲元年。

3 『無垢浄光大陀羅尼経』の本文は『大正新脩大蔵経』一〇二四（第一九巻密教部二）に収める。また訓み下し文が『国訳秘密儀軌』第二八巻（那須政隆監修。東京、国書刊行会、一九七四）にある。後出の訓み下し文はこれを基として、私見によりやや改めた。さらに陀羅尼の口語訳が文献3（一六三頁）にある。

4 『新訂増補国史大系』による。その三七六頁。底本は宮内庁書陵部蔵谷森本。最近の『新日本古典文学大系　続日本紀　四』でも同じ（二八〇頁）。こちらの底本は蓬左文庫本。新古典大系では諸本間の校異をいくつか指摘しているが、内容上、影響は無い。訓み下しは私見。また、ほぼ同文の記事が嘉承元年（一一〇六）成立の『東大寺要録』巻一（本願章第一）にも見られるけれども、明らかに『続紀』からの引用転載と考えられるので、史料は『続紀』が唯一と言ってよい。この点、平子鐸嶺が両者を独立した証拠として扱っているのは誤り。平子の掲出する『続紀』は原文そのままでなく、その上で「『要録』の記載は強ちに『続紀』の抜抄とも見えざれば」と評しているのは穏当でない（文献1、二丁オ・七丁オ）。

5 「其径三寸五分」は塔身基底部の直径と一致する。「高各四寸五分」は総高ではなく、相輪部を除いた塔身部のみの高さに等しい。また現存する四種の陀羅尼が、根本、慈心（自心印）、相輪、六度であることも周知のとおり。

6 藤田経世『校刊美術史料　寺院篇』上巻（東京、中央公論美術出版、一九七二）による。その五五頁。「故号小塔」の下、「院」脱か?、および「浄光」の下、「大」脱はママ。訓み下しは私見。

7 増田報告（文献6）によれば、静嘉堂文庫所蔵の遺品に付属する包紙は、概ね陀羅尼本文料紙と同時代のものと思われるという。しかし、そのことが直ちに、包んだ状態そのものが元のままであることを証するわけではない。仄聞するところでは、明治期の頒布に際して、状態のよいものを適宜に取り合わせたらしくもある。事のついでに所感を漏らすならば、廃仏毀釈の嵐の吹き荒れる中、法隆寺が有志に百万塔を頒布したことを批難する謂れは無い。厚顔にもそのような批難をする者があるとすれば、それは当時の当事者の苦悩を弁えぬ傍観者であろう。しかし、流出に際しての事情や所為が限られた関係者の胸中に秘されたまま不明に帰することは困る。称徳女帝の事績と同じように、明治の人々の営為もまた歴史なのである。史実を闇に葬ることはしてほしくないと思う。

8 法隆寺現存分の数。各陀羅尼は長短の合計。鬼頭清明による（文献5、一一四頁）。

9 小塔の経巻孔は四本を納めうる大きさではない、という反論が予想される。しかしそれは、一本ずつ包紙で巻いた姿が奈良時代の原状のままであることを前提としているのであって、前出の如く、その点は必ずしも十分に証明されているように思えない。四種を重ねてひと巻きにすれば、容易に経巻孔に納まるはずである。もっとも、前出『七大寺巡礼私記』に「五真言のうち其の一本を納む」と見えることも難点ではある。「五真言」の徴証として引いた以上、これを伝聞記事なりとして片付けては自己撞着に陥ってしまう。

10 これら寺院史料の典拠は文献5の一〇五頁に列挙されている。また、文献1は一とおり原文を掲出する。いずれも寺院史料としては比較的良質の文献とされるが、早いものでも十一世紀前半成立、すなわち百万塔の造立から二百数十年を経た後の、二次的編述史料であることに留意する必要がある。

11 十大寺に分置したことを明記するのは、『東大寺要録』・『薬師寺縁起』、十万基あることを記すのは、『興福寺流記』・『薬師寺縁起』である。元興寺については『七大寺巡礼私記』に「八万四千」と見える。そのほか内裏にも置かれたことが指摘されており、一律に「十か寺に十万ずつ」とは言い切れない。

12 大正蔵二〇八七（第五一巻史伝部三）、九二〇頁。

13 比喩的に言うならば、生命の宇宙起源説のようなものである。すなわち、生命がどのようにして誕生したかという大問題に対する答えとして、宇宙からやってきた、と説くものがある。しかし、これは問題の解決を先送りしただけであって、結局、もとの宇宙においては生命がどのように誕生したのか、という新たな問いを生み出すに過ぎない。別の土地に先例のあることを指摘するだけでは、有効な解答とはならないのである。仏像でも絵画でも、模倣ならば模倣として、それを採択した人間の意思を考察する必要があろう。

14 『梵網経』（梵網経盧舎那仏説菩薩心地戒品第十）の本文は大正蔵一四八四（第二四巻律部三）に収め、この詩偈はその巻下（一〇〇三頁）にある。訓み下しは『《佛典講座14》梵網経』（石田瑞麿。東京、大蔵出版、一九七一）に拠った。この部分に「蓮花台」とあるため、本経所説の蓮華蔵世界を「蓮華台蔵世界」と呼んで区別することもある。

15 両経に説く蓮華蔵世界については、各宗各師ごとに解釈の異なる部分がある。しかしここで重要なことは、盧舎那を頂点とするピラミッド状の階層的世界観が描かれている点であり、その点に関する限り、異論は無いと思われる。

16 周知の如く、大仏の開眼供養会は天平勝宝四年（七五二）四月九日に挙行された。これは発願者たる聖武太上天皇の病ゆえに急いだためで、鍍金の完了は三年後、光背の完成は実に十九年後（宝亀二年）であった。

17 思想的に言えば、この「菩薩」とか「利他」ということこそ、大乗仏教の要諦である。現代でも法要の最後に読み上げられる廻向文、「願以此功徳、普及於一切、我等与衆生、皆共成仏道」、あるいは「願以此功徳、平等施一切、同発菩提心、往生安楽国」には、それが端的に凝縮されている。

18 国分寺造立詔そのものには本尊に関する規定は無いが、それに先立つ天平九年三月、諸国に釈迦像を造らしめたことがあり、これが国分寺の本尊とされた。このあたりの経緯については、吉川弘文館版『国史大辞典』国分寺の項（井上薫担当）が最も簡潔的確にまとめられている。

19 億が古くは十万を指したことは多くの字書に見える。たとえば諸橋『大漢和』の字釈では、『詩経』大雅、假楽の箋に「十萬曰億」、『国語』楚語下の注に「十萬曰億、古数也」、『礼記』内則の疏に「億之数有大小二法、小数、以十為等、十萬為億」など。和辞書で古い例としては『色葉字類抄』（平安末期成立）に所見がある（黒川本六七オ――中田祝夫・峯岸明編『色葉字類抄　研究並びに索引』本文・索引編（東京、風間書房、一九六四）一九七頁）。また、観智院本『類聚名義抄』でも「億」の分注に「十万」とある（仏上三）。

20 思想的背景に関する他の見方を一つ挙げておく。松村恵司は「相輪」の中に、小泥塔を造って中に陀羅尼を安置すれば九万九千の小宝塔造立と同じ功徳がある、と説かれていることに着目し、百万では九百九十億の塔婆造立に相当するという数の大いさと、一か寺分の九十九億が「自心印」を説いたとされる九十九億諸仏に通じるという点を指摘している（文献4）。傾聴すべきものではあるが、「相輪」の供養法をすべてに敷衍することは蓋然性が低く、またこれのみからは分置の必然性が十分に説明できないように思われる。

21　たとえば吉川弘文館版『国史大辞典』道鏡の項（横田健一担当）など。

22　孝謙上皇が道鏡を信任するようになるのは、天平宝字六年（七六二）四月に保良宮滞在中の上皇を看病してからのこと。また、経歴上の初出は天平十九年（七四七）で、このとき「沙弥」（一人前の僧侶ではない）とある。ゆえに、同十三年の国分寺、十五年の大仏などに容喙しうる立場ではない。

23　『続紀』天平勝宝元年（七四九）十二月丁亥（二十七日）条の宣命に、「去る辰年（天平十二年・七四〇）、河内国大県郡の智識寺に坐す盧舎那仏を礼み奉りて、則ち朕も造り奉らむと思えども、えせざりし間に…」と見えることが根拠となっている（国史大系本二〇六頁）。二月ということは明記されていないが、同月の難波宮行幸の途次と見るのが妥当であろう。なお、この宣命は聖武の譲位後なので、「朕」を孝謙と見、ひいては大仏造立が孝謙の発意であったとする説（川崎庸之）もある。しかし仮にそうとしても、大仏造立や国分寺造営はあくまでも聖武の詔として発せられている。聖武か孝謙かの詮議でなく、光明皇后も含めて三人の、一致した意思と見るべきであろう。

24　煩を避けて史実の出典を一々に示さないが、いずれも古代史家には十分に認められている事々である。必要に応じて、竹内理三・山田英雄・平野邦雄『日本古代人名辞典』（東京、吉川弘文館、一九五八〜七七）や吉川弘文館版『国史大辞典』を参照されたい。前者には全ての出典が掲げられている。

25　河内智識寺は大阪府柏原市太平寺二丁目に金堂址等を残す廃寺で、いわゆる知識集団の寺であった。知識（善知識）とは、善なる行いに導いてくれる友人という意味の仏教語で、knowledgeの謂ではない。そうした篤信者の信仰を紐帯とする結合を知識集団または知識結（ゆい）と呼ぶ。「知識人（intjelligjencija）の集団」ではない。畿内、とくに河内国では渡来系氏族を中心として、このような活動が活発であった。彼らは仏教思想的に見て先進性が強く、『華厳経』・『梵網経』の思想なども平城の京内より早くから浸透していた。たとえば西琳寺（大阪府羽曳野市）においても、天平十五年以前に盧舎那仏が安置されていたことが知られる（『西琳寺文永注記』所引「天平十五年帳」）。同寺はやはり渡来系の西文氏の氏寺である。また、彼らは積極的に大乗菩薩道、すなわち利他行を実践した。慈訓（船氏）や同時期の慶俊（藤井氏）など、聖武朝から仲麻呂政権下において活躍した僧侶には、同様の出自をもつ人物が多い。

26　称徳・道鏡政権下では、師の良弁よりも道鏡が大きな権力を握っていることは事実である。そして、百万塔と同じく押勝の乱に際して称徳が発願した西大寺の建立や、僧寺の西大寺に対する尼寺としての西隆寺の建立、さらには容易に進まぬ国分寺造営などを、道鏡が督励していることも知られる。西大寺は東大寺に対抗する意図があったと言われ、東大寺（総国分寺）――法華寺（総国分尼寺）に対して、西大寺――西隆寺という図式も理解できる。一方の良弁は、言わば東大寺造営に半生を捧げたわけで、その意味で、師弟は拮抗しているように見えないこともない。また、百万塔発願の前年（天平宝字七年）五月、東大寺に対して『無垢浄光大陀羅尼経』を奉請する宣が出された。これは道鏡の申し入れによるもので、このことから禿氏祐祥は百万塔の進言者を道鏡と見ている（文献2、二一頁。もっとも、翼賛者として良弁の名も挙げている）。しかしながら、根底に横たわる思想の一貫性を軸として考えれば、根本のアドバイザはやはり良弁であって、道鏡は師良弁の示した蓮華蔵世界を実現するために邁進したものと筆者は見たい。なお、この請経からは、百万塔発願の契機が押勝の乱以前にあった可能性も感じられるが、そうであっても一向に差し支えはない。蓮華蔵世界の構築という命題は、普遍性をもっていたはずである。

27　神護景雲四年五月に「僧正」と記す典拠は正倉院文書。一方、『僧綱補任』では宝亀二年（七七一）任、『東大寺要録』・『東大寺別当次第』では宝亀四年任とする。一般に、一次史料である文書のほうが二次的編述史料よりも同時性が強く、したがって信憑性も高い。宝亀二年としてもすぐ翌年で、論功行賞としてはありうべきことである。

28　道鏡が帝位を覬ったことも同日の談かもしれない。帝王を盧舎那仏と一体視するならば、俗人の天皇よりも僧侶たる自身のほうが、はるかに相応しい、そのように道鏡は信ずるに至ったのではあるまいか。単なる権力欲を超えた想いが彼の心底に渦巻いていた可能性がある。

参考文献

1　平子鐸嶺『百萬小塔肆攷』（東京、平子尚、一九〇八）
2　禿氏祐祥『百萬塔陀羅尼考證』（京都、泉山堂、一九三三）
3　中根勝『百万塔陀羅尼の研究』（其刊行委員会発行。東京、八木書店、一九八七）
4　松村恵司「百萬塔調査の成果と課題」（法隆寺昭和資財帳編纂所『伊珂留我』八（東京、小学館、一九八八））
5　法隆寺昭和資財帳編集委員会『法隆寺の至宝』第五巻（東京、小学館、一九九一）
6　増田晴美「静嘉堂文庫所蔵の百万塔及び陀羅尼について」（古典研究会『汲古』三七（東京、汲古書院、二〇〇〇））

〔付記〕本稿の初出は、『埼玉学園大学紀要』第五号〈人間学部篇〉（二〇〇五年十二月）である。その再録という形になったが、その間の事情について、少々弁明しておきたい。これは元々、本書のために執筆したものであった。したがって、元の文章はこちらなのだけれども、その刊行が諸般の事情から遅々として進まぬうちに数年を経過した。筆者としては、本稿においてそれなりの新見解を提示したので、何方かに先を越されはすまいかという懸念を抱きつづけていた。論文にも賞味期限があり、あまり時間が経つと、不味くなる。そこで、投稿を約束していた紀要の締切が近づいたため、そちらに提出した。その際、規定の枚数に収めるべく、なおかつ、経営学部の同僚諸氏にも読んでいただけるよう、文章をかなり書き改めた。全体としては、そちらのほうがよくまとまっていて、わかりやすいかと思う。ところが、ほとんど突然に、本書の出版が実現に向けて動き出したので、このように短時日の間に、半ば二重投稿のような形で、刊行されることになってしまったのである。道義的に忸怩たるものを感じているが、読者諸賢ならびに関係者においては、何卒これを諒とされたい。理解を示してくださった本学紀要委員会の諸氏に心から謝意を表する。

墨書銘に見える暦日の問題——神護景雲二年三月は大か小か——

湯浅吉美

一、はじめに

天平宝字八年（七六四）、恵美押勝の乱を鎮定した後、称徳天皇は百万塔の造立を発願した。木造三重小塔百万基を造り、中に陀羅尼を納めるという計画で、以って押勝ら死没者の霊を慰めるためであったと伝えられる。宝亀元年（七七〇）四月に完成し、諸寺に分置した記事が『続日本紀』に見える。そして現に、法隆寺には万をもって数える遺品が伝存しているし、また、明治になって流出したものが諸家に愛蔵されている数も少なくない。

その百万塔ならびに陀羅尼をめぐっては、何よりも陀羅尼が（年代の明確なものとしては）世界最古の印刷物である点が最大の関心事とされているが、そのほかにも多くの興味ある問題が挙げられる。たとえば、陀羅尼の印刷技法（木版か銅版か、整版か活字版か）、料紙の紙質や漉き方、塔の削成技法（轆轤の使用）、さらに、それらを総合した上に成り立つ官営工房における作業の在り方、等々。実にさまざまな分野の研究者を惹きつけて已むことのない資料、それが百万塔である。

本稿では百万塔の墨書銘に見える日付の問題を採り上げる。周知の如く、百万塔の塔身部および相輪部には、制作に携わった工人のものと思われる墨書が多数残されている。そしてこれらの墨書銘は、法隆寺昭和資財帳編纂に伴う調査に際して赤外線カメラを用いて観察され、一部は資料として公開された。しかしその中に、本来ありえない、もしくは疑問のある日付を書き記すものの存することが報告されており、当時の暦日を復元する者にとって悩ましい問題を投げかけている。具体的には、復元暦では小の月と考えられる月の「三十日」という日付がある、といったような事例である。考察の帰趨如何によっては、奈良時代史の根本史料たる『続日本紀』の読解にも影響を与えかねないし、暦日の復元作業はどうあるべきかという点にも関わるであろう。安易に瑣末な話柄として片付けることはできないのである。

二、暦日の復元について

まず最初に、歴史上の暦日がどのように復元されるか、その手続きの概略を述べる。

太陽暦採用以前の日本の暦（いわゆる旧暦）は中国伝来の太陰太陽暦で、奈良時代に関して言えば、天平宝字七年（七六三）までは儀鳳暦、翌八年からは大衍暦が用いられた。儀鳳暦は唐の麟徳暦を日本でそのように呼んだものと考えられている（注1）。一方、大衍暦は僧一行の撰に成る暦法で、元時代の授時暦と並んで暦学史上に輝く善暦と称される。いずれにせよ、後世の歴史家にとって殊に厄介なのは、月の大小や閏月の挿入が全く不規則と言ってよいほどに複雑なことである（注2）。これは中国式太陰太陽暦の宿命で、月の満ち欠けの姿と日取りとが一致し、なおかつ季節のずれもさほど大きくならないという巧妙な暦法である反面、手間の掛かる造暦計算を年毎に正確に実施した上でなければ暦日を決定できない。十四通りのカレンダーを作っておけば未来永劫それで足りるというグレゴリオ暦（現行太陽暦）とはわけが違うのである（注3）。

そのような暦を用いていても、その情報が完全に残っているのなら、何も憂いは無い。しかし残念ながら、奈良時代については実際に行用した暦はほとんど残されていない（注4）。また正史としての『続日本紀』も、すべての月の大小もしくは朔日干支を掲出しているわけではない。およそ確認したところでは、『続紀』全体、文武天皇元年（六九七）八月から延暦十年（七九一）十二月まで、合計一一六八か月のうち、朔日干支が判明するのは、疑いの存するものを含めても僅かに四分の一（二九四か月）に過ぎない。しかも、そのまた五分の一（六七か月）が正月で、年の半ばの月朔などは確認できないのがふつうという有様。復元暦が必要とされる所以である。そこで、復元暦を作成する手順ということに話は移る。

暦を復元するためには、まず暦法を理解しなければならない。暦法自体は歴代のものが必ず中国王朝正史の暦志に収録されているので、それを参照すればよい。もちろん計算手順も漢文で書かれているから、それを読解した上で数式を立てる。そして、さながら当時の暦生の如く、それに従って造暦計算を行う。かくして造られた年々の暦は「推算暦」と呼ばれる（注5）。

ところが、いくつかの理由から、造暦計算の結果に対して変更が加えられることがある。たとえば、四大三小といって、大の月が四か月続いたり、小の月が三か月並んだり、というのを避けるために、月の大小を入れ替えるなどの操作を行う。あるいは、朔旦冬至と称して、十一月一日に冬至が当たるのを殊のほか慶賀するが、ふつうは十九年ごとに起こるこの暦象が周期から外れることがあると、正しい（期待される）周期に合わせる操作を行う。当時の司暦は必要に応じてこのような操作を行い、世に頒行する暦を完成させた。この完成品を「実施暦」とか「施行暦」などと呼ぶ。現代の暦学研究者が暦日の復元を行う場合も同様で、こういった暦日変更が史資料から判明するならば、それに従って推算暦を補正する。この補正を経たものを「復元暦」と称する。

このように記すと、暦は恣意的に好きなように造れるものと思う向きもあろう。しかしそれは違う。司暦はまず暦法として定められた計算手順に従って造暦計算を行い、大抵はそのままが実施暦となる。計算結果に操作を加えるにしても、そこには明確な理由付けと規則性がある（注6）。逆に言えば、史資料から見出される暦日変更を推算暦に反映するには、暦学的に蓋然性のある変更だということが説明できなければならない。もしくは、史料の方が圧倒的に信頼度の高いことが示されねばならない（注7）。推算暦が史料と食い違っているからといって、無批判に史料の方を採用することはできないのである。

三、神護景雲二年三月は大か小か

百万塔の墨書銘をめぐって語られる暦日の話で、これまでに最もよく知られている話題は、標題に掲げた「神護景雲二年三月が大の月か小の月か」という問題であろう。復元暦では当該月は小、翌四月が大となるが、百万塔墨書銘に「三月三十日」の日付をもつものが少なからず見出されるため、三月は大、四月が小だったのではないか、という指摘がなされたものである。調査に当たった奈良国立文化財研究所（当時）の金子裕之氏が発見、三月は大と主張しているが（文献1）、暦研究の立場からすると、この問題は当該月だけで解決できるものではなく、実は同年八・九月の大小と連動して考えねばならない。惜しむらくは、金子報告はその視点を欠いており、問題の本質が理解されていないように思われる。以下、具体的に述べよう。

月の大小は、換言すれば朔日干支の間隔である。暦計算の結果、この三・四・五月の朔日は、それぞれ乙巳、甲戌、甲辰と求まる。ゆえに三月小、四月大となる（注8）。これを史料に徴すると、三月乙巳朔は『続日本紀』に見えるので一応問題無い。また五月甲辰朔も、『続日本紀』の「五月丙午」の記事にある勅が『類聚三代格』で「五月三日」の日付をもつところから、甲辰朔を認めてよい。この両月朔の差が五十九日ゆえ、三月と四月は、一方が大、他方が小でなければならない。ここまでは金子報告に示されているとおりである。問題は、甲戌と求まった四月朔を乙亥に変更する理由があるか否か、に係っている。そして、実はその理由が無いわけではないのである。

これは、進朔と呼ばれる造暦上の規則に関わりがある。進朔とは、朔となる時刻が一日の四分の三を経過した時刻（午後六時相当）よりも後になる場合、その日は朔日とせず、翌日をもって朔日とする、という技法である（注9）。朔があまり遅い時刻になると、その前日、すなわち前月晦日に僅かながら月を見てしまう場合が起こるが、計算で求まった朔を含む日の翌日を朔日とすれば、本来の朔日を前月の晦日として扱うことになり、このことを避けられる。現代人の感覚からすれば無意味な技巧とも思われるが、月の満ち欠けの様と日取りとが一致することこそ太陰太陽暦の大原則であるからして、必ずしも些細なことではなかった（注10）。ともあれ、進朔は唐の李淳風によって麟徳暦で定式化され、以後の暦法に踏襲された。日本でも麟徳暦は儀鳳暦の名で奈良時代前半に用いられたが、進朔の法は適用されなかったと見られる。続いて貞観三年（八六一）まで用いられたのが大衍暦で、本稿で論じている年月もその期間に含まれるが、残念ながら大衍暦における進朔法採否の実態が今一つ明確でない。なお、その後およそ八百年にわたって用いられた宣明暦では、ほぼ機械的に規則どおりの進朔が行われており、さらに続く貞享暦以降では進朔法そのものが廃止された。

さて、大衍暦における進朔を考えてみよう（注11）。造暦計算の結果は大余・小余という形で求まり、大余は六十干支に相当するゼロから五九の整数で日を表す。一方、大衍暦では一日を三〇四〇分と表すので、小余はゼロ以上三〇四〇未満の値となって時刻を表す。進朔するか否かの境界（進朔限）は一日の四分の三とされるから、大衍暦では三〇四〇分の四分の三で、二二八〇分。理論的には、計算で求まった朔の時刻（小余）がこの値を超えていれば、進朔が行われる。進朔によって朔日の干支が一つ先へ進むので、当該月は小の月となり、前月が大の月となる（注12）。いま論じている神護景雲二年三月が大の月か小の月かという問題の本質は、実は四月が進朔されたか否かということであって、三月の問題ではない。先に金子報告に対して失礼な評言を記したのは、その中にまったく進朔のことが出てこないためである。

神護景雲二年四月の計算結果を見るに、大余は一〇（甲戌）、小余は二六五六と求まる。進朔限二二八〇をかなり上回っているから、当然、進朔が行われ、朔日は乙亥になったと予想される。とすれば、三月が大、四月が小となる。ところが、事はそれほど単純には収まらない。第一に、筆者が大衍暦行用期間を通じて調べたところでは、ほぼ例外なく進朔されるのは小余二八〇〇以上で、小余二六〇〇台の場合、進・不進が同数という結果を得ている（文献5）。第二に、進朔があくまでも暦法上の規則である以上、近隣の年や、少なくとも同一年内では、同じ処置が採られるべきであって、それが確認されない限り、結論を急ぐことはできない。以上、二つの理由があるので、神護景雲二年四月は進朔した（換言すれば、三月は大）と簡単に決めてしまうわけにはゆかないのである（注13）。

しからば、この前後に同じように進朔の採否が問題となる月があるか。答えは、「ある」。同年第七月と九月の二回が該当する（注14）。また、前年（七六七）の三、七、十の三か月、翌年の四、七、九の三か月もそうである。金子報告によって示されたとおり、現存百万塔の制作年代が天平神護三年と神護景雲二年とに集中するとして、さしあたり検討の対象としなければならないのは以上の各月であろう。逆に、これらの間で斉一的な処理の行われている様子が見出せないならば、新資料によって推算暦を補正することに「待った」をかけねばなるまい。

そこで対象となる月の具体的計算値を、各条、「大余（干支）―小余」の要領にて示す。

①天平神護三年（七六七）　三月…四六（庚戌）―二六三七
②同　七月…四四（戊申）―一三九四
③神護景雲元年（七六七）　十月…一三（丁丑）―二五七八（注15）
④神護景雲二年（七六八）　四月…一〇（甲戌）―二六五六
⑤同　第七月…三八（壬寅）―二九九四
⑥同　九月…〇七（辛未）―二七〇八
⑦神護景雲三年（七六九）　四月…三四（戊戌）―二七六〇
⑧同　七月…〇二（丙寅）―二五七三
⑨同　九月…〇一（乙丑）―二八九〇

以上のとおりである（注16）。

このうち、①は『続紀』に月朔干支が庚戌と見えるので、進朔していないことがわかる。また、⑤は進朔して癸卯を朔日としたことが『続紀』から察せられる（注17）。残念ながら、他の七件については文献上、進・不進を確認できない。

次に、計算結果そのままの場合、三か年の大の月は、

・天平神護三年…三、五、七、八、十、十一の六か月
・神護景雲二年…正、四、六（第七月）、七、九、十、十一の七か月
・神護景雲三年…正、四、七、九、十、十一、十二の七か月

である。このうち、景雲二年の六月は、前記の如く『続紀』で閏六月の存在が確認されるので、進朔が適用されて小・閏六月、それに伴い、前月（計算では小・閏五月）が大・六月となる。また、景雲三年九月は史料では大小を確認できないが、小余二八九〇でほぼ確実に進朔する大きさであるし、それによって四大が避けられるから、進朔して八月大・九月小となった可能性が高い。以上を加味して、この三年間で大の月と予想される月は次のとおり（注18）。

・天平神護三年…三、五、七、八、十、十一の六か月（変更なし）
・神護景雲二年…正、四、六（第六月）、七、九、十、十一の七か月
・神護景雲三年…正、四、七、八、十、十一、十二の七か月

一方、百万塔墨書から「三十日（卅）」の所見を集めると、表1・2（本稿末）のようになる。出典は金子裕之氏の公表したデータである（文献3）。もっとも、残存する墨書の全てがそこに公開されているわけではない。塔身部・相輪部、各々五千ほどの墨書が掲出されているが、現存数は塔身部が四五七五五、相輪部が二六〇五四で、その九割がたに墨書が存するということであるから、やはり一部に過ぎない憾みがある（注19）。ともあれ、もし母集団が偏りの無いものならば、前掲の月が平均して表1・2に出現することが期待される。しかし表1・2を年月の明確なものに限って集計すると、現実には以下のようになる。括弧内が各月の件数で、両表を通計してある。

・天平神護三年…三（1）、十一（2）、十二（1）
・神護景雲二年…二（4）、三（72）、四（7）、五（3）、六（43）、八（1）
・神護景雲三年…三（4）

これを見ると、すこぶる不自然な件数であるという印象をもつであろう。それは、

・天平神護三年（神護景雲元年）は、大の月は三月が一件、十一月が二件あるのみで、逆に小の月のはずの十二月が一件ある。その他の大月は所見が無い。
・神護景雲二年は、小の月の二・五・八月がそれぞれ四・三・一件ある一方で、大の月は三月が七十二件、六月が四十三件と極端に多い。その他の大月は所見が無い。
・同じく景雲二年で、この問題に関しては三月と四月のいずれか一方のみが大であるべきにもかかわらず、四月も七件見られる。
・神護景雲三年は、小月のはずの三月が四件あるのみで、その他の大月の所見が無い。

などの点として指摘される。とくに第三の点は明らかな矛盾であって無視できない。『続紀』によって知られ、金子氏も認識しているように、三月と四月は一方が大、他方が小でなければならないのである。七十二対七というのは多数決としては有効かもしれないが、その実はこのデータが件の問題に対しては用い難い、少なくとも十分な用心を必要とするものであることを物語っていると言えよう。

この両月の大小の矛盾につき、さらに私見に有利な事実を指摘する。四月卅日を記す工人の名前である。塔身部の五四四番に「右、神秋」、五八〇番に「左、五百足」という工人が見えるが、二人は三月卅日のほうにも登場する。前者は二六四八番、後者は八二四番にある。しかもたまたまとなると、同一人物が「卅日」問題について矛盾する墨書を残したことになる。しかもたまたま左右両方の工房である。

要するに、墨書にある「卅」という日付は必ずしも二十九日の翌日としての三十日、つまりその月が大の月であること、を表していないのではないか。筆者はそのように考えている。単に「みそか」（晦日）、月の末日を意味する表記なのではなかろうか。この問題に決着をつけるためには「四月が絶対に大ではなかった」ことを立証する必要がある。しかし同じ資料群の中に七点もの「四月卅日」がある以上、まずその点を解決せねばならず、安易に多数派のほうを採ることはできないのである。

金子報告（文献1）では「官営工房が、暦を間違えることは告朔などに支障が生じるから、やはり信じ難い」と述べているが、如何なものか。これまで見てきたように、現に矛盾する内容が含まれている。また金子氏自身、文献2において、神護景雲元年正月五日という存在しない日付が工人の勘違いによって書き記され、それがそのまま通ってしまった事実を紹介している（注20）。年号の誤りが不問に付されるならば、月の大小の誤りは、より小さな問題と言える。「卅」という文字を月末日の意味で「二十九日」に書いているとすれば、暦を誤ったわけではないから、告朔に不都合を生ずることもない。筆者としては、これは暦の問題としてではなく、墨書日付の性格という面から冷静に見直すべきものであろうと思う。

詮ずるところ、百万塔墨書の日付はかかる問題を解決するための証拠としては有効ではない、というのが現在の筆者の見解であり、したがって、神護景雲二年三月は（より確実な証拠が示されるまでは）小である（注21）。

四、むすびに

本稿は論文と呼ぶには程遠いものである。何かを立証しえたという結論が無く、先行業績を方法論的に批判したに過ぎない。この中で明らかにしたかったことは、ある特定の月の大小如何とか、日付の問題というわけではなく、百万塔墨書銘の資料としての位置付けについてである。それが奈良時代の官営工房の実態を語る有益な史料であることに異存はないけれども、問題の性質によっては有効でないケースもある。そのことを示したかった。

筆者も本来の専攻は日本古代史なので、推算暦を史料によって補正することについて吝かではないし、頑迷に計算値に固執するものでもない。しかしその場合、言うまでも無く、史料そのものに対する史料批判、あるいは史料のもつ特性とか限界といった点を十分に検証した上でなければ、史料を優先することはできないであろう。その意味で、百万塔の墨書銘は六国史のような正史や、実際に残存している具注暦などとは自ずから異なるものである。そのことを弁えておかねばなるまい（注22）。

暦法は「法」である。計算値を好き勝手に操作することは許されない。よほど信頼度の高い史料でないかぎり、暦学的に見て蓋然性の認められない、もしくは趣意不明の暦日変更を採ることは慎まねばなるまい。歴史学の立場で暦を研究してきた者として、むしろ史料に対する厳しい見方を貫かねばならぬと考えている。

注

1 ただし、『日本国見在書目録』（藤原佐世撰。貞観十七年（八七五）以降、寛平三年（八九一）頃までに成立）には両方の書名が出てくるので、別々の暦法という可能性もある。

2 暦計算の末に求まる結果が「全く不規則」となるのであって、暦法そのものが法則的でないという意味ではない。念のため。

3 グレゴリオ暦では月の大小の並びが一定で、日付と組み合わせる暦注的要素が七曜だけなので、要するに元日が七曜のいずれに当たるかで七通り、そのそれぞれについて閏年があって七通り、都合十四通りで事足りる。それに対し、中国式太陰太陽暦では、まず月の大小の並びが一定せず、次に閏月挿入の問題があり、さらに日付と組み合わせる暦注が六十干支と七曜とになる。このため、寸分違わぬ暦は二度と再び現れないと言っても強ち誇張ではない。

4 ごく僅かながら、正倉院に天平十八年（七四六）、同二十一年、天平勝宝八歳（七五六）の具注暦がある。また近年は考古学的な出土遺物として、木簡や漆紙文書の形で発見された暦もある（静岡県城山遺跡、宮城県多賀城跡、岩手県胆沢城跡、秋田県秋田城跡など）。しかし、いずれも断簡である。

5 推算暦という語は総じて歴史研究者によって使われる。現実に残っていないものを計算して造る以上、たしかに推算には違いないが、この言葉には何かしら「不確かなもの・実際とは異なるもの」という語気が含まれている気がするが、僻目であろうか。暦学研究者が行う計算は当時の司暦が行った計算と同じ手順を踏むのであって、決して得手勝手なものではない。陰陽寮の暦生が作成したのと同じ暦原案が提示されるのだということを理解されたいものである。

6 一例として、朔旦冬至を十九年の周期に合わせる操作を説明する。延久元年（一〇六九）は朔旦冬至となることが期待される年であったが、計算の結果は、冬至が癸巳、第十一月朔が甲子、第十二月朔が甲午、と求まる。このまま暦を造ると、冬至が第十一月の三十日に当たるため、この月が十一月で冬至は「十一月三十日」、第十二月は二十四気の中気を含まぬゆえ閏十一月、となる。ところが、第十二月の朔日干支を一つ前に動かして癸巳にすると、冬至は第十二月の朔日に当たることになるため、この月が十一月で冬至は「十一月一日」、第十一月は中気を含まなくなって閏十月、かくして朔旦冬至が実現される。計算結果に操作を加えるというと、何か別法によって大仰な再計算でもするかのように思われるかもしれないが、大半の暦日変更の実際は、僅かに、ある月の朔日干支を一つ前（または後）に動かすだけなのである。

7 たとえば、互いに独立した本原性をもつ複数の史料の一致。あるいは、きわめて確実性の高いことが全く別の角度から証明されている史料であることなど。

8 月の大小の並びは朔日干支（大余）の差として自ずから決まるのであって、それぞれの月が独立に大にも小にもなりうるというわけではない。その点、金子報告が参照している岡田清子論文は、暦のことを何一つ知らずに書いていると評しても過言ではない。かつて内田正男氏も岡田論文に対して、暦というものはそのように好い加減なものではない、と憤然たるコメントを残していたことを記憶する。

9　朔とは太陽と月との視黄経が一致することをいう。簡単に言えば、地球から見て両者が同じ方角にある。朔という現象が時間的には瞬間であることに注意されたい。朔の瞬間を含む日を朔日と呼ぶ。ゆえに暦学的には、朔と朔日とは厳密に区別される。

10　国民の大多数がリテラシィをもたなかった時代には、文字で書き記された暦では実生活上の役に立たない、ということを思い起こしてほしい。月の姿（と出没の遅速）こそ、天空に懸けられた「日めくりカレンダー」だったのである。マツリの日取りや民間俗信に、あえて日付を言わず、「満月から三日後」というような例が多く見られるのは、この間の事情を物語るものであろう。

11　大衍暦における進朔について、より詳しいことは文献5を参照されたい。

12　中国式の太陰太陽暦では必ず大月が三十日、小月が二十九日。進朔によって、もともと小であった月がさらに一日減って二十八日になったり、大であった月が一日増えて三十一日になったりすることはない。当該月とその直前月の大小が入れ替わるだけである。

13　文献4では大衍暦のこの時期の進朔限を二六五〇程度と推定している。筆者も概ね同感であるが、大衍暦の場合、進朔限を一律に決定できないところが悩みの種で、しかもここで論じている当該月の小余が推定進朔限にきわめて近いので、さらに厄介さを増している。

14　「第~月」という表現は馴染まないかもしれない。閏月の絡む暦日変更を論ずるとき、月の呼び名が動いて誤解の生ずるのを避けるために、~番目の月という意味で用いる。「第」字を冠しないものは通常の「~月」を指す。

15　この年は、八月十六日に改元された。

16　これらの厳密な数値に興味のある向きは、文献4を参照されるとよい。同書には暦の計算法の概論などもある。

17　この年の月朔の計算結果は第五月が四〇（甲辰）―〇六三二、第六月が〇九（癸酉）―一六九一、第七月が三八（壬寅）―二九九四と求まる。関連する二十四気の中気は、夏至（五月の中気）が〇八（壬申）―〇三六三、大暑（六月の中気）が三八（壬寅）―一六九二。この結果からすると、第六月が中気を含まぬため閏五月となるべきであるが、『続紀』には閏六月と見える。第七月を中気を含まぬ閏六月にするためには、進朔すればよい。つまり、第七月の朔日を、計算上の壬寅から翌日（癸卯）に移せば、大暑が第六月の末日と重なり、第七月は中気を含まず閏六月となる。第七月の朔の小余は二九九四と求まっているが、これは進朔を適用するに十分すぎるほどの大きさで、この措置は暦学的に納得できるものである。

18　これらのうち、進朔とは無関係に大月と考えられるのは、天平神護三年の五・八・十一月、神護景雲二年の正・七・十・十一月、神護景雲三年の正・十・十一・十二月である。

19　全ての墨書のデータが利用可能になれば、もう少し確実な議論ができる余地はある。しかし、後述の如く、この件は「卅（日）」という墨書の意味自体を問い直す必要があるので、仮に百万すべてが揃っていても、断定することは困難と言わざるをえない。問題の質が違うのである。

20　この件の要点を記す。まず、神護景雲元年なる年は天平神護三年が八月十六日に改元されて生まれたものである。ゆえに神護景雲元年には八月十五日以前の日付は存在しない。後年に編纂された史料の場合、年初に遡らせて新年号を用いることもありうるが、百万塔墨書銘や文書一般のように即時性の強いものではそのようなことはない。この日付は工人が、神護景雲という年号になって最初の正月（それは神護景雲二年正月）に勘違いして「元年」と書き誤ったものと見られる。そして検査に当たった官人も殊更に咎めなかった。以上のような報告である。筆者もそのとおりであろうと思うが、工人の勘違いとする根拠があるわけではなく、断定はできない。

21　金子報告（文献1）に決定的な証拠として引く「造東大寺司移案」（正倉院文書）も、絶対確実な日付として扱えるものかどうか、同じように疑問があろう。古代文書論の根幹に関わるゆえ、軽率な判断は慎まねばならないが、「卅日」という記日には単に月末日を意味する場合があるのではないか、ということを繰り返し指摘しておく。いかに好意的・楽観的に見ても、正史たる『続紀』と同じレベルで暦日変更の根拠として採用することはできないと思う。

22　文献1において金子氏が「『日本暦日原典』などが、神護景雲二年三月の大小を決める時、もっぱら暦日計算を優先した結果」と記していることについて、該書の編著者、内田正男氏に代わって一言したい。『原典』の作成に当たっては桃裕行氏がその厖大綿密なノートを以って支援しており、当時までに知られていた史料所見に基づく補正を加えている。決して「もっぱら暦日計算を優先」したわけではない。それにつけても、内田氏が該書の第四版改訂に際して、この金子報告を承けて「三月大」と直してしまったことは早計であったし、返す返すも遺憾に思う。

参考文献

1　金子裕之「神護景雲二年三月は大の月か小の月か」（法隆寺昭和資財帳編纂所『伊珂留我』八（東京、小学館、一九八八））

2　金子裕之「あり得ない日付――景雲元年正月五日」（法隆寺昭和資財帳編纂所『伊珂留我』一〇（東京、小学館、一九八九））

3　法隆寺昭和資財帳編集委員会『法隆寺の至宝』第五巻（東京、小学館、一九九一）

4　内田正男『日本暦日原典』第四版（東京、雄山閣出版、一九九四）

5　湯浅吉美「大衍暦における進朔について――天平宝字八年~貞観三年の日付の問題」（『埼玉学園大学紀要』創刊号〈人間学部篇〉、二〇〇一）

〔付記〕　本稿は、慶應義塾大学文学部内、三田史学会の発行する雑誌『史学』第七四巻一・二合併号（二〇〇五年九月）に掲載したものである。ほとんど時日を経過しないうちに再録することは、執筆者自身においても躊躇われたが、彼は配付先の限られた専門誌であり、是はより広く流通させる予定であること、また御覧のとおり、百万塔に関する多角的かつ集約的な論集となること、などの点に鑑み、再録させていただいた。少々無理なところのある申し出をご理解くださった、三田史学会『史学』編集委員会の方々に衷心より感謝申しあげる。なお、再録にあたり、僅かながら、誤植と文言を改めたところがある。

表1. 墨書所見「30日」　塔身部(年月順)

番号	年	西暦	月	左右	人名	位置	その他	備考
2738	神護景雲元	767	11	右?	日?	底		「卅日右」
3849	神護景雲元	767	11		日石	底		
2631	神護景雲元	767	12		奇	底		廿日の可能性あり
811	神護景雲2	768	2	左	◇	底	「三」刻印	
1482	神護景雲2	768	2	左	東	底	「三」刻印	
434	神護景雲2	768	3	右	丈マ広万	底	「三」刻印	
532	神護景雲2	768	3	右	◇成?	底	「三」刻印	
698	神護景雲2	768	3	左	佐人	底	「三」刻印	
766	神護景雲2	768	3	右	丈マ辛人	底		
824	神護景雲2	768	3	左	五百足	底		
887	神護景雲2	768	3	右	調益人	底		
913	神護景雲2	768	3	右	佐々倉荒海	底	「三」刻印	
960	神護景雲2	768	3	右	丈マ辛人	底	「三」刻印	
1043	神護景雲2	768	3	右	佐々倉荒海	底	「三」刻印	
1071	神護景雲2	768	3	右	八千万	底		
1131	神護景雲2	768	3		◇万	底		
1151	神護景雲2	768	3	右	車持米益	底		
1499	神護景雲2	768	3	右	丈マ忍万	底	「三」刻印	
2580	神護景雲2	768	3	左	侍万	底		
2642	神護景雲2	768	3	右	◇◇	底		
2648	神護景雲2	768	3		神秋万呂	底	「三」刻印	
2779	神護景雲2	768	3	右	八千万	底	「三」墨書	
2818	神護景雲2	768	3		茜部人万	底	「三」刻印	
3235	神護景雲2	768	3	左	足万	底		
3258	神護景雲2	768	3		佐人	底	「三」刻印	
3309	神護景雲2	768	3	右	虫万	底	「三」刻印	
3458	神護景雲2	768	3	右	浄万	底		
3785	神護景雲2	768	3	左	田人	底	「四」刻印	
3837	神護景雲2	768	3	右	物忍田	底	「三」刻印	
4760	神護景雲2	768	3	右	虫万	底		
4819	神護景雲2	768	3	右	丈マ辛人	底		
4962	神護景雲2	768	3	右	調益人	底		
544	神護景雲2	768	4	右	神秋	底	「三」刻印	
580	神護景雲2	768	4	左	五百足	底	「三」刻印	
1523	神護景雲2	768	4	右	虎	底	「三」刻印	
2261	神護景雲2	768	4	左	蓑	底	「四」刻印	
3938	神護景雲2	768	4	左	◇…◇	底	「三」刻印	云・卅,存疑
1140	神護景雲2	768	5		◇◇	底	「一」刻印	
1728	神護景雲2	768	5	右	物忍田	底	「◇」笠	
2354	神護景雲2	768	5	右	千足	底		
7	神護景雲2	768	6	右	丈マ伊	底		
52	神護景雲2	768	6	右	龍万	底		
61	神護景雲2	768	6	右	吉人	底		
65	神護景雲2	768	6	右	忍田万呂	底		
378	神護景雲2	768	6	右	調益人	底	「三」刻印	
401	神護景雲2	768	6	右	家	底	「三」刻印	
570	神護景雲2	768	6	右	忍田万	底	「三」刻印	
890	神護景雲2	768	6	右	◇万	底	「三」刻印	
895	神護景雲2	768	6	右	石継	底	「一」刻印	
914	神護景雲2	768	6	右	里栖	底	「三」刻印	
1103	神護景雲2	768	6		◇万呂	底		
1436	神護景雲2	768	6	右	丈マ忍万	底	「三」刻印	
1594	神護景雲2	768	6	右	浄万呂	底	「三」刻印	
2134	神護景雲2	768	6	右	石継	底	「三」刻印	
2352	神護景雲2	768	6	右	石上足人	底	「三」刻印	
2449	神護景雲2	768	6	右	浄万呂	底	「三」刻印	
2601	神護景雲2	768	6	右	池守	底	「三」刻印	
2602	神護景雲2	768	6	右	調益人	底		
2669	神護景雲2	768	6	右	石継	底	「二」底白土上	
3279	神護景雲2	768	6	右	池守	底		
3280	神護景雲2	768	6	右	広万	底	「三」刻印	
3294	神護景雲2	768	6	右	豊成	底	「三」刻印	
3493	神護景雲2	768	6	右	調益人	底	「三」刻印	
3551	神護景雲2	768	6	右	豊成	底	「三」刻印	
3563	神護景雲2	768	6	右	家	底	「三」刻印	
3633	神護景雲2	768	6	右	佐々倉荒海	底		
4132	神護景雲2	768	6	右	石継	底	「三」刻印	
4296	神護景雲2	768	6	右	池守	底	「三」刻印	
4394	神護景雲2	768	6	右	人万	底	「三」刻印	
4424	神護景雲2	768	6	右	龍万	底	「三」刻印	
4757	神護景雲2	768	6	右	豊成	底	「三」刻印	
4823	神護景雲2	768	6	右	黒栖	底	「三」刻印	
136	神護景雲2	768			子◇	底		
346	神護景雲3	769	2		忍万	底	底線刻「甘」	
2121	神護景雲3	769	2	右	車持牛甘	底	「三」刻印	三年二月,存疑
4661	神護景雲3	769	2	右	◇◇	底		
734			2		◇	底		
75			3		千足	底		
438			3		鳥万	底		
471			3	右	大伴石勝	底	「三」刻印	「云」
540			3		三千	底		「三年」
1417			3		◇◇	底		「◇二」,神護景雲2ナルベシ
1452			3		足人	底		
1503			3		丈マ忍万	底		
1538			3		池足	底		
1636			3		乙万	底		
2003			3		池足	底		
2137			3		◇足	底		
2164			3	右	人上	底	「五」底線刻	
2971			3		伊	底		
3318			3		田人	笠		
3381			3		人万	底		「三年」
3435			3		公子豊成	底	「二」刻印	「三年」
3669			3	右	龍万	底	「二」刻印	「三年」
3864			3		石勝	底		
4038			3		枚人	底		
4339			3		池足	底		
4642			3		財子虫	底		「三年」
4876			3	左	足	底		「二年」
1661			10	右	千足	底		
4073			11		葛万	底		
4111					◇	底		

表2. 墨書所見「30日」 相輪部(年月順)

番号	年	西暦	月	左右	人名	位置	その他	備考
3172	神護景雲元	767	3	右	◇	請花		「元三卅」
1692	神護景雲2	768	2	左	百	請花		
3568	神護景雲2	768	2	右	日忍	請花		
2	神護景雲2	768	3		乙上	請花		
22	神護景雲2	768	3	左	里	請花		
191	神護景雲2	768	3	左	乙人	請花		
248	神護景雲2	768	3	右	乙万	請花		
441	神護景雲2	768	3	左	三倉	請花		
493	神護景雲2	768	3		年	請花		
539	神護景雲2	768	3	右	倉橋村人	請花		
635	神護景雲2	768	3	左	庭	請花		
806	神護景雲2	768	3	左	庭	請花		
859	神護景雲2	768	3	左	家孫足	*請花		
1173	神護景雲2	768	3	左	◇主	請花		
1290	神護景雲2	768	3	左	秋足	請花		
1411	神護景雲2	768	3	右	家孫足	*請花		
1436	神護景雲2	768	3	右	家孫足	*請花		
1485	神護景雲2	768	3		三倉	請花		
1577	神護景雲2	768	3	左	里	請花		
1638	神護景雲2	768	3	右	秦年人	請花		
1651	神護景雲2	768	3	左	浄	請花		
1797	神護景雲2	768	3	左	建	請花		
1910	神護景雲2	768	3		庭	請花		
1951	神護景雲2	768	3		乙?足?	請花		
2143	神護景雲2	768	3	左	庭	請花		
2156	神護景雲2	768	3	右	乙万	請花		
2264	神護景雲2	768	3	右	九	請花		
2273	神護景雲2	768	3	右	家孫足	*請花		
2452	神護景雲2	768	3	左	加?	請花		
2464	神護景雲2	768	3	左	三倉	請花		
2467	神護景雲2	768	3	右	麻呂	請花		
2584	神護景雲2	768	3	左	建	請花		
2687	神護景雲2	768	3	右	吉人	請花		
2766	神護景雲2	768	3	右	百	請花		
2778	神護景雲2	768	3	右	広国	請花		
2808	神護景雲2	768	3	右	乙万	請花		
3155	神護景雲2	768	3		浄人	請花		
3354	神護景雲2	768	3	左	広立	請花		
3474	神護景雲2	768	3	左	◇	請花		
3695	神護景雲2	768	3	右	乙万	請花		
3736	神護景雲2	768	3		秦?年人	請花		
3934	神護景雲2	768	3	右	百	請花		
4057	神護景雲2	768	3	左	月万	請花		
4078	神護景雲2	768	3	左	三倉	請花		
4470	神護景雲2	768	3		里	請花		
4716	神護景雲2	768	3	左	浄	請花		
4768	神護景雲2	768	3	右	一年足	請花		「右云二三卅一年足」
4799	神護景雲2	768	3	右	乙	請花		
359	神護景雲2	768	4	右?	乙人	請花		
1974	神護景雲2	768	4	左	三里	請花		二年,存疑
281	神護景雲2	768	6	右	乙人	請花		
1196	神護景雲2	768	6	右	乙人	請花		
1279	神護景雲2	768	6	右	◇…◇	請花		
1447	神護景雲2	768	6	右	乙万	請花		
1836	神護景雲2	768	6	左	三倉	請花		
2039	神護景雲2	768	6		広国	請花		
2157	神護景雲2	768	6		乙足	請花		
2790	神護景雲2	768	6		乙足	請花		
3146	神護景雲2	768	6		孫足	*請花		云,存疑
3967	神護景雲2	768	6	右	人万	請花		
4791	神護景雲2	768	6	右	乙人	請花		
3587	神護景雲2	768	8	左	乙万?	請花		
1700	神護景雲2	768		左	乙万	請花		「云二卅」
3914	神護景雲3	769	3	左	乙足	請花		
2078			3	左	◇	請花		「三年」
2282			3		客?乙万	請花		「二年」
2403			3	左	建	請花		「云◇」
2604			3	左	広立	請花		「三年」
899				左	日長?	請花		「左元卅日長」
2857					長弓	請花		「卅日長弓」
3013				左	乙万	請花		「云二卅」
3307				左	年足	請花		卅,存疑
3723				左		請花		「云二卅」

百万塔陀羅尼参考文献目録

（江戸期以降、直接「百万塔陀羅尼」について言及しているもの）

成沢麻子 編

〔江戸期〕

藤原貞幹『好古小録』　寛政七年（一七九五）

『称徳天皇百万塔及中安置経本―付狩谷棭斎識』　寛政十年（一七九八）

源清通『印書考（稿本）』（大田南畝編著『一話一言』〔文政二年（一八一九）〕刊所収）

近藤守重・栗原信充『古刻書跋』　文政二年（一八一九）

山崎美成『文教温故』　文政十一年（一八二八）

釈覚賢『斑鳩古事便覧』　天保七年（一八三六）

穂井田忠友『観古雑帖』　天保十二年（一八四一）

栗原信充編『法隆寺宝物考証』　天保十三年（一八四二）

法隆寺編『御宝物図絵』　天保十三年（一八四二）

山川正宣『景雲遺事』　成立年不詳

〔明治期以降〕

【単行書】

榊原芳野編『文芸類纂』　文部省　明治十一年（一八七八）

松浦武四郎『撥雲余興』第二集　松浦武四郎　明治十五年（一八八二）

平子鐸嶺『百萬小塔肆攷』　平子鐸嶺　明治四十一年（一九〇八）

朝倉亀三『日本古刻書史』　国書刊行会　明治四十二年（一九〇九）

矢野道也『印刷術』上巻　丸善　大正二年（一九一三）

京都仏教各宗学校連合会主催『大典記念　第一回大蔵会陳列目録』　大正四年（一九一五）

辻善之助『海外交通史話』　東亜堂書房　大正六年（一九一七）

和田維四郎『訪書餘録』　和田維四郎　大正七年（一九一八）

奈良帝室博物館編『法隆寺宝物集』第三輯　奈良帝室博物館　大正十年（一九二一）

内田魯庵『バクダン』　春秋社　大正十一年（一九二二）

大屋徳城『寧楽刊経史』　内外出版株式会社　大正十二年（一九二三）

田中敬『図書学概論』　冨山房　大正十三年（一九二四）

奈良帝室博物館編『天平文化記念品特別展覧会目録』　奈良帝室博物館　昭和三年（一九二八）

中山久四郎・龍粛『世界印刷通史』　三秀舎　昭和五年（一九三〇）

木宮泰彦『日本古印刷文化史』　冨山房　昭和七年（一九三二）

川瀬一馬『旧刊影譜』　日本書誌学会　昭和七年（一九三二）

禿氏祐祥『百万塔陀羅尼考証』　京都泉山堂　昭和八年（一九三三）

川瀬一馬『古版本図録』　酒井宇吉　昭和八年（一九三三）

豊泉益三『印刷と出版文化展覧会目録』　三越　昭和十二年（一九三七）

川瀬一馬『古活字版之研究』　安田文庫　昭和十二年（一九三七）

大屋徳城『寧楽佛教史論』　平楽寺書店　昭和十二年（一九三七）

福山敏男『日本建築史の研究』　桑名文星堂　昭和十八年（一九四三）

川田久長『活版印刷史』　印刷学会出版部　昭和二十四年（一九四九）

禿氏祐祥『東洋印刷史序説』　平楽寺書店　昭和二十六年（一九五一）

長澤規矩也『和漢書の印刷とその歴史』　吉川弘文館　昭和二十七年（一九五二）

国立国会図書館編『上野図書館開館八十年記念出版文化展示会目録』　国立国会図書館　昭和二十七年（一九五二）

庄司浅水『印刷文化史』　印刷学会出版部　昭和三十二年（一九五七）

京都仏教各宗学校連合会主催『第四十六回　大蔵会展観目録』　昭和三十五年（一九六〇）

小林行雄『続古代の技術』　塙書房　昭和三十九年（一九六四）

堀池春峰「恵美押勝の乱と西大寺・小塔院の造営」（日本歴史考古学会編『日本歴史考古学論叢』　吉川弘文館　昭和四十一年（一九六六）、所収）

寿岳文章『日本の紙』　吉川弘文館　昭和四十二年（一九六七）

奈良六大寺大観刊行会編『奈良六大寺大観』第四巻（法隆寺四）　岩波書店　昭和四十六年（一九七一）

藤枝晃『文字の文化史』　岩波書店　昭和四十六年（一九七一）

幸田成友「四種の陀羅尼」（『幸田成友著作集』第六巻　中央公論社　昭和四十七年（一九七二）、所収）

東京国立博物館編『法隆寺献納宝物』　東京国立博物館　昭和五十年（一九七五）

長澤規矩也『図解和漢印刷史』　汲古書院　昭和五十一年（一九七六）

鈴木敏夫『プレ・グーテンベルク時代―製紙・印刷・出版の黎明期』　朝日新聞社　昭和五十一年（一九七六）

長澤規矩也『図解書誌学入門』　汲古書院　昭和五十一年（一九七六）

長澤規矩也『古書のはなし』　冨山房　昭和五十一年（一九七六）

薬師寺編『百万塔の意義とその供養勧進』　薬師寺　昭和五十二年（一九七七）

T・カーター著　橋・藪内訳『中国の印刷術』　平凡社　昭和五十二年（一九七七）

橋本鉄男『ろくろ―ものと人間の文化史三一』　法政大学出版局　昭和五十四年（一九七九）

東京国立博物館編『法隆寺献納宝物目録』　東京国立博物館　昭和五十四年（一九七九）

浅香年木『日本古代手工業史の研究』　法政大学出版局　昭和五十四年（一九七九）

高田良信『近代法隆寺の歴史』　同朋舎出版　昭和五十五年（一九八〇）

川瀬一馬『続日本書誌学之研究』 雄松堂書店 昭和五十五年(一九八〇)

禿氏祐祥『東洋印刷史研究』 青裳堂書店 昭和五十六年(一九八一)

川瀬一馬『入門講話 日本出版文化史』 日本エディタースクール出版部 昭和五十八年(一九八三)

『法隆寺昭和資財帳調査秘宝展図録』一 法隆寺 昭和五十八年(一九八三)

『法隆寺昭和資財帳調査秘宝展図録』二 法隆寺 昭和五十九年(一九八四)

『法隆寺昭和資財帳調査秘宝展図録』三 法隆寺 昭和六十一年(一九八六)

高田良信『「法隆寺日記」をひらく—廃仏毀釈から100年』 日本放送出版協会 昭和六十一年(一九八六)

『法隆寺昭和資財帳調査秘宝展図録』四 法隆寺 昭和六十二年(一九八七)

町田市立国際版画美術館編『名作に見る日本版画—その源流から錦絵の登場まで—』 町田市立国際版画美術館 昭和六十二年(一九八七)

日本印刷学会西部支部百万塔陀羅尼研究班(中根勝)編著『百万塔陀羅尼の研究』「百万塔陀羅尼の研究」刊行委員会 昭和六十二年(一九八七)

金子裕之『百萬塔データベース』 文部省科学研究費補助金・総合研究(A) 60300015研究成果報告書(星野聡編『東洋学研究支援データベースの研究』〈京都〉 昭和六十二年(一九八七)、所収)

野村喬編『内田魯庵全集』別巻 雑纂 日記(七) ゆまに書房 昭和六十二年(一九八七)

法隆寺編『法隆寺シルクロード仏教文化展図録』 法隆寺 昭和六十三年(一九八八)

国立国会図書館編『出版のあゆみ展 百万塔陀羅尼からCD—ROMまで』 国立国会図書館 昭和六十三年(一九八八)

『法隆寺昭和資財帳調査秘宝展図録』五 法隆寺 平成元年(一九八九)

町田誠之『紙と日本文化』 日本放送出版協会 平成元年(一九八九)

成田寿一郎『日本木工技術史の研究』 法政大学出版局 平成二年(一九九〇)

高田良信・堀田謹吾『ドキュメント追跡!法隆寺の秘宝』 徳間書店 平成二年(一九九〇)

鬼頭清明「百万塔陀羅尼を調査して」『国史大辞典』第十一巻付録 吉川弘文館 平成二年(一九九〇)

法隆寺昭和資財帳編集委員会編『法隆寺の至宝』第五巻「百萬塔・陀羅尼経」 小学館 平成三年(一九九一)

『日本の旧刊本 百万塔陀羅尼から室町刊本まで』 慶應義塾大学研究・教育情報センター 平成四年(一九九二)

渡辺勝二郎『紙の博物誌』 出版ニュース社 平成四年(一九九二)

東京国立博物館・奈良国立博物館・法隆寺・NHK編『法隆寺昭和資財帳調査完成記念 国宝法隆寺展』 NHK 平成六年(一九九四)

『日本古刊本図録(上) 奈良・平安・鎌倉時代編』 慶應義塾大学三田メディアセンター・慶応義塾図書館貴重書室 平成七年(一九九五)

日本書籍出版協会京都支部編『日本出版文化史展'96京都 百万塔陀羅尼からマルチメディアへ』 日本書籍出版協会 平成八年(一九九六)

東京国立博物館編『特別展 法隆寺献納宝物』 東京国立博物館 平成八年(一九九六)

高田良信『世界文化遺産 法隆寺』 吉川弘文館 平成八年(一九九六)

高田良信編著・小学館編『法隆寺の歴史と信仰』 法隆寺・小学館 平成八年(一九九六)

奈良国立博物館編『特別展 天平』 奈良国立博物館 平成十年(一九九八)

大阪府「なにわ塾」編『敦煌学とその周辺』(なにわ塾叢書五一) ブレーンセンター 平成十一年(一九九九)

中根勝『日本印刷技術史』 八木書店 平成十一年(一九九九)

張紹勛著・高津孝訳『中国の書物と印刷』 日本エディタースクール出版部 平成十一年(一九九九)

山口昌男『内田魯庵山脈〈失われた日本人〉発掘』 晶文社 平成十三年(二〇〇一)

凸版印刷株式会社印刷博物誌編纂委員会編『印刷博物誌』 凸版印刷株式会社 平成十三年(二〇〇一)

梅谷文夫『狩谷棭斎年譜』 青裳堂書店 平成十六年(二〇〇四)

栄原永遠男編『平城京の落日』(『古代の人物』第三巻) 清文堂出版 平成十七年(二〇〇五)

【雑誌・紀要・定期刊行物】

黒川真頼「本邦書籍刊行考」『東京学士会員雑誌』四編一号 明治十五年(一八八二)(甫喜山景雄編『典籍考叢』〈明治十六年〉に再録、黒川真道編『黒川真頼全集』第六 国書刊行会〈明治四十四年〉に「日本書籍刊考」として再々録)

黒川真道「百萬塔考」『国華』第一一二号 国華社 明治三十二年(一八九九)

江藤正澄「皇国古版沿革考」『考古界』第一篇第一号 考古学会 明治三十四年(一九〇一)

沼田頼輔「皇国古版沿革考補」『考古界』第一篇第一号 考古学会 明治三十四年(一九〇一)

山中共古「百万塔陀羅尼版刻に就て」『考古界』第一篇第二号 考古学会 明治三十六年(一九〇三)

藤原猶雪「日本佛教印書史の研究(緒論)」『無尽燈』第二三巻八号 真宗大谷大学内無尽燈社 大正七年(一九一八)

藤原猶雪「勅版無垢浄光経陀羅尼解題(上)」『無尽燈』第二三巻十号 真宗大谷大学内無尽燈社 大正七年(一九一八)

藤原猶雪「勅版無垢浄光経陀羅尼解題(下)」『無尽燈』第二四巻一号 真宗大谷大学内無尽燈社 大正八年(一九一九)

川瀬一馬「日本古刻史講話(第一回)」『書誌学』第一巻第二号 書誌学社 昭和八年(一九三三)

橘井清五郎「大伴赤麿懺悔文に対する異見」『書誌学』第一巻第三号 書誌学社 昭和八年(一九三三)

禿氏祐祥「無垢浄光陀羅尼の印刷とその類版」『龍谷学報』三〇六号 龍谷大学 昭和八年(一九三三)

大屋徳城「百万塔陀羅尼印造の思想上の背景」『夢殿論誌』十号 昭和八年(一九三三)

大脇正一「四天王寺萬塔院と百萬小塔に就て」『史迹と美術』四九号 スズカケ出版部 昭和九年(一九三四)

木宮泰彦「称徳天皇勅版無垢浄光陀羅尼」『印刷雑誌』第二六巻十号 日本印刷文化協会 昭和十八年(一九四三)

水野清一「世界最古の印刷物法隆寺の百万塔陀羅尼に因みて」『日本印刷学会西部支部報』第四号 昭和二十三年(一九四八)

中田祐夫「法隆寺百萬塔陀羅尼の印刷方法研究要領」『日本印刷学会西部支部報』第十三号 昭和二十五年(一九五〇)

大澤忍「百万塔陀羅尼に関する研究 其一 特にその用紙について 其二 異版について」『和紙研究』第十四号 和紙研究会 昭和二十六年(一九五一)

大澤忍「百万塔陀羅尼に関する研究　其三　特に印刷用の墨について」『和紙研究』第十五号　和紙研究会　昭和二十六年(一九五一)
橘芳実・山口昇「陀羅尼断片の定性分光分析」『日本印刷学会西部支部報』第十五号　昭和二十六年(一九五一)
浜田徳太郎「百万塔陀羅尼由来」『百万塔』創刊号　製紙博物館　昭和三十年(一九五五)
堀池春峰「道鏡私考」『芸林』第八巻第五号　芸林会　昭和三十二年(一九五七)
田中塊堂「百萬塔陀羅尼文字考」天理図書館編『ビブリア』第二三号　天理大学出版部　昭和三十七年(一九六二)
「座談会　百万塔陀羅尼の印刷」天理図書館編『ビブリア』第二四号　天理大学出版部　昭和三十八年(一九六三)
「座談会　「百万塔陀羅尼の印刷」によせて」天理図書館編『ビブリア』第二五号　天理大学出版部　昭和三十八年(一九六三)
木内武雄「法隆寺蔵百万塔」東京国立博物館編『MUSEUM』一六二号　美術出版社　昭和三十九年(一九六四)
「「百万塔陀羅尼」印刷物の研究　第一報」『日本印刷学会西部支部報』「百万塔陀羅尼」特集号　昭和三十九年(一九六四)
仙石正「百万塔陀羅尼の印刷色料について」『日本印刷学会西部支部報』昭和四十年第一号　昭和四十年(一九六五)
藤井良彦「百万塔陀羅尼の用紙について」『日本印刷学会西部支部報』昭和四十年第一号　昭和四十年(一九六五)
「百万塔陀羅尼の印刷再攷」天理図書館編『ビブリア』第三一号　天理大学出版部　昭和四十年(一九六五)
井上清一郎「だらに印刷物の研究　その六」『日本印刷学会西部支部報』昭和四一年第一号　昭和四十一年(一九六六)
平城宮跡発掘調査部「昭和四十年度平城宮発掘調査概報」『奈良国立文化財研究所年報　一九六六』奈良国立文化財研究所　昭和四十一年(一九六六)
井上清一郎「百万塔だらにの印刷学的研究　第七報　根本だらににについての拡大写真解析」『日本印刷学会西部支部報』昭和四十二年第一号　昭和四十二年(一九六七)
中田祐夫「百万塔陀羅尼印刷物の研究」『印刷雑誌』五一巻十号　印刷学会出版部　昭和四十三年(一九六八)
井上清一郎「〝百万塔だらに〟の印刷学的研究　第九報　金属版による印刷テストの検討」『日本印刷学会西部支部報』昭和四十三年第三号　昭和四十三年(一九六八)
井上清一郎「〝百万塔だらに〟の印刷学的研究　第十報　だらに完本印刷用紙の準備」『日本印刷学会西部支部報』昭和四十五年第三号　昭和四十五年(一九七〇)
井上清一郎「〝百万塔だらに〟の印刷学的研究　第十一報　だらに用紙の繊維について」『日本印刷学会西部支部報』昭和四十六年第二・三合併号　昭和四十六年(一九七一)
大沢忍「百万塔陀羅尼の研究　百万塔陀羅尼における四種の陀羅尼の内容について」『神戸女子大学紀要』第二巻　昭和四十六年(一九七一)
石塚晴通「百萬塔陀羅尼」『墨美』第二四一号　墨美社　昭和四十九年(一九七四)
田中重久「孝謙称徳天皇の四天王寺信仰と二万塔院」『四天王寺』第四二四号　四天王寺　昭和五十一年(一九七六)
宮坂宥勝「百万塔陀羅尼の解読」『密教学』第一三・一四合併号　種智院大学密教学会　昭和五十二年(一九七七)
大沢忍「百万塔陀羅尼に関する研究（五）百万塔陀羅尼弘願の事情」『神戸女子大学紀要』第七巻　昭和五十三年(一九七八)
成田寿一郎「百万塔製作技術の実験的研究1　工作寸法・轆轤の構造・精度と試作・刃物と治具の適用」『日本建築学会論文報告集』第二九五号　日本建築学会　昭和五十五年(一九八〇)
成田寿一郎「百万塔製作技術の実験的研究2　使用材料・施削技術・施削工程・所要工数」『日本建築学会論文報告集』第三〇〇号　日本建築学会　昭和五十六年(一九八一)
中田祐夫「法隆寺百万塔陀羅尼の印刷」『文学』第四九巻一二号　岩波書店　昭和五十六年(一九八一)
工楽善通・金子裕之「百萬塔の調査から」法隆寺昭和資財帳編纂所編『伊珂留我』一号　小学館　昭和五十八年(一九八三)
工楽善通「法隆寺百万塔の調査」『奈良国立文化財研究所年報　一九八三』奈良国立文化財研究所　昭和五十八年(一九八三)
平城宮跡発掘調査部「法隆寺百万塔の調査」『奈良国立文化財研究所年報　一九八四』奈良国立文化財研究所　昭和五十九年(一九八四)
平城宮跡発掘調査部・歴史研究室「法隆寺百万塔および陀羅尼経の調査」『奈良国立文化財研究所年報　一九八五』奈良国立文化財研究所　昭和六十年(一九八五)
平城宮跡発掘調査部「百萬塔データベース」『奈良国立文化財研究所年報　一九八六』奈良国立文化財研究所　昭和六十二年(一九八七)
中根勝「百万塔陀羅尼の版下と摺刷方法」『京古本や往来』三六号　京都古書研究会　昭和六十二年(一九八七)
金子和正「天理図書館所蔵の百万塔及び陀羅尼について」天理図書館編『ビブリア』八九号　天理大学出版部　昭和六十二年(一九八七)
歴史研究室・平城宮跡発掘調査部「法隆寺昭和資財帳関連の調査」『奈良国立文化財研究所年報　一九八七』奈良国立文化財研究所　昭和六十三年(一九八八)
鬼頭清明「百萬塔陀羅尼調査の中間報告」法隆寺昭和資財帳編纂所編『伊珂留我』八号　小学館　昭和六十三年(一九八八)
松村恵司「百萬塔調査の成果と課題」法隆寺昭和資財帳編纂所編『伊珂留我』八号　小学館　昭和六十三年(一九八八)
金子裕之「百萬塔調査余録　神護景雲二年三月は大の月か小の月か」法隆寺昭和資財帳編纂所編『伊珂留我』八号　小学館　昭和六十三年(一九八八)
平城宮跡発掘調査部・歴史研究室「法隆寺昭和資財帳関連の調査」『奈良国立文化財研究所年報　一九八八』奈良国立文化財研究所　平成元年(一九八九)
金子裕之「百萬塔の調査から　あり得ない日付―景雲元年正月五日」法隆寺昭和資財帳編纂所編『伊珂留我』十号　小学館　平成元年(一九八九)
平城宮跡発掘調査部「法隆寺昭和資財帳関連の調査」『奈良国立文化財研究所年報　一九八九』奈良国立文化財研究所　平成二年(一九九〇)
金子裕之「百萬塔の調査から　個性豊かな工人たち」法隆寺昭和資財帳編纂所編『伊珂留我』一二号　小学館

平成二年(一九九〇)
梅原猛「日本とは何か—第七七回　孝謙天皇　仲麻呂の怨霊鎮魂のために作られた「百万塔」と「頭塔」」『朝日ジャーナル』三二号　平成二年(一九九〇)
奈良国立文化財研究所「年輪に歴史を読む—日本における古代年輪学の成立」　『奈良国立文化財研究所学報』第四八冊　同朋舎　平成二年(一九九〇)
高田良信「法隆寺伝来の百萬塔について」　『聖徳』第一二六号　法隆寺教学部　平成二年(一九九〇)
金子裕之・森本晋「工作精度からみた百萬塔」　法隆寺昭和資財帳編纂所編『伊珂留我』一三号　小学館　平成三年(一九九一)
金子裕之・渡辺晃宏「百萬塔工房をめぐる諸問題」　『官営工房研究会会報』一　奈良国立文化財研究所　平成六年(一九九四)
細野勝「木彫看板と百万塔陀羅尼」　『歴史手帖』第二四巻一二号　名著出版　平成八年(一九九六)
関場富雄「「百万塔陀羅尼」日本に帰る」　『百万塔』第百号　紙の博物館　平成十年(一九九八)
増田晴美「静嘉堂文庫所蔵の百万塔及び陀羅尼について」　古典研究会編『汲古』第三七号　汲古書院　平成十二年(二〇〇〇)
井上和人「木製小塔の製作残材—百万塔製作工房の在処について」　『奈良文化財研究所紀要　二〇〇一』　奈良文化財研究所　平成十三年(二〇〇一)

執筆者一覧（アイウエオ順）

猪股謙吾　カメラマン
緒方宏大　印刷博物館
金子和正　天理大学附属天理図書館
櫛笥節男　和洋女子大学非常勤講師
宍倉佐敏　女子美術大学大学院非常勤講師
陳　捷　国文学研究資料館
中村一紀　宮内庁書陵部
成沢麻子　静嘉堂文庫
増田晴美　静嘉堂文庫
三浦彰士　株式会社インフォマージュ
八木壯一　八木書店
湯浅吉美　埼玉学園大学人間学部教授
吉野敏武　宮内庁書陵部

作図
福尾正彦　宮内庁書陵部
製図
有馬　伸　宮内庁書陵部

編集後記

静嘉堂文庫は、平成十年（一九九八）、十二月五日から二十日まで、「日本の貴重書」と称する展示を開催した。作品は、奈良時代から大正時代までの代表的な図書を選択した。

奈良時代の作品は、古写経類のほかに、百万塔の小塔四十基と四種の陀羅尼、根本、相輪自心印　六度の長版と短版を展示したが、特に六度陀羅尼の長版と短版が揃っているのは珍しく、来館者も多かった。

この展示では、塔の材質や陀羅尼の紙質、印刷方法等が問題になり、勉強会を開くことになった。月に一度、有志が静嘉堂文庫に集まり、いろいろな疑問を出し合った。米山寅太郎文庫長も時折参加され、中国の歴史やシルクロードの旅の話など、話して下さった。

勉強会は、平成十二年（二〇〇〇）、一月から凸版印刷株式会社印刷博物館の会議室を借していただき、宗村泉氏、小宮山博史氏、日下潤一氏が尽力して下さった。陀羅尼の印刷方法では、金属版印刷に詳しい、東日本金属株式会社代表取締役、小林容三氏が印刷面を見て下さった。小林氏は、「駿河版金属活字」のレプリカを作成された方である。小林氏は、陀羅尼も金属版であると思われる。インクの成分は不明だが、濃度は薄いとの考えで、陀羅尼の金属版を作成して下さった。インクは、東洋インキ製造株式会社広報室室長、台松敏孝氏が教えて下さり、金属版での印刷実験は三浦彰士氏が担当した。陀羅尼の紙質調査は、特種製紙株式会社に御協力いただいた。

この様な勉強会の結果、会員は、各自テーマを決めて論文にまとめた。しかし諸般の事情が重なり、出版が大変遅れてしまった。

米山寅太郎文庫長が、四月十九日に天寿を全うされた。本書を見ていただけないのは悔やまれ、大変残念であるが、本書が今後の百万塔陀羅尼研究の一助となれば幸である。

増田晴美

平成十九年（二〇〇七）　七月

百万塔陀羅尼の研究
—静嘉堂文庫所蔵本を中心に—

平成十九年十一月一日 発行

編著者 増田晴美（静嘉堂文庫）

編集・印刷 株式会社 便利堂
京都市中京区新町通竹屋町下ル弁財天町301

発行 株式会社 汲古書院
東京都千代田区飯田橋二－五－四
電話 〇三(三二六五)九七六四
FAX 〇三(三二二二)一八四五

ISBN—978—4—7629—4201—3 C3021